过云楼第一代主人顾文彬云："书画之于人，子瞻氏目为烟云过眼者也。"

苏轼，字子瞻。

烟云过眼，意出自苏轼著《宝绘堂记》"烟云之过眼，百鸟之感耳"之句。

又，南宋周公瑾著《云烟过眼录》。

过云楼由此得名。

编　著／高福民
副主编／陶莉　高晴　皇甫琳

過雲樓夢

大變革時代江南文脈之一隅

言恭達題

（上）

文匯出版社

苏州市社科联重大课题
苏州市文化研究立项资助项目
江苏省高校哲学社会科学研究项目
苏州文化旅游发展集团古城投资公司合作出版

丛书总序

苏州顾氏过云楼是江南最著名的藏画楼。该藏画楼建成于清同治十二年（1873），以书画名迹兼善本古籍收藏及文人雅士文化活动而驰名于世。素有“宁波天一阁，苏州过云楼”之称，为中国雅文化的一代经典和吴越士文化的最后高峰；据此一隅，可放眼整个大变革时代中的江南文脉之延续。

苏州望族顾氏传人，依托过云楼的藏品，以怡园为中心，云集名流，挥毫泼墨，国画、国学、诗词、古琴、昆曲、西画乃至摄影等无不切磋琢磨。《吴县志》云，怡园水木清华，“遂为有清一代艺苑传人之殿”。时至今日，昆曲与古琴艺术已被联合国教科文组织列入世界非物质文化遗产名录。绝世清音，生生不息。

由于战乱、“文革”、城市变迁等诸多因素，这座江南著名藏画楼曾一度湮没，并淡出公众视线。值得庆幸的是，顾氏后人几经周折尽力保存先人遗泽，方使此楼过半数之藏画、藏书至今完好无损。

藏书藏画之外，自清同光年间至民国时代，更有过云楼历代主人将过云楼本身的社会活动、文化交往、曲折经历手书成册。这些顾氏后人艰辛珍藏的私家版文献，乃过云楼四代主人之荟萃。从第一代顾文彬、第二代顾承、第三代顾麟士，到第四代顾公硕之代表性手书典籍，包括日记、家书、友朋信札、笔记、书画创作与私家法帖等，内容极其丰富，全面反映过云楼创建以来的发展历程与历史时期的文化风貌，诚为不可多得的历史文献。对过云楼历史容有不同的认识，但对其留存下来的历史文献价值当有目共睹。

这些文献作为家藏秘珍，绝少为外人所知。顾文彬的玄孙顾笃璜先生将珍藏的《顾文彬日记》《宦游鸿雪》《顾文彬自订年谱》《顾承书信》《顾公柔日记》等有关过云楼历代主人的珍贵文献无偿捐献给苏州市档案局（馆），为研究顾氏家族和过云楼文化提供了重要的第一手资料。档案文献不仅要妥善保管好，更要开发利用好，为此苏州市档案局（馆）携手苏州市文广新局、苏州过云楼文化研究会、文汇出版社等相关单位精心策划、周详安排，组织专家团队编辑，集为“过眼烟云——过云楼历代主人手书精粹”丛书，作为“十三五”国家重点图书予以推出，此举洵称文坛盛事、学界美谈，故乐以为之小序云尔。

周振鹤

2016 年 10 月于复旦大学光华楼

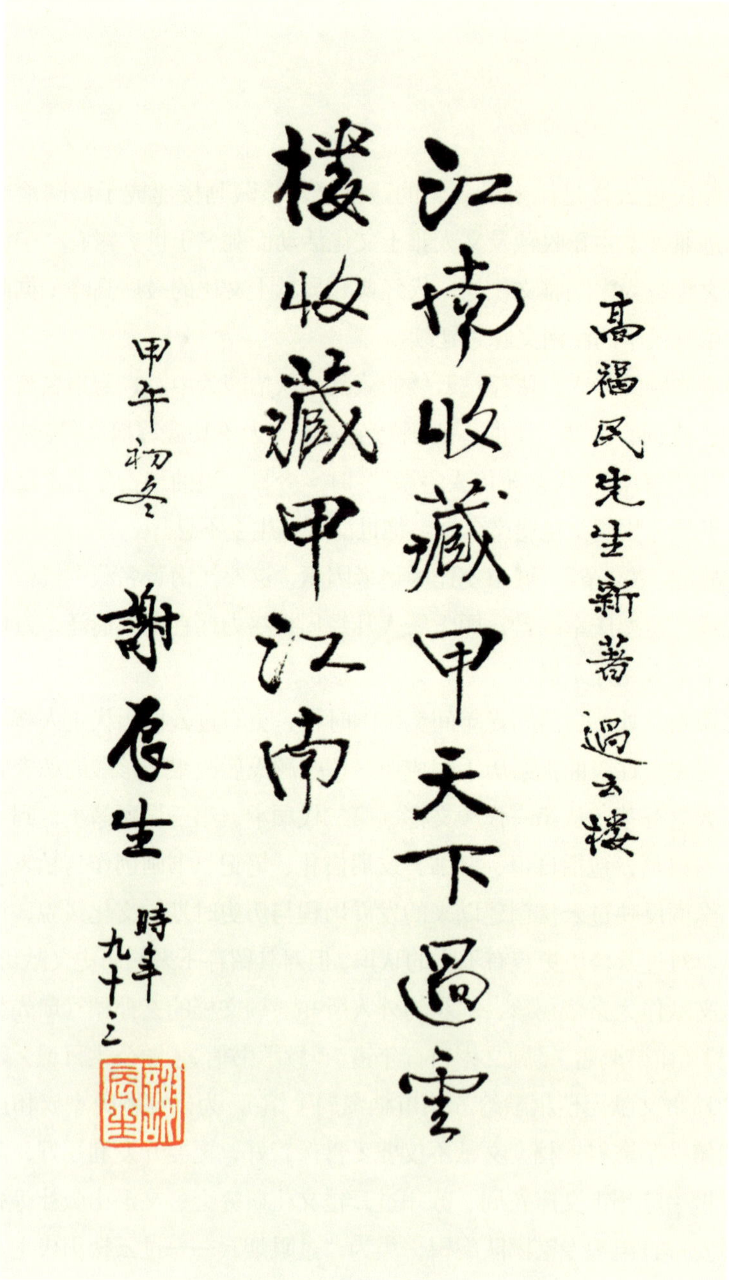

中国文物学会名誉会长谢辰生题书

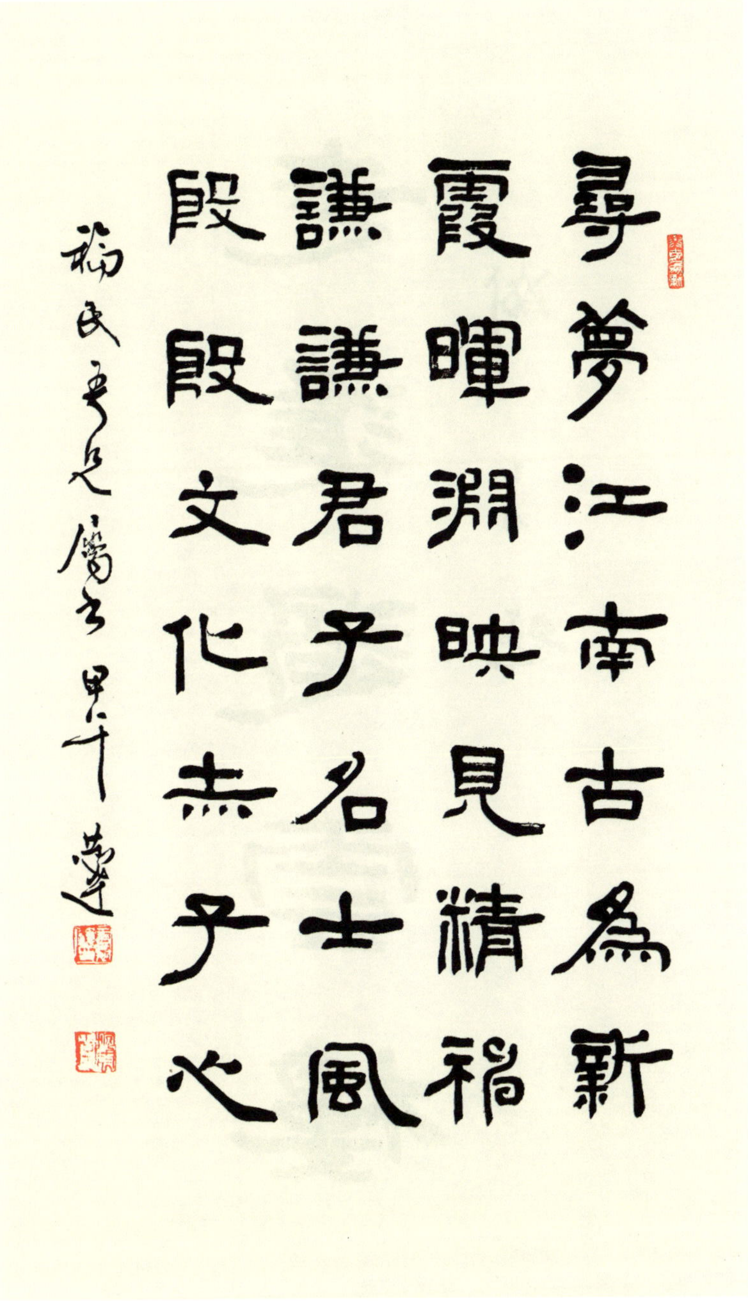

全国政协委员、中国书法家协会顾问言恭达先生题书

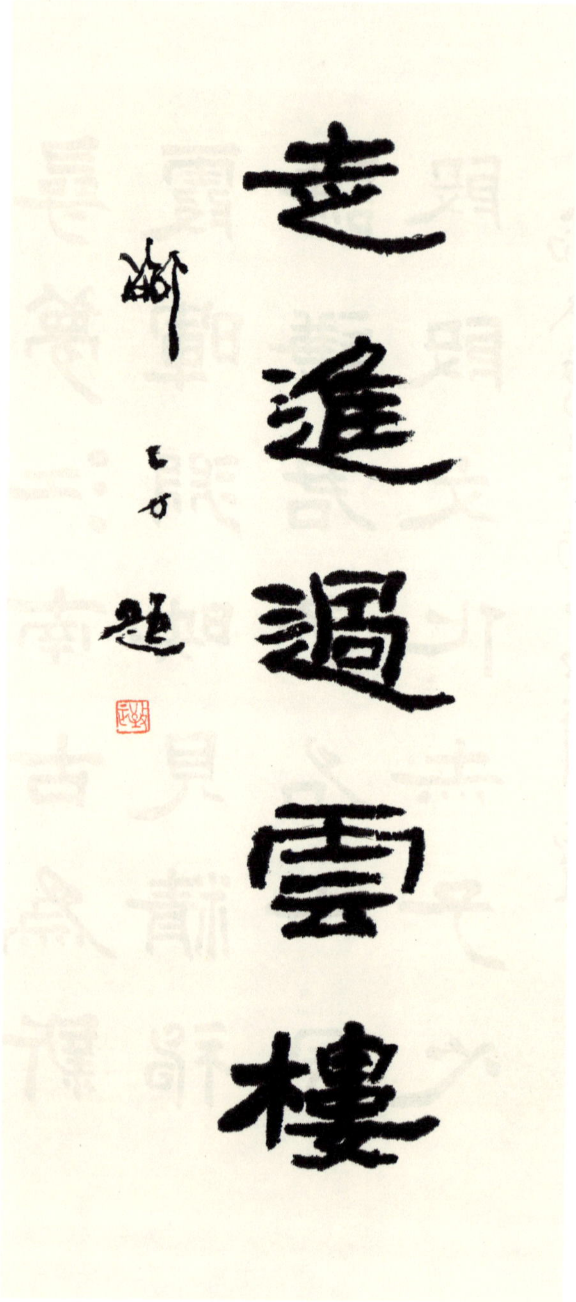

郦方先生题书

过云楼第五代传人顾笃璜先生与本书编著人员在怡园藕香榭合影

本书编著人员与苏州文化老人钱璎、顾笃璜及苏州图书馆古籍部工作人员合影

文化老人钱璎（左一）、顾笃璜（左二）与本书全体编著人员讨论书稿

以上三图，听取顾笃璜及女儿对书稿的意见，编著高福民与顾笃璜合影于天香小筑，2015年中秋节前

“江南收藏甲天下，过云楼收藏甲江南”

过云楼“霞晖渊映”门额

陈从周称赞怡园“精致优雅为江南冠”

怡园坡仙琴馆窗景

怡园拜石轩

拜石轩庭园的“石翁听琴”

怡园石听琴室

怡园碧梧栖凤馆

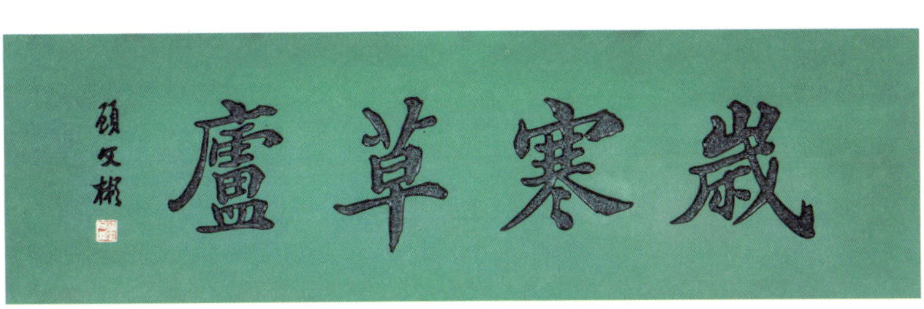

顾文彬题岁寒草庐

藕香榭雨景

怡园四时潇洒亭

怡园小沧浪

怡园秋色

螺髻亭

面壁亭

藕香榭雪景

怡园画舫斋

怡园复廊

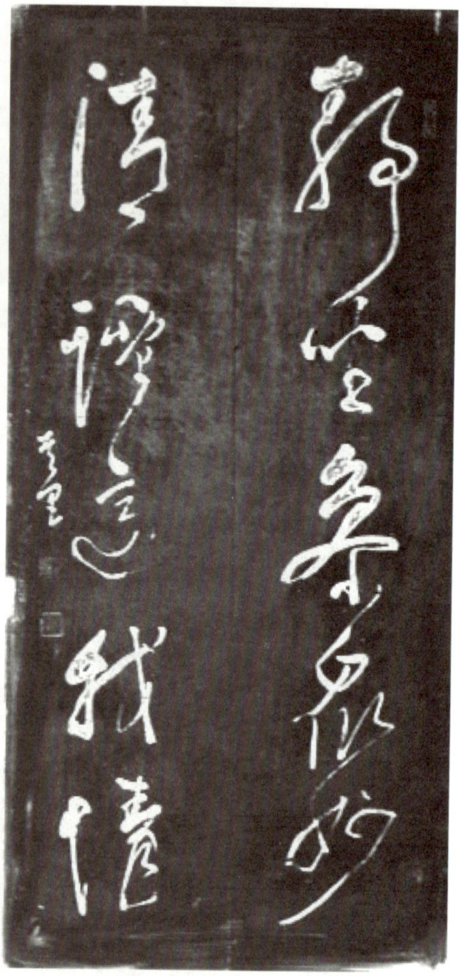

董其昌石联：
静坐参众妙，清谈适我情

过云楼第一代主人顾文彬七十四岁时画像

艮盦（一作艮庵），为顾文彬晚号，亦是过云楼藏书楼前的三间平屋——顾文彬的书房。藏书楼与艮盦相隔的天井中，原筑名为“五岳起方寸”的太湖石五座。艮盦内灵璧石与天井粉墙嵌湖石“崖壁”，以衬托“五岳”，呈深远境界。

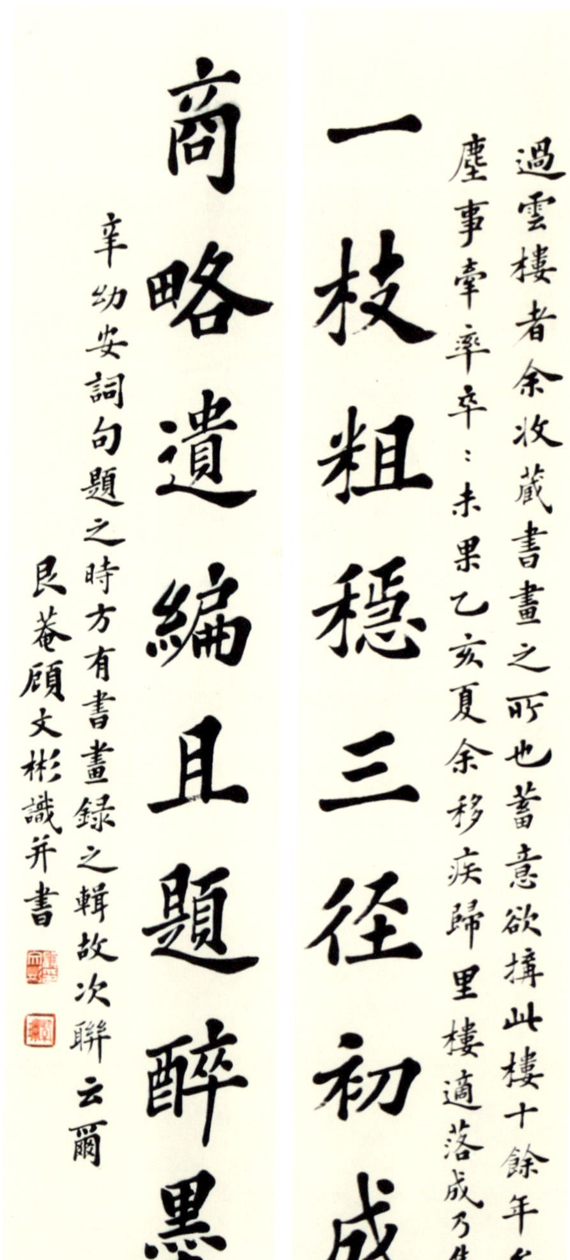

顾文彬晚年书艮庵对联

过云楼者，余收藏书画之所也。蓄意欲构此楼十余年矣，尘事牵率，卒卒未果。乙亥夏，余移疾归里，楼适落成，乃集。辛幼安词句题之。时方有书画录之辑，故次联云尔。

以上落款小字中明确记载“乙亥夏”顾文彬归里，过云楼落成，乙亥即光绪元年（1875）。

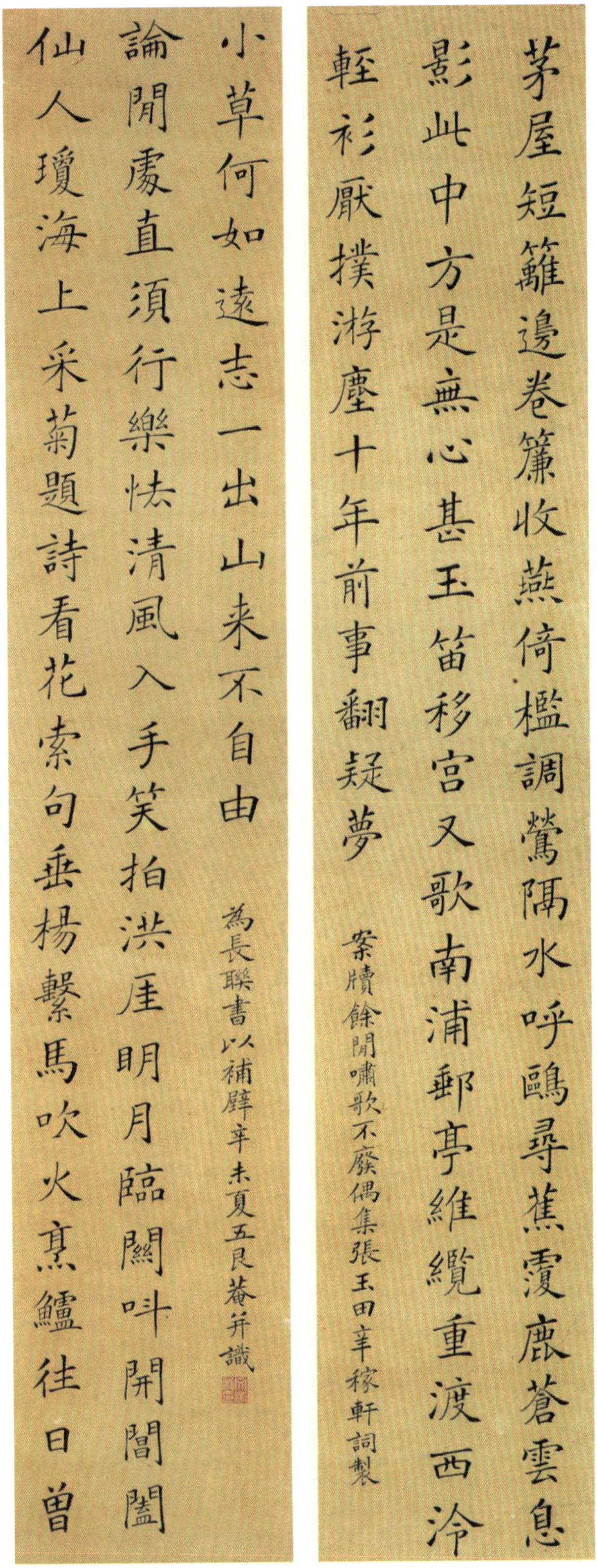

顾文彬楷书集张玉田辛稼轩词长联

茅屋短篱边，卷帘收燕，倚槛调莺，隔水呼鸥，寻蕉覆鹿。苍云息影，此中方是无心。甚玉笛移宫，又歌南浦，邮亭维缆，重渡西泠。轻衫厌扑游尘，十年前事翻疑梦。**案牍余闲，啸歌不废，偶集张玉田辛稼轩词制。**

仙人琼海上，采菊题诗，看花索句，垂杨系马，吹火烹鲈。往日曾论，闲处直须行乐。怯清风入手，笑拍洪崖，明月临关，叫开阊阖。小草何如远志，一出山来不自由。**为长联书以补壁，辛未（清同治十年，1871）夏五，艮庵并识。**

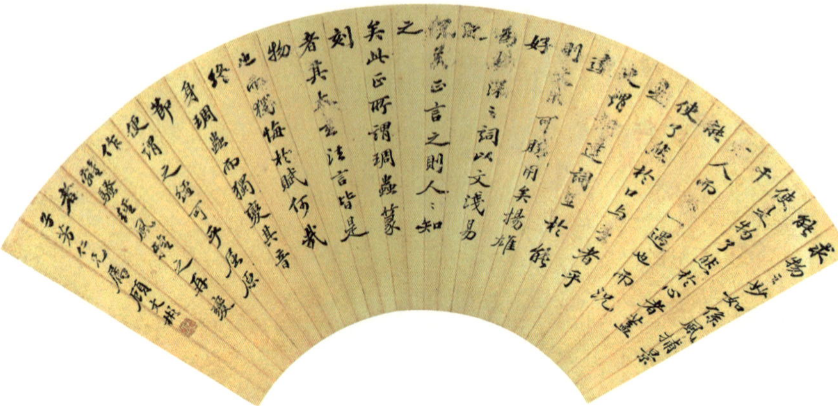

顾文彬扇面作品

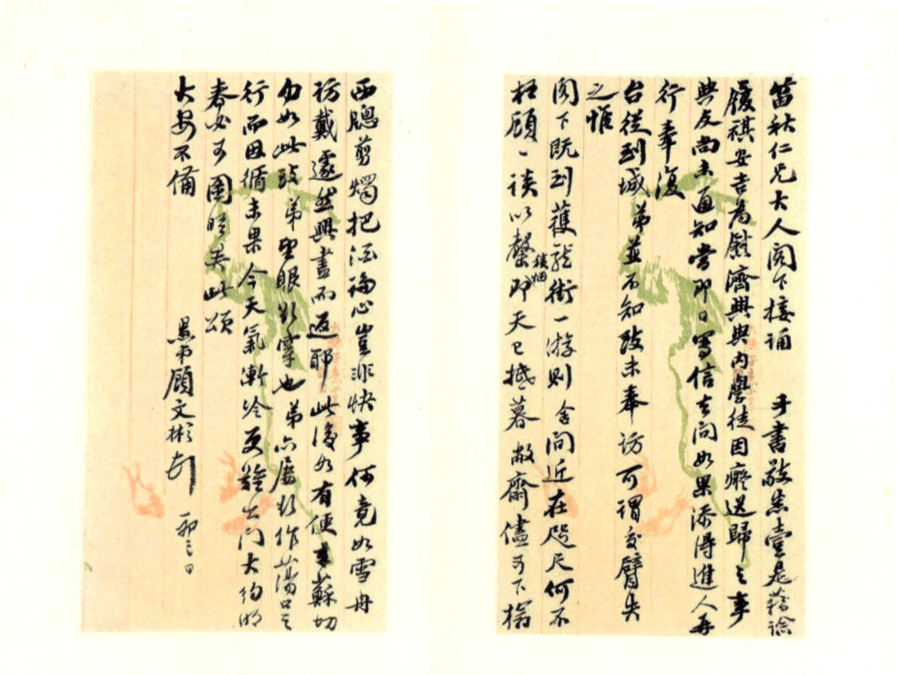

顾文彬书札

虎丘泥人　顾文彬塑真像
清同治、光绪年间

顾文彬像脱帽细部

苏州光福石壁摩崖石刻，顾文彬《过云楼日记》：“同治九年岁次庚午，二月初三，时已午初，偕骏叔（顾承）先至司徒庙，次至石壁，次至石嵝，次至圣恩寺，归已抵暮。”

过云楼第二代传人之一顾廷熙　山水图册页

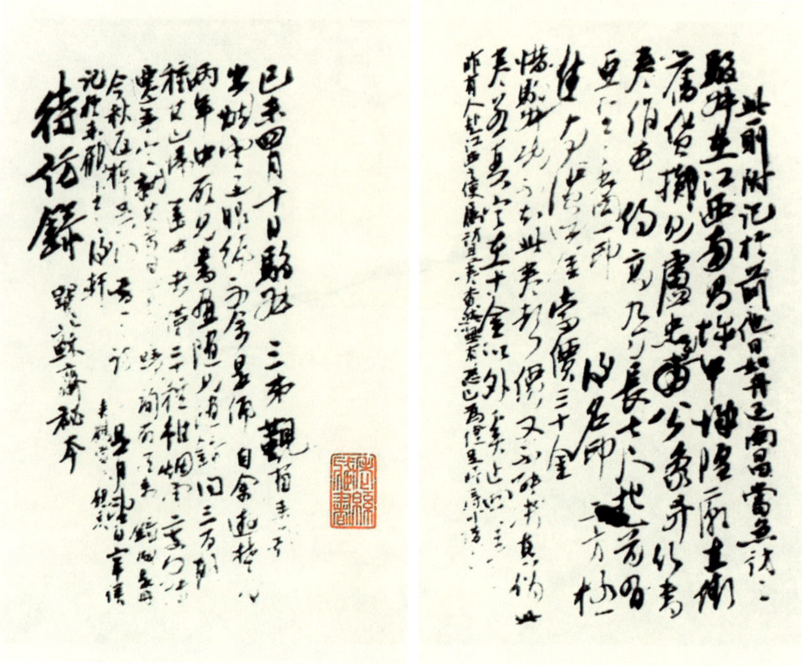

顾廷熙《待访录·宝苏斋秘本》手稿　民间提供

过云楼第二代传人之一顾承小像　吴昌硕绘　上海博物馆藏

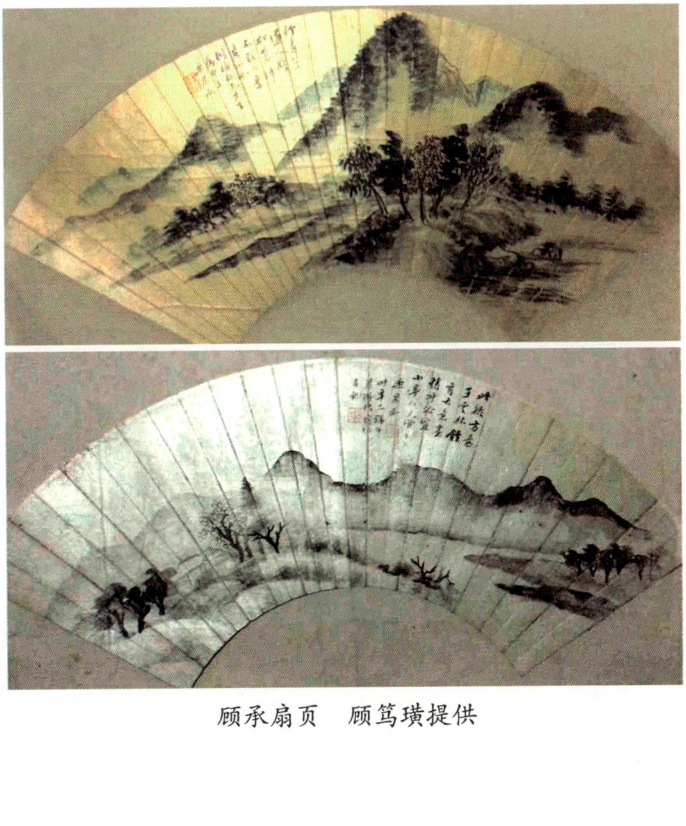

顾承扇页　顾笃璜提供

过云楼第三代主人顾鹤逸在怡园

顾鹤逸　仿龙眠法

顾鹤逸　无量寿佛图轴

顾鹤逸　草阁江深立轴

顾鹤逸　万顷风涛立轴

《顾鹤逸山水册》选页

顾鹤逸　春色江南三月新

顾鹤逸　《大年笔意》局部

顾鹤逸　垂虹秋泊

过云楼第四代传人之一
顾公可年轻时

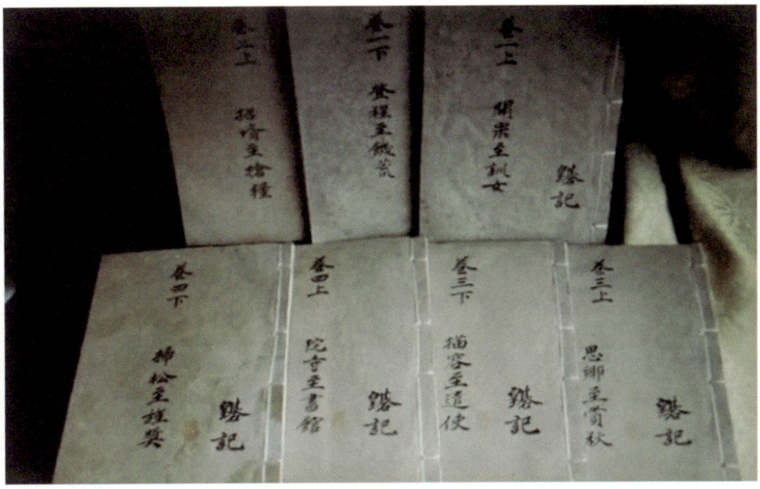

昆曲《琵琶记》曲谱 孤本
顾公可藏品

顾公可与幼弟顾公硕表演昆曲

过云楼第四代传人之一
顾公雄

顾公雄　销寒山水图册

顾公雄　兄弟野梅图

1913 年，过云楼第四代传人十四岁的顾公柔
与九岁的幼弟顾公硕

顾公柔　摹黄大痴秋山图

过云楼第四代传人之一
顾公硕，摄于上世纪50年代

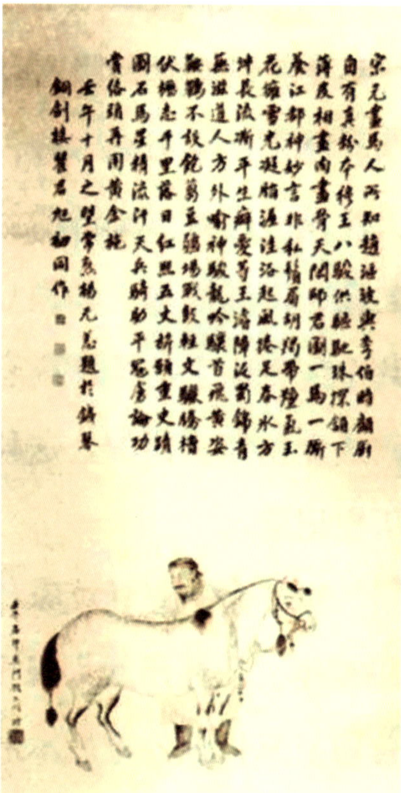

顾公硕　爱马图

顾公硕　仿黄鹤山樵笔意

过云楼第五代传人之一
顾笃璜

顾笃璜　沧浪渔笛立轴

顾笃璜　仿西津老人笔意

过云楼第五代传人之一
顾笃璜，2014 年摄于怡园

苏剧《醉归》
庄再春饰花魁，蒋玉芳饰秦钟

著名昆曲表演艺术家张继青
演《牡丹亭·游园》

张继青演《烂柯山·痴梦》

昆剧现代戏《活捉罗根元》，张继青饰发姑，章继涓饰秋姑，1960年《江苏戏曲》第五期封面

苏剧《五姑娘》剧照

著名昆曲表演艺术家、中国戏剧“梅花奖”二度梅获得者王芳

2000年，首届中国昆剧艺术节《长生殿》剧照

2001 年，江苏省苏昆剧团首次赴台演出《白兔记》

《寻梦》

坐落在阔家头巷的沈德潜故居，现为昆曲雅集——苏州昆剧传习所

杂志上的著名昆曲艺术家顾笃璜

过云楼新貌

今过云楼和怡园远景

2015 年 5 月，苏州过云楼陈列馆开馆

目录

第二章　回忆几桩往事：穿云拨雾，开一代江南人文渊薮

第三章　点亮盏盏心灯：亘古不变，递承中华优秀传统文化

第四章 霞晖渊映见精神：过云楼文化追踪

引言

过云楼梦境

过云楼落成于清光绪元年（1875），而书画收藏之始启于道光八年（1828），至今大致一个半世纪。从一个家族与一座书画楼、一座书画楼与一个江南城市，到一种文化与一个大时代、一个时代潮流与这个世界，必定是有故事的。过云楼仅是一个半世纪大变革时代江南文脉之一隅，一隅即一个角落，大浪淘沙，凡人小事，大中看小，小中见大。本书不是写小说，更非戏说，只是重拾、梳理及记录，温故而知新，因为这是一个真实的过云楼。

"江南收藏甲天下，过云楼收藏甲江南。"过云楼，位于苏州市中心观前街西南，原地名铁瓶巷。铁瓶巷在历史巨变中已消失。过云楼犹存，现位于两大主干道人民路与干将路交会处，怡园历史街区。过云楼像苏州古城内的大多数建筑一样，也是粉墙黛瓦、飞檐翘角。谁能料想，紧邻川流不息的人车的喧嚣，往里一走，竟会有如此一隅难得的文化宁静。

一座令世人尊敬的城市，一定是特色鲜明、风格独特的城市，而具有悠久历史的古城往往是这类城市特色和风格的魅力所在。

春秋吴阖闾元年（前514），吴王阖闾命伍子胥建都城。据《吴越春秋》载："子胥乃使相土尝水、象天法地，造筑大城，周围四十七里。陆门八，以象天八风。水门八，以法地八聪。"另据史志记载，所开八座水陆城门名称为：西阊、胥，南盘、蛇，东娄、匠，北平、齐。战国楚考烈王十五年（前248），春申君造宫殿于子城旧址。今苏州大公园内有一块《子城遗址记》卧碑。据《越绝书》记载宫殿建筑规模宏大。司马迁在《史记·春申君传》中说："吾适楚，观春申君故城，宫室盛矣哉。"隋开皇九年（589）隋平陈，改吴州为苏州。

一个甲子前，著名历史学家顾颉刚说："苏州城之古为全国第一，尚是春秋之物。"另一位在台湾去世的中国文化学术巨匠钱穆评价："苏州自吴王阖闾、夫差以来，两千五六百年，为中国历史最悠久一城市。……举世古城市，当无一堪与伦比。"对两

苏州古城盘门　本世纪初摄

千五百余年的古城充满敬畏和尊重，将其传之后世，永续利用，苏州将会成为一座令世人瞩目的城市。

“君到姑苏见，人家尽枕河。”小桥流水构成了有着两千五百余年历史的古城的肌理脉络，而数目众多的书画楼，正是历史长河中，士人追寻梦寐理想的一棹棹小舟，栖息文化情怀的一帙帙沧桑。这座清道光年间进士、同治年间宁绍台道顾文彬创建的书画楼，以藏有宋元以来佳椠名钞、珍秘善本、书画精品而闻名遐迩。

“书画之于人，子瞻氏目为烟云过眼者也。”子瞻氏，即宋代重要的文学家、唐宋八大家之一的苏轼。苏轼，字子瞻，一字和仲，号东坡。顾文彬引东坡名句，取名“过云楼”，意谓历代书画浩如烟海，应学东坡那样，视为过眼烟云，持一种宁静淡泊、致远超然的态度，这是过云楼从一起步时就抱定的襟怀和眼光。

过云楼老宅石雕门楼上，刻着“霞晖渊映”四个隶书大字，给人以一抹夕阳感。书画楼背后，一条窄窄的怡园里（旧名修竹巷、尚书里）小巷相隔，毗邻苏州古典园林之一的怡园，过云楼和怡园本来就是完整的宅园一体的建筑。据记载，这条小巷怡园的围墙上曾留有“功在桑梓”的砖额。陈从周称怡园“精致幽雅为江南冠”。当年多少士人雅集，于斯挥毫泼墨、论书评画。民国《吴县志》载“为有清一代艺苑传人之殿”，至今传递着书香遗墨的流光溢彩。

中国古代的藏书楼，无论官藏、私藏，或是寺观藏书、书院藏书，均对中华文明的延续、社会的进步作出了各自的贡献。正如浩瀚的海洋不可缺少涓涓细流的汇入，许多珍贵的典籍都是通过各种藏书楼这一绵延不绝的渠道，得以保存和流传。明清时期私家藏书以江浙为中心，追崇宋元版刻之风盛行，私人藏书家的类型及开明的藏书理念渐渐形成，学术成就斐然，数量、质量居全国之首。

清初著名藏书家、校勘学家孙从添在其《藏书纪要》称：“大抵收藏书籍之家，惟吴中苏郡（苏州府吴县、长洲县）、虞山（常熟）、昆山，浙中嘉、湖、杭、宁、绍最多。”江苏私家藏书楼首推苏州、常熟、昆山等地最为集中。常熟瞿氏铁琴铜剑楼是清代后期全国四大著名藏书楼之一，而苏州顾氏过云楼则独树一帜，以庋藏名家字画及典籍善本为双特色，自有其独特的文化地位，时享“江南第一家”的美誉。

过云楼首先是一座藏画（书法、绘画）楼。中国书法与绘画艺术源远流长，它们同起源于原始符号，同在华夏文明的土壤中生长。在发展中使用相同的笔墨纸砚，均以线条为基础造型手段，追求共同的笔墨技巧和抒情写意的审美意趣。虽然它们而后成为两个独立的艺术门类，前者更侧重书写性情，后者更强调传神写照，但二者数千年来始终相互依偎，携手并进，书中有画，画中有书，又和诗、词融合在一起，令人神往。当然也有人说，书画不同源，勉强说同源就是一支笔，学术上不同视角、不同认识，都很正常。书画艺术在诸多中国传统艺术门类中，历久不衰、容光焕发。中国书法与绘画艺术以悠久的历史、独特的表现方法和审美意趣，在世界美术之林中占有不可或缺的重要地位。

翻开中国美术、书法史，远在一千七八百年前，江南一带，已是书绘兴盛。三国东吴的曹不兴是画家中享有盛名的第一人，又是佛像画的始祖。有人将“曹衣出水”这一薄衣贴体的佛教造像风格归为曹不兴所创，实误，乃后来南北朝时北齐著名画家曹仲达所创，两位曹姓并非一人，但曹不兴模仿西域佛教造像的阶段非常重要，绘画内容由礼教宣传过渡到宗教宣传，画家也由黄河流域的中原转移到长江流域。继曹不兴以后，长

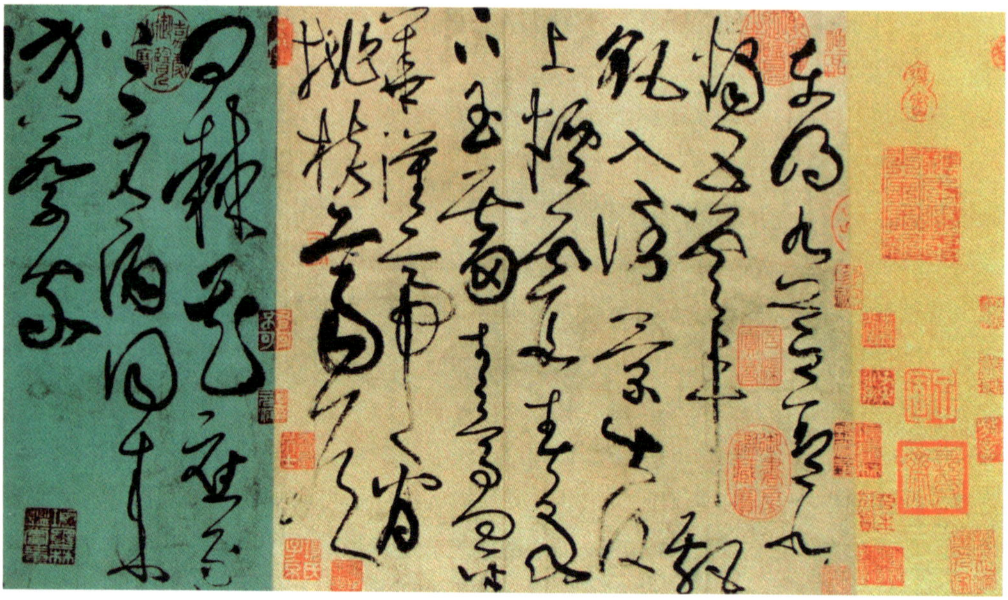

唐张旭《古诗四帖》

江中下游地区的画家渐渐多了起来，一流书家、画家有陆机、陆云和顾恺之，东晋的顾恺之首创“以形写神”，是中国画坛最早的美学理论家。之后，刘宋的陆探微、萧梁的张僧繇是画坛双璧，成语“画龙点睛”形容张僧繇画龙，说只要他用笔点一点睛，墙上的龙就会破壁乘云上天。曹不兴、顾恺之、陆探微、张僧繇并称“六朝四大家”。梁、陈的顾野王，是大名鼎鼎的楷书之祖。到唐宋，张璪是绝妙的“双管齐下”，然后是书法双杰——“草圣”张旭和“天才有余”的孙过庭，范仲淹、苏舜钦、范成大、朱长文，书、文兼之，千古留名。沿至元、明、清，山水、花鸟画为主的文人画极盛。“元四家”衍成空灵的风格，黄公望的《富春山居图》今人皆知，倪瓒的作品意境清逸；“吴门画派”“吴门书派”及董其昌“松江派”（含华亭、云间、苏松三派），俊彩星驰。崇尚董氏的画史论者认为，历史上的中国画经过写实、写意、表现三个阶段，是“明四家”的“文人画”把中国画从“写实”推进到“写意”，而董氏又从“写意”发展到“表现”。清初“四王”、吴恽合称“六家”，以及之后又分成的“虞山派”与“娄东派”，不绝如缕。

有艺术史家说："明清时期的苏州艺术史，就是半部中国艺术史。""吴门画派"以沈周、文徵明、唐寅、仇英为代表，即"明四家"，从学者甚众，著名的文伯仁、文嘉、陈道复、周天球、王穀祥、陆治、钱穀、陆师道、谢时臣、居节等，也都是苏州人，故冠以"吴门"。"吴门画派"或"吴门派"这一名称首见于明代董其昌为杜琼《南村别墅图册》题跋。文徵明与祝允明、王宠并称明代书法"三绝"。清初山水画家"四王"：王时敏、王鉴、王原祁、王翚，加上吴历，在"清六家"中，苏州占了五席。近人徐澂（沄秋）编著的《吴门画史》收录的西晋至清末书画家有名有姓、有传略的达一千二百二十人。明代有"苏州家家习书，人人作画"未免夸张的说法，而文徵明家族中出现了五十多位书画家，其中文彭是"吴门印派"的创始人，却是真实的。明清之交钱谦益评价："吴门前辈……遗风余绪，至今犹在人间，未可谓五世而斩也。"现代大师潘天寿甚至赞誉"吴门画派"："直使清代三百年之山水画，全属此派范围之下，其情况真有不可一世之概。"

一方水土孕育一方文化。江南一带私人书画鉴藏群体的活跃与兴盛，正是士人文化艺术生命中至高无上的一种精神追求，当这种追求上升为文化底色与信念的时候，就会焕发出足以让后人仰望的夺目光辉，留下让民族和国家受益无穷的文化遗产。具有"楼内所藏唐宋元明真迹无与伦比"之说的过云楼，是文苑艺林渊薮——江南文化名城苏州，千百年来所形成的一个文化现象，具有独特的魅力。

百年前梦魇

本引言第一节局限于书画艺术，第二、第三节则引申至文化，为了理解一个半世纪的大变革，不得不跳出过云楼，而试谈时代的大文化。中国一直是一个文化上充满优越感的国家，中国的文化趋向多元，这是因为中国人文化思想本身是多元的，儒、道、释构成了文化的主干。有独尊儒术的时候，但更多时候彼此相处得很好，所谓"理一分殊"，多元一体者也。苏州桃花坞年画遗产有一幅著名的《一团和气》，无独有偶，明成化年间宪宗朱见深也画有相似的一幅，孰先孰后，尚待考证。笔者陋见，《一团和气》是江南宗教传播的世俗化中演绎而成，大概不晚于宋代，而明宪宗朱见深是依样画葫芦，引申为新意。后者的画是有历史背景的，他父亲是英宗朱祁镇，北方瓦剌犯边时亲征，于土木堡被俘，皇太后命其弟祁钰即位，为景泰帝。翌年英宗被放回，后复辟，贬景泰帝，杀于谦等忠臣。朱见深即位后亲笔画《一团和气》图。画中为晋代慧远、陆修静和陶渊明，即释道儒三高士，抱成一团，两个侧脸相对成一正脸，乍看是一团坐之老者。它取自《庐山记》中"虎溪三笑"的故事，讲慧远平日送客不过小溪，因为三人太谈得来了，送过了小溪，山上老虎见了大叫，三人畅怀大笑。

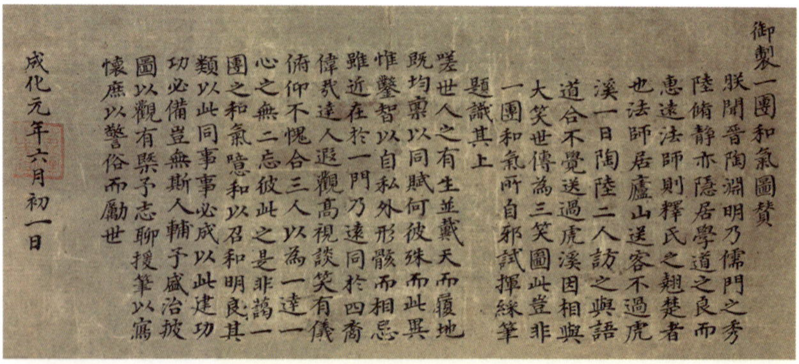

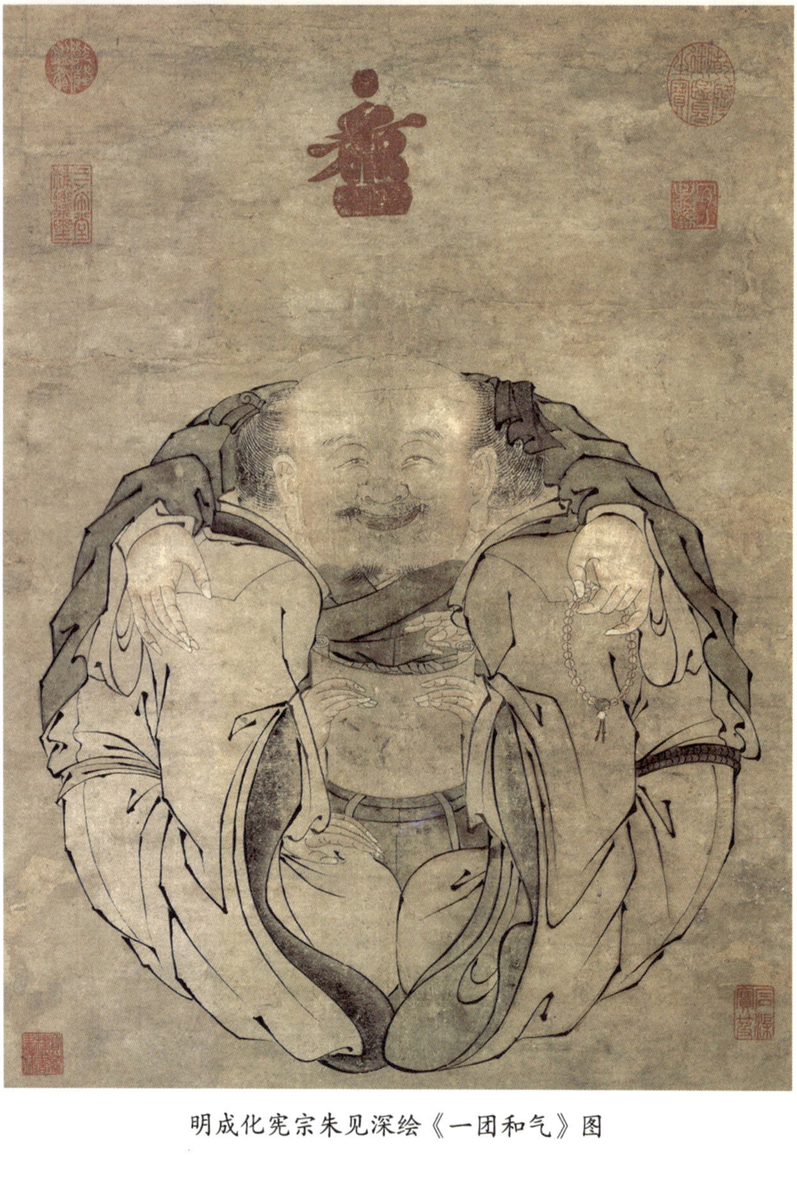

明成化宪宗朱见深绘《一团和气》图

历史上曾出现多次外来文化输入的高潮，最令人回味的，一次是汉魏隋唐时期印度佛教的传入，一次是晚明以被称为“泰西儒士”的利玛窦为代表的西方文化的传入。后者延续至清康熙年间，传教士仍络绎不断，其中具有渊博知识的传教士受到朝廷器重，具有丰富科学知识的传教士甚至成为康熙皇帝的数学、物理、天文、人体解剖结构的老师。但仅局限于此，没有化为社会生产力，如牛顿生活的年代相当于明亡之前一年（1643）至清雍正五年（1727），从牛顿的《自然哲学的数学原理》发表的1687年至1840年的一百五十余年间，这本书的基本内容几乎没有在中国传播。耶稣会士依据利玛窦传教时准许中国信徒祭祖和敬孔的惯例，被康熙帝称之为“利玛窦规矩”。

后来，戏剧性的转折发生了：新派来的传教士坚持不得偶像崇拜，只能信奉造物主，于是引发了中西接触史上有名的“礼仪之争”。康熙晚期至雍、乾时期，很多传教士都被驱逐出去了，清代的闭关锁国由此开始。乾隆五十八年（1793），英王派遣马戛尔尼至北京，时值乾隆八十寿诞，但在见面时用什么礼仪的问题上，双方争论了一个半月，最终会谈失败。乾隆以近乎下逐客令的方式，让英国使团悻悻而归。回答是：我们用不着与你通商，我们这里什么都有。只知有中，不知有西，你闭关，别人发生了工业革命，结果，别人发展了，而中国落后了。乾隆去世后，仅过了四十年，这个帝国就开始成为西方列强任意宰割的对象。

鸦片战争爆发，国门被西方的坚船利炮打开——这种强大的机械化军事力量、物质力量、商业力量，与传统信奉的“仁、义、礼、智、信”尖锐碰撞，出现了数千年未有之大变局。国人惊愕之余，文化的优越感一下坠入文化焦虑的深渊。

孙中山先生说，当时中国人的情况是“人为刀俎，我为鱼肉”。香港回归时，谢晋先生执导了一部电影《鸦片战争》，里面有一些令人非常痛心的场面：一个是英国议会进行辩论，要不要对中国出兵，一票之差通过了。有一个议员捧着一个挺大的瓷器，说你们看见了吗？这就是中国，然后往地上“啪”地一摔——满地碎片。一个是鸦片战争落败，皇帝撤了林则徐，然后派琦善主持求和。琦善请来英国的舰长司令，好吃好喝好奉承，英军司令参观了清军炮台，说这就是你们的炮台吗？说是，这就是你们的海防吗？又说是，然后这英国人傲慢地说，对不起，告诉你们，你们这全是垃圾——不堪一击。还有一个是电影的结尾，道光皇帝带着他的儿子、女儿、孙子、曾孙，一大堆，其中还有一个在地上爬的婴孩，在大清的祖宗牌位前哭成一团——说对不起列祖列宗。

中国的文化几千年，越来越多地暴露了理想与现实之间的差距。孔子向往的是西周，庄子向往的更早，是神农氏以前、炎帝以前。庄子认为，从黄帝开始事情就坏了，因为那是靠战争取得的权力。

笔者为重修苏州泰伯庙，搜求历代吴王图像文献，发现一个现象：因泰伯、仲雍

苏州泰伯庙及至德殿

泰伯（中）、仲雍（左）、季札（右）祭祀像

为避王位千里迢迢从岐山奔吴；他们创立勾吴之后，周武王封其后裔周章为吴君，故列入泰伯、仲雍、周章。吴国历史上泰伯 20 世孙季札虽不是侯王，因让位再三，以学问、人品著称，是与孔子齐名的圣人，备受尊崇。即使查阅家谱，共二十六位而列入前二十位，诸樊、余祭、余眜、吴王僚、阖闾、夫差等后六位不列，因诸樊之后，纷战不断，或穷兵黩武，或争权篡位，不仁不义。阖闾即使委托了伍子胥建造了阖闾大城——吴大城（即今天具有两千五百余年历史的苏州古城），安民强国治兵，成就春秋霸业，也未列祭祀。列与未列，也许正与中国传统文化崇尚“仁德”“列德尚贤”密切相关，“德厚者流光，德薄者流卑”。我们的固有文化提倡的是“礼让”“谦谦君子”。想不到的是，在中国文化之外竟然有一种强势的文化——西方文化，产业革命和科学技术带来的文化，所谓“物竞天择，适者生存”，这是一种竞争出来的文化。

走进过云楼需走进大时代，一个半世纪来中国经历了数千年未有之大变局。在历史长河中，转型期是个瓶颈，是个历史三峡，险阻艰难，备尝之矣。中国的有识之士当然担心挟着船坚炮利的强势西方文化会吃掉自己的文化传统。中华民族面对的是“救亡图存”和“振兴中华”这两大历史性课题。当旧的大厦被一步步摧毁，整个社会充满变革与更新时，当人们高唱《义勇军进行曲》“把我们的血肉，筑成我们新的长城”时，有人在抗争，有人在图强，有人在唤醒，也有人在重建、改造或坚守文化，需要亮剑的英雄，也需要思想、精神、文化和艺术。学习、反思、借鉴和奋斗本身就是信仰的组成部分。历史都有因果关系，可以这样说，没有鸦片战争就不会有洋务运动，没有太平天国起义和甲午海战落败，就不会有一百余年来中国人民的前赴后继——戊戌变法、辛亥革命、五四运动、中国共产党成立、抗日战争、新中国诞生和改革开放。应透视那惊涛骇浪的壮烈世纪，让我们不忘耻辱，而不自轻自弃；身系千钧，而能勇敢前行。苦难中孕育希望，腐朽中诞生神奇，古老的中国发生了凤凰涅槃、浴火重生的变化。重建、改造文化，也曾产生过文化自卑感，将挨打、落后的原因迁怨于老祖宗传统文化，倒脏水连盆内婴儿一起倒掉。其实，任何一种文化都有精华和糟粕之分。关键在于，我们应该怎样取其精华（正能量），弃其糟粕（负能量），任何轻易全盘否定和全盘接收都不是明智之举。一种文化，数千年间，一个半世纪大变局中，历经磨难，既不衰亡，也不澌灭，变量大，定量也不小，就没人敢轻觑它。“历史三峡”终有通过之日，从此扬帆直下，随大江东去，海阔天空。

而今追梦圆

习近平主席在庆祝香港回归祖国二十周年大会上的重要讲话中，借用一句香港俗语“苏州过后无艇搭”，勉励香港“一定要珍惜机遇、抓住机遇，把主要精力集中到搞建设、谋发展上来”。中华文明中有一句古老的话：“苟日新，日日新，又日新。”（《礼记·大学》引《盘铭》）这是公元前18世纪，距今三千八百年，商朝的开国君主，即成汤，用以自勉的箴言。新，在这里可以理解为进步，也就是人们要不断创新、不断进步。

17世纪，一位“被苹果砸出的天才”，对万有引力和三大运动定律进行描述的英国著名物理学家牛顿有一句至理名言：“如果我看得远一点的话，那是因为我站在巨人的肩膀上。”他所讲的巨人，更多的是指前人。两三千年前各个文明都产生过伟大的精神导师，古希腊的苏格拉底、柏拉图、亚里士多德，以色列的犹太教先知们，古印度的释迦牟尼，中国的孔子、老子……他们提出的思想原则塑造了不同的文明传统，也一直影响着人类的生活。

上世纪末，有八十七位诺贝尔奖获得者参加的一次国际会议，在会议的宣言中称：“人类若要在21世纪生存和发展下去，必须回到两千五百年前去请教中国孔子的思想。”中国人一个清早醒来，发现这真是一个奇妙的现象。西方的有识之士对强势文化泛滥和现代病也充满了焦虑，开放与科技发展使地球变小了，现在这个世界不完美、不安宁，现实与向往之间的差距同样显而易见。儒家的人文主义价值观使得中国文明符合新时代人类社会整合的要求。也有人不信，基本观点是：即使在中国，传统固然是重要资源，也只是资源，从历史角度看，它既未能解决中国一个半世纪面临的问题，也不能解决中国今天的问题，遑论明天？现实、未来，唯有吸纳人类创造的一切文明成果，方是我民族复兴的不竭伟力之源。

中国人始终期盼和平与发展的潮流，也在反思一个半世纪历程，呼唤伦理、道德、文明方面的人性价值回归。改革开放取得了历史性的巨变，现在的中国缺什么？从文化上讲，不言而喻，我们的理想、信仰，我们的道德精神、艺术精神，我们的民族自信心、凝聚力、吸引力，不可或缺。民族文化是一个民族区别于其他民族的独特标志，要加强对中华优秀传统文化的挖掘和阐发，努力实现中华传统美德的创造性转化、创新性发展。

传统文化的内涵特宽泛，整个传统社会的文化都可以称作传统文化。一般将周秦以降直至清朝最后一个皇帝逊位，也就是辛亥革命之前，叫做传统社会，而文化应该指一个民族的整个生活方式及其价值系统。因此，广义地说，中国传统文化就是指中国传统社会中华民族的整体生活方式和价值系统。

民族的文化传统，按人类学家的观点有“大传统”和“小传统”之分，大传统指的是一个社会的主流文化形态，比如传统社会的儒家思想，小传统则是面广量大的民间文化和民间信仰。中国社会的特点，是有长期的、完善的民间社会，因此文化的小传统特别丰富和发达。百余年前，随着传统社会的解体，现代社会的始建，儒家思想的核心价值的地位“花果飘零”。十年“文革”，大小传统“扫地以尽”。改革开放以来，人们的认识几乎是一致的，就是希望进入优秀传统文化的传承、弘扬过程。弘扬传统，当然不能为了传统而忘记将它与世界文明成果对接，因为新文化赋予了它新生命。也不能忘记今天自己是世界大家庭的一员，而应共同呵护地球家园。在我们国家整个现代化进程中，需要不断地传承、弘扬优秀传统文化，并对它进行新的诠释，使传统成为现代化生活的一部分，包括社会公道、社会良知、社会伦理。至今人们对传统文化已经减少了陌生感，增进了认同感，不再将传统文化当作现代化的阻碍。实质上现代普通中国人身上，传统承载的量已经不是很多，不明白这个道理的人有时总觉得自己什么事情做不好就是老祖宗的传统在作怪，其实不是这样的。天下没有一种永久不变、包治百病的文化，不能绝对化，习惯于一味批判传统，或一味说传统什么都好，与新时代都不相合拍。

说起中国几千年文化，人们眼前总会浮现美丽的胡杨林景色，夸赞其巨大的生命力是“三个一千年”，即“一千年不死”“一千年不倒”“一千年不朽”，这是神奇的景象。前所未有的，对传统文化的热情，原因很简单，因为我们国家有了巨大的发展，已经抬起头、挺起胸来了。因为我们已经对自己的前途有了自信，所以才有了文化自信。文化自信就包括了对传统文化中积极、优秀方面的自信，包含了我们对自己文化的这种汲取能力、选择能力、消化能力、本土化能力，以及调适、平衡、引领能力和充分地加以整合的自信。

这里有必要回顾，近、现代相交时期的王国维[1]，是一位学贯中西的学术大家，当时国人对于西学已形成“西学中源”“中体西用”“中西会通”等观念。王国维认为中西二学的关系越来越密切，“盛则俱盛，衰则俱衰”，“互相推动”，应“会通”和“化合”，西学的引进应与“中国固有之思想”相结合才能成功。在“纯学术”观念的引导下，他提出

“学问之事，本无中西”。他将晚清民初引进西学视为“第二之佛教”，认为这是中国文化发展的内在需求。每当一个民族和国家的文化趋于保守、僵化和衰落时，就需要引进一种外来的先进文化来激活它，使它获得新生。宋代，佛教与中国儒道结合产生了理学，从而获得了新生。王国维的西学观念达到那个时代的高度，但1927年他却投颐和园的昆明湖殉道了。他无法接受中国文化遭挨骂、唾弃、衰落、遗忘的现实，失去文化自信。

严复[2]是最早的留英学生，是翻译赫胥黎的《天演论》的大家。《天演论》就讲“物竞天择，适者生存”，严复翻译得非常漂亮，有许多骈体文，古色古香。“文革”中的后几年，全国光出《毛主席语录》《毛泽东选集》，这不行啊，于是出版世界名著，毛主席专门提到，他年轻时就读过严复翻译的《天演论》；但这个严复晚年对中国文化也没有多少信心，拖着羸弱之躯，医生给他开了“特效药”——鸦片，一次成瘾，因此他生活得非常痛苦。

历史的车轮滚滚向前，1921年，中国共产党诞生，这是开天辟地的大事件。近一个世纪来，使一盘散沙的中国扭转了局面，赶上了时代，实现了中国人民从站起来到富起来、强起来的伟大飞跃，开创了一条独具自身特色的中华民族复兴之路。

半个世纪以来，有两位美国学者对世界潮流的预测广受关注：一位是政治学家萨缪尔·亨廷顿，因上世纪90年代在《文明的冲突与世界秩序的重建》一书中提出“文明冲突”观点，“冲突的主要根源将是文化，各文明之间的分界线将成为未来的战线”是该书的核心思想，他是文明冲突论的创始人。另一位是未来学家阿尔温·托夫勒，1980年出版的《第三次浪潮》提出“新技术革命”的概念，讲到“网络”“IT”等词汇，当时也是难以想象的，给国门打开之初的我们以心灵上的巨大冲击。他将人类发展史分为“农业文明”“工业文明”和上世纪50年代后期开始的“信息社会”，我们现在正亲历着第三次浪潮，但他也忧虑：“从来没有那么多国家的人民，感到精神上如此空虚与沉沦。”物质利益成为唯一“价值”，精神追求可以放逐，于是责任能够淡漠，道德可以离席，灵魂容许出丑，放眼全球，这是一种颇具世界性的“现代病”。

我们的文化是一个能够与世界对话，能够与世界打交道，既可以保持自己的特色，又不拒绝任何外来的有益影响的这样一种文化。社会主义核心价值观，既体现了消除贫困、改善民生、实现共同富裕的社会主义本质要求，继承了中华优秀传统文化，也吸收了世界文明有益成果，体现了时代精神。需要我们在实践中继续探索，理论上不断突破，把实现人的共同富裕、实现人的完全平等、最终实现人的自由全面发展作为根本价值追求。包括让每个公民享受到宪法赋予的尊重保护，民主、自由、平等、法治的权利，个人梦想与国家梦想一起实现。钱锺书有一句名言：“东学西学，道术未裂；南海北海，心理攸同。”影响是互相的，有了文化自信就有了文化定力。

我们的文化是植根内心、溶入血脉的价值观及其行为取向，牢固的核心价值观有其固有的根本，根深而叶茂，本固而枝荣，任何信仰、制度无不植根于深厚的文化土壤中。中华民族积蓄力量太久了，既有创新创科技的胸怀，又有珍爱、弘扬自己文化的能力，科技是山，文化是水，有山有水，才是美中华，这是新的境界。一个民族，一个国家，没有现代科学、先进技术，就会落后挨打；而没有民族精神和优秀传统，就会失去支撑，不打自垮。中华优秀传统文化，是我们的母亲文化，是我们在世界文化激荡中站稳脚跟的根基。进一步说，无论是东方文化、西方文化，都是人类的文化，能够整合东西方人的智慧，是我们所要追求的事情。

一切有价值的文化都是民族的，也是世界的、人类的，与世界文明同步，才能使我们的文化生机勃勃，为人类文化作出更大的贡献。泱泱大国，应该有泱泱大国的文化。中华文明中的“和而不同”的文明多元共生理论，“天人合一”的人与自然、社会与生态的和谐精神，“修身，齐家，治国，平天下”的崇高理念等，注定将照亮21世纪，促进人类世界向更高层次的价值理性方向发展。中国自古就有影响深远的诸子学说，浩如烟海的历史古籍、气象万千的诗词歌赋、匠心独运的书画雕塑、泽被后世的四大发明等。进入现代社会，能够代表中华优秀文化的高端精神产品是什么？我们当然需要高端、需要引领、需要中华民族伟大复兴，包括文化复兴的“中国梦”。“中国梦”不仅为了中国自身，而且为了全人类的进步。

与中国的现代转型相伴随的，是对民族文化和精神的重整旗鼓，这是一个新的精神转折，这是一个伟大时代的需要。《易经》上说：“天行健，君子以自强不息。”优秀传统文化与现代的衔接，创新和坚守，都来之不易。梁思成早先曾在《为什么研究中国建筑》一文中说：“研究中国建筑可以说是逆时代的工作。近年来中国生活在剧烈的变化中趋向西化，社会对中国固有的建筑及其附艺多加以普遍的摧残。……一切时代趋势是历史因果，似乎含着不可免的因素。幸而同在时代中，我国也产生了民族文化的自觉，收集实物，考证过往，已是现代的治学精神，在传统的血流中另求新的发展，也成为今日应有的努力。……除非我们不知尊重这古国灿烂文化，如果有复兴国家民族的决心，对我国历代文物加以认真整理及保护时，我们便不能忽略中国建筑的研究。”梁思成在此文中还说：“中国金石书画素得士大夫重视。各朝代对它们的爱护重视，并不在文章诗词之下，实为吾国文化精神悠久不断之原因。”（梁思成：《中国建筑史》，生活·读书·新知三联书店，2011年）梁思成所说的中国建筑、中国金石书画，都是中华传统文化的一部分，先辈们不畏艰难，对中华传统文化珍惜、呵护、研究，为后人树立了榜样。令人欣慰的是，时至今日，弘扬、传承中华传统文化，已不再是“逆时代”的工作，而是“顺时代”的工作。

而当年过云楼如同孝子般地对待母亲文化，一个是艺术精神，一个是道德精神，共同象征着中国传统文化的神韵。虽然它只是历史进程中的一朵浪花，却是让人值得尊敬和难以忘却的。一个半世纪看过来，过云楼以其书画典籍收藏以及由此产生的艺术成就和文化人才群，在中国近现代文化史上留下众多佳话。文化的核心是精神，精神的实质是信仰，信仰的基础是广大民众。可歌可泣的是过云楼一代代人：饱尝沧桑变故，其先辈抢救蒐集大批稀见书画而呕心沥血，后人为使藏品不致外侵蹂躏和战乱流失而艰难辗转；直到新中国诞生，过云楼主人将其字画珍藏及精心构筑的怡园无偿捐献给国家；历经风雨，又矢志不渝地传播古典园林、古建筑、昆曲、古琴、桃花坞木版年画、刺绣等弥足珍贵的文化遗产。

“日出江花红胜火，春来江水绿如蓝。能不忆江南？”忆江南，因为文化魅力永恒，精神永恒。为保护过云楼的文化遗产，褒扬顾氏家族的文化贡献，2013 年苏州市委、市政府决定由苏州文化旅游集团保护修缮过云楼，目前东路前两进已建立“过云楼陈列馆”，对外免费开放。“一叶知秋”，过云楼是值得我们讴歌的——文化艺术上以坚守见创新、以历史窥未来。

高福民

2017 年 7 月于苏州双塔榴桂书室

注：

1. 王国维（1877—1927），初名国桢，字静安，亦字伯隅，初号礼堂，晚号观堂，又号永观，谥忠悫。浙江海宁人，在教育、哲学、文学、戏曲、美学、史学、古文学等方面均有深诣和创新，为中华民族文化宝库留下了广博精深的学术遗产，是中国近、现代相交时期享有国际盛誉的著名学者。

2. 严复（1854—1921），原名宗光，字又陵，后改名复，字几道。福建侯官县人。先后毕业于福建船政学堂和英国皇家海军学院，曾担任过京师大学堂译局总办、上海复旦公学校长、安庆高等师范学堂校长、清朝学部名辞馆总编辑，是清末极具影响的资产阶级启蒙思想家、翻译家和教育家，是中国近代史上向西方国家寻找真理的“先进中国人”之一。

鸦片战争　19 世纪英国画家绘制的铜版画

一般认为，晚清大变局是从鸦片战争开始的，现在的近代史划分也是从这个时间开始的。清朝之盛世已邈，衰竭之周期将届。

英法联军火烧圆明园前后对照

清咸丰十年（1860），英法联军火烧圆明三园。这个凝聚了中国人民血汗、综合中西建筑艺术、聚集古今艺术品而成的皇家园林，顿成一片废墟。同年，清政府与列强签订《北京条约》。

油画　中日黄海海战

清光绪二十年（1894）中日海军黄海之战，亦称甲午海战。2015 年 10 月，在黄海丹东一号水中考古中发现当年战沉的邓世昌致远舰。

清光绪二十四年（1898）和光绪二十六年（1900），法国画报《小日报》刊载的两幅彩色石印画。左为描绘庚子事变前列强瓜分中国的野心，同时也把受害的中国人妖魔化。右为描绘八国联军向北京进犯。庚子年（1900）八国联军侵华，翌年，清政府与德、法、俄、英、美、日等十一国驻华公使于北京签订了《辛丑条约》。

庚子年（1900），八国联军侵华时所发的宣传画，题为“向中国开战”。

第一章　重温一段历史：惊涛骇浪，乱世中首创过云楼收藏

一叶知秋

本书所记录的过云楼是文化、是艺术，但也离不开大历史，似有必要尽可能对前人的生活场景进行最接近真实的描述。如果想领略前人经历的甜酸苦辣、得失成败、生死离别，就只能去了解一幕又一幕的历史。况且是过云楼，它处在一个半世纪来的大变革之中，这是中国历史上从未有过的大变革。

顾文彬（1811—1889），清苏州府元和县（清雍正三年（1725）苏州设长洲、元和、吴县三县）人，字蔚如，号子山、紫珊，晚号艮庵居士、艮庵老人，室名过云楼、艮庵。道光十一年（1831）举人，道光二十一年（1841）进士，官刑部主事，升陕西司员外郎。文彬为官端正，办事得力，身居帝都十四年，咸丰年间太平天国运动兴起，朝廷内外乏人，危难之中，文彬于咸丰四年（1854）任福建司郎中。因湖北军情告急，咸丰五年（1855）转任湖北汉阳知府，咸丰七年（1857）擢武昌盐法道，成为湖广总督官文的幕府。

晚清大变局的到来，有其历史的必然性，但也有两大诱发因素：内忧和外患。当时尤为让江南人惊呼的是太平天国运动。咸丰元年（1851）爆发了金田起义，这场战争规模之大、持续时间之长、波及范围之广，都是历史罕见的。一方面造成巨大的灾难，另一方面也危及到清朝统治的根基。

咸丰九年（1859），入佐湖南巡抚骆秉章幕府六年之久的左宗棠，帮助巡抚整饬湖南官场的腐败，他心高气傲，刚直不阿，迥异于常人，得罪了一批人，引遭湖南永州镇总兵樊燮构陷入狱，其实质是一些满族上层人员对汉人逐渐掌控兵权不高兴。谁来处理左宗棠案子？咸丰皇帝指派官文和都察院副都御使钱包青（萍矼）。皇帝密旨中说："左某如果确有不法情事，即行就地正法。"事态显然很严重。左宗棠上书湖北巡抚胡林翼，表示他决心去死，也不愿意入狱受辱。

官文，满洲正白旗人，最初是殿前蓝翎侍卫，后做到荆州将军。咸丰皇帝派他到湖

广，领导八旗、绿营，与曾国藩共同平定太平天国。湖广总督人选，需要具备两个条件，一是血统上是满人，能力上可监督、分化汉官；二是会周旋关系，与汉官，主要是曾国藩湘军，总体上能保持良好关系，不会崩盘。

曾国藩城府深，每次报功，总将官文列第一位。皇帝知道，凭官文那点才能，打仗他是打不出名堂的，但朝廷要的就是曾国藩这个姿态。官文当然铁心与曾国藩合作，但左宗棠不会八面玲珑，巡抚大人说要整饬就真整饬。他发觉虽为汉人，却入了满官集团的樊燮有凭有据的三大罪状：一是，大敌当前，永州防卫号称两千，实际常驻城内只有三百人，樊家的厨夫、水夫、花匠、点心匠、剃头匠的薪水全部从军费中开支，防卫兵的工作居然还有给他的姨太太洗衣服的；二是，有贪污挪用军饷行为；三是，违犯“武职骑马”的规矩，偏要坐八人抬的大轿。前两条是以公谋私，第三条叫“非礼”“僭越”。骆秉章趁进京见咸丰帝的机会，先后两次递上了弹劾樊燮的奏折，咸丰帝批示，叫骆秉章提办。樊燮忐忑不安地赶到长沙，见巡抚大人，骆秉章又将他交左宗棠发落。时任文官讲究进士出身，樊燮打听到，左宗棠原来只是个小举人。而自己是堂堂朝廷二品武官，所以一进门，双手作揖，算是行礼，全不把左宗棠放在眼里。气得左宗棠咆哮：“滚出去！”骆秉章下令，将樊燮就地革职，永不叙用。由此，樊燮对左宗棠怀恨在心，四处搜集左宗棠的黑材料，搜来搜去搜不到，最后给左宗棠列两大罪名：一是“劣募”，因为左宗棠名气大，叫“著名的劣募”；二是左宗棠大权独断，越权干政，导致湖南巡抚衙门“一官两印”。皇帝将生杀大权的尚方宝剑交给官文，而官文又将尚方宝剑高高举起来了。

与左宗棠素昧平生的顾文彬，念左氏有大才，仗义向官文陈述，从中排解。王颂蔚[1]书顾文彬墓志铭：“……公念文襄（左宗棠）非常人，力请于文恭（官文），狱得解。时吾乡潘文勤（潘祖荫）抗疏，明文襄亡它，谓才可大用。海内至今叹诵前识。公营护事隐，世尠知者。”

咸丰近臣郭嵩焘、湖北巡抚胡林翼和当事人、湖南巡抚骆秉章等又当面或上折子力保，连给皇帝当教读的苏州人潘祖荫[2]也为之说好话。潘祖荫是皇帝身边最亲近的人，前后三次上奏折，其中一次原文是：

> 楚南一军立功本省，援应江西、湖北、广西、贵州，所向克捷，由骆秉章调度有方，实由左宗棠运筹决胜……是天下不可一日无湖南，而湖南不可一日无左宗棠也。宗棠为人，负性刚直，嫉恶如仇。湖南不肖之员，不遂其私，思有以中伤之，久矣。湖广总督官文惑以浮言，未免有引绳批根之处。

潘祖荫可不是吃了谁的面子，说说好话，据说他上折前专门了解了左宗棠的实绩和品行，以备在皇帝面前对答。他的祖父潘世恩曾举荐林则徐，他又营护左宗棠，都是为了大清王朝。显然，这道奏折中的“天下不可一日无湖南，而湖南不可一日无左宗棠”一句真的打动了咸丰帝。咸丰帝看到潘祖荫奏疏，便开金口，与自己宠信的重臣肃顺说：“当今天下多事，如果左宗棠确实长于军事，当然可以弃瑕录用。”肃顺趁机奏道：“人才难得，自然应当爱惜。请皇上将中外保荐各疏密寄官文，着他重新考虑。”咸丰帝采纳了他的意见，一场风波就此了结。

救左的过程惊心动魄，但正如王颂蔚所说，上上下下之营护事悄悄地进行，外界知道很少。左宗棠“狱得解”即审理之中未被关押，也始终被蒙在鼓里。从头至尾，他将事情看得并不复杂，因为自己一直清清白白，“身无半亩，心忧天下；读破万卷，神交古人”是其座右铭，身正不怕影子歪。想起樊燮以“举人”挖苦他，倒是对他刺激颇深，他二十六岁那年已宣布放弃科考，四十八岁老夫聊发少年狂，又想去考进士。会试路上，在湖北被劝阻回去，胡林翼密信告知内情，他见后跳了起来，痛感“网罗四布，可为寒心”。

刀下脱险，让左宗棠欠下了几笔人情债。之后，左氏得到郭嵩焘、曾国藩等人密保，并随曾氏四处立功，成为晚清中兴四大臣之一。最为后人铭记的是他于花甲之年收复新疆，“新栽杨柳三千里，引得春风度玉关”。众所周知，左氏知恩图报，曾将陕西岐山礼村出土的周代青铜器大盂鼎转给潘祖荫收藏。潘家后人始终遵循“谨守护持，秘不示人”的祖训，使大盂鼎与另一件大克鼎两件国宝级文物，在日军侵华期间躲过一劫。新中国诞生后，由爱国人士、主持家政的潘达于出面捐赠给国家[3]。

1995 年出版的《苏州市志》载《潘氏昆仲护鼎记》文：清道光间在陕西眉县礼村出土的西周初期青铜器大盂鼎，光绪间在陕西扶风任家村出土的周厉王时的青铜器大克鼎，连同道光末在陕西岐山出土的有四百九十七字铭文的毛公鼎（台北故宫博物院藏），系国之重器，世称“海内三宝”。前二器曾为清咸丰时工部尚书潘祖荫所得，后运藏苏州珍藏。……对二鼎之流传，潘景郑有《护鼎记》述之甚详。

> 先伯寅叔祖名祖荫……生平致力金石之学，所藏钟鼎彝器数百事，署名攀古楼……其最著者，为盂鼎、克鼎二大器，各重三四百斤。盂鼎为左宗棠所赠，因先叔祖曾上书营救左氏，遂以此为报恩之酬。克鼎则得自天津柯氏……
>
> ……迨丁丑（1937 年）之变，日本军阀侵占及苏，家乡沦陷，千家万户俱被劫掠，第念先叔祖历数十年之苦心，保存载有我国西周时代历史史料的珍贵文物，岂能使一旦弃而不顾。先兄博山，主谋保藏之事……遂与余多方觅妥藏之地，最后决定择第二进中间大室。此室无人居住。尘积满室，不为人注目。遂于中间掘一五六尺深坑，将两鼎纳入土中，并以破絮纳鼎中，使鼎内铭文不致受损。四周杂置较小鼎彝数十器，再以泥土覆盖其上，铺砖一如其旧。再以

家具杂物堆积盈室。当时雇工两人，及家司阍（读hūn，司阍指看门人）一人助其事。尽两昼夜之力，才能毕事。未几，日军陷苏，吾全家避难至沪，而家中仅留司阍数人而已。所幸日军入吾家，劫所有长物几尽，两鼎幸未被发现。侧闻人言，日将松井（日本侵略华中方面军司令官松井石根）到苏，曾询问两鼎所在，迄未知之。八年抗战，未能还乡，其间为阍人掘盗若干器，售于古董贩子名洪老七者。惟两鼎重大，不易挈去也。……

潘世恩、潘祖荫家族，即“徽潘”，苏州人亦称“贵潘[4]”，过云楼顾家也是“徽顾”，都是从皖南徽州迁回苏州的。苏州名门望族许多都是姻亲关系，相互见面，亲家长，亲家短。自过云楼创始人顾文彬起，潘、顾两家，君子之缘，数代世交，共渡国难，赤心护宝，佳话流传。

话回到顾文彬其人，咸丰十年（1860），文彬以父忧（丁忧，古时官员遇父母的丧事，需回到祖籍守制二十七个月。儒家有“三年之孝”的说法，因母亲用乳汁哺育孩子要二十七个月）去职。

文彬平生工倚声，善操琴，书法宗唐欧阳询、褚遂良，精于鉴赏，富于收藏。著有《过云楼诗》《眉绿楼诗》《眉绿楼词》《百衲琴言》《过云楼书画记》《过云楼集帖》《可自怡斋试帖》《宦游鸿雪》（编者按：《宧游鸿雪》的宧，疑宦。以宧代宦，体现低调做人之品格。）《过云楼日记》等。

潘祖荫像

清代官帽，清代官帽分为暖帽和凉帽两种。其中，暖帽为圆形，有一圈檐边，中有红色帽帏，帽子最高处有顶珠（俗称顶子），用以区别官员品级。按清制，一品为红宝石、二品为珊瑚、三品为蓝宝石、四品用青金石、五品用水晶……

大盂鼎，现藏中国国家博物馆。通高101.9厘米，口径77.8厘米，重153.5千克。鼎有三足，造型雄浑庄严。其壁内铭文二百九十一字，是研究西周“封建”制度最宝贵的第一手资料。它也是金文之典范，周初铭文最长之作，对中国古文字和书法艺术的研究，具有重要的历史价值。

大克鼎，现藏于上海博物馆。通高93.1厘米，口径75.6厘米，重201.5千克。三足鼎立，造型威严沉重。内壁有铭文二百九十字。是研究西周文化的重要史料，亦是西周金文书法艺术的皇皇巨篇。

褒獎狀

潘達于先生家藏周代盂鼎、克鼎，為祖國歷史名器，六十年來，迭經兵燹，保存無恙，今舉以捐獻政府，公諸人民，具愛護民族文化遺產及發揚新愛國主義之精神，至堪嘉尚，特予褒揚，此狀。

部長 沈雁冰

一九五一年九月十三日

左为《滂喜斋藏书记》三卷，潘祖荫撰，1928年刻本。　苏州名人馆藏
右为新中国成立以后，潘达于获悉上海筹建大型博物馆，毅然代表潘家决定将大盂鼎、大克鼎两件重器国宝捐赠给国家。1951年10月9日，上海市文物保管委员会举行潘氏捐赠盂、克二鼎授奖典礼，颁发了由文化部部长沈雁冰签发的褒奖状。

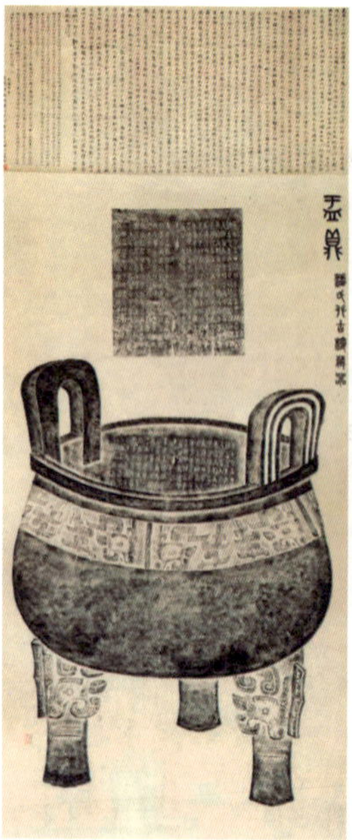

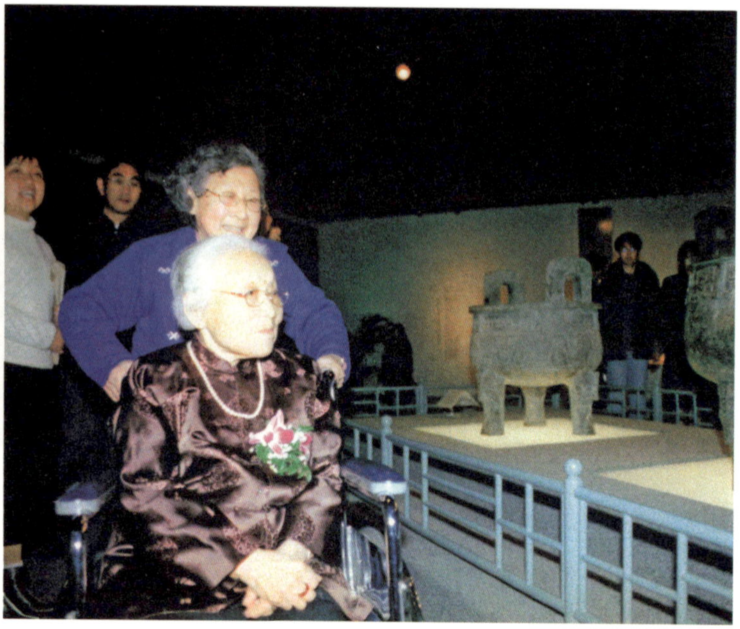

左为吴大澂题、王同愈跋、潘祖荫钤印大盂鼎全形拓片。
右为 2004 年 2 月，在潘达于老人百岁寿辰之际，上海博物馆专门举办展览，中国国家博物馆将大盂鼎护送至沪。二鼎再次相聚，百岁老人在女儿的陪同下静静地欣赏。

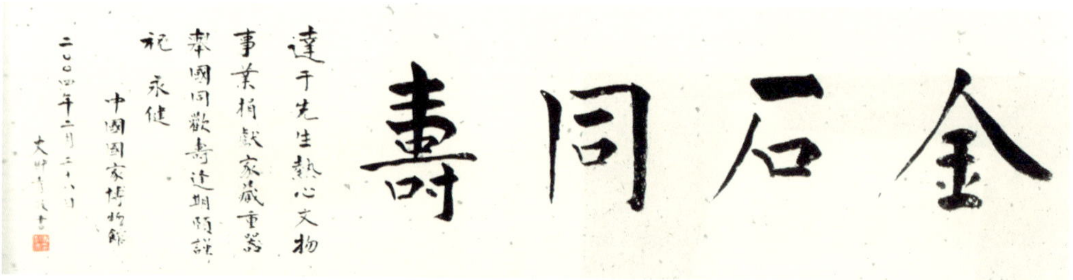

2004 年，中国文物鉴定委员会副主任史树青先生手书贺匾。

苏州平江历史街区的南石子街潘祖荫故居

老宅承载着历史的传承，内“攀古楼”与“滂喜斋”遥相呼应，当年存放的青铜器和古籍各有一间房间、一间隔厢之多。2010年被列入苏州市优秀历史建筑保护利用试点工程，恢复了东路花厅、船舫及花园水池等。

《吴友如画宝》中的官文画像

《吴友如画宝》中的胡林翼画像

过云楼陈列馆中顾文彬的塑像
现代　王和平塑

顾文彬《宦游鸿雪》原本
顾笃璜捐赠苏州市档案馆

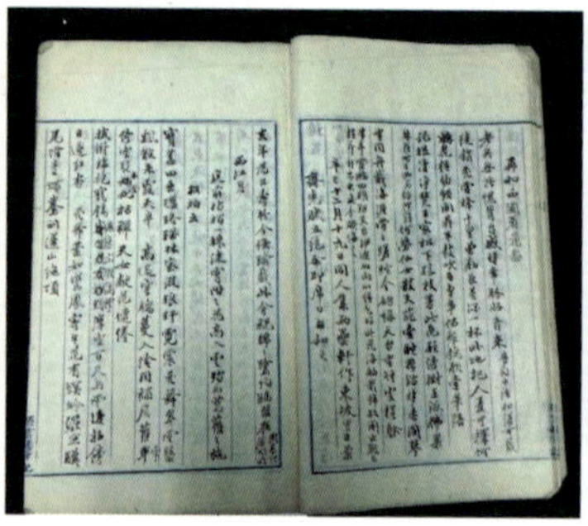

顾文彬《艮庵手集》原本
苏州图书馆藏

《百衲琴言》原本
苏州图书馆藏

注：

1. 王颂蔚（1848—1895），字芾卿，号蒿隐，初名叔炳。江苏长洲（今苏州）人。明代著名政治家、文学家王鏊的后裔。清光绪六年（1880）庚辰进士，在朝廷任户部郎中，有文史考证、著作多种，是蔡元培参加会试时的恩师。早年师从冯桂芬，二十岁时由冯桂芬聘请修撰《苏州府志》，与叶昌炽、袁宝璜合称“苏州三才子”。顾文彬的四孙娶了王颂蔚的堂妹。

2. 潘祖荫（1830—1890），字在钟，小字凤笙，号伯寅，亦号少棠、郑盦，江苏吴县（今苏州）人。其祖父为乾隆癸丑科状元潘世恩，官封太傅及武英殿大学士；父亲潘曾绶，字绂庭，官至内阁侍读；他本人于咸丰二年得中一甲三名进士、探花，授编修，数掌文衡殿试，在南书房近四十年。咸丰九年授大理寺少卿，左宗棠被弹劾，召对簿，罪不测，他上疏密保左宗棠，说他人才出众，此案才平息下来，之后左宗棠被释疑保举至曾国藩处襄理军务。他在光绪间官至工部尚书等，晋太子太保，光绪十六年卒，赠太子太傅，谥文勤。通经史，精楷法，藏金石。有《攀古楼彝器图释》，辑有《滂喜斋丛书》《功顺堂丛书》。与潘世恩、叔祖潘世璜一起被称为书法“苏州三杰”。在收藏界有“潘神眼”之称。

3. 抗日战争爆发前，姑苏潘氏家族由孙媳丁素珍主持家政，为表示对潘家负责，改姓名为潘达于。在日军进犯前，潘达于与潘家后人潘博山、潘景郑昆仲精心护持，将两尊周代大鼎深藏于所居苏州平江路南石子街宅院地下。日军大肆搜索，甚至将池塘水全部抽干，但文物丝毫未露。1951 年潘达于写信给上海市文物保管委员会，表示“有全国影响的重要文物，只有置之博物馆，才能充分发挥其价值”，毅然主动献给国家。1959 年，大盂鼎从上海博物馆调拨给中国历史博物馆（今中国国家博物馆）。1959 年 6 月，潘家又将明清书画一百六十一件捐赠给南京博物院。

另据顾廷龙先生回忆，上海图书馆所藏“滂喜斋”善本，是上世纪 50 年代初上海市文物保管委员会刚成立时，从潘家收购到的，而后文管会将其转交给了筹建中的上海图书馆，成了上海图书馆首批国宝级的藏品。

4. 有清一代，在苏州曾出现两大著名的潘姓家族，均为“徽潘”。一家世代书香，家族中状元、探花和进士、举人的不计其数，历代为官，被称为“贵潘”，潘世恩、潘祖荫是“贵潘”的代表人物；另一家依靠经商致富，在苏州拥有大量店铺、作坊、房地产，民间称为“富潘”，卫道观前礼耕堂潘麟兆是“富潘”的代表人物之一。

内忧外患

关于过云楼及怡园的肇建，文彬留下如下一段明明白白的记载：

> 庚申之乱，铁瓶巷房屋无恙，尚书里止隔一街，房屋烬毁。余在任时，开拓住宅东首两落，其一改造“过云楼”，上下两层。前一进平屋之间，即“艮盦”也。南院中购得戴氏废园湖石甚多，择其佳者五峰，环列如屏（按：此为有名的“五岳起方寸”之景致，已消失）。余石尚多，嘱承儿（按：其第三子顾承）购得尚书巷（里）废地，垒石为山，坎地为池，初念不过一丘一壑而已，继而渐拓渐变，又购得杨家、曹家数园之石以实之，比余归田，功已及半，于是尽得巷中废池，先构义庄祠堂数十楹，余地尽归于园，园归于庄（按：义庄）产，余与承儿互相斟酌，添造亭台，广搜树石，名为怡园。

“庚申之乱”，指清咸丰十年（1860，太平天国十年）闰三月（5月），太平天国忠王李秀成乘胜东征，逼近苏州城，江苏巡抚徐有壬命清军总兵马德昭布置城防，马主张焚毁沿城民房，空旷其地，以作固守。徐给马令箭三道：“首令民装裹，次令迁徙，三令纵火。”阊门内外，向来万商云集，市肆繁华，太平军攻城时，马三令齐出，顷刻之间烈焰腾空，阊门、胥门及城内鱼鳞万瓦化为灰烬。

潘锺瑞《苏台麋鹿记》又载：

> 嗣后城陷，贼中放火处，阊门中市自西及东，直巷则专诸巷、吴趋坊，横巷则天库前至周五郎巷，延及刘家浜，房屋之后半尽为煨烬。
>
> 始时无夜不火……城内学士街、道前街，延至养育巷，直至大太平巷，葑门则十泉（全）街，东至平江路，中间临顿路、护龙街，凡十字路口市廛最密处，无不投以炎火。盖欲使苏城无复有市集贸易之所，民人不得谋生，势必委而去之。

潘锺瑞记载中的“贼”指太平军。纵火者，清军、太平军皆有之，一个在城西放，一个在城内放。苏州城内生灵涂炭，仅剩三四万人，这是苏州历史上一次大劫难。

咸丰庚申四月十三日（6月2日）太平军攻陷苏州，一方面抢劫财物，一方面糟蹋掳掠女性，清同治《苏州府志》中记载颇多：“城内被掳少年妇女无算，禁闭于元妙观内，有贼女百长管之。”“各贼私掠妇女，藏于观中。”太平军确有禁止奸淫的条款，但到了太平天国后期军纪日益败坏。五天后，6月7日，李秀成下令禁止“掠妇”：所掠诸妇女皆令十九日缴送女馆，违者论斩。“取美女七百余置诸舟，送金陵，备伪天王妃嫔用，曰贡女。每岁一贡，总计凡四贡。”《苏州府志》中有据可考的，死于太平天国战事，被官府旌表的节烈女性多达六百八十九人，其中自杀三百七十四人，被杀二百一十五人。这只是死难妇女的一小部分，面广量大的未被官府旌表的普通女性又有多少？

同年八月，英法联军攻陷北京，咸丰皇帝逃到热河，死了。这些盗贼大肆劫掠，为了掩盖其罪行，竟纵火焚毁天下奇观圆明园，这段丑史使西方文明世界永久蒙羞。腐败无能的清政府与英、法、俄列强分别签订了丧权辱国的不平等条约。

家、国向来同命运、共呼吸。此阶段，文彬全家的艰险历程，在其后来《哭承儿诗》中一清二楚（文彬挥泪写下百首哭儿诗，今仅见四十首，每首之后都有注解和记录）：

咸丰五年，余以知府发往湖北，时先考（父亲）春秋已高，留全家侍奉，以一子自随，一年为期，兄弟瓜代（轮换）。八年，承（顾承）来代。十年三月，得家书，惊悉先考弃养（婉辞：父母死亡）。

四月，苏城失守，无家可归，父子唏嘘相对，日坐愁城。

十一年春，贼（太平军）窜黄州。余挈承避兵新堤，忽得家书，惊悉全家避兵无锡县属之朱埂。廷薰（长子）、廷熙（次子）暨亡室相继病故，父子相持大恸，几不欲生。

鄂省肃清，买舟东下，阻风二十余日，始抵汉口。旧仆星散，止雇一仆照料行李。搭坐轮船赴上海，中途浪激入窗，铺被尽淹，父子露宿舱面。

文彬因父亲顾大澜病故，丁忧回籍，但只能避居在沪上租界。太平军进逼上海，困居于上海的官绅决定联合自保。那时，上海集聚了苏州许多官绅，他们就在那儿整天想着打回老家去。文彬奉命操办团练，被推选为代表，与冯桂芬、苏州知府吴云[1]和地方士绅班头、潘世恩的第四子潘曾玮[2]等力倡组织“中外会防局”。

文彬在手订年谱中又记述：

咸丰十一年，方余之初至上海也，目击所募之勇及军装、器械皆不堪用。与同乡之避居上海者，如冯林一（桂芬）、潘顺之（遵祁）、季玉（曾玮）、汪秉斋（锡圭），及浙江之吴平斋（云）、应敏斋（宝时）诸公，皆蒿目时艰，相与咨嗟太息，谋挽救之策。余曰：“余在汉口时，闻安徽初复，曾帅因勇多饷少，欲撤去万人，此万人者皆百战之余，弃之可惜，招之可用，在转移间耳。”众皆称善。

于是，向两江总督曾国藩求援的《公启曾协揆》书即由冯桂芬挥毫执笔。

江苏因江宁府和苏州府而得名，简称苏，历史悠久。咸丰元年（1851）广西大旱，民不聊生，洪秀全等于桂平县金田村揭竿而起，即太平天国金田起义。咸丰三年（1853）太平军克复并定都南京，称天京，据两江总督署为中心，扩建为天王府。

洪秀全，清嘉庆十八年十二月（1814 年 1 月）生于广东花县，十六、二十三、二十四岁三次赴广州应试，三度落榜。靠一本残缺不全的《圣经》——梁发的《劝世良言》起家，咸丰三年（1853）二月，已是洪天王的他，在南京所举行的盛大的进城式，是怎样一种气派？

> ……其日，东王杨秀清躬率诸王百官及圣兵恭迎天王于江干龙舟中。东王衣红袍，戴貂帽，如宰相服饰。其余各首领或戴官帽，或插竖鸡毛，带兵十数万，簇拥跪迎。是日天色晴明，旌旗蔽空；各官皆骑马，带兵勇前驱。其次则各王皆坐黄轿，轿顶一鹤，后皆有王娘及大脚妇数十人骑马从焉。天王之帽如演剧长生殿唐明皇之帽，黄绣龙袍、黄绣龙鞋、不穿靴，坐一黄色大轿，轿顶五鹤朝天，用十六人舁之。舆夫皆黄马褂、黄帽。前队旗帜兵卫数百对。次锣鼓手若干对，次吹鼓手八人，各穿制服。太子（皇子）二人，一骑马，一抱在乳媪手中。天王轿后，妇人三十六人从，皆大脚短衣长裤，不穿裙，骑马，手执日照伞。最后拥兵卫者，亦不计其数。喧嗔数十里，居然万乘之尊。（见简又文著《太平天国全史》第 512 页，引自《养拙轩笔记》）

一开始，太平天国占尽优势，高歌猛进，甚至赢得为数不少的洋教士一片叫好。起兵后毁儒释道，文化、书院一路焚毁，只允许人们相信他是“天父的次子爷火华（耶和华）”和“拜上帝教”。笔者研究桃花坞木刻画，举两例：一幅是清康乾时的《金陵盛景图》，该图刻画南京中华门外大报恩寺琉璃塔的盛景。此塔由明永乐初成祖朱棣为纪念生母所建。明末张岱称该琉璃塔为“中国之大古董，永乐之窑器”，有人将其与古罗马竞技场、亚历山大地下陵墓、万里长城、巨石阵、比萨斜塔、圣索菲亚大教堂一起誉为中世纪世界七大奇观之一。被太平军炸毁，中华门外仅存宝塔根的地名，近年来抢救，2015 年末成为大报恩寺遗址公园。另一幅是苏州《天池山寂鉴寺图志》，载“咸丰庚申，突遭赭寇浩劫，寺产荡然”。赭寇即太平军。此图为天池山寂鉴寺遭毁后，于丙辰 1916 年化缘重修时所刻。太平军活动区域主要在长江以南，武汉的归元寺、宝通寺，苏州的灵岩、虎丘、寒山、西园诸寺，全部遭毁，现见到的大都为后来陆续修复重建。

太平天国男女分营，即使结了婚也不能行房。西王萧朝贵将亲爹亲娘杀了，因为亲爹亲娘行房了。洪秀全禁止别人夫妻团圆，自己却妻妾成群。“九千岁”东王偏偏看中

“万岁”天王后宫的四位佳丽，于是弄出个“天父下凡”（附在东王身上），要打天王屁股四十大板的怪事。后来这位东王想当“万岁”，又重演天父上身。接二连三，引出天京内讧、自相残杀。北王杀东王，天王杀北王，株连者甚众，翼王避祸出走，后死于蜀，首义领袖无一孑遗，太平天国由盛转衰。

虽然是中国历史上规模最大的农民起义，宣传天朝田亩制度、天朝理想、男女平等、严禁“吹烟”（吸食鸦片），有进步的一面，但骨子里更多的是“王侯将相宁有种乎”“彼可取而代之”的另一面，进城后经不起考验，荒淫腐败，抱残守缺，就走向了反面，始终摆脱不了两千多年封建专制改朝换代的怪圈。

庚申之年（1860），忠王李秀成与英王陈玉成攻破江南大营，以八旗为主干的军队全覆，李秀成攻取苏州后又建苏福省，定苏州为苏福省省会，辖常州、松江、太仓和苏州，成为太平天国后期的军事重镇和财赋之区。然而似落日余晖，这一年曾国藩拉起大旗，在《讨粤匪檄》中道出了他兴师的理由：太平天国的“拜上帝教”根本就是个邪教，把中国文化的道统全部破坏了，“将凡读书识字者，又乌可袖手安坐”。

刚登上权力巅峰的慈禧太后，将镇压太平天国的希望寄托在曾国藩的湘军身上，就在李秀成兵陷苏州的当月，任命曾署两江总督，两月后实授，并命为钦差大臣督办江南军务。次年，命曾督办苏、皖、赣、浙四省军务，四省巡抚、提督以下的文武官员都归他节制。善于用人的曾国藩终于可以大权在握、调兵遣将了，左宗棠、李鸿章、彭玉麟等一批知识精英得到大力提拔。太平天国运动后，两江总督由汉人担任居多，曾国藩之后，担任两江总督的有李鸿章、左宗棠以及后来的张之洞、刘坤一等。

太平军起，清廷上下要么急于求成，要么悲观绝望，满朝官员如无头苍蝇、纷无定计之际，唯有曾国藩独辟蹊径，以超人的胆识创立湘军。开始时屡败屡战，却一以贯之地展开“以上制下，取建瓴之势”平定太平军的战略。太平军在汉口四进四出，他硬是“争夺武昌，控制长江中游，再指向九江、安庆，进而攻陷天京”。

曾国藩是晚清大变局中的一个角色，他出身寒素，没有靠山，所读的书都是四书五经、程朱理学，“存天理，去人欲”。他一生三个十年，一是十年寒窗，二是十年京官，三是十年征衣。十年征衣阶段，他从一支一万七千人的湘军起家，一点一点将六十多万的太平军吃掉。在这个过程中，以曾氏为代表的中兴诸臣培养了国家大批中坚人才，使得读书人看清了时局，振奋了精神，激发起一股向上的精气神，也改变了萎靡的民风。用哲学家冯友兰的话说，就是避免了使中国中世纪化。同时，救助文化危机，接续传衍传统。一时间造成气候的重建文化活动，虽然可控区域和持续时间有限，但影响是深远的。如果换一种说法，就是他们把垂死的大清王朝的寿命延长了半个世纪。

文彬从武汉三镇过来，眼观六路、耳听八方，对曾国藩和湘军的战略熟稔于心。在得到曾帅首肯后，与潘曾玮等千方百计筹措军饷，并租用英轮，由潘曾玮堂侄潘馥（其女后嫁沈家，即著名爱国人士沈钧儒之母）引曾帅弟子李鸿章统兵到沪。同治元年（1862），江苏巡抚薛焕等迅速筹建“中外会防局”，将洋枪队改组成“常胜军”。时局发生变化，列强们全面倒向清廷，共同剿杀太平天国。冯桂芬对“中外会防局”的评价甚高：“无此一举，上海必不守，皖兵必不至，苏州必后金陵而复。且有苏州之援，金陵更不易复，东南大局必且一变。”

同治二年（1863）秋，曾国藩在安庆接见了当时中国第一个留学生，耶鲁大学毕业的容闳。容闳归国先去天京，见了受到洪秀全重用、封为干王的洪仁玕。洪仁玕当年与洪秀全一起传教，后去香港，师从美国浸礼会牧师罗孝全，咸丰九年（1859）才到天京。太平天国给容闳的感觉是，不像一个可以大有作为的政权，于是，转身去了安庆找曾国藩。容闳说，接见前，我已知道“总督有建立机器厂之意”。会见时，乃建议建立机器厂，“大致谓应先立一母厂，再由母厂以造出其他机器厂。余所注意之机器厂，非专为制造枪炮者，乃能造成制枪炮之各种机械者也。……二星期后，华君若汀（华蘅芳，字若汀，无锡县荡口镇人）告予，谓总督已传见彼等四人……建立机器厂之地点，旋决定为高昌庙”（容闳：《西学东渐汇》，第86—98页，民国商务版）。由此看来，早在1863年曾国藩已经决定并命令李鸿章派员在上海高昌庙筹建江南制造总局了。上海的江南制造总局是中国近代规模最大的军事工业，是洋务运动一开始的大手笔。

两年后，李鸿章背靠上海，在英军戈登的协助下果真先收复了苏州[3]。之后依托江南的财力，由曾国藩直接领导的西线战场，李鸿章治下淮军开辟的苏南战场，和左宗棠楚军开辟的浙江战场，对天京形成合围之势，太平天国陷入灭顶之灾，迅速崩溃。

文彬所至，以贤能称。他与晚清中兴诸大臣，都有一些七七八八的瓜葛。在湖北，湖广总督官文在他的日记中被称为“恩师大人”，不仅出手营救左宗棠，而且当官文与湖北巡抚胡林翼不相和谐，间或抵牾时，从中劝解，受胡林翼称赞“不愧端人正士”。在沪上，他作为“首谋”与冯桂芬等的一封求援书，正合曾国藩的战略意图，曾当即命得力幕僚李鸿章用湘勇的模式克隆一个淮勇，淮军十三营由此崛起，自然又得到李鸿章的赏识，连曾国藩打下天京后，遣散湘军的一部分费用，也是他与同道们苦心募集的。与彭玉麟还是知音，此为后话。官场上并不风平浪静，种种构隙他不介入。“君子成人之美，不成人之恶”“至诚则金石为开”“在上不骄，在下不谄”，所持的只是读书人出身的官员的本分。

康乾时苏州木刻画
《金陵盛景图》

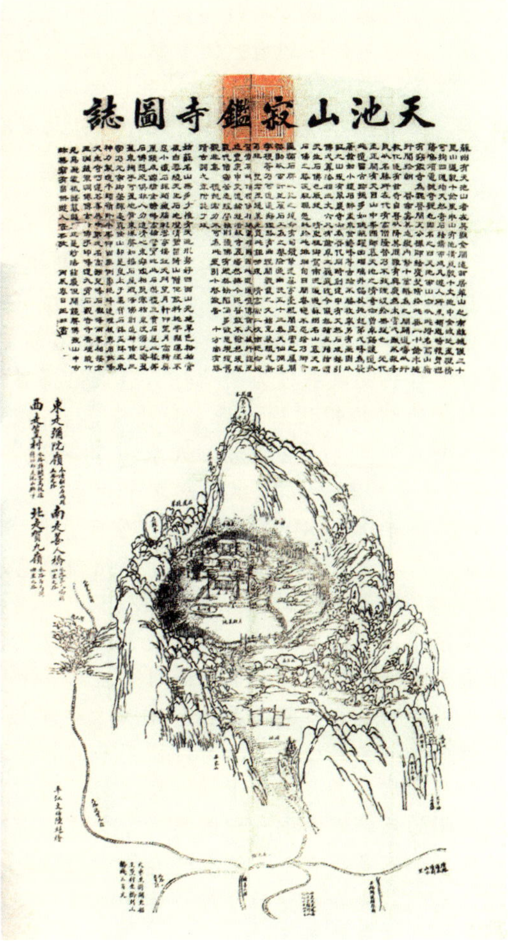

民国初苏州木刻画
《天池山寂鉴寺图志》

《江南通志》记载："春秋战国之际，吴楚最为强盛。"明太祖朱元璋建都南京后，行政区划上设置直隶省。永乐十九年（1421），明成祖迁都北京后，江苏行政上仍称为南直隶省。顺治二年（1645），清廷改南直隶省为江南省，又将应天府更名为江宁府，定为省会，设立左、右二布政使统领全省事业。顺治十八年（1661），右布政使司迁驻苏州府，下辖江宁、苏州、松江、常州、镇江五府。康熙六年（1667），江南省分设江苏、安徽、浙江及江西四省，这是江苏正式建省的开端。

不久，清廷改左布政使司为安徽布政使司，右布政使司为江苏布政使司。康熙帝觉得江南富庶，于是分为江苏和安徽，不按长江横向划分，而是纵向劈分，就是为了把富庶之地分为两半，安徽布政使司寄驻江宁府，江苏布政使司驻苏州府。乾隆二十五年（1760），安徽布政使司迁至安庆府，江苏增设江宁布政使司驻江宁府。江苏地方不大，经济文化发达，一省之内设置了两布政使，并有两处省会，这种设置一直沿袭到清末。江宁布政使统领江宁、扬州、淮安、徐州四府及海州、通州二个直隶州和海门一个直隶厅；江苏布政使辖苏州、松江、常州、镇江四府及太仓一个直隶州。（牛平汉：《清代政区沿革图综表》，第120页，中国地图出版社，1990年）布政使为一省最高行政长官。

后为加强统治，地方行政制度实行督抚制，巡抚为一省的最高长官；总督权力比巡抚大得多，总督可以管数省，侧重军事，以及通商口岸。

江苏一直是清代两江总督驻扎之地。雍正元年（1723），清廷设立两江总督，统理江苏、安徽、江西三省地方行政事务，总督驻扎于江宁省会。

注：

1. 吴云（1811—1883），字少甫，号平斋，晚号退楼，又号愉庭，安徽歙县人，一作归安（今浙江湖州）人，官至苏州知府。喜好古今鉴赏，收藏颇富，宋元书籍、书帖、字画、金石古印无不搜罗，并对古印深有研究。他最有名的是收藏了青铜器齐侯罍两件，并命名自己的藏书楼为两罍轩。后来他将齐侯罍出让，经百年周折，最终这两件青铜重器归上海博物馆收藏。著《两罍轩彝器图释》十二卷、《古铜印存》十二卷、《二百兰亭斋金石记》、《古官印考》六卷、《考印漫存》九卷、《虢季子盘考》、《汉建安弩机考》、《华山碑考》各一卷、《焦山志》十六卷。

2. 潘曾玮（1818—1886），字宝臣，又字玉淦、季玉，晚号敩闲居士，江苏吴县（今苏州）人。潘世恩之幼子，生于苏州钮家巷凤池园，潘曾沂、曾莹、曾绶之弟，他是四兄弟中科场最不顺利的，屡考举人不中，遂留心经世之学。太平军占苏常、攻上海，他北上京津，利用父潘世恩的老关系，游说总理衙门，使清廷批准成立会防局，协助李鸿章淮军为平定苏州太平军出谋划策，立下汗马功劳。

当李鸿章和淮军总兵程学启（太平军叛将）违约杀尽在苏州的太平天国诸降将时，洋将戈登认为自己是向降将许诺不杀的担保人，李、程的行为使他丧失信誉，一怒之下要与程学启火并。在这千钧一发之时，潘曾玮单骑驰入戈登营中，调停息兵。李鸿章进攻苏州的巨额军饷以及曾国藩打下金陵后遣散湘军的浩繁费用，潘曾玮都分别筹划捐集了百数十万及数十万。他参与奏请朝廷准免苏州田赋后，又和苏州大地主们共商减轻租额，有利苏民在兵燹后复苏。尽管他事后仅被赏按察使、布政使的虚衔，但他的实绩和能力胜过一般的高官。

3. 清同治二年（1863）七月中旬（9月初），李鸿章命常胜军英将戈登、淮军总兵程学启，合兵攻苏州。太平天国慕王谭绍光固守，久不能下，其部下纳王郜永宽等由清副将郑国魁为介，通款于程学启。程学启与戈登亲赴城北阳澄湖与郜永宽等面订降约，许以二品之赏，程学启为立誓，戈登证之。十月二十四日（12月4日）郜永宽等杀谭绍光，献城降，城陷之翌日，为李鸿章诱杀于娄门外临时行辕。李鸿章与程学启谋邀宴郜永宽等四王四将，炮响，伏兵起，悉杀之。在苏州双塔下一次就杀俘三万多人，“地下三英寸深都浸透太平军鲜血”，血流成河。翌年二月，程学启由苏州攻浙江嘉兴，太平军射中其脑，立毙。

清同治三年（1864）五月，曾国荃围天京三年，城中粮尽，太平天国天王洪秀全自杀，年五十。子洪天贵嗣位，忠王李秀成辅政。六月十六日，天京陷，湘军屠城，这方面后世争议很大，称曾国藩为“曾剃头”。繁华的六朝古都血流成河，李秀成仓促奉幼天王冲出城，行三十里，遇清军，李秀成以所爱骏马与幼天王乘之，命弟扬王李名成护卫驰去，自为殿后。十七日为村民匿于涧西村，清亲兵王三清查获，执送曾国荃营，囚于站笼中，慷慨吮笔，记述太平天国起事始末，自六月二十七日至七月初六日，凡十日，成数万言，既毕，曾国藩遂命斩之。八月，幼天王辗转走江西广信（上饶），清军擒之，磔于南昌，但也有人说，当时幼天王未死。太平天国亡，立国十四年，终致酿成死人数千万的历史大悲剧。

校郊同道

文彬和冯桂芬三十余年前结交于科举，与林则徐重视年轻人才选拔和亲民之风有关。林则徐于道光三年至道光四年、道光十二年至道光十六年，在苏州先后任江苏按察使和巡抚共七年。文彬于道光十一年（1831）乡试中举后，就全力备考京城会试，可是祖母舍不得唯一的孙子，“我已年高，不愿汝远离膝下”，孝顺的文彬只能遵从。

林则徐当巡抚后，有一天，从三元坊书院弄抚署，穿过护龙街（今人民路），前往苏州最有名的可园正谊书院考课。遇到正在那里的文彬，见他的试卷文采卓然，奇怪地问道：“为何不参加会试？”文彬如实禀告。林则徐赏识眼前这个小年轻的才华和人品，便将他拔至超等。

林则徐择正谊书院能文之士，如胡若卿（清授）、冯林一（桂芬）、洪铭之（鼎）、陆稷民（元纶）、王汉槎（熙源）、金霭如（凤诏）、王柳塘（希旦）、姚芷塘（琳）、张宝卿（璐）、刘子香（嗣龙）等十余人，“每月逢一，进署会课，公子楫之（林则徐长子汝舟）亦与焉，藉收观摩之益”。那年，文彬和冯桂芬分别为二十二岁和二十四岁。文彬在手订年谱中详述此事，尊称“林文忠师则徐”，表明他被林则徐收为门生。史料称冯桂芬乃林公的门生，亦指此也。

其间，顾文彬父亲顾大澜开布号一度亏折，“不能支矣”，便典租古城内申衙前孙氏之屋，文彬随父母从桐溪浜迁居入城始于此。东落小有园亭，为冯桂芬所居。文彬与冯桂芬为邻。文彬曾在家书中深情回忆“我与校郊（冯氏自称“校郊先生”，校郊即冯桂芬）同居申衙前是己亥年事，已亥年校郊已廿八岁，此四五年中，确算朝夕相聚”。己亥年乃指道光十九年（1839）。

文彬与冯桂芬多次结伴同行，赴京赶考。三次会试，三次寓京城阡儿胡同五圣庵。道光二十年（1840）正月，冯桂芬先中式会魁，甚是风光，而文彬仍然卷未出房，再次落榜。文彬感慨万千：“余与林一同居有年，一升一沉，相形之下，似难为情。”“多有劝他（指冯桂芬）留京者，他浩然竟归，行至常州，已得冯桂芬高居榜眼之信。”翌年正月，文彬中式一百七十三名，殿试二甲第六十名。文彬以部属用签分刑部湖广司行走。而冯桂芬科甲及第后，授翰林院编修，曾充顺天府乡试同考官、广西乡试正考官，官至詹事府左春坊右中允。

道光二十九年（1849），文彬充刑部湖广司主稿，在京城的居所又与冯桂芬为邻。他的夫人浦氏从苏州北上，适逢冯桂芬的家眷进京，于是搭档伴行，带着次子廷熙、女儿随侍。为安排家人进京生活，文彬在京城西河沿租房，与冯桂芬为同一宅院。房屋有三进，第一进为会客厅，冯桂芬住第二进，他住第三进，南北俱有院子，后院小有花木，一亭高峙，东有小楼，楼外有平台可以眺远，后墙外琉璃厂窑古木参天，颇有城市山林之意，有径可通，出游甚是方便。

冯桂芬和顾文彬都敬仰顾炎武，凡抵京城，必前往慈仁寺祭顾炎武。桂芬做学问，继承顾炎武思想，讲求经世致用，即经国济世、学用结合、学以致用，不是光四书五经、八股之类。但冯桂芳的仕途并不顺畅。据说，潘世恩曾将他引荐给咸丰帝，后冯桂芬因丁忧返乡，咸丰帝又倚重军事，此事便无下文。之后，桂芬先后主讲南京惜阴、上海敬业、苏州紫阳、正谊诸书院近二十年。同治三年（1864）应李鸿章之聘，出任战后已是一片废墟上重建的正谊书院山长三年，培养了吴大澂、叶昌炽[1]、陆润庠[2]、王颂蔚等众多人才。晚年移居木渎，开修志局，纂修成《苏州府志》一百五十三卷。

同治十二年（1873），文彬位于苏州铁瓶巷的宅地扩建，过云楼同时修建，文彬嘱咐儿子："艮庵""可自怡斋"两匾均可照题，一请冯桂芬、二请俞樾，书之最妥。冯桂芬"或真草隶篆，听其所为"，"润笔费必不可少，直接送钱未免太俗气，大家也不便开口直言报酬"。此前，文彬曾寄回浙江的土特产于术，征询儿子意见，若未开价过去，可否即以于术作为润笔。他对冯桂芬书法敬服不已，"此老书我所心折，即重复（多题几幅）亦无妨"。于术，菊科，多年生草本白术的根茎，可入药，主产于浙江、两湖等地，其中产于浙江于潜者最佳，称为"于术"。

冯桂芬在苏州病逝，远在宁波道署的文彬惊闻噩耗，在家书中悲叹："校邠作古，绅士中少一老成，深为可惜，著作等身，已足不朽。"在日记中又回忆：

> 冯林一与余四十余旧交，今于十二日病故，余寄挽一联云："文社共驰驱，邀我同居，赁庑曾经三度约；交情深患难，附君不朽，乞师属草万言书。"余与林一三次同居，第一次在申衙前孙宅，第二次在铁瓶巷，第三次在京师西河沿，上联指此；同治元年，余与林一同避兵上海，余首创乞师于曾文正之议，嘱林一代草信稿，下联指此。余与林一交情一言难尽，此特举其大者言之耳。

冯桂芬（1809—1874），晚清思想家、散文家、政论家，字林一，号景亭，晚号怀叟，别号邓尉山人，江苏吴县（今苏州）人。曾入李鸿章幕府，协助李鸿章以英美兵器、经验自创淮军。咸丰十一年（1861），避兵于上海的冯桂芬写就政论代表作《校邠庐抗议》。这部政论集共由四十七篇组成，堪称彼时中国士人对中西问题观察最具深度的作品。其中采西学、制洋器、改科举等建议被洋务派所采纳。他在世时，书稿即有抄本流传于友人之间，并寄呈两江总督曾国藩，请为作序，代为推荐给朝廷。做事一向谨慎的曾氏担心自己递折会招致猜忌，也许曾氏想起了自己做京官时曾经一连上书五道议论时弊，并没有起什么作用。于是寄给挚友、军机大臣李棠阶代为转呈。李氏也十分欣赏，但不久病逝，而搁浅。此书稿便在曾国藩幕僚、同僚中传播开来。

曾国藩读过《校邠庐抗议》后，在日记中说："冯敬（景）亭，名桂芬，寄《校邠庐》初稿二册，共议四十二篇，粗读十数篇，虽多难见之施行，然自是名儒之论。"（曾国藩：《曾文正公手书日记》，同治二年九月十七日条）办洋务、造枪炮是那个年代的当务之急，曾国藩从筹组湘军开始，就考虑军队的武器装备问题，他坚持湘军水师必须配备大量洋炮，湘军水师正是凭借洋炮的炽盛火力，在咸丰四年（1854）打破太平军水师而攻陷武昌的。咸丰十一年（1861）冬，曾国藩在安庆设立军械所，不仅是洋枪洋炮，翌年徐寿、华蘅芳所制造火轮船名"黄鹄号"演试江面，曾国藩"激赏之"。安庆军械所的创建，吹响了洋务运动即将到来的号角。

苏州也是最早兴办洋务企业的地方。同治二年（1863）十月，江苏巡抚李鸿章将建于松江的洋炮局（原淮军军械所）移驻苏州，占据桃花河街（现桃花坞大街）单家桥原太平天国纳王府[3]（即上世纪80年代做广告为"长城电扇，电扇长城"的苏州电扇厂旧址），从英国购买机器设备，建立苏州洋炮局，成为苏州也是中国第一家工业化兵工厂，能够制造多种枪炮弹药。同治四年（1865）五月，清廷命曾国藩到山东镇压捻军，李鸿章接任两江总督。李鸿章到南京（金陵）后，扩大洋炮局规模，同治五年（1866）十一月，苏州洋炮局整体迁往南京，金陵机器制造局成为洋务派四大军工之一。

这里顺带说一下，太平天国在苏州时也有一个军械所，位于王天井巷与中街路之间的"马大箓巷"（当地人叫"马达头巷"）。原为建于明代的"慎修堂"，庚申之年，太平军进入苏州城前，宅主携眷逃离，战后返宅，见厅堂庭院中有煤、铁、炮、炮弹之类。现为太平天国军械所遗址，1994年苏州市文管部门对其进行整修，为苏州市文物保护单位。因时值观前地区开发，文化系统苏州市剧团留守处须搬迁，文化部门将其迁入，兼为剧团老同志的活动场所。笔者见门口挂一块"和平里"的地名牌，想起石路地区开发而暂闭颇有名气的"和平书场"（后恢复改名"梅竹书苑"），觉得可惜，遂取名"和平里书场"，内设评弹书场，对市民开放至今。

冯桂芬的书开始时，只是由作者自刊，社会反响并不大，至光绪年间才出现各种刻本。光绪十五年（1889），帝师翁同龢[4]向光绪帝推荐，亟力促使光绪帝接受维新主张。光绪二十三年（1897），同为近代著名思想家的王韬[5]，于去世前，校印《校邠庐抗议》并撰写跋文，影响较大。光绪二十四年（1898），《校邠庐抗议》问世三十七年后，也就是百日维新期间，光绪皇帝下令将该书印制一千份，发给部院、卿司、堂司各官广泛讨论，并要求官员"悉心覈（核）看，逐条签出，各注简明论证，分别可行不可行，限十日内咨军机处，汇覈进呈，以备采样"。然而，此时甲午战争惨败于日本的局势，与当初遭受英法侵扰时相比更惨，冯桂芬也已去世十四年。

林则徐像

苏州可园

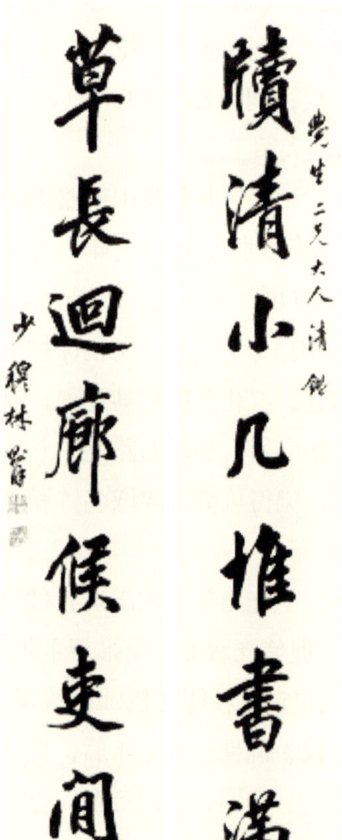

林则徐墨迹

林则徐纪念碑，位于苏州观前街北局，
1931 年立

冯桂芬像

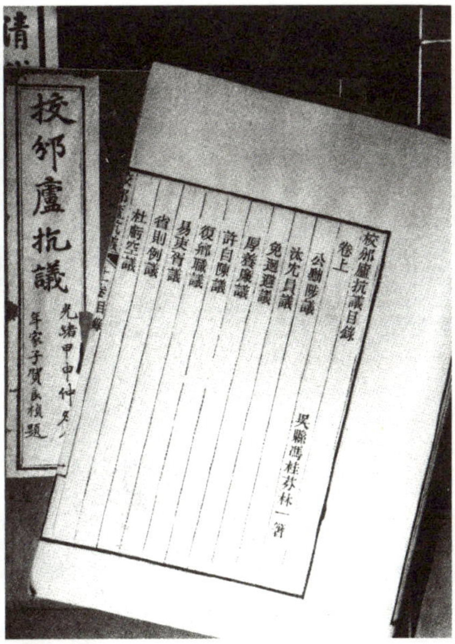

《校邠庐抗议》

冯桂芬以开放眼光，提出“以中国之伦常名教为原本，辅以诸国富强之术”，最早表达了洋务运动“中体西用”的指导思想；他避居上海时总司江南机器制造局添设广方言馆，培养西学人才。他思想上接林（则徐）、魏（源），下启康、梁，为著名的改良主义之先驱人物——中国由传统向近代转换时代具有开拓意义、影响深远的思想家。

冯桂芬题书
顾笃璜捐赠苏州过云楼陈列馆

子山二兄大人收藏法书、名画、旧榻、碑版甚富，以小楼储之，取周公瑾烟云过眼意为名。其癖也，亦其达也。即正怀叟弟冯桂芬。
周密，字公瑾，出生于杭州，南宋词人、文学家，有《云烟过眼录》。

苏州木渎镇冯桂芬故居校邠庐

注：

1. 叶昌炽（1849—1917），字兰裳，自署歇后翁。原籍浙江绍兴，后入籍江苏长洲（今苏州）。晚清金石学家、文献学家、收藏家。光绪进士，历任翰林院庶吉士，国史馆协修、纂修、总纂官等，参与撰《清史》。归后有五百经幢馆，藏书三万卷。著有《语石》等。

2. 陆润庠（1841—1915），字凤石，江苏元和（今苏州）人。同治十三年（1874）状元，后官至参预政务大臣，授太保等。辛亥后，任爱新觉罗·溥仪的老师。卒后赠太子太傅，谥文端。其书法清华朗润。

3.1981 年，苏州市开始修志工作，于苏州博物馆所藏谢家福（绥之）撰辑的《桃坞名胜记》（未刊稿）第八卷末页“伪王府”条目下记“粤逆伪劝王、伪康王、伪纳王并踞桃花河街各大宅建王府。纳逆所踞柳氏宅，人称柳双和家，后为牙厘局；劝逆所踞谢氏宅，康逆所踞郭氏宅”。其后又云：“传记，咸丰庚申四月十三日城陷，明年粤逆大封诸酋，万镇坤伪劝王、汪安钧伪康王，郜云（永）宽伪纳王。劝逆伪府在桃花桥北，纳逆伪府在单家桥，康逆伪府在大营门西。”（《虎穴闻见录》）

“康王府所在的大营门西郭氏宅……唯现在桃花坞大街88号的原贝氏宅可能性较大，门墙上至今留有青石浮雕，风格与忠王府大门外青石狮座上的浮雕相类。”（1995 年版

《苏州市志》第五十四卷杂记Ⅲ·1189页《苏州的太平天国王府》)

另，太平天国占领苏州期间，听王陈炳文驻七襄公所为听王府(《苏州文物》1991年2期钱正《百年史迹重钩沉》)，还从湖南移植湘莲名种并蒂莲于水池中(《吴门园墅文献》卷一)。

以上供参考。

4. 翁同龢（1830—1904），江苏常熟人，字叔平，号松禅，别署均斋、瓶笙、瓶庐居士、并眉居士等，别号天放闲人，晚号瓶庵居士。咸丰六年（1856）一甲一名状元。晚清政坛的重要人物，先后担任同治、光绪两代帝师，历任户部尚书、工部尚书、军机大臣兼总理各国事务衙门大臣。光绪二十四年（1898），辅佐光绪帝草拟《变法谕旨》，颁布《明令国是诏》，开始了著名的“百日维新”。新政仅五天，被慈禧“开缺回籍”。回乡隐居常熟西门外翁家祠堂瓶庐。遗下《翁文恭公日记》《瓶庐诗稿》等著作。其书法艺术也有很深的造诣。抗战时，瓶庐遭日军机枪扫射，藏于屋内的国军弹药爆炸起火，延烧数日，所藏字画化为灰烬。

5. 王韬（1828—1897），晚清思想家，苏州府长洲县甫里村人。十八岁县考第一，据说曾化名黄畹，上书太平军出谋划策，李鸿章率清军占上海后，下令通缉，在英国驻上海领事帮助下逃亡香港。应邀协助英华书院院长理雅各将十三经译为英文，后漫游法、英等国。同治九年（1870）返香港，同治十三年（1874）创办世界上第一家华资中文日报《循环日报》，被称为中国第一报人，发表八百余篇政论。首次提出“变法”口号，比郑观应《盛世危言》早十八年，比康有为、梁启超早二十三年，也是我国新闻史上第一位报刊政论家。光绪五年（1879），前往日本进行四个月的考察，写成《扶桑游记》。光绪十年（1884）回到阔别二十多年的上海，次年任上海格致书院院长，直至去世。

暖男安家

疲惫不堪的文彬于同治三年（1864）八月，携全家自沪回到家乡苏州铁瓶巷旧宅。面对的是断壁残垣、家破人亡，“遍问旧交零落尽，十人才有两三人”。苏州及周边地区十室九空，生计维艰。庚申之乱，不堪回首。父亲顾大澜不在了，长子廷薰、次子廷熙也不在了，文彬与顾承抱头痛哭。后文彬辗转至上海租界三年半，以天下苍生为念，做了一番事业。阖门满堂，仅剩顾承独支，他不禁仰天叹息，扼腕哀忱。

位于苏州阊门内文衙弄的艺圃，占地仅六亩，明代晚期的主人是文徵明的曾孙、状元文震孟。后姜埰寓此，其子姜实节改园名为“艺圃”。清道光年间归绸业同仁，改名“七襄公所”。太平军攻陷苏州时，城内难民仓皇出逃，有男女数百人避兵而躲藏入园，投池而亡。光绪元年（1875）由候补吴县知事褚成绩将此惨案刻录成《悯烈碑记》。1984年修复艺圃，水池清淤时发现此碑，搁至花房至今。笔者等专程寻访此碑：

悯烈碑记

七襄公所，为前明文文肃公故宅。国（指清朝）初，姜贞毅先生居之，嗣以芜落。道光间，业缯者购是地，鸠工葺治，园亭花木，饶有逸致，颜其额曰七襄，盖由来旧矣。公所迤近阊门东，咸丰十年，粤逆陷苏城，居民避寇者，夺门出，而贼骑自此入。男妇数百人，惧为所辱，匿公所，骈死于池，邑人吴大墉目击之。城既复，缯商理旧业，清其池，徙骸骨而他瘗焉。而当日之死难于是者，无由胪列姓氏，上邀旌恤，时恻恻以为憾。久之，乃具状前宰高君，请于池侧筑室，建总位，春秋致祭，兼撰文寿诸石。高君韪之，令举祀典，而碑故未镌也。旋解任去，予适来受代，吴大墉复乞文纪其事。夫阐扬节烈，士大夫之责也。此数百人者，力屈势穷，甘就一死，谓之见危授命，固无愧毅魄贞魂，死者有知，其曷以慰？且以吴大墉等激发忠义之气，弗如所请，亦非所以扶人心、励风节也。爰叙其颠末，俾勒贞珉以垂不朽云。

光绪元年岁在乙亥春三月中浣毂旦

碑刻已模糊不清，笔者只能从它处寻得以上资料。碑记所言，本城人吴大墉曾目击十五年前惨不忍睹的场面，作为忠义之士，在清池时将骸骨掩埋它处，死难者掩埋时连姓氏也没有，只能建个总牌位，春秋致祭。“前宰高君”似指吴县知县高心夔，致祭后，未来得及勒碑而正好去职，结果由候补知事完成勒碑。苏州是一个水网地区，据载：“仅在太平军攻占苏城期间，就有八万余百姓投河自殉，幸免未死者纷纷离境。”高心夔（1835—1883），原名梦汉，字伯足，号碧湄、陶堂，江西湖口人。咸丰九年进士，入曾国藩幕府，后曾国藩举荐给权臣肃顺，肃顺为其改名“梦汉”为“心夔”，被称为“肃门五君子”之首，同治十年（1871）被委任知吴县，次年兼署长洲知县，多有政声。蔡元培将杨岘、高心夔、刘履芬、傅怀祖称为“以诗古文释相标识，所谓江苏同官四名士者也”。据说，此人曾两次署吴县，光绪六年再知吴县。

话归原题，苏州是明清以来崛起的资本主义工商业城市，其工商业经济与发达的传统农业闻名全国，但自太平军在此建立政权后，这里就变成了清廷与太平军逐鹿的战场。

太平军占领苏州时期，因战争需要，始终禁止在城内经营商业，而在阊门外山塘街至虎丘一带辟买卖街，鼓励并提供资金给商民经商。“出城者渐多，居然发生资本，开设各种铺户，于是山塘成集”。太平军亦开办公营，如染坊、丝茶、药材、粮食等商铺，并规定军民一律公买公卖。对税收采取了一些措施，其中有用于筹措军事费用的“红粉捐”（又名硝磺费、火药捐、出灰费）、军需捐（或称军饷捐）以及特捐；有用于地方政治、经济建设费用的“田捐”、“局费”（乡官局）、“海塘费”、“难民捐”以及“盐捐”；有用于商业管理的“商税”“房捐”；此外还有门牌费、船凭捐、田凭费、免冲钱、看稻钱、经造费等附加费。

同治元年（1862），李秀成用“西瓜炸炮”轰击曾国荃部营垒。同治二年（1863），白齐文等洋人投到太平军慕王谭绍光麾下，训练太平军使用洋枪洋炮，据白齐文部下的军官马惇说，太平军中有“四分之一的兵士佩带步枪与来福枪”。（王崇武译：《太平天国史料译丛》，第65、78—79页）江南占尽经济优势，无财力怎么能走私进来洋枪洋炮？淮军打下苏州，进入忠王府时，只见府内后花园竟堆了几座银山，“高与屋齐”。李鸿章曾亲自进入忠王府视察，惊叹其华丽，直如仙境。

忠王李秀成攻占苏州后，改筑六门，加固防卫设施，改阊门、胥门为大、小西门，盘门为南门，娄门、葑门为大、小东门，齐门为北门。李秀成就拙政园改建忠王府，并收其东西两侧的潘宅、汪宅等。忠王府并非完全新建，大量拆了大户人家的木结构而建，形成一片包括官署、庭舍、园池的“绵亘里许”的建筑。它是保存至今具有代表性的一处太平天国王府旧址，它的苏式彩绘不仅数量多，而且艺术水平高，后李鸿章据忠王府为江苏巡抚行辕，拆去东西辕门、角楼、鼓吹亭，改大门为清代衙署样式，涂改龙凤纹彩绘，其他仍保持原貌。1961年列为全国重点文物保护单位。太平天国英王行馆旧址在临顿路钮家巷，其地原为康熙时河南巡抚顾汧去官归家，修建园第名“凤池园”，嘉庆时大学士潘世恩得西部，治为第宅。今经修缮，辟为苏州状元博物馆。庚申五月，英王陈玉成在潘世恩宅住过九天，《燐血丛钞》载：“五月初九日：午后忽传伪英王将到，将于钮家巷屋打馆。”“十一日：轰传英逆到苏。”“二十日：昨晚英逆出关北上。”据说陈玉成曾三次来苏与忠王李秀成相会，但两次未见记载。当时，太平天国大封诸王，苏州还有其他各王以及吴习久衙、忠殿左同检熊万荃衙、铁瓶巷女馆等，一时大兴土木，王府馆衙遍及城中。忠王府所建规模大，尚未完全建好，李秀成心急火燎去救天京之围，纳王等叛变，慕王被杀，李鸿章与戈登便打进了苏州。

百姓善良，从元末张士诚到太平天国李秀成，在他们治下，战火纷飞中，相对太平了没几年，便感恩。张士诚失败后，百姓每年七月卅日怀念他，烧“勾思香”，俗称“狗屎香”，张士诚小名“九四”。明代太仓人陆容《菽园杂记》载：“高皇（朱元璋）尝微行至三山街，见老妪门有坐榻，假坐移时，问妪为何许人？妪以苏人对。又问：‘张士诚在苏何如？’妪云：‘大明皇帝起手时，张王自知非真命天子，全城归附。苏人不受兵戈之苦，至今感德。’”李秀成在苏州三年半，据说山塘买卖街上为他矗立起一座“民不能忘”的牌坊。但李秀成的“民不能忘”牌坊有争议，有人说清康熙年间苏州老百姓为江苏巡抚汤斌立过一个“民不能忘”的牌坊，现胥门百花洲重建的牌坊确实是为后者所立。汤斌是为数不多的集学问家和政治家于一身的官员，是清代理学的集大成者，史学巨著《明史》的总裁，又是深受百姓爱戴的清官廉吏。他赴任江苏巡抚时，衣着朴素，赶着牛车，只有一个老仆陪伴。当时黄淮泛滥，他立志与百姓共患难，每餐只吃野菜和粗粮，至多添一小块豆腐，由此百姓亲切地称他为“豆腐汤”。沧浪亭五百名贤祠，汤斌位列其中。

残酷的拉锯战使苏州这座城市受到重创。咸丰三年（1853）至同治三年（1864），苏州府及所辖各县损失人口5913600人，损失人口比率为64%。（赵文林等：《中国人口史》第420—421页，人民出版社，1988年）同治四年（1865），苏州府包括所辖只剩下128万余人。当时的《上海之友》报载：“苏州复归于清军之手后，这些房舍以及无数桥梁全部消失了……遍地荒芜，荆草蔓生。”连山塘买卖街也化为一片废墟。

十年生死两茫茫，不思量，自难忘。千里孤坟，无处话凄凉。纵使相逢应不识，尘满面，鬓如霜。夜来幽梦忽还乡，小轩窗，正梳妆。相顾无言，惟有泪千行。料得年年肠断处，明月夜，短松岗。

此为宋代苏轼欲言又止，七十字的词作《江城子》，不正是文彬孤独笼罩的心境吗？虽老上司官文诚邀他回湖北共事，文彬却婉言推辞。李鸿章任江苏巡抚后，参与乞师之举的冯桂芬、潘曾玮、潘馥、钱鼎铭、潘心田，“皆收入幕中”，唯独文彬“屡经中丞派差，皆辞之”。他说：“非高尚也，诚以先考不逮禄养（考：书面语，死去的父亲。不逮：不及、不到），中更离乱，骨肉凋残，名心益淡，故不求闻达。”就连中外会防局每月百两白银的薪水也“独辞而不受”。

“太平天国运动后，中国人感到周遭的一切都变了”，美国汉学家、加州大学戴维斯校区历史学教授曼素恩在研究晚清江南地区的一个士人家庭时说，“人们的身心创伤是如此刻骨铭心”，“这种情绪比美国人在‘9·11’之后的感觉更为强烈”。曼素恩写道：“对大多数人而言，战乱之后，生存成为第一要务。”可是，中国士人传统从来不把家与国分开，从来是一场浩劫之后从头再来，哪怕自己的家园化为瓦砾，哪怕自己的文化气若游丝，仍少不了精、气、神，这是最可宝贵的。

1860 年左右，世界上发生了两场大规模的内战，一场是美国的南北战争（1861—1865），世界上第一场现代火器战争，比较精确的数字是七十五万至八十五万士兵死于疆场，结果是北胜南败；另一场是中国的太平天国战争进入决战时期（1860—1864），现代火器与冷兵器结合，有人对整个太平天国战争泛泛地计算，包括饥饿、灾荒，死于战争的有数千万人，甚至有人说接近一亿人，结果曾国藩完胜（不是清廷完胜），太平天国完败。

顾颉刚在《苏州史志笔记·太平天国前后之苏州市面（1922 年 2 月）》中提到：

> 伯祥[1]云：“从前苏州市面皆在城西，自阊门至枫桥，自胥门至枣市迤西，五十方里，全是房屋。[2]枫桥之米市最盛，全市市面，均以之为枢纽，故谚有‘打听枫桥价’一语，谓价钱只需向枫桥打听也。自吊桥往西至江村桥，河浜凡十，其桥名曰‘吊、普、文、同、白、马、凤、汲、枫、江’（吊桥、普安桥、文德桥、同泾桥、白莲桥、马铺桥、凤来桥、汲水桥、枫桥、江村桥），全市菁华，皆在于此。枫桥铁岭（铃）关，为极冲要处。自洪、杨难后，米市全向西北迁至无锡，其他商业亦多迁至上海，苏州市面犹能略为维持者，赖以省城故耳。及光复（辛亥革命）后，省城亦迁，商业愈不振矣。”伯祥又谓清军夺回苏州之后，如能赶兴枫桥一带市面，此处必不致如此寥落。
>
> 伯祥云：“当时湖田（在留园后）上新年中亦闹热，比元（玄）妙观为盛。”
>
> 又云：“当时城东一带，只有旧家居住，几无市面。”
>
> 又云：“通和坊东口，至瓣莲巷北，四十年前全为瓦砾墩，今始盖造房屋，想见乱时惨状，不仅同泾桥至枫桥间为荒郊也。”

文彬为父亲和两个儿子死于战乱感到深深内疚，一口气在家“宅”了六年。其实，他还不算长。同治六年（1867），二十九岁擢升直隶总督的淮军名将刘铭传，因官场处处受掣肘，疲于应付，称病回家休养长达十三年，后复出任督办台湾事务大臣、福建巡抚等，是晚清著名爱国将领。文彬像个心细的暖男，振兴家业，修房建屋、安顿家眷、组织婚丧、传宗接代，像只陀螺似的，忙得团团转。

在百废待兴的日子里，同治四年（1865），文彬被李鸿章委司著名的正谊书院董事，让他以休养官员的身份，为重建正谊书院出力。继而，复委他与冯桂芬、潘曾玮分办三

笔者与高晴等寻访艺圃花房中沉睡的《悯烈碑记》

艺圃博雅堂

艺圃碧水

忠王李秀成像

太平军保卫苏城使用过的千斤大炮

左为太平天国忠王府旧影，1864 年英国画家绘制的铜版画
右为戈登率军作战的铜版画

1864 年，法国画刊刊载的铜版画，描绘英国人戈登带雇佣兵，协助大清军队攻入苏州城，迫使太平天国首将李秀成退守南京城。

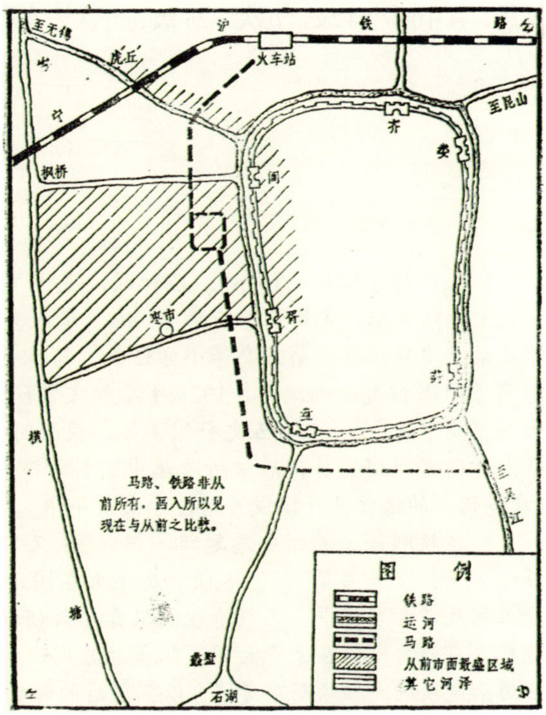

左为清末民初英国女画家 Elizabeth Keith（ 1887—1956 ）笔下的苏州双塔
右为太平天国前后苏州市面图（引自顾颉刚著《苏州史志笔记》）

善堂事，在乡绅程藻安家拈阄，他拈得育婴堂，冯桂芬拈得女普济堂，潘曾玮拈得男普济堂，致力于战后善事民生。男、女普济堂皆位于虎丘山前、山塘河畔，育婴堂待考。同治六年（1867），李鸿章念其沪上之功，奏请奖叙，文彬奉旨加布政使衔，赏戴花翎，为从二品。又过了三年，文彬说："余初因先考不逮禄养，无复宦情，嗣经亲友劝驾，乃变计出山。"他像许多成事业者积累蓄势，安宁心静，一时收起书画收藏的爱好，掸掸衣帽上的尘埃，起身重返官场了。

李鸿章攻占苏州后，各城门先后修复，唯阊门月城未恢复旧址。凡了解古城变迁历史的人都知道，老的城墙、城门就是不断毁坏而不断修复的，屡经战乱，按照形制将其修复便是功德。当时还修浚城内三横四直河道，并重建漕仓。天主教在城内大新巷购宅第作为城内圣堂，位于养育巷的基督教徒思杜堂建成。光绪年间、甲午战争前，美国人兰华德于天赐庄开办中西医院，此为苏州最早创办的现代医院。大铁局弄建礼拜寺，是苏州最大的清真寺。法国传教士于城外西隅杨家桥建天主教礼拜堂，初名"七苦圣母堂"。苏州城至西郊虎丘通行马车。光绪七年（1881），架设天津至上海电线，苏州成为七个分局之一，电报分局设王枢密巷，后迁阊门内天库前。同光年间，苏州发生了八次地震，其中两次4级、五次3.25级、一次未有震级记录。

注：

1. 王伯祥（1890—1975），名钟麒，五十岁后以字行，别号碧庄等，江苏苏州人，现代文史研究家。光绪三十二年（1906）考入苏州中西学堂，翌年入苏州公立第一中学。毕业后至角直镇县立第五高等小学任教，与叶圣陶等创办《直声》文艺周刊。后就职上海商务印书馆史地部编辑，1921年参加文学研究会，1932年至开明书店任编辑，编集出版《二十五史》《二十五史补编》等。抗战时，选注《春秋左传读本》。解放后，任北京大学研究所研究员，后该所改属中国科学院哲学社会科学部，选注《史记选》，参加《唐诗选》的选注，并撰成《增订李太白年谱》。

2. 顾颉刚著《苏州史志笔记·校记》：又言"自阊门至枫桥，自胥门至枣市迤西，五十方里，全是房屋"，恐不确。历年来在图示枣市一线以西，今双桥、三元一带的基建工程及考古发掘中，已经清理的汉晋、六朝以来的墓葬有百余座，至今尚有荒冢残留地标。可以肯定，在太平天国军队进驻苏州以前，这城西五十方里内，有相当一部分地区历来是坟场。顾颉刚重考证，依据之后的考古发现，对之前王伯祥所言修正，供参考。

朋友义合

同治九年（1870）三月初一，文彬重新出山候简。“天街小雨润如酥，草色遥看近却无。”韩愈的早春诗，写的就是京城里的街道，草色遥看，春草始生，微微露出一点细芽，远看一片新绿，近看却是不见。直到秋冬之交，闰十月二日，屈指八月余，云开雾散，传来佳音，文彬补浙江宁绍台道[1]，同时兼任浙海关监督。真是应了文彬最崇拜的偶像苏轼的诗：“一年好景君须记，最是橙黄橘绿时。”当然，离不开新任江苏巡抚丁日昌的力荐，离不开官文、李鸿章的关照。

当日进内谢恩，这时的文彬自咸丰六年（1856）离京城知汉阳，已整整十五个年头，“十余年未到，路已半忘”。至内务府朝房，待军机苏拉先将谢恩折递上，沈桂芬、宝鋆、文祥、恭亲王一班大员陆续进内，皆迎见。老上司官文已是中堂大人，也至朝房道喜。

接着几天，至鸿胪寺谢恩，行三跪九叩首礼，谒见文祥、官中堂，俱长谈；嗣后，往谒往晤各路京官、旧僚好友起码百余人。一一周全，终于收拾行装，雇太平车、轿子，打道回府。

“树树秋声，山山寒色”，文彬一路南行，途中见闻，抒发抱负，怀念挚友，洋洋洒洒写了许多诗词。目睹民生疾苦时，“余立一心愿，明年到任后，力推善事，先以一千串为率，首立推仁局（慈善机构），继先志也”。心情好，自然有诗有词有誓愿。

怀念家乡七位挚友，写了七首诗：

惯储醉墨乞题笺，聚首春明廿载前。
大树飘零（冯鲁川）三影绝（张石州），怕逢诗酒说当年。（猿叟）

多君绩学我荒疏，惭愧生平百不如。
一事幸同绳附骥，乞师请上相公书。（校邠）

阳秋南阮双眸子，肮脏东坡一肚皮。
独与余心成莫逆，常如蛩蚷不相离。（梦堂）

少年意气压公卿，中岁殊勋事请缨。
却似清凉老居士，逍遥诗酒不言兵。（敉闲）

买邻不惜钱千万，同巷相依屋二分。
君早乞闲舍薄宦，在山云笑出山云。（香严）

暮年每怅故人疏，况复交情管鲍如。
宿憾不妨杯酒释，莫教轻撰绝交书。（味老）

雪月花时邀我饮，画书诗品待君评。
因缘文字交金石，三十余年老弟兄。（退楼）

七首诗涉何绍基（猿叟、子贞）[2]、冯桂芬（校邠）、潘曾玮（玖闲）、李鸿裔（香严）[3]、吴云（退楼）。其中冯桂芬、潘曾玮、吴云前文已述；味老即彭味之，名久余，字味之，湖北江夏人，道光丙申进士，同治间曾任江苏学政、礼部侍郎；梦堂不详；李鸿裔后述。

文彬将何绍基放在第一位，说“惯储醉墨乞题笺，聚首春明廿载前”，是指二十年前在刑部任职时便仰慕绍基书法，有过交往；“大树飘零三影绝，怕逢诗酒说当年”，诗注中所说冯鲁川、张石州，大概是昔日亦书亦友亦同仁，今日不知人在何处，不胜唏嘘。何绍基的书法很出名，曾国藩在道光二十二年的日记中记述：“子贞现临隶书，每日临七八页，今日已千页矣。近又考订《汉书》之讹，每日手不释卷。盖子贞之学长于五事：一曰《仪礼》精，二曰《汉书》熟，三曰《说文》精，四曰各体诗好，五曰字好。此五事者，渠意皆欲有所传于后。……若字，则必传千古无疑矣。”曾国藩日记中所述是目前看到的最早的有关何绍基临习隶书的记载，在此以前，虽何氏收藏、走访汉碑等多有记载，但习隶的记载却寥若晨星。

沙孟海先生在《近三百年书学》中评价道：“何绍基各体书，隶书第一，他的境界虽没有伊秉绶的高，但比桂馥来的生动，比金农来的实在，在隶家中，不能不让他占一个席次。”

何绍基出身于书香门第，但少年失怙，家境清寒。早年曾是大学者阮元、程恩泽门生。三十一岁居北京时，与林则徐、魏源等赴龚自珍家观龚重摹《宋刻王献之洛神赋九行》。道光十五年（1835）中举人，次年中进士，授翰林院编修。咸丰二年（1852）任四川学政，为官仅两年，因条陈事务得罪权贵，咸丰帝责以肆意妄为，降官调职，遂辞官讲学。讲学几年，到处漂泊，时常来苏州，因为苏州有比他小十一岁的好朋友顾文彬。

同治四年（1865），文彬在苏州曾请虞山画家胡岫云为其与何绍基、冯桂芬、潘遵祁、吴云、潘曾玮每人画像，再合绘一图，合图交由吴云保管。这六个人是文彬当时的朋友圈。文彬是个亲情、友情皆重的人，逆境善待自己，顺境善待别人，所以做事才会成功。绍基正式寓居苏州，住苏州金狮巷，前后也就三四年。

同治九年（1870），文彬晋京候官，后几年又在浙东任上，忙碌于公务，他那么看重绍基，恐怕不仅仅是绍基的书法出众，而更多的是同情绍基晚年的窘况。何绍基是一位艺术造诣极为全面，诗、文、画、金石都十分精通的大家。

同年，何绍基应江苏巡抚丁日昌邀，晚年主持苏州、扬州书局，校刊《十三经注疏》，并应浙江巡抚杨昌浚之邀，主讲浙江考廉堂，往来吴越教授生徒。文彬在《过云楼日记》二月廿九日述："午后，何子贞来晤，已扶杖而行，谈次精神尚足。"五月廿八日文彬在京候官时于论古斋看书画，发出赞叹"何子贞楷书诗跋极精"。十月十八日，"在筠青阁见何子贞书屏四幅，朱丝栏字，大如《鲁公画像赞》。结体也相近，是子贞二十年前书，近日所书虽更脱化，然不能如此严密精整矣。子贞素不肯书朱丝方格，余从前也有朱丝方格楷书屏六幅，庚申之乱失去，本拟售（编者按：文彬笔误，应为"购"）此四幅以补缺陷，然索价十六金，未免太昂，不能得矣"。十二月回到苏州，不忘往晤何子贞、俞樾等，第一个"往晤何子贞，托其补书雪庵和尚所写韩诗卷"。绍基在苏州时，文彬始终视为知己。可惜，待文彬于浙东任上五年后归里，绍基已归西。否则绍基一定是过云楼的座上宾。

翌年正月，文彬赴甬上任。冯桂芬专程从木渎赶到胥门码头送行。不料未及五年，操劳到吐血的文彬，再次告病请辞。

光绪元年（1875）四月初四，当六十五岁的他得知辞官呈请得到朝廷的批准，欣然赋诗一首：

> 感荷君恩疾许移，欢然喜气上双眉。始知襄宦辞官日，宛似顽童放学时。
> 如箭归心随少缓，饱帆风力尚嫌迟。榴红蒲绿端阳节，好酌团乐酒满卮。

《论语·子路》曰："朋友切切偲偲，兄弟怡怡。"切切偲偲：互相切磋、督促，谓恳切、劝勉；怡怡：和悦的样子。朱熹《四书集注·论语·续》注语曰："朋友以义合者。"文彬要回到"切切偲偲""怡怡"和"义合"之中，去实现他心中一个美好的梦想。

今苏州金狮桥

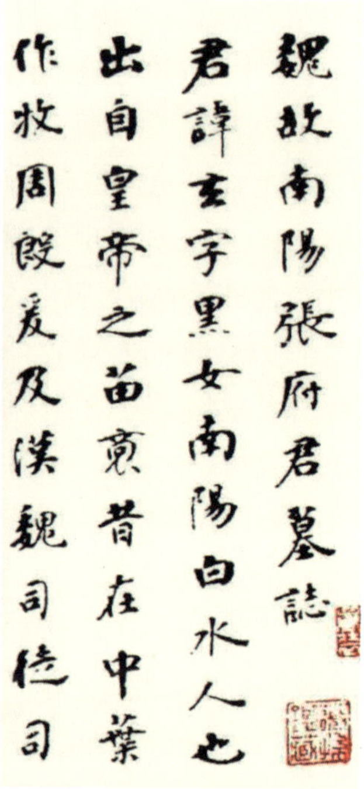

何绍基临《张黑女墓志》局部

何绍基隶书作品

注：

1. 雍正四年（1726）置宁绍台道，辖宁波、绍兴、台州三府，道光二十三年（1843），增辖定海直隶厅（原属宁波府）。《南京条约》签订后，宁波与上海、广州、福州等五个沿海城市作为通商口岸，经济发达。

2. 何绍基（1799—1873），晚清诗人、画家、书法家。字子贞，号东洲，别号东洲居士，晚号蝯叟。湖南道州（今道县）人，故世亦称何道州。道光十六年（1836）进士。咸丰初简四川学政，曾典福建等乡试。历主山东泺源、长沙城南书院。好游历，颇富收藏，精于文字、考据之学。道光五年于济南得孤本《张黑女墓志》及《石门颂》拓本，之后又获《宋拓薛少保书信行禅师碑》孤本、《天道神谶碑》拓本。传世书迹甚多，如《邓石如墓志铭》（同治四年）。有《惜道味斋经说》《东洲草堂诗文钞》《说文段注驳正》等著作。同治十二年（1873）病逝于苏州，落葬于湖南长沙南郊。

3. 李鸿裔（1831—1885），字眉生，号香严，又号苏邻，四川中江人。人称他才高学赡，受曾国藩器重，官至江苏按察使加布政使衔，赏戴花翎。辞官后居苏州，因得瞿氏网师园，重加整修后更名"苏邻小筑"。内设"万卷堂"，藏书四万余卷，蓄三代彝鼎、汉唐以来金石碑板、法书、名画以自娱，长于书法，工于古诗文，著《苏邻诗集》等。光绪元年（1875）十月，顾文彬《过云楼日记》记："香严与余同居铁瓶巷，近日购得网师园，大兴土木，将移居，看其地与苏舜钦沧浪亭相近，故名其园曰苏东邻。"

兴楼过云

宁波，古称甬、鄞、鄮、句章。唐开元二十六年（837）立明州。立州时筑它山堰引水成日、月二湖，相映生辉。沧海桑田，填湖建舍，至清咸丰年间，日湖仅剩一小池塘，今已不存。月湖古有十洲，宋、元、明、清向来是建藏书楼之处。其中最著名的，是明嘉靖四十年至嘉靖四十五年（1561—1566），兵部右侍郎范钦于月湖之西所筑的天一阁，阁前凿天一池，池水与月湖相沟通，阁系木构六开间二层楼房，取名据汉郑康成所注《易经》“天一生水……地六成之”之说。阁藏渐成大观，计七万余卷，是东方现存最古老之私家藏书楼。为四库全书提供的珍贵古籍，占到四库全书三分之一。后屡遭盗窃，散失甚巨。清康熙时，范钦后人在阁前增建假山，环植竹木，清幽精致，与藏书楼浑然一体。

兴许冥冥之中自有天意，早前文彬便对天一阁心驰神往。月湖有个考廉堂，文彬与当年林则徐前往可园正谊书院考课一样，也时常到月湖书院考廉堂考课，自然对天一阁看个够。

同治十二年（1873），身在宁绍台道任上的文彬在与三子顾承的书信往来中说“以故群相推服，推为江南收藏第一家”，俨然，文彬的抱负是成为江南收藏第一家。他又谦虚地说：“我素有起造小天一阁之愿，常耿耿于心……我意决造三开间，与前一层楼相对，东首止须流出一小间地步，造一楼一底，纯用砖石，不露片木。”是啊，他是以藏画为主，非藏书为主，更为讲求精，不建六开间，而造三开间，不建木阁，而建砖石楼。因此，不能完全照搬照套，他又说：“式样大约与葑门钟楼（方塔）相仿，块然独立、四面落空。”

葑门方塔，又称文星阁、钟楼，位于苏州古城内葑门与相门之间（现苏州大学校园内）。它不是佛塔，而是风水塔，祈愿文化昌盛、人才辈出。始建于明嘉靖二十年（1541），现存阁为清乾隆十七年（1752）重建，同治年间重修。过云楼以天一阁和方塔为范本，首先是求实用，不能华而不实。具体规划，是整个宅院建筑中单独的一座，不与楼房合墙，独立而建。既总结了天一阁是木构之不足，又借鉴了家乡葑门方塔的特色，防火防盗，并关照要用大砖灌浆实砌，以达到固若金汤的效果。“于末进正楼之厢房，开一小门”，这门乃是与过云楼相对，中间修有小桥相连，书画中的上等品存放在阁楼上，中下等品则储藏在楼下。这幢楼与内屋相连，这样，遭窃的可能性才会降至最小。

文彬将耳濡目染、实地探勘而形成的蓝图一一描绘，希望主持营造的顾承能够与他一起圆梦。笔者请教顾笃璜先生，过云楼一个半世纪中发生过盗抢或火灾吗？顾老连连摇手，回答“从未听说过”。

同治十年（1871）过完年，文彬赴甬上任，在杭州拜会上司后，曾结友游览一个叫

宁波天一阁

苏州方塔

宁波关卡　清光绪元年（1875）摄

四面楼的景点，顿觉此楼与“意与造之过云楼同，可谓先得我心”，可转眼一想，“非我力之所能为矣”，遂抛弃此念，以实用为主。

精明细致的文彬甚至还早早地物色幕友赵松坡为监工人选。赴任不久，三月三十日，他叮嘱儿子，起房造屋，先请风水先生度地择日，方可动工。建造过云楼的匠头曾随顾承专程到宁波道署，文彬于百忙之中耳提面命，关照他们回到苏州后，依照讨论的结果将所画出的细图再寄来。家人钮卓卿来到宁波道署，文彬又询问过云楼的进展，考虑到爱子顾承里外料理又要处理书画，忙碌异常，即令正在道署的大孙子顾麟祥返苏，协助三叔顾承。顾承性格偏柔，而孙辈麟祥偏猛，刚柔相济，一定可以合作顺利。同治十二年（1873）十月初十，过云楼破土动工。翌年，早春二月，江南细雨绵绵，过云楼耽误了一个月工期，时至三月，仅五个月时间，已如期竣工。

文彬往浙东任上，先嘱咐在苏州的儿子顾承，购得尚书里南侧春申君庙旧址近 10 亩地，用以扩建铁瓶巷宅，包括建过云楼。精心准备，精心设计，精心施工，不到半年便顺利完成。事先编制工程预算，节省开支，所用木料、砖石等材料，尽量收购白显桥、濂溪坊等处战后拆房的旧料，故而建造时的厅柱、楼板多为旧料改造而成，花钱不多。

那时，顾家人丁开始兴旺了，就西扩两落庭院，形成了东落、正落、西落的民居典型格局。不久，又东扩两落，自此，过云楼顾宅共五落五进，全面告竣。占地面积 6400 平方米，建筑面积 7070 平方米。宅东南向，前有照壁，照壁后为马厩、夫役室及河埠。门厅内为轿厅，建于明末，也是老房子修缮。北面为尚书里，东面为护龙街，西面即任道镕（光绪年间河道总督）宅，即颐寿堂。东二、三落之间和西四、五落之间各有东、西备弄一条，南北畅通。

东起第二落第三进的花厅，即主人书房，取名“艮庵”，艮庵面宽三间，进深十一架屋。往后一进即过云楼，楼面宽三间 12 米，进深九架屋，高 9.5 米。花厅前列五峰石，峰石之硕大、玲珑，署曰“五岳起方寸”，与艮庵内之灵璧石皆为吴中珍品。建筑物绝华丽精细，槅扇俱用银杏木。此区之后，两个三合院为当时顾文彬退养起居的地方，卧室皆置地屏，装修用材、雕刻均为上选。

东起第三落为正落，前述门厅、轿厅之后的第四进为内室，有堂楼，为宗族主要成员居所。逢年过节时，在大厅天井里搭一个临时戏台，那时男女不能混杂看戏，顾氏特在备弄上建一阁楼，有门通过云楼，女眷可在上面观戏，称偷看戏，不对外，在当时亦属开放。第五、六进都有堂楼，三开间二层，一直到尚书里。

之后，顾家又收购了铁瓶巷北曾是明代状元、尚书、两朝帝师吴宽故宅及吴氏家祠旧址二十余亩地，用来建造怡园及义庄、顾氏祠堂，待后细续。

1973 年，人民路拓宽时，宅第的东首第一落被拆除。1991 年，干将路拓建时，其他第一、二进皆拆除，同时南面门厅、轿厅皆拆除。自此，顾氏宅院剩三落三进，占地 3980 平方米，建筑面积 4920 平方米。2013 年，苏州市政府决定，对顾宅进行全面修缮。第一期工程修缮了过云楼、艮庵和正厅，筹建过云楼陈列馆。2015 年 5 月 18 日，东落两进即艮庵和过云楼修缮完成并开馆。正厅部分的修缮工作仍在实施之中。

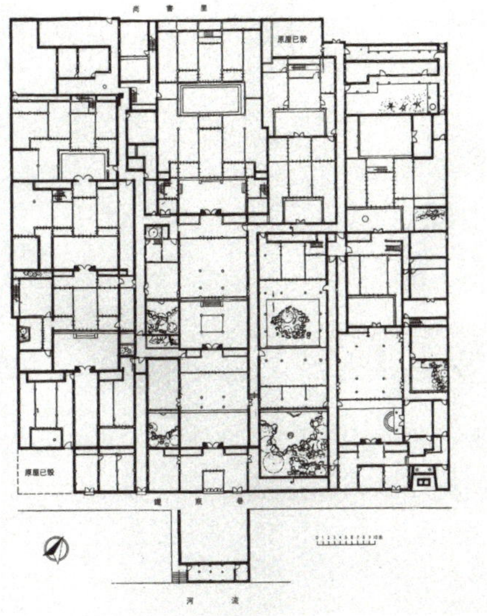

铁瓶巷旧顾宅底层平面图

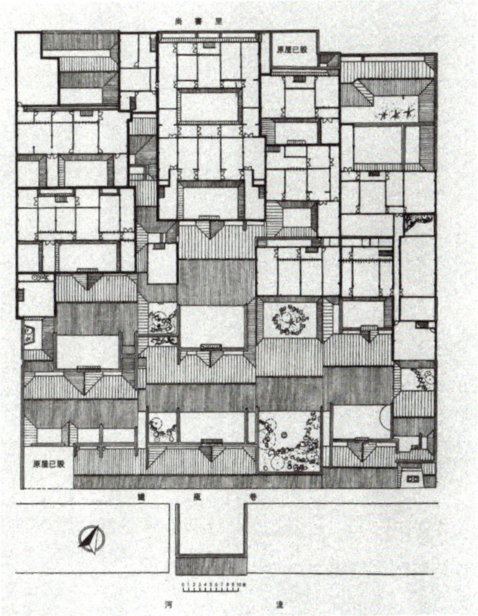

铁瓶巷旧顾宅二层平面图

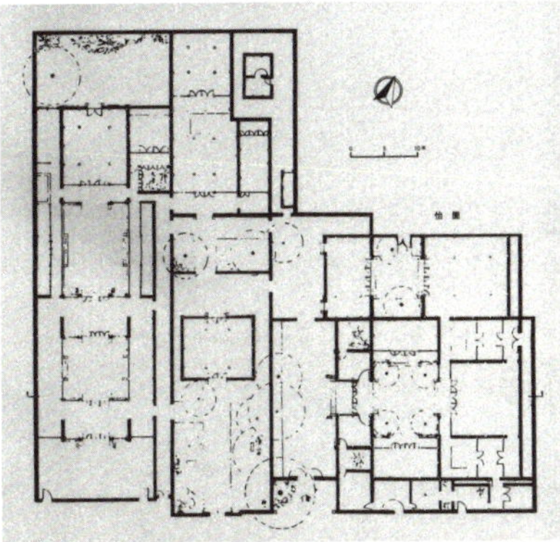

尚书里旧顾氏宗祠平面图
选自陈从周《苏州旧住宅》

已消失的过云楼正门的街巷铁瓶巷口
选自《老苏州百年旧影》

鸟瞰苏州怡园历史街区顾宅和任宅　摄于20世纪90年代初

今干将西路 14 号过云楼大门

今怡园里，原名尚书里

修缮的顾宅南立面图

修缮的顾宅剖面图

修缮之中的过云楼主体建筑

修缮后的顾宅书房

修缮后的顾氏祠堂

修缮后的过云楼房廊和内景

浙东任上

文彬身为宁绍台道，即宁波地区及口岸的最高行政长官，平日的公务，笔者饶有兴趣地翻阅《过云楼日记》，以同治十二年（1873）四至七月间，略摘数例，以便管窥：

四月：

张奎垣（编者按：同僚）赴台湾总镇任辞行，晤谈。

往晤边仲思（编者按：宁波知府），谈纪三案，并催……捐款。

考月湖书院。午后，至旗昌洋行送张奎翁行，文武官俱集。

至小校场看卫安勇操演。

美国领事罗尔梯同新到之美国提督郑长庚及兵官士端登广惠来晤。

上海轮船招商局（编者按：洋务运动的代表人物盛宣怀开办）资本不敷，浙省官场凑银万两，司道分凑，余名下应凑二千两（编者按："司"指省衙门，"道"指地方，"余名下"即宁绍台道，筹款占全省五分之一），即如数凑齐，由阜康出票。

诣郡庙求雨，文武官毕至，三日为期。（编者按：嘉庆年间遇大旱，皇帝因祈雨灵验，给龙神加了个"广润灵雨祠沛泽广生"封号，下令全国每年春秋两季，官府都要祭祀。）

五月：

黄军门（编者按：军事长官）来谈战船事，已许加六百金矣。

军门劝余再加一千二百金……同至船厂，估计工料……同至军门署……三面言明，正款之外，加贴银一千八百两……定于六月底完工，如此商定，始不致误公矣。

六月：

往晤黄军门。复至船厂，见战船已竖大桅。

渡钱塘江……足背一疖肿痛，不能穿袜。

至曹家渡……诊视。据云非紫沿疔，乃湿热所结。

闰六月：

会同提台（编者按：另一军事长官）验看锦州战船。余以足疾未往。

忽发痧，不省人事，急磨辟瘟丹灌之食。

上年新昌县土匪勾结台州土匪聚众滋事。今年……仍复聚众抗拒，且有四五千之多……我军奋勇攻击，杀毙贼匪一百余人，生擒二十余名。

英领事啊喳哩（编者按：人名）……与之面谈争论，词穷而去。

副领事翟理斯来晤。先是啊领事……气焰相凌……继复有照会来，欲用英文不用汉文，欲用花押不用钤印。余回文复层层驳诘，至欲与在总理衙门评理。啊领事自知理屈，托副领事将回文送回，不欲存案，并肯以后仍照旧章办理。余因其甘自认错，不欲为穷寇之追，允其退回文书。……和平复之，以敦夙好。盖办理中外交涉事件，须得风便止，不可过火也。

七月：

闽商董事内阁中书蒋学瀛来见（编者按：说情）。

闽商董事蒋子泉昨来见，云闽商欲与关上秤相较，以三百三十斤石为准，则我许之……先以商秤称石，计重三百三十斤，以关秤复称，亦重三百三十斤……复以部秤复称，亦重三百三十斤，而移至二百八十斤之星上，秤亦不动，足见部秤甚呆，而税行得以高下其手矣。我谕……是以不以此秤为准，故赶请部秤耳。众商闻谕，皆悦服而退。

慈溪令（编者按：县令）程云俶、县丞邓锡恩俱来见……以新开河捐款托其催缴。

中丞（编者按：浙江巡抚）传见，示以总理衙门钉封文书。内封……密折一件，共四条：一储人才、二固民心、三裕度支、四筹边防，皆为外国而言。……余详绎四条，俱是老生常谈，言易而行难者，惟筹边防一条，大意谓蒙古各部落地界与俄国毗连者三分之二……或恐为俄国勾结，或为俄国侵吞，皆当先事预防云云，颇为切要……须专派大员前往振顿，其意或指左宫保（编者按：左宗棠）而言，然亦非此公无能胜任也。

余将修理火药总局及添买洋火药四百筒，中丞皆允。

同治十二年八月，文彬赴省提调乡试。诸如此类，涉人事、防务、书院、办案、民生、项目援助、治安、洋务、财税、水利等，凡大事要事，须深入现场拍板，尤须领会朝廷下达的旨意，了解形势，身体力行。无怪乎文彬忙得“湿热所结”“不省人事”而灌药。地方官员权力大，责任也大，一言一行，举足轻重。从上述文字中还可看出文彬对外患内忧的压力之大，以及对左宫保的崇拜。

文彬刚到宁波任上时，李中堂（鸿章）兼任直隶总督，直接要顾文彬助捐，文彬不仅完成了任务，而且自己也掏钱捐。李鸿章很高兴，批示：“该道乐施好义，捐钱三千串……给予从一品封典，有盈无绌，仰候核明例章，即请奏奖。”李鸿章善解人意，奖掖人才，于是翌年，文彬又帮助直隶省赈济拨解海关银二万两。

上述文彬日记中说道：“上海轮船招商局资本不敷，浙省官场凑银万两。”查阅历史资料，事情是这样的：同治十一年（1872），李鸿章为了在长江航运中抵抗外国轮船公司的势力，决意创办轮船招商局。筹备之初，面临缺钱少人的困境，李鸿章授意盛宣怀拟定章程，提出“官督商办”的企业制度，“由官总其大纲，察其利病，而听该商董等自立条议，悦服众商”。这是近代中国第一个规范意义上的公司章程，意味着政府与商人在资本的意义上第一次实现了对等。在李鸿章、盛宣怀的感召下，唐廷枢、徐润及郑观应等著名买办相继入局，投资并致力于公司的经营。经过十年左右的经营，轮船招商局在长江航运业务中击败美、英船务企业，取得骄人业绩，李鸿章视之为从事洋务事业后的“最得手文字”。

在民间资本和人才的热烈参与下，十多年的时间里，从造船业、采矿业、纺织业到航运业、保险业等，出现了许多“中国第一”的新兴企业。从1882年到1887年，在《申报》上刊载过股票买卖价格的共有三十六家企业，它们是近代中国的第一批股份制企业。这是洋务运动的第一个“小阳春”。

然而，便在此时，官商矛盾出现，唐廷枢、徐润、郑观应等人认为“官款取官利，不负盈亏责任，实属存款性质”，如今企业已上轨道，政府自应退出，三人联名呈报李鸿章，希望将官款“依期分还”，政府不必再派官员，招商局的盈亏责任从此由商人承担。

这一建议在李鸿章看来是无法接受的。这里面潜藏着洋务运动的一个内在逻辑冲突。洋务派办洋务的唯一目标是“强兵富国”，因此在李鸿章看来，政府若从事商业，必须握有经营的主导权，并成为最大的获益者。引进民间资本及买办人才，都是资源缺乏情况下的权宜之计。然而，当民间的经济能量被激活后，又一定会提出放松管制的市场化要求。在这种情形之下，政府与民间的矛盾定会交织爆发。整个洋务运动时期，这一矛盾从来没有被化解。

光绪十年（1884），上海爆发金融危机，房价大跌，徐润、郑观应等人曾利用主管招商局财务之便，私自挪用巨款炒作房地产，丑闻东窗事发。李鸿章乘机将这些买办“净身出局”，盛宣怀以官方代表身份，兼任督办和总办。徐润等人成为第一批因体制冲突而“牺牲”的买办商人。从此，使得洋务派的投资手笔越来越小。

言归文彬的家乡，“吴郡自经兵燹，废园奇石，多湮没于荒烟蔓草中，披榛剔藓而致之”，亲朋好友以石头相赠。不是天一阁前有一园林吗？文彬依样画葫芦，嘱咐顾承购下吴宽“复园”故址“垒石成山，坎地为池”，并扩建西部。“初念不过一丘一壑”，“后渐拓渐变”。故怡园建成后，进门处特意布置了一排竹篱、一间茅屋、一丛翠竹，还饲养了一对孔雀，便是对造园初衷的纪念。周围人也有不同看法，亲家吴云劝顾承不必造花园。文彬心想，吴云也是见多识广的人，说的话未必不对；而顾承亟欲处理这些湖石，用来造园也是因势利导，好像不能说这样做就不好。向来有主见的文彬，有时也打打哈哈，让人感觉有幽默感。

建造怡园时缺钱，文彬写信关照顾承："中下等书画除退老（吴云）经手销去，不知尚有若干？再托退老索性全行销去。"之前，他又依依不舍，很心疼："退楼所留五十件内有几件稍为可惜者，石谷（王翚）《小米卷》是否即京中所得矮卷？此卷本拟与恽（恽南田）矮卷合璧，究系精品。文衡山（文徵明）《秋林闲眺卷》，我以为真，汝以为伪，如汝看错，则也错卖。石田（沈周）《岷山导江图卷》，气魄甚大，我欲得善价，现止照本，似觉可惜。六如（唐寅）《菖蒲西庐瓶菊》，亦逸品之难得者。恽花卉册不知是何本，以后销售，须与我估值之价不甚相远。"虽然文彬将沙里淘金、来之不易的书画视若生命，但他咬咬牙，下决心卖吧。还写信关照顾承"典房质押"，"利虽不厚，较胜存在阜康也"。这时的文彬，已对胡雪岩的阜康钱庄存有戒心。

书画鉴赏、收藏全凭眼力，需练就一双火眼金睛才能游刃有余！有顾承、吴云出面，一般的放出去，精品收进来，纳精汰次，以藏养藏，以藏变钱，文彬称之为"推陈出新"。这是过云楼的优势和重要的经济来源。

百余年前的上海租界

宫保绘梅

同治十二年（1873）正月初七日，文彬从宁波起程进省拜年，行舟经慈溪、余姚、上虞、萧山，渡钱塘江，第四天才进杭州城。巡抚大人在湖广会馆请客，未见。于是他偕二孙至天竺进香，游飞来洞。出洞即遇飞来峰。在冷泉亭小憩，旧题“泉自几时冷起，峰自何处飞来”一联，吴云补书。左宗棠续题一联，云：“在山本清泉，自源头冷起；入世皆幻峰，从天外飞来。”游灵隐寺……至罗汉堂随喜，循俗例，按自己年纪数罗汉，至六十三尊，相貌严厉，眼巨如铃，怒而上视，于是随口占诗一首：“随喜巡檐步几回，按年数佛老犹孩。世尊不作拈花笑，偏学金刚怒目来。”

然后，预备一舟，随即登舟，往晤寓孤山南麓诂经精舍湖楼养疴的彭雪琴宫保[1]。彭雪琴即大名鼎鼎的彭大将军——彭玉麟，曾国藩的得力爱将，与曾国藩、左宗棠、胡林翼并称“曾左彭胡”。诂经精舍，清代著名书院，嘉庆年间由阮元任浙江巡抚时正式创建，左三忠祠，右照胆台，面对西湖。同光年间，俞樾于此掌教三十余年。可谓当时浙江全省的最高学府。文彬与彭宫保座谈片时告退，彭氏非常客气，没一点架子，又“送至舟中，亦坐片时”，交情甚好。

当天，文彬诗兴大发，连作诗十九首，其中六首赠彭宫保：

五年不见老彭宣，渐有霜丝上鬓边。
公是长江真铁锁，不愁飞渡有楼船。

明廷有诏许还山，从此闲云得自闲。
时被清风催出岫，更为霖雨遍人间。

英雄哪怕病来磨，每借醇醪养夙疴。
羡煞山中闲宰相，自寻芝草到岩阿。

西湖胜境恣幽探，最好澄波月印潭。
数折红桥三面水，为公佳处结茅庵。

晨星旧雨各他乡，犹记传杯宴雪堂。
主亦颓然宾尽醉，文忠风趣似欧阳。

疆场从未息劳筋，臂痛常须灼艾熏。
不是愁公肱欲折，还思铺纸乞烟云。

彭玉麟一生充满传奇色彩。直到三十七岁时还是个穷秀才，忽然间一个从天而降的机遇落到他头上。咸丰三年（1853），曾国藩在湖南衡阳大力扩充湘军，采用了宋儒周敦颐理学治兵的理念，大力使用书生带兵，一则为了培养锻炼人才，一则为了将湘军打造成一支有文化的军队。曾氏要求湘军将领要日登讲坛，给士兵讲课，所谓“朝出鏖兵，暮归讲道”。彭玉麟有了用武之地，很快成为湘军水师的统领，直至与曾国荃等死命奋战，打下天京。他身负重伤，积劳多疾，辗转南北，未尝请一日之假回籍。与水师另一位统领杨岳斌一道受赏一等轻车都尉世职，加太子少保衔。杨岳斌随即赴任陕甘总督，他则以兵部侍郎身份一人独领水师。在湘军一裁其九的大遣散时期，水师则破例被全军保留，改名为长江水师。他呕心沥血，使其成为晚清政府一支重要军事力量，这是彭氏在中国近代军事史上所作出的一大贡献。后来，这支水师收在李鸿章帐下，成为北洋水师的中坚，在甲午海战中全军覆没，这是后话。

但作为一位盛名天下的儒将，其生命中最有价值的部分似乎不在这里，而在于他特立独行的处世态度。他一生中最引人注目的事，便是他先后六次辞官，而且都是世人眼热的要缺。光绪十六年三月，彭玉麟以平民之身病逝于衡阳。《清史稿》中评价：“玉麟终身不任官职，巡阅长江，为国家纾东顾之忧。”曾国藩评价他：“书生从戎，胆气过于宿将，激昂慷慨，有烈士风。”

彭玉麟为人用情专一，持身严谨，这种性格与曾国藩类似，因此他们很谈得拢，曾国藩常常引为知己。他于军事之暇，喜绘画吟诗，以画梅名世，据称是思念梅姑的爱情之物。1946年著名专家罗尔纲考证，梅姑本是彭玉麟外祖母的养女竹宾，据说彭玉麟称她“姑姑”。两人青梅竹马，年纪相仿，情愫萌生，至私许终身。后来却始终未有结合，托辞是八字不合，真正的理由是辈分。在彭母的主持下，梅姑嫁到别家姚氏，四年后死于难产，彭玉麟闻讯身心俱裂，哭吟“一生知己是梅花”，并发誓要用余生画万幅梅花。他每画一幅，必盖一章曰“伤心人别有怀抱”。彭氏画了整整四十年，才完成承诺，丧妻后终身未娶。他画的梅花：干如铁，枝如钢，花如泪。辞官隐居期间，一是在江西鄱阳湖入长江口处湖口水师昭忠祠旁遍载梅花，称“梅花坞”，即著名的石钟山景点；二是于家乡筑“退省庵”，在庵里吟诗作画。真是应了元王冕《墨梅诗》“不要人夸好颜色，只流清气满乾坤”。

彭宫保与俞樾[2]交情甚厚，光绪三年（1877）春自杭州出发巡阅长江，经过苏州，俞曲园携孙子陛云拜访。陛云的父亲是俞樾的次子祖仁[3]。当时陛云[4]十岁，宫保一见，甚是喜爱，以汉玉一枚相赠。不久，宫保即请好友勒方锜做媒，以长孙女见贞许配陛云。两年后，俞曲园于杭州为陛云行纳彩礼，两家遂成亲家。光绪十六年（1890）三月，雪琴驾鹤西去，曲园泣作三百一十四字长联挽之，赋长诗《哭彭雪琴尚书一百六十韵》，及葬，又撰神道碑。还收集雪琴五百余首遗诗，结集付梓，题名《彭刚直诗集》（八卷），流传于世。

“进则兼济天下，退则独善其身”，这是彭玉麟传奇人生的写照。文彬与彭玉麟心有灵犀一点通，在写六首赠彭宫保诗的同时，也给自己写了一首，表明自己的心迹：

世网如蚕作茧缠，化为蝴蝶便登仙。
何时飞上三天竺，一个峰头住十年。

《吴友如画宝》中的彭玉麟画像

彭玉麟《墨梅图》

彭玉麟先后六次辞官：第一项是安徽巡抚，他三次辞谢，其理由是已习惯于军事，朝廷只得收回成命。第二项是漕运总督，掌管八省漕政，天下一流的肥缺，他两次谢绝，理由是自己性情褊急，不善于与各方圆通相处，朝廷只得作罢。第三项是请辞已当了六七年的兵部侍郎，原因是当年从军时，三年母丧只守了一年，请求再补满两年，朝廷一口答应。彭氏离职休养三四年后，官复原职，并让他兼同治帝大婚庆典宫门大臣，也就是婚庆时紫禁城的保安司令，待庆典一结束又请辞，朝廷接受后交给他一项差使，每年要巡视长江水师一次，这是第四项。第五项是两江总督兼南洋通商大臣，这充分说明朝廷对他倚重，而他偏不领情，接旨后即上疏请辞，隔日又再次上疏，朝廷只得让左宗棠去。最后一项是兵部尚书，与往常一样，彭接旨后即请辞，朝廷未准。不料，中法战争爆发，彭氏认为此时不宜再辞，便奉旨迅速赴粤部署海防，光绪十一年（1885）三月中法战争刚结束，遂上疏请开兵部尚书缺，朝廷未予接受，彭氏又于同年八月、十二年八月、十三年七月、十四年六月接连请辞。鉴于彭氏的执着，朝廷只得接受。

注：

1. 彭玉麟（1816—1890），字雪琴，号退省庵主人，吟香外史，祖籍湖南衡阳县，生于安徽安庆。清代著名政治家、军事家、书画家，人称雪帅。与曾国藩、左宗棠并称“大清三杰”，与曾国藩、左宗棠、胡林翼并称“中兴四大名臣”（一说曾国藩、左宗棠、李鸿章、张之洞），湘军水师创建者，中国近代海军奠基人。逝世后，追赠太子太保，谥号刚直。

2. 俞樾（1821—1907），字荫甫，晚号曲园居士，浙江德清人，晚清著名经学大师。道光三十年（1850）进士，曾任翰林院编修。咸丰五年（1855）任河南学政，旋因任上不悟官事，所出试题“王速出令反，国家将亡必有妖”，被人曲解为割裂了经文，犯上嫌故，借机弹劾而革职，从此走上教授子弟和著书立说的道路。俞樾在经、史、诗、文诸方面成就卓著，硕果累累，仅收在《春在堂全书》中的就有一百八十种近五百卷之多。文名远播日本、朝鲜，被称作“东亚唯一的宗师”。他受日本友人委托，编订了日本第一本诗歌选集《东瀛诗选》。俞樾擅长书法，笔力遒劲，在苏杭两地留下了大量的墨迹。光绪三十二年（1906），俞樾以八十六岁的高龄为寒山寺补书重刻唐代张继《枫桥夜泊》诗碑。俞樾作书后数十天，即翌年（1907）二月初五，便倏然长逝，所题写的诗碑成为绝笔。

3. 俞祖仁（1846—1914），一名绍荣，字寿山，俞樾次子，俞陛云之父。自幼多病，难应科举。钦加五品衔于江苏候补县丞，诰授奉政大夫。俞樾谓之“以心疾废事”，诸医加以镇心之药，如石投水，迄无效。德配咸丰辛亥举人、候补同知姚六吉之女。

4. 俞陛云（1868—1950），字阶青，号乐静居士等。光绪二十年（1894）探花，后任四川乡试副考官。民国初年曾任浙江图书馆监督、清史馆协修。幼承家学，经、史、书画皆长，尤工诗词。

阜康浮沉

阜康，是胡雪岩开设的银号。胡雪岩（1823—1885），名光墉，又名顺官，以字行，浙江仁和（今杭州）人，祖籍安徽绩溪。从经营钱庄、当铺、中药、丝绸、茶叶到购运军火、粮米接济清军，晚清著名的红顶商人。

他从小家境贫寒，帮人放牛，十二岁时失去父亲，作为长子，为了养家糊口，拜别寡母，进杭州钱庄当学徒。因为人诚恳、踏实，三年满师，约十六岁时被留在钱庄当伙计，不久升为跑街（营销）。

这时他结识了出身官宦之家、捐官浙江盐运使的福建侯官（今福州）人王有龄。捐官只是虚衔，若想获实职，需花更多钱去补缺。清代卖官鬻爵是乾隆爷的发明，为了充盈国库，开了“捐官”先例。王有龄由于家道变故，成了一个落魄者，胡雪岩将钱庄刚收到的一张五百两银票挪借给他。王有龄北上之后，果然走了好运，获得了实职，后凭政绩做上了湖州知府和江苏按察使、布政使，而胡雪岩却被钱庄炒了鱿鱼。王有龄并非一个忘恩负义的人，庚申之变后，官至浙江巡抚的他，支持胡雪岩开了“阜康”钱庄。但第二年，也就是咸丰十一年（1861），李秀成的太平军团团围住杭州，胡雪岩受王有龄之托在上海、宁波购运军火、粮米。王有龄堂堂一个巡抚，肚子里三天没沾过一粒米，因丧失城池而自缢身亡。李秀成感动了，破城后，不但没有屠城，反而厚葬了他。

接任浙江巡抚的是左宗棠，他在安徽领兵时五个月没发过军饷了，很多士兵被活活饿死。左宗棠让胡雪岩十天内筹集十万石军粮，这么短的时间，十万石无疑是一个天文数字。胡雪岩仅用三天时间，就将军粮筹齐，令左宗棠刮目相看。这批军粮，原来是胡雪岩帮助王有龄采购的。

让胡雪岩没想到的是，左宗棠攻取浙江后，清军的大小将官无一不将战争所掠钱财，尽数存在他的阜康钱庄。阜康钱庄成了中国最可靠的存钱处，迅速夯实，囊中满满。文彬刚赴任浙江时，兴奋地写信给儿子：

> 向来历任关钞解京交库，均由阜康银号经手，得缺之后，阜康管事曹恬波既托人来说，需用银钱不拘多少，情愿应付，不要利钱，到任后陆续归还。苟非美缺，安得有此便宜之事？前信所云预备三竿（按：“一竿”乃一千两银）之说，可作为罢论矣。济成折出一节，今昔情形不同，德馨（按：济成、德馨为苏州钱庄）如肯再展，自可无庸改议，否则汝径向阜康管事熟商，谅必乐从。

胡雪岩迈上了左、胡组合之路，他依靠湘军势力，在全国广设钱庄、当铺，阜康分支广设二十余处。而他毕竟是苦出身，这段时间俨然一个慈善大佬，到处设立粥厂、善堂，修复名寺古刹，曾出资重修苏州玄妙观弥罗宝阁。同治十三年（1874），建胡庆余堂（与同仁堂齐名），雪岩亲书“戒欺”字匾，招牌为“真不二价”。施药给贫病无助的街坊，花钱做过不少好事。

顾文彬还是归属于读书人一类，真正的读书人对权力与金钱的兴趣有底线，官场中的他们是深入体悟的践行者。虽然眼前自己踏上的这条道路，沿路风光都让人仰止，然而文彬明白，让人仰止的从来不止是天边熠熠的星光，还有一路前行的风险。他独善其身，小心翼翼规避官场拉帮结派的“圈子文化”。同治十一年（1872）三月，“胡雪岩来，托以抚署办贡事，并随时排除谣言”。翌年，社会上有关阜康传闻又纷纷扰扰。文彬虽与之合作两三年，总觉得树大招风，隐约担忧起来，他在十一月十五日写给顾承的书信中坦言，“胡雪岩家计深浅不可测度，然以巨款存之（指官项而言），乃日夜不安之事，而又无法改动。我之不愿久恋此缺，盖为此也。折上所存，必须苏中有安顿处，方可来拨取，听汝之信可也”。对文彬而言，不仅巨额官项存放在阜康银号，他私人的银两也存放在阜康银号，一旦崩盘，后果不堪设想，他由此萌生弃宁绍台道美缺而去的念头。

鸦片战争以来，各种打仗、不平等条约之后，无一避免的是巨额的赔款，国库空虚，层层往下压，宁波海关成了重要的“皮夹子”（钱包），源源不断地流进洋人的腰包。同治十三年（1874）四月十三日，文彬密告顾承：

> 此间关税解部，入不敷出，屡请中丞（编者按：巡抚杨昌浚）将亏空情形或奏或咨，中丞不允。现在续拨十五万之部文已到，五月内应解十三万部款，竭力挪凑，尚短五万，只得向厘局暂借，谅中丞不能不允，因舍此无款可筹也。从历来亏空滚算至五月止，几及二十万，从今以后，即下半年收数稍旺，亦止彀还各欠，断不能存留。胡雪岩倒账一层，反可无虑耳。

所谓祸兮福所倚，就在文彬为浙海关与胡雪岩的阜康银号感到剪不断理还乱之际，户部要求浙海关上缴十五万两关平银。这是冠冕堂皇的理由，不但如此，正巧关税亏空，只能东挪西借，因此没有多余的税钞存在阜康银号。文彬与阜康的切割，恰在胡雪岩与阜康处于巅峰时，因此切割得了，倘若此时犹豫，不切割，将来几年机会就会越来越小，于公就会受到牵连，于私书画收藏就会前功尽弃，过云楼和怡园就会夭折，成为泡影。这是文彬做官底线的警觉所致，不任性、不忘乎所以，是读书人的聪明和精明之处。

同治十三年下半年，他在日记中透露：在他刚履任之初，福州将军兼署闽浙总督文煜，系文彬在刑部旧同僚，因台湾道出缺，意欲调文彬去。浙江巡抚杨昌浚听到风声，便推荐候补道夏献云赴任。文彬在日记中述：

未及四载，日本国借征生番为名，图踞台湾，驻师瑯桥。皇上命船政大臣沈葆桢为钦差大臣，办理台湾事务。

而夏观察亦遂驰驱于干戈扰攘之中。

文彬的日记中透露了此时正发生惊人事件，日本借口琉球船民在台湾被杀，派兵三千六百余人侵台。中日签订《北京专约》，迫清政府承认琉球为日本保护国，并赔偿日本兵费五十万两白银。文彬说的“征生番”即镇压台湾牡丹社番民。之后，再迫琉球绝清而加以吞并（今日本冲绳）。日本的明治维新从1868年开始，那时起就确立了“开疆拓土”的方针。

同治十三年十二月，年仅十九岁的同治帝驾崩，由慈禧太后做主，年仅四岁的载湉被扶上帝位，改号光绪。这时，文彬欲辞去宁绍台道的主意已决，数月前，文彬呈递病禀，呈告病情，并推举宁波知府边仲思代理。他的人缘好，同僚纷纷挽留，“黄军门来晤，劝不必告病，并欲遣人追回禀帖，余辞之。伊又欲致书中丞相留，余亦辞之”。黄军门与杨昌浚为湘南同乡，湘军出身。

他在日记中有一段心境的表露：

余自履任以来，精神尚好，腰脚亦健，惟兴致则日减一日，平昔博弈饮酒，无所不好，今一概置之，独书画癖如故。暇则手一编，或作书，或翻阅书画，否则萧然枯坐如在家僧。人生如白驹过隙，今年已六十有五，桑榆晚景，知有几何？徒以索寞销磨之，岂不可惜？今秋当决计乞病归家，之后或可冀少增兴致耳。

就在当月，文彬连连接到几个孙子禀告，“知承儿忽然吐血”，“承儿复发肝气，血未净，肠红少而未至止，请停后园工程”。而文彬这时自己也吐血不止，开始“临卧时，因咳呛，忽吐鲜血十余口；至天明后复吐淤血数”。几日后仍吐血，约共三十口左右。十几天后，获悉自己因病请辞，巡抚已批准，委派浙江金衢严道（辖金华、衢州、严州三府）来接任，文彬才如释重负。次日正好是文彬生日，心情好了，血也止了，边养病边等新任道员交接，然后辞行，一个月后便携家眷，衣锦还乡。

读顾文彬的《过云楼日记》，颇觉有趣。他在同治十一年（1872）十二月初四记：

天台人郑金斗精于风鉴（算命），上年在苏谈相皆奇中，兹持吴退楼荐书来署（宁波道署），时已下午。余请其略观大概，据云寿可至八十七岁，数年之内不能赋归。六十三岁驿马不动，六十四岁下半年要调动，然未必远调，大约不出省，外官做至七十岁，以后尚要做京官五年，至七十五岁方可回家。六十三岁尚应添一子。生平不聚财，因开销多也。上司人缘甚好，而奴仆室皆不得力，一生无风波之事。姑记于此，以观日后验否。

文彬对风水先生之言不会当真。他离开官场才一年半，便发生杨乃武与“小白菜”案，他在任时的顶头上司、巡抚杨昌浚（石泉）及浙江官员三十名，甚至连钦差大臣胡瑞澜，都被撤职查办。光绪三年（1877）二月二十八日，文彬在日记中记：“浙江余姚（杭）杨乃武一案，刑部奏结，承审之杨石泉中丞、胡小泉学政、杭府陈伯敏（陈鲁）、宁府边仲思等皆革职，余姚令刘公发新疆。”这时的文彬对官场中事已不大关心，连杨乃武与“小白菜”案发生在杭州府余杭县，都写成自己曾管辖的宁波府余姚县。杨乃武与“小白菜”案，与名伶杨月楼冤案、太原奇案、张文祥“刺马案”，时人并称为“晚清四大奇案”，世人争相传唱，被蒙上神秘的面纱。苏州弹词又名《奇冤录》《余杭奇案》，是民国初年李文彬编演。

同治年间（1862—1873），西北爆发了回族暴乱，称“同治回乱”。同治六年（1867），左宗棠率所部近两万人抵陕，历时六年，直到同治十二年（1873）攻占陕甘回民军的最后据点。左宗棠在平定陕甘暴乱后，坚持武力收复新疆。于是，光绪元年（1875）二月，清政府命陕甘总督左宗棠为钦差大臣，督办新疆军务，又是五年，率军纵横天山南北，经过浴血奋战，从阿古柏手中夺回了新疆，同时粉碎了俄国沙皇侵略中国的企图，保全了中国西疆的金瓯完整。

据说，道光三十年（1850）初，经历虎门销烟到充军新疆大起大落的林则徐，预感自己将不久于人世，赶到湖南湘阴，将在新疆整理的资料和绘制的全部地图交付尚未出山、三十八岁的左宗棠，并写下“苟利国家生死以，岂因祸福避趋之”对联。左宗棠提笔写了一副回赠联“是能养天地正气，实乃法古今完人”。同年底，林则徐骤然去世，一代民族英雄走完了六十五年生命历程。

光绪七年（1881）正月，七十岁的左宗棠回到北京叙职，两宫皇太后垂帘召见。主事太监居然暗示左宗棠，依照不成文的规矩，须缴纳陛见关节费三千两白银。左公秉性刚烈，岂肯低头认宰？眼看此事就要闹僵，幸亏恭亲王奕䜣从中转圜，代付了这笔银两。慈安对老帅的雄风胜概印象极佳，听说他近年视力大不如前，就将先帝（咸丰皇帝）的遗物——一副墨晶眼镜赏赐给他。主管太监奉旨颁赐奖品，竟又勒索谢礼三千两白银，左公一怒之下，转背就走。恭亲王奕䜣再次出面打圆场，主事太监看在恭亲王奕䜣的面子上，谢礼打了五折，这才高抬贱手，让左公领回“奖品”。一位保家卫国的大功臣，尚且要被看门太监一次次勒索，大清帝国不亡才怪呢。左宗棠是首屈一指的大傲哥，对太监他没辙，对贪官、庸官则毫不留情，大庭广众，他敢指斥官文目不识丁，人家对他

《西征运粮图》油画，反映了为西征的清军运输粮草的场景。漫长战线上的粮草供给，为左宗棠西征大军胜利地收复新疆失地奠定了坚实的基础。

左宗棠西征之时，五十八岁的胡雪岩为其鞍前马后筹粮草、借洋款。左宗棠在保荐胡雪岩的奏折中说："臣君西征度陇，所历皆荒瘠苦寒之区……各省关欠解协饷，不以时至，每年岁事将阑，辄束手悬盼，忧惶靡已。胡雪岩接臣缄牍，无不殚精竭虑。"宗棠说他的功绩"与前敌将领无殊"，不亚于军功（左景伊：《我的曾祖左宗棠》，第306、307、319页，湖北人民出版社，2010年）。慈禧就为胡雪岩论功行赏，胡雪岩被封为布政使衔（三品）并总办"四省公库"，还拿到了象征着慈禧近臣的从二品顶戴和黄马褂，故而他这个"红顶商人"名噪一时。

恨之入骨。左宗棠以协办大学士入军机处行走，堪称名副其实的一品宰相，但未能久安其位，年把时间两度遭到排挤，先是简放两江总督，然后被派往福建前线主持海防。

这一年九月，左宗棠接任两江总督。翌年四月，他离开南京，出阅江南营伍。据报，他在苏州和上海出访时，仪从颇为威严，绿呢大轿前有两个清道牌子，上书"清道飞虎"和"肃静回避"，后面紧接着各种官衔牌，计有：钦差大臣、二等恪靖侯、太子太保、东阁大学士、两江总督部堂等七个头衔。在苏州出行时，"沿途观者密如栉比，有不远数十里，等候一二小时，而必欲一觇颜色者"，都想看看这位建功绝域的英雄，"咸以获睹伟人为荣"。在上海也是如此，经过租界时，租界当局换升中国龙旗，外国兵警执鞭清道，声炮十三响，恭谨有加。在苏州和上海都有几个老百姓拦舆告状，左宗棠收下禀词后，见到当地官员时，都叮嘱他们务必妥善处理。

在左宫保巡视江南中，与泛泛的官场关系不同，有两件事他老人家不妨百忙之中牵挂在心：一件是否应该在苏州与当年自己虎落平阳时伸出援救之手的同道顾文彬打个招呼？如果不便，派个差人传个信也好，但都没有做。文彬在日记中说：

> 左制军大阅来苏，十六日舟泊胥门码头。除当道外，绅士中有具舟远迎者，有在码头进谒者，余不但未往见，并未投一刺。余与左继高素不相识，昔年湖南某总兵京控一案，牵涉继翁，旨交官制军（湖广总督官文）暨钱萍矼副宪查办。中丞（湖北巡抚）胡文忠（胡林翼）与继翁至交，嘱余从中排解，继翁得免置议。此中曲折，文忠当必详告继翁，继翁既不肯屈己致谢，亦必默识于心。今开府江南，虽事隔二十余年，亦不应置之若忘。然从未于同乡处一询及余，昔淮阴一饭之恩[1]，犹不忘报，余于继翁岂仅一饭之比。余固不望报，而继翁之视淮阴度量相越岂不远哉！

文彬有失落感，确实有些不高兴，但是做了好事不留名，也不图报，没几天，有修养的他也就想通了。

另一件是否应该在上海看望一下胡雪岩？左大人做到了。在上海的第二天午后，他没有睡午觉的习惯，乘坐绿呢大轿来到上海陕甘粮台，与胡雪岩叙谈了一番。

左宗棠戎马一生，念念不忘国家大事，得罪过不少朋友。本书前述 1860 年樊燮事件，郭嵩焘是湘官集团营救左宗棠最得力的人物之一，据说潘祖荫说动咸丰皇帝的台词“天下不可一日无湖南，而湖南不可一日无左宗棠”原创是郭嵩焘，郭是真正的湖南书生，眼光具有超越性，也有穿透力，天才的思想家，可是后来这两位湖南同乡“友谊的小船说翻就翻”。1865 年左宗棠在闽浙总督任上，兼督办广东军务，负责消灭太平军残部，而郭嵩焘正在广东当巡抚。太平军进入广东，郭嵩焘十分紧张，他不擅长打仗，盼星星盼月亮一样盼左宗棠率军来。左宗棠不客气地写信指出：广东的军事安排像个银样镴枪头，老郭你的能力跟不上你的思想。左宗棠命令部下进入广东后，郭负责筹军饷，行动乏力。左又写信批评郭，郭反而跟左论理。形势紧迫，左急了，进行催逼，郭这下崩溃了，埋怨左“用心太酷”，“不察事理，不究情势”。左认为郭当巡抚很吃力，也很勉强，请求朝廷将他调回北京。

思想家不等于就是军事家、政治家。郭嵩焘负气罢官，回到湖南，在长沙城南书院讲学。九年后，军机大臣文祥想起郭，举荐他进入总理衙门，随后朝廷重用，作为中国历史上第一位外交官派出，任驻英公使，不久兼任驻法公使。后郭嵩焘写日记出版，指出中国落后根源在国家体制，中国应学习西方先进的民主政治制度，引起清廷忌讳，被紧急召回，驻英、法大使由曾纪泽取代。郭氏从此被清廷荒废，蛰居乡野，郁郁终身。左宗棠死后，郭嵩焘依然耿耿于怀，他送挽联，心迹表露无遗：“世需才，才亦需世；公负我，我不负公。”他不如文彬想得通。

光绪九年（1883），法军进攻驻守在越南的清军，清廷再次召令七十二岁的左宗棠。与此同时，自我感觉太好的胡雪岩，不甘屈服于西洋人雄厚的资本力量，在上海投入巨资两千万两白银，开办蚕丝厂。与左宗棠、胡雪岩组合有构隙的是李鸿章（1823—1901）、盛宣怀（1844—1916，晚清著名官商，原李鸿章幕府）组合。李鸿章在许多重大问题上，与左宗棠政见相乖、水火不容。经济往往与政治有剪不断的牵连，中国经济发展中一直存在“胡雪岩”现象，官商关系微妙，商人成本高、收益高，风险也高。商人涉足官场太深，风浪一大，就容易翻船。

当今叱咤商界的香港成功人士李嘉诚，在他仅二十平方米的办公室悬挂的一副对联，正是左宗棠看破红尘题于无锡梅园的词句：“发上等愿，结中等缘，享下等福；择高处立，寻平处住，向宽处行。”

不谙官场规则的胡雪岩丝毫没想到，有史以来第一场中外大商战由此拉开，适逢世界经济危机的爆发，致使他囤积的生丝运不出去，被迫贱卖。更让他雪上加霜的是，好像串通好了似的，各地的官僚竞相提阜康钱庄的存款似狂飙。因市场剧变，“上吊拉脚”，资金链断裂而破产。最后，他不得不廉价当了自己创办的“胡庆余堂”药厂的地契房产。他的商业王国果真如文彬所预言：崩盘了。当然，胡雪岩商业上的失败，与左宗棠并无直接瓜葛。

光绪九年（1883）十二月初七日，文彬在日记中记：“上海倒账，层见迭出。”他所熟悉的人，如“金嘉记、顾子皆倒去各数十万，徐雨之倒去二百余万，胡雪岩倒去千四百余万……如此巨款，从来罕闻，西号钱庄有收无放，以至银根极紧，周转不灵，贸易场中辄唤奈何也”。

破产前夕，胡雪岩曾求助于清廷，没想到那些顽固的老朽和激进的洋务派通通不念他过往的功绩，反而落井下石——因为他最大的靠山坍塌了——光绪十一年（1885）九月五日，七十四岁的左宗棠在福州北门黄华馆钦差行辕任上殂谢宾天。慈禧下达诏谕，追赠左宗棠为太傅，恩谥“文襄”，赏治丧银三千两。那天夜晚，福州暴雨倾盆，忽听一声霹雷，东南角城墙，顿时被撕裂一个几丈宽的大口子，而城下居民安然无恙。

注：

1.“一饭之恩”，出自《史记·淮阴侯列传》所载，汉初名将韩信受人点滴之恩，涌泉相报的故事。韩信在未得志的时候，境况很是困苦。他时常饿着肚子在淮水垂钓，有一个漂母（洗衣布的老婆婆）很同情他，就将自己的饭分给他吃，天天如此。后来，韩信替汉王刘邦立了功劳，被封为淮阴侯后，始终没忘记漂母的一饭之恩，派人四处寻找，送酒菜给她吃，最后以千金相赠。现淮安有漂母祠。

慈禧太后绘《红梅》，在人们心目中，慈禧是清王朝腐朽的象征，不过，慈禧颇有才学，能书善画，书法长于行书、楷书，绘画有花卉等传世。

《敕治两江》油画。两江三省为粮赋重地。清朝政府先后敕封多位重臣为两江总督，中间三人为曾国藩（右）、李鸿章（左）、左宗棠（中），左后为张之洞、右后为刘坤一。

胡雪岩青年照

阜康钱庄

位于浙江杭州的胡雪岩故居

作为暴发户的胡雪岩还沾染了皇宫显贵妻妾成群的奢靡之风，这就导致他几乎丧失了自我。靠山一倒，王公大臣们就联合上书，免不了官商勾结、营私舞弊、囤积居奇、亏空公款等硬把柄。慈禧下诏清查他所有的家产，并严追治罪——胡雪岩被抄了家，同时被革除了顶戴。倒是接任两江总督的曾国荃（1824—1890，曾国藩之弟，光绪十年（1884）七月任两江总督兼南洋通商事务大臣，例授兵部尚书）竭力维护，秉公处理，因胡雪岩受左宗棠委托借款西征，不仅没有错，况且是功在国家的事。胡雪岩没有被进一步加罪，左宗棠去世后没几天，胡雪岩也在惊悸中郁郁而终。只剩下红顶商人传奇式的故事至今还在社会上流传。

退隐文化

几乎与胡雪岩商业王国从巅峰一落千丈同步，同治十三年（1874）到光绪八年（1882），怡园建成，断断续续历时九个年头，占地九亩，耗银号称二十余万两。其时，浸润着财富偕文化基因的隐逸园林一个个开场了，又恢复了战前曲水流觞的风貌。其他地方不说，铁瓶巷过云楼、怡园后门是金太史巷听枫山馆，听枫山馆后门是韩家巷鹤园，鹤园后门是马医科曲园。巷内几步之遥，还有畅园、绣园、壶园，星罗棋布。怡园精绘细琢，较之左邻右舍，成为众园之翘楚。一开始，好友李鸿裔、吴云在背后并不怎么看好，及至怡园荷花厅落成，如诗似画，“方觉惊异”。为此，李鸿裔作《怡园》贺诗一首，描绘了鱼戏莲叶间的景致，令人陶醉。

听枫园　听枫读画

曲园　春在堂

鹤园　月馆

网师园　万卷堂

文彬是于历时十四载的太平天国农民战争熊熊大火被彻底扑灭、社会过渡到相对平静的史称“同光中兴”时期，创建了一楼一园：一座专为庋藏书画的楼宇，题名为“过云楼”，文彬在《过云楼书画记》自叙中开宗明义：“书画之于人，子瞻氏目为烟云过眼者也。”一座怡园，取《论语》“兄弟怡怡”句意。文彬对顾承说：“我已取定‘怡园’二字，在我则可自怡，在汝则为怡亲。”

苏州历来是仕宦退隐之地。仕宦退隐的人中，不乏有学问之人，告别职场不是终点，退隐之后自有乐趣。梁启超有一篇文章《人要生活在趣味之中》。退隐之前有历练、长见识，退隐之后又有闲暇，学问便从趣味中油然而生。人不可以无趣，天下为学问者凡三等，下等者以学问为手段，或为谋生之道，或为进身之阶；中等者以学问为目的，毕生孜孜于此，无暇他顾；上等者以学问为游戏，入乎其内，出乎其外，唯趣之所适，所求不同，河水分饮。大概文彬便是这第三种人，有丰富的心灵才有丰富的生活。一直在熙熙攘攘的人群中，退隐之后唤起自己的趣味和梦想，如鹰重新展翅，盘旋飞翔起来，换种生活，回眸一看，满目青山夕照明。

现代苏州作家陆文夫[1]在一篇文章中评价历史上造园现象说：

> 苏州园林作为一种文化现象来看，是一种“退隐文化”的体现。在中国的传统文化中，隐士也很受推崇，那是清高的表现。……大隐隐于市。这些人都不是土财主和暴发户，他们有钱，更主要的是有文化，用现在的话说他们都是知识分子的精英。他们退隐在苏州以后也不是无所事事，而是广结名流，著书立说，吟诗作画，那“退隐文化”便主导着当时的文化潮流，影响着人们的价值取向，代代相传。

富有而不轻浮，豁达而有品味。文彬宦游几十年，年耆之岁归隐，学陶渊明归去来兮，心态放平，聚焦自己的追求。倾其家财，殚精竭虑，致力于抢救收藏历代书画家手迹，“自唐宋元明清诸家名迹，力所能及者，靡不搜罗”。晚年文彬在日记中自撰一对：“宦海无涯防失足，家园初筑即抽身。”另一处引用翁方纲书对联句：“有情今古残书在，无事乾坤小屋宽。”前者是他宦游生涯的回顾，后者是他退隐生活的心境，是他心理上提得起、放得下的一个写照。怡园刚建时，牡丹厅匾本来题“看到子孙”四字，后觉太窄、不雅，又改题“琼岛飞来”四字。“琼岛飞来”，是一种色彩炫目的新生活，文化不是舒展不开的眉头。这就是一个晚清士人为什么将家族命运与藏品绾合相托坚守的道理。

光绪三年（1877）五月十七日，文彬拜访交谊甚笃的国学大师俞樾，“送怡园记纸与荫甫”，请他写《怡园记》。之前，俞樾曾应盛宣怀的父亲盛康[2]所请写下《留园记》。俞樾“攀玩终日，粗述大概”：

顾子山方伯既建春荫义庄，又辟其东为园，以颐性养寿，是曰怡园。……兹园东南多水，西北多山。为池者四，皆曲折可通。山多奇峰，丑凹深凸极湖嵌之胜。方伯手治此园，园成，遂甲吴下，精思伟略，即此徵之。

俞樾称文彬为方伯，方伯乃布政使的别称。

早在咸丰八年（1858）俞樾来苏，寓居饮马桥五柳园，“杜门不出”，研治经史。同治四年（1865）以后，主苏州紫阳书院和杭州诂经精舍教席，每年往返于苏杭二地。一面讲学，一面著述，前后达三十二年之久，著名学者徐花农、张佩纶（写小说《色戒》的旅美女作家张爱玲的祖父）、吴大澂、陆润庠、章太炎和画家吴昌硕等都出自他的门下。同治十年（1871）正月十四日，刚从京城归家的文彬，收到俞樾的求助信，马上登门拜访。俞樾小文彬十岁，都是进士出身，但俞樾是位大学者，所以文彬对他特别尊重。道光三十年（1850），俞樾赴京参加礼部复试，复试题“淡烟疏雨落花开”，俞樾挥毫写下以“花落春常在”为首句的一首五言诗，担任复试题考官的礼部侍郎曾国藩识才之誉有口皆碑，抚案赞赏“此生他日所至，未为可量”，俞樾由此中殿试第一。曾国藩自许有两个得意门生，一个是俞樾，一个是李鸿章。对这两个人，时有评语：“李少荃（李鸿章）拼命做官，官亨好运；俞荫甫拼命著书，学识渊博。”为此俞樾治了一方印“拼命著书”，遍盖于已刊刻之书上，以铭记师诲。这次，俞樾想印刻《湖楼笔谈》七卷，刻资需五十元，却囊中羞涩，文彬自然慷慨允之。翌年七月，远在浙江任上的文彬寄了一首《奉怀俞荫甫太史》诗，之后又和了俞樾两首诗，他们之间鸿雁传书，一来一往，一唱一和，交情甚浓。

同治十三年（1874），俞樾自来苏州的第十六年，在李鸿章、彭玉麟等人资助下，购得马医科西潘世恩故宅废地一块两千八百平方米左右，构屋三十余楹，筑“乐知”“春在”两堂。又在园中叠石凿池，栽花植木。由于这里地势呈凸形，似篆文（曲）字；又园中凿凹形的小池塘，又跟另一个篆文（曲）字相似，于是取《老子》“曲则全”之意，名为“曲园”。“春在堂”匾额据“花落春常在”句，由曾国藩书额。在轿厅，悬挂李鸿章题额“德清俞太史著书之庐”。曲园与怡园相隔两条小巷，俞樾说：“乐天诗云‘明月好同三径夜’，然则怡园中月色，亦可分照曲园乎？古人千万买邻，良有以也！”俞、顾两家都为相依为邻而喜悦不已。

俞樾因不悟官事，三十六岁便退出官场，专任教育，著书立说，结果学问越做越有滋味，时人誉为“九霄文星”“文坛岱斗”，桃李满天下。晚年“四世同堂”，春在堂前携两岁小曾孙俞平伯留影。那真是俞樾——“愉悦”也。寓居北京的苏州籍学者、曾任全国政协委员的章元善，藏有俞樾手书《曾孙僧宝双满月剃头诗》，僧宝即俞平伯之乳名，诗云：“腊八良辰产此儿，而今春到杏花枝。喃喃乳燕出巢日，矫矫神龙昂首时。

胎发腻仍留角（白香山诗：腻剃新胎发），毛衫软不碍凝脂。吾孙远作金台客，劳动衰翁抱衮师。”诗前有跋云：“正月穀日僧宝弥月矣，苏俗正月不剃头，二月二日苏人谓龙抬头日宜剃头，然是日为火日则又非宜，因择于二月四日老夫抱之剃头而作是诗。”

章元善小注曰：“平伯先生生于光绪二十五年己亥（1900 年 1 月 8 日），此诗作于一九零零年三月廿五日。”诗稿为章元善之父章钰生前珍藏，章钰为俞樾入室弟子。章元善与俞平伯又系苏州草桥学堂同窗。中国传统文化视“四世同堂”为人间福分。此诗反映了八十高龄的俞曲园喜得曾孙的欣然心情。时俞平伯之父俞陛云客居北京，朝阳门外有京城十景之一的“金台夕照”，故曰“金台客”。劳驾“衰翁”，抱着“卷毛小狮子”（衮师）去剃头。此情此景，不由人想起古人所说“积善之家，必有余庆”之真谛。（《苏州市志》）

陈从周著《梓室余墨》卷五“俞樾对联一幅”：在京见俞曲园樾书联，句云“培植阶前玉，重探天上花”，款为“壬寅（光绪二十八年，1902）初夏为重孙僧宝书，曲园翁”。僧宝乃平伯小字，壬寅其父俞阶青简放四川学政。联中所谓“重探天上花”者，盖望平伯能继其父重中探花也。

俞平伯是著名红学家、作家、中国白话诗创作的先驱者之一。1954 年，时任北京大学教授、中科院文学研究所研究员、首届全国人大代表的他，常常念及曾祖父静心构筑的曲园，听说年久失修，园貌荒芜，先是写信至苏州，后专程至苏，将曲园宅园包括家具、图书、木刻书版一并捐赠给苏州市人民政府。“文革”结束后，陈从周出版散文《书带集》，特邀俞平伯作序，平伯先生欣然而为，在序中回忆曲园。当他得知园中建筑被单位占用，园子已废，代之以一幢三层楼民居时，闷郁不快。“京华姑苏五老”尚健在的顾颉刚、叶圣陶、章元善也关念着曲园。1980 年 5 月 18 日顾颉刚草拟了给国家文物局局长任质斌的信函，该信经叶圣陶、章元善、谢国桢、俞平伯、易礼容、陈从周等著名学者签名后送达国家文物局（“京华姑苏五老”中的王伯祥已于 1975 年辞世），任质斌认真做了批示，在江苏省和苏州市政府的重视下，1986 年纪念苏州建城两千五百年期间，举行了“俞樾故居部分整修陈列开放仪式”。曲园的修复工程分两期进行，一期修复主体建筑；二期工程除恢复曲园原有风貌外，增加了俞樾的信札、遗诗、遗言九块书条石，1990 年完成。俞平伯于 1990 年 10 月 15 日含笑辞世。

俞樾　清代朴学大师、书法大家

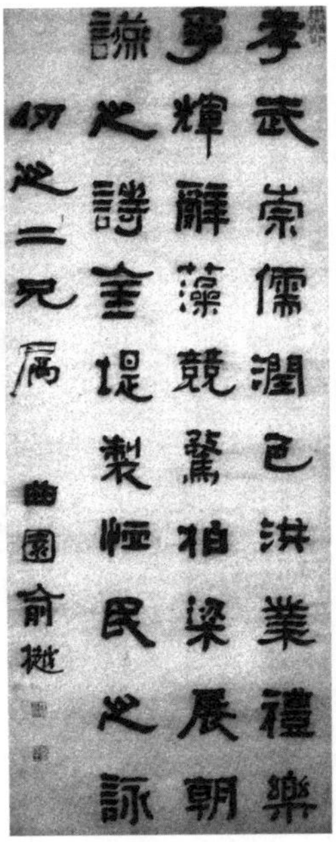

俞樾墨迹

寒山寺俞樾《枫桥夜泊碑》

左为光绪二十八年（1902），俞樾携两岁曾孙俞平伯在春在堂前留影
右为上世纪 30 年代寒山寺碑廊，图中人为拓碑工匠

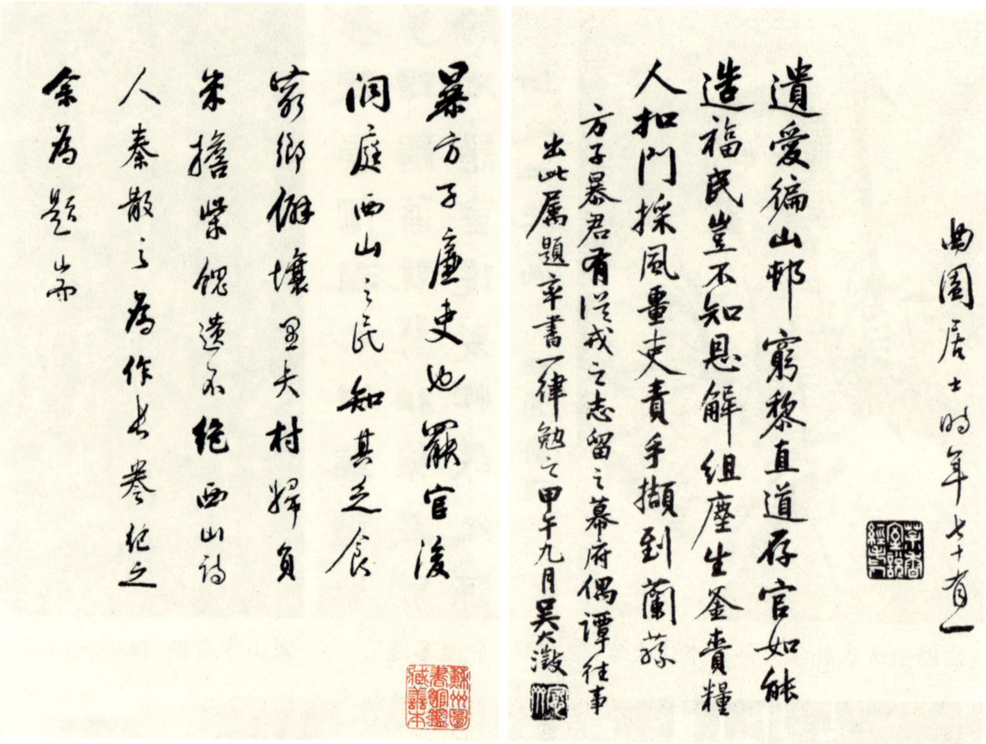

俞樾与吴大澂为《林屋山民送米图》题端

光绪十七年（1891），俞樾曾为苏州洞庭西山诗人秦散之所绘《林屋山民送米图》卷作长歌并篆书题额。图中写西山乡民负柴担米周济罢官后穷困乏食的廉吏暴方子的情景。

据《春在堂杂文文编二·暴方子传》载，暴方子名式昭，河南滑县人。先任平望巡检司，刻苦自励，非其分所应得，一文不取。后补西山角头巡检司，性傲岸，讲真理，布衣芝履，出入民间，因此失上官意，被黜免去职。光绪二十年甲午战事起，暴请缨杀敌，投吴大澂麾下，出山海关至塞外买马，经返千里，不私一钱，因染疾卒于牛庄军中，年仅三十余。当时苏州一些名士如吴大澂、郑文焯、俞陛云、吴昌硕、曹允源、邓邦述等，有感于暴方子品行高洁，纷纷为画卷题跋。1948 年，暴方子之后人暴春霆，为纪念先祖事迹，复遍请国内名人题跋后影印问世。图卷由胡适作序，收有冯友兰、朱光潜、李石曾、黎锦熙、张东荪、马衡、陈垣、朱自清、沈从文、游国恩、俞平伯等所题诗文数十篇。图卷中除秦绘《林屋山民送米图》外，尚有郑文焯、徐悲鸿所作同名《雪篷送米图》。在图卷集上，俞樾暨孙陛云、曾孙平伯题跋于一册。图卷原印近百册。

2006 年，苏州市纪委、监察部门邀约苏州市锡剧团将其搬上舞台，剧名《廉吏暴式昭》。2007 年，苏州图书馆重印《林屋山民送米图卷子》。2014 年《西山历史文化丛书》又有《九品廉吏暴式昭》等，现吴中区金庭镇设有暴式昭纪念馆，以助廉政教育。

俞平伯晚年

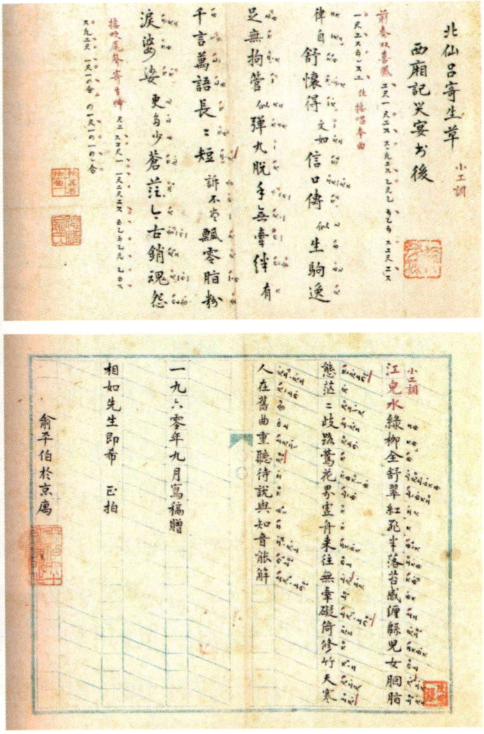

俞平伯书自作词工尺谱二种

注：

1. 陆文夫（1928—2005），江苏泰兴人，毕业于苏州中学初中部，随解放军南下，先从事记者工作，1957 年始从事专业创作。中国作协副主席、名誉副主席、江苏省作协名誉主席、苏州市文联名誉主席。创作《小巷深处》《美食家》《井》《小贩世家》等，多次获全国优秀小说奖，并被介绍至美、日、法、德、俄等国家。1989 年创办《苏州杂志》并担任主编，成为有全国影响的期刊。陆文夫爱苏州、写苏州，被人尊为“陆苏州”，其为中国文学繁荣和苏州地方文学的发展作出了贡献。

2. 盛康（1814—1902），字勖存，号旭人，别号待云庵主，晚号留园主人，江苏常州人。其子乃为盛宣怀。道光二十年（1840）中举，道光二十四年（1844）进士，初任铜陵令，后任泸州、宁国府知府、和州直隶州知州。曾在那里治水赈灾。1853 年太平军攻克安庆、江宁，盛康被派往帮办江南大营粮台。退入湖北后，巡抚胡林翼“以全省里政委之”，然后以布政使衔掌湖北盐法武昌道，竭力为清军筹集军费。同治六年（1867）丁忧，后改官浙江杭嘉湖兵备按察使，不久告老还乡，在苏州购得刘氏寒碧庄，经修葺后改名留园。

家族之梦

说说顾氏为何是一个富足的家族？追根溯源，三国、南朝时吴地就有“朱、张、顾、陆”四大望族，顾氏为定居吴中最早的土著氏族之一，是本地大姓。历史上迁徙纷繁，文彬一支家谱于道光末毁于火。据此族口传，祖先系元末明初自徽州迁回苏州，初以盐务起家，兼从事棉布及丝绸的生意，逐渐发展至在太仓浏河出海口拥有外贸商船，赚到钱才迁回苏州[1]。

清代职官薪俸延续明制，一般来说，京官俸禄并不高。文彬做官三十四年，自刑部从七品主事做起，至任陕西司员外郎、福建司郎中，做京官十五年；转任湖北汉阳府、武昌盐法道，做湖广总督官文幕府四年；丁忧避沪间参与创办中外会防局，帮助李鸿章筹款，后加从二品布政使；最后一站是宁绍台道。外官大多是实职、要职，收入自然不菲。有学者以道光二十一年（1841）曾国藩在翰林院上班始为例，计算他的收入：曾氏一开始也是从七品的京官，每年恩俸及粮米补贴共一百三十两，但道光二十三年（1843）由于他去四川出了一趟差，任四川乡试主考，外快收入骤然增加，四川制台、藩台各送银一百两，四川将军送银五十两，十二名考官送银五百一十三两，录取后的考生送银五百两，四川全省官员又以公家名义送银两千四百两，再加沿途官员馈送的银子……清朝官场上不成文的规矩——门生可以给老师送银，地方官可以给京官送银，同门、同乡、同僚之间可以互相送银，只要你不在收受钱财之后帮人走后门。京官与外官的收入差距太大，做京官应酬多，要孝敬上司，接受地方官员的“炭敬”“冰敬”（钱物）是风气。后来曾氏才立下“做官以不要钱为本”“不取军中一钱，寄回家里”的誓言。（李开周：《曾国藩的灰色收入》，《姑苏晚报》，2015 年 4 月 19 日）

文彬也是一个有底线的随波逐流派。有人说他在京城琉璃厂“买买买”，像如今“黄钻”级别的买家似的，这是戏说，过云楼的藏品来源以江浙为主就是证明。从经济上应该说，文彬的俸禄积蓄、祖上拥有的家底以及家中收藏以物易物（钱）三个方面，为他建楼、造园、盖祠堂、置义田及收藏活动起了铺垫作用。

他归宗吴门顾姓的血脉联系，认家族为三国东吴顾雍、南朝梁陈顾野王的后代，道光二十七年（1847）重修顾野王墓时，不遗余力。他进京候官时致信顾承“野王公事已蒙批准，祠屋有着矣”，计划恢复野王公祠堂；撰文说“江左宗支我族分，遥遥世胄溯黄门”，“黄门”是野王公的官职；退隐后撰诗“落星坟指石湖滨，祭扫年年荐藻苹。古柏苍松防剪伐，绿荫浓护石麒麟”，落星坟即野王墓。民国名流李根源的《吴郡西山访古记》载：出下周（舟）村，谒黄门墓……殿悬顾文彬书“华海慈航”木榜。文彬在家族文化传承方面是有贡献的。即使到了晚年步履维艰时，每年春嘱儿孙必邀同姓熟人往祭小王山顾雍墓和石湖之滨顾野王墓祭祖[2]，封植修卫，不靳赀力。家族中令后代仰视的历史文化名人还有明清之际心系天下的著名思想家顾炎武等，这就是苏州人所言“江南无二顾”的缘故。

文彬之父顾大澜，号春江，晚年酷爱书画，达到“左卷轴，右故书，雅记恒不离”的地步。文彬七十二岁时刊印的《过云楼书画记》中记录了唐画《吴道元水墨维摩像轴》和南宋院画《上林图卷》的来龙去脉：道光八年（1828），一位魏姓亲戚带着这两幅画售给文彬，“是为收藏之始”。大概这两件唐宋名迹竟被父亲转赠他人，后来其中的唐画，文彬避居上海时，“复于楼月潭家见之，以议直（值）未谐而罢”，价太高，阮囊羞涩，收不回来，无可奈何；其中宋画，“及甲戌秋，有人持《上林图卷》求售，遂不惜重价购归”。甲戌，是同治十三年（1874）。两件事，时隔四十六年，前者文彬不满十八岁，后者文彬六十四岁，宁绍台道任上，家中兴建了过云楼，父亲虽已归西，但还了老人一个生前之愿。

有人问笔者，过云楼顾氏是怎么样成为文化世家的？靠科举？宦游？家财？机遇？应该说都密切相关，但笔者觉得直接原因即“收藏之始”的唐、宋两幅画，点燃了念念不忘的家族传统和文化梦。2001 年，笔者曾率苏州昆曲赴台演出，时任台北市文化官员的著名女作家热情接待了我。一见面，她第一句话：“你还有时间带昆曲来台湾？”我答：“昆曲很重要啊！”她笑了，告诉我，她正在接受议员质询，问我是否想去听听。我笑笑，摇摇头。记得那天下午她派人陪同我参观一个作家创作基地，环境很优雅。事后有人告诉我，一位议员质询她：“文化是什么？”这位才华横溢的女作家，不像我刚到文化部门时书呆子似的去查阅二百五十余条文化定义，而是讲述了自己生活中的故事：有一次在台南乡下，她在一个庙前的荷花池旁，将一张报纸垫在地上，坐下来，身旁一位戴着斗笠的老人递过来一条自己肩膀上的毛巾，意思是要坐就坐在毛巾上吧。老人不一定识字，但报上有字，不能坐，心目中对文化有一种虔诚。

笔者在这里也讲一则自己遇见的普通市民的文化故事，主人公不妨称为“灵岩冬梅”，地点在苏州灵岩山下。冬梅是一位民营女企业家，从小生长在灵岩山下的“山前村”，母亲在灵岩山寺做义工二十余年，她自己小姑娘时甚至帮人抬过上山的轿子。改革开放时她二十来岁，在木渎镇一家村办企业做漆包线，后来这家企业按股份改制成十二家小厂，她拥有其中之一，靠勤劳致富，一直做到今天。

她曾于 1980 年代纪念苏州建城两千五百年的日子里，一下子被两个半世纪前、清乾隆年间宫廷画家徐扬的《盛世滋生图》——苏州人喜欢称之为《姑苏繁华图》吸引住了。最让她脑海中产生梦想，始终挥之不去的，此画是从她家的山前村画起的。一个偶然的机会，她萌生了一个文化梦，将徐扬的画采用红木雕刻的技艺雕出来。她在经营管理好线缆厂的同时，开始策划设计，先后聘请苏、浙、闽六十多名能工巧匠，用了四十五吨红酸枝、二十五吨紫檀，耗工时数万，花了大半生积蓄，精雕细琢，终于制成一人多高的红木雕刻作品《姑苏繁华图》十九幅。每幅连外框和架子长和高各 2.13 米，总长达 40.47 米。

《姑苏繁华图》完成后，她与丈夫老杨从未考虑卖掉赚钱，只希望有个地方展示，因为上面有灵岩山、山前村，有苏州家乡，是一种精神寄托。我再三追问冬梅，为什么要做这件事？朴实无华的她笑答："好像是骨子里要做。"原来，是流淌在血液中的基因被唤醒了，这是中国人几千年传下来的基因。

一张报纸、一组红木雕刻，与过云楼创始时的两幅画如出一辙，这种悄然传递的感受、感悟、感染，便是文化本质的含义。文化是人化，人的生活化、人性化、文明化，心灵中的潜移默化，滋养出来的品味、道德、睿智、教养，心所向之，不断升华。

明代张岱曾说："人无癖不可与交，以其无深情也；人无疵不可与交，以其无真气也。"文彬在《过云楼书画记》自叙中无比怀念父亲说："先子暮年获名贤一纸，恒数日欢。""余务以娱其心，先子务以牖余学，题躞赙褾，遂不胫而至。"意思是，先父晚年获得名贤一书画，快乐了好久，我呢务必让他老人家高兴，他老人家呢务必循循善诱我学习，又是题轴，又是装裱，（收藏兴趣）便不胫而至。父子情深，你懂我，我也懂你，相互点燃和感染，无论相聚还是离别，享受了有灵魂的空间和时间，彼此深爱，成为过云楼的精神奠基石。文彬兴建过云楼，也是实现父亲晚年的梦想，所以他说："今此过云楼之藏，前有以娱吾亲，后有以益吾世世子孙之学。"父母的舐犊之恩他铭记在心，并一代代传下去。文彬平生大概最得意的是做成了两个梦：一个是家园之梦，与冯桂芬等保护了家园；一个是家族之梦，即过云楼梦，培育了一个文化世家。

以文化和道德还是以金钱来传家好？上世纪 40 年代初，曾国藩外孙聂云台[3]在《保富法》中有一番话：

> 清朝同治、光绪年间，中兴时代的富贵人，封爵的有六七家，做总督巡抚的有二三十家，做提镇大人的有五六十家，现在也已经多数萧条了。其中文官多人，财产比较不多的，后人较好。就我所熟悉的来说，像曾、左、彭、李这几家，钱最少的，后人比较多能读书，以学术服务社会；曾文正公（国藩）的曾孙辈，在国内外大学毕业的有六七位，担任大学教授的有三位。左文襄公（宗棠）的几位曾孙，也以科学专门而闻名。李勇毅公（鸿章）的孙子辈，有担任大学教授的，曾孙也多是大学毕业。彭刚直公（玉麟）的后人，十年前，有在上海做官的。大概当时的钱，来得正路，没有积蓄留给子孙的心，子孙就比较贤能有才干。……金陵克复的时候，曾国藩因为湘军士气不振，所以全部遣散，剿捻匪（捻军）的时候，改用淮军，所以湘军的老将，富有的非常少。各家的后人，也是多数衰落了，能读书上进的，就很少听见了。

我家与中兴时代的各大世家，或湘或淮，多数都是世代相交的关系，所以各家兴衰情况都略有所知。至于安徽的文武各大家，以前富有丰厚的，远远胜过了湘军诸人，但是今日也都已经凋零，不堪回首了。前后不过几十年，传下来才到了第三代，已经都浮云散尽了。然而当时不肯发财，不为子孙积钱的几家，他们的子孙反而却多优秀。最显明的是曾文正公，他的地位最高，权利（力）最重，在位二十二年，死的时候只有两万两银子，除乡间的老屋外，在省中未曾建造一个房子，也未曾买过田地一亩。他亲自创立的两淮盐票，定价很便宜，而且利息非常高。每张盐票的票价二百两，后来卖到二万两，每年的利息就有三四千两。当时家里只要有一张盐票，就称为富家了。曾文正公特别谕令曾氏一家人，不准承领。文正公多年，后人也没有一张盐票。

聂云台娓娓道来“好不过三代”，岁月如梭，多数萧条，也有读书上进的，涉家学，也涉家风。人们都能围绕热点分析得头头是道，然而就像老话说的，人往往只看见纸上的墨点，却未必看见更大片的白色。如女孩子还涉婚姻，即使曾、左、彭、李家族中也不尽相同。前文所述俞樾弟子、清末名臣张佩伦的孙女张爱玲，其祖母李菊耦是李鸿章的长女，生母是首任长江水师提督黄翼升的孙女，继母是曾任北洋政府国务总理孙宝琦之女，她1920年生于上海租界一幢没落贵族的府邸。其父花天酒地，过着纨绔生活，生母无法忍受，离婚去了英国留学，归国后不再富裕，自顾不暇。张爱玲发奋读书，以远东区第一名的成绩考取伦敦大学，可惜日本侵华的炮火阻断了她的行程，只好转入香港大学。

香港沦陷，她返回上海，尝试写作生活，在文坛崭露头角。二十三岁情窦初开的她，遇到了年长她十四岁、在汪伪政府任职的胡兰成，胡在抛弃一妻一妾后与张爱玲订下婚约，两人没有举行正式仪式，只写婚书为订。胡兰成汉奸的身份让世人唾骂，但给她带来深深伤害的是，他又爱上了武汉的一名护士，逃亡时还爱上了朋友的妻子，由此两人分手。张爱玲花了二十多年的时间写了小说《色戒》，后来该小说被李安拍成了电影。这部小说里，充满着她自己的影子，女主角王佳芝爱上充满才华的汉奸易先生。张爱玲年轻时有个好朋友，书中插画多由她创作。张爱玲与胡兰成结婚，她是证婚人。可晚年时，张爱玲与她莫名就没了来往。她写信：为什么不再理我？有人说，张爱玲前半身一直在做加法，后半生一直在做减法。1995年9月8日，张爱玲谢世于美国洛杉矶寓所，三四天后才被人发现。家徒四壁，孤单单地躺在房间里的一张行军床上，身着旗袍，穿戴整齐，身下垫着一条薄薄的毯子。最后，她的骨灰撒向了大海。余秋雨在《张爱玲之死》中说：“她死得很寂寞，就像她活得很寂寞，但文学并不拒绝寂寞，是她告诉历史，20世纪的中国文学还存在着不带多少火焦气的一角。正是在这一角中，一个远年的上海风韵永存。”

顾笃璜告诉笔者，谁谁便是张家的亲戚，但我没记住。女性才华横溢，用张爱玲的话说：“我不太依照别人的标准生活。”人来到这个世界上，有的为生存，有的为荣耀，有的为享受，有的为创业，有的为后代，有的为精神，各有各的活法，并不是现在有人说得简单的“咋开心咋活”。

注：

1. 顾颉刚在《苏州史志笔记》（江苏古籍出版社，1987 年版）一书中提及徽人迁苏，苏州人家由徽州迁来的甚多：其初率以经商，后乃渐以科第称巨族。如潘介泉家、吴湖帆家、汪仲周家，及顾颉刚祖母张家。张家在洪杨起义前，在苏开洋货店。是时洋货皆飘洋船购载；每年发船，必致祭。海洋中生死不可知，故人皆为畏途。每失一船，肆中受损极巨。顾颉刚听闻祖母云，飘洋船先载土货去，人家有物，可托代售。其道途大约到日本。

2. 顾文彬除对苏州顾氏远祖的祭拜外，还将吴地前朝名宦贤士扩充至其家世中，他曾多次提到“吾家阿瑛”“第自幼闻诸庭训，云：‘始祖有昆山迁居省垣’，则为文康公分支无疑”。顾仲瑛（1310—1369），名瑛，又名阿瑛，字德辉，号金粟道人，出身于元末昆山望族，为南朝学者顾野王的后裔。曾授会稽教谕，不就。其才情高旷，轻财结客，是早期昆山腔曲会的重要人物，其筑“玉山佳处”三十六处亭馆甲于东南名园，后主持元代历史上首屈一指的诗歌盛会——“玉山雅集”，而成为江南著名的隐士。“文康公”即为顾鼎臣（1473—1540），字九和，号未斋，明代苏州府昆山县玉山镇人。明孝宗弘治十八年（1505）状元，授翰林院修撰，掌修国史，官至礼部尚书。正德、嘉靖年间虽位极人臣，官居高位，但也不忘故里，体恤乡情，数次向朝廷上书减免苏州地区沉重的赋税，最终获得朝廷准允。昆山县本无坚固的城墙，由于顾鼎臣奏准才筑建砖城，后倭乱起，军民凭借坚固的城墙抗倭，才幸免于难。

顾炎武《顾氏谱系考》认为，己姓的一支历时邈远，经殷周秦三代都不见载有传人；而顾氏世居会稽，家族之著称乃自东汉，显为越王之后。顾氏源远流长，自越王勾践七代孙封于顾余，至汉初迁会稽，就指邑为姓，繁衍生息，其中顾野王一脉，五个儿子全部封侯得爵，勃然兴盛。

3. 聂云台（1880—1953），出生于湖南长沙，是创办我国第一家纺织机械制造厂的先驱者。父亲聂缉椝历任上海道台、安徽巡抚、浙江巡抚，母亲曾纪芬，曾国藩之女。光绪九年（1883）移居上海，光绪十九年（1893）考取秀才，后赴美留学。光绪三十年（1904）在上海组建复泰公司，后改名恒丰纺织新局，任总经理。1920 年当选上海总商会会长。1921 年发起创办中国铁工厂，制造纺织机械。1922 年发表《国是会议宪法草案》。1942—1943 年撰写《保富法》，劝人散财布施，连载于上海《申报》。1953 年病逝，年七十三岁。著有《勤俭救国说》小册子，翻译有《无线电学》《托尔斯泰传》等书。1938—1948 年间出版医学六稿，完成《伤寒解毒治法》及《结核症辅生疗法》书稿，为家庭教育创办《聂氏家言旬刊》。

探骊得珠

顾文彬荣归故里，安享晚年，有志者事竟成，精选所藏书画250件，为后人留下了一部脍炙人口的《过云楼书画记》十卷，其中书类四卷，画类六卷，合璧者则入画类，著录了他一生搜集、赏析、研究历代法书名画的业绩。

同治九年（1870）五月十四日，尚在京城候官的顾文彬，过松筠庵时，心泉和尚出示智永千字文墨迹纸本，真草相间，百六十行，行十二字，“龙师火帝”起头，卷后有董其昌两长跋。隋唐僧人智永，是书法大家，本姓王，名法极，是东晋书圣王羲之的七代孙。据《过云楼日记》，当时文彬“客囊窘涩”，“送回心泉”。第二年四月，他在宁波任上，托人从京城购买，“余去年入都候简，一见诧为奇宝，议价一百五十金……未尝一日忘……仍照原议之价购之”，“如此奇珍，失之交臂。假使余出京后，此卷竟属他人，悔将何及，既自幸又自愧也”。

文彬狂喜不已，同治十年（1871）四月二十五日的家书中又道：“智永卷反复审玩，的是奇宝，京中赏鉴家不少，蹉跎至今，仍落吾手，殆有夙缘。”同年十月五日，他在家书中仍难掩喜色：“近来所得之物，只要智永，无疑便已探骊得珠。”文彬喋喋不休，如痴如醉，想做的事一定要做，后来在《过云楼书画记》将《释智永真草千文卷》列为卷首，足见对其推崇备至。

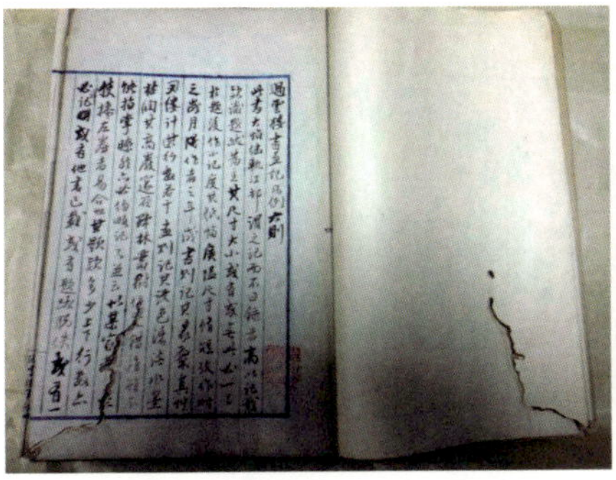

《过云楼书画记》手稿

《云烟过眼——真迹题跋录》

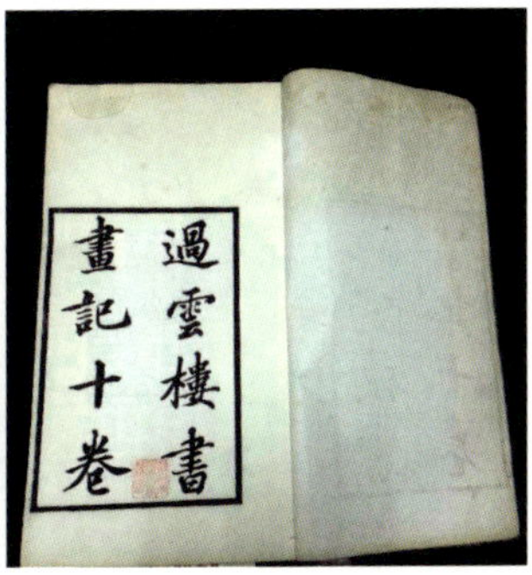

《过云楼书画记》刻本
苏州图书馆藏

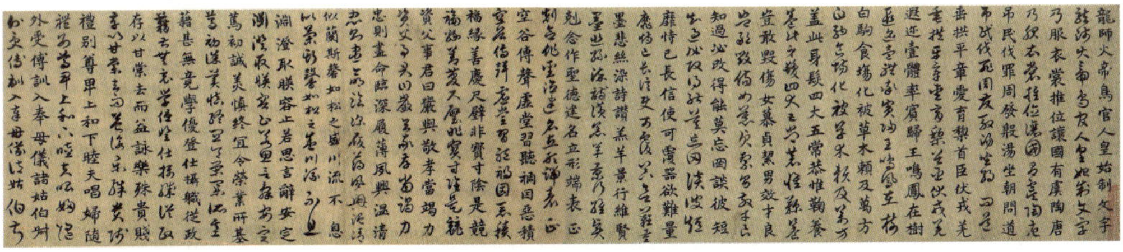

智永真草千字文局部
苏州博物馆藏

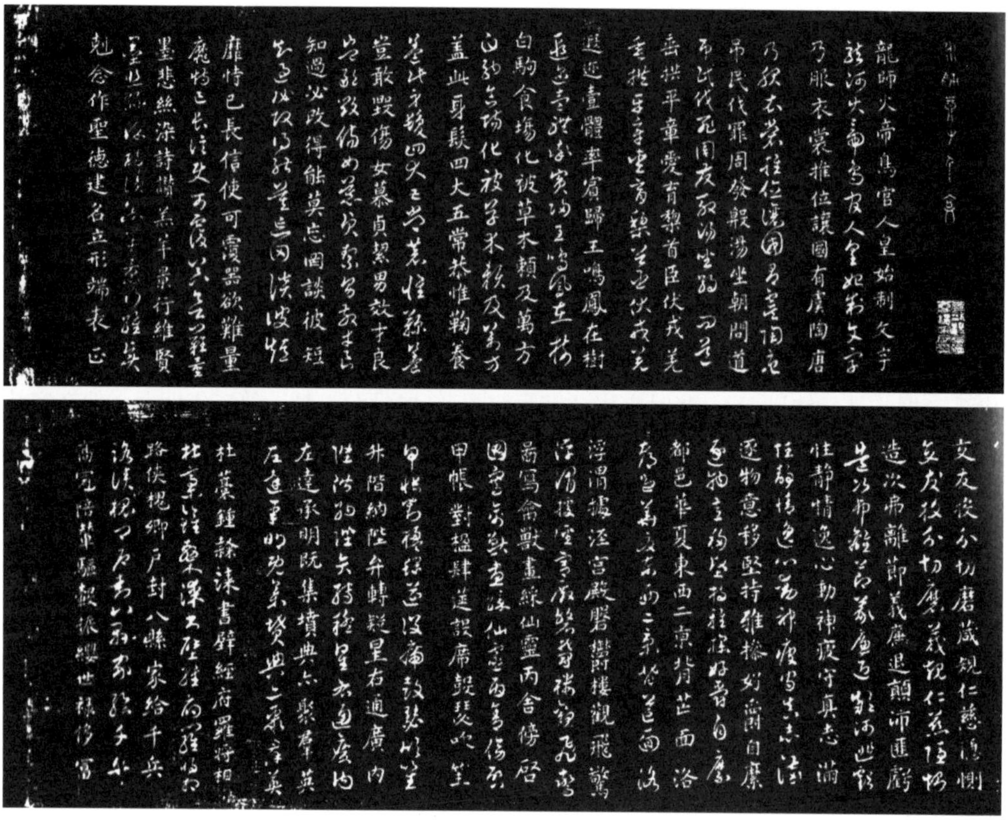

过云楼藏帖之释智永《真草千字文帖》选　苏州碑刻博物馆藏

文彬未尝不知，王羲之家族在中国书法史上最抢眼。王羲之族孙中，以王僧虔、智永的书法最为有名。智永与王羲之已经隔了近三百年。智永是从晋至唐代书法极为关键的一个人物，上承王氏家学，下启唐人书法，对欧、虞、颜、柳书法有极重要的启发，唐初大家虞世南曾随智永学习书法。

山东琅琊王氏家族，大概是中国历史上较为显赫的家族之一。两千余年前，王氏始祖王吉，确定六字家训："言宜慢，心宜善。"缘由是公元前 77 年，王吉从七品知县调任昌邑王府中担任五品中尉，昌邑王刘贺虽然是汉武帝的嫡孙，却荒淫无度，喜怒无常，身边聚集一些溜须拍马的小人，在这样险恶的环境中，王吉遇到一位指点他走出迷津的老人送给他"言宜慢"三个字，使他顺利地渡过各种难关，获得了很好的声誉，被汉宣帝刘洵任命为谏议大夫，成了朝廷重臣。公元前 67 年，也就是十年后，王吉再度经过昌邑，老人又送他三个字“心宜善”，原来长史赵珞因为与王吉政见不和，被王吉恶意弹劾，罢官归乡，不久郁郁而终。在老人的劝谏下，王吉痛改前非，客观公正地对待每一个人，受到越来越多人的欢迎，成为西汉名臣。而这个送给王吉六个字的老人，据称就是汉武帝时的著名宰相公孙弘。这六个字造福了王氏子孙后代，王氏家族到王羲之以书法相传，这与重视修养相关。

王羲之的堂兄弟王洽之子王珣、王珉，分别官拜司徒和司空。兄弟俩曾舍宅而建虎丘寺，后称云岩禅寺，当年名僧辈出，盛极一时，为东南一大名刹。天下名寺均藏在山中，而虎丘却山在寺中，故宋代王禹偁诗云：“尽把好峰藏院中，不教幽景落人间。”明代高启说得更妙：“老僧只恐山移去，日落先教锁寺门。”历经沧桑，千年古塔虎丘塔是姑苏古城的象征，元代所建的二山门断梁殿内，挂有顾野王所书“大吴胜壤”匾额。这就是做了好事，千古留名。

对范仲淹手札卷，且看文彬在《过云楼书画记》中如何表明心迹：

> 吾吴文正书院藏公真迹，有黄素书《伯夷颂》及尺牍两通。自北宋至我朝，范氏子孙世守勿替，闻庚申后《颂》始失去，尺牍亦归余家。一但云“仲淹再拜”，一云“仲淹拜闻中舍三哥”，其下皆商度义田事。中舍名仲温，字伯玉，见《文正集·太子中舍致仕范府君墓志铭》。《铭》又云：“皇祐初，某来守钱塘，与府君议置上田十顷于里中，以岁给宗族。”手札之作，当在此时，札均见文正尺牍中。公首创义田，其敬宗收族之精意，实足为千百世良法。宜沈周、胡缵宗皆以“世泽”二字署首也。卷后题跋都二十四家：吴宽、王鏊、沈周、费宷、乔宇、胡缵宗、湛若水、邹守益、张时彻、张邦奇、高第、欧阳铎、沈一贯，《明史》皆有传。……余喜公《翰长》《许下》诸帖外复见此书，且“浸术辟瘟”等语与明张衮《水南翰记》“范文正所居宅，必先浚井纳青术数斤于其中，以辟瘟气”相合，足为养生要诀。怀英藉匕，仁睢敬与，集方寿世，先生其人矣。因刻入《过云楼集帖》，以念来者。

范仲淹是中华历史文化名人中极为重要的一位，笔者专门采访了范仲淹第28代世孙、我的好朋友范敬中先生，不妨多说几句。范仲淹（989—1052），字希文，北宋著名的思想家、政治家、军事家、教育家、文学家。他考进士时填写的籍贯是“吴县”，即苏州。祖籍陕西邠州，五代十国时任浙江丽水县丞的范隋为迁吴始祖，随吴越王归宋。范仲淹出生在河北正定。正定，古称真定，历史上与北京、保定并称为“北方三镇”。庆历八年（1048）五月，韩琦由郸州调知定州，范仲淹闻讯后写信给他，其中有一句话：“真定名藩，生身在彼。”真定是其父亲范墉由蜀而冀成德军驻节地。他父亲范墉在真定军中做文官，不久去世于军队调防的徐州。

襁褓之中的范仲淹随其母谢氏扶柩，将父亲归葬于苏州天平山范家祖坟。四岁随母改嫁山东邹平长山镇人朱氏，朱氏在苏州衙门里任推事，不久归山东，范仲淹便是在朱家长大成人的，从继父姓，叫朱说（悦）。他从小读书十分刻苦，求学时每天只煮一碗稠粥，凉了以后划成四块，早晚各吃两块，伴几根腌菜，吃完继续读书，民间至今传诵他"断齑画粥"的故事。二十二岁时到著名的应天府书院（今河南商丘）读书。

大中祥符八年（1015），二十七岁的范仲淹苦读五年举进士，迎母归养，改姓归宗。从广德军司理参军这个从九品小官做起，直到出任参知政事（相当于副宰相）。因秉公直言、推行改革，而被贬出京。历任政绩卓著，史称范仲淹"内刚外和，其于富贵贫贱，毁誉欢戚，一不动其心，而慨然有志于天下"。他的"先天下之忧而忧、后天下之乐而乐"思想，成为家传户诵的千古名言和中华传统文化之精髓。"忧"的核心是忠于祖国，忧国忧民，他在人们熟知的《岳阳楼记》中说"居庙堂之高，则忧其民；处江湖之远，则忧其君"。所谓"君"，就是国家。他领兵打仗、浴血沙场也是英雄，当年西夏党项首领，由衷夸赞"小范老子胸中自有十万甲兵"。

他在知苏州任上时间不长，适逢暴雨成灾，为解除水患，曾疏通白茆等五河，导太湖水入海；兴办教育，有风水先生夸他买的苏州南园宅地"其地风水好，范家居此，世代必公卿"，他便捐出，建造苏州最早的府学（今苏州文庙址及苏州中学），首创将官学与文庙合为一体，形成"左庙右学"之格局，誉为"东南学府之首"，直至今天人们谈论起苏州"崇文重教"优良传统时，言必赞范公。他还是一位慈善家，宋史记载范仲淹"好施予、置义庄里中，以赡族人"。吴中其他家族纷纷效法。皇祐四年（1052），范仲淹在改知颍州途中，行至徐州，与世长辞，享年六十四岁，谥号文正，世称范文正公。

义庄是农业社会的产物，一个大家族之中，贫富不均，富有的拿出钱来办义庄，救济穷人，义庄之中包括义学、义田、祠堂等。皇祐元年（1049），范仲淹在家乡苏州范庄与同宗范仲温"议置上田十顷于里中，以岁给宗族"，"若独享富贵而不恤宗族，异日何以见祖宗于地下，今何颜入家庙乎？"皇祐二年（1050），范仲淹在知杭州任上，返回故乡苏州，将自己一生所有的积蓄，全部用于购买义田千余亩，设立范氏义庄（今苏州市景范中学内）。义庄东建有范文正公祠，后改为文正书院。他去世后，没有钱物留下来，几个儿子是依靠亲友的帮助才为他办了丧事。明代嘉靖年，范氏义庄前建四柱三间五楼石牌坊，额书"世济忠直"四字，坊柱刻范仲淹"先忧后乐"名言。"文革"中，这个牌坊被砸掉了，后于1989年纪念范仲淹一千周年诞辰时仿建，重新矗立于苏州天平山麓。范仲淹的墓不在天平山范坟，因母亲去世后葬在皇帝赐给的洛阳伊川万安山下，他要陪母亲，所以也葬在伊川。

义庄田地的地租用于赡养同宗族的贫困人，逐渐形成了一种义庄制度，这是千年来民间的一种扶贫机制。范氏义庄是中国慈善史上的典范，是最早的家族义庄，虽然朝代更迭，但一直到清代宣统年间，义庄仍然有田五千三百亩，共延续八百多年，只是到了清末民初国势衰落，社会结构发生变化，才几乎以祠堂为主。因朱熹也创“社仓法”，为应对水灾、旱灾，在各地推广，社仓的米一般来自官府和富人，有乡绅、保正主持社仓事务，故朱熹称范仲淹为“有史以来天地间第一流人物”。

“无情未必真豪杰”，范仲淹一生四海为家，甚至出生入死，将金钱看得很淡，却将认祖归宗、扶贫济困看得挺重。皇祐元年（1049），他返回苏州故里时创修家谱，家族中有人因他母亲谢氏改嫁，甚至不想接纳他，他却毫不计较，以诚相待。他在考证族中法书家集的基础上，对范氏世系源流进行了梳理，并亲自作序。范仲淹所修范氏苏州族谱世系源流，今为范氏族人传承。

顾文彬不仅对文正书札卷爱不释手，更对其首创义庄、义田赞不绝口。他亦步亦趋，于光绪三年（1877）在宅旁建春荫义庄，置田两千余亩，以田租济助贫苦族众，但规定家族中除娶媳带来的嫁妆田外，不主张子孙另买田产，各房有一些小额土地，均为陪嫁带来的。还在义庄内设置顾氏祠堂。

我们再来读读《范文正公家训百字铭》：

孝道当竭力，忠勇表丹诚；
兄弟互相助，慈悲无过境。
勤读圣贤书，尊师如重亲；
礼义勿疏狂，逊让敦睦邻。
敬长舆怀幼，怜恤孤寡贫；
谦恭尚廉洁，绝戒骄傲情。
字纸莫乱废，须报五谷恩；
作事循天理，博爱惜生灵。
处事行八德，修身率祖神；
儿孙坚心守，成家种义根。

“八德”即是指孝、悌、忠、信、礼、义、廉、耻，这是古人处世的基本操守。范仲淹后世家族兴旺了一千年，人称“道德文章一千年”，这都得自范公的庇荫。范仲淹《家训百字铭》言简意赅，突出立身处世、道德传家的要点，不愧是家训中的精华之作。范仲淹《家训百字铭》与明末清初昆山人朱柏庐的《治家格言》（又称《朱子家训》）以及晚清曾国藩的家书，都是读书人及子弟阅读的书。

范文正公范仲淹像

范氏义庄，今苏州市景范中学

苏州天平山“先忧后乐”牌坊

范仲淹在所修范氏苏州族谱世系源流的序中总结说：

吾家唐相履冰之后，旧有家谱，咸通十一年庚寅，一支渡江为处州丽水县丞，讳隋，中原乱离，不克归，子孙为中吴人。皇宋太平兴国三年，曾孙坚、垌、墉、埙、埴、昌言六人，从钱氏归朝，仕宦四方，终于他邦，子孙流离，遗失前谱。至仲淹蒙窃国恩，皇祐中，来守钱塘，遂过姑苏，与亲族会，追思祖宗，既前谱未获，复惧后来昭穆不明，乃于族中索所藏诰书、家集考之。自丽水府君而下四代祖考及今子孙支派尽在，乃创义田，计族人口数而月给之；又理祖第，使复其居，以永依庇，故作续家谱而次序之。

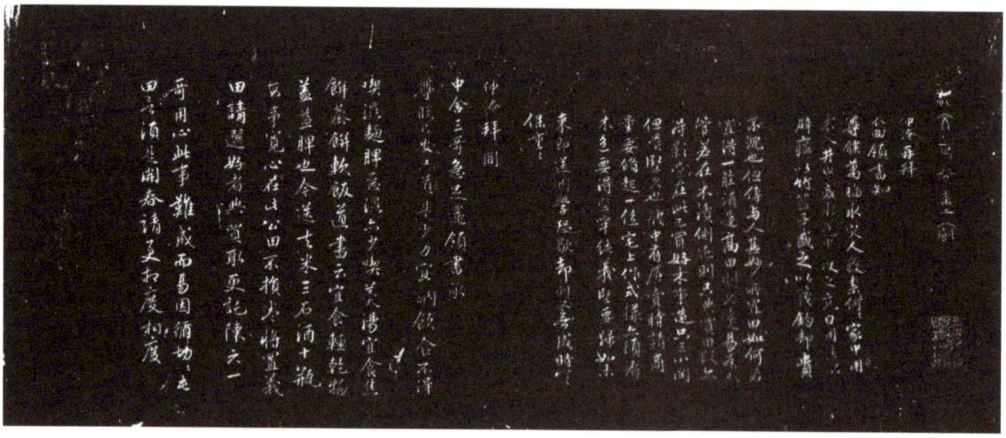

过云楼藏帖之范文正公手札　宽 82cm，高 31cm，苏州碑刻博物馆藏

范文正公手札

仲淹再拜：人回，领书。知尊候万福。水灾人疫，奈何奈何！家中用术入井中或水瓮中浸之，充日用，其水辟瘟。以竹篮子盛之，以篾钓却，贵不沉也。但传与人，甚妙。所置田如何？若置得一庄，须是高田，则久远易为照管。若在木渎侧近，则只典买田段亦得。影堂在此，已买好木事造只三小间，但贵坚久也。彼中有屋卖时，请商量要修起

一位宅，上作式样，亦须看木色，要得坚牢。纯义坚要归，如未来，即送州学，恐歇却则又无成。时寒，保重保重。

仲淹拜闻中舍三哥：急足还，领书。承尊候已安，只是少力。宜调饮食，不得吃湿面，脾恶湿。亦少吃羹汤，宜食焦饼、蒸饼、软饭。道书云宜食轻干物，盖益脾也。今送去米三石、酒十瓶。每事宽心。在此公田不损，尽将置义田，请选好者典买取，更托陈六一哥用心。此事难成而易因循，切切。屯田言须是开春，请更相度相度。

范文正手札译文：

仲淹再拜。（派）人回去取书信，得知您一切安好。发水灾人民得瘟疫，怎么办！怎么办！家里用白术放入井中或者水瓮中，浸泡一整天，用这水驱瘟疫。用竹篮子盛上，用竹篾吊着，这样就不会沉下去了。只管传授给人，非常有效。所置办的田地怎么样了？如果置办一个庄园，应当是高田，那么长时间之内都容易照管。如果在木渎附近，那么只置办田地，也应该有个影堂在这里。已经买好木料，只造三小间，只坚固耐久用为上。那里有房屋卖时，请商量并置办。要修起一处住宅，住宅式样也须看木头的颜色，得须坚牢。纯义坚持要回去，如果没来，就把他送到州学。担心他一歇下来就一无所成。现在天气很冷，保重保重！

仲淹拜。想告知中舍三哥，我以最快速度领取书信，得知您已经安康，只是没啥力气。应当调理饮食，不能吃湿面，脾胃厌恶湿冷。应少吃羹汤，应该吃烧饼、馒头、软饭。道书记载，宜吃轻干物，大概是对脾有益。现在送去米三石，酒十瓶，凡事宽心。在此，公田不要减少，全部置作义田，请选择好田买取，托付陈六一哥用心。这件事情挺难办的，可以按照惯例而为。切记，买地屯田必须在春天，请再斟酌斟酌！

“乱世买黄金，盛世兴收藏”。一些有识之士以文化收藏为社会责任，文彬就是这样的典型代表。他从小生活在苏州，身经社会动荡，走遍京、楚、沪、浙等地，借助广泛的阅历，为过云楼积聚藏品资源；退隐后，进而对藏品整理、保护，完善过云楼的收藏。清康乾时期，苏州已成为江南乃至全国性的书画流通中心，庚申之乱使得藏品命运多舛，不值铜钿，与湖石相似，低价抛售，藏家间重新组合。

跨鹤吹笙

苏州园林门小而内广，廊曲而洞深，其构造特色，不外是文化理念的体现。顾文彬、顾承父子构造怡园，“不出城郭而获山水之怡，深居闹市而得林泉之趣”。园东以建筑为主，园西以山水见长。东部建筑以“坡仙琴馆”为中心，还有玉延亭、拜石轩、玉虹亭等，周围植竹，体现“清雅脱俗，潇洒自如”意境。西部以水池为中心，有南雪亭、藕香榭、画舫斋等。藕香榭为主体建筑，鸳鸯厅结构，南半厅名锄月轩，又名梅花厅，厅前植梅，北半厅前有平台，面山临池，池中原植台莲，红白相间，是夏日赏荷佳处，故又名荷花厅。假山临池而筑，山形似螺，高处以螺髻亭结顶，亭下为慈云洞，栽白皮松多。书条石书法为苏州诸园之冠，亭廊壁间镶嵌有晋王羲之、唐怀素、宋米芾、明祝允明、唐寅、董其昌等人的书法石刻多方，称为“怡园法帖”。

这里仅从文彬于光绪元年（1875）、光绪二年（1876）《过云楼日记》中采撷若干篇，以为怡园营造之花絮：

光绪元年

八月初八日：光福山中黄晓云善种花树，在管春花圃作伙。承儿书识之，从山中载出桂花树五十本，皆如碗口粗。连日在园中观其种植，亦一乐也。假山石新立，嫌其骨出如飞龙，今以花树环植，如裸体人得衣，一望郁葱，大有生色。

初十日：园中之石……大小数百块，内有一峰，皱、瘦、透三美皆备，为诸石之冠。自幸何缘得此奇物，前代米颠下拜之石，未知视此如何也。

十月廿一日：高处登临眼界开，相将飞步上崔嵬。祝君他日健于我，携手吴山绝顶来。园之西南积土成高阜，余与香严登高眺远。香严谓余：“他日到君之年，如君之健，于愿足矣。”

十一月初七日：园中山上主起三峰，颇极嶙峋突兀之观。

廿三日：岁寒草庐之南墙下立石笋十九株，是日植二柏一松于石笋之中，另植五松于小沧浪亭之西，皆王跷仙经手。

廿九日：小仓口有一尼庵，庵中有罗汉松一株，长二丈许，大合抱。三儿欲移入园中，令王跷仙与尼相商。尼卜之于佛，得大吉签，遂允移。廿七日掘起，廿八日用两舟并载至言子庙河，于夜深人静用蹋车拽至园门，今晨折墙而进，植于岁寒草庐之东阶下，根蟠入地，枝耸于霄，园中大树，此为巨擘。

光绪二年

二月初九日：王跷仙在木渎觅得罗汉松、玉兰各一树，植于岁寒草庐之南院。松之围与前得尼庵之松相仿而较嫩，盖年代不及前松之古。……余以前松一本者雄，以此松双歧者为雌，遂戏撰一对云：“罗汉比丘尼，松判雌雄，七宝林中，恰似金童玉女。”而未有偶句。因南墙下将种竹，遂对云：“此君高节士，竹分老稚，九华峰畔，宛如凤子龙孙。”此不过戏语而已，不足存也。

初十日：复种玉兰于梅厅之前，种大垂柳三株于池上。

廿八日：王跷仙又觅得大白皮松一株，种在岁寒草庐紫薇穴内，其紫薇移植于石听琴室之南老柏穴内，老柏移在小沧浪亭之右。

九月十二日：是日，怡园梅花馆前立一竖峰，颇玲珑，与东首一峰并峙。

十一月十六日：香严来游园，极其赞叹。

廿六日：种黄杨一株于舫垒之北，亦百余年物。

十二月初二日：题牡丹厅匾曰：“看到子孙。”

十六日：至园中看雪景，如在琼楼玉阙中。

十八日：王跷仙从穹窿山坞人家购得大白皮松一株，载入城中，泊舟草桥堍，须数十人牵挽，因雇轿役二十人助之，用蹋车拉之至尚书巷口。

十九日：令匠役数人先树鹰架于拜石轩，然后将松树种入，松稍高过小楼屋檐，但愿经春荣茂，乃为万幸。

廿八日：大雪数寸，往园中眺览，如在琼楼玉宇世界。

一白皓无际，高楼冒雪登。
纷飞银汉水，冻合玉壶冰。
远塔苍茫失，危栏寂寞凭。
峰峦堆积素，石骨尚嶙嶒。
……

文彬《过云楼日记》光绪二年谈及盛康购买留园[1]事：

四月初一日：旭人（盛康）来，偕往刘园。遍游内外两园，古木参天，奇峰拔地，真吴中第一名园，惜失修已久，将来修葺约在万金以外。

五月初一日：余为介绍，以卧云所购刘园售与旭人，议价五千六百五十金。是日在余家成交。余不取中费，程藻安亦在中保之列。

都说苏州私家园林具有文人气质，自然是经过文人雅士的精雕细琢。文彬记述：“园中筑坡仙琴馆，藏公手制玉涧流泉琴，并图公像。”赋诗曰：“筑屋藏琴宝大苏，峨冠博带像新摹。一僮手捧焦桐侍，窠臼全翻笠屐图。”因意外得宋元祐四年（1089）东坡居士的“玉涧流泉”琴，而筑“坡仙琴馆”，馆内供奉东坡小像，“坡仙”即指东坡先生，悬有吴云手书匾额。馆西又有“石听琴室”，翁方纲[2]嘉庆癸亥八年所题“石听琴室”并非因怡园而专作，系顾文彬后见翁氏题词切合庭院布置而十分喜欢，迫不及待拓摹，高挂庐中，并跋曰：

> 生公说法，顽石点头。少文抚琴，众山相应。琴固灵物，石亦非顽。见子承于坡仙琴馆操缦学弄，庭中湖石有如伛偻丈人作俯听状者，石殆不能言而能听者耶？覃溪学士（按：指翁方纲）此额情景宛合。急付手民，以榜我庐。光绪二年岁次丙子季冬之月怡园主人识。

室内古琴抚然，室外石翁听琴，旁栽梧桐树，自古相传梧桐为凤凰所栖之树，而音律的产生是从凤和凰的鸣叫声中获得启发而来。“栽下梧桐树，迎来金凤凰”，高山流水，如遇知音，其境界表达了主人雅趣且超然之情怀。这一组琴文化的景点，是苏州古典园林艺术中的奇葩，可惜，今日似不见梧桐树，可能是岁月久长风刮倒、没补栽的原因。

光绪三年（1877），耦园主人沈秉成曾赠送牝鹿，后怡园又饲鹤，均为后话。

顾文彬多才多艺，为词坛名家。其《眉绿楼词》初有词一千两百首，后自删存六百首，其中“跨鹤吹笙谱”，只《望江南》（又名《江南好》《忆江南》）一调，每首第一句皆以“怡园好”发端，如第一首：

> 怡园好，往日巷无邻。历劫烟尘怜故土，敝庐风雨守先人。赤手辟荆榛。

切时、切地、切景、切情，有不少上乘之作。其《眉绿楼词联》集宋词为一百七十余联，制成怡园楹联六十余联，隽语丽景，相互衬映。

苏州古典园林，是世界造园艺术中东方园林的杰出代表，多小巧精致，以有限的面积，创造无限空间，取得以小见大、以少见多的效果，广泛采用对比手法，大小、高低、远近、曲直、散聚、动静，移步易景，曲直幽深，在世界园艺中独树一帜。怡园不是一座大园子，顾氏建园，虽不惜工本，但看得出还是财力有限，在园林中尚属清雅派，与盛康的留园等奢华派不尽相同。园南与过云楼、住宅隔巷相对，西与顾氏义庄、祠堂相通，连成一片，在苏州尚不多见。因建造年代较晚，摄取了苏州诸园之长，复廊采取沧浪亭的格局，假山参照环秀山庄，荷花池与网师园相仿，画舫取法拙政园的香洲，也有人认为特色不够，其实，弹丸之地的集合之美也是美。要说特色，书画珍藏、琴文化、匾对石刻，都无与伦比，且园内叠石又融画家、名匠智慧而点缀，品位高，颇得自然之趣。文人雅趣，非得花时间细细品味，知其所以然，才品得出来。正如文彬诗曰：“凭空结构此园林，世俗尘无一点侵。别写胸中丘壑趣，萧疏如画淡如琴。”

1964年秋，林散之先生初游苏州，在怡园雨天小坐，也作《望江南》词二首，其一道：“怡园好，秋日访花丛。绿卷芭蕉留客雨，青摇薜荔接人风，小坐几时钟。”他被怡园之雅吸引住了，“雅爱姑苏胜，今成初度游”，作《姑苏十日游》组诗五十二首，几乎每景有诗，成为佳话。林散之很爱苏州，爱之深而发为诗，其诗多而且佳，流露文人惺惺相惜的情趣。其得意之作，又常见于笔下，成为书法精品。

怡园石听琴室匾额
翁方纲题行书
左为顾文彬题跋

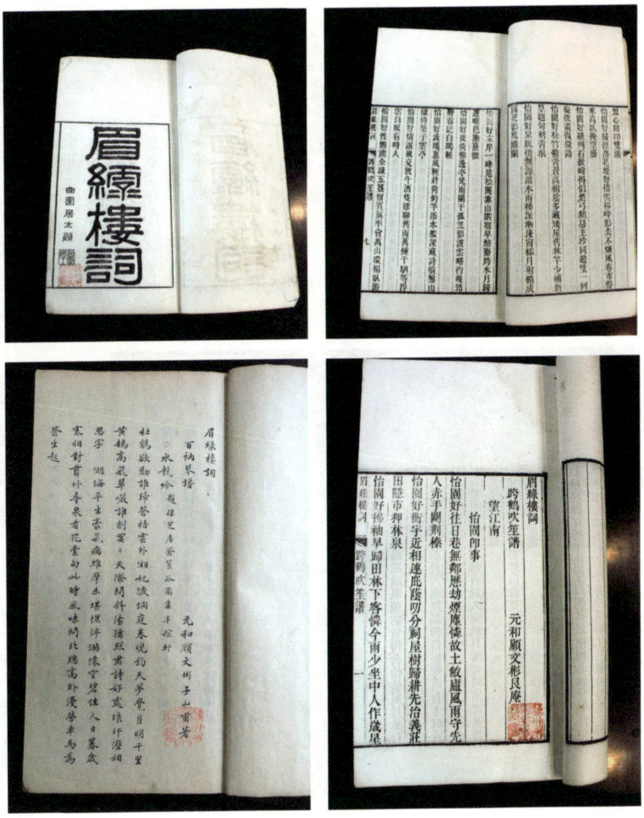

《眉绿楼词》原本和印本
苏州图书馆藏

留园冠云峰

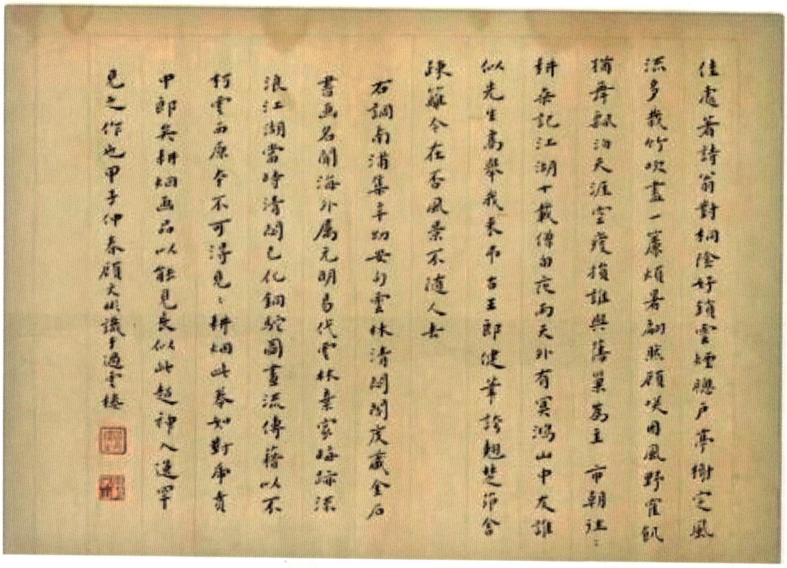

顾文彬书法

顾文彬印章

顾文彬题词的扇面

注：

1. 留园，明代中叶太仆少卿徐泰时营建东西两园，西园后为戒幢律寺，东园即留园的前身。清嘉庆时，归刘恕，更名寒碧山庄，时称刘园。盛氏购下后，大加扩展修葺。此园因经庚申兵燹，又阊门外独存，遂改名为留园。

2. 翁方纲（1733—1818），字正三，一字忠叙，号覃溪，晚号苏斋。书法家、文学家、金石学家。直隶大兴（今属北京）人，乾隆十七年（1752）进士，授编修，官至内阁学士。精通金石、谱录、书画、词章之学，书法与同时的刘墉、梁同书、王文治齐名。论诗创“肌理说”，著有《粤东金石略》《苏米斋兰亭考》《复初斋诗文集》等。

风雅真率

文彬从光绪元年（1875）辞官回苏至光绪十五年辞世，颐养天年的岁月里，尤其是开头几年，与苏州士绅文友结交甚广。《过云楼日记》清楚地记录了他的几个朋友圈：曲园居士俞樾喜欢清静、做学问，留园园主盛康喜欢热闹、风流。俞氏、盛氏二人性格、兴趣正好相反，因各种关系他们都有交集，无碍无妨，这里不赘。

他从宁波任上返苏仅一个月内，与前江苏巡抚张之万（字子青）[1]的活动多达四次，其中，光绪元年（1875）六月初一日，"……张子青招饮，坐有沈仲复、潘季玉，在远香堂（拙政园）设席。余亲携巨然（五代著名画僧）去，子青留观，子青亦出黄子久山水、梅道人山水、山谷小像轴、徽宗《竹禽图》，皆绢本。王叔明山水轴、钱舜举山水卷，皆纸本，见出皆真迹也"。初六日，文彬"三孙媳生第二曾孙，取名则诚，小名耀生。是刻适请张子青、李眉生、杜小舫、吴退楼、盛旭人、潘季玉饮。六客皆红顶，子青又是状元，而曾孙诞生，六客宛来送喜，岂非大吉之兆？"

文彬日记中说，张子青中丞极喜看戏，终日正襟而坐，虽至更深毫无倦容，与丁日昌做巡抚时禁戏大相径庭矣。以后两三年内，相互招饮、竹游、赏字画、听清音等，"青帅为余作《怡园图》小帧，并题《拜石轩》诗"。文彬也题张子青画册，其中有一首："国朝艺苑超先代，老辈前身是画师。我与画禅定公案，南宗法乳在南皮。"有一次聚会，子青戏作一联："双手撩人春十笋，凤头勾客月初弯。"文彬嫌其俗，改了五个字："双手弹筝春十笋，凤头蹴鞠月初钩。"便觉雅些了。

相处至光绪三年（1877），发生变故，文彬在日记中称："闻张子青先生新得疯疾，其为人也孝悌，待人也忠厚、和平，斯人而有斯疾，真欲呵壁问天矣。"没想到，子青休养数年，东山再起，于光绪八年（1882）被朝廷复召入见，授兵部尚书，光绪九年调刑部尚书，光绪十年入军机处兼署礼部尚书，因镇压太平军、捻军和支持慈禧有功，青云直上。之前，李鸿章攻克苏州后，将忠王府作为江苏巡抚行辕，同治五年（1866），巡抚衙门迁离拙政园。同治九年（1870），"新中丞张子青之万，以伪忠王府为抚署"，居拙政园原潘宅房屋内，经营修治，渐复旧观，并奏请在苏州休养。后之万升任闽浙总督，临走时与右布政使恩锡、苏州织造德寿、粮储道英朴三人商议，于同治十一年（1872）农历正月将中部花园及东部、西部住宅改为八旗奉直会馆，所属园林恢复拙政园旧称。

光绪五年（1879）二月始，由顾文彬、沈秉成[2]召集，与勒方锜[3]、潘曾玮、吴云、李鸿裔、彭慰高诸人构成"吴郡真率会"。他们大多是退隐乡绅或在苏休养的官员，才学都是一流的，有共同语言，以新修的园林为活动场所，书画鉴赏、诗酒酬咏、游园赏花，雅集频频。诚如文彬所述真率会的主旨：

坐无杂宾，肴止五簋。位以齿序，酒随量饮。礼数不拘，弗流放诞。庄谐并作，弗涉讥弹。酒阑之后，继以品茗，各出法书名画，互相欣赏。

“真率会”的取名来之于“宋司马光罢官回洛（阳），尝与故老游集，相约酒不过五行，食不过五味”，见宋邵伯温《闻见前录》卷十。“真率会”即纯真坦率聚合在一起的意思。司马光在《真率铭》中说：“吾斋之中，不尚虚礼。不迎客来，不送客去。宾主无间，坐列无序。真率为约，简素为具。有酒且酌，无酒且止。清琴一曲，好香一炷。闲谈古今，静习山水。不言是非，不论官事。……”物以类聚，人以群分，官位、门庭、金钱只不过是一只杯子，而修养和品行才是杯中尤物。这七人中有总督、巡抚，有名门之后，这一切在文化面前冰雪融解，只是平等的朋友关系。放不下官架子你莫来，喜欢炫耀、摆阔你莫来，不懂点古今文章、丹青笔墨你莫来，饕餮之徒更不待见，这里是修身养性的天地，这里有这里的乐趣，是文化沙龙式的，引领一个城市的文化潮流。

文彬非常喜欢请人画像，同治十一年（1872）画家袁子辛从沪上来宁波道署，为文彬、浦夫人及下人一个个画照。光绪二年（1876）七月，由潘吟香从广东约来林翰池画了数幅油画，“画宗西法，用油漆画于洋布上，远望凹凸毕现，神态如生”。这大概是苏州最早的油画了。光绪五年（1879），“集真率会觞咏之叙，互相举行，倩胡岫云写照，各执一图”，就是文彬邀虞山画家胡岫云画《吴郡真率会图》。大概文彬嫌画上人物的姿势摆得太正，不生动有趣，不反映生活，于是再请著名画家任阜长补图，补画三个“僮于坐隅，一摘阮，一抚琴，一吹笛”，此画由吴云题，以上七老人手一份，相互题咏，至今仅文彬怡园图卷保存完好，其它不知流落何方。

在《过云楼日记》中除了发现真率会有“集体照”外，还有一幅《吴中七老图》，苏州市档案局沈慧瑛女士研究《过云楼日记》，打听到南京博物院收藏此画，是1959年苏州“贵潘”后人潘达于所捐赠，也是常熟胡岫云所画。沈慧瑛乘到南京出差的机会，顺道到南京博物院查阅此画，发现属于当年潘曾玮收藏。

光绪五年（1879）八月十九日，吴云在听枫山馆又邀顾文彬、李鸿裔、彭慰高、沈秉成、潘曾玮聚会，酒酣席散，顾文彬带《吴中七老图》至隔壁俞樾家，请曲园居士题写。两幅画差不多同时问世，但七老不完全是同一批人，顾文彬、潘曾玮、彭慰高三人同时出现在两图之中，其余是吴艾生、潘遵祁、蒋德馨、吴嘉椿另外四张面孔，《吴中七老图》之七老均为苏州本地人。“吴中七老”之倡议也是仿效古人之举，唐代大诗人白居易退隐林泉后，经常聚会活动，初有七人，后发展到九人，故有“香山九老”之称。俞樾洋洋洒洒写下《吴中七老图记》，结尾处写道：

辄记七老人姓名、官秩于左方，嘉令德之孔铄，斯流芬之不沫。潘君遵祁，字顺之，乙巳进士，年七十二；蒋君德馨，字心芗，己未进士，工部主事，年七十；顾君文彬，字子山，辛丑进士，浙江宁绍台道，年六十有九；彭君慰高，字讷生，癸卯举人，盐运使衔，浙江候补知府，年六十有九；吴君艾生，字引之，辛丑进士，浙江候补道，年六十有八；潘君曾玮，字季玉，布政使衔，记名道，年六十有二；吴君嘉椿，字语樵，道衔，候补员外郎，年六十。

他们都是饱学之士，不仅志趣相同，脾气相近，而且都是堂兄弟、表兄弟、姻亲关系，或是合得来的老同事，如二潘是堂房兄弟，文彬的二孙女嫁给蒋氏，文彬与彭慰高、吴艾生是浙江任上同道。

潘曾玮请俞樾、吴云、沈秉成、勒方锜、蒋德馨、李鸿裔、杜文澜、赵烈文、杨沂孙九人为《吴中七老图》题咏，除了俞樾与吴云写了两篇记外，其余七人都以诗相题。由杨沂孙（1812—1881）题写引首，杨沂孙来自常熟名门世家，官至凤阳知府。他的书法自成一家，翁同龢称之“柔而健劲秀美，有力而又妩媚”。他题写的“名贤际昌期，定多福禄寿；七老居吴阊，落落照星斗”表达了对七老们最好的祝愿与仰慕。与潘曾玮交好的赵烈文（1832—1894），字惠甫，号能静居士，常州人，多年为曾国藩的核心幕僚，曾任易州知州，欣然题道：“七人四百七十岁，共际休明得大年……其间独识养闲翁。当年一卷平吴策，赢得春风杖履同。”养闲翁，即潘曾玮，这是在称赞顾文彬、冯桂芬、吴云、潘曾玮等在平定苏州太平军时的谋略。

注：

1. 张之万（1811—1897），字子青，号銮坡，直隶南皮人，张之洞族兄。道光二十七年（1847）进士，状元出身，书画鉴赏高手，同光间署河南巡抚、移督漕运，历任江苏巡抚、闽浙总督；光绪八年（1882）为兵部尚书，后刑部尚书，光绪十年（1884）入军机，后为协办大学士，加太保，体仁阁大学士，转东阁大学士，光绪二十二年（1896）年老致仕，赏食全俸，光绪二十三年（1897）卒，年八十七岁，谥文达，入祀贤良祠。画承家学，为士大夫画中逸品。初与戴熙讨论六法，交最相契，时称南戴北张。书精小楷，唐法晋韵，兼擅其胜，有《张文达公遗集》。

2. 沈秉成（1823—1895），字仲复，自号耦园主人，归安（今浙江湖州）人。清咸丰六年（1856）进士，官至广西、安徽巡抚。同治间为苏松太兵备道（上海地区最高军事行政长官）时，曾为上海豫园“点春堂”书写堂匾（至今尚存）。他工诗文书法，精鉴赏，收藏金石鼎彝、法书名画。光绪元年（1875）十二月文彬《过云楼日记》记：“沈仲复买宅在齐门新桥巷（今平江路，相门与娄门之间。因相门堵塞，故称齐门或娄门。），即冯林一旧居，其东兼并两三宅，至涉园而止。涉园者，即郭季虎旧居……乱后化为瓦砾场。仲复大兴土木……兴筑之费传闻在四万金外。”

3. 勒方锜（1816—1880），原名人璧，字悟九，号少仲，江西南昌人。清代词人、书法家。举人出身，翰林学士，官至江苏按察使、布政使、福建巡抚、贵州巡抚、河东河道总督等。

深山幽径

古木寒鸦

水国清秋
子青写

竹泉春雨

张之万　山水图册　过云楼顾公雄捐赠上海博物馆

张之万题沧浪亭藕花水榭

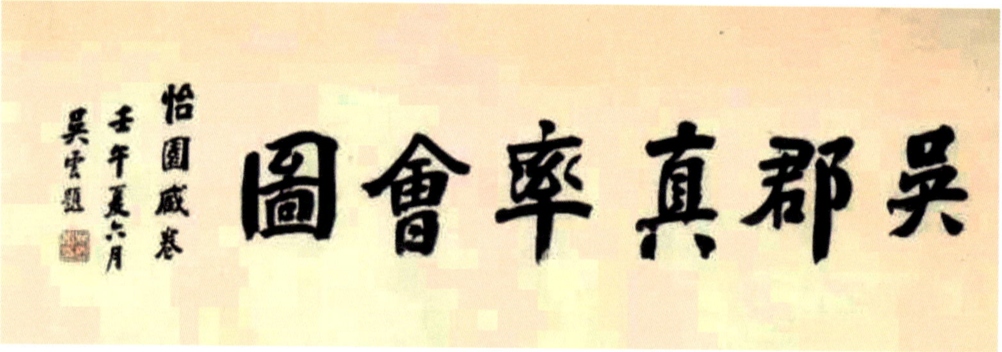

吴郡真率会图　吴云题

吴郡真率会图　胡岫云（艺孙）绘　任薰补图　顾笃璜捐赠苏州市档案局（馆）

画中十人，三童子除外，正面七人即真率会七老，自左至右为顾文彬、彭慰高（讷生）、沈秉成（仲复）、吴云、潘曾玮、勒方锜（悟九）、李鸿裔（香严）。轮流举办真率会，觞咏、品茗、鉴赏等。

花开花落

光绪八年（1882）八月，文彬子顾承过世，及后来二孙、长孙相继病逝，白发人送黑发人。“花发多风雨，人生足别离”，“天下无有不散宴席”，真率会活动延续到光绪十年（1884），渐渐淡出。

光绪九年（1883）四月初一日，热心的六十六岁的潘曾玮拉着不大愿出门、七十三岁的文彬一起到常熟赵烈文家散散心。赵烈文对历史大势看得透彻。洞见晚清改朝换代的周期已届，统治大机器彻底锈烂，社会百病丛生。最有名的是同治六年（1867）六月二十日，如日中天的两江总督曾国藩与赵烈文聊天，赵烈文预言清朝五十年内灭亡，其后中华大地上将是军阀割据、列强蹂躏。两年后，曾氏任直隶总督之位，因离京城近，才知国家的颓败远远超出自己原来的预料，清王朝已经病入膏肓，难以救愈。

曾氏如丧考妣，发出“吾日夜望死，忧见社稷之陨”之叹。他不希望看到大清灭亡的那一天，针对当时的风气，发出严厉且尖锐的批评：“吾国人心，断送于伪之一字，吾国人心之伪，足以断送国家及其种族而有余。上以伪驱下，下以伪事上，同事以伪交，驯至习惯于伪，只知伪不利，不知伪之害矣。”他对说假话、说空话，阿谀奉承、清谈误国之风深恶痛绝，鸦片战争爆发前，在回答其恩师、军机大臣穆彰阿提问时就说：“自南宋以来，君子好诋和局，以主战博爱国美名之风兴起，而控御夷狄之道绝于天下者五百年矣。”后来在给李鸿章的信中又说：“自宋以来，君子好痛诋和局，而轻言战争，至今清议未改此态。”（《曾国藩全集》书信十）他内心深处有一种强烈的变革意图，希望脚踏实地去做，可惜位不在中枢，无能为力，清廷只把他当作救火队长。

晚年赵烈文寓居常熟，购吴峻基的水壶园（又名水吾园），改名静圃，人称赵园、赵吾园，与曾园为邻，得虞山之灵气，比苏州园林更具自然之趣。文彬记下：“中有一池甚大，厅堂、书室、上房俱在池南。屋后即虞山，池通外河，池东有石桥一座，以栅栏为界。池北有楼，有亭榭，有长板桥通往来，并无墙垣，以篱槿为樊。手植榆、柳等树，高已干霄，池中荷芰菱芡皆满，颇极幽旷之趣。”潘曾玮与顾文彬在赵吾园欣赏赵烈文珍藏的数十种金石拓本，赵对金石研究极深，考评了每种拓本，令顾文彬佩服之极。第二天，他们再到赵次侯家，赵烈文相陪左右，一起享用了长江三鲜。

赵次侯，名宗建，原籍江阴，退休后寓居常熟，咸丰时官至太常寺博士。主要工作便是管理皇家的图书，与翁同龢是同年朋友，在北京时两人喜欢往琉璃厂搜寻古本秘籍。翁同龢于光绪二十四年（1898）罢官归里，至光绪二十六年（1900）次侯去世，两位七十老翁往来密切。山外青山楼外楼，常熟藏书藏画，藏龙卧虎。文彬不虚此行也。中国古代文人好以“虫”自比，有两种虫最为人所称颂。一种是“鞠通”，古琴中的蛀虫，一种是“脉望”，古书中的蛀虫。清代小说家钮树玉有一雅联：“鞠通夜抱朱丝静，脉望朝含绿字香。”苏州、常熟“鞠通”“脉望”不在少数，当今延伸至昆曲，就称之“昆虫”。文人共同的梦，共同对美好事物的追求，哪怕献出一生的财富和心血，也要去尝试这过眼烟云，体现了一种传播文化精华的气度与情操。

言归苏州朋友圈，文彬与吴云的鉴藏辑录是最多的，不仅是姻亲关系，吴云之孙娶了文彬的大孙女，还是邻居。吴云是诤友，当年冯桂芬书稿问世初，他曾指出“间有语涉太激，过触忌讳处”，希望其继续修改，莫急于刊发。忠言逆耳啊！可惜冯桂芬将希望全部寄托在曾国藩身上。曾国藩也有难处，官越大，忌讳越多。冯桂芬不谙封建官场潜规则，怎么会对仕途没影响呢？吴云偏爱碑帖玺鼎，文彬常在这方面请教他，曾邀他一起鉴赏《俞紫芝临定武禊帖并试卷》《米题唐模兰亭卷》，他们还经常互换藏品。

勒方锜是七老中最早过世的人物。光绪七年（1881）仲秋回到苏州，老友相见分外亲，潘曾玮抓住机会让他题咏，他把对同道的羡慕和内心的惆怅宣泄在题咏里：“疑是竹林侣，同为扮社人；台觞宽礼数，泉石见经纶。交澹情逾惬，时康迹易亲；批图笑相视，我亦白头新。昔时真率会，江海聚群贤；握手又今日，相思纾积年。暂倾吴苑酒，还上豫章船；却羡林栖乐，留题意渺然。”这或许是他与老友的最后一次见面，第二年，勒方锜在任上不幸离世。

沈秉成既有书卷气，又是好夫君。他比勒方锜小七岁，比文彬小十二岁。在安徽巡抚任上，创办经古书院，“以课经史实学”。他是应张之万邀寓居苏州的，开始临时住拙政园，受园林熏陶后才购置房产。俞樾《安徽巡抚沈公墓志铭》曰：“侨寓吴门，购得娄门某氏废园而修葺之，有泉石之胜。时继配严夫人已来归，工丹青，娴词赋，公遂名其园为耦园，相与啸咏其中，有终焉之志。”“耦”即“偶”，寓夫妇偕隐，伉俪唱和。耦园的设计宗旨只有一个“秀恩爱”。秉成有丧妻失子的经历。继配夫人严永华，字少蓝，浙江桐乡一代才女，“尝随宦润州，喜得江山之助，曾作三山胜概图。”著有《清画家诗史》。秉成社交场合从不带艺妓，说明他对永华的忠贞。他与严氏在耦园隐逸生活八年，严氏所撰“耦园住佳耦，城曲筑诗城”，是才子佳人花前月下、甜蜜生活的写照。

文彬与苏沪浙画家、藏家如翁小海、范引泉、沈竹宾、程序伯、徐江帆、张子蕃、费幼亭、金保三等也多有往来。绝妙佳品接踵而至，归入过云楼，文彬踌躇满志，他感叹多年来与书画有着前世修来的缘分。过云楼犹如登上了苏州最高峰穹窿山巅，一览众山小。

有记载，文彬偕隐后，居家十五年这段时间藏品所得比例最高。这是一生积累、一生心血。他谆谆告诫儿孙：“必须心细如丝，庶无千虑之事。”在《过云楼书画记》中文彬写道：

拙政园与谁同坐轩（扇亭）

耦园　枕波双隐

上海豫园点春堂

沈秉成题，端庄丰润、大气淳厚，为人所称道。

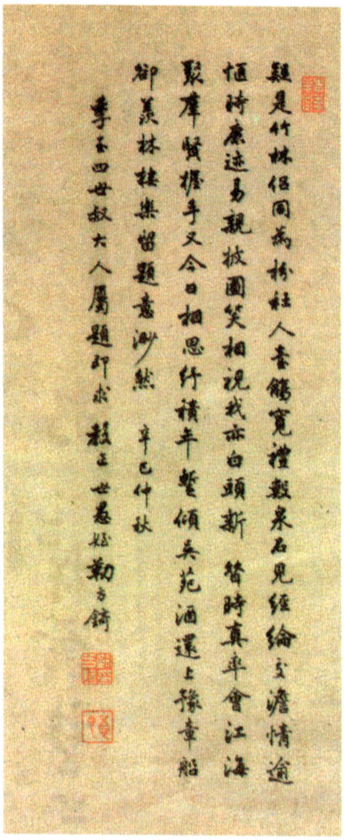

勒方锜题咏

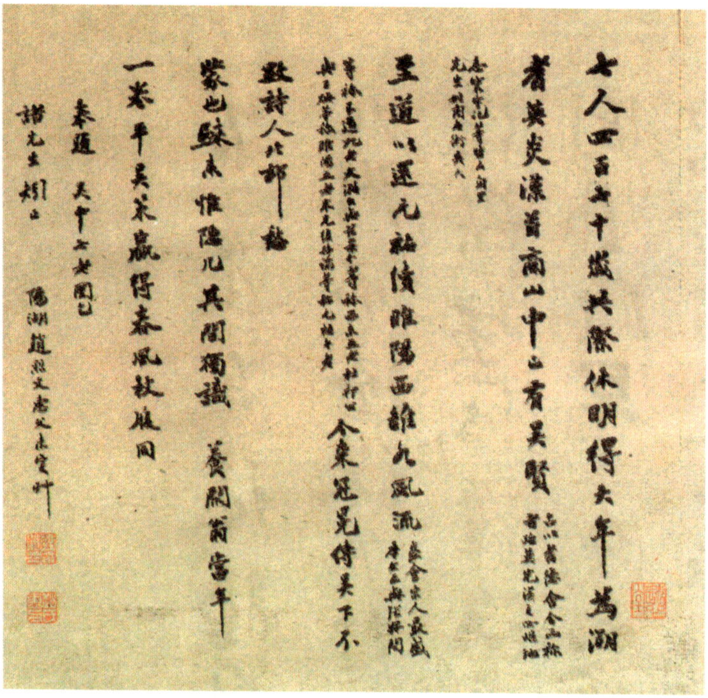

赵烈文题咏

书画乃昔贤精神所寄。

凡有十四忌庋藏家亟应知之：霾天一，秽地二，灯下三，酒边四，映摹五，强借六，拙工印七，凡手题八，徇名遗实九，重画轻书十，改装因失旧观十一，耽异误珍赝品十二，习惯钻营之市侩十三，妄摘瑕病之恶宾十四。

“十四忌”即阅藏须知，是座右铭，当年就刻印在过云楼藏书密室的门楣上，凡天霾雨、地不净、有灯火、有酒盏、映摹抄写、强行借阅、拙工拓印、凡手题画皆不可，华而不实、不懂装懂、肆意改装、以假乱真、投机钻营、居心不良之徒不得入内。如何保管、爱惜，如何识人、为人，沿成祖训，这也正是收藏家恪守规矩和人生态度的充分体现。

子孙承业

文彬有三子：廷薰、廷熙、廷烈，皆先于父卒。次子廷熙、三子廷烈均擅书画，又擅鉴别。若干年后，顾鹤逸撰《过云楼续书画记·自叙》中说："予家自曾王父以来，大父及仲父、先子，咸推书画是好，累叶收藏，耽乐不怠。"而从过云楼遗存诸文字中，很少提及廷薰、廷熙，是与二人于庚申之乱中英年早逝有关。即使之前，顾文彬撰《过云楼书画记·自叙》中说到传承家学，先提父亲顾大澜，然后说："余于二子亦然，而二子颇不钝。熙（廷熙）能画，尤长于书，惜年不副志，承少时业从余友徐江帆（塾师）、程序伯游；甫成人，何子贞、吴退楼亟称书画。"故长子廷薰其人其事，不详。

笔者偶见《姑苏晚报》载邹绵绵先生文章称，发现廷熙始写于己未咸丰九年（1859）四月十五日《待访录·宝书斋秘本》。该手稿影印件由苏州国画院画家马伯乐出示，系文彬三子顾承于咸丰八年（1858）春，赴父亲湖北汉阳省亲，将自己两年中在吴中所见书画碑帖，随见随录而成的《烟云过眼编》，交与廷熙过目，才使得廷熙"就其寓目心赏之迹，询所往来，录成是册"。咸丰十一年（1861）岁次辛酉七月既望，顾承《楚游寓目编》手稿，其序曰："讵料仲兄已于庚申避兵而歿于乡，嗟乎！"兄弟俩系早期过云楼收藏父亲的左右手。庚申之乱前后，家国蒙难，父亲和两个儿子先后归西，文彬毫无退路，才亲自重整家业，并倚重顾承经营过云楼和怡园，真是创业艰难啊！

三个儿子中，廷烈更为出众。廷烈更名承，字承之，号骏叔，又号乐全、乐泉逸史，浦夫人所生第三子，同治七年（1868）庠生。擅画山水，书喜颜真卿、米友仁，画学董其昌，禀赋聪明，承父业，精鉴赏，与二兄廷熙幼即同好书画。"遇有小品，私出所蓄饼饵钱购之"，说的是两个小家伙，见到书画小品，倒出储蓄罐里大饼油条钱也会购买。文彬夸顾承"性爱骨董，别又神悟，物之真伪，一见即决，百不失一"。文彬在宁波时，有人携示黄文节书刘明仲《墨竹赋卷》，字如杯大，有四百余字，文彬未能定其真伪，请金保三观之，亦不能决。只能由信局寄苏，交承儿决之，"骏叔决为伪迹，乃还之"。同光年间，顾承在江南收藏圈内的名声，已经可以与号称"陈、吴南北争雄长"的陈寿卿、吴云两大藏家并列。连日本鉴赏家冈田篁所来中国时，还特意造访过云楼，与顾承交流切磋。在文彬外出做官的日子里，顾承不仅为建造过云楼、怡园呕心沥血，而且负责整理所有藏品，一个主外、一个主内。从顾承的存世手稿《过云楼初笔·再笔》来推断，他过目的书画逾千幅之巨，顾承在过云楼的收藏伟业中具有重要作用。他还通音律，善琴，好玺印，集拓新旧印章，著有《画余庵古泉谱》四卷（苏州图书馆藏）《画余庵印存》等。顾文彬《过云楼书画记》成书，顾承参与编辑并精心校勘。可惜的是，不及付印，便撒手人寰，卒年四十九。"不过五十即为夭"，原因是他从小体弱多病，"十四五岁时得便血之症，终其身未脱体。午餐不过半盂，夕寐不过两时"。

《过云楼日记》光绪八年（1882）七月二十五日："承儿因事至书巷。是日天气稍热，归已午刻，忽觉不适，偃息在榻，吐出宿血数口……自谓旧病复发，而饮已不进……语不及他，溘然而逝。余痛心如割，手足无措。"文彬写下百首七绝哭子诗，来悼念他的爱子。有诗曰："一生强半病中过，饭颗常年啖不多。直到长眠眠始稳，可怜梦已醒南柯。""平生不抱誉儿癖，衰老偏吟哭子诗。一字吟成一滴泪，龙钟双袖少干时。""生来翰墨有前缘，群笑痴呆两少年。积累几多投扑满（储钱罐），已知津贴画叉钱。（与次子廷熙幼即同好书画）""图书藏弆过云楼，笔记编成付校雠。他日梓成见何及，空余卷尾姓名留。（余著《过云楼书画记》十卷，属其校勘，甫脱稿，尚未梓行）"

苏州的私家园林历来为丹青描绘而成。与顾文彬父子一起勾画设计怡园的文人画家者如：顾沄（1835—1896），字若波，号云壶、壶翁，以字行，苏州人。山水宗"四王"，清丽疏古，气韵秀出。怡园有一种聘任的职位叫"西席"，西席是旧时家塾教师或幕友的代称，怡园西席则是礼宾兼画师。开始，有人推荐虚谷（1823—1896），虚谷的画当然是一流的，但因虚谷曾任清参将，后是僧人，似不大方便，于是物色了顾沄。文彬在宁绍台道任上给顾承的家书中写道："若波之画，亦要成家，倘能在我家临摹数年，意可直接'四王'，未知有此缘分否？"顾沄接受了邀请，在顾家临画三年，成为同光年间画坛的山水画大家，顾沄是得到顾文彬培养的一位画家。

顾沄后去外地做幕僚，西席为崭露头角的胡三桥。胡三桥（1839—1883），名锡珪，以字行，苏州人，尤擅工笔人物、仕女花卉。在怡园习画六七年，与陆廉夫、吴昌硕、顾若波、顾鹤逸诗画唱酬，吴昌硕称赞其画"精细如发而笔锋劲厉"，可惜早逝，中岁而殁，否则他的成就会更高。

"海上四任"是人们对活跃在清末沪上画坛的职业画家任熊、任薰、任颐、任预四任的称呼，他们与苏州、与过云楼、与后来的怡园画社的因缘甚深。顾文彬在《宦游鸿雪》中述及曾竭力推举任薰作怡园的设计图。任薰（1835—1893），字舜琴，又字阜长，浙江萧山县人，其父任椿是画家，早逝，从兄任熊（1823—1857，字渭长）学画。道光三十年（1850）任熊先偕友来苏，住大梅山馆姚燮家作画，学沈石田法。越二年，任熊又客苏州，居华阳道院，与余镛、黄鞠、杨韫华、韦光黻、孙学聘、齐学裘等结书画社，这是近代第一个书画社，任熊病逝时年仅三十五。任熊在上海发现任颐（1840—1896，字伯年），然后介绍他从其弟任薰习画，任颐又收徒颜元（字莼生）。任熊在苏娶妻，生子任预（1853—1901，字立凡）。关于任颐（伯年），一说任颐为任熊、任薰的侄子；又一说，任颐（伯年）与他们不是一家，是浙江山阴（绍兴）人，后居萧山。任颐、任预从任薰习画，人物画随任薰师法陈洪绶，兼工人物、花鸟、山水、肖像、仕女，画法博采众长，面貌多样，富有新意。

关于任熊（渭长）在上海与任颐（伯年）的相遇，徐悲鸿在《任伯年评传》中有详细记载，故事大致如此：伯年当时约十五六岁，为谋食，自画折扇而假书渭长款出售。一天恰巧在街上遇到了任渭长。渭长看画得不错，心窃生疑，便问这是谁画的？小伯年说是任渭长所画；又问任渭长是他什么人，伯年答是爷叔。渭长又追问，那么你认识任渭长吗？伯年惊慌不敢应答。渭长这才说明自己便是任渭长，伯年羞愧得默不作声。渭长又问他这些画是谁画的，伯年答是自己画的，见他少年有才，便带着伯年一起回苏州，交给弟弟阜长。任伯年在“四任”中成绩最突出，与吴昌硕、蒲华、虚谷齐名，为清末“海派四杰”。画多且名气响，但其身心深受鸦片之害，年仅五十六岁便去世。

阜长不负文彬力荐，与顾承相友善，配合默契。怡园的园景布局分为东西两部，隔以曲折的复廊，并以漏窗沟通东西景色，使园景显得幽深玲珑，这应归之于阜长精心构撰，由此可见，他还长于园林设计，他五十四岁时双目失明，后病卒于苏州。其余参与设计的画家——苏州人王云（字石香、石芗，亦为琴师）、范印泉及嘉定人程庭鹭等，均为一时俊彦。

陈从周在《梓室余墨》中说：

> 建园与修宅时，顾（文彬）正任浙江宁绍台道。园之壁画皆出其子顾承手，顾能画，当时画家如吴县王云（石香，石芗）、范印泉、顾沄（若波），嘉定程庭鹭皆参与设计。其建造时每堆一石、构一亭，必拟稿就商乃父，此往返书札，今尚存其曾孙顾公硕处。

陈从周未说到任阜长设计怡园，但阜长在苏时间与兴建过云楼、怡园的时间是相吻合的。构过云楼半年时间不到，建怡园主要是光绪元年、光绪二年，后园艺不断完善，断断续续才历时九年。上述文人、画家，有的构画过云楼为主，有的设计怡园为主；有的高屋建瓴，出出点子，有的则参与设计，具体画图稿。

光绪十五年（1889）文彬仙逝，享年七十九岁。文彬有七个孙子、四个孙女，尤对顾承的三子鹤逸宠爱有加，看重他的学识和修养，生前曾在家族中协议：“过云楼珍藏全部交由六孙鹤逸继承。”鹤逸在孙子辈里排行第六，即顾家六房，他有闲章便镌“顾六”二字。因此，鹤逸继文彬、顾承之后，承继了顾家书画，支付一些钱物给其他房，成为过云楼的新主人，开始了他人生的神圣使命。

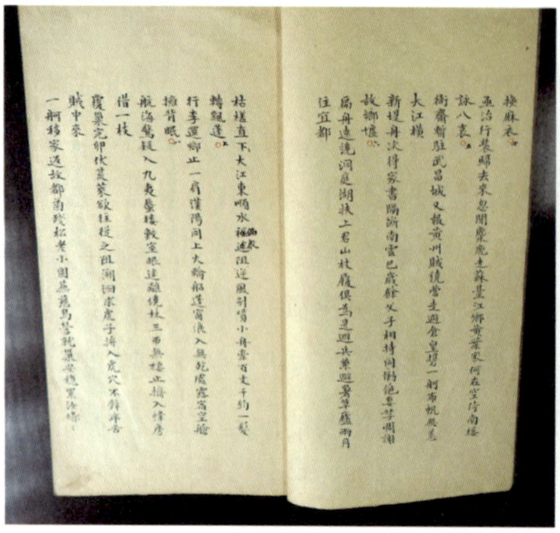

顾文彬《哭三子承诗》原本
苏州图书馆藏

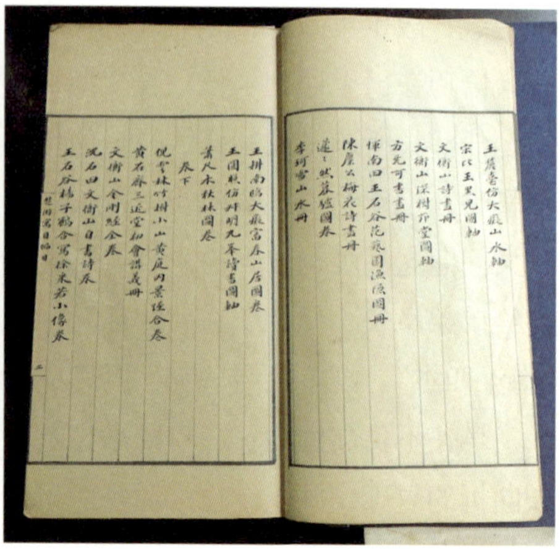

顾承手稿

顾承扇页　顾笃璜提供

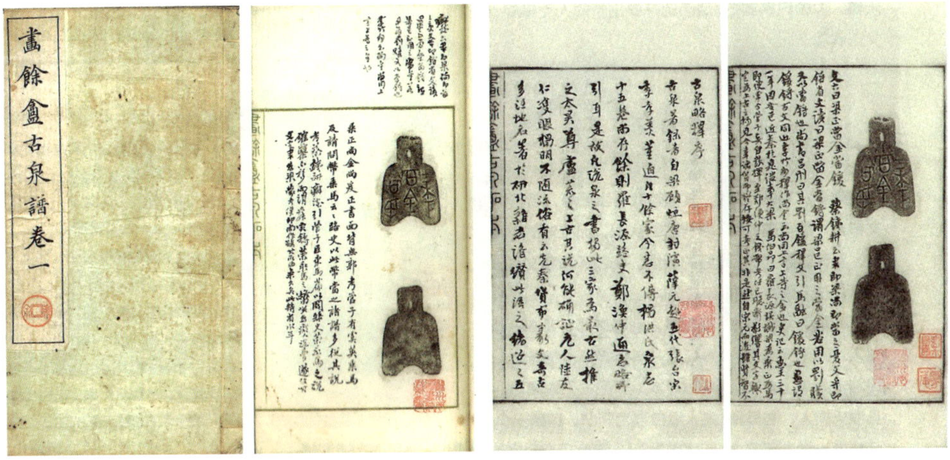

顾承　画余庵古泉谱　苏州图书馆藏

顾承　山水图扇页
民间寻访

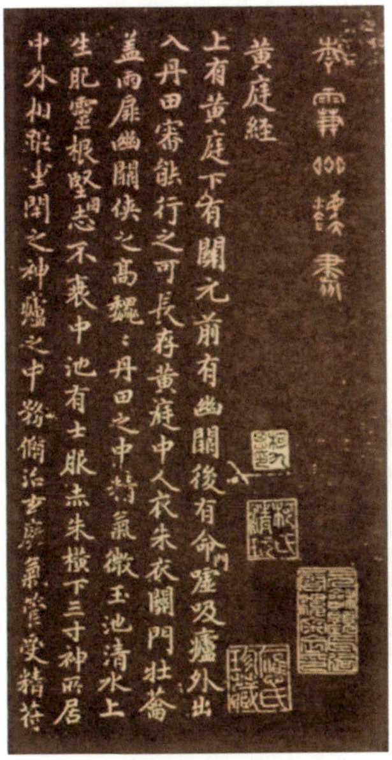

顾承整理的碑帖

虚谷　松鹤中堂　苏州博物馆藏

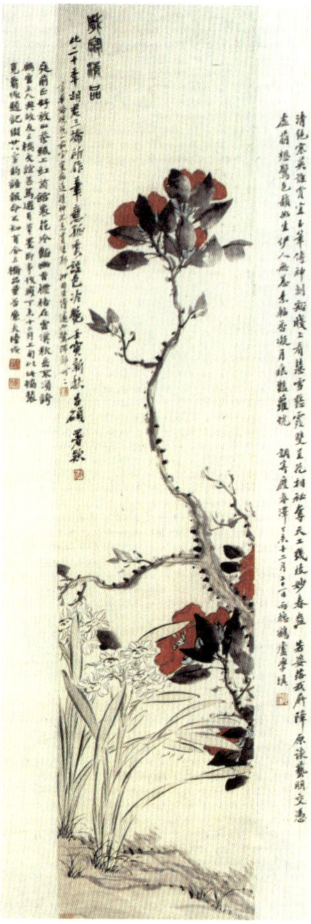

胡锡珪　岁寒清品图轴

顾沄　山水图扇页

任熊自画像

任薰的画像
《中国历代书画家集》

徐悲鸿绘《任伯年肖像》

任薰尤擅扇面技法

顾文彬为任薰《自锄明月种梅花图》题画

任颐　米颠拜石图

任预　射雁图

任颐　竹林七贤图扇页

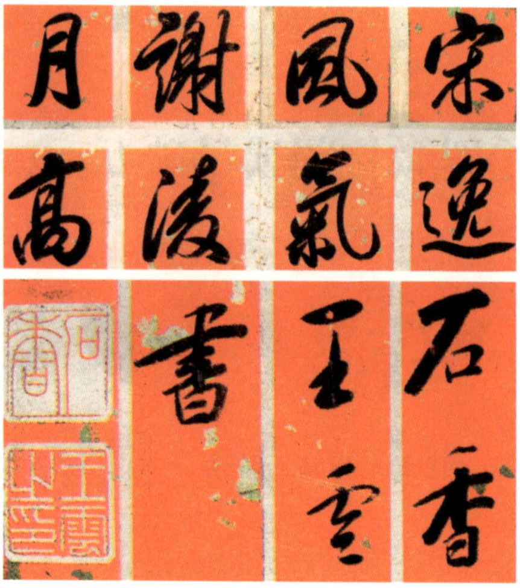

王云书法作品　季海跃提供

第二章　回忆几桩往事：穿云拨雾，开一代江南人文渊薮

当代虎头

顾鹤逸（1865—1930），名麟士，又字谔一、谔，以字行，号西津，又号筠邻、晋叔、西津散人、西津渔父、一峰亭长、鹤庐主人，又署顾六，室名鹤庐、海野堂、甄印阁。顾鹤逸是近代著名书画家、藏书家、鉴赏家。著有《过云楼续书画记》《鹤庐画赘》《鹤庐题画录》《因因庵石墨记（未定稿）》《顾麟士山水真赏》《顾鹤逸仿宋元山水十二帧》《顾西津仿古山水册》《鹤庐画识》《鹤庐画趣》《鹤庐集帖》等。

顾鹤逸继承家业，家学精湛，所作山水多逸气，自成高格，初学"四王"，后追宋元明诸大家。过云楼收藏既富，耳濡目染既深，故长于摹古，当时画名在海上诸家之上，上门求售的很多。具有吴门画家以健笔写柔情，淡雅、清丽、明快的特色，点苔沉着老健，及至老年喜用枯笔皴擦，可与王麓台（原祁）、王石谷（翚）相颉颃。抱道自守，声望极高，因与吴大澂首创怡园画社，成为江南画坛盟主、"吴中画苑祭酒"，被誉为"当代虎头"（东晋画家顾恺之，小字虎头）。他为冒辟疆的后人绘制的《水绘庵填词图》被周星诒叹为"二百年无此者也"。精于鉴赏，张大千称赞鹤逸先生为"当代鉴赏第一人"。

他矫重画轻书之习，先哲翰墨尤所甄采，又好版本之学，与版本目录学家傅增湘等多有交往。顾氏收藏大量的善本图书，均为罕见的珍秘的宋元以来佳槧名抄，其中有贵州独山莫友芝的旧藏。

顾鹤逸一生当清末衰世及民初军阀混战之时。他少年应试，目睹一老童生跪求试官将自己不慎弄污的试卷另换一张，遭试官厉声呵责。他联想范进中举，从此产生逆反心理，讨厌科举考试。他天性与画学为近，幼自乡间祭扫归，即屏坐静心追摩所见山水。他聪颖好学，故成长很快，最终不仅为国内艺坛所推崇，而且声名洋溢于海外。虽与祖父所走道路不同，一生不仕，但笃志苦行，殊途同归，无比钟爱文化，将全部心血倾注于书画、诗词、金石、版本以及鉴赏、收藏。

"羊有跪乳之恩，鸦有反哺之义。"由于父亲早逝，鹤逸继承过云楼时年仅二十五岁，

他恪守家训，一辈子都在为家族的收藏事业而忙碌，先是购回了祖父传于顾氏其他各房的失散的书画，如过云楼旧藏《赵孟頫小楷黄庭经卷》，又如父亲顾承的《邵僧弥小可观册》等。

鹤逸在《鹤庐画赘》中忆道，先君顾承每日研磨作画，不作“屏障大制”，只是偶尔画些扇册，一旦画好就会被人索去，“反无存焉”。《邵僧弥小可观册》是顾承于三十七岁时作的画册，鹤逸千方百计从旧友处乞回，“愿吾子孙世守之”，可见其孝心和人品。

他深孚众望，过云楼书画收藏由此发扬光大，步入“综计过云楼所藏书画，约有二三千件”的鼎盛期，“溯道光戊子（1828 年），迄今丁卯（1927 年），百年于兹。唐宋元明真迹入吾过云楼者，如千里马之集于燕市”。(《过云楼续书画记》）古籍善本、名人札记也在收藏之列。

顾鹤逸心无旁骛，撰《过云楼续书画记》六卷，其中书类二卷、画类四卷，体例仍仿顾文彬前记。书中所记书画，皆为过云楼所藏之精品，例如王羲之、释智永、吴道子、范仲淹、苏东坡、米芾、朱熹、赵孟頫、吴镇、沈周、祝允明、文徵明、唐寅、仇英、李公麟、董其昌、萧云从、龚贤、陈洪绶、八大山人、石涛、清初六家等名家真迹。鹤逸在《过云楼续书画记》末尾云：

> 愚家祖孙父子秉性好古，断简残片中往往遇精妙之品，必抉而出之以为快。其不精者，虽真不取。三世鉴别，数十年收集心力，成此二册，要为非易，故记之以告来者。

顾鹤逸及夫人书画寻踪选

——苏州书画百年史（一）

晚年顾鹤逸、潘志玉（璧）夫妇

顾鹤逸　杏花消息雨声中

顾鹤逸　风木图卷局部

顾鹤逸　四君子图

顾鹤逸　君子林

顾鹤逸　雪夜窥园

顾鹤逸　仿鹰阿山樵笔意

顾鹤逸　赵子固真趣

顾鹤逸　秋英图

顾鹤逸　墨梅子图

顾鹤逸　墨葡萄图

顾鹤逸　白荷图

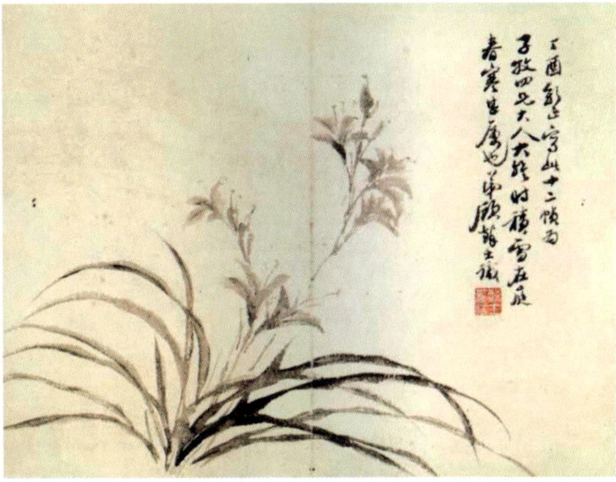

顾鹤逸　花卉图

顾鹤逸　书吴梅村《画中九友歌》

顾鹤逸　程松圆笔意

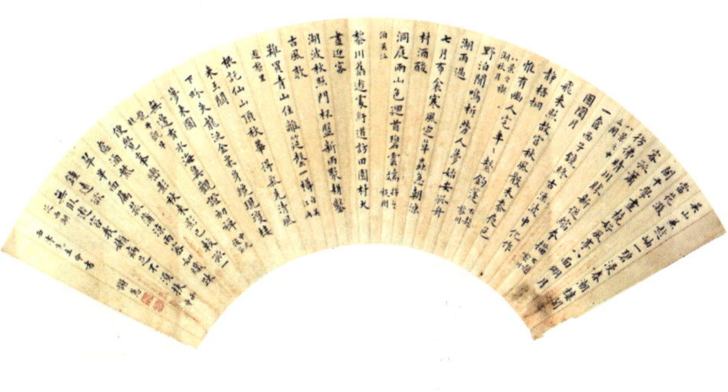

鹤逸第一任夫人谢蕙所书扇面

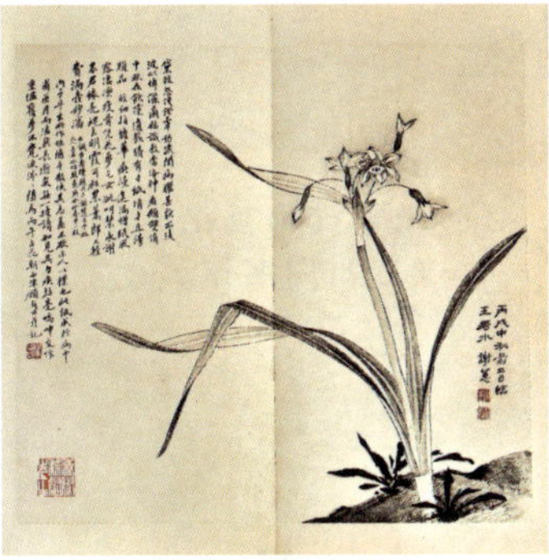

谢蕙　临王若水

谢蕙　临改玉壶本

以上由顾笃璜、苏州市吴江区过云楼艺术馆及民间提供

顾鹤逸先生第二任夫人潘志玉（璧）
山水扇页，1920 年绘
顾笃璜提供

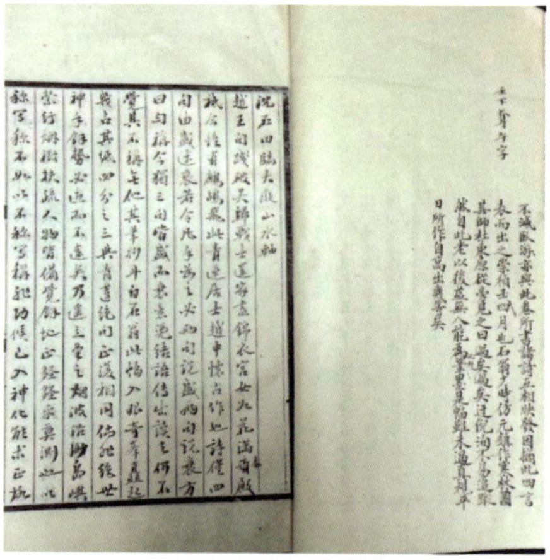

顾鹤逸《过云楼续书画记》
1927 年原本，苏州图书馆藏

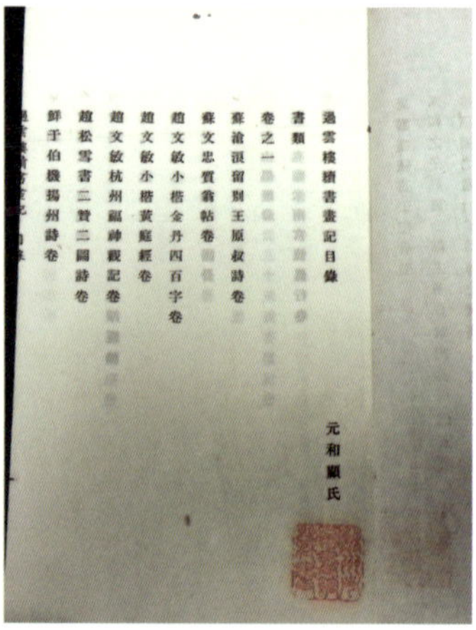

《过云楼续书画记》印本
苏州图书馆藏

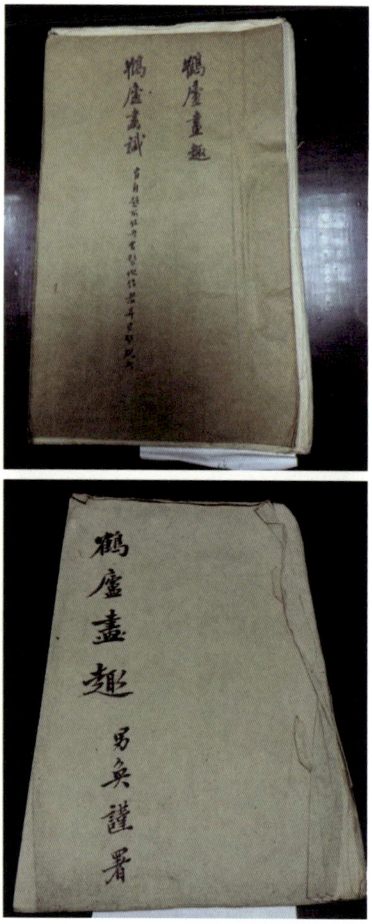

《鹤庐画趣》《鹤庐画识》
原本及顾公硕抄本
苏州图书馆藏

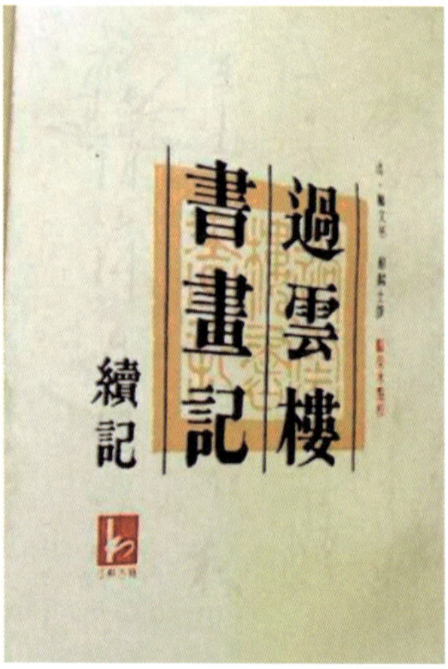

顾鹤逸《过云楼书画记·续记》
新版

顾鹤逸 《仿宋元山水十二帧》

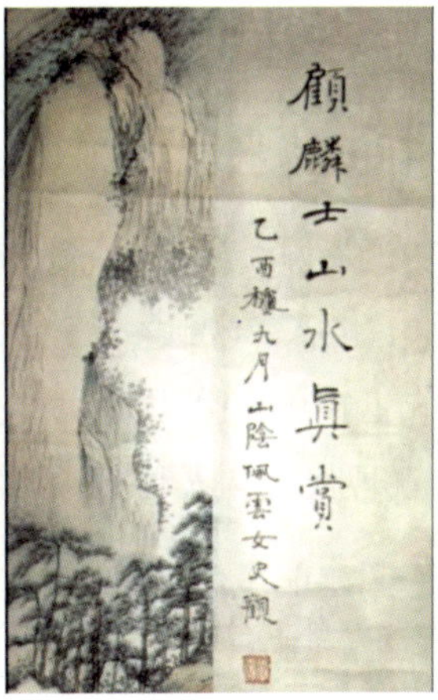

《顾麟士山水真赏》

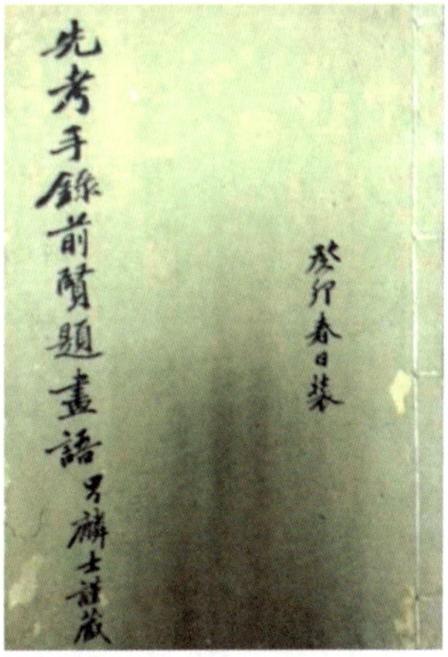

顾鹤逸《先考手录前贤题画语》原本

苏州图书馆藏

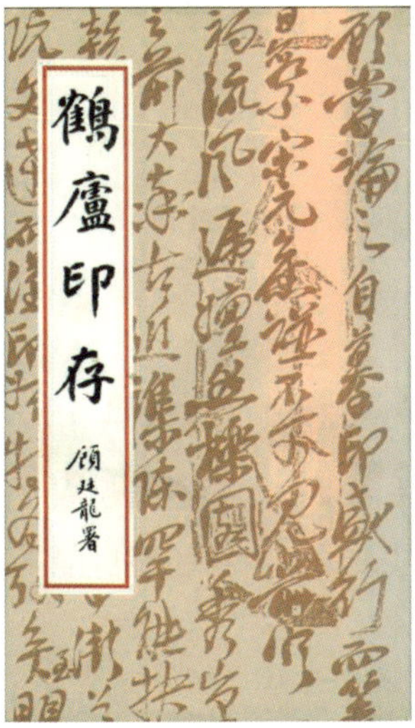

《鹤庐印存》（一）

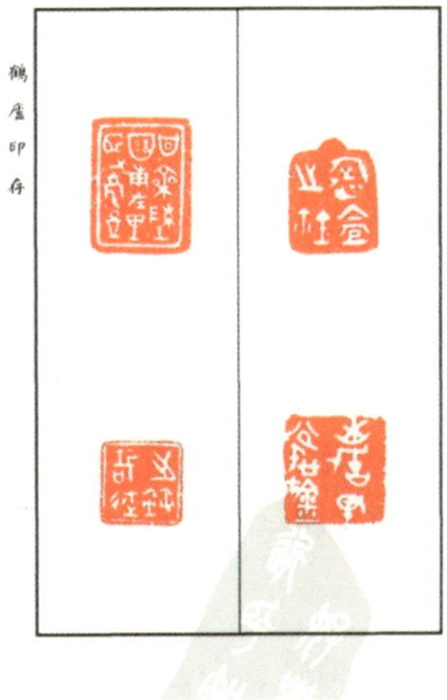

《鹤庐印存》（二）

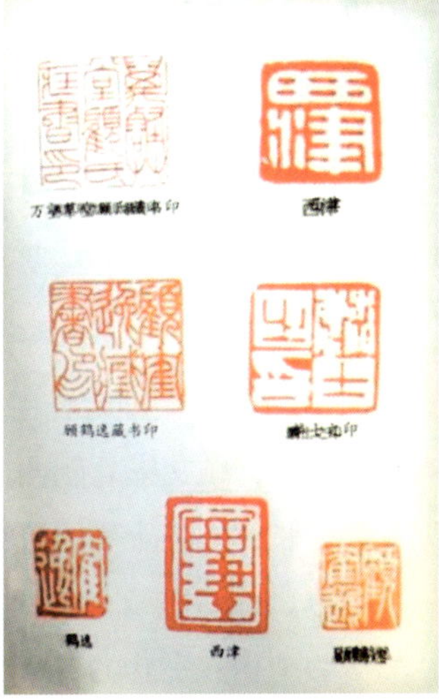

顾鹤逸藏印

怡园画社

公元4世纪时中国是一个乱世，然而更需要文化精神。东晋永和九年（353）三月初三“上巳节”，时任会稽内史的右军将军、大书法家王羲之，召集筑室东土的一批名士和家族子弟，有谢安、谢万、孙绰、王凝之、王徽之、王献之等，共四十二人，于会稽山阴之兰亭（今浙江省绍兴市西南约十公里处）举办了首次兰亭雅集。从南北朝开始，历唐、宋、元、明、清，直到近现代，文人雅集，绵延不绝，已形成一道独特的中国文化景观。

一千五百余年后，江南名城苏州也诞生了一个“怡园画社”，以“研讨六法，切磋艺事”为宗旨，以过云楼收藏为依托，延续一、二十年，这是苏州近代史上第一个有固定的成员、活动场所和章程规约的美术团体。对这个时期的江南文化产生了广泛的影响。

怡园画社结社，一般认为于光绪十五年（1889），又一说为光绪二十一年（1895）。后者的依据是苏州籍大律师汪葆楫《纪念顾鹤逸先生兼怀怡园诸子》一文中所说，其实，汪葆楫也是半个多世纪前写的，不一定来得及仔细考证。笔者倾向于前者，经考证，光绪庚寅十六年（1890）六月，吴大澂题怡园第二集合作画轴：

> 心兰写山水树石，秋农补人物，吴大澂为之署款，时大风满园、墨沈淋漓，欢笑之声与林木相震撼，亦纳凉一乐也。

当初怡园雅集大型合作绘画是每年一次，如此推算，那么第一集应在光绪十五年（1889）。是年，顾文彬驾鹤西去。吴大澂因丁忧返苏，在他的关怀下，顾鹤逸发起成立怡园画社，长鹤逸三十岁的吴大澂为首任社长，顺理成章。不过，民间画社也有可能不是一步到位。

吴大澂（1835—1902），字清卿，号恒轩、白云山樵、愙斋等，江苏吴县（今苏州）人，故居在双林巷，后迁十梓街南仓桥。南仓桥传原系康熙时江苏巡抚宋荦故宅。现一部分为双塔幼儿园，一小部分为吴大澂故居。吴大澂是清末大学者，书画家、金石学家、文字学家。其画初学戴醇士（熙），后来即从王烟客（时敏），而远追黄大痴（公望）。书法以篆书最为著名，将小篆、古籀文结合，功力甚深，并对金石文字有精深研究。

吴大澂曾参与东北的边陲防务，勘定中俄边界，颇有建树。光绪十一年（1885），中俄边界立界碑，他在铜柱上作篆字铭文。翌年，与沙俄代表据理力争，收回被沙俄非法霸占的珲春黑顶子山领土，纠正了“土”字界碑，又争得中国船只在图们江口的航行权，至今如果去吉林，当地人会讲述吴大澂爱国主义的故事，而且山上矗立着他的纪念像。在广东巡抚任上，同葡萄牙抢占澳门和香山七村的侵略活动作斗争。郑州黄河决堤，他参与治理，治河成功，实授河道总督，赏头品顶戴。

光绪二十年（1894）中日甲午战争爆发后，黄海海战失利，然后主战场转到辽东半岛，他奏请从军，率新老湘军二十余营出关。十二月二十一日上谕命宋庆、吴大澂帮办关内外军务。带兵打仗，真枪实弹，与做文官不完全是一回事，所谓“文无第一、武无第二”，战争是残酷的。当时集中在海城附近的清军共一百余营，六万多人，但互不统属，缺乏统一指挥。日军利用清军的弱点，连陷牛庄（海城西北）、营口。吴大澂愤湘军全覆，欲拔剑自裁，被左右阻止，对天长叹：“余实不能军，当请严议。”在吴大澂身上并没有出现曾国藩、左宗棠的奇迹，他被降旨革职，永不叙用。

翌年三月，中方代表李鸿章与日方代表伊藤博文在日本马关签订《马关条约》，“弱国无外交”，谈判期间李鸿章遭遇日本浪人小山丰太郎袭击，枪弹正中左颊，血流如注，当场昏死过去。他头缠白纱，在日本医院治疗中，接到朝廷电报居然同意接受日本开列的苛刻条件，不禁哀叹：“千古骂名啊！”据说，他用这一枪将赔偿三亿两白银换成了两亿两，让日本人放弃了辽东半岛。当他回国后，拿着染血的黄马褂呈慈禧太后时，慈禧只是笑了一声，说：“难为你了，还留着呢？”

李鸿章刚回到天津，就被沿街老秀才扔了烂苹果。李鸿章的老部下、退休在家的原台湾巡抚刘铭传，更是气得呕血，含恨而去。是年京城科考，上千学子集体罢考请愿，只求清廷变法自强，演绎了“公车上书”事件。当时一位不愿留名的文人写了一副对联流传下来：“杨三已死无苏丑，李二先生是汉奸。”杨三是清末昆曲名丑杨鸣玉，光绪年间曾与同为苏州人的名旦角朱莲芬在北京合演，以《思凡下山》《刺梁》等剧最为有名，其时已不在世。光绪二十七年（1901）李鸿章卒，山东巡抚袁世凯继任直隶总督。

言归怡园画社，如果说是光绪二十一年（1895）由吴大澂与顾鹤逸发起，也就是说朝廷要查办他时成立怡园画社，恐怕吴大澂也没这个好心情。他被撤职后，隐居乡里，专门研究金石学问，著有《愙斋诗文集》《愙斋集古录》《古籀补》《恒轩吉金录》等，最后因中风辞世。

追忆历史，当年鸦片战争战败，痛心疾首的林则徐在发配充军的前夜，约谈昔日的幕僚魏源，将自己未曾编撰完成的《四洲志》尽数托付。之前，魏源曾追随过开启晚清中兴、经世致用的引领者、时任江苏巡抚的陶澍。魏源历经十一年，终于写就《海国图志》。这是那一代放眼看世界的中国人的集体心血，语言深入浅出，配了八十多幅珍贵插图，告诉人们“师夷长技以制夷”。此书与冯桂芬的书命运极为相似，直到魏源过世那年才出了百卷经典版本，据说，印了几千本，三年才卖出一本。

看到清廷上下不可救药的自大麻木，左宗棠无奈地说：“《海国图志》写了二十年，中国根本没变样。”但“墙内开花墙外香”，流传到日本，却点亮了明治维新的灯，让日本人看到了一个全新生动的世界，看到了西方先进的思想和文化。日本幕府开始也禁这本书，但民间越传越热，怎么也禁不住，于是官方干脆翻译出版了日语版《海国图志》。一批批日本留学生远涉重洋，路上都带着这本书。北洋水师的留学管带们都记得那些同吃同住的日本同学几乎人手一册，吃饭时都会认真翻开，仔细一打听，竟然是个中国人写的。《海国图志》的铁杆粉丝伊藤博文说："中国人都写出《海国图志》了，咱们不加速，行吗？"后来他担任首相时，把大清打得落花流水。他高调访华，被求教于中国该怎样向日本学习，还不忘哭笑不得地说，问我干啥？看《海国图志》去。

中国的洋务派曾为兴办近代教育作过多种尝试，但是发现工业教育的缺失还是在甲午战争之后。郑观应在《皇清经世文三篇》第二卷《西学》中就提出了反思："广方言馆、同文馆虽罗织英才，聘请教习，要亦只不过学语言文学，若夫天文、舆地、算学、化学直不过粗习皮毛而已，他如水师武备学堂，仅设于通商口岸，为数无多，且皆未能悉照西洋认真学习……"(《北洋大学—天津大学校史》，第9页，天津大学出版社，1990年)光绪二十四年(1898)五月十五日，兴办京师大学堂，中国有新式大学自此始。十六日下诏振兴农学。十七日下诏悬赏励工。二十二日下诏各省大小书院全改为学校，省会设高等学，都城设中等学，州县设小学。

康有为在《请开学校折》中明确提到："近者，日本胜我，亦非其将相、兵士能胜我也。其国遍设各学，才艺足用，实能胜我也，今各国之学，精英于德，国民之义，亦倡于德。日本同文比邻，亦可采择。请远法德国，近采日本，以定学制。"(汪向荣:《日本教习》，北京三联书店，1998年)全国诸多知识分子因出身无途，恨康有为入骨，怨谤大起。光绪二十七年(1901)八月，清政府宣布废八股，科举改试策论的《兴学诏》，光绪三十一年(1905)七月，清政府正式停科举。于是，新式教育取而代之，各种实业学堂纷纷成立，加快步伐。

《马关条约》给中国人民带来了无尽的灾难，梁启超回忆起这段不堪回首的历史说："中国四千年的大梦，就是被甲午战争失败后割让台湾、赔款两亿唤醒的。"

左为日本领事馆旧址，在苏州第一丝厂内
右为日租界界碑

《马关条约》增辟苏州为通商口岸，觅渡桥至盘门一带的青旸地成为外国租界。光绪二十二年（1896）九月，苏州海关成立，经江苏巡抚赵舒翘核准，拨充葑门外觅渡桥西堍一片土地为苏州关址。翌年，苏州创设邮政局，初名“苏州府邮政分局”，受苏州海关税务司节制。按照洋人哈尔定所绘地图丈量划分，日本租界面积约32.26公顷（483亩8分7厘6毫），泰西各国公共租界面积约32.19公顷（432亩8分3厘2毫）。日本领事馆在青旸地日本租界内建立主体建筑为砖混结构二层西式楼，红砖红瓦，花岗石勒脚。

之前一年，光绪二十一年（1895），苏州第一家近代丝厂和纱厂于张之洞任两江总督时主持创办，一名苏经丝厂，一名苏纶纱厂，均为官督商办性质。由于设立洋关，盘门至觅渡桥原有纤道改筑为马路，此为苏州最早一条新马路。

左为光绪二十五年（1899）美国监理公会林乐知等募得巨款，翌年向两江总督刘坤一申请建校，刘允予购地，并答以“他日将桃李满东吴”等语，故以“东吴”作校名。光绪二十七年（1901）春，东吴大学堂在天赐庄博习书院旧址正式开学，首任校长孙乐文。图为朝廷官员视察东吴大学堂，墙上挂着的是清朝的龙旗和美国的星条旗。辛亥革命后，改名“东吴大学”。宣统三年（1911），上海中西学院并入东吴大学，学校旧址占地约6万平方米，建筑总面积2.1万平方米。这是中国第一所西制大学，其法律教育在当时饮誉海内外。
右为兴建东吴第一幢校舍林堂，光绪二十九年（1903）落成。取名林堂，以纪念林乐知，俗称钟楼。

苏州是中国最早实施西学教育的城市，同治十年（1871）美国基督教监理公会即在苏州十全街办学。光绪九年（1883）美国基督教长老会女教士顾雅丽（美籍）在苏州天赐庄创办冠英女塾（新式女子小学），成为苏州最早的西学学校。后西方教会大举在苏州办学，19世纪末苏州各门类教会学校达三十五所。

光绪三十二年（1906）沪宁铁路苏州站通车典礼

光绪二十九年（1903），经清政府总理衙门允之，由督办铁路大臣盛宣怀与英银公司签订借款条约，随即勘测路线，开始筑沪宁铁路。光绪三十二年（1906）七月十六日，上海至无锡段火车通车，作为近代城市的命脉，对苏州早期的近现代化建设带来了不可低估的推动作用。当时由筹建沪宁铁路的苏路公司开办江苏省铁路学堂，校址在苏州盘门内新桥巷，张謇是该学堂的创办人之一，其余创办人还有苏路公司总理王清穆和协助许鼎霖、王同愈，都是铁路学堂监督。由于铁路学堂是江苏绅商民股倡议办学，后沪宁铁路收归国有，1912 年 5 月都督程德全公布前清官立中等工业学堂（1911 年 5 月创办）与铁路学堂合并，定名为江苏省立第二工业学校，1923 年升格更名为江苏公立苏州工业专科学校，即著名的苏州工专。1912 年 9 月 1 日，江苏省立第二女子师范学校在盘门新桥巷积谷仓旧址开学，即后来著名的苏州女子师范学校（新中国成立后，称“新苏师范”）。

在清末新政的驱动下，由官方、民间开明士绅相继创办具有西方现代教育气息的学校（学堂）。光绪二十三年（1897）兴办了兰陵女学。光绪二十六年（1900）创办了第一所官办的新式学校——中西学堂，以及江苏师范学堂（1904）、振华女校、公立高小（1906）、公立第一中学、慧灵女校、省立苏州农校（1907）、女子蚕业学校（1912）、省立医专（1913）等。清末民初苏州城乡开办的官办、公立、私立学校达四十余所。尤其是北伐后，不少祠堂、寺庙、会所、闲置衙署纷纷改为学校所在。

图片选自《老苏州图志系列》

怡园西侧，沿着长廊，绕过面壁亭，有一个三开间的宽敞大厅，名湛露堂，又称牡丹厅，紧邻顾氏家祠，这里便是怡园画社的所在地。最兴盛时，每月雅集三次，故又名怡园画集，聚集苏州城最有影响的书画界精英，研讨画理书学，或当场挥毫泼墨，或相互之间评点。除吴大澂、顾鹤逸外，曾参加的人士有顾沄（若波）、胡锡珪（字三桥）、王同愈（字文若，号胜之）、吴穀祥（字秋农）、陆恢（字廉夫）、费念慈（字屺怀）、金心兰（字彰）、倪田（字墨耕）、吴昌硕、郑文焯（字俊臣）、杨岘（字庸斋、见山）、翁绶琪（字印若）、沙馥（字山春）、任预（字立凡）等十数位。费念慈并不以画见长，致函鹤逸，说“将以公为师，以廉夫、心兰为友”，谦逊一番才加入。其中徜徉核心的号称“怡园七子”，他们是吴穀祥、倪墨耕、吴昌硕、金心兰、顾沄、胡三桥、陆恢。因当时江南绘画中心在苏州，也吸引了外地书画家慕名而来，如嘉兴人蒲华、武进人黄山寿；萧山人任薰（阜长）及任颐（伯年）、任预，任预后来迁居于怡园附近塔倪巷，名“重艺苑”；于右任、吴湖帆、黄宾虹、王一亭、陈摩也往来于过云楼客串怡园画集。“有朋自远方来”，都是鹤逸的好友，几乎囊括了中国江南近代画坛上鼎鼎有名的大家。

怡园画社参加者全部为志同道合的资深文人兼画家，不一一赘述。这里仅举几位：

一位是杨岘（1819—1896），字庸斋、见山，号季仇，晚号藐翁，自署迟鸿残叟，浙江归安（今湖州）人。咸丰五年举人，曾入曾国藩、李鸿章幕中，参佐军务。五十岁后负责海道漕运事务，官至盐运使，其间曾任江苏松江知府，因得罪上僚被劾罢官。此后即寓居苏州，读书著述。他的隶书将汉碑的方正严密通过迅速地运笔，被人称为用草法写隶书，行书也风格鲜明，俊逸飞动，一同于隶。声誉远播及日本，世称“杨隶”，据载吴昌硕曾随俞樾在苏结识杨岘，从其学艺。他当时已是一位古稀老人。

一位是郑文焯（1856—1918），字俊臣，号叔问、小坡、大鹤山人，又号冷红词客。奉天铁岭（今辽宁）人，属汉军正黄旗，自称原籍山东高密。光绪元年（1875）举人，曾任内阁中书，后旅居苏州，入江苏巡抚吴元炳幕。在苏州居住四十余年，历任巡抚十九人都礼聘郑文焯为上客。他善为词，工尺牍，擅长金石、书法、医方、经籍、版本、古器、音律。其词“体洁旨远，句妍韵美”，倍受世人推重。辛亥革命后，不受清史馆、北京大学之聘，行医作书画自给。1918 年 2 月，逝世于苏州，平生金石文字之友康有为来吊，为作墓表，葬于光福梓里。其词集有《瘦碧词》《冷红词》《比作余音》《苕雅余集》，著作尚有《古玉图考补证》《大鹤山房全集》等。

一位是陆廉夫（1851—1920），原名友恢，一名恢、友奎，以字行，号狷庵、狷叟、廉道人，别署破佛庵主人、话雨楼主、客膝轩主人、寡癖居士等。吴江同里镇人，清末定居苏州河沿街。年少时，从同邑画家刘德六习翎毛花果，从陶焘（字诒荪）学山水画，刘、陶均为名家。一次偶游僧寺，见十八应真相，叹为观止，遂一一临摹，反复研究，悟得人物画开相、衣褶线条等画法。其书法初习唐颜真卿、柳公权，后专注汉隶。居苏州后，从学者数十人，其中沈塘、宗履谷、顾墨畦、樊少云、陈摩、黄裳吉为“陆门六大弟子”。入湖南巡抚吴大澂幕，得观吴大澂所藏字画、铜器、秦汉钤印、碑文法帖等；又经历三湘、辽东，见多识广，艺事大进，曾作《衡山纪游》八幅，为平生杰作；光绪二十二年（1896），张之洞任两江总督，集海内名画家补绘王元恽所进《承华事略》，委托陆总管其事。事毕返苏，潜心绘事。后去上海，于光绪二十六年（1900）参加“上海书画研究会”。陆廉夫工书善画，又能鉴定古代书画，一生考证金石文字三十年，作书画不下数千种，出版有《陆廉夫画册精品》等十余种。

光绪二十八年（1902），吴大澂辞世，顾鹤逸接任怡园画社第二任社长。之后，一方面时局动荡，一方面因胡三桥、顾沄、吴大澂、费念慈相继故世，王同愈赴京为官，金心兰年老退隐，吴昌硕等多位画家移居上海，鹤逸又中风，画社及雅集活动渐渐淡出，辛亥革命前后几年时断时续。如 1917 年夏怡园雅集相聚，吴昌硕见陈摩一幅清新淡雅的水仙作品后，赞叹不已，题写："伽龕（陈摩）此作古简幽穆，如湘妃比肩，如巢父洗耳……读罢钦佩久之。丁巳四月维夏安吉吴昌硕时年七十有四"。那年陈摩三十一岁，尚是小字辈。"如湘妃比肩"是形容像湘妃一样美丽，"如巢父洗耳"是说常居树巢的上古高士巢父听许由说，尧要传位于他，不愿听，便到水边洗耳，意谓不近尘俗。陈摩后来成为苏州画坛的重要画家，曾长期在苏州工专、公立苏州第一中学任图画教员，与徐悲鸿、吴子深、吴待秋结冷红画社、桃坞画社，吴作人、张辛稼为其入室弟子。

吴大澂与王同愈
——苏州书画百年史（二）

吴大澂像

吴大澂故居，今苏州凤凰街 139 号

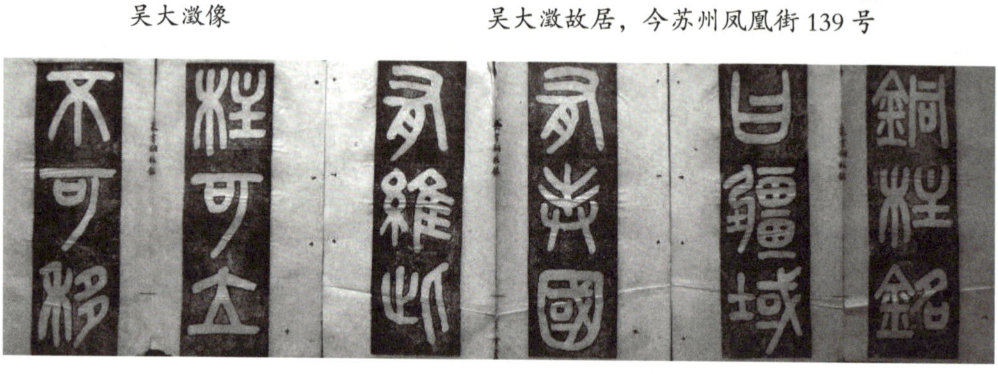

铜柱铭曰：疆域有表国有维　此柱可立不可移

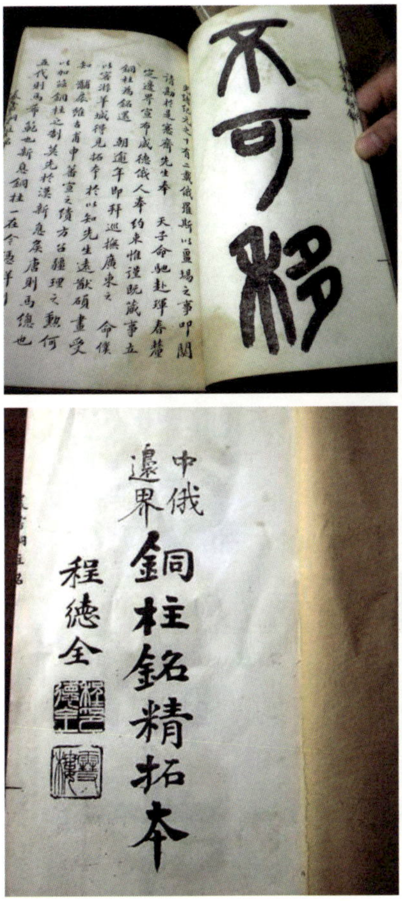

《铜柱铭精拓本》

吴大澂山水作品

左为王同愈[1]绘《黄公望像》，题曰：“少举神童，博宗群艺，善写山水，法篆通隶。”
右为王同愈创办的长元吴公立高等小学堂（今苏州市草桥实验小学）

怡园画社老照片

研究怡园画社，首先应该讲吴门画派。清末的怡园画社无论从艺术、学术的发展，还是人才质量、数量，无疑是吴门画派的延续和又一次高潮。笔者在本书将要完成时，意外从侄子、苏州名人馆高翔处获得拍卖场上一份吴湖帆先生致叶恭绰[2]先生的信札影印件，这页信札将我们带到20世纪30年代初，当时有一个赴德国柏林的中国美术展览会，筹备委员会的主席是蔡元培[3]，副主席是叶恭绰。从信札的内容看，美术理论家滕固[4]先生负责拟《历代画家系统标准画表目录》，吴湖帆先生作为画家和美术鉴赏家负责遴选画作，涉及中国美术史上谁是清末最后一位画家，有不同看法。在滕固所拟的名单上是吴昌硕，吴湖帆则有不同看法，他说，以直接董其昌、"四王"一脉下来，至汤贻芬、戴熙为关键（按：汤贻芬、戴熙，均为清代著名画家，前者于太平天国克金陵时殉清廷而死，后者于太平天国克杭州时死于兵乱），从"专门画家方面观之"，"画苑柱石""以顾鹤逸为断"比较合适。叶恭绰看来是主持这项工作的，所以信是写给他的。该信札无日期，我们也无从查到滕固先生所拟稿，又不知争论的结果，此信札尚待考证。但说明，创新与坚守都无可或缺，吴昌硕即使是创新，也有坚守，顾鹤逸即使是坚守，也不保守。坚守、创新，兼而有之，才是文化。若无坚守，何来传统？创新便成无源之水。据说1933年11月14日，由刘海粟领队启程赴柏林，12月8日抵达，翌年1月在柏林普鲁士美术院正式开幕。当时，吴昌硕、顾鹤逸归西已多年。笔者无意评判二者在美术史上的地位，只是觉得他们都是怡园画社的人，以证怡园画社在中国近代美术史上的地位。

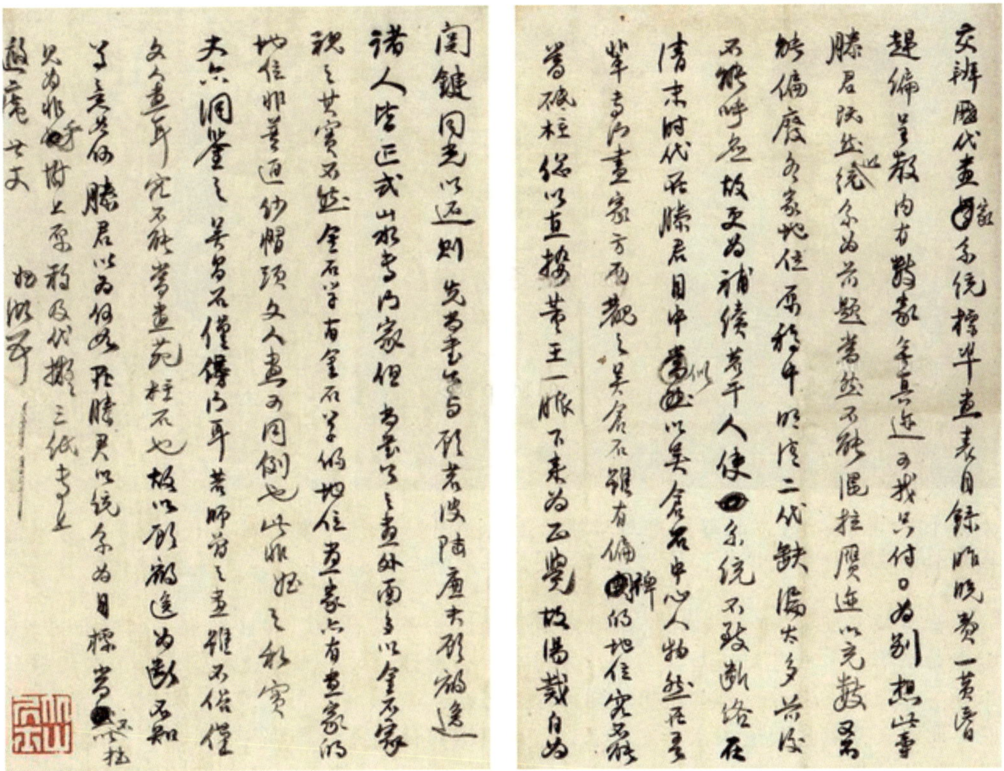

吴湖帆致叶恭绰信札　纸本　镜片　民间寻访

信札全文如下：

交辨《历代画家系统标准画表目录》，昨晚费一黄昏赶编，呈教。内有数家无真迹可找，只付零，为别想。此事滕君既然以统系为前题（提），当然不能混拉赝迹以充数，又不能偏废各家地位。原稿中明清二代缺漏太多，前后不能呼应，故更为补续若干人，使系统不致断络在清末时代。在滕君目中似以吴仓石（吴昌硕，字仓石）中心人物，然在吾辈专门画家方面观之，吴仓石虽有偏裨的地位，究不能当砥柱。总以直接董、王（按：董其昌、“四王”）一脉下来为正觉。故汤、戴（按：汤贻芬、戴熙）自为关键。同光以还则先尚书公（吴大澂）与顾若波、陆廉夫、顾鹤逸诸人皆正式山水专门家，但尚书公之画，外面多以金石家视之，其实不然。金石学有金石学的地位，画家亦有画家的地位，非普通纱帽头文人画可同例也。此非侄之私，实丈亦洞鉴之。吴昌石（硕）仅傍门耳。若师曾（按：陈师曾，又名衡恪，著名画家，艺术教育家、诗人）之画，虽不俗，仅文人画耳，究不能当画苑柱石也。故以顾鹤逸为断，不知尊意如何？滕君以为何如？在滕君以统系为目标，当不以拙见为非乎。

附上原稿及代拟三纸专上。

遐庵（叶恭绰）世丈。

侄湖顿首

左为1923年秋，55岁的蔡元培与毕业于上海爱国女校、31岁的周峻（养浩）在苏州留园寒碧山庄举行新式婚礼，传为佳话。图为他们的合影。

蔡元培日记："午后三时，往周宅所寓之惠中旅馆亲迎，即回留园。四时行婚礼。偕新妇摄影后，回苏州饭店。易衣，复偕新妇诣留园。……客座设礼堂。音乐队间隙奏乐。有客来要求演讲，因至礼堂说此次订婚之经过。"

北京大学教授胡适从京华发来贺信，同时建议他们夫妇在举行婚礼时，发起成立抢救和保护"保圣寺唐塑基金"组织，以作为新婚纪念。蔡元培、周峻当场捐了一百银元。蔡元培夫妇关注和支持苏州角直保圣寺罗汉的抢救，使珍贵文物得以保存，也传为佳话。

右为张大千、叶恭绰在网师园与"虎儿"。

叶恭绰的远祖、南宋时的政治家、文学家叶梦得，吴中凤池乡人士。上世纪30年代，叶恭绰寓居苏州，购买宣统时任奥地利使馆参赞汪甘卿的东美巷16号，构筑凤池精舍。1937年"八一三"前夕，特请好友吴湖帆绘制《凤池精舍图》手卷。叶恭绰寓居苏州期间，曾主持角直保圣寺罗汉修复的设计和施工。叶恭绰精于收藏，其成就莫过于护卫现藏于台北"故宫博物院"的毛公鼎。1946年10月，捐献给"中央博物馆"。

注：

1. 王同愈（1856—1941），字文若，号胜之，江苏元和县（今苏州）人，晚清民国间著名学者、藏书家、书画家。他还是一位教育家、新学先驱。热心兴办新学，光绪三十二年（1906）创办江苏学务公所，牵头创办苏州公立中学堂、小学堂、师范传习所、商业学堂、半日学堂等，是苏州创办新学的先行者，可称“苏州公立新学第一人”。辛亥革命后，退隐上海。著有《栩缘日记》《栩缘随笔》《栩缘诗文集》。

2. 叶恭绰（1881—1968），字裕甫，又字誉虎，号遐庵，晚年别署矩园。广东番禺人，祖籍浙江余姚。早年毕业于京师大学堂仕学馆，后留学日本，加入孙中山领导的同盟会。曾任北洋政府交通总长、孙中山广州国民政府财政部长、南京国民政府铁道部长。1927 年出任北京大学国学馆馆长。新中国成立后，任中央文史馆副馆长、第二届全国政协常委。诗文、考古、书画、鉴赏无不精湛。

3. 蔡元培（1868—1940），字鹤卿，浙江绍兴人，革命家、教育家、政治家。民主进步人士，国民政府委员兼监察院院长。中华民国首任教育总长，1916 年至 1927 年任北京大学校长。1928 年至 1940 年专任中央研究院院长。

4. 滕固（1901—1941），字若渠，江苏宝山县月浦（今上海）人，美术理论家，善诗词书法，早年毕业于上海美术专科学校，留学日本，攻读文学和艺术史，后又赴德国柏林大学留学，获美术史学博士学位。曾任行政院参事兼中央文物保管委员会常务委员、重庆中央大学教授等职务。

鹤逸避“康”

鹤逸的性格与其祖父文彬相比，可能更容易被人视为“清高”，其实不然，只是他始终把自己摆在“画画人”和“读书人”的位置，有独立人格。从他不愿与康有为谋面可窥一斑。

时空回到光绪二十四年（1898），戊戌变法失败，这场改革只持续了一百零三天，史称“百日维新”。慈禧太后突然从颐和园赶回紫禁城，将光绪皇帝囚禁于中南海瀛台，下诏临朝训政。戊戌六君子谭嗣同等慷慨赴死，血溅北京菜市口；同时通缉在逃的康有为、梁启超等人。

昏聩无知的叶赫那拉老太太，又搞出一幕闹剧，发动“刀枪不入”“扶清灭洋”的义和团，向列强宣战，事态就更不堪设想。光绪二十六年（1900）七月二十一日，八国联军占领北京，奸淫烧杀，纵火焚颐和园。慈禧及光绪帝出奔山西，命两广总督李鸿章任直隶总督北洋大臣，与广亲王奕劻并为全权大臣议和。八国联军统帅德将瓦德西遣军陷保定，慈禧由山西再奔陕西，驻西安，每日听戏不辍。俄军趁乱陷瑷珲、哈尔滨、齐齐哈尔、奉天，残杀海兰泡屯兵及居民男女数万人，悉沉于黑龙江。翌年，奕劻、李鸿章与十一国公使签和约12条《辛丑和约》。光绪三十年（1904），日俄两个帝国主义竟在我东北大打出手，“日俄战争”爆发，结果日本人又得到了南满铁路和旅顺、大连的租借权。

大清王朝气数已尽，袁世凯在天津小站以区区七千人的新建陆军，以及兴建新式学堂和发展实业，挤入大清帝国的政治心脏。孙中山，立志救国的新知识分子，从兴中会到同盟会，誓约“驱逐鞑虏，恢复中华，创立民国，平均地权”，革命党自是始提出推翻专制的口号。两个纵横于体制内外的重要人物，共同终结了晚清的残局。袁氏签订日本提出的《二十一条》，称帝八十三天，是后人对他诟病最多的两件事。

康有为逃亡香港，然后在十六年间游历世界三十余个国家和地区，1913年回国后，他一直谋划清废帝溥仪复辟。1917年康有为与效忠前清的北洋军阀张勋复辟，拥立溥仪回宫，结果在当时北洋军阀政府总理段祺瑞的讨伐下宣告失败。一度再遭通缉，之后落魄上海，隐居茅山，游玩苏杭。

1920年至1921年间，江浙处军阀割据、列强蹂躏中，康有为多次从上海来苏州踏山访水，曾下榻在好友、清末外交官汪甘卿的东美巷16号，汪甘卿在清廷退位后，不再出仕。康有为于1920年庚申二月廿五日，来苏州游寒山寺时题诗：“钟声已渡海云东，冷尽寒山古寺风。勿使丰干又饶舌[1]，化人再到不空空。”现存手书碑，碑廊内与俞樾手书碑相对而立。他写诗感慨，明代日本浪人骚扰我国沿海，寒山寺古钟被抢掠而去。

唐代诗人张继留下的《枫桥夜泊》诗成千古绝唱，寒山寺的钟声为人们所倾倒。古寺始建于南朝，按照佛规，晨钟暮鼓，有寺必有钟。张继于姑苏夜半听过的有一千三百余年高寿的那口钟，历代探讨其下落的学者颇多，但至今是一个谜。康氏诗中所言是一说。当时有日本人也这样认为，有一位山田和尚，在日本到处奔波，寻找寒山寺古钟的下落，日本民间友好人士就集资募铸仿唐式青铜乳头钟一口，于 1906 年渡海相赠寒山寺，上面有伊藤博文[2]写的铭文。

据苏州地方古籍《百城烟水》记载：“明嘉靖间，僧本寂铸钟建楼，钟遇倭变，销为炮。”这是说，明嘉靖时，在本寂禅师主持下，重新建楼铸钟，唐伯虎写有《钟疏》记载化缘募钟的始末，但这是明代的钟，即“钟遇倭变，销为炮”。清光绪三十二年（1906）江苏巡抚陈夔龙重修寺庙，又铸一口大钟，这就是现悬于八角钟楼上的那口，还有一口即前述日本人士所赠，由小林诚义等日本工匠所铸一对，一口悬于日本馆山寺，一口现悬于寒山寺。寒山寺于清末曾两次重修，陈夔龙之后，继任的程德全于宣统二年（1910）六月初十给盛宣怀、张之洞、张謇等人写劝募信，翌年决定续加修建，“以复旧观”。

左为 1979 年首届迎新年寒山寺听钟声活动
右为 2000 年 12 月第二十二届迎新年寒山寺听钟声活动，台上右二为日本池田市日中友协会长藤尾昭

寒山寺钟声一百零八响

紫金庵壁画“寒山问拾得”亚明作

改革开放后，一位曾是日本侵华驻苏老兵的滕尾昭先生，退休后在日本池田市日中友好协会工作，1979 年他倡议和牵线，苏州举行首届迎新年寒山寺听钟声活动。每年阳历岁尾，赴寒山寺静候元旦钟声一百零八响。夜半钟声俗称“分夜钟”，是日深夜 23 点 40 分开始撞钟，当钟撞到一百零八响时，恰好子夜 0 点，新的一年到了。钟声之数取法于念珠，念珠也称佛珠，以一百零八颗为上品，故不论撞钟一百零八响，还是念经文一百零八遍，都表示无比虔诚，祈祷平安，祛除烦恼，积善积德。一批批日本朋友蜂拥而至，增进友好往来，至今已办三十八届，其中 1987 年前来的日本友人达一千六百余人，苏州市最早与日本的金泽市、池田市结为友好城市。后又吸引当地市民、国内游客参加，吉祥的钟声名扬天下。

1921 年重九后一日，康有为因仰慕过云楼，欲登门拜访。汪甘卿与鹤逸既是世交又是姻亲，从中穿针引线，鹤逸却以身体不适为由婉谢，这一年康有为六十三岁，鹤逸五十六岁。康有为大名鼎鼎，学问、书法当然也是一流的，故并未退步，回上海后挥毫书写袖诗一首《怀顾君鹤逸》：“海内于今有虎头，画师樗散挹浮邱。闭门高谢人间世，聊写丹青作卧游。”将诗笺交给汪甘卿，嘱托他交给鹤逸。康有为明白鹤逸并非完全是健康原因，因此显得尴尬，于是同年冬至前三日，又挥毫重新书写《怀顾君鹤逸》，诗中改四字，“高谢人间世”改为“高卧谢尘世”，“丹青作卧游”改为“丹青当卧游”，并用小字加注“重九后一日拟访，而闻有病。近想安吉，诗以讯之。辛酉冬至前三日”。康有为附上名片，寄给苏州汪甘卿，再次托他交给鹤逸。汪甘卿第二天收到康氏的信，马上提笔写信给鹤逸，信中说，康氏特意又寄了一封信过来，内容与第一封信一致，只是多加了一行小字，他将康氏的住址写在信中，恳切希望鹤逸能前去与康氏一见。

康氏一次欲登门，两次致信赠诗，顾氏一次婉谢，两次石沉大海，连外交官出身的汪甘卿也束手无策。鹤逸没有前去赴约，晚年他确实中风过，甚至自己开药方医治。那时他有一方闲章就镌“病鹤”二字，闭门不出，谢绝人事。他的思想总跟不上那些叱咤风云的人物，不明白这位“康圣人”怎么一会儿变法，一会儿又保皇了呢？不知道话该怎么说。

康有为照

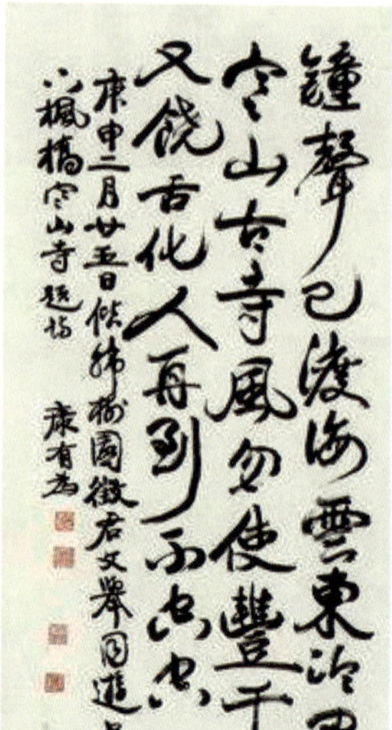

寒山寺康有为《钟声已渡碑》帖

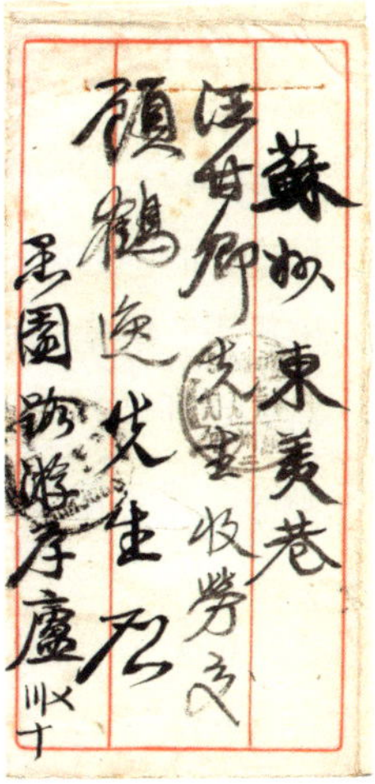

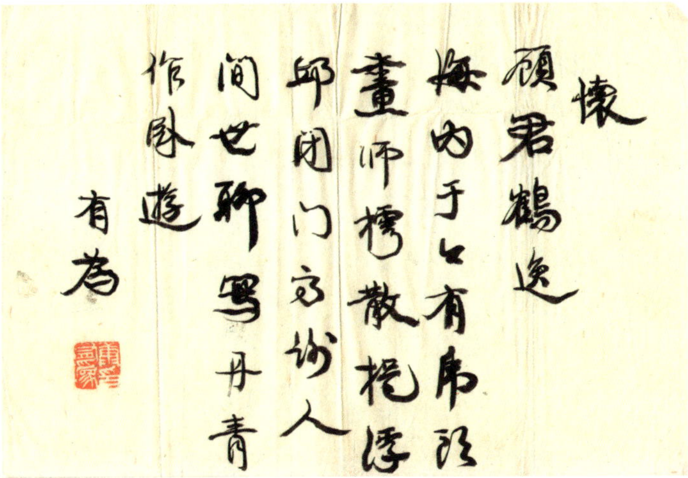

康有为诗赠鹤逸先生第一封信

信封与名片

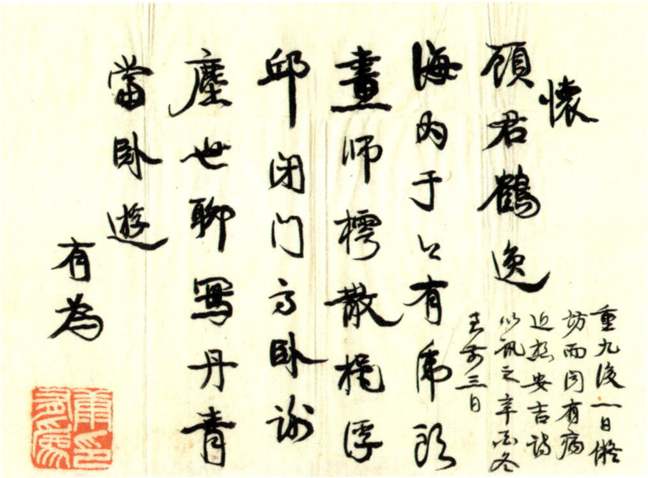

康有为诗赠鹤逸先生第二封信

顾笃璜提供

康有为1927年去世于青岛，去世前半个月曾庆祝古稀大寿。章太炎撰一联曰：“国之将亡必有；老而不死是为。”上联取《中庸》的“国之将亡必有妖孽”一语，下联则由“老而不死是为贼人”所摘得。明嵌“有为”二字，而暗括“妖孽”“贼人”，章氏所不屑的是康氏鼓吹保皇维新。康氏倡导晚清维新运动时，体现了历史前进的方向，但后来，沦为复辟帝制及反对民主革命的保皇会首领。

俞樾的弟子、著名思想家章太炎[3]，光绪二十七年（1901）春来到苏州，受聘于东吴大学执教，“以种族大义训迪诸生”。章太炎早期赞同变法，而不同于康梁，没有人能够不为他的雄文硕学和凛然激昂的气节所折服。清廷惧怕他的影响力，两年后，当他三十六岁的时候，因所谓“《苏报》案”将他下狱。案由是他在《苏报》上的《驳康有为论革命书》（为邹容的《革命军》作序）一文中，有“载湉小丑，未辨菽麦”的语句，载湉是光绪帝的名讳，清廷以大逆不道罪将他告上上海租界的法庭。最后还处以三年徒刑，关在上海西牢，罚做裁缝之事。一起被关押的有写《革命军》的邹容，罚做苦力，不及刑满，便瘐死狱中。

光绪三十二年（1906），章太炎出狱，孙中山派人迎至日本，成为《民报》的主角。他在日本开办了“国学振起社”，这一年秋开始，延续到1909年，鲁迅、周作人、钱玄同、沈兼士、马幼渔、朱希祖、许寿裳等，都曾前往听讲。后为反对袁世凯阴谋称帝，章太炎只身到北京，被袁世凯禁锢。于1913年8月至1915年6月，先后在禁处共和党总部、龙泉寺和钱粮胡同开办章氏国学讲习会。听讲者一百余人，大都是北京各大学教员。章太炎倡扬国学，是要激发起国人的民族感情和精神。晚年的章太炎先生在苏州的讲学活动，一直持续到1936年6月14日病逝为止。

1911年10月10日辛亥革命爆发。11月5日，位于三元坊书院巷的江苏巡抚衙门，门前挂上了“中华民国军政府江苏都督府”的巨型木牌，江苏巡抚程德全被公推为江苏都督。苏州光复兵不血刃，程德全命人用竹竿挑去了巡抚衙门大堂上的几片檐瓦，以示革命。

民国元年（1912）1月，中华民国南京临时政府成立，临时大总统孙中山任命程德全为内务总长，程称病不出，与章太炎、张謇等先后组织中华民国联合会、统一党、共和党。同年4月，袁世凯任临时大总统后，复令他任江苏总督。因程德全周旋于袁世凯与革命党之间，为上海革命党所不容。革命党派遣柳伯英[4]等到苏州组织“洗程会”，被他破获，柳逃往上海，又随孙中山东渡日本，“洗程会”蒯氏兄弟等四人被他诛杀。

形势变幻多端，但总体上正如生长于苏州、复旦大学著名教授郭绍虞（1893—1984）晚年回忆：“我的童年是在苏州度过的，刚懂事就听大人们议论戊戌变法失败，谭嗣同等六君子被杀，康有为、梁启超出逃，等等。变法虽然失败了，但各种变法图存，改革社会的新思想是封锁不住的。苏州更是得风气之先，废私塾、办学校、开工厂、兴教育。”

新思想如潮水涌来，形成大趋势，鹤逸先生不是弄潮儿，但终究是一位开明者。辛亥革命前夕，他让六七岁的幼子公硕师从曾留学日本、归国后即鼓吹革命的朱梁任，从识字开始便耳濡目染新思想。也许他认为康氏谋划的复辟之举，并不利于多灾多难的祖国，与之没有多少共同语言，不愿意交往，他是一个极重气节的人，于是，康氏吃了一个闭门羹。

左为章太炎（前）迁居苏州后，与家人合影，
前左一为夫人汤国梨
右为朱梁任[5]

左为宣统元年（1909）11月13日，陈去病、柳亚子、朱梁任等十七人聚会于苏州虎丘山塘张国维祠，正式成立反清文学团体南社。图中坐者左起第三人为柳亚子，立者左起第三人为陈去病。
右为张国维祠。张国维，明末曾任应天巡抚，抗清兵败后赴水死。

苏州于辛亥革命前，宣统元年（1909）入冬，诞生了中国近代史上第一个革命文学团体——南社。陈去病[6]、柳亚子[7]、朱梁任等十七位爱国志士聚会雅集苏州虎丘山张公（国维）祠，其中十四人是中国同盟会会员，赋诗言志，慷慨悲歌。在列强瓜分张牙舞爪的年代，陈去病以霍去病“匈奴未灭，何以家为”，宣布改名为陈去病，以名大志；柳亚子效仿辛弃疾，改名为柳弃疾。陈、柳与毕业于苏州府中学堂（正谊书院）、时识孙中山、曾是同盟会首批会员及江苏分会长的高旭三人组合发起，同创南社。南社的首次雅集“操南音不忘本”。

吴湖帆于1945年重绘的《秋夜草疏图》局部

辛亥革命前夕，江苏巡抚程德全、立宪派首领张謇等曾在苏州向清廷上书，提出“解除亲贵内阁”“下罪己诏”“提前宣布宪法”的要求。奏疏实质上已超出君臣间的规范，被视为江苏响应辛亥革命的先声。奏疏原稿由参与起草的杨廷栋保存，1921年春，杨请28岁的画家吴湖帆画了当年在惟盈旅社（惟盈是英文Village inn的音译，意即乡村小旅馆，其址在今苏州钱万里桥南堍广济路）漏夜草疏的情形，并遍征国内名流和苏省前辈题字后集合成卷。包括由张謇、杨廷栋、雷奋轮流执笔，程德全署名的奏疏草稿；程德全、张謇和张一麐致袁世凯的两封未发信；吴湖帆绘《秋夜草疏图》一幅；梁启超、孙宝琦、叶恭绰等十九位名人题写的诗跋。

左为江苏巡抚衙门旧址，今苏州卫生职业技术学院
右为上世纪初在北寺塔大雄宝殿上俯瞰古城雪景

新事物层出不穷，光绪二十九年（1903），湖南人马伯亥在苏州创办电话局，局址在阊门内下塘街泰伯庙内，名苏州德律风公司。开始是24门磁式交换机1部，后来一批电话用户有江苏巡抚衙门、藩臬两司、织造府、苏州府、总捕房等99个中上衙门以及苏州商务总会、电报局等。私人电话只有天库前盛宣怀一家。电话为手摇壁机，用户不编号，通话时只报对方户名即可接通。规定通话时间为上午7点至下午7点，无夜间值班。光绪三十一年（1905），苏州创办官办电话，定名为苏州电话局，总局在金狮河沿吕公桥，称“西局”。光绪三十二年（1906），怡和商行买办蒉梅贤独自投资，委其族人蒉敏伯来苏创办“生生电灯公司”，厂址在南浩街爱河桥畔。五年后，振兴电灯公司在全城安装电灯1944盏，这是苏州最早以电灯为光源的路灯，原来路灯先后用过蜡烛、灯草豆油灯、煤油灯为光源，由专人于夜晚点燃，黎明吹灭。

注：

1.“丰干饶舌”传说：唐贞观年间，浙江国清寺的住持名叫丰干禅师，一次云游领回一孩子，僧人们便称他为“拾得”。拾得每次干活总将一些剩饭剩菜包好，放在一个竹篓里，送给隐在山顶寒岩的“寒山”。台州刺史名叫闾丘胤，初来台州时，路上突患头痛，正好遇上丰干自天台山外出游归来，丰干立即治好了他的头痛，闾丘胤问：“天台山有什么高贤吗？”丰干说出寒山、拾得是文殊菩萨与普贤菩萨的化身。后闾丘胤来到国清寺，先求见丰干，丰干不在。又去见寒山、拾得，上前施礼，说明来意，寒山、拾得大声喝道：“丰干多嘴多舌，把我们说出来干什么！你这个人也是，遇上了阿弥陀佛都不知道，还来找我们干什么？”说罢，二人抚掌大笑，牵手走进山林深处。从此，天台山再没见到寒山、拾得，丰干也不见了踪影。

在江浙一带，寒山、拾得与丰干的故事几乎是家喻户晓。人们相信，他们就是三位菩萨的化身。

历史上的寒山、拾得是佛学史上的著名诗僧，后人曾将他们的诗汇编成《寒山子集》三卷。这两位继丰干以后的唐代高僧，于唐贞观年间由天台山至始建于梁天监年间的苏州妙利普明塔院任住持，此院遂改名为闻名中外的苏州寒山寺。民间珍视他俩情同手足的情谊，把他俩推崇为和睦友爱的爱神。至清雍正皇帝封寒山为“和圣”、拾得为“合圣”，“和合二仙”从此名扬天下。

现代著名画家亚明在苏州东山紫金庵画“寒山问拾得”壁画：“寒山问拾得：‘世间有谤我、欺我、辱我、笑我、轻我、贱我、骗我，如何处之乎？’拾得笑曰：‘只要忍他、让他、避他、由他、耐他、敬他、不要理他，再过几年，你且看他。’寒山问拾得语　亚明作　时年七十有七。”

2. 伊藤博文（1841—1909），日本政治家，1863年留学英国学习海军，曾草拟明治宪法，组织两院制议会，日本首任内阁首相、枢密院议长。1894年派兵中国，1898年9月曾来中国，维新派欲请其赞助新政，戊戌政变猝发离去。1909年10月26日在中国东北哈尔滨火车站被朝鲜爱国者安重根刺死。

3. 章太炎（1869—1936），初名学乘，字枚叔，后易名炳麟。因崇拜顾炎武改名绛，改号太炎，浙江余杭人。早年入杭州诂经精舍，从学俞樾。光绪二十三年（1897）任《时务报》撰述，维新运动失败后流亡日本，剪发辫立志革命。上世纪30年代初，在苏州大公园图书馆、沧浪亭及无锡国学专修学校演讲二十余次，1934年定居苏州。在苏设立“章氏国学讲习会”，虽重病在身，亦不废讲论。1935年，国民政府最高人物蒋介石派员到苏州看望章氏，“致万金为疗疾之费”，太炎先生将此款悉数移作讲习会之用。晚年多次通电呼吁抵抗日本侵略，高度评价爱国抗日军队和爱国学生请愿抗日。

4. 柳伯英（1884—1926），字成烈，早年毕业于江苏师范学堂，毕业后在本校任职，后东渡日本，其间认识孙中山，加入同盟会。1921年至苏，为掩护革命党活动，接任苏州私立中华体育专门学校校长等职。国共合作北伐时，他与中共苏州独立支部书记、国民党苏州市党部常务执委汪伯乐因秘密准备军事策划事泄，1926年12月16日惨遭军阀杀害于南京（《苏州市志》1995年版）。

5. 朱梁任（1873—1932），名锡梁，以字行，苏州人。光绪二十九年（1903）官府为慈禧太后寿辰举行庆典，朱却白衣白冠前去哭吊，被执而抗辩不屈。宣统元年（1909）参加南社，辛亥革命后去广东参加革命活动，又先后任东南大学、苏州美专教授。1932年与子世隆去甪直参加唐塑罗汉馆的开幕典礼，中途舟覆，父子一同死难。陈去病、柳亚子为之治丧，后金松岑作《五奇人传》，朱是其一。顾公硕遗稿中有深表哀悼的文字。

6. 陈去病（1874—1933），原名庆林，字佩忍，别号垂虹亭长，苏州吴江同里镇人。早年在乡里组织“雪耻学会”，响应康、梁变法，后留学日本，逐步走上革命道路，成为南社中坚、辛亥革命时期的风云人物。武昌起义枪响，在苏州创办《大汉报》，后赴粤追随孙中山，1922 年孙中山在韶关誓师北伐时就任大本营宣传主任。病逝后，南社同仁把他的遗体安葬在苏州虎丘山麓。

7. 柳亚子（1887—1958），原名慰高，字安如，后改名柳弃疾，字亚子。1906 年加入中国同盟会和光复会，编辑《复报》，鼓吹反清革命。南社主将，其书斋磨剑室是南社的司令部。辛亥革命后，对袁世凯的阴谋口诛笔伐。抗战胜利后，在香港发起组织中国国民党革命委员会，任秘书长。新中国诞生后，当选为中央人民政府委员和全国人大常务委员会委员。诗人，被郭沫若誉为“今屈原”。苏州吴江黎里镇有其故居。

“守株待兔”

随着文彬的谢世，鹤逸的身份也从祖父的官宦转为画家。没有官宦的俸禄支持收藏，除了田亩和酱园经营外，其收藏字画、典籍的经济来源少不了由作画所售和收藏的“推陈出新”来支撑。那时书画销售由扇庄代理，挂块润格的牌子，生意做成，扇庄从中提成。起初鹤逸并不想卖自己的画，但是应付不了友人求画，中年后听从朋友建议，订立润格，定了一个与同辈画家画酬十倍至五十倍的天价，意在使求画者却步。谁知，求画者偏偏大增，就像当今购房买涨不买跌似的。多者要三年后才能交画，而且一时仿冒他的也多，鹤逸苦不堪言，年届六旬便封笔。

其实，人生和艺术的道路从来不平坦，假如鹤逸先生不卖自己的画，过云楼如何支撑？又怎么延续？更不用说一个大家庭的生存。鹤逸先生的画属坚守派，可与“四王”中的王原祁、王翚的画相媲美，怡园画社前后，他的画声誉好，卖得相当不错，故邻近城市画家视若偶像，慕名而来。但到了晚年，沪上海派崛起，情况就发生了变化，别人认为他画“四王”的画，是保守派。实际上他的艺术观点并不保守，他指点吴昌硕改画“八大山人”一路，甚至鼓励颜文樑学西画。年届六十封笔，也是心情不好，很苦闷。追求时髦的画家，画笔恣肆，高谈宋元大家，轻视“四王”、吴恽，甚至制造赝品，博取高额酬金，他肯定看不惯。吴昌硕、吴湖帆劝他去上海，他不去，他要坚守。晚年他与外界交往不多，最终孤寂离世。

笔者与顾笃璜先生开玩笑，他在昆曲上与他祖父在绘画上的艺术观点相似，历史往往是重演的。其实，顾笃璜在昆曲艺术上的观点也不保守，无非晚年顿悟，要昆曲姓昆罢了，这是后话。

鹤逸与祖父的广游经历又不同，他的收藏特点是守株待兔式，主要藏品来源多在苏州本地，由各家门人和古董掮客代办。鹤逸好友孙伯渊，年轻能干，是过云楼的西席，有眼力，专管鉴定、收购事宜，主要是初选和议价，二人有着深厚的友情，后来他也成了收藏家。鹤逸收藏的眼界与祖父、父亲相仿，凡稀世之宝志在必得，议价时不过分斤斤计较，显得诚信、大气，又有行家里手孙伯渊帮衬，因此，社会上一出现书画、古籍上品，过云楼常常近水楼台先得月。之后的西席是周乔年，画壁画的能工巧匠，在过云楼的熏陶下，后来成了文人画家。

辛亥革命后，12 月 2 日，苏浙沪联军克复南京，清政府顽固分子狼狈逃离，从苏州搬过去的军政府开始在南京运作，从此，苏州不再是省城，在苏候补官员纷纷回籍。民国元年（1912），废除了苏州府，长洲、元和两县并入吴县，苏州成为吴县县城。富有之家大都迁往上海租界，造成古城人口锐减、经济萧条，古董商、旧书店更是进多出少。这样就给顾氏扩大收藏创造了有利条件。鹤逸还喜收录金石、碑版、印玺等，据说其中所藏宋拓《瘗鹤铭》鹤寿本，著称于世。

《瘗鹤铭》，是位于江苏镇江焦山长江边断崖上的摩崖石刻。瘗，掩埋、埋葬。一位书法家养的鹤死了，埋了，并写了铭文。中唐以后始有著录，后遭雷击崩落长江中，北宋年间先后打捞出五块断石，拼合正好是失传已久的《瘗鹤铭》。谁知到了明洪武年间，这五块断石复又坠江。清康熙五十二年（1713），闲居镇江的苏州知府陈鹏年[1]，曾募工打捞，终于在焦山下游三里处，又将这五块残石捞了出来。1960年合五石为一，砌入壁间。

改革开放后，又有数次打捞，有一些新发现。笔者2008年曾随苏州市政协在镇江考察时顺访过残碑，2010年在江苏省委党校学习时，班上有位同学是镇江市委宣传部长，听他说，打捞考古仍断断续续进行，据说碑上已增至九十三字。历代文人考证，《瘗鹤铭》原文在一百六十字左右，署名为“华阳真逸撰，上皇山樵正书”，这是一个千古之谜。自《瘗鹤铭》最初发现起，受到历代书家的高度评价，如黄庭坚认其为“大字之祖”，作诗说“大字无过瘗鹤铭”。但此铭何人所书历来都有争议，有说南朝梁时人称“山中宰相”、道教茅山宗上流派的奠基人陶弘景，也有说东晋王羲之，还有说唐代王瓒、顾况等，在中国书法史上具有坐标意义。据张彦生《善本碑帖录》著录，《瘗鹤铭》的宋拓本，现北京故宫博物院有藏，共十五页，每页两字，纵24.5厘米，横14.6厘米。书法厚重高古，用笔奇峭飞逸，虽称楷书，略带隶书和行书意趣，显示出六朝时期的风韵，为隋唐以来的楷书风范。此为现存最早拓本，早拓本流传极少。

早在同治九年闰十月，在京候官的顾文彬曾在隶古斋取回旧拓《瘗鹤铭》一本，共有八十一个字。光绪元年三月，文彬在即将离开浙江任上时，又“以三十六元得宋拓颜平原忠义堂原刻《瘗鹤铭帖》单种一本，后有翁覃溪长跋”。不知过云楼藏宋拓《瘗鹤铭》鹤寿本是哪个版本？是文彬时收藏还是鹤逸时收藏？现又不知何处。

笔者请教顾笃璜，他说，只是听家里人说，因是家中收藏的一件大事，但他从未见过，也没研究过。顾笃璜也说不清是哪个版本，这也是一个谜。笔者仅在凤凰出版传媒集团出版的《过云楼藏书书目图录》中见清康熙五十三年（1714）松南书屋刻本——汪士鋐撰《瘗鹤铭考》，该刊刻精雅，经梁巘、沈树镛递藏，沈树镛批校并跋。其中瘗鹤铭图上刊刻五石并注：“此陈沧洲太守出自江中，现存之石，凡七十七字，又不全九字，其无字处以空石补之。”这是陈鹏年打捞后第二年的记载。

过云楼的书画典籍中的未解之谜，尚有新发现的经清初笪重光鉴藏的宋拓本《过云楼兰亭》。《兰亭序》向称“天下第一行书”，王羲之因此被公认为“书圣”，传说原迹随唐太宗陪葬昭陵。传世的《兰亭序》有临摹本和刻本，其中刻本中最为著名的就是《定武兰亭》。946年，北方辽南侵，后因中原民变兵起，不得已北归，刻石弃于河北定州，辗转中未知有意还是无意鑱损“湍带右流天”五字。于是，宋及宋以后以“湍带右流天”

五字定真伪。清代学者翁方纲又依据元黄石翁在《柯九思兰亭》后的题跋，以帖中十四行、十五行“趣舍”与“所遇”之下石有一裂纹，而且纹两边石有高低，拓墨因而浓淡有别这一点来判断，得出仅存《柯九思兰亭》《独孤兰亭》“一本半”为真定武，其余皆伪的结论。后者入元归鲜于枢，经独孤僧入赵孟頫手，入清此帖遇火烧残，今仅剩三残片。十六残行，计六十余字。《过云楼兰亭》拓本先后经沈揆、项元汴、吴用卿、笪重光、高士奇、顾文彬递藏，流传有序。拓本上留有沈揆、赵子琥、王孝迪、米芾、龚子敬、项子京、董其昌、张则之、曹溶、汪道贯、吴希元、笪重光、查士标、庄问生、沈荃、高士奇、罗天奇、吴云、钱棨溪、费念慈等鉴赏印。先后被《兰亭续考》《星凤楼帖》《四库全书》《江村书画目》《过云楼书画记》《中国书法全书》著录。它为卷轴装，全部拉开有五米长，定武佳刻之特征一应俱全，但“湍带右流天”五字未损（见本书下册 425 页）。（参考张之望、张嵋珥：《薛绍彭凿坏了〈定武兰亭〉原石？》，《姑苏晚报》2017 年 1 月 6 日 B04 版》）

鹤逸与著名学者及藏家缪荃孙[2]、傅增湘[3]、张元济[4]、章钰[5]、沈修、吴昌绶、朱祖谋及刘世珩、冒广生、曹元忠、费念慈、李嘉福、周星诒、庞元济、云间和尚等，都有友好往来。日本学者对中国文化的热衷由来已久，过云楼顺理成章成为他们的访问对象。画家山本由定、白须直和一些汉学家都曾渡海前来拜访。鹤逸却一向深居简出，从未回访日本，即使邀他去日本举办画展，也从未出席。陈从周的随笔《梓室余墨》云：“大村复经苏州，曾登过云楼，访顾鹤逸丈，盖鹤逸丈为名画家，而过云楼之珍藏，当时即可驾著名博物馆之上，日文书籍中屡屡述及之。”上世纪 20 年代初，顾颉刚呼吁发起抢

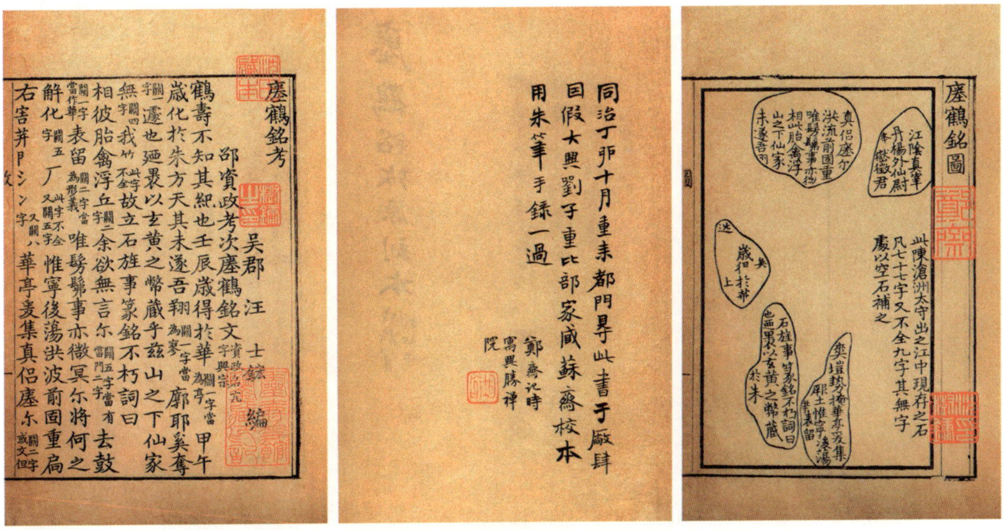

汪士鋐撰《瘞鹤铭考》，选自《过云楼藏书书目图录》

救苏州甪直“唐塑国宝”活动，日本美术史家大村西崖见到顾颉刚一系列文章后，1926年特地来华实地拍摄，回日本后出版了《吴郡奇迹·塑壁残影》。陈从周与过云楼后人是姻亲，故称“鹤逸丈”。1930年5月，鹤逸去世，日方还为他举行追悼会，特地到苏州取他的生活用品，陈列在追悼会上，可见他在日本文化界的影响和地位。

他接手过云楼后，如同皈依了佛门，一生潜心作画，直至终老，无论悲喜，持守书画典籍，无愧于祖宗和儿孙。有哲者说，人生可分为三层楼来分析，物质生活是第一层，精神生活是第二层，灵魂生活是第三层。物质生活是衣食，精神生活是艺术、文化，灵魂生活就是信仰、宗教。有些人一生都住在第一层，有些人最多到达第二层，还有些人从第二层可进入第三层，鹤逸先生便是从第二层进入第三层的人。

镇江焦山《瘗鹤铭》壁间合五石为一实景

《瘗鹤铭》局部

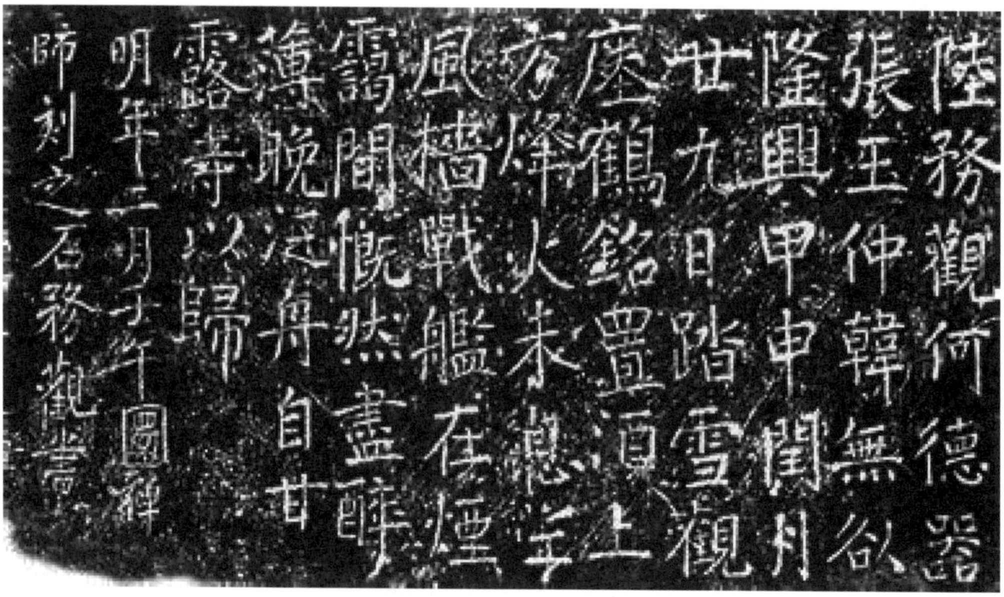

陆游踏雪观《瘗鹤铭》摩崖石刻

《瘗鹤铭》外景及打捞图

鹤逸身为传统文人，向来重视过云楼和怡园的风气。怡园地处闹市中心，那时凭一张名片即可进入游玩，没想到竟成为外来男女幽会之处，于是在一房子里供一块狐仙牌位，造成“怡园有狐仙”之说。游人有害怕心理，再也不敢做出格之事。

注：

1. 陈鹏年（1663—1723），字北溟，号沧州，湖南湘潭人，康熙三十年（1691）进士。累擢江宁知府、苏州知府，禁革奢俗，听断称神，以清廉著。卒谥恪勤。其书法亦为世所称道，善行、草书，罢官时持易酒米，人争收藏以为荣。有《道荣堂文集》《道荣堂诗集》《喝月词》《历仕政略》《河工条约》等。《清史稿》有传。

2. 缪荃孙（1844—1919），字炎之，又字筱珊，晚号艺风老人，江苏江阴人。中国近代藏书家、校勘家、教育家、目录学家、史学家、方志学家、金石家。我国文化教育科技界尊称他为中国近代图书馆的鼻祖。

3. 傅增湘（1872—1949），字润沅，号沅叔，别署双鉴楼主人、藏园居士、藏园老人、清泉逸叟、长春室主人等，四川江安县人。光绪二十四年（1898）进士，选入翰林院为庶吉士，曾入王士珍内阁任教育总长。1927年担任故宫博物院图书馆馆长。近现代著名藏书家。

4. 张元济（1867—1959），号菊生，浙江海盐人。近代史上影响最大的出版家。光绪壬辰（1892）进士。曾任总理各国事务衙门章京，因参与戊戌变法，被“革职永不叙用”。后进入商务印书馆，历任编译所所长、总经理、董事长等职。解放后，担任上海文史馆馆长，继任商务印书馆董事长。著有《校史随笔》等。

5. 章钰（1864—1937），字式之，江苏长洲（今苏州）人。长于金石目录及掌故治学，著《读书敏求记校证》《胡刻通鉴正文校宋记》《宋史校勘记》《四当斋集》等。光绪中曾与胡玉缙同为学古堂长。辛亥革命以后久寓天津，以收藏、校书、著述为任。藏书处名四当斋，储书万册，校勘精善。

吴门海上

本节标题只是表达“吴门”与“海上”画派的关系。

从怡园画社走出来的画坛大家不在少数，吴昌硕是其中之一。吴昌硕除了本身非凡的修为、画艺，他的幸运之处，正在于先一脚迈入吴门，俞樾、杨岘、潘祖荫、吴云、吴大澂和过云楼或师或友；后又一脚迈入沪上，登高远望，海阔天空，成为海上画派大家。因清末民初，这里是中国的文化中心、文化重镇、文化集散地。

吴昌硕（1844—1927），名俊、俊卿，字仓石、昌硕，以字行，别号缶庐、苦铁、破荷亭长、大聋等，浙江安吉人。二十六岁考取秀才，二十九岁离开家乡，外出寻师觅友，刻苦学艺。在苏州先从朴学大师俞樾学习辞章和文字训诂学，继而结识书法家杨岘，在葑溪结庐为邻，虚心求教。在潘祖荫、吴云、吴大澂家获见历代彝器文物，临摹名人书画真迹。与过云楼交集，研究书画、金石。光绪八年（1882），三十八岁，将家眷接到苏州定居，曾居住养育巷桂和坊宅，额题“缶庐”。“缶庐”来历，系吴江震泽友人金俯相赠古陶缶，他在来苏定居之年夏刻“缶庐主”朱文印边款曰：“余得一瓦缶，乃三代物，古朴可爱，拟名其庐。”

吴昌硕移寓苏州大半辈子，据说居住时间较长的是桂和坊，位于乐桥过云楼西不远。笔者欲实地寻访，听到两种说法，一种是桂和坊早在干将路拓宽时与铁瓶巷一起拆除了，一种是潜心苏州民间故事和古街古巷名研究的潘君明先生所说，不一定，画家朱大霖就曾住桂和坊，但那也是多少年前的事了。现在街头巷口几乎都是新苏州人开的店，开得遍地开花，连连摇手说不知道，要往巷子里走，才能碰到本地老人。居然被我在中国银行苏州分行大楼背后，找到了那条短短窄窄的小巷。一位老阿爹推着一辆坐着小孩的童车，进桂和坊 2 号老屋，里面小天井里五六个中老年妇女走出来迎接老人与孩子，老阿爹指指我，告诉她们，这位先生在寻访吴昌硕故居。他们热情地说，好像吴昌硕就住这几个老屋，但百余年了，老屋原貌早已不存。探访稍有点眉目，我自然欣慰。

中国传统绘画千年来已形成其基本的特征，它具有传承性、民族性、诗性、意象性、线性、兼容性等特征，传承性尤为突出。现上海博物馆藏有一幅任伯年的菊花图，昌硕先生题识自白：“鹤逸六兄精绘事，一水一石不轻为人作。予画乱头粗服，无过问者。六兄然予用笔似雪箇（八大），己亥华朝出八大《白鹿》一帧见惠。受而不报，非礼也，爰以是为赠。”原来是顾鹤逸赠吴昌硕一幅八大山人的画，吴昌硕回赠一幅任伯年的画。涵义尽在不言中，绝非今人的庸俗眼光：八大山人画值多少钱，任伯年的画值多少钱，合算不合算？

题识的光绪己亥年（光绪二十五年，1899），吴昌硕五十六岁，而鹤逸年三十五，少年老成，学养深厚，非伊朝夕，故吴昌硕尊称他为六兄，这是出于文人的礼貌，他们是老哥哥与小弟弟般的同道。吴昌硕一门心思临摹恽南田没骨工笔花卉，鹤逸则劝他扬长避短，所以赠送一幅八大山人的作品。吴昌硕把这当成自己在绘画道路上的转折点。吴昌硕一直自谦地说，四十岁学诗，五十岁学画，是说五十多岁以后才对绘画有了真正的领悟。最后，柳暗花明，豁然开朗，终于走出自己独特的路子，成为影响一代画风的大家。

中国书画讲究“心摹手追”，没有心源不行，没有手感也不行。有些人并不缺乏心源，独独缺乏手感，或者并不缺乏手感，独独缺乏心源。心源、手感双全，才成大器、巨擘。这方面鹤逸可不是凡人眼光。近代美术史上，吴昌硕在诗、书、画、印等综合艺术上，足以堪称大师。他的成功，确与其所处的历史环境及个人经历有关，特别是他的绘画，如没有功力深厚的书法基础和几位一流的画家朋友，或许与大师无缘。他曾说过：“我画非所长，而颇知画理。”“书到画时书亦画，画到书时画亦书。”现在人们总是喜欢说直接对他绘画起重大改变的是任伯年、蒲华、虚谷几位一流的画家，很少提顾鹤逸，这是对吴昌硕与过云楼的关系不够了解。其实，即使是任伯年、蒲华、虚谷，艺术上也均与过云楼息息相关，一度是过云楼和怡园画社的文人圈内画家。

早期花鸟画更多的是粉饰与美化，宋元文人思潮兴起转为抒写性情，近现代文人花鸟画家将其与金石笔意结合，拓展了表现力。吴昌硕少时贫困，父亲是一个读书人，喜欢治印，虽然落魄，却一直教儿子读书和篆刻。所以从小磨刀奏石，乐此不疲，渗透进艺术生命的血液和基因里。他用了五十多年试图去做一个文人士大夫，当不得已要以卖画为生时，他对传统文化尤其是金石文化的执着也一以贯之于整个艺术生涯，用他的话说“我只晓得用力刻”，“老缶画气不画形”。吴昌硕以金石书法笔意入画，创立金石写意风格，在艺术中复兴古典的审美，顺应了国难之际人们的心理需求。他的大写意花卉作品，面貌上笔力遒健，生命力旺盛，那些经历了国破家亡、丧失了民族自信心的人需要看到的就是这样的生命和力量。在苏州居住了四十来年后，七十岁时才正式移寓上海吉庆里。在苏州，他与吴观岱、吴湖帆及吴江画家吴桐并称为“吴中四吴”；在沪上，他与虚谷、蒲华、任伯年并称为“海派四杰”。

光绪三十年（1904），“西泠印社”以“保存金石、研究印学、兼及书画”为宗旨，由浙派篆刻家丁辅之、王福庵、吴隐、叶为铭等召集同仁发起，在杭州成立，吴昌硕被公推为首任社长。西泠印社有“天下第一名社”之誉，自成立起，精英云集，李叔同、马一浮、黄宾虹、吴湖帆、丰子恺、商承祚等均为社员，杨守敬、盛宣怀、康有为等为赞助社员。吴昌硕绘画着意创新，能熔中国画坛浙、吴、沪各家之长于一炉，遗貌取神，又佐以篆籀笔法。作品气魄厚重，能以极简练的笔墨来表现深邃的意境。他的画风对近代画坛影响极大，国画大师齐白石举吴昌硕与徐渭、朱耷并列，深表敬慕。

新文化运动后大白话成了时髦，他坚守着石鼓文，从其早、中、晚年各时期所临石鼓文来看，早期多忠于原作，直到六十岁以后才形成自我面貌，八十岁左右才修炼成功，独步一时，并能脱胎换骨般从似与不似中遗貌取神。当别人都已经成为职业画家，他还在凭吊文人士大夫的理想。王一亭等一劝再劝，他才恋恋不舍，离苏去沪。吴昌硕所在意的不是当世之名，而是在苏州怡园画社的学古而化、复兴传统的信念。当今有人称他为“中国文人画的最后绝响”。

吴昌硕的去世与两包麻酥糖有关，1927 年他八十四岁，有人送他十包麻酥糖，不知是家乡安吉的还是第二故乡苏州的，因麻酥糖也是苏州的特产。它是用炒熟的芝麻研粉和糖加料制成，用一张小红纸包成长方形，小红纸上印有店家的招牌，其味香甜，质感软糯。子女担心甜食对他身体不好，只拆了一包，剩余的藏起来。他看在眼里，嘴馋，半夜起床取食两包，毕竟年岁大了，消化不良，遂至不起。这一年 11 月 29 日病逝于上海吉庆里。

近代以后，上海崛起，苏州一度式微。上海开埠之后，一跃成为亚洲最大的商埠。大城市的发展吸引了江浙一带的画家，云集在上海，师承不同，各有特点，成为中国近代书画重镇，居主流地位的则是被称为“海派”的群体。画家风格的成功变革会激活原有的传统，这就是艺术创新，而对之后的艺术家而言，所继承的已是具有新历史阶段的传统。继承与创新结合，使中国画坛勃发生机，光绪年间是海派艺术的盛期，巨擘骈罗，大家如林。上海市正式从江苏省分出来，形成直辖市，应该是 1930 年 7 月，那时吴昌硕已仙逝三年。

如今美术史家们和文化传播者，研究海派艺术的源头，将过云楼与怡园画社熏陶的众多画家，列入海上画派的开宗大师。因苏沪一脉相承，艺术是相通的，这一串串的闪光名字也是过云楼的骄傲和荣光。过云楼和怡园画社的画家们在迢遥星空闪烁。我们应好好研究晚清和民国时期，过云楼和怡园画社的文化人才群及其历史和文化艺术价值。他们在中华民族艰难的岁月里，用文化人的气节、禀赋、定力，佑我中华艺术，传承人文精神，成为中国近现代美术史的高峰。

左为玄妙观三清殿后的弥罗宝阁，明周忱、况钟始建，光绪间浙江富商胡雪岩捐资重建。1912年8月28日毁于大火。
右为苏州佛教名刹灵岩山寺于太平天国战争中焚为焦土，1910年木渎士绅请真达为住持。真达出资并募捐陆续加以修葺。图为1914年左右的灵岩山寺（大雄宝殿延至1934年竣工，故图中未见）。

斯时斯城，社会现象仍在不断变化。1913年，皮市街乔司空巷口开设专以出租藤轿为业的公司，藤轿成为苏州城内重要的一种代步工具。藤轿以五百米为一站，每站六十文，各城门至观前街玄妙观一律以四站计价，是今日公交车的前身。1916年，苏州城最早用钢筋混凝土建造的公共娱乐场所“新舞台”在阊门外落成开幕。1917年，振亚织物公司在仓街建成。1918年，吴县公共体育场（即今五卅路苏州体育场）竣工启用，该场系利用皇废基旧左营操场改建。1920年，民族资本家刘鸿生等在胥门外施门塘开办鸿生火柴厂。1921年，东吴绸厂在闾邱坊巷的新厂房开业。1924年春，江苏督军属陆军航空队驻苏，次年飞机被奉系军阀接收，移交沈阳，这是苏州最早有飞机着落的记载。1925年，上海商人在苏州创办三轮车公司。1927年，国民革命军17军交通处两辆汽车入城，至怡园开会，这是首次开进苏州古城的汽车，沿途观众甚多。

“中国文人画的最后绝响”
——苏州书画百年史（三）

当今称吴昌硕为
“中国文人画的最后绝响”

葑溪结庐
吴昌硕在苏州的故居

听枫园吴昌硕小屋

今桂和坊小巷

吴昌硕 杞菊延年图轴

吴昌硕 老僧图轴
苏州博物馆藏

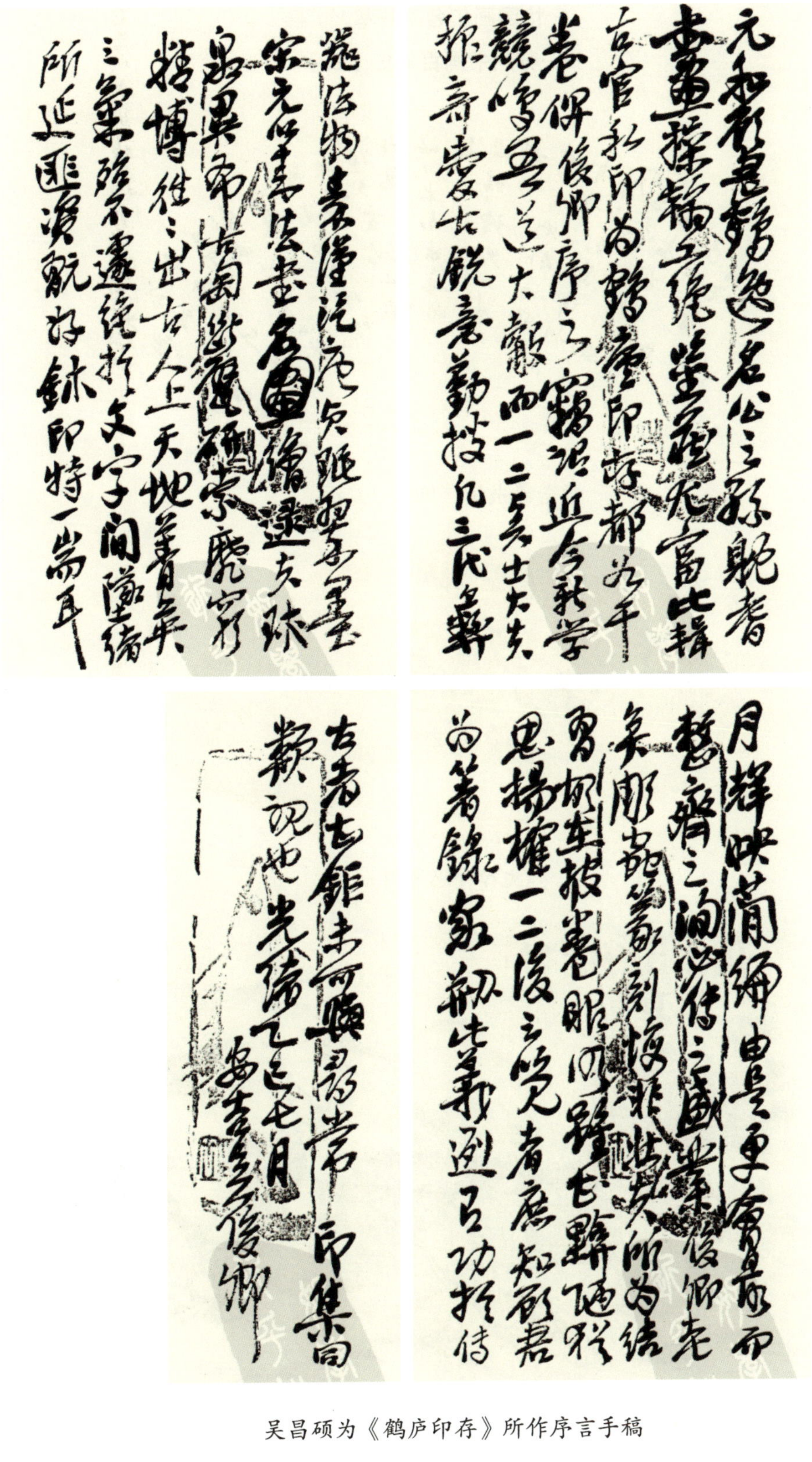

吴昌硕为《鹤庐印存》所作序言手稿

怡园画集名家荟萃
——苏州书画百年史（四）

费念慈书法　纸本　扇面

郑文焯《思源图》

郑文焯　山水画作

翁绶琪画选

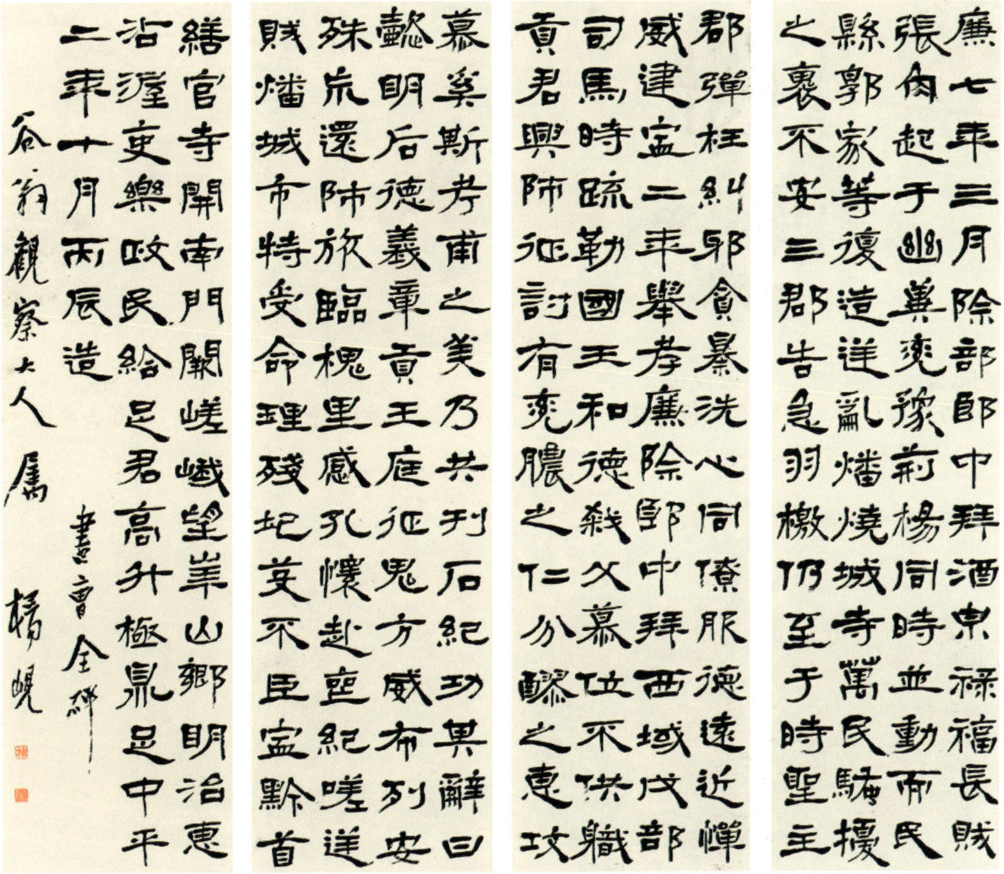

杨岘书《曹全碑》

金心兰
梅韵清香图轴

倪田
春风得意图

吴榖祥
怡园主人像图

陆恢
南有嘉鱼图

沙馥
花鸟团扇

沙馥
献寿图

蒲华　天竺水仙图

黄山寿　匡庐读书图

黄宾虹山水画

梅景书屋

宋代晏几道《清平乐》词曰："折得疏梅香满袖，暗喜春红依旧。"吴大澂之后，其家族中靓梅一支，饮誉江南画坛的，便是其嗣孙吴湖帆。在1929年全国美展作品集画册中，选录二百八十四名画家的作品，鹤逸居首位，吴湖帆列第二，湖帆向来敬佩鹤逸先生的画可与"四王"相提并论，也为自己能排名在这位尊敬的长辈之后并受到他称赞而喜悦不已。湖帆小鹤逸二十九岁，自然为晚辈。吴湖帆在怡园画社始创时尚未出生，吴大澂病逝那年他才八岁，待长大学画，受到吴大澂幕客陆廉夫的指点，又成为过云楼常客，鹤逸关爱备至。他虚心向顾、陆二位长辈求教并观摹过云楼藏画。

20世纪三四十年代，吴湖帆成为海上画坛宗主，在近代中国山水画坛占有重要地位，与溥儒并称为"南吴北溥"，与吴待秋、吴子深、冯超然并称为"三吴一冯"。山水从"四王吴恽"入手，进而戴熙、明四家、董其昌，上溯宋元各家，冲破南北宗壁障，以雅腴灵秀、缜丽清逸的复合画风独树一帜，尤以熔水墨烘染与青绿设色于一炉并多烟云者最具代表性，并工写竹、兰、荷花。张大千盛赞吴湖帆的人品与画作："识湖帆先生，其人渊博宏肆，作画熔铸宋元而自成一家，甚服我心，乃知天下画人未易量也。"书法初学董其昌，极神似，既而摹宋徽宗赵佶瘦金体，后得米芾《多景楼诗》真迹，大喜过望，乃写米体。

其实，他在20世纪中国画坛和中国绘画史上，远超出作为一名山水画家的意义——承袭苏州文脉，发展吴门书画。收藏宏富，擅鉴别、填词。1929年，任国民政府教育部全国美展常委。1933年以上海博物馆筹委会及董事身份，前往北京鉴定文物，并任故宫评审委员。1943年时年五十岁，在上海与艺术界名流梅兰芳、周信芳等二十位同龄人以"甲午同庚会"为名相聚，合二十人的岁数饮"千岁酒"，意谓国难深重，互励节操。

吴湖帆长期寓居上海，任上海市政协委员、上海中国画院筹备委员、中国美术家协会上海分会副主席、上海文史馆馆员、上海市文物保管委员会委员和文物鉴定收购委员会委员、苏州市文物保管委员会顾问。新中国成立后，吴湖帆受到毛泽东、周恩来等的关怀和鼓励，创作热情高涨。1953年，年六十，手写《佞宋词痕》，由章士钊题签，沈尹默引首，冒广生、叶恭绰、汪东、杨千里等作序，共分五卷，附潘树春（字静淑）《绿草集》、外篇与《小山词》各一卷。《佞宋词痕》影印问世后，曾赠给毛泽东一套，毛泽东回赠诗词手稿影印本。吴湖帆和《沁园春·雪》原韵填写一阕，讴歌新生活。1968年6月"文革"中，病逝于上海。

吴湖帆的"开山门"弟子王季迁，1973年在《吴湖帆先生与我——并略谈中国书画的鉴定问题》一文中如此描绘他的老师：

对于湖帆先生拿“光风霁月”四个字来形容他，大概最恰当不过。文章极处无奇巧，人品极处本自然。一个艺术家的品格，不在处处表示与众不同，而是修养到家之后，能够顺从自然，保持他本来纯真的面目才好。湖帆先生出身世家，天资卓越，加以他的学博识广，精通妙用，终成一代宗师。但他一辈子好学不倦，从不表示自满，对于后进者又那么恳恳切切，提掖不遗余力，今日追怀，能毋慨然！

平日，吾师不教人作画的，只教人看画而已。由于他已成了大名，国内各藏家收到了什么名迹，多数会得携件来谒请鉴定，他每次看得非常仔细周详，有时把它挂在壁上，向我一一指示要点，并共同斟酌。这样我得以追随几席，诚属获益匪浅。当时老辈中有周湘云（梦坡）、庞莱臣（虚斋）两位老先生，每挟画来请吴老师鉴赏，一经指出精妙或瑕疵处，无不表示折服而去。至于说到吾师作画的习惯，事实上常常要磨到夜深人静的时候，他老人家才会意兴勃发，不由自己一骨碌起来铺纸挥洒的，白天就根本不肯动一下笔。……向来不肯苟且，几乎每一帧都费尽推敲，非到自己惬意后才算是完成了。……他画起花卉竹石来，落笔倒是十分神速。

吾师的性格，外表冲和温雅，带些外圆内方。平时总是满面春风的微笑，意态那么蔼然，对朋友无非是全部真挚的情感作用，而不在乎利害关系，从来没有见到他老人家为了金钱的事，而与人做过分毫必较的争执，好像什么都是有话好说。大概是出身望族的他，又兼有一身极深的名士气息，对穷朋友辄不吝作画奉赠，并以此为乐事。（香港《大人》杂志第四十二期（1973 年 10 月 15 日））

依吴大澂生前安排，吴湖帆曾至上海中国公学读书，翌年因中国公学迁徙而辍学，东渡日本逗留三个月，入棋道馆学围棋时得吴大澂、邓世昌肖像画，这两幅画后来一直保存在他的梅景书屋。湖帆从日本即回苏州，始习山水画。十八岁时出入于怡园，1915 年二十二岁时，吴湖帆与潘静淑喜结连理。静淑也善绘画，擅花卉，夫唱妇随，热情俱增。潘静淑是鹤逸夫人潘志玉的堂妹，她们同是“志”字辈，吴湖帆与其结婚后，就与鹤逸先生平辈了，所以公硕先生称湖帆先生为姨父。实际上湖帆先生比顾公可小两岁，比顾公硕才大十岁。1918 年吴湖帆首次公开鉴定，便发生在怡园。吴氏对王翚画作真伪的成功鉴定，并果断以祖父吴大澂的《山水八帧》、盂鼎拓片相易之举，不但赢得了前辈王同愈、陆廉夫等人的肯定，其极高的悟性也受到画界称赞。此事对湖帆一生影响深远，至晚年仍记忆犹新，为其鉴画之始。同年，湖帆于苏州悬格鬻画，名动乡里，年方二十五岁。1924 年三十一岁时江浙军阀开战，苏州处于战火之中，才去上海发展，祖孙皆与过云楼结下了不解之缘。他有一颗诚挚的爱国爱家乡之心，日伪时，他拒绝回苏接任江苏省立苏州图书馆馆长之职，保持了民族气节。

梅景书屋的收藏甲海内。“梅景书屋”中的“景”，多数人读“风景”的“景”，吴门子弟却念“影”。湖帆在夫人静淑在世时，题跋中一般写作“影”，表示夫妇如影随形，后来静淑去世，他绝大多数都写“景”。宋景帝年间刻本《梅花喜神谱》与《宋汤叔雅梅花双爵图》两件，亦为“梅景书屋”名之由来。汤叔雅为宋“墨梅”创始人，扬补之之甥。《吴湖帆文稿》描述“图作老梅一树，枝干盈百，花朵数千，翠鸟欲语，粉香玉色，绝似锦绣画屏”，因而湖帆将之奉为“宋画中神品也”，并在日记中写道：“与宋刻《梅花喜神谱》同贮，名吾居曰梅景书屋。”吴湖帆曾与潘氏共同校定家藏金石书画，共约一千四百余种，一一为之题跋和序录，且都下了功夫，经认真研究，胸有成竹才下笔。

吴、潘夫唱妇随，曾编制了收藏目录，皆亲笔抄写。除《吴湖帆文稿》中刊印的《吴氏书画记》外，尚有《梅景书屋书画小记》和《梅景书屋书画目录》。《梅景书屋书画小记》共有三册，从自述可知，成于 1933 年，属于比较规范的书画著录。《梅景书屋书画目录》无确切纪年，该册有《宋元集册》，也就是吴湖帆 1936 年发现黄公望的《富春山居图》之残卷《剩山图》的那一套册子，时间当不晚于 1936 年。1937 年卢沟桥事变后受到严重冲击，不得不变卖书画。与张珩、庞莱臣等著名藏家相比，梅景书屋购藏经费拮据得多，主要依赖出租苏州房产、田亩等收入。斥资数百、数千元尚能承受，一旦索价万元，往往只能望洋兴叹。

吴湖帆的藏品来源：吴大澂所藏字画多归吴湖帆。收藏大家沈树镛为吴湖帆外祖父，也有不少收藏，其中以董其昌书画为多，故在梅景书屋藏品中，董其昌作品一直占有显著的分量。吴湖帆与潘静淑成婚，滂喜斋的书画古籍和攀古楼的铜器所藏富敌东南，潘静淑过门后，曾以部分藏品为嫁资。吴湖帆夫妇所藏四千零六十二册古籍，每一本都要写明来源、作者、内容、年代、出了多少，如从潘家来的，宋拓欧阳询《化度寺塔铭》《九成宫醴泉铭》等四本碑拓，打开一看，每一本湖帆都精心配画一幅。湖帆自己的购买及交换，他自 1924 年迁居上海嵩山路后，非常注意收揽文物字画，人们可在诸多经其收藏的古书画上发现其斥资购入的记载。吴湖帆在 20 世纪三四十年代有“一只眼”的美称，足以想象他在鉴定界的权威性来之不易。1939 年，夫人静淑伤逝，给吴湖帆精神上的刺激很大，为表奉倩伤情之意，更名为倩，自号倩庵。三年后续弦，与顾抱贞结婚。

新中国成立后，吴湖帆向浙江博物馆捐赠了充满传奇色彩的“国宝中的国宝”，也是梅景书屋的镇山之宝——元代黄公望的《富春山居图》的前段《剩山图》。《富春山居图》传到明代曾被烧成两段，后段称《无用师卷》，现藏台北故宫博物院，2011 年 6 月在台湾合璧展出，成为两岸文化交流的盛事。苏州画家朱梅邨曾在纪念舅父吴湖帆的文章《我所知道的吴湖帆先生》中，说到他慧眼识宝，为国家抢救很多文物的故事。有一次从民间收下一幅破破烂烂的画，后将此画与故宫博物院藏《富春山居图》影印本一对照，居然就是此长卷的首段，足见他的鉴赏水平之高超。已故国学大师朱季海[1]，1984年7月在为上海人民美术出版社出版的《吴湖帆画集》作序时啧啧称道：此画既未见著录，又无前人收藏之印章，却敢断定是“大痴大人八秩有一画于云间客舍”，“非具真赏，何敢相认”。

那是又一个文物聚散组合的年代，以海上吴湖帆为代表，见证并经历了这个历史性的阶段，其所达到的卓越鉴赏水平与这个特殊年代是不可分的。尤其是30年代，故宫书画南迁沪隅，古书画文物穿梭往来，规模空前，成为中国书画鉴赏史上重要篇章。集创作、鉴藏与研究于一体的吴湖帆，在其同辈中属佼佼者。他的书斋“梅景书屋”作为当时主要的艺术活动中心，不仅是古书画聚散鉴藏的重要场所，有着极为丰富的私家珍藏，更成为正宗传统文人画学的代表与象征。吴湖帆兼具传统文人与现代学者的双重特质，与稍晚的张珩等鉴赏家一样，业已展示出兼融传统画学与现代科学研究方法的趋势。

吴湖帆捐赠苏州博物馆的《清季七十二状元扇册》属文物征集、保护的典范。苏州博物馆原副馆长钱公麟先生回忆：

> 1959年9月下旬，舅公吴湖帆先生致函母亲（徐玥，字班索）：“全国状元扇册，苏州状元扇册及明沈贞吉山水，王雅宜（王宠）山水各一轴，日内可属燮和（钱镛，字燮和，钱公麟的父亲）来取……”从此，《清季七十二状元扇册》作为吴师对国庆十周年献礼，慷捐于家乡，后入藏苏州博物馆。父亲钱镛曾谈起，当时去拿扇册时，吴师再三叮嘱：“我对此扇册已悉心二十余载，或以重金购之，或以古物易之，或以亲笔书画互赠之……再逐一鉴定、遴选、修缮，统一装裱，附以考释，题跋而成。”鉴于父亲在苏州文管会工作，望父亲继续努力，能结集清季百十二状元扇为好。父亲在几十年的文博生涯中处处留心，尤其在“文革”时期，身在“牛棚”，被工宣队叫出去清理抄家文物，十多万件书画中，偶有状元扇出现，不是名字重复就是真伪值得商榷……无一能入伍《清季七十二状元扇册》。（李婷整理：《“吴湖帆书画鉴藏”渐成显学》，《姑苏晚报》B13版，2016年2月5日）

注：

1. 朱季海（1916—2011），名学浩，苏州人。十六岁时师从章太炎先生，是太炎先生最小的弟子。学术领域广泛，自音韵、训诂之学而治文史，博通精微，著作丰富。据说“文革”结束，匡亚明任南京大学校长，延聘一些遗落在社会上的饱学之士来南大任教，像古典文学专家程千帆、现代戏剧作家陈白尘都是这个时候被匡亚明请至南大中文系任教的。当时朱季海先生也在被延请之列，朱先生向匡亚明提出了三个条件：第一是工资多少由朱先生说了算；第二是每节课只上三十五分钟，因为自己的课没有水分；第三是不参加政治学习。对于前两个条件，匡亚明都答应了，但第三个条件不敢答应，那时候每周一次的政治学习是雷打不动的。由于条件谈不拢，只好作罢。2011 年 12 月 21 日，朱季海辞世，享年九十六岁。代表作有《南齐书校议》《楚辞解故》等。

“光风霁月”吴湖帆
——苏州书画百年史（五）

左为丁亥（1947）正月湖帆 54 岁画像
中为署名吴倩的《佞宋词痕》
右为 1948 年，吴湖帆“集古词六十首”，名曰《联珠》

吴湖帆（1894—1968），光绪甲午年七月初二日生于苏州南仓桥（今凤凰街与十梓街交汇处），北为沈衙弄，吴大澂故居。初名翼燕，后更名万，字遹骏，又字东庄，号倩庵，作画时署名湖帆，别署丑簃、嵩山居士、梅景书屋主人。父本善（讷士）以吴大澂乏嗣无后，将湖帆过继给大澂为孙。吴湖帆十二岁（1906 年）入读长元吴公立第四高等小学堂，1907 年入读苏州公立第一中学堂（即草桥中学）。

左为吴湖帆和潘静淑合影及《梅景书屋画集》
右为潘静淑的花卉作品
苏州名人馆提供

吴湖帆 1935 年绘　燕文贵溪山楼观图

吴湖帆 1950 年绘　华阳鹤寿图

元　黄公望　富春山居图局部　现藏浙江博物馆

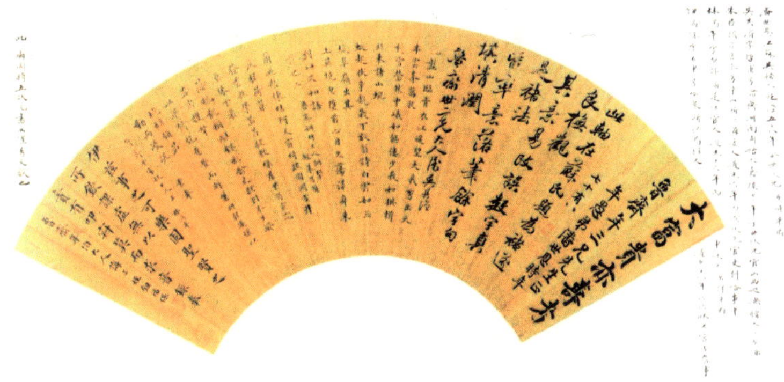

五状元扇——历时四十五载，成就艺林韵事

潘世恩，乾隆朝状元。“历时四朝，则昭代一人而已。”其书法功力为五人之首，即学习颜体能够熟练掌握其形神之内涵。
吴其浚，嘉庆朝状元。其书远学米芾，近法梁山舟，攲侧千姿，初显倜傥。
朱昌颐，道光朝状元。其书能由欧而虞，稍见开张，规而不掩其情。
林鸿年，道光朝状元。其书学欧循规蹈矩，而终见笔，所谓具体而微。
钮福保，道光朝状元。其书学欧而颜，端严庄重。
此扇五名状元从乾隆朝经嘉庆至道光朝，历时四十五载，可谓艺林韵事。

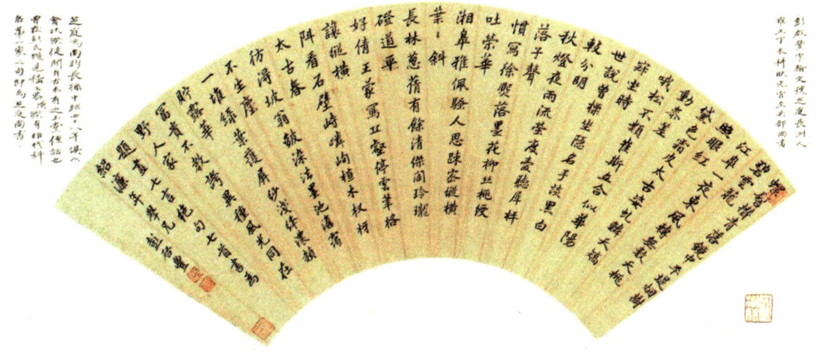

彭启丰，苏州人，雍正朝状元。康熙朝连中会元、状元的彭定求之孙。工书善画，所写山水，有倪、黄笔意。

陆润庠，苏州人，同治朝状元。为人和易俭朴，学问优长，书法工稳端庄，雍容大度，“三真六草为天下宝”。

翁同龢，常熟人，咸丰朝状元。同治、光绪帝师傅。书法气息淳厚，堂宇宽博，有长者之风。

洪钧，苏州人，同治朝状元。曾出使俄、德、奥、荷四国，官至兵部右侍郎、总理各国事务衙门行走。其书迹苍润劲健，朴质高古，为世人所重。

吴湖帆捐赠，苏州博物馆藏《清季七十二状元扇册》选

提掖后生

鹤逸厚道、开明、自谦，说一生不收学生，却有很多受到他指点和培养的年轻人，其中就有世人所称“三吴一冯”之一的吴子深，苏州美专的创办人、中国油画先驱、现代美术教育的奠基人之一颜文樑，一代鉴定大家王季迁，还有收藏家刘公鲁等。他们常出入鹤逸画室，所以都被戏称为鹤逸的“半个头学生”。中国画过去一直以师带徒的方式传承，学生给老师行叩首礼仪，递门生帖，进了师门也不一定讲什么理论，就是帮着老师研墨、拉纸、漂洗颜色、涮色盘，最重要的是看老师怎么画，就跟着怎么画。鹤逸不一样，一切都免了，他主张学艺术要取法乎上，在品德与胸襟的修养上下功夫，一辈子献身艺术，指导他们临摹古代名家经典。他还常常把自己的作品挂出来，与不称之为学生的学生们一起评论，启发他们不要以学像自己为满足，要“学古不为古缚”“不囿于师法”，博采众长，用以古为新、循古向新的理念影响后辈。

吴子深（1893—1972），原名华源，初字渔邨，后字子深，号桃坞居士，苏州人。家族经商致富，收藏宋元古画，毕生浸淫于绘事书道中，擅画松及山水，又精岐黄，为御医曹沧洲高足。曹沧洲是吴门医派的代表人物，家居阊门西街，光绪年间曾进京用三钱萝卜籽治愈了慈禧的沉疴，被授七品官，即苏州人流传“三钱萝卜籽，换个红顶子”的故事。子深早年与弟似兰以私产巨资，修沧浪亭及五百名贤石刻，支持颜文樑等在沧浪亭创办了苏州美术专科学校和苏州历史上第一个美术馆，1928 年任苏州美专校董会主席。子深赴日本考察，参观日本东京美术学校，深为日本美术学校齐备的校舍所感染，为了让颜文樑全面施展艺术抱负，实现苏州美专“中西合璧，造就人才，前程远大”的理想，吴子深回国后即购下沧浪亭东侧徐姓四亩地，至 1932 年建成新型的希腊式大楼（俗称罗马式大楼）。先后共捐资 5.4 万银元，校舍列柱拱廊，宽敞明亮，有三层五十间，其规模和建筑造型在当时全国美术学校校舍中均属一流，学校也因此被正式批准更名为苏州美术专科学校。

1949 年去香港，悬壶济世，也曾在南洋等地举办个人画展，饮誉东南亚和日本。1966 年经其亲家、画家张大千介绍，去台湾，任台湾艺术学院国画系教授，后去世于印尼。著有《客窗随笔》《吴子深山水竹石集册》。

刘公鲁（1900—1937），名之泗，诗书画无一不精。祖父刘瑞芬，安徽贵池人，淮军将领。父亲刘世珩，早年追随李鸿章，负责淮军军械制造和造币厂，由此起家，是江南屈指可数的大收藏家之一，藏书楼名“暖红室”。辛亥革命后，刘世珩一度避居上海，1926 年病卒。公鲁是独子，受父亲影响，不忘皇恩，脑袋上拖着一条长辫子，在辛亥革命后迟迟不肯剪去。起初他有志于学画，后来喜欢唱京戏。刘公鲁的夫人杨婉伊，生于无锡杨氏家族，是杨瀚西之女。

光绪二十一年（1895），由无锡地方名绅杨宗濂、杨宗瀚兄弟开设的业勤纱厂是无锡第一家近代化的机器织布厂，标志着无锡近代工业的兴起和发展。随后，荣氏、薛氏、唐氏、周氏等地方望族先后在无锡开设了面粉、缫丝、棉纺等以纺织和食品为主的现代工业。无锡逐渐成为江南地区新的中心城市，堪称中国近现代民族工商业的摇篮。当时上海还有“无锡人掌工商，宁波人掌金融”的俚语流传。杨氏兄弟是无锡城内下塘人，宗濂曾任清廷户部员外郎，太平军攻克无锡城，他组织团练局，先后入曾国藩、李鸿章幕，以军功擢升道员，光绪十一年（1885）任北洋武备学堂监督；宗瀚是宗濂的二弟，早年入李鸿章幕，后入台湾巡抚刘铭传幕，李鸿章赞其“杨三捷才，非他人可及”。光绪十七年（1891）李鸿章因上海机器织布局巨亏，电召宗瀚接办，在他的悉心经营下，机器织布局“物美而出数亦旺”，后因一次火灾离职，由盛宣怀取代。杨瀚西是杨宗濂之子，从业勤纱厂拆出股份，创办广勤纱厂，善经营，获利甚巨。之后又与人合资创办无锡第一家电话公司和国内第一家机器榨油厂等。顾笃璜说，杨婉伊是他母亲张娴的表姐，当年从无锡城至惠山前的一条路，就是杨家捐款筑的。

1937年11月19日，日军入侵苏州城，端着刺刀、牵着狼狗，挨家挨户搜索，闯入大太平巷刘宅，刘家有八九个孩子，均未成年，是少数没有出城逃难的人家之一。日本兵馋涎侍女小白美貌，欲强行入房，公鲁不顾一切拉住小白不放，并大声斥责，日本兵兽性大发，将公鲁往楼下摔去，可怜公鲁一命呜呼！也有一说，日寇抢财物，掳侍女，公鲁惊吓成疾，不久离世。（丁蘖：《收藏家刘公鲁之死》，《苏州日报》，2014年9月19日）

王季迁（1906—2003），又名季铨，字选青，别署王迁、己千、王千、纪千。苏州东山人，他的十四世祖王鏊是明代的宰相，周迅、归亚蕾、寇世勋演的《橘子红了》就是在他们家的老宅拍摄的。十四岁那年随名满三吴的大画家过云楼顾鹤逸学画，后又经至友潘博山陪同去上海嵩山路拜吴湖帆为师，尤善鉴赏，东吴大学毕业。

王季迁在《吴湖帆先生与我——并略谈中国书画的鉴定问题》一文中，回顾了自己从学的经过：

就在吾师湖帆先生指示之下，我开始对中国书画的鉴定，进行长期的研究工作。这可从我与德国孔达女士合编的《明清画家印鉴》一段渊源说起。

1935年我参与在伦敦举行的国际中国艺展的筹备工作。当时北平故宫博物院所藏的书画南迁，在上海进行审查。初次接触故宫丰富的藏品，不但使我眼界大开，连同参与其事的若干老专家，目光也为之一变。平日只能凭些人情，偶然见到若干幅，所以这次可说是一个极难得的机会。

在筹备艺展的过程中，引起我一些感想。在故宫七千余件藏品之中，竟有五千多件书画令人发生了问题。审查的专家们，观点各异，不能一致。我便想，到底有没有较为客观正确的什么法则呢？这便兴起来编辑印谱的想法。刚巧有一位孔达女士，自德国来华，向湖帆先生也提出了能不能以科学方法处理中国书画的鉴定。湖帆先生当即推荐了我，与之共同合作研究。于是我们两人集资进行此事，不但摄制了故宫博物院审查中的书画，更从海外所有的收藏家手中，悉心加以采集起来，历时三年，终告完成。

这部《明清画家印鉴》的出版问世，使得中国书画的鉴定问题，可算是已经解决了十分之一、二。据我本人的了解，印章只是鉴定工作其中的一个办法，不是唯一的也不是绝对正确的办法，但却是必须的步骤。因此，鉴定书画的时候，既不能因印章能伪造而完全抹杀其重要性，也不可以将印章作为鉴定的不二法门呀！

当时这部书经过吾师寓目之后，交由商务印书馆王云五负责印行，但因战事突然发生，又被烧毁了一部分底稿，后来又设法重新补入。这部书出版之后，全世界博物馆、美术馆都争相订购，畅销一时。所有的收藏家也人手一册，据为重要的参考资料。三十年来，早已售罄绝版，幸经香港中文大学又重新予以印行，到现在还依然流行于世。

自我离开中国到纽约后，初期美国对中国书画的研究，根本没有什么人；各博物馆中也没有专人司其责。因此，那些博物馆藏品之中，有钻石，亦有玻璃，一概不辨好坏，乱堆在一起。但时代毕竟进步了，而今的情况大变而特变！直到现在，美国已经有好多位中国美术史专家崛起，他们在这方面的研究，其精深之处，比之中国人有过之而无不及。但面对着书画的真伪问题，却又是议论纷纭不一。某人说一帧画绝对是真的，另一人却又说绝对是假的，这可能是各人所根据的论点不同，且标准也难以一致，令人无所适从。由此可见“鉴赏之道，谈何容易”！其中复杂困难之点，仍有待于我们努力突破。

王季迁先生 1948 年带着一批家藏书画，移居美国纽约。刚到美国时很清苦，做过装修、设计等，一家人宁可吃三明治，也不肯卖一幅家传的画，而且在美国赚的钱还要买画，这是极不容易的。因当时大批私人收藏流散于海外，王季迁凭借精准的眼力和个人的绵薄之力，收藏了不少书画精品。他投注书画的研究与收藏七十余年，其年代跨宋代至清代，俨然如一部中国美术史的缩影，在海内外皆有极大的影响。如《朝元仙仗图》是他于 20 世纪 50 年代初在美国的一位犹太人开的古董店发现的，起初此画无人问津，因为很多人都说是假画。他很想要，但没有足够的钱，结果就用六幅画换得了《朝元仙仗图》。到手后，他埋头对此画进行研究，确定这就是北宋武宗元的《朝元仙仗图》。之后，那位犹太人后悔，还引发了一场官司，法庭宣判王季迁胜诉。王季迁去世前，他家开家庭会议，他的后人问他：“藏着这么多画不卖，我们现在又没钱，是人重要还是画重要？”王季迁不假思索，说：“画重要！”据说，他生前一度曾想捐卖一些书画给国内大博物馆，可惜未成。

最好的中国绘画鉴赏家，当然还是中国人。近现代以来，吴湖帆、徐邦达、王季迁，一代一代传下来，越做越细。他们从小写字画画，后来走上研究的道路，由此不难管窥与过云楼千丝万缕的关联。

颜文樑（1893—1988），字栋臣，出身于干将坊一个绘画世家。文樑十三岁，其父颜纯生（1859—1934）即指导他临摹胡三桥的画扇《钟馗》，纯生给吴昌硕看，昌硕在扇面上题识“画稿出三桥胡君之手，栋臣世兄仿之，益见高深独到”。颜纯生，名元，晚号半聋居士，原来他左耳失聪，曾拜任伯年为师。中西合璧，擅画肖像——“喜神”，即遗像。一般先“开相”，如客户看了觉得满意就论价，再补工笔重彩的衣饰。收入不少，但文人视为不登大雅之堂。由于鹤逸的引导，纯生进入文人圈子，参加怡园画社活动，文樑也随之成为过云楼常客。纯生平时喜欢作大幅作品，曾绘八尺整张佛像一帧，为吴昌硕推崇。又作《半聋居士自写携杖图》一帧，画风古朴，形象毕肖，章太炎题款，顾墨畦（陆廉夫高足）题诗。七十五岁所作《倪高士洗桐图》更是精心之作。晚年在儿子创办的苏州美专任国画教授，深得好评。1934年去世。

文樑小时入读长元吴公立第四高等小学堂（原址在鹅颈湾），创办人章钰。后钱伯诚为文樑编订年谱，提及同时入学并同班者有吴湖帆、顾颉刚、郑逸梅等。“掌故大王”郑逸梅在为颜文樑撰写的传记中说，校址在草桥附近，濒玉带河，映堤碧柳，与第一中学堂（即草桥中学，1913年吴县县立第一中学堂更名为江苏省立第二中学）望衡对宇，隔河为龙池禅院，稍南为竹堂寺，当年唐伯虎、祝枝山觞咏挥毫于此，后伐树填河，辟为公园路。文樑与颉刚很要好，某天不知为什么闹翻扭打起来，颉刚竟执着文樑手腕咬了一口。文樑喜欢吹小号，每晨在家练习，父亲不许他吹，他便爬到屋面上吹。那时学校，春秋两季旅行，穿了制服排列成行，他乐吹军号为前导，所以全校同学没有一个不认识他，他与鹤逸第四子顾公柔相玩甚笃，公柔对洋玩意也有兴趣，每逢朋友喜庆活动，他俩合作，在文樑的小号旋律中，公柔表演魔术，颇受欢迎。

文樑倾向于西画，旧时玄妙观有书报摊，西报及杂志载有西画，他目为大好的范本。父亲纯生与余觉熟识，余觉夫人沈寿[1]刺绣有神针之号，家里颇多西洋画本为刺绣新范，文樑向余觉相借，所以他的画艺从幼就胜人一筹。十六岁时文樑考入上海商务印书馆当技术生，名列前茅。受到日本画家松冈正识的指导，学习了透视、光影、水彩画、油画等西洋画的知识，逐渐确立了自己艺术追求的方向。因时局动荡，在父亲的要求下，一年多后，辞职回苏。为新剧社绘制布景，那就需要油画了。油画的颜色是要用油配调的，用什么油？他也无从请教，只得自己摸索，第一幅油画《石湖串月》好不容易用鱼油加松香水调以色粉画成。后来幸有人指点，要用亚麻仁油才能调好。鹤逸为子公柔娶妻，文樑绘西画《婴戏图》以贺，鹤逸大加赞誉，称文樑为郎世宁[2]再世。

后来文樑兼省立苏州中学、省立第二女子师范学校等几家学校当图画教师，有了收入，便在艺术上不断探索，创作了许多出色的作品，如1920年创作的粉画《厨房》、油画《卧室》，1921年创作的粉画《肉店》等，具有那个时代的气息和江南风土人情。据人回忆，其中有的作品曾送上海参加国际博览会选拔，但遭到嘲讽："连西洋是什么样子都不知道，还画什么西洋画？"于是在新文化运动潮流的影响下，20世纪初美术的新风潮在江南文化名城苏州，连连呈现，目不暇接。

注：

1. 沈寿（1874—1921），女，初名云芝，字雪君，晚署雪宧，吴县人。七岁随姐沈立学刺绣，十六七岁在当地已负盛名。十九岁与余觉结婚，余能诗善画，夫妻画绣相辅，沈创造出仿真绣法，有近十种新针法。光绪三十年（1904）慈禧七十寿辰，沈绣成"八仙上寿图""无量寿佛"两幅寿屏，慈禧赞为绝世神品，书"福""寿"两字分赠余、沈，沈改名"寿"，并于北京设立绣工科，所绣英女王维多利亚像获巴拿马万国博览会最优等奖。1914年，应张謇之聘，沈寿担任南通女红传习所所长，绣织局局长，所绣意大利皇帝、皇后像，在太平洋万国巴拿马博览会上又获金质大奖。著有《雪宧绣谱》。

2. 郎世宁（Giuseppe Castiglione，1688—1766），意大利人，生于米兰，清康熙五十四年（1715）作为天主教耶稣会的修道士来中国传教，随即入宫，成为宫廷画家，曾参加圆明园西洋楼的设计工作，历任康熙、雍正、乾隆三朝，在中国从事绘画五十多年。

顾鹤逸的“半个头学生”
——苏州书画百年史（六）

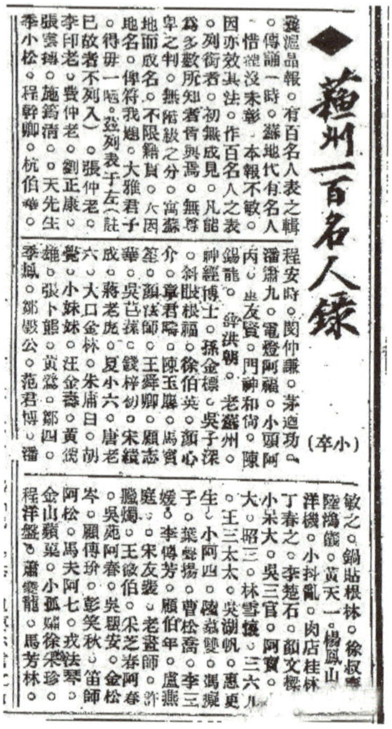

◆蘇州一百名人錄　（小卒）

曩滬晶報。有百名人表之輯
。傳誦一時。蘇地代有名人
。惜湮沒未彰。本報不敏。
因亦效其法。作百名人之表
。列銜者。初無成見。凡能
爲多數。所知者皆與焉。無尊
卑之判。無階級之分。寓蘇
地而成名。不限籍貫。大因
地名。俾符我總。大雅君子
。得毋一陋。（茲列表于左（註
已故者不列入）。張仲老。
李印老。費仲老。劉正康。
張雲摶。施筠清。○天先生。
季小松。程幹卿。杭伯華。

程安時。閔仲謙。茅迺功。
潘儒九。電燈阿福。小頭阿
內。出友賢。門神和尚。陳
錫龍。薛洪朝。老蘇州。
神經博士。孫金標。吳子深
。斜眼根福。徐伯英。顏心
介。章君疇。陳玉麟。馬賓
筌。顏法師。王舜卿。顧志
華。吳苣孫。錢梓初。宋續
成。蔣老虎。夏小六。唐老
六。大口金林。朱庸白。胡
覺。小妹妹。汪金壽。黃總
雄。張卜熊。黃鶯。鄒四
季瘋。鄒毅公。范君博。潘

敏之。鍋貼根林。徐叔華[illegible]
陸鴻儀。黃天一。楊鳳山
洋機。小抖亂。肉店桂林
丁春之。李楚石。顏文樑
小呆大。吳三官。阿寶。
大。昭三。林雪懷。三六九
。王三太太。吳湖帆。惠更
生。小阿四。陸菊雙。馮擬
子。葉盤揚。曹松喬。李三
嫒。李傳芳。顧伯年。盧燕
庭。宋友裴。老畫師。許
臘燭。王徵伯。宋芝春。阿春
。吳苑。阿春。吳觀安。金松
岑。顧傳玠。彭笑秋。笛師
阿松。馬夫。阿七。戎法琴。
金山嶺。菓。小孤孀。徐宋珍。
程洋盤。蕭燮龍。馬芳林。

左为著名画家吴子深
右为1933年苏州小报选出苏州100名人录，德高望重的张一麐（张仲老）、李根源（李印老）及画家吴子深、吴湖帆、颜文樑和昆曲传字辈演员顾传玠榜上有名。

吴子深绘　灵岩秋色图

吴子深山水画作

收藏家刘公鲁

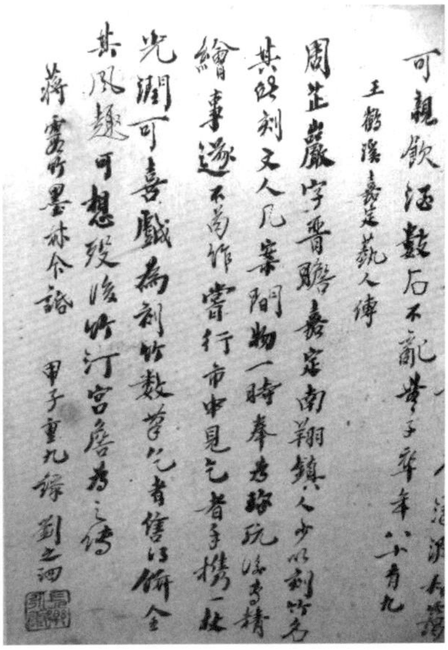

刘公鲁信札

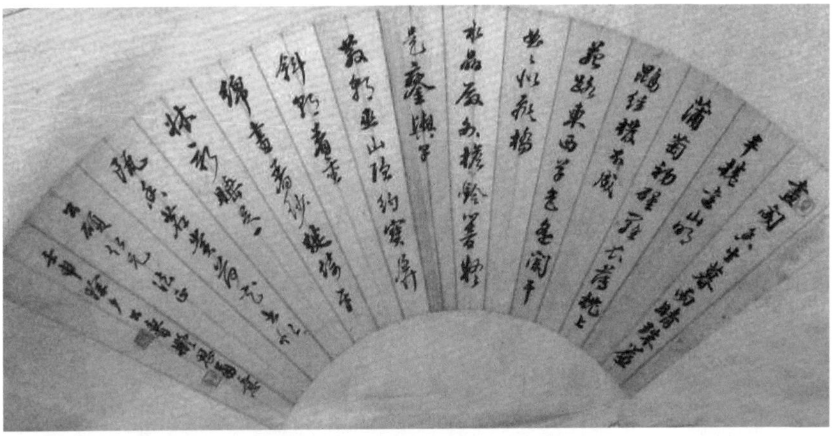

刘公鲁书法扇页　顾笃璜提供

京剧《穆柯寨》中的郑子褒、刘公鲁和荀慧生

《珠帘寨》剧中刘公鲁饰李克用、言菊朋饰程敬思、王瑶卿饰二皇娘、王幼卿饰大皇娘

左为著名鉴藏家、书画家王季迁
右为王季迁绘　仿唐寅赤壁图轴

北宋武宗元　朝元仙仗图（局部）　王季迁藏

新风扑面

1919年元旦，寒风凛冽。中国现代美术史上的第一个全国性美术展览——首届苏州美术画赛会，由颜文樑与杨左匋等人发起，在社会知名人士金松岑、潘振霄、徐咏青及东吴大学校长、美国人葛赉恩赞助之下，于古城旧皇宫（又称万寿宫，吴县教育会所在，今民治路老年大学校址）开幕。

东吴大学校园风貌 现苏州大学

1918年冬，一则为庆祝巴拿马运河开航而举办的“巴拿马博览赛会”的新闻传到苏州。这种“博览赛会”的方式使喜爱新生事物的年轻人颜文樑和杨左匋豁然开窍，一番商议和筹备，开创了以“提倡艺术，互相策励，仅资浏览，不加评判”为宗旨的“画赛会”。具体工作由胡粹中、朱士杰、顾公柔兼管。

杨左匋，1897年生于吴江同里，出身于书香门第，东吴大学艺术团体丽泽会第一任会长。已故著名社会学家费孝通先生在一篇回忆文章中说，他有一个叫杨左匋的舅舅，早年曾留学美国，后来在好莱坞画动画片，是中国第一位动画专家，参与过有名的动画片《白雪公主和七个小矮人》的创作。据《申报》报道：“1924年8月，杨左匋先生谢绝了英美烟草公司（上海）的邀请，乘坐甲克生总统号自费赴美，兼攻音乐及画术二科。随身带有作品数十帧，抵美后举办展览，使彼邦人士一窥真正之东方美术。”当时拟留美约两三年，后来就没回来。他是第一位进入美国沃尔特·迪斯尼制片厂工作的华人动画艺术家。但由于他在国内生活及其从事动画制片的时间比较短，加之历史久远，其生平及艺术成就迄今鲜为人知。

万万没想到的是，一次邀约，反倒成就了中国现代美术史上第一个具有实际意义的全国性美术展览。展览的画种要求“国粹画、油色画、钢笔画、铅画、蜡画、漆画、木炭画、刺绣画等各种画件”，展览的资格要求“个人之著作以及学校之成绩，非抄袭或临摹前人之著作者”。展览时间为半个月。自此，画赛会年年在苏举办。每年自新历元旦第一天起到十五日止。以第五、第十、第十五、第十六届尤甚，展品达千幅以上。作品最多的一届，竟有两三千件。至 1947 年，除日军侵华的八年停展之外，共历二十一届。展览地点前后有六处，即旧皇宫、青年会、铁瓶巷、大公园图书馆、玄妙观、沧浪亭美术馆。以团体加入画赛会的有北大画法研究会、东吴大学飞飞画会、中央大学等。所展作品不分中西古今，基本上网罗了当时苏沪等地有名或无名的画家和美术爱好者。热闹时每天参观者达五百多人，累计十余万人次。

参加展览的除颜文樑、胡粹中、朱士杰等西画作品外，大量展出国画作品，根据史料所得，初列名单如下，足以代表当时书画家的阵容：顾鹤逸、颜莼生、刘临川、吴昌硕、袁培基、程少川、顾仲华、顾墨畦、樊少云、赵子云、陈迦盦、管一得、顾彦平、吴湖帆、陶冷月、冯超然、王韶九、吴子深、顾公雄、顾公柔、余彤甫、彭恭甫、吴待秋、柳君然、陈子清、戚饭牛、张善孖、张大千、王季迁、张宜生、吴秉彝、吴振声、吴似兰、凌立如、徐子鹤、徐绍青、张星阶、朱梅邨、樊伯炎、于中和……在书法方面有：张仲仁、李根源、朱梁任、金松岑、庞莱臣、田桐、黄颂尧、余觉、陈渭士、戴苍奇、于右任、萧退闇、蒋吟秋、王佩铮、陈子彝、范烟桥等。可谓在 20 世纪上半叶的苏州古城迸发出一抹最鲜艳的色彩。

笔者于 1995 年年底调任苏州文化部门，当时颜文樑纪念馆、吴作人艺术馆正在筹建之中。这是两位文化先贤泽被乡梓之举，苏州市政府很重视，市里领导和我的前任已做了大量工作，颜文樑纪念馆就设在他亲手创建的苏州美专仿希腊式大楼旧址，吴作人艺术馆建在定慧寺巷原双塔小学，由早年毕业于苏州中学、曾担任城乡建设环境保护部副部长的著名建筑学家戴念慈设计。美术馆首要的是珍贵的藏品，1996 年春夏，笔者带领两馆筹备工作的负责人和画家们奔波于北京、上海之间，拜访吴作人及夫人萧淑芳和颜文樑之子颜振康夫妇。当时颜先生已去世七年，吴作人先生前后四次脑梗塞，重病缠身，两家人全力支持，令人感动。

春寒料峭，北京车公庄一个新建小区。我与苏州市文化局一位副局长、参与吴作人艺术馆筹备工作的画家沈民义等，来到吴作人先生家。接待我们的是著名画家、吴作人先生的夫人萧淑芳先生及女儿、女婿和其他亲属。吴先生面色清癯、神志不清，坐在轮椅上唱着“咚咚且咚且”的苏州曲调。我轻声地与萧淑芳先生商谈捐赠事宜，不时用苏州话询问沈民义一些细节情况。这时奇迹发生了，来回走动的吴先生听到家乡话，突然清醒，也用家乡话问：“你们是从苏州来的啊？”我们一下子兴奋起来，连声答“是的”。“艺术馆阿建好了？”我向他汇报：“一切就绪，马上可以开馆。”我知道吴先生喜欢昆曲、评弹，特长是擫笛，又爱好集邮，就将事先准备好的家乡昆曲、评弹碟片赠予他，他说他最爱听；我又取出一枚纪念封，说："这就是艺术馆开馆的首日封。"他满脸笑容，连声说好，完全像一个正常人，顺手拿起桌上一支笔，在封上签了很漂亮的"吴作人"三个字。

萧淑芳先生在一旁看呆了，热泪盈眶："你们真有缘啊！他已五六年神志不清，不拿笔了！一切都不用谈了，你们把展品全部带回去吧。"吴作人、萧淑芳先生共捐出作品一百一十幅。翌年 4 月，吴作人先生久病六年余仙逝。5 月 28 日，吴作人艺术馆开馆，萧淑芳先生坐着轮椅参加开馆仪式。艺术馆一周年时，又坐着轮椅，举办了萧淑芳画展。那次，萧先生与我约好，她每年开春要来苏州，既看艺术馆又看梅花，吴作人对她的爱称"梅"，1961 年张辛稼曾陪吴作人和她在太湖赏梅，她终身难忘。后来每年我打电话邀约，老太太每次都无奈地说："腿脚不便，来不了啦。"2005 年因病逝世。

盛夏酷暑，上海淮海中路新康花园一幢绿色的老式洋房。颜家住一楼，二楼住越剧名家袁雪芬，据说"文革"时颜文樑和袁雪芬在这个门口轮流被批斗。那个年代，陈逸飞、陈丹青他们时常去颜文樑家看画，看完后，颜文樑送到这个门口，目送他们至弄堂口转弯，才进屋，每次都这样。我与文化局一位副局长及苏州美术馆画家王勉、姚苏等，与颜文樑之子颜振康及夫人、颜文樑的孙女颜清纯等一起商谈捐赠事宜。客厅并不大，十来个人围坐在一张长桌边，那时没有空调，热情的主人搬出好几台电扇，对着我们吹。牵线人是美专老校友、八十高龄的尢玉淇老人，拖着一条老伤腿，因年纪大，就离电扇远一点，我看到尢老汗流浃背，很不忍心。最终商定，包括颜文樑先生在留学法国时获奖的《厨房》在内的四十余件艺术珍品，入藏颜文樑纪念馆。

苏州美专老校友、著名画家也主动捐赠了作品，如江苏国画院画家黄养辉、浙江美术学院院长莫朴、广州美术学院教授杨之光、上海画家李咏森、湖北画家钱延康等，还有的老校友如中央美术学院教授李宗津、浙江美术学院教授费以复，虽已去世，但他们的亲人捐出了作品。如今这些作品已成为颜文樑纪念馆的镇馆之宝。一些海内外校友还捐了款，后来这些捐款全部用于颜文樑先生铜像的建造。尢玉淇老人为铜像撰写了铭文，他 2013 年去世。

颜文樑纪念馆于 1997 年 1 月 18 日开馆，比吴作人艺术馆早开馆四个月零十天，这是当年苏州美术界的两件盛事。柏拉图说，人的灵魂来自一个完美的家园。这是一种精神、信仰。如吴作人、颜文樑，一生漂泊了那么远、那么久，但仍极力追寻通往故乡之途，伴随灵魂回归美好的家园。

再回到颜文樑的故事上。颜文樑把毕生精力倾注在中国现代美术教育事业和对油画艺术的传播、研究、创作之中。亲聆过他教诲的学生不计其数，其中许多成长为艺术领域出类拔萃的杰出人才，如创作著名油画《开国大典》的董希文，著名油画家莫朴、俞云阶、李宗津、费以复、罗尔纯和著名国画家杨之光、卢沉等都曾在苏州美专求过学。

董希文在后来的教学和演讲中，每提到他在艺术上的启蒙、迷恋、推崇和创新，都要谈及苏州文化，常选的例子便是苏州美专，从中可以看出苏州文化在其艺术发展过程中的重要意义。他创作的《开国大典》被列入中国十大红色经典绘画之首，也被业界公认为20世纪受颜文樑教学思想影响的典型例证。曾任浙江美术学院（今中国美术学院）院长的莫朴先生评价说：

> 颜文樑创办的苏州美专和刘海粟创办的上海美专，都比国立的美术院校创办得早，而且遭受过不少波折和打击。苏州美专在创办之初，没有经费来源，一切费用全由颜文樑先生以及胡粹中等先生在其他学校兼课和卖画的收入来开支，即便后来得到吴子深先生的资助，颜先生也是自己带头节衣缩食，把一切财力物力用之于学校，从而把它建成了一个有一定规模的美术学府。

颜文樑对家乡充满感情，在生命的最后岁月里，他在上海家中，画了许多以苏州及沧浪亭为题材的油画作品。他嘱咐晚辈在他身后，要把画作捐赠给家乡，并亲自圈定了作品目录，其中包括他最心爱的《厨房》。

笔者也有幸与王季迁先生有过一面之缘。2002年2月受市政府委托，我与苏州市规划局局长谭颖率团赴美邀请贝聿铭大师设计苏州博物馆新馆并探讨设计，成员有文广局两位副局长。之前一年，应贝聿铭先生之邀，随市政府领导赴北京参加中国银行总行大厦竣工落成典礼时，正式提出请贝聿铭先生设计苏州博物馆。因2000年11月贝聿铭的三子贝礼中已来苏实地踏勘太平天国忠王府和拙政园。如果从1996年4月参加苏州市委、市政府在狮子林为贝聿铭先生祝贺八十寿辰算起，至2006年10月6日苏州博物馆新馆开馆，笔者与贝聿铭先生亲历十年十次交往，对历届市委、市政府非常盼望贝聿铭亲自来设计苏博新馆的心愿再清楚不过了。当时，贝聿铭先生最关心两件事，一是古城河道水质的治理，二是苏州博物馆的展品征集。因此，2002年访美期间，我与兼任苏州国画院院长的周矩敏一起专程前往纽约王季迁寓所拜访，与之探讨捐赠仇英画事宜，因苏州博物馆“明四家”藏画唯缺仇英。后来由贝聿铭先生牵线，我与其他同仁在赴法国巴黎参加世遗会议时，又拜访了著名画家赵无极先生，因北京香山饭店有“贝聿铭的建筑设计、赵无极的画”之称。这里就说在纽约拜访王季迁先生那次，王老先生已九十五岁高龄，但谈吐清楚，态度积极，还提及少年时随外舅鹤逸先生学绘画，饱窥过云楼珍藏的经历，怀念苏州故乡和过云楼之情令人感动。可惜不久驾鹤西去而捐赠未果，身后又遇后代藏画之争。后其女儿、女婿专程来苏，将王季迁先生八十五幅现代书画作品存苏州博物馆至今，估计是王季迁去世前关照过的。

在1920年成立、被誉为苏州美术事业先声的“苏州美术会”，也是由颜文樑和杨左匋发起。最初的“苏州美术会”聘请怡园画社元老顾鹤逸为会长，会址初在怡园内，吸收会员七十多人，同时刊印《美术半月刊》，登载画赛会中的优秀作品和理论文章，目的在于扩大宣传。编辑工作由顾公柔、蒋吟秋负责。之后"苏州美术会"不断发展壮大，由顾鹤逸出资，顾公柔设计，在铁瓶巷顾宅对门建造了一个希腊式立柱会所，五开间，规模不大，后来的沧浪亭东侧苏州美专的设计仿照了它的式样。1923 年，"苏州美术会"正式落成迁入，当时的会员已增至三百余人，分雕刻、绘画、音乐、诗歌、刺绣、演讲等六部。之后兴办的苏州美术馆、苏州美专都是从这里酝酿产生的。卢沟桥事变后一度停止活动。1945 年抗战胜利后，会务工作趋于正常，有会员两百余人。

1928 年，鹤逸长孙、公可长子顾笃瑾（字荣木）与画友重组怡园画社，志在继承先贤传统，颇得鹤逸赞许。社址在怡园，社员二十二人，有顾季文（笃宪）、朱梅邨、顾孟明、徐沄秋、张仲良、李士俊、蔡迈轩、樊伯炎及女画家樊颖初、樊诵芬、贝聿昭等。三年后，敌燹而散。1930 年初，笃瑾又与苏州同辈画家吴辟疆、樊伯炎、蔡震渊、王选青、潘博山、朱梅邨等，组建"东方美术会"，共推吴辟疆为主干，参加者均为二十岁左右的青年画家。鹤逸老人欣然应聘为名誉会员，以示支持，另一位名誉会员是吴湖帆。会址也设在怡园，除举办画展外，发行美术周刊《东方美》，吴湖帆书其端，仅出六期，也因局势动荡、资金短缺而告终。1930 年 5 月，顾鹤逸逝世，为纪念先人，翌年，顾家七房里的顾彦平重组怡园画社，又称"小怡园画社"，参加者除顾氏后人顾彦平（则正）、顾公雄（则扬）、顾公硕（则奂）、顾荣木（笃瑾）、顾季文（笃宪）外，有徐沄秋、朱梅邨、丁惕予、贝聿昭、吴诗初等二十多人。

从 1895 年到 1949 年，苏州先后成立了冷红画社、国画学社、飞飞画会、桃坞画社、鸣社、冬季书画济贫会、书画赈灾会、冠云艺术研究社、娑罗画社、云社、正社书画会、平社画会、诗画研究会、南园画会、国画研究社、中国画研究社、绿天文艺馆、江苏美术协会、怡园画厅、中国艺苑等画社与画会，如满天星斗，涌现了不少知名度高、艺术上颇有造诣的画家，这是吴门画派在那一时期的一脉传承。

苏州美术的种子远播全国各地，仅举一例：刘知白（1915—2003），安徽凤阳人，号白云、野竹翁、如莲老人等。1933 年考入苏州美专国画科，1935 年拜苏州美专国画科主任顾彦平为师，学习吴门画法，曾入住怡园，潜心研习过云楼所藏名画。刘知白随师学习期间，喜欢石涛，彦平先生见了，像他的伯伯鹤逸先生那样，只是笑笑，十分宽容，使得刘知白在书画的天地中，畅快遨游。他 1949 年迁居贵阳，一生颠沛清贫，去世数年后，其作品才渐渐走入人们的视野。人们赞赏他笔墨精妙的山水，惊叹他大写意泼墨的气势。2012 年底由中国美术馆举办的"重读经典·搜尽奇峰——20 世纪中国山水画选展"，对刘知白的评语："其艺术上承宋元，下接明清，既继承传统精髓，又注重形式的创新，最终法古变今，创造了中国泼墨大写意山水画的新技法，成为中国画史上最具代表性的泼墨大家之一。"

吴作人与颜文樑
——苏州书画百年史（七）

吴作人油画　战地黄花分外香　创作于 1977 年

吴作人艺术馆藏品选：

吴作人油画
孙中山与李大钊会见

国画　大漠行

萧淑芳国画
欣欣向荣

今吴作人艺术馆

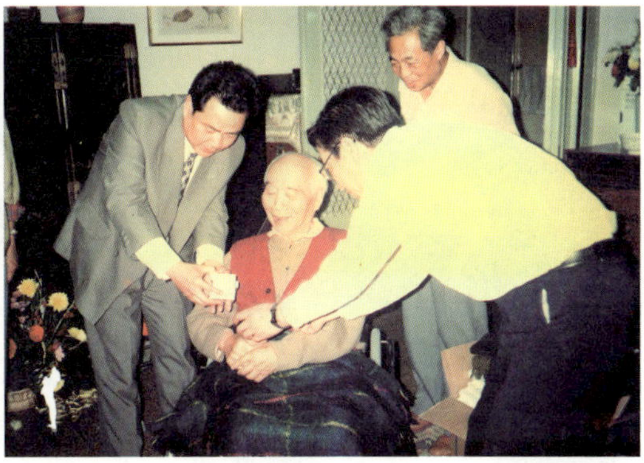

1996 年 5 月 27 日拜访吴作人大师，图中右为吴作人的两位亲属，左为笔者

左为 1998 年 5 月，吴作人艺术馆一周年时，萧淑芳先生坐着轮椅出席画展，推轮椅的为笔者

右为 2015 年 12 月，笔者与来苏的吴作人女儿萧慧、女婿商玉生、外孙商宏合影

沧浪亭东侧原苏州美专，1932 年落成，其教学条件为当时全国美术院校之最。现为颜文樑纪念馆。

1920 年颜文樑在苏州

1929 年粉画《厨房》获法国国家沙龙画会荣誉奖

左为苏州沧浪亭，1927 年挂牌成立苏州美术馆，是苏州历史上第一家美术馆
右为 1996 年，笔者为筹建颜文樑纪念馆拜访其子颜振康及家人

顾氏后人丹青选
——苏州书画百年史（八）

顾彦平山水画作

顾彦平作品

顾彦平画、李根源书　扇面

顾彦平的学生、著名画家刘知白《独有梅花笑不语》

顾彦平　青松拂瑞云

顾笃宪绘赠祥妹
（顾公柔之女小名）
清赏

顾笃瑾绘赠顾笃璜花甲寿

玉涧流泉

《列子・汤问》载，俞伯牙善弹琴，钟子期善听琴。一次，伯牙弹了一首高山屹立、气势雄伟的乐曲，子期赞赏地说："巍巍乎志在高山。"伯牙又弹了一首惊涛骇浪、汹涌澎湃的乐曲，子期又说："洋洋乎志在流水。"从此，高山流水觅知音，传为千古佳话。顾氏先祖三国东吴的丞相顾雍，幼年时曾拜隐居于苏州小王山的蔡邕学琴。晚清自文彬始，祖孙三代皆知琴学。怡园建成后，江南名士常于此举行古琴雅集，怡园成为江南古琴的代名词，名盛一时。最著名的，莫过于1919年仲秋的怡园琴会和1936年早春"今虞琴社"成立为标志的几度琴会。

1919年10月18日，乙未八月廿五日的那次琴会，以寓居吴门的盐商、琴家，杭州人氏叶希明[1]（字璋伯）的名义发起和邀约。叶希明生平行踪所至，必访操缦雅士商榷研讨，与怡园主人顾鹤逸相见恨晚，乐共晨夕，又有吴浸阳加盟。这一天上午9时琴会开始，来自沪、扬、渝、湘、苏等地的琴友共计三十三人，分畅叙琴话、轮流抚琴、单独鼓瑟、试擘箜篌、研究学术、入座飞觞、乘兴双弹、鸿学留痕八个部分。厅堂内悬挂唐代古琴的立轴，两旁陈列宋元明清古琴十五张，其中三张宋琴，有一张据说是宋徽宗的松风琴。

琴会于怡园藕香榭举行，济济一堂。三位僧人拉开序幕，扬州华大王庙广霞和尚的一曲《梅花三弄》开头，苏州圆通寺栖谷和尚、大仙殿琴契和尚分别演奏了《胡笳十八拍》《石上流泉》。栖谷所操琴也属上选，名"冷月疏钟"。接着，有十一人轮次操缦献艺。那天，抚琴共十四人，专门有一个合影。而后，琴家郑觐文表演了鼓瑟《鸥鹭忘机》、擘箜篌《秋风高》，李子昭与吴浸阳、郑觐文分别表演了双琴对弹《风雷引》《良宵引》。虽然短短一天，却挽琴学于颓境，成为古琴艺术迈入近代的标志。叶璋伯依承"兰亭集会"的传统，刊刻《琴会实记》，李子昭绘《怡园琴会图》长卷，吴昌硕作《怡园会琴记》长题，顾鹤逸在《怡园琴会图》上作诗纪念，有"月明夜静倘无事，来听玉涧流泉音"之句。

世界四大古老文明，中华文化是唯一存活下来的，到底什么原因？听古曲《梅花三弄》，便能有所领悟，晋隋以来有此笛曲，为东晋大将桓伊所作，后经唐代琴家颜师古改为琴曲。"梅为花之最清，琴为声之最清，以最清之声写最清之物，宜其有凌霜音韵也"，琴曲中采用完整重复三段泛音写法不多见，"故有处处三叠阳关，夜夜梅花三弄之诮"(《律话》)。《胡笳十八拍》，是根据汉代以来流传的同名叙事诗而创作的琴曲，是我国音乐史上一首杰出的古典名曲。原诗作者一说为蔡文姬，但《后汉书・蔡琰传》中未见记载。乐曲诉说了蔡琰一生悲惨的遭遇，反映战乱给人民带来的深重灾难，抒写了主人公对祖国、对故土的深沉思念及骨肉离别的痛苦感情。古琴的名字，有焦尾、枯木龙吟、雷音，雷劈木是上等古琴的斫造材料——因为自然不可抗力，树被劈死，却发出了铿锵铮铮之声——它的原始象征，虽然中国人灾难深重，落后挨打，之后却自我修复而重新挺立。老一代爱国文化人想到的便是有钱出钱有力出力，有思想出思想有声音出声音，将自己“有美皆备，无丽不臻”的艺术最高境界，奉献给这个多灾多难的民族。高山流水，苍松翠柏，鹤逸先生绘《张琴和古松图》表达的就是这样一种情操。

在苏州盐公堂供职的琴家周梦坡参加了怡园琴会，回到上海，即给挚友、杭州照胆台住持大休上人寄去一信，讲述怡园琴会盛况，并附上由他主编且刚刊印出版的《琴史补》《琴史续》两书。因大休上人在外云游，未能出席琴会。由此引出翌年（1920）10月12日（农历九月初一），周梦坡在他的上海新宅“晨风庐”举办琴会，为期三天，规模更大，来客有十五个地区一百三十余人，其中琴僧有九人，还有四位女士来自美洲；到会的琴家有三十三人操缦，其中有广霞、大休、栖谷三位僧人。会后，刊印了一个专辑《晨风庐琴会记录》二卷（周庆云（梦坡）编，刻本，下卷末附刊：西溪放生新声/郑光裕谱）。

弹指十五年，1935年元月，吴县琴家陈慰苍以明代古杉斫琴，江阴庄剑丞题名“吟海龙”。同年重阳，琴家查阜西弟子庄剑丞邀集苏、赣、闽、蜀诸省旅吴的师友闺秀三十余人又会琴于怡园。蜀中七九老翁李子昭和查阜西、吴兰荪等六人及在吴子女数人相继操琴，会上倡议组织琴社。

1936年3月1日，江苏著名的四琴社之一“今虞琴社”成立于阊门外觉梦庐。据《民国音乐史年谱》记载：“今虞琴社成立时，有国内各派琴学大师李子昭、查阜西、彭祉卿、程午嘉、吴兰荪、吴兆基、汪星伯、徐元白、王巽之、郭同甫，共计28人参加。”

同年8月至翌年3月，苏州文化界及怡园主人曾两度邀请李子昭大师在怡园举行古琴雅集，演奏琴曲《渔歌》等，轰动苏城。唐代韩愈《送孟东野序》曰：“乐也者，郁于中而泄于外者也。”意谓，音乐，是闭结于内心之中而发泄的。李子昭大师于1937年9月病逝，享寿八十一岁，他心爱的古琴“龙吟”在日军侵略暴行中遭侵毁之恸。

今虞琴社名家辈出，如查阜西（1895—1978），别名镇湖，又名夷平，江西修水人，半个世纪以来影响甚广，是琴界公认的现代琴学大师。由于特别精通《潇湘水云》故被称为“查潇湘”，曾参加创建“青溪琴社”，在苏州、上海创建并主持“今虞琴社”，主持编印了《今虞琴刊》。解放后，被调往北京从事古琴艺术研究和教学工作。作为北京古琴研究会发起组织人之一，主持编印了《存见古琴曲谱辑览》《琴曲集成》《历代琴人传》《琴论缀新》等书。吴景略（1907—1987），名韬，号绢曼，常熟人，1936年起担任“今虞琴社”的司社，主持社务，并以“策声琴韵室”名义在上海、常熟等地教授古琴。曾任中央音乐学院民乐系教授，著有我国第一部从初级到高等院校教学使用的古琴教材。

积数十年的深厚功力，钻研创造、形成独特的艺术风貌，在古琴流派中独树一帜，被称为“虞山吴派”。

虞山琴派是我国古琴艺术的重要流派之一，明清时期极有影响，虞山派创始人为明代严天池，创立了“清微淡远，博大和平”的琴曲风格，编纂《松弦馆琴谱》，历来为琴史所推崇。自古以来，古琴是常熟的象征，常熟别称“琴川”，古城水系为七弦河，又称琴川河。东汉邑人有焦尾琴，于是古城内有“焦桐街”，山麓的溪泉名“焦尾溪”“焦尾泉”等。故民国时期成立的琴社取名“今虞琴社”。近年来，常熟被命名为“古琴之乡”，并建有“虞山派古琴艺术馆”“虞山琴社”。

1947 年，由张伯驹、管平湖、王世襄、溥雪斋、查阜西、汪孟舒、杨葆元、郑珉中等人倡议成立了北京琴学社。新中国一成立，人民政府成立了民族音乐研究所，对古琴艺术给予了支持。1954 年北京琴学社改名北京古琴研究会。

上世纪 20 年代末，张伯驹被委派去上海，在盐业银行挂了一个总稽核的头衔，由此邂逅并娶了潘素。卢沟桥事变后，他们在上海避难，一段时间里每周一次，伯驹陪着潘素坐别克轿车来到蒲石路（今长乐路）由义坊顾公硕寓所，从公硕习画，临摹过云楼藏画，时间大致有两三年。顾笃璜回忆，父亲带全家逃难至上海后，租房不易，又要节省，故搬迁好几处，1941 年之后，住在由义坊弄堂内。他家至今藏有潘素当时绘赠公硕先生的一帧山水扇页，上有张伯驹所题。他前几天还见到此帧扇页，放放好，一时间找不到了，找到就让我放书中。我怕老人累了，说不用找了。反正我在整理公硕先生所摄旧影中，已发现潘素在他家画桌边的照片，这帧照片与潘素在照相馆拍摄的一帧倩影，服装完全相同。抗战胜利后，张伯驹夫妇即回到北平，不知是否顾公硕介绍，潘素又从汪孟舒学画山水画。张伯驹夫妇恩爱有加，不失为一段人间佳话。潘素的青绿山水画里，有冰雪却没有寒冷，见空山却不见萧瑟，清秀的底子里只见温暖与美丽。

张伯驹照片

潘素照片

潘素在上海顾公硕住处画桌边
顾公硕摄影

张伯驹（1898—1982），原名家骐，号丛碧，别号游春主人、好好先生，河南项城人。张家与袁世凯是同乡，张伯驹是张锦芳的长子，张锦芳的兄长张镇芳没有儿子，所以伯驹从小过继给大伯张镇芳。张镇芳曾出任晚清最大的盐官——长芦盐运使，以善理财而出名。张镇芳创办的北方第一家商业银行——盐业银行，成为当时的四大银行之一。张伯驹与袁世凯之子袁克文、张作霖之子张学良、溥仪的族弟溥侗被人并称为“民国四公子[2]”。张伯驹的夫人潘素，苏州人。因此，张伯驹是苏州的女婿，他们夫妇以保存重要文物不外流为己任，虽变卖家产或借贷也不改其志。新中国诞生后，他与夫人将一批国宝级的书画[3]捐赠北京故宫博物院等，刘海粟评价说：“他是当代文化高原上的一座峻峰。从他那广袤的心胸涌出四条河流，那便是书画鉴藏、诗词、戏曲和书法。四种姊妹艺术互相沟通，又各具性格，堪称京华老名士、艺帖真学人。”

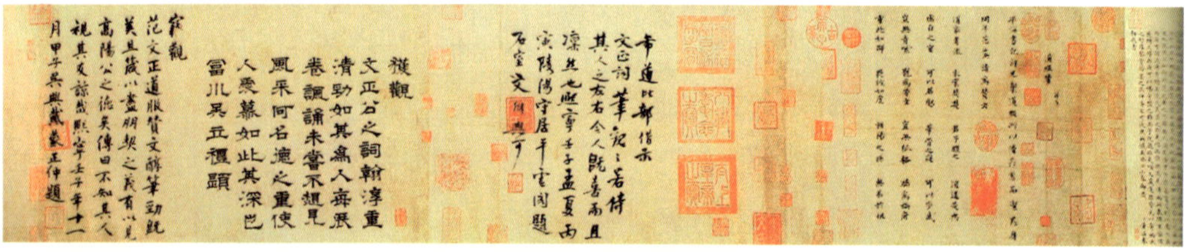

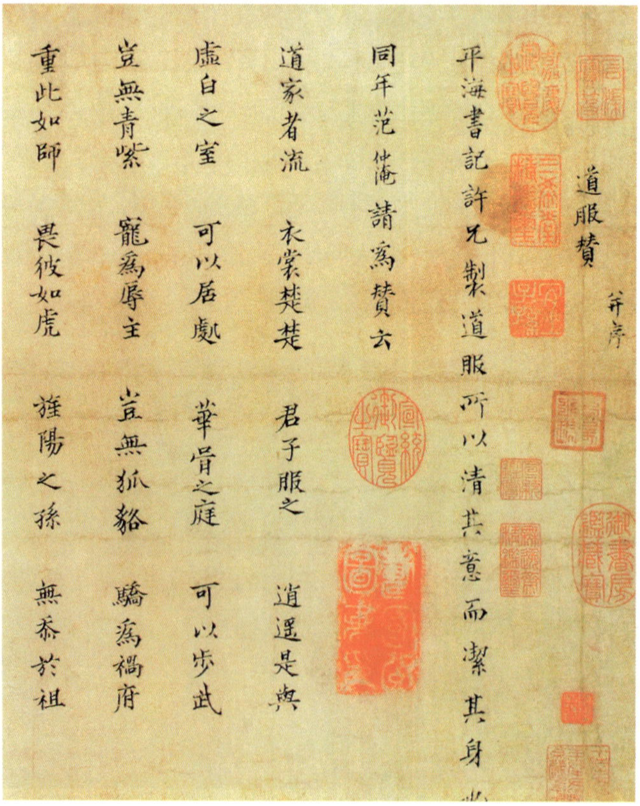

张伯驹所捐宋范仲淹
《道服赞》卷
北京故宫博物院藏

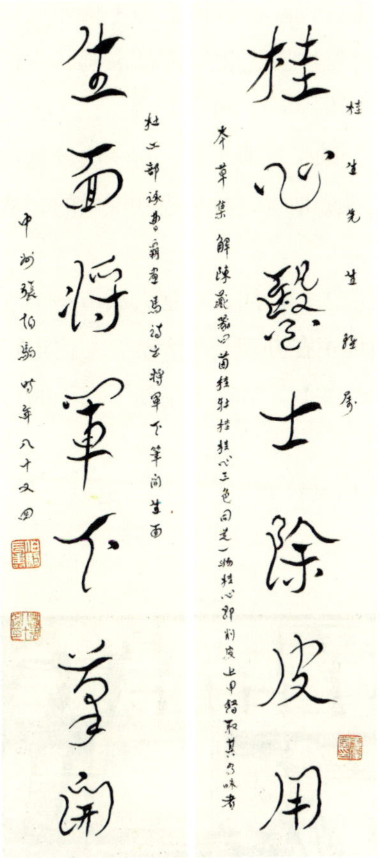

张伯驹的“鸟羽体”书法

潘素的青绿山水　太白山绝顶

潘素的金碧山水　1985 年

笔者在顾公硕遗稿整理中，发现有王世襄所著的《清代匠作则例汇编·佛作 门神作》等油印本，向顾笃璜请教。顾笃璜说，父亲生前与世襄先生经常在书画、古建筑、明清家具、刺绣以及其他工艺美术方面通信研讨，互相切磋，可谓知音。在上世纪五六十年代，工艺美术研究方面有“南顾北王”之称。公硕长世襄十岁，有一次顾笃璜与王世襄见面时，曾夸他的毛笔字写得非常好，王世襄谦逊地说，我是当功课做的，从中不难看到世襄先生对公硕先生尊重有加。

王世襄很有趣，他的诸多雅好中，最喜欢的是活货鸽子，而居住首都大城市一杂院无法养鸽子，这是他最大的遗憾。一次在河南郑州，当地正在办观赏鸽大赛，一位年轻人指着一对黑中泛紫的鸽子问他：“您认识它们吗？”“铁牛！”年轻人见到了真正的行家，激动不已，坚持要将这对几近绝迹的名种赠送给他。

王世襄的夫人袁荃猷，十四岁师从汪孟舒学古琴，后又经管平湖亲授，近六十年，自称“琴奴”。2003 年病逝。

王世襄与夫人袁荃猷

王世襄与收藏的古书、文物

左为王世襄在湖北咸宁“五七干校”，张广绘
右为年迈的王世襄捧着名鸽，似乎又回到了养鸽放飞的青少年时代

王世襄（1914—2009），号畅安，北京人，祖籍福建福州市，著名收藏家、文物鉴赏家、学者。1938年毕业于燕京大学国文系，获学士学位。1941年毕业于该校研究院，获硕士学位。是年冬，去川西李庄，加入中国营造学社。抗战胜利后，跟随故宫博物院原文献馆馆长、北京大学沈兼士教授回北平清查战乱损失的文物[4]。1951年任故宫博物院陈列部主任，不久与马衡院长、朱家溍先生被列为重点审查对象，开除公职，于是他进了刚成立的民族音乐研究所。

“文革”一开始，红卫兵冲进他家的四合院，他明白自己的家传之物和平素收藏躲不过劫难，于是主动向自己当时的单位“文物局文物博物馆研究所”提出了抄家申请。1966年9月2日，古玩、字画、图书、家具等大批财物都被抄走。后来返还，得以整体保存下来。1998年，一位香港友人为纪念父辈，愿出资购买王世襄珍藏的明清家具，捐赠给上海博物馆。王世襄开出的条件仅一个，自己所著《明式家具图录》上的八十件家具，要一件不留地捐赠给上海博物馆，而自己只要十分之一的钱——够在北京城买得起一套公寓就行。

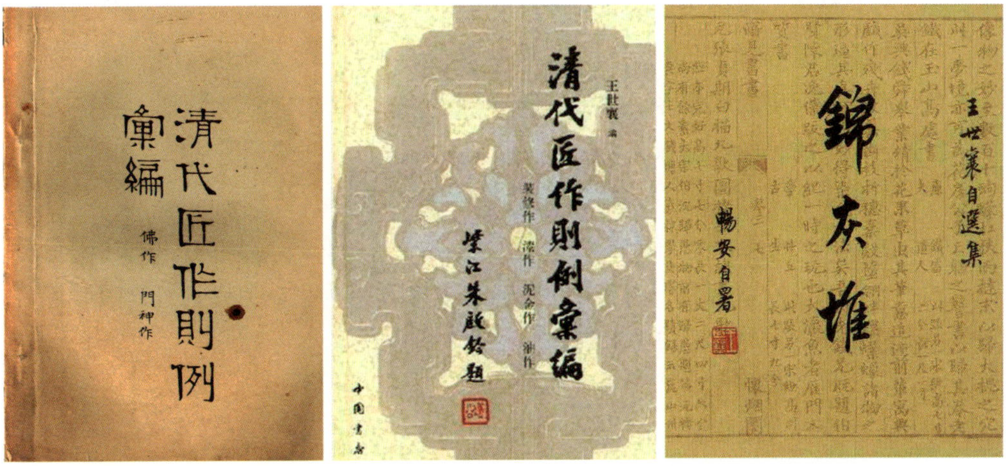

左为顾公硕遗物——王世襄《清代匠作则例汇编·佛作　门神作》1963年6月油印本
中为王世襄《清代匠作则例汇编·装修作　漆作　泥金作　油作》书影
右为王世襄《锦灰堆》书影

王世襄学识渊博，研究范围很广，涉及书画、雕塑、建筑、烹饪等方面。他对工艺美术史及家具，尤其是明清家具、古代漆器和竹刻等均有深刻研究和独到见解，对古典家具的研究在国际上有较大影响。2000年，八十六岁的王世襄将自己一生所写的大部分文章交由三联书店以《锦灰堆》为名出版。一生还有《画学汇编》《清代匠作则例汇编》《雕刻集影》《髹饰录解说》《明式家具图录》《自珍集》等著作。黄苗子先生说他是“玩物成家”，启功先生说他是“玩物壮志”，马未都先生说：“王世襄的独特性就在于他出身上层社会，却关注社会底层的乐趣，这在中国文人里是不多见的。”

溥雪斋是末代皇帝溥仪的堂兄，曾为北京古琴研究会成立立下了汗马功劳。对文化向来关怀的周恩来总理常邀请北京古琴研究会的琴家到中南海演奏，有几次，毛泽东、朱德、陈毅等几位领导人也参加了。北京古琴研究会一成立，研究人员立即开始对全国收藏的古琴进行调查和统计，同时开始了另一个庞大的工程，就是出版和批注所有古琴名曲，把它们写成五线谱，并发行一些古琴的唱片。在短短的几年里，曾录制了八十二位古琴弹奏者的二百六十二首曲目。1962 年出版了《古琴曲集》的第一部分，然后再接再厉，在巡回调查中寻找到两百多篇古琴手稿，成为《琴曲集成》这个中国音乐史上巨作的依据。自 8 世纪以来，所有与古琴相关的名作影印本都辑录在这个全集里面，至今已出版了十七集。

北京古琴研究会的古琴家和研究人员，大都出身于文人阶层，且与苏州有关。管平湖（1897—1967），名平，字吉庵、仲康，号平湖，祖籍苏州，清代宫廷画家管念慈之子。琴艺精湛，曾得“九嶷派”杨宗稷之真传，二十八岁回苏州游天平山时，幸遇武夷派悟澄和尚指教，后又向山东秦鹤鸣道人学会了川派《流水》，他博取三派之长，并从民间音乐中汲取营养，融会贯通，不断创新，自成一家，形成近现代中国琴坛上有重要地位的“管派”。新中国成立后，在中国民族音乐研究所从事古琴研究，代表曲目有《流水》《广陵散》《胡笳十八拍》《幽兰》等，其《流水》被载入美国旅行者一号的铜磁盘唱片，旅行者一号已飞出太阳系，成为唯一传播入宇宙空间的中国音乐。但他的一生却并非一帆风顺，曾长期靠修理家具和漆器为生，他修缮了全国最著名、现保存在北京故宫博物院的唐琴九霄环佩。管平湖在把兴趣完全转向古琴之前，也是学绘画的。

北京古琴研究会的琴家中还有查阜西、吴景略、汪孟舒以及后来的吴钊等，吴景略、汪孟舒、吴钊都是苏州人，查阜西也是从苏州走出去的。查阜西、吴景略、吴钊担任过北京古琴研究会会长。

顾笃璜先生告诉笔者，汪孟舒与他顾家是姻亲、世交，与父亲一代是表兄弟，是他表伯。汪孟舒是汪家长子，卢沟桥事变后，孟舒一直在北京工作。新中国成立后，在中国民族音乐研究所工作，在北京古琴研究会教古琴，也画国画，擅山水，还是最早的摄影家，曾是刘半农组织的光社和过云楼浪华社成员。当时与父亲顾公硕常往来，常通信。“文革”中北京古琴研究会被迫取消，1980 年恢复活动。

改革开放后，1986 年，吴门琴社成立于怡园。名家如吴兆基（1908—1997），字湘泉，祖籍无锡，明天启年间迁湖南汉寿。1912 年随全家至苏州定居。吴兆基之父吴兰荪深谙琴艺，源于岭南派，由于长期居姑苏，其风格特点接近吴派。1920 年，吴兆基学琴于其父吴兰荪，而后学于吴浸阳。吴浸阳原籍四川，弱冠后离蜀而往来于苏、沪、杭间。因而吴兆基的风格融汇了二派之长，琴风潇洒恬逸，质朴古淡。上世纪 40

年代，曾在南京与著名琵琶大师杨大均、古筝家梁再平、二胡家陈振铎、洞箫吹奏家吴南琴等同台演出，他演奏的《渔樵问答》《潇湘水云》尤获好评。1959 年，郭沫若的大型话剧《蔡文姬》在京公演，吴兆基与管平湖、姚炳炎、吴景略等五位琴家为其配奏琴曲，引起轰动。创立吴门琴社，海内外琴人称誉为“吴门琴韵”。

现北京古琴研究会会长吴钊，1935 年出身于苏州一个书香门第，古琴兼音乐史家。其叔祖即燕京大学教授、昆曲专家、词曲家吴梅。其伯祖吴仲培，苏昆教师。1953 年从泛川派古琴大师查阜西学琴。1955 年入天津南开大学历史系，兼从吴派古琴大师吴景略学琴，大学毕业后，入中央音乐学院民族音乐研究所，师从音乐史家杨荫浏研究中国音乐史，1991 年任该所研究员，1993 年任该院博士生导师，2001 年起任中国琴会会长兼全国业余古琴艺术水平考级委员会主任。

据 2014 年 2 月 15 日《苏州日报》报道，经过二十八年的培育，苏州会弹古琴的人已增至 2.5 万，约占全国的 8%，一度濒危的古琴艺术后继有人。苏州吴门琴社现任社长裴金宝介绍，新中国成立前后，全国会弹古琴的人不超过一百个。吴门琴社 1986 年成立时，全市会弹古琴的不过十人左右。2003 年 11 月，古琴艺术被联合国教科文组织列入人类非物质文化遗产代表作名录。这些年，苏州学弹古琴的人数成倍上升。裴金宝说，2008 年全市掌握这门艺术的人，才超过三千人，而如今增至近十倍。其中有老师、学生，还有画廊和刺绣从业人员、银行职员、律师等，走进了寻常百姓家。不仅苏州人，还有外地来苏人员。在年龄上，99% 在四十周岁以下，局面可喜。怡园琴会已成为一种时尚，每月第一个星期天的上午举行，上海等地古琴爱好者蜂拥而至。

2014 年秋，女儿高晴告诉我，苏州博物馆正举办一个古琴展，她在微信中发来一幅东坡琴的现场图片，不是很清晰。我当即赶到苏州博物馆，在前馆长张欣先生的陪同下，观赏此琴。这是中国重庆三峡博物馆的藏品，陈列于展厅正中央的一个玻璃柜中。仲尼式，琴底项部刻“吴趋唐寅”书“松石间意”“绍圣二年东坡居士”，龙池左右分刻祝允明、沈周、文徵明、张灵、文彭、王宠题书。且不论其他，这显然不是过云楼曾珍藏的宋元祐四年东坡的“玉涧流泉”琴。恰巧前苏州戏曲博物馆馆长顾克仁先生借我林西莉著《古琴》一书。林西莉，瑞典人，瑞典文的名字是塞西丽娅 · 林德奎斯特，教授、作家、摄影家和汉学家。1961 年至 1962 年在北京大学读书，同时在北京古琴研究会学习古琴。师从王迪等，并得到管平湖、查阜西诸著名古琴家的指导。她在《古琴》书中述及：

> 1956 年，北京古琴研究会开始了一项重大的搜集工作。查阜西在我的老师王迪和许健（也曾短期做过我的老师）的协助下，用三个月的时间走遍全国各地……发现了人们已经认为不复存在的曲谱和一些著名的老琴，如苏东坡

（1037—1101）曾使用过的古琴，长期收藏在苏州的怡园，但后来辗转到了重庆，被遗忘在重庆博物馆里。

我请教顾笃璜老，他说我的存疑是对的，过云楼曾珍藏两张古琴，一张是宋琴，即苏东坡使用过的“玉涧流泉”琴，因公雄之女顾佛古琴弹得最好，祖父鹤逸先生生前指定传给她，现顾佛已去世，琴在后代人手里，保管得好好的；另一张是明琴，现不知去向，但有它的拓本，琴上也刻“吴趋唐寅”题“松石间意”和祝允明、沈周、文徵明、张灵、文彭、王宠题书，无“绍圣二年东坡居士”字，顾笃璜将拓本借我，我刊印此处，以飨读者。从拓本上题书清晰可见，顾氏家族是先有东坡琴和坡仙琴馆，后有过云楼和怡园，因题书时间为清同治九年、同治十年，而当时尚未建过云楼和怡园。顾笃璜还说，抗战时，顾家无人去重庆，过云楼的东坡琴不可能流失到重庆。我揣测，林西莉教授与我们一样，未曾亲眼目睹过云楼的东坡琴，但须感谢她对过云楼东坡琴的关注。

西泠印社 2011 年春拍也有一张“松石间意”琴，据说是查阜西赠高全朴的。该琴也是仲尼式，琴底项部刻琴名，但无题书者姓名，龙池左右分刻文徵明、沈周题书。此琴琴名与文、沈题刻，除位置稍有不同外，其内容、字数、文体、笔画、字口颜色都与重庆三峡博物馆的“松石间意”琴的相关题刻如出一辙，毫无二致。这样，“松石间意”琴已有三张，待考。

来听玉涧流泉音——怡园琴会百年史

怡园琴会与会琴家

1919 年 8 月 25 日 9 时，怡园名士汇集。根据《琴会实记》中的“到会签名簿式”中的记载，共有三十三人到会，详见下表：

序号	姓名	年龄	籍贯	通讯处
1	释广霞	51	江都	扬州旧城华大王庙
2	陈墨泉	42	江都	上海有恒路武陵里
3	劳于庭	48	长沙	上海长滨路修德里
4	郭诚斋	54	四川	上海山东路荣吉里
5	符华轩	55	四川	上海山东路荣吉里
6	傅载之	54	浙江	上海山东路荣吉里
7	郑觐文	48	江阴	上海爱多亚路江苏水利会
8	卢博寅	48	吴县	苏州醋库巷
9	吴兰荪	37	湖南	苏州吉庆巷
10	周梦坡	56	乌程	上海道达里
11	邱烟云	50	成都	苏州网师园

序号	姓名	年龄	籍贯	通讯处
12	李子昭	63	崇庆	上海兴业里
13	郑玉荪	26	江阴	上海三德里
14	吴浸阳	36	灌县	苏州盐公堂
15	叶璋伯	36	杭县	苏州盐公堂
16	顾公可	28	吴县	苏州铁瓶巷
17	邓璞君	不详	如皋	苏州滚绣巷（坊）
18	王子良	不详	吴县	苏州盛家带
19	顾鹤逸	55	吴县	苏州铁瓶巷
20	顾公柔	21	吴县	苏州铁瓶巷
21	潘仲佳	不详	吴县	苏州庙堂巷
22	潘济之	不详	吴县	苏州海红坊
23	董韵笙	不详	青浦	苏州干将坊
24	释栖谷	47	江都	苏州圆通寺
25	释琴契	54	湖南	苏州大仙殿
26	杨啸初	46	长沙	苏州平望镇
27	张煨然	50	桐城	苏州沧浪亭
28	屈师竹	不详	平湖	苏州大井巷
29	潘骏甫	52	吴县	苏州盐公堂
30	俞申伯	50	吴县	苏州盐公堂
31	叶震群	13	杭州	苏州盐公堂
32	费德保	73	吴县	苏州桂和坊
33	林养源	31	福建	苏州吴趋坊

1919年，苏州怡园琴会抚琴十四人合影，自左至右：琴契师、吴兰荪、李子昭、郑觐文、吴浸阳、周梦坡、杨啸初、叶璋伯、栖谷师、符华轩、叶震群、广霞师、陈墨泉、劳于庭。

1919年苏州怡园琴会琴人合影

堂内高悬唐代古琴立轴
其侧尽陈宋元明清古琴

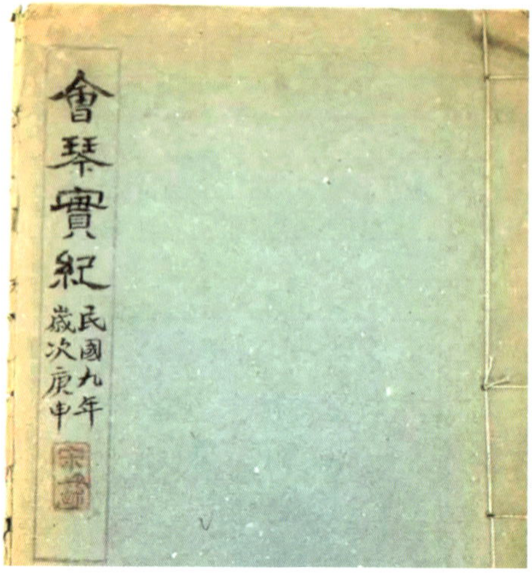

会琴实纪

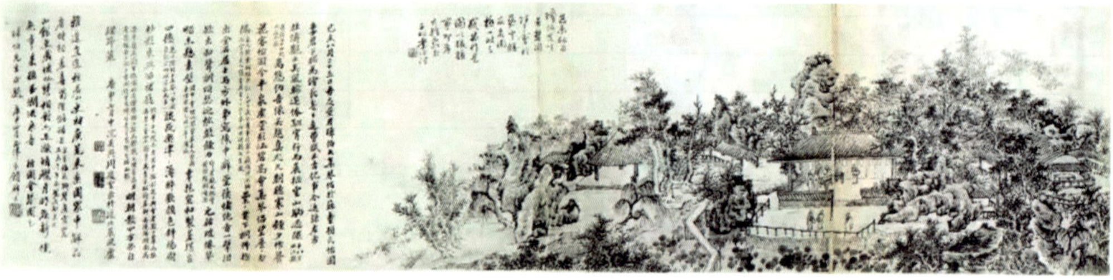

李子昭　怡园琴会图

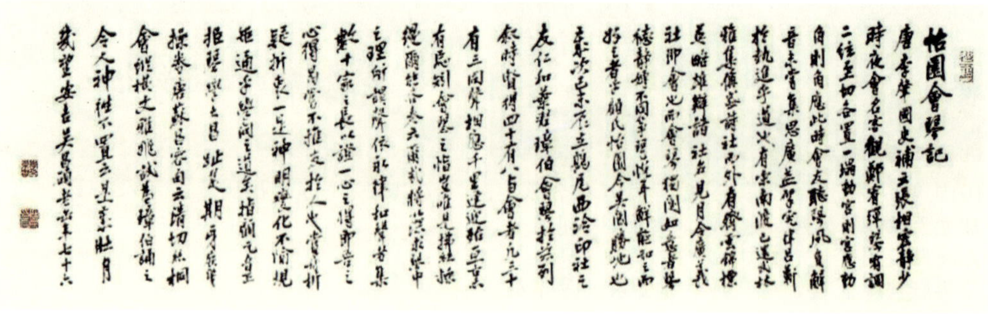

吴昌硕　怡园会琴记

顾鹤逸　张琴和古松立轴　1924 年

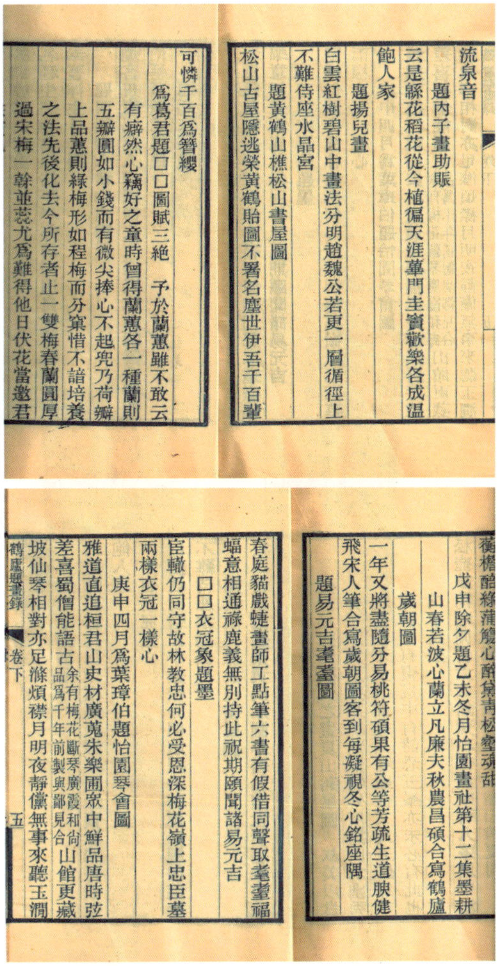

流泉音
題內子畫助賑
云是緜花稻花從今植徧天涯蓽門圭竇歡樂各成温
飽人家
題揚兒畫
白雲紅樹碧山中畫法分明趙魏公若更一層循徑上
不難侍座水晶宮
題黃鶴山樵松山書屋圖
松山古屋隱逃榮黃鶴貽圖不署名塵世伊吾千百輩
可憐千百爲簪纓
爲葛君題口口圖賦三絶　予於蘭蕙雖不敢云
有癖然心竊好之童時曾得蘭蕙各一種蘭則
五瓣圓如小錢而有微尖捧心不起兜乃荷瓣
上品蕙則綠梅形如程梅而分窠惜不諳培養
之法先後化去今所存者止一雙梅春蘭圓厚
過宋梅一榦並蕊尤爲難得他日伏花當邀君

蘅檐醅綠蒲觴心醉黛青松璽頑甜
戊申除夕題乙未冬月怡園畫社第十二集墨耕
山春若波心蘭立凡廉夫秋農昌碩合寫鶴廬
歲朝圖
一年又將盡隨分易桃符碩果有公等芳疏生道腴健
飛宋人筆合寫歲朝圖客到每凝視冬心銘座隅
題易元吉耄耋圖
春庭貓戲蜨畫師工點筆六書有假借同聲取耄耋福
蝠意相通祿鹿義無別持此祝期頤聞諸易元吉
口口衣冠象題墨
宦轍仍同守故林教忠何必受恩深梅花嶺上忠臣墓
兩樣衣冠一樣心
庚申四月爲葉璋伯題怡園琴會圖
雅道直追桓君山史材廣蒐朱樂圃眾中鮮品唐時弦
差喜蜀僧能語古余有梅花斷琴廣霞和尚品爲千年前製與鄙見合山館更藏
坡仙琴相對亦足滌煩襟月明夜靜儻無事來聽玉澗
鶴廬題畫錄　卷下　五

《鹤庐题画录》中《庚申四月为叶璋伯题怡园琴会图》

常熟琴川河穿过古城区
20 世纪 80 年代

常熟六弦河 古琴川七弦之一
摄于 1949 年

1937 年 《今虞琴刊》载苏州怡园琴人雅集

1937 年 《今虞琴刊》载苏州琴人雅集图

龙吟旧影

当年北京古琴研究会大门，如今是普通民宅

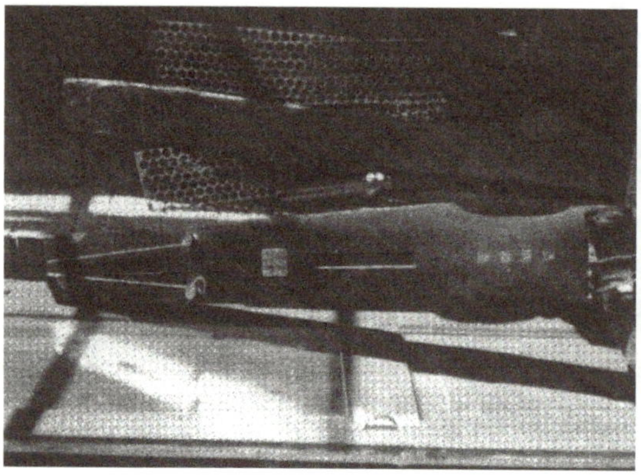

顾公硕拍摄的古琴旧影，琴底项部隐约可见“玉涧流泉”四字

汪孟舒在北京古琴研究会院内弹琴，左坐者为溥雪斋

左为1961年北京古琴研究会星期天音乐会，管平湖和溥雪斋弹琴，查阜西在右边吹箫
右为50年代末北京古琴研究会人员。中间身穿浅色中山装的是溥雪斋，他的左边是查阜西，右边是管平湖，左后是汪孟舒、右后是杨葆元（杨宗稷之子），都是优秀的古琴师

管平湖在弹一张唐琴

吴景略弹奏

左为吴钊弹琴
右为吴门琴社成员在怡园合影，前排右起为吴兆基、叶名佩、黄耀良、汪铎、裴金宝，后排右起为杨晴、吕建福、赵嘉峰

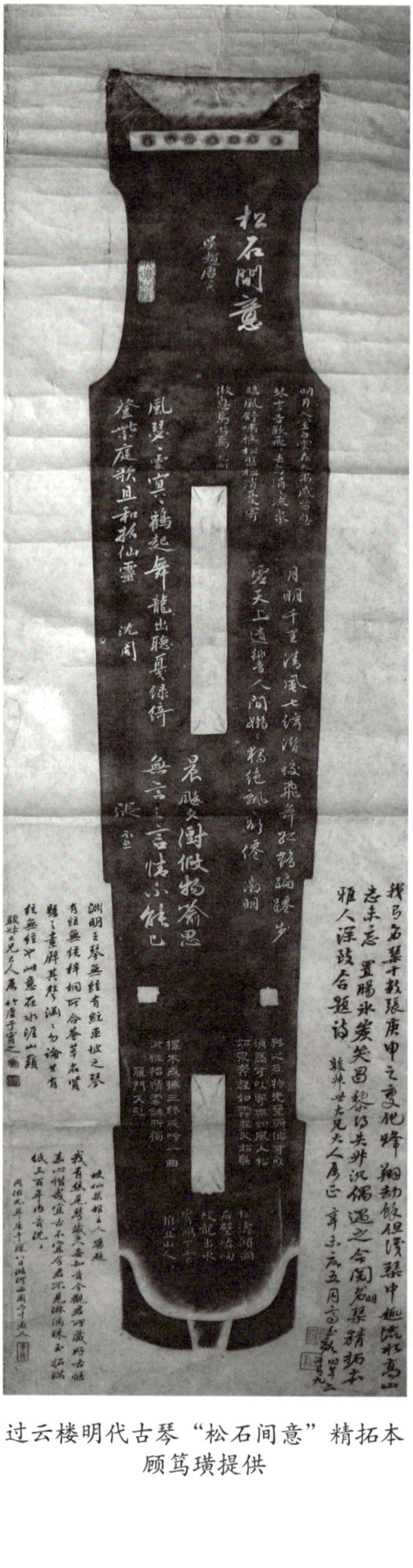

过云楼明代古琴“松石间意”精拓本
顾笃璜提供

古琴展中的“松石间意”琴

明琴上题刻：

坡仙琴馆

松石间意　吴趋唐寅

明月入室，白云在天。万感皆息，琴言告欢。飞飞去鸟，涓涓流泉，临风舒啸，抚松盘桓。消忧寄傲，息焉游焉。　允明

风瑟瑟，云冥冥。鹤起舞，龙出听。戛绿绮，登紫庭。歌且和，招仙灵。　沈周

月明千里，清风七絃。潜蛟飞舞，孤鹤翩跹。步虚天上，遗响人间。娴娴独绝，飘飘欲仙。　徵明

晨飚夕澍，假物喻思，无言之言，情不能已。　张灵

琴之为物，先圣所作，可以消忧、可以寄乐，如风入松，如泉奔壑，如云在天，如鸟择木，或抚三终，或吟一曲，湛性怡情，云和所独。　雁门文彭

松涛澒洞，石壁嶙峋，蛟龙出水，鸾鹤下云。　雅宜山人[5]

明琴拓本上题书三则：

我有名琴十数张，庚申之变化烽翔。劫余但复琴中趣，流水高山志未忘。置肠冰炭笑昌黎，得失升沉偶遇之。今阅明琴精拓本，雅人深致合题诗。　骏叔世大兄大人属正辛未（编者按：即1871年，清同治十年）夏五月高玉谿[6]，时年六十有九。

渊明之琴，无絃有絃。东坡之琴，有絃无絃。梓桐所合，荟萃名贤。悬之素壁，其声渊渊。勿论其有絃无絃也，此意在水涯山巅。　骏叔大兄大人属　竹虚[7]于实之

坡仙琴馆主人嘱题

我有焦尾琴，岁久无知音。今观君所藏，好古惬素心，惜哉！宜古不宜今，君不见淋漓珠玉拓满纸，三百年内音沉沉。　同治九年（编者按：1870年）庚午腊八日潞河西园[8]　六十老人

注：

1. 叶希明（生卒年不详），字璋伯，号鸥侣，一字松雪。浙江仁和（今杭州）人。“性冲淡，善鼓琴，工篆、隶，蓄金石小字甚多，兼治印绝精。著《松雪庐诗草》”（《广印人传》）。清末民初时期，他随两浙盐业界权威人物周庆云（梦坡）在苏州盐公堂（长、元、吴盐公栈，今盛家带3号）协助盐务事宜。对古琴情有独钟，与同事吴浸阳、潘骏甫、俞申伯、叶震群切磋琴艺，以琴会友，结识了虞（常熟）、扬、苏、杭、闽、蜀、湘等地许多琴家。

2. 民国四公子，据张伯驹《续洪宪纪事诗辅注》，人谓近代四公子，一为寒云（袁克文）、二为余（张伯驹）、三为张学良，四、一说为卢永祥之子小嘉，一说为张謇之子孝若。又有谓：一为红豆馆主溥侗，二为寒云，三为余，四为张学良。郑逸梅《清娱漫

笔·袁寒云的一生》则列张学良、卢小嘉、张孝若及袁寒云，不包括张伯驹。林庚白认为自袁世凯去世，四公子就不包括其子袁寒云，应改列孙科。

3. 张伯驹被称为“天下第一藏”。所捐的西晋大文人陆机《平复帖》距今已近一千七百年，是现今传世墨迹中的开篇鼻祖，尊为“中华第一帖”；隋代大画家展子虔的《游春图》距今一千四百年，被认为中国现存最早的一幅画作，素有“天下第一画卷”的美称；还有唐代李白唯一传世的《上阳台帖》、杜牧《张好好诗卷》、五代董源的《潇湘图》、宋代范仲淹《道服赞》、黄庭坚《诸上座帖》、赵佶《雪江归棹图卷》等旷世绝品。李白的《上阳台帖》，张先生是通过中央统战部徐冰同志转呈毛泽东主席的，毛主席收到此帖，观赏数日，异常珍惜，亲嘱中央办公厅转交故宫博物院珍藏，并嘱中央办公厅给伯驹先生代写感谢信，并附寄人民币一万元。张伯驹最后手里留了一幅现存最早的女性画家、南宋杨婕妤的《百花图卷》，他这么表达心声：“我终生以书画为伴，到了晚年，身边就只有这么一件珍品，每天看看它，精神也会好些。”但这样一件被他视为精神慰藉的作品，20 世纪 60 年代下放到吉林时也捐赠给吉林省博物馆，现为该馆的镇馆之宝。

潘素（1915—1992），原名白琴，是苏州一潘姓人家的后代，民国时代出现的许多“美而韵”的传奇女子之一。十三岁那年，母亲过世，父亲再娶。几年后，继母要她操琴挣钱，然而峰回路转，兰心蕙质的她遇上了博雅脱俗的张伯驹。相恋不久，在苏州举行婚礼。他们拜访印光法师，印光法师分别为他们取了“慧起”“慧素”的法号，从此，“素”成了她的名。1936 年师从祁井西、陶心如学画。张伯驹不惜倾家荡产重金收购文物，而理解他、支持他、站在他身后的就是潘素。1941 年，张伯驹在上海被绑架，绑架者为汪伪特工总部的“760”特务组织，僵持了近八个月，张伯驹宁愿被撕票，始终不肯答应变卖藏品。侠肝义胆的潘素变卖自己的首饰，四处周旋，靠家人、友人鼎力相助，才以四十根金条将张伯驹救出。正是拥有这种品质，此后无论是张伯驹被打成右派，还是“文革”遭受磨难，潘素都不离不弃。潘素是一个在中国近现代青绿山水画坛有一定地位的女画家，1982 年在京举办夫妇书画联展，为第六届全国政协委员、民革中央委员、吉林艺术学院教授、北京中山书画社副社长、北京书画研究会理事等。

4. 抗战胜利后，王世襄在国民政府教育部清理战时文物损失委员会驻平津区办事处任助理代表，清理追还被敌伪劫夺之文物，总数达两千余件，一律由故宫博物院接收保管。1946 年底，任中国驻日本代表团第四组专员。次年初，追还被劫夺的原中央图书馆所藏善本图书一百零六箱，由横滨押运至上海，经郑振铎派员接受。新中国成立后，任故宫陈列部主任，1957 年的“反右”运动中，因其对“三反”中的处理有意见，错划为右派。1962 年“摘帽”，宣布的当天调回文物局工作。“文革”中又一次受到冲击。1985 年被评为全国文物博物馆系统先进个人。1994 年聘任为中央文史研究馆馆员，他还是国家文物鉴定委员会委员，第六、第七届全国政协委员。

5. 王宠，明代中叶著名书法家，号雅宜山人。

6. 高玉谿、竹虚、潞河西园，三人生卒年不详，是与顾文彬、顾承同时代的书画、古琴收藏鉴赏家，在本书附录顾文彬写给三子顾承的家书《宦游鸿雪》中提及。

7. 同上。

8. 同上。

百年薪火

顾鹤逸有五子一女，则明（乳名阿高，早殇）、则久（字公可）、延（女）、则扬（字公雄）、则坚（字公柔）、则奂（字公硕）。鹤逸曾于壬戌（1922）岁暮挥泪绘“阿高小影”，并题“儿生于光绪己丑（1889）七月，殇于丁酉（1897）十月，得年九岁”。鹤逸时年五十八岁，正如陶渊明诗曰“奈何五十年，忽已亲此事”，老泪纵横，不禁怀念起已不在人世二十五年的长子。

次子公可，年少时从俞粟庐[1]学昆曲，为入室弟子，时有俞门“一龙二虎”之称（公可生肖属龙；二虎为俞锡侯、俞振飞[2]，同肖虎）。粟庐，武官出身，却好昆曲，晚年人皆称之为“曲圣”。在曲学衰微的清末民初，他与王季烈、吴梅是三大曲家，他以传承“叶堂唱法”为主，王季烈、吴梅以曲学研究为主，均为昆曲的接续作出了杰出的贡献。

粟庐度曲讲究吐字重，行腔婉，结响沉而不浮，运气敛而不躁，对于音韵之阴阳清浊，旋律之停顿起伏，声音之轻重虚实，节奏之松紧快慢，尤为讲究，对昆曲界影响颇大。俞氏本工小戏，但对生、旦、净、末、丑各行曲子无不精通。常唱的有《琵琶记·南浦、辞朝、书馆》《长生殿·惊变、埋玉、迎像、哭像》《玉簪记·秋江》《千忠戮·八阳》《牡丹亭·拾画、叫画》《红梨记·亭会》等戏。《金雀记·乔醋》是其平生得意杰作，乃号称“滕乔醋”的名师滕成芝亲授。

粟庐定居苏州达五十余年，长期受聘于补园张家鉴定书画并拍曲授艺于“十八曼陀罗花馆”。常至宫巷桂芳阁茶园拍曲，参加曲社“同期”活动，并旅沪度曲，启迪后进。1921 年春，与穆藕初、徐凌云共同发起、组成“昆剧保存社”。在穆的竭力推荐和资助下，百代公司为其灌制《三醉》《仙缘》《拆书》《惨睹》（即《八阳》）《定情》《赐盒》《哭像》《拾画》《亭会》《秋江》《辞朝》《书馆》《佳期》等唱片十三面，皆冠生、巾生曲子。俞手书其唱片曲词、宫谱，由穆藕初题字，印成《度曲一隅》传世。翌年，穆又发起、成立以俞氏命名的“粟社”曲社。1924 年 6 月 6 日，俞七十八岁高龄时犹亲自莅社咏唱《荆钗记·见娘》一折。

他著有《度曲刍言》。1953 年，其子俞振飞根据家学辑成《粟庐曲谱》（2 册）行世。曾得粟庐教益者甚多，苏州有吴梅、张紫东、徐镜清、贝晋眉、陆麟仲、尤企陶、顾公可、俞锡侯、吴仲培等。1987 年秋，俞振飞夫妇再度重游苏州，在拙政园卅六鸳鸯馆回忆少年往事，不觉轻轻哼唱起《邯郸梦·三醉》中的《红绣鞋》，而这正是童年时父亲哄他入睡的摇篮曲。

明嘉靖至清乾隆前期，昆曲独领风骚达两百年之久，但到了乾隆后期，便开始衰弱，终于被其他剧种的新腔、新的表演艺术所替代。当时乱弹、滩簧、小调等，“多搭小旦，

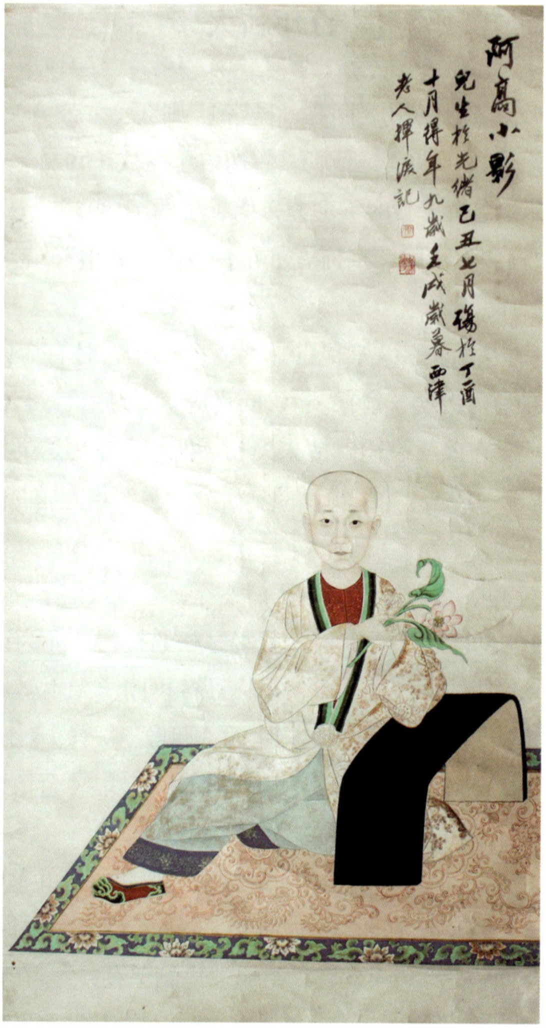

“阿高小影　儿生于光绪己丑七月，殇于丁酉十月，得年九岁，壬戌岁暮　西津老人挥泪记”

杂以插科，多置行头，再添面俱（具）”，颇受欢迎。为庆贺乾隆六十寿辰而组织起来的苏州第一流昆曲“集秀班”，于道光七年（1827）被迫解散。乾隆初苏州昆曲戏班有四十多个，道光二十九年（1849），只剩鸿福、大雅、大章、全福等十多个。光绪间（1875—1908），京戏进入苏州、上海之后，昆曲再度受到猛烈的冲击，一些昆曲演员改习皮黄、京戏，鸿福、全福两个昆班，只得去农村跑江湖，昆曲奄奄一息，濒于绝境。

昆曲在历史上创作了在中国文学史上具有极高价值的剧本。据康雍年间的《传奇汇考标目》统计，有名氏传奇作品三百余种，传奇作家一百四十余人。其中苏州传奇作家占 30%，传奇作品占 60%，张凤翼的《红拂记》、李玉的“一、人、永、占”（《一捧雪》《人兽关》《永团圆》《占花魁》)、王世贞的《鸣凤记》、尤侗的《钧天乐》、朱素臣的《双熊梦》等，都是有相当艺术成就的剧本。表演艺术也日臻成熟，身段表情、说白念唱、服装道具等甚是讲究，老生、小生、外、末、净、副、丑、贴、老旦等脚色等，分工细致，至乾隆时发展成“十二色”，清末行当分工更细。初期演出多为全本传奇，一本四五十出，不是一个晚上能够演完的。从明末清初始，经紧缩凝练，节演整台剧本，从中选取精彩的一折或数折演出，称为折子戏。清代实行文化专制主义，大兴文字狱，剧作家不敢写时事新剧，剧本创作每况愈下。改演折子戏后，乾嘉时曾一度呈现生动活泼的局面。之后，随着晚清国势衰弱而衰弱，昆曲更多地被称为昆剧。

清末民初，具有姑苏风范的正宗南昆仅存一副有三十余人的全福班（又称“文班戏”“文全福”）在支撑局面，风雨飘摇。20 世纪 20 年代初，全福班在苏州长春巷全浙会馆公演，观众不多，三个月后散班。艺人大多穷困潦倒，名角程西亭（正净）吊死在老郎庙内，名旦徐金虎正当壮年，却因贫病而倒毙在上海一条弄堂的垃圾箱边上。苏州、上海一些热爱昆曲的曲友们目睹这一危机，忧心忡忡，决心采取各种措施以延续这一古老剧种的艺术生命。就在著名曲家俞粟庐、徐凌云以及穆藕初倡议下，首先于上海建立了旨在保存祖国这一戏曲瑰宝的“昆剧保存社”。之后不久，1921 年 8 月，又由苏州“褉集”“道和”两曲社的名曲家张紫东、贝晋眉、徐镜清发起，集民间的资力，创办了一所培养昆剧演员的学堂式的新型科班，定名“苏州昆剧传习所”，自筹经费一千元，所址选定苏州城北桃花坞西大营门五亩园，这个地方原是社会慈善民间团体轮香局善堂。还与吴中名士金松岑、费仲深和草桥中学早期校长之一汪鼎臣（家玉）延续虎丘曲会。

传习所创办近半年，办学经费不济，上海票友、纺织工业实业家、祖籍苏州洞庭东山的穆藕初慨然接办，经费由他全额承担。学生进所，不收学费，供给伙食，全部住读。专业教师由当年全福班的主要演员沈月泉、沈斌泉、吴义生、陆缕卿、许彩金、尤彩云、施桂林担任，沈月泉为传习所首席教师。招了三十名九岁至十四岁的贫家子弟，后增加至四十四名[3]，生旦净末丑、唱念吹奏弹，全方位传习。学制五年，前两年教唱、念基本功；第三年开始踏戏；到第三年要学会一百出左右的剧目，然后到上海实习演出，在上海实习演出时，继续向所内老师学戏。

到上海进行尝试性演出时，由上海曲友王慕诘给每个学员题取艺名，姓名中间嵌一个“传”字，表示昆剧艺术有了传人的意思，姓名的第三个字，按学员学的行当取一定的偏旁：外、末、老生、净，用“金”字旁；小生用斜“王”旁；旦角用“草”字头；副和丑用“三点水”。学员学到第三年之后，因为要吃饭就要拼命学戏，陆续可以上演两百多出折子戏，其中《牡丹亭》《金锁记》和《荆钗记》等可用折子戏串成整本演出。

这里说说在昆剧传习所任教，人称“大先生”“二先生”的沈家伯仲，以窥传字辈培养、传承之一斑。

沈月泉（1865—1936），原籍浙江吴兴，生于无锡洛社。晚清昆剧名小生沈寿林之次子。苏州小唱班出身，师承晚清著名翎子生吕双全，工冠生、翎子生，兼能巾生、鞋皮生则得自家传，有小生全材之称。早年搭全福班，清末又受业于苏州著名曲家殷溎深，改业“拍先”（拍曲先生），为曲友“拍曲”“踏戏”，张紫东、贝晋眉、俞振飞等的身段、台步曾得其亲授。1921 年 8 月任苏州昆剧传习所教师，主教小生行，人称“大先生”。先后向顾传玠、周传瑛等传授《梳妆》《掷戟》《茶叙》《琴挑》《楼会》《拆书》《拾画》《叫画》《亭会》《三错》《迎像》《哭像》《拾柴》《泼粥》《守岁》《侍酒》《吟诗》《脱靴》等本工戏。沈对其他行当，也皆精通，如施传镇《别母》《乱箭》中的周遇吉（老生）、朱传茗《乔醋》中的井文鸾（五旦）、邵传镛《北饯》中的尉迟恭（净）、华传浩《问探》中的探子（丑）以及其子沈传芷的正旦戏，均由他亲授。1931 年为苏州梨园公所筹款义演，与学生邵传镛、倪传钺同台献演《击鼓》《堂配》。在苏州病逝，终年七十二岁。

其弟沈斌泉（1887—1926），沈寿林之第三子。工副，兼演小面、白净。长期搭全福班，宣统元年（1909）重行组班时，一度任领班。1919 年起，先后在苏州全浙会馆、上海新舞台、天蟾舞台、小世界等处演出。表演风格酷似名副姜善珍，以冷隽见长，描摹人物入木三分。尤擅方巾戏，如《绣襦记·乐驿》中的乐道德、《跃鲤记·芦林》中的姜诗、《义侠记·挑帘、裁衣》中的西门庆等。1921 年 8 月任昆剧传习所教师，主教副、丑、净，人称“二先生”。上海名曲家徐凌云早年串演的《照镜》《狗洞》等副脚戏，即由他亲授。王传淞、姚传湄、华传浩、邵传镛、周传铮、薛传钢等均出自其门下。传授的主要剧目有《议剑》《献剑》《吃茶》《盗甲》《说穷》《羊肚》《坠马》《下山》《扫秦》《诱叔》《别兄》《访普》、《冥勘》《青门》《嫁妹》《训子》《刀会》《山亭》《花荡》等。其子沈传锟先学小生，后改净，部分大面戏乃其亲授。病殁时仅四十岁。

开办苏州昆剧传习所，救活了一门艺术，这批孩子后来成为一代“传”字辈大师，据说传字辈共能演七百折戏。1956 年浙江国风昆苏剧团排演昆曲《十五贯》，主要演员就是传字辈艺人，轰动全国，又引出了“一出戏救活一个剧种”的佳话。

昆曲抢救、传播过程中，苏州补园张家、过云楼顾家、九如巷张家，还有贝、王、吴、汪等一些大户人家，都有其历史作用。琴、棋、书、画、曲，是士人身份、地位的体现。

在过云楼，顾公可唱曲工冠生，以唱功著称。度曲时神态娴雅整肃，清俊温存，嗓音清亮，南曲不杂北腔，北曲不犯南字，咬字行腔酷似当年粟庐声口。尤对《辞朝》《见娘》《看状》等曲独具研究，为其精雕细琢之拿手杰作，被曲界誉为“顾三出”。20 年代和 30 年代初，参加禊集曲社，并向沈月泉学习身段台步，时亦粉墨登场。他毕业于东吴大学，1929 年去上海大陆银行供职。1942 年因病去世于上海。

说了昆剧，也顺着说说京剧。京剧、秦腔等于新文化运动时被称为“旧剧”。京剧是旧剧，昆剧更是旧之又旧。昆剧溃不成军，京剧便首当其冲。新剧则是话剧，易卜生的话剧最时尚。顾笃璜先生2015年所写《说昆剧传习所》一文中，说到当时社会新潮，对旧传统剧目皆认为“陈腐恶劣，殊不足以为社会教育尽其辅助之责”。

谁料想，1930年，梅兰芳访美七十余天，从东海岸演到西海岸，获殊荣而归，这是京剧艺术的一次重大转折。梅兰芳创立“梅派”，艺术开始进入巅峰期时，曾两度来苏州，至今老一代的苏州人说起此事，都会跷起大拇指，回味无穷。第一次是梅偕夫人福芝芳，1932年11月29日抵苏，逗留五天，除了游览名胜古迹，专门与苏州禊集曲社及京剧票友相互探讨、观摩京昆艺术。梅兰芳之所以能够成长为一代大师，一方面是因为梅兰芳本身勤奋好学，包括从昆剧汲取艺术营养，另一方面也是因为早年有了有识之士齐如山等，为他创造了脱颖而出的条件。齐如山，曾留学欧洲，特别擅长鉴别中西艺术。1916、1917年以后的二十多年中为崭露头角的梅兰芳编创了《嫦娥奔月》《黛玉葬花》《霸王别姬》等以旦角为主的新戏二十六部，后来又把古代描写舞蹈的词赋中的动作找出来，编成身段，教给梅兰芳，是梅兰芳的主要戏袋子之一。齐如山将编剧的原则总结为四句话：“有声必歌”，京剧舞台上有声音就是歌唱；“无动不舞”，没有一个动作不是舞蹈；“不许写实”；“不许真器物、真东西上台”。那时，协助梅兰芳创立“梅派”的还有张彭春，他早年留学美国，归国后协助其兄、南开大学创始人张伯苓主持南开中学，并任南开大学教授，兼任南开新剧团副团长，曾于1930年、1935年两次作为艺术指导，参与策划梅兰芳剧团访美和访苏。苏州的禊集曲社对梅兰芳也有帮助，该社创于清末，1919年由贝晋眉重建，一度与道和曲社合并，是当时有名的曲社，每年春、秋两季常假北局青年会（即后来的新艺剧院）“彩串”。

京剧四大名旦梅兰芳、程砚秋、尚小云、荀慧生演昆曲《牡丹亭》剧照

梅兰芳此行轰动苏州，所到之处万人空巷。大概苏州人觉得不过瘾，梅兰芳也感到盛情难却，于是一个月后，1933 年 1 月 12 日，梅兰芳重返苏州，参加苏州公益慈善筹款演剧会，连演三天。第一天，梅兰芳、萧长华的《苏三起解》开场，然后，梅兰芳、马连良、金少山、萧长华、曹连孝、马富禄、刘连荣、于莲仙等的全本《法门寺》。第二天，梅兰芳、金少山的《霸王别姬》，马连良等的《甘露寺》。第三天，金少山、龚兆熊、钟志翔等的全本《盗御马》，梅兰芳、马连良、萧长华、刘连荣、高莲峰的《宝莲灯》。演出剧场在北局东方大戏院（今开明大戏院的前身），场场爆满，观众为之倾倒。剧场外守候退票的每日在千余人以上，北局为之堵塞。义演期间，梅、马、金三大角住阊门外丁家巷铁路饭店，入城往返由建设局特发临时马车通行证，一破苏州马车不准入城的禁令。从此，开明大戏院与梅兰芳的名字连在一起。新世纪初，苏州企业大改制，人们讲起这个故事，文化部门将开明大戏院挂上了文物保护单位或控保建筑的牌子。

从俞粟庐、苏州昆剧传习所说起
——苏州昆曲百年史（一）

俞振飞父亲俞粟庐，人称“江南曲圣”，与王季烈、吴梅并称清末民初三大曲家

俞粟庐书扇

粟庐曲谱

水磨曲集

粟庐曲谱

左为全福班朱莲芬、陈桂庭《琴挑》
右为“王氏四杰”，王季点（左一）、王季同（左二）、王季烈[4]（左三）、王季绪合影，摄于1932年王谢长达治丧期间

王季烈，著名曲家，著辑有《螾庐曲谈》、《度曲要旨》、《集成曲谱》(与人合作)、《与众曲谱》。依据脉望馆藏本，校订《元明孤本杂剧提要》。晚年为《龙舟会》《桃花扇》等传奇订谱，辑为《正俗曲谱》。民国初，在天津创建景璟曲社、同咏社。返苏州后，创办俭乐曲社，与贝晋眉组成吴社曲社。新中国成立后，应陈叔通之邀，赴北京参加文史馆工作。

穆藕初

穆藕初与俞振飞合影

穆藕初先生为曲谱《度曲一隅》题端

穆藕初（1876—1943），名湘玥，民国初上海著名的实业家。庚子事件以后，大力提倡新学，热心社会公益事业，1921年接办苏州昆剧传习所。后穆藕初经营的纺织工厂、银行连年亏损，自1926年传字辈结业后，传习所宣告停办。抗战时，传字辈的戏衣、道具被炸毁，艺人星散。

左为张紫东，业余昆曲家
右为徐镜清（1891—1939），名鉴，业余昆曲家

张紫东（1881—1951），名钟来，以字行，号适盦，苏州人。其祖父、苏州补园主人张履谦爱好书画、昆曲，延请俞粟庐至家为其儿孙辈拍曲。张紫东习老生，唱念均具功力，又擅擫笛，后又从全福班名艺人沈锡卿（老生）、沈月泉学身段、台步。1915年，在其母寿辰时，首次在补园戏厅与俞振飞同台彩串《牧羊记·望乡》。之后，张经常上台客串，在曲友中被誉为“吴中第一老生”。张是苏州谐集曲社的创始人之一。1920年8月，又与贝晋眉、汪鼎丞等组成道和曲社。

左为贝晋眉，业余昆曲家，国际建筑大师贝聿铭的叔祖。
右为光绪年间，其父贝皖生与四子贝季眉（右一）、七子贝晋眉（左一）合影

贝季眉，名寿同，早年东渡日本，在早稻田大学学习期间加入同盟会。宣统元年（1909）赴德国柏林工科大学学建筑，为中国最早赴欧留学归国的建筑设计先驱。

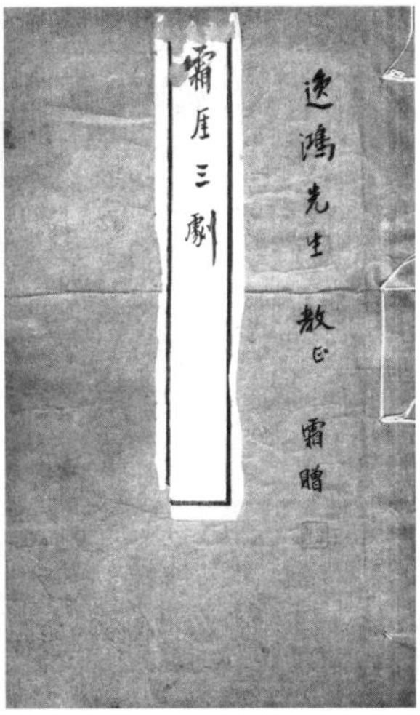

左为吴梅像
右为吴梅著《霜厓三剧》

吴梅（1884—1939），字瞿安，晚号霜厓，长洲县（今苏州）人，著名戏曲理论家和作家。早年曾受教于江南昆曲大师俞粟庐、诗人陈三立、词家朱祖谋、郑文焯，诗、词、歌、赋、散文、戏剧等造诣颇深。在苏州、北京、南京等地大学执教，培养了一批国内外有声望的专家、教授。在曲学衰微的清末民初，吴梅“集三百年来研究曲学的大成，开近代研究曲学的风气”，功绩不可磨灭。

左为徐凌云（1886—1966），字文杰，号摹烟，昆曲曲家
右为徐凌云《安天会》剧照

徐凌云《水浒记》中演张文远的身段谱

左为孙咏雩（1877—1934），苏州道和曲社曲家、昆剧传习所所长
中为沈月泉（1865—1936），昆剧传习所首席教师
右为新乐府创办人之一严惠宇，1926年昆剧传习所停办，翌年12月，严惠宇和陶希泉于上海接受改组成新乐府

左为梅兰芳、俞振飞《惊梦》剧照
右为卅六鸳鸯馆，拙政园内著名水榭，民初曲家徐凌云与俞振飞常在此拍曲

左为1921年成立的苏州昆剧传习所旧址
右为昆剧传习所旧址图　倪传钺绘于1981年

左为催眠图，“生于苏州义巷。幼丧母，严父躬自鞠养。3岁时，父取以《邯郸梦·三醉》中《趁江乡》一曲催眠。余于昆曲感受之早如此。”——俞振飞自叙　戴敦邦绘
右为课曲图，“家自义巷迁居西北街，再徙狮林寺巷，余儿时生活皆于此度过。自6岁始，读书之外，习曲不辍。父挂笛于卧室门后，晚饭毕，每闻启户声，即知我父携笛课曲，非百十遍，余不得就寝；非至一曲娴熟，则不得习新曲。”——俞振飞自叙　戴敦邦绘

过云楼与苏州昆曲
——苏州昆曲百年史（二）

顾公可　20世纪20年代摄于怡园

过云楼顾公柔两幅昆剧照

昆曲《狮吼记——跪池》，过云楼顾公硕（前者）饰陈季常，顾公柔饰苏东坡

顾公硕拍摄的昆曲旧影四幅

顾笃璜（右二）与京昆大师俞振飞（前排左一）
摄于 1982 年

顾笃璜画昆曲

八十六岁高龄的俞振飞于苏州故居前　摄于 1987 年秋

注：

1. 俞粟庐（1847—1930），名宗海，别号韬盦，以字行，晚清松江府娄县人。曾就学于吴江盛泽沈景修，工书法，宗北碑，通金石学，并精于书画鉴别。光绪初年署金山县守备，光绪中叶改苏州葑门外水师营务处办事，移家苏州义巷。尤擅昆曲，早于同治十一年（1872），即从上海怡怡集同籍曲友韩华卿习曲。韩氏宗苏州叶堂（怀庭）唱口，为叶堂弟子。粟庐从韩华卿习曲，前后九年，尽得奥秘，以叶氏唱派正宗传人蜚声曲坛，对苏南、浙西一带的昆曲界影响很大。为弘扬国粹，先后收徒数十人。1930 年 4 月，病逝于苏州乔司空巷新宅，终年八十四岁。

2. 俞振飞（1902—1993），为俞粟庐五十五岁时老来喜得之子，名远威，字涤盦，号箴非，生于苏州义巷。著名京剧、昆曲表演艺术家，儒雅巾生。在京昆艺术实践、教育等方面积极探索，形成独树一帜的俞派艺术，为中国戏曲艺术的发展作出了卓越的贡献，是近现代中国戏曲领域的杰出代表。

3. 四十四名传字辈艺人，现根据他们最后确定的行当、艺名排列如下：

小生行：顾传玠、周传瑛、顾传琳、赵传珺、沈传球、袁传璠、史传瑜、陈传琦；

旦行：朱传茗、张传芳、华传萍、沈传芷、姚传芗、刘传蘅、王传蕖、方传芸、沈传芹、马传菁、龚传华、陈传荑；

净行：沈传锟、邵传镛、周传铮、薛传钢、金传铃、陈传镒；

末行：施传镇、郑传鉴、倪传钺、包传铎、汪传钤、屈传钟、沈传锐、华传铨、蔡传锐（笛师）；

副、丑行：王传淞、顾传澜、张传湘、姚传湄、华传浩、周传沧、徐传溱、章传溶、吕传洪。

4. 王季烈（1873—1952），字晋余，号君九，别号螾庐主人，长洲（今苏州）人，王颂蔚、王谢长达的长子。光绪间中举人、进士，光绪二十二年（1896）至光绪二十九年（1903）江南制造局译书，与傅兰雅合译《通物电光》，编译的《物理学》是国内第一本具有大学水平的物理教科书。1912 年后曾迁居天津、大连、北京，1942 年回苏州定居。其母王谢长达是近代著名女教育家，创办苏州振华女学。在这个家族中，不仅在王季烈一辈兄弟姐妹中有王季同、王季点、王季绪、王季玉等科学家、教育家，下一辈后代中更涌现出王守竞、王守武、王守觉、王淑贞和何怡贞、何泽慧、何泽瑛（王季烈妹妹的女儿）等一批我国科技界精英。颇为难得的是，其家族对昆曲研究、弘扬也有诸多贡献。

幔亭曲社

张充和口述、孙康宜撰写的《曲人鸿爪》叙及："当时苏州最有名的曲社，名叫幔亭曲社（曲学大师吴梅先生题写社名），我和我的大姐元和、二姐允和都是该曲社的成员。"

充和先生所说"最有名"，是指破天荒地由年轻女性组成，而且都是知识女性。她们各自请了教师，红牙低拍，轻歌曼舞，却缺少一个相互交流的社团，于是商议成立女子曲社，每月同期举行一次，社员二十余人。1929 年初夏在怡园成立，缘于词曲名宿吴梅及顾公可、汪鼎臣和画家樊少云、名中医王闻喜等发起、支持。顾笃璜先生说，王闻喜与公雄之长女笃瑄两家，不是世交就是姻亲。作为发起人之一的过云楼二公子顾公可，从上海赶回苏州，把上海大陆银行襄理朱炳来的女儿朱德鸣也带来参加曲社成立活动。

取名"幔亭"，意即用帐幕围成的亭子，因当时女子办曲社是新鲜事。承褉集、道和曲社的传统，推定褉集曲家陈筱蕃的夫人徐企文为曲社社长、金积余的夫人宝秋和道和曲家潘栋甫的夫人雅秋为副社长。这一天，徐企文唱望乡一出，樊诵芬唱玩笺，陈韵玉、韵兰（韵玉、韵兰为陈筱蕃之女）唱游园，樊颖初（诵芬、颖初为樊少云之女）、徐企文、宝秋唱絮阁，陈韵兰、宝秋唱小宴，雅秋唱迎哭，潘德寿（潘振霄之女）、王佩珍（王闻喜之女）唱惊梦，张充和、王佩珍唱琴挑，顾氏怡园莺莺燕燕，又增添了一分雅气。

苏州九如巷张冀牖（1889—1938），字武龄，安徽合肥人，其祖父张树声系晚清淮军名将，当年曾国藩湘军受太平天国英王陈玉成三河大捷重创，无力分兵援沪，命幕僚李鸿章组建淮军。从张树声的父亲、出生咸丰年间的张荫谷起，为声援官兵，对抗犯境的太平军，已经团集乡练，很有基础。到了年轻的张树声手里，经两个月训练，便组建成军，开拔安庆，奔赴沪、苏。张树声是淮军的实际组建者、二把手，因军功卓著，最早担任督抚一品大员要职，清朝设九大总督，他当过直隶、两江、两广三个总督。同治十二年（1873），张树声重修沧浪亭。辛亥革命前的 1906 年，张武龄与陆英成婚，据说光是抬嫁妆的队伍，从合肥四排楼一直延伸到龙门巷，足足排了十条街。辛亥革命发生后，张家由合肥迁沪，1918 年由沪迁居苏州。五四运动后，张武龄接受新思潮，经常与教育家蔡元培、马相伯、吴研因等交往。1921 年变卖部分家产，创办著名的私立乐益女子中学，定名"乐益"是取"乐观进取，裨益社会"之意，开始在憩桥巷租几间房屋，1923 年搬入皇废基南的新校园，即今体育场路 4 号，学校就在张家后面，一墙之隔（1925 年又创办平林中学），1952 年并入苏州市第一中学。

在现体育场路 4 号门口挂一块牌子"中共苏州独立支部旧址"，实际上就是乐益女中旧址。"中共苏州独立支部"于 1925 年 9 月在乐益中学成立，成员有叶天底、侯绍裘、张闻天[1]，三人都在乐益中学任教，叶天底任中共苏州独立支部首任书记，这是苏州第一个中共党组织，它的建立揭开了苏州人民革命斗争的新篇章。叶天底，1920 年 8 月创建上海社会主义青年团的八名发起人之一，1924年下半年受聘来乐益中学任教；侯绍裘，在第一次国共合作时期任国民党江苏省党部中共党团书记，张武龄仰慕他在松江景贤女子中学办学中提倡民主、科学精神，而于1925年亲赴松江，特聘他为乐益中学校务主任兼国文教员，主持乐益和平林两校校务，张闻天和进步教师张世瑜、徐诚美（镜平）、王芝九等随他来苏州。早期共产党人萧楚女、恽代英、施存统、汪伯乐、匡亚明等也在这里从事革命活动。

1927年冬，叶圣陶应商务印书馆之约，开始了长篇小说《倪焕之》的写作，1929年8月《倪焕之》初版问世。全书共三十章，书前有夏丏尊作《关于〈倪焕之〉》及茅盾作《读〈倪焕之〉》两篇代序。8月22日，叶圣陶将两册《倪焕之》持赠鲁迅，当日鲁迅日记中有记。从此，中国新文学有了自己的长篇小说和长篇小说家。柳亚子读后，兴奋不已，发现小说中的“王乐山”原型即侯绍裘。在柳亚子的《书信辑录》中有一封《致姜长林》的信说：“《倪焕之》中之王君，兄以为确系裘兄，就使不是真实的写他，也必是用裘兄为蓝本无疑，是极是极……叶君诚今世有心人矣。”侯绍裘是在1927年“四一二事变”前南京发生的“四一〇事件”中被捕，在狱中坚贞不屈，被刽子手用电工刀活活戳死。柳亚子得知侯绍裘英勇牺牲的消息，悲恸欲绝，撰悼诗一首：“指天誓日语分明，功罪千秋有定评；此后信陵门下士，更从何地觅侯生。”

叶、侯在大革命时期都牺牲了。1925年五卅运动前后，博古[2]、张闻天都在苏州从事革命活动，博古在苏州工专读书，是该校学生会主席，在“中共苏州独立支部”的领导下，组织学生声援上海工人罢工。两人一度都是党的总负责人，十年后，红军长征到达遵义，召开遵义会议，他们作为前后任交接工作。遵义会议拨正了航向，毛泽东指挥红军四渡赤水，三万红军与四十万合围的敌军展开殊死较量，红军中传诵“毛主席用兵真如神”。在中央红军重夺娄山关后的一天，毛泽东在马背上吟诵了一首慷慨激昂的传世词章《忆秦娥·娄山关》：“雄关漫道真如铁，而今迈步从头越。”艰苦卓绝，冲出重围，最后终于到达了延安，他称张闻天是“明君”。参加遵义会议的还有出生于江苏青浦县（今上海市青浦区）的陈云同志，中央政治局委员。青浦与苏州的吴江、昆山接壤，吴语系地区。遵义会议后，中央认为有必要将长征和遵义会议的有关情况及时通报共产国际，并恢复遭到严重破坏的白区党组织，这是极为艰巨的任务。张闻天自告奋勇，但中央领导集体经过再三考虑，认为他重任在肩，于是派出了陈云和潘汉年。他俩分别突破重围，艰苦辗转，陈云于1935年8月下旬到达莫斯科，代表中共中央重新接上了与共产国际的关系，胜利地完成了任务。

1937年卢沟桥事变爆发，两年后，张武龄含着眼泪停办了乐益女中，不久病逝于老家合肥西乡的圩堡里，时年四十九岁。当年淮军的主要将领都是西乡、南乡人，衣锦还乡后筑圩建宅。圩堡，乡民俗称圩子，肥西周公山下张树声家族有张老圩、张新圩，以河设障，防范外侵。世道变了，夕阳西斜，显赫一时的圩堡，已是“旧时王谢堂前燕，飞入寻常百姓家”，出不了“其兴也勃焉，其亡也忽焉”的怪圈。倒是武龄先生生前做了诸多好事、善事，至今人们难以忘却，播下的文化种子如今枝繁叶茂，可见文化在时间、空间上的意义更大，大过显赫和金钱。武龄先生的夫人陆英，张允和在《张家旧事》一书中称她的母亲是“扬州陆家的二小姐”，扬州城东关街冬荣园即陆宅，陆英的父亲陆静溪曾任两淮盐运使，母亲是李鸿章四弟李蕴章之女、李鸿章的侄女。陆英红颜薄命，1921 年三十六岁在苏州家中去世，为张家留下了满堂儿女。婚后十六年生了十四胎，存活九个，前四个是女儿，后五个是儿子。据说女儿幼时小名叫大猫、二猫、三猫、四猫，大名是元和、允和、兆和、充和；儿子幼时小名叫大狗、二狗、三狗、四狗、五狗，大名是宗和、寅和、定和、宇和、寰和。

顾笃璜说，这与过云楼顾家相像，苏州人家小孩子都有小名。如笃字辈男孩子，小名叫官的多，笃瑾（荣木）叫欣官、笃球叫青官、笃瑜叫隆官、笃瑛叫德康官、笃琰叫老颐官、他自己叫和官。

据说陆英生十四胎后，因拔牙引起血中毒而死，疑为败血症。当时张武龄坐在棺木旁，久久凝视妻子那俊俏、苍白的脸，无论人家怎么劝说，也不让盖棺。陆英死后，继室韦氏又生了个男孩宁和。这样张家就有了十个子女。女儿取大名，都是带两条腿的，父亲想她们迟早都要走出家门；儿子取大名，都是顶着宝盖头，父亲想让他们创家立业。张家六兄弟的情况是：宗和毕业于清华大学，从事历史教育，1946 年至解放之前继任乐益中学校长；寅和于光华大学毕业后，留学日本，擅长写诗；定和毕业于上海新华艺术专科学校，作曲家；宇和留学日本，学习农业，后任中山植物园研究员；寰和毕业于西南联大，1949 年一解放任乐益女中校长，之后任苏州市第八初级中学（后改名为景范中学）校长；宁和，音乐指挥家。

1925 年，上海五卅惨案发生，苏州各界纷纷支援。张武龄也参加了这一爱国活动，支持乐益女中师生踊跃开展宣传募捐活动，除在街头募捐外，并在学校设台演戏三天募捐。当时《申报》记载苏州声援上海工人罢工活动情况，称“组织募捐乐益女中成绩最优”。女学生演戏，从未见过，轰动一时。五卅罢工结束，多余的捐款还给苏州，于是便修了体育场旁的这条五卅路。当时家里酷爱昆曲，特请全福班旦角尤彩云给子女们当老师，父亲答应，什么时候能上台唱戏，可做漂亮衣服，所以学得最有成就的是几个女儿。沈从文笔下的“小五哥”寰和亦擅曲。

后来，叶圣陶说：“九如巷张家四个女孩，谁娶了都会幸福一辈子！”四姐妹中，大姐元和与传字辈小生名角顾传玠恋爱而结为伉俪；二姐允和，是著名语言文字学家、汉语拼音方案的主要设计者周有光的夫人；三姐兆和，是著名作家沈从文的夫人；小妹充和，1947 年任北大书法、昆曲讲席期间得识西语系执教的德国学术世家 Frankle 家的一子弟，即后来美国耶鲁大学著名汉学家傅汉思教授，两个世家一东一西，“西方才子遇上杜丽娘”，翌年结为夫妻。

大姐元和，文静端庄，典型的大家闺秀，在上海大夏大学读书时有“大夏皇后”之称。夫君顾传玠，苏州人，经贝晋眉推荐，于 1921 年 8 月入昆曲传习所，师承沈月泉。他天资聪颖，勤奋好学，艺业冠于全班。无论大冠生、小冠生，还是巾生、翎子生、鞋皮生，均能应行，为昆剧生行中全才。曲学大师吴梅十分赏识他的艺术才华，亲自选定传玠在自编的《湘真阁》中演主角姜埃，佐以朱传茗、施传镇、倪传钺等，于 1927 年首演于苏州青年会。1930 年 11 月，在上海，应邀与梅兰芳合演大轴全本《贩马记》，赢得满堂彩。演出一成功，打破了以前剧社演员无等级的局面，头牌顾传玠、朱传茗一下子月薪提高到五十元，引起其他传字辈演员造反，挑头的是倪传钺，不买账。倪传钺进传习所前就小学毕业，他在传字辈中不仅演艺好，文化也好，还会绘画。所在的“新乐府”内部发生矛盾后，顾传玠年少气锐，弃伶求学，改名顾志成，以“有志者事竟成”激励自己，先后进入东吴大学、光华大学附中学习，最后毕业于金陵大学农科，成为传字辈中唯一进入高校深造者。

元和一生痴迷昆曲，当时正与二妹允和等一些女孩子学唱《牡丹亭·拾画叫画》一折，这段近半小时的唱念正是顾传玠的拿手好戏，但顾传玠在上海演戏，却没有这一折。元和给传玠写了一信，希望他能加演这一折，传玠很快回复应允，于是便有了两人的初遇和相恋。

卢沟桥事变后两年，元和与传玠成婚，婚事虽低调却引起不小的轰动，上海小报都用“张元和下嫁顾传玠”这样的标题。夫妇租屋于上海愚园路，常相依在阳台上唱曲，探讨艺术，并同台“彩串”《长生殿·惊变》。元和前往虹社参加曲叙活动，传玠也常随往。岳父张武龄去世后，传玠更为注意反思人生经历，从中总结出“处世要诀”八条，其中有“尊崇人”“掩人之短，阐人之长”等，亲书悬挂作为座右铭。经原“新乐府”创办人严惠宇推荐，出任上海大东烟草公司副经理，1949 年 5 月携家移居台湾台中，在商务之暇，为昆曲爱好者拍曲、授艺，并一度在东海大学传授《牡丹亭·游园》等戏，使姑苏昆曲一脉在台湾传播。1965 年病逝于台中，终年五十六岁。元和移居美国，为推广昆曲不遗余力，1986 年她与充和一起受邀到北京，在政协礼堂“海内外曲友联合演出牡丹亭专场”联袂演出《游园惊梦》。元和演柳梦梅，充和演春香，姐妹四人终于重聚。

二姐允和的出生很惊险，被脐带绕脖子三圈，祖母坐镇指挥一群女仆喷了 108 袋水烟，好不容易才将她救活。姐妹同样学昆曲，别人喜欢杜丽娘、柳梦梅，她却爱红脸关公，因为关公讲义气。十八岁时与同学的哥哥周有光相爱，周有光有点底气不足，担忧地写给她一封信：“我很穷，恐怕不能给你幸福。”允和马上回了十多页信，鼓励他：“幸福是要自己去创造的。”新中国成立后，允和一直在国内从事昆曲研究工作。

1955 年，被沈从文称为“周百科”的周有光上调至北京，进入中国文字改革委员会，专职从事语言文字研究。周有光被称为“汉语拼音之父”。现支持繁体字的著名段子说，汉字简化之后，“親不见，愛无心”，但也有人说，宋代书法家蔡襄的《远蒙帖》就把“愛”写成了“爱”。历代文人，在写书法的时候多少有些变化，写一些简化的字，王羲之的行书《兰亭集序》、欧阳询的《九成宫》中简化的字就为数不少。有人问周有光：“现在有学者借传统文化复兴的热潮，呼吁恢复繁体字，您怎么看？”周老答：

恢复不了的。我说你去问小学教师，最好由教育部做一个广泛的调查，小学教师赞成什么就是什么。小学教师肯定大多数赞成简化字。20 世纪 50 年代要进行文字改革，因为当时中国的文盲占 85%，怎么现代化呢？要广大群众来学，一个字两个写法是推广不了的，必须统一标准。另外，从整个文字的趋势来看，所有文字都是删繁就简，越来越简化，从历史来看、理论来看，都是这样。

但是目前要先稳定下来，我有一次问联合国工作人员，语言学会的工作人员，联合国六种工作语言，哪一种用得多？对方说，这个统计结果是不保密的，但是不宣传，因为有些人会不高兴。联合国的原始文件里 80% 用英文，15% 用法文，4% 用西班牙文，剩下的 1% 里有俄文、阿拉伯文、中文。……我想 21 世纪后期可能对汉字还要进行一次简化。

全球化时代到来，需要与过去不同的世界观。过去从国家看世界，现在要从世界看国家。这个视角一转换，一切事物都要重新认识。

周有光（1906—2017），2016 年 1 月份刚刚过完他的一百一十岁生日，此话是一百零六岁时说的。百年人瑞，头脑清楚，思想前卫。至于写书法，研究文化、文字，当然要懂得繁体字。

允和随丈夫到北京，帮助俞平伯开展昆曲研习社工作。她花了几十年记载的《昆曲日记》，洋洋洒洒十几本，也是珍贵的昆曲研究资料和档案。九十三岁时去世。去世前一直优雅得体，写过一本书《最后的闺秀》，三联书店出版。周有光喜欢简约的生活，但他说，允和在世时，我们上午、下午都喝茶，举杯齐眉，我们的理论是夫妇生活不仅要有爱，还要有敬。东汉时苏州梁鸿、孟光夫妇“举案齐眉”，我们今天不用案了，就举杯齐眉吧。

三姐兆和，在中国公学读书时，穿男装剪短发，轻轻松松取得全校女子全能运动第一名，是个“万人迷”。沈从文在操场见到这位边走边吹口琴、不时潇洒地把头发一甩的女学生，瞬间沦陷。沈从文写诗：“我行过许多地方的桥，看过许多次数的云，喝过许多种类的酒，却只爱过一个正当最好年龄的人。”新中国成立后，兆和一直陪伴在沈从文身边，成了人民文学出版社的编辑。

小妹充和出生八个月就过继给合肥老家的叔祖母释修当孙女，直到 1930 年叔祖母去世，十七岁的她才回到苏州九如巷与父亲、继母及弟弟们一起生活。叔祖母是李鸿章家族，启蒙教育奠定了充和大家闺秀的风范。充和回到苏州，姐姐们都上大学了，父亲单独给她请了一个老师到家里，就是沈传芷，昆曲家沈月泉的儿子，无论小生戏还是正旦戏，样样精通。当时社会，昆曲老师去大户人家需称呼“老爷”“小姐”，尽管张家是一个开明家庭。沈传芷教充和戏，又让张传芳单独教她唱《思凡》，因张传芳擅长《思凡》，这是昆曲行当不成文的规矩，不抢人家饭吃。充和还跟堂名笛师、有“江南笛王”之称的阿荣（李荣鑫）学吹笛，故充和比三个姐姐还学得好。二姐夫周有光说：“张充和的古文造诣比其他姐姐都高。”她更是个“万人迷”，一位诗人对她一见倾心，写出了著名的《断章》四句：“你站在桥上看风景 / 看风景的人在楼上看你 / 明月装饰了你的窗子 / 你装饰了别人的梦”。

充和随傅汉思定居美国后，先与汉思任职于加州伯克利分校，她在东亚图书馆，后迁康涅狄格州，傅汉思在耶鲁大学教中国诗词，她在该校美术学院教授书法，兼授昆曲。身为汉学家的傅汉思写道：“我的妻子体现着中国文化中那最美好精致的部分。”半个多世纪以来，她先后到北美二十多个大学演出昆曲，包括哈佛、普林斯顿、芝加哥、威斯康星、斯坦福、加州大学和加拿大的多伦多大学，甚至到中国台湾和法国演出。

《曲人鸿爪》是“百岁张充和系列作品”之一，涉及曲友众多，抗战前后有吴梅、杜岑、路朝銮、杨荫浏、唐兰、卢前、汪东[3]等；1949 年后在美国结识的有李方桂、胡适、吕振原、王季迁等，台湾有吴子深、蒋复璁、郑骞、焦承允等。在后来美国推广昆曲期间，她认识了姚莘农、余英时、吴晓玲等人。

充和先生曾说，1968 年正值中国大陆如火如荼的“文革”，充和在哈佛讲昆曲，与她的女弟子示范表演《思凡》和《牡丹亭·游园惊梦》。之后，著名华人学者余英时教授写了两首诗赠她，诗中有两句“不须再奏前朝曲，故国如今无此音”。这首诗后来引来包括充和及好几位曲友答和，答和诗中都有“不须”二字，故称“不须曲”。

转折是 1978 年，二姐允和从南京看昆曲回来，兴奋地写了两首和诗快寄充和，其中一首：“十载连天霜雪侵，回春箫鼓起消沉。不须更写愁肠句，故国如今有此音。”收到信，充和十分感动，立刻和了两首，其中有“委屈求全心所依，劳生上下场全非。不须百战悬沙碛，自有笙歌扶梦归”。

二姐允和是一位女汉子，在经历了最猛烈的政治风暴以后，她的情感和身体竟然都没有留下什么创伤，实在是个奇迹。三姐兆和也是这样，八十八岁高龄曾为周有光和允和合集《多情人不老》题签。1978 年，充和首次回到苏州，之后 1983 年与傅汉思回国访问，1986 年回国参加“纪念汤显祖逝世三百七十周年”活动。

人称充和先生诗、书、画、曲四绝，这是古代文人的极致。1982 年 5 月 23 日，由陈从周牵线、苏州营建的坐落于纽约大都会艺术博物馆二楼玻璃天棚下的精巧中国园林“明轩”的落成仪式上，充和先生演唱《金瓶梅》明曲，人称“这个仕女图里的女人，让西方人认识到了最古典的东方美”。1985 年充和先生由耶鲁大学美术学院讲席上退休时曾赋《浣溪沙》云：“暂别成真隔世游，离家无复记春秋，倩谁邀梦到苏州。月满风帘慵理曲，秋深烟渚怕登楼，也无意绪蘸新愁。”自然是一番乡愁心绪，她真的很想回到苏州。同年写的那副隶书对联：“十分冷淡存知己，一曲微茫度此生。”联好字好，堪称神品，如果她的老师沈尹默看了一定又说：“无纤毫俗尘！”从美国迢迢寄回苏州精裱。张充和 1998 年发起成立“海外昆曲社”，是美国最有名的昆曲社，而且一直坚持下来，还培养女儿学昆曲。

2004 年 10 月，那时傅汉思已于 2003 年病逝。充和最后一次来苏，在九如巷老宅小住，陪同她的人说，听充和先生唱昆曲，满室曲香，怪不得老太太年轻时演《游园惊梦》轰动整个重庆文化界。她在苏州中张家巷的昆曲博物馆举办书画展，展出昆曲工尺谱等书法作品，捐赠手抄昆曲《活捉》《寄子》等演出本和点翠头面。2010 年委托她在美国的昆曲学生陈安娜女士转赠了“功深镕琢韵独悠”书法作品。

顾老回想往事，怀念充和先生和她的丈夫傅汉思。顾笃璜曾陪傅汉思去虎丘，那时正在修缮倾斜度加大的虎丘塔。傅汉思对维修工程很在意，他站在塔下与顾先生说，一定要维护好虎丘塔饱经风霜的风貌，要修旧如旧，从视觉上讲，最好连瓦缝里的草也不要拔除，如果整旧如新，那样会失去一种沧桑美感。这些观点与顾老对于昆曲传承保护的理解不谋而合。

九如巷张家与昆曲
——苏州昆曲百年史（三）

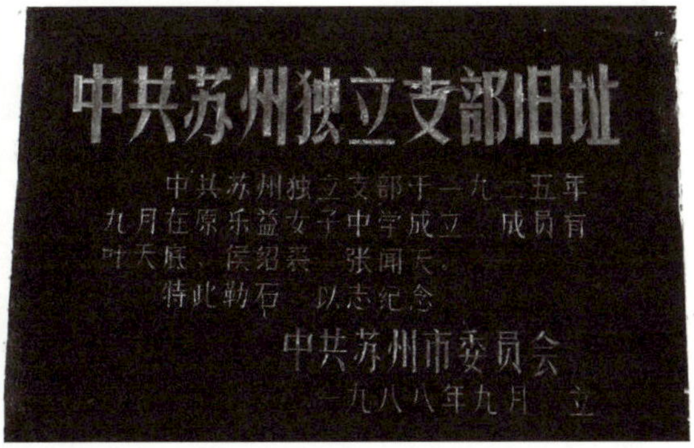

左为苏州九如巷 3 号张冀牖故居
右为中共苏州独立支部于 1925 年 9 月在原乐益女中成立的石碑

苏州九如巷张氏　摄于1946年：
第一排自左向右：周晓平、沈龙朱、沈虎雏
第二排自左向右：张元和、张允和、张兆和、张充和
第三排自左向右：顾传玠、周有光、沈从文
第四排自左向右：张宗和、张寅和、张定和、张宇和、张寰和、张宁和

左上为四姐妹和父亲张冀牖在九如巷宅
左下为陆英仅存的一张照片，摄于上海某照相馆
右为苏州九如巷张氏全家福

左为大姐张元和1935年在苏州火车站月台
中为张元和与张充和在美合演《游园惊梦》
右为张元和九十岁生日演出《牡丹亭·学堂》，扮演杜丽娘

左为顾传玠（1910—1965），传字辈表演艺术家
中为顾传玠剧照
右为顾传玠（右）、朱传茗的《跪池》

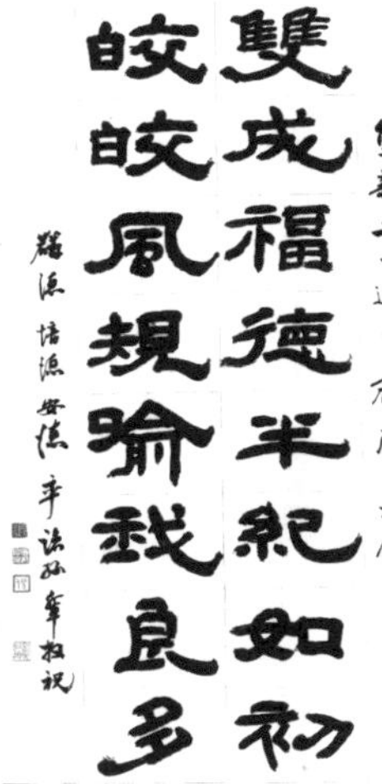

左为张家三女婿合影
中为二姐张允和（右）、张传芳的《琴挑》
右为张充和为周有光、张允和结婚五十周年所题书法

周有光和张允和晚年幸福生活

周有光题赠陈安娜汉语拼音画扇

左为张冀牖与三女婿沈从文在九如巷宅，摄于1935年左右
中为三姐兆和与小弟宁和，摄于上世纪40年代
右为张兆和题签《多情人不老》

张充和倩照

傅汉思与张充和结婚照

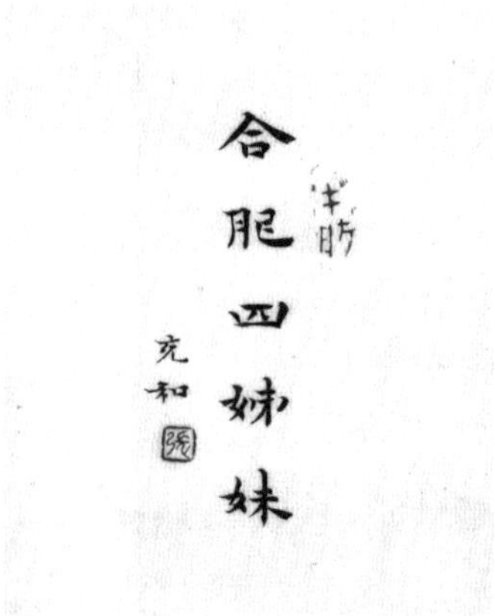

张充和题《合肥四姐妹》
约2007年作

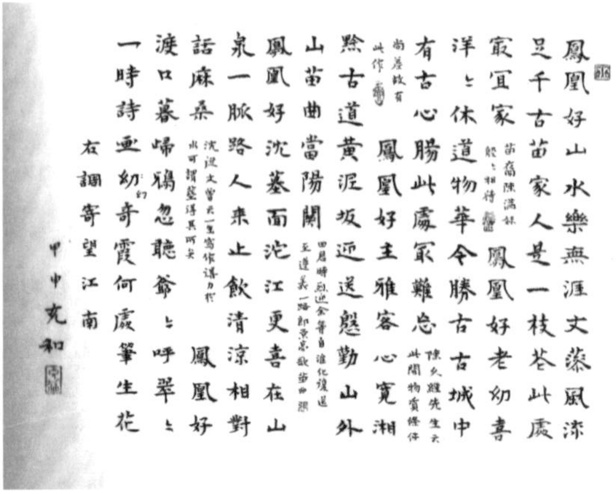

张充和书《题凤凰沈从文墓》
斗方　2004年作

1940 年代张充和昆曲扮相

张充和昆曲扮相

张充和赠丈夫傅汉思画梅
1976 年作

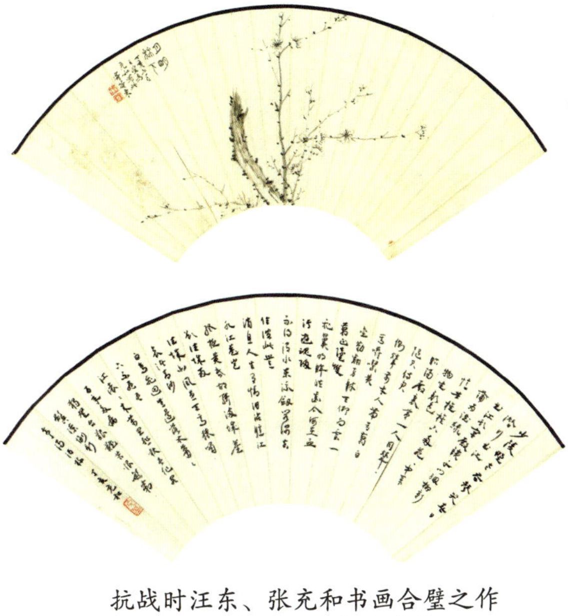

抗战时汪东、张充和书画合璧之作
1947 年作　张充和珍藏

1947 年，乐益女中师生在苏州天平山合影，右一张寰和，右三张兆和，右四张允和

左为四姊妹合影于 1985 年，前充和，后左起：允和、兆和、元和
右为 2004 年 10 月，苏州中国昆曲博物馆举办张充和书画展，右四为张充和

张充和捐赠的书法作品　功深镕琢韵独悠

充和先生直到百岁高龄之时，还咿咿呀呀，唱曲不息。2015 年 6 月 18 日凌晨 1 时，充和在美辞世，享年一百零二岁。弥留之际，陈安娜女士陪在身边。安娜理理她的白发，亲亲她的额头……“你想不想 Ian（儿子以元）和 Emma（女儿以谟）啊？”“想啊！”“你想不想汉思？”“想啊！”“汉思在哪里？”“汉思啊，汉思在康州。”“你在哪里啊？”“我在苏州。”充和先生魂归故里。回不去的地方叫梦乡，到不了的地方叫远方，多少人就是这样，一直在路上。

注：

1. 张闻天（1900—1976），江苏南汇（今上海）人，原名应皋，又名洛甫，字闻天，中国共产党早期重要领导人。1925 年加入中国共产党，1933 年进入中央革命根据地，1934 年 10 月参加长征并出席遵义会议。抗战胜利后，到东北工作，1946 年春任合江省（今黑龙江省内）省委书记，1948 年春任中共中央东北局常委兼组织部长，1949 年调任辽东省省委书记，为东北根据地的开辟和建设作出了贡献。新中国成立后，1951 年 4 月出任驻苏联大使，1954 年底回国任外交部第一副部长，1956 年在中共八届一中全会上当选为中央政治局候补委员。

2. 秦邦宪（1907—1946），又名博古，江苏无锡人，中国共产党早期重要领导人。1921 年夏，考入苏州工专之际，恰是中国共产党成立之时。在苏工专就学的四年，是他走上革命道路的起点。1925 年震惊中外的上海“五卅”惨案发生，其时，年仅十八岁的他正值肺疾缠身，因吐血而卧床多日。身为苏工专学生会主席和苏州学联主席的他，积极配合中共苏州独立支部负责人叶天底（乐益中学教师），组织了 5 月 31 日下午在苏州北局召开的各学校学生代表八百多人的紧急集会，6 月苏州学生、市民又掀起四次声援高潮。苏州学生和各界共募捐两万余元送往上海，后上海商会将部分捐款退回苏州。苏州各界将款用于翻修体育场旁的道路，路名定为“五卅路”。

3. 汪东（1890—1963），初字叔初，后改名东，字旭东，号寄庵，别署寄安，别号寄生、梦秋等。江苏元和县（今苏州）人。早年肄业于上海震旦学院。光绪三十年（1904）东渡日本，在日本早稻田大学预科学习。其间参加同盟会，参加反清斗争。民国元年（1912）初任《大共和日报》总编辑，翌年赴北京，先后任总统府政治法咨议、政事堂礼制馆嘉礼主任编纂员等职。后任中央大学文学院教授、中文系主任、院长等职。卢沟桥事变后，辗转入川，任国民政府监察院委员、礼乐馆馆长、国史馆纂修等职。新中国成立后，历任上海市文物保管委员会委员、苏州市人民委员会委员、苏州市政协副主席等。

国学家塾

过云楼第三代主人鹤逸重视子孙教育，有两种途径：一种如送二公子公可读东吴大学；一种于1926年春，过云楼自办国学馆，聘孙伯南[1]入馆设帐授经学，教授族内及亲友子弟修读经史典籍和品鉴书画金石。

“国学”这两个字连起来用，历史悠久，《周礼》里就有，但那是指国家所立的学校的意思。现在我们使用的“国学”的概念，只是中国传统文化的一部分，主要指它的学术部分，且发生的时间比较晚，大约在上世纪初，比如1902年梁启超与黄遵宪的通信中，黄提到梁有创办《国学报》的设想，黄认为在时间上梁启超的想法未必合适，这封信在《黄遵宪全集》能够查到。章太炎使用“国学”的时间也比较早，而且他是当时最有资格被称为“国学大师”的人。

1922、1923年，胡适和梁启超两位大师级的人物，分别开了两个国学书目。胡适的书目叫《一个最低限度的国学书目》，刊在1922年《读书杂志》第七期上，列书籍一百八十四种。梁启超不大赞成，认为他该列入的未列入，不该列入的倒列了不少，索性另开了一个书目，叫《国学入门书要目及其读法》，1923年4月26日开列，收书籍一百四十一种。1922年，北京大学成立国学门，1925年清华大学成立国学研究院，分别聚集了一批学者。北大的学者，章太炎的弟子不少，也招收了学生，出版的刊物称《国学季刊》，胡适写的发刊词。清华有王国维、梁启超、陈寅恪、赵元任四大导师。但分别存在了四年时间，原因很简单，20年代末大学的学术分科日渐细化，文、史、哲成为各自独立的学科。人文是什么？如非常广义地划分，也就是文、史、哲三个大方向。

当时知识精英们提出国学概念，是因为传统文化受到冷淡，严重流失，像贴出寻人启事一样寻找母亲文化，现在文化寻根又像小女儿寻找亲生母亲一样。失去母亲文化久了，自发的理性追求当然特别强烈。但正如周有光老人所说，复兴中华文化，重要的不是文化复古，而是文化更新。不是以传统文化替代现代文化，而是以传统文化辅助现代文化。

孙伯南博学多识，曾随四个省的学政当幕僚，光绪时任学政阅卷房官，后在办于苏州可园的存古学堂任教经学，名师出了不少高徒。郑逸梅有专文叙述孙伯南及过云楼：他每天上午任学校课务，下午设馆顾家，教学生诵读《五经》及《纲鉴易知录》，读写近代古文，又复吟诵唐诗来调剂精神。课余还带学生到怡园读楹联，这些都是顾氏上代顾子山所集的宋人词句，妙造自然，天衣无缝，一边读一边解释。有时师生还同往护龙街，逛旧书铺，学生们由此涉猎典籍，对版本目录学有初步了解。孙伯南还旁通金石之学，精于书法，“写字应当注意全面布局，一气呵成，字行狭者扁之，短者长之，变化万端，而间架结构，也不一定按照成法”，“临一本帖，学一种体，必须再学一本帖，一种体，以神化之，所以读书贵专，学书贵博。学篆则字义明，学草则落笔速，个中三昧，尽在于此”。他把《说文》作为学生必修之课，因有家传，其父传凤著有《说文古本考补》。

民国后，废经学课程，伯南先生在苏州公立第一中学堂（草桥中学）担任国文教员，培养了叶圣陶、赵善昌、王伯祥、顾颉刚[2]等博览群书、钻研学术的兴趣。1944年12月，到了知天命之年的顾颉刚，回首童年往事，饱含深情地写道："孙伯南先生（宗弼）者，圣陶之表兄，治经学及小学，为中学国文教师。"后为存古学堂经学助教，"我辈向往心切，常至彼校，继续听孙先生谈。""圣陶之写篆文，予之治经学，皆孙先生诱导之。先生为人，坦荡无町畦……真一教育家也。"伯南先生还执教过省立女子师范、省立第二农业学校、振华女校和上海浦东中学等。在上海浦东中学兼课时，指导学生钱昌照写诗填词和书法，钱昌照每次国文考试都是满分，留学归国也不忘立即到苏州探望孙老师。

顾廷龙[3]与过云楼顾公硕是草桥小学同班同学，过云楼《鹤庐印存》即由顾廷龙题签。他俩在顾颉刚、钱昌照等人面前，属于小学弟。顾廷龙曾得伯南先生指点读《说文》和写篆字。

伯南先生是一位有责任心的好好先生。辛亥革命时期，位于沧浪亭可园的江苏存古学堂停办，遗留下数万卷古籍，其中不乏善本、珍本，江苏提学使樊恭煦就请伯南先生与金树芳负责保管，他索性每天都住在可园，直到1914年江苏省立第二图书馆在可园成立，使这些图书得以永久保存，后改名江苏省立苏州图书馆。他还经常救助贫困的人。有一年除夕，他听见卫道观前的邻居家刮米缸底的声音，于是暗地里出钱买了数斗米，让伙计送去，邻居十分惊讶，当担米的伙计描述出付款者的体貌特征时，才知是行善不留名的孙伯南。1934年2月19日，孙伯南遽然因中风逝世。善行无迹，但至今流传，他是后人心中的一盏灯。

孙伯南先生入馆后，改变了旧私塾呆板的教学陈规，显得朝气蓬勃。面向社会，"闻声而来过云楼"，除顾氏子弟外，亲友子弟都非常愿意来。第四代公雄、公柔、公硕三兄弟与侄儿笃瑾（荣木）等，均在过云楼学馆受业，"同窗共读，道义相得"。据弟子们回忆，每当课间，孙伯南老师要"歇歇""小乐惠"（苏州方言"放松片刻""稍享受一下"）时，弟子们就到隔壁怡园玩耍，而每逢春秋假日，他们便结伴出游，青春年少的公硕是最活跃的响应者和组织者之一。

"读万卷书，行万里路。"1928年春，过云楼学馆同门顾公雄、顾公硕和后来是上海大律师的汪葆楫一行十人兴致勃勃游览苏州天平山时，商议成立了以"怡情养性，益智健身"为宗旨的浪华旅行团及苏州第一代摄影家的摇篮——浪华摄影社。于是，他们迈出家门、学馆门，迈向社会、迈向祖国的大好河山。正如顾公硕解释："吾辈青年犹如浪中之花，如果不强身健体、不增长知识，就会被'人海浪波所漂泊汩没'。"

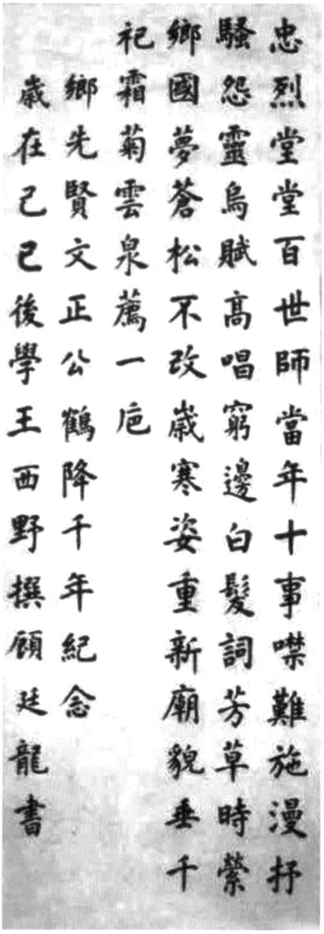

左上为著名教育家孙伯南，过云楼学馆塾师
左下为 1936 年春，顾廷龙与夫人潘承圭、子顾诵芬在颐和园
右为 1989 年，顾廷龙所书，王西野撰“纪念范仲淹诞生一千周年诗”

望星桥堍十梓街 116-3 号顾廷龙故居

顾廷龙题沧浪亭明道堂

注：

1. 孙伯南（1868—1934），名宗弼，以字行，号式甫，前清秀才。生于苏州一个诗礼传家的家族，父亲孙传凤是个精通说文的举人，伯父孙传鹤是副贡，叔父孙传骧也是举人，父辈三兄弟两个半举人。家学渊源，又曾就读于正谊书院，伯南先生经、文功底深厚，任湖南、广西、四川、甘肃四省学政的幕僚，前后奔走十多年，选拔了许多人才。精通小学，擅写浑厚古朴的篆字。参与民国《吴县志》的编撰工作，撰写其中《兵防》二卷。

2. 顾颉刚（1893—1980），现代著名的历史学家、现代历史地理学家和民俗学的奠基者。早年毕业于北京大学，20 年代，他高举疑古思想的旗帜，提出了有名的“层累地造成的古史”学说，在考订古代史料方面取得了卓越的成就。历任厦门、中山、燕京、云南、齐鲁、中央、兰州、复旦等十几所大学教授、研究所主任及中央研究院院士，著述宏富，培养了不少青年，成为著名学者。解放后，长期任中国科学院历史研究所研究员，晚年由周恩来总理亲自点名，请他主持《资治通鉴》《二十四史》及《清史稿》的点校工作。主要著作有《古史辩》《中国疆域沿革史》《中国历史地图》等。

3. 顾廷龙（1904—1998），少年时从外叔祖王同愈学书法、文史，以通驭专，得窥金石碑刻之秘，正草隶篆样样俱精。尤精于榜书小楷，他的铁线小篆也是一绝。年逾九旬时，犹能作擘窠大字和蝇头小楷，端庄秀雅，气息高古，书法名闻全国。其著述有《尚书文字合编》（与顾颉刚合著）、《吴窓斋先生年谱》《顾廷龙文集》等，曾任上海图书馆馆长二十三年，主编《中国丛书综录》《中国古籍善本书目》《续修四库全书》《李鸿章全集》等，都具有深厚的学术价值。

文化城市

无论是从历史还是从今天的眼光来看，苏州都是一座文化城市，由人、城、魂构成。首先是人文荟萃，在古代这里有泰伯、伍子胥、孙武、言偃、顾野王、白居易、范仲淹、沈括、蒯祥、魏良辅、明四家、冯梦龙、顾炎武、林则徐、叶天士等人物，涌现了全国著名的状元群体。在现代，这里有章太炎、柳亚子、贝聿铭、李政道、吴健雄、顾颉刚、叶圣陶、邓邦逖、颜文樑、吴作人、费孝通、王淦昌、何泽慧、钱穆、陆文夫等一大批杰出英才，涌现了百余名苏州籍院士。

以古代状元为例，清康熙年间，翰林院一帮文人聚在一起闲聊谈天，话题自然而然转到家乡的土特产上，大家争先恐后地夸耀着。唯独苏州府长洲县籍的汪琬（号钝翁）显得特别平静，在大家的追问下，他说："苏州为鱼米之乡、人间天堂，当然有土特产，不过极少，只有两样而已。"众人们问道："两样什么东西？"汪琬一板一眼地说道："一是梨园弟子。"众人拍手称是，又急忙追问："还有一样呢？"汪琬说："状元也。"这个故事并非杜撰，它记载在清康熙年间吴江人钮琇的《觚賸续编》卷四。苏州出过五十一位状元，唐代八名、宋代八名、明代九名；清代更多，全国共有文状元一百一十四名，苏州一地就有二十六名之多（还不包括当时属苏州的嘉定县的三名），占全国总数的22.81%。古时有"潮过唯亭出状元"之说，这句话可能出在宋代，那时常发大水，形成澄湖，吴淞江的潮水越过唯亭。

苏州出状元、出人才，原因是：濒临太湖、长江入海口，地理条件优越，吴地人勤奋、勤俭，思想开阔、机敏善思；历史上江南的政治、经济、文化中心之一，经济发达，水陆交通方便，吸引人才，有利于文化交流、文化开放；宋代范仲淹创办府学，尚礼重教，形成风气，把读书、科考和仕进统一起来，激发了文人向学的风气。

这里连带一说，苏州其他顾氏家族也人才辈出，沧浪亭五百名贤祠中顾姓四十六人，星光灿烂。顾廷龙、顾颉刚属曾被康熙帝赞为"江南第一读书人家"的苏州唯亭顾氏，是苏州众多顾氏中的另一支。过云楼顾氏是"徽顾"，顾廷龙、顾颉刚是"苏顾[1]"。

顾颉刚诞生于现平江历史街区悬桥巷顾家桥顾家花园（巷名）1–4号，据说太平天国时期曾被占为某王府，原貌依存，苏州市文物保护单位。如今站在顾家桥上，顺河东望，可见平江路上熙熙攘攘的游客。他少年时就读草桥中学，上世纪五六十年代，被称为"京华姑苏五老"的顾颉刚、王伯祥、叶圣陶、章元善、俞平伯，即这个学校的同窗。论年纪，顾颉刚长顾廷龙十一岁，论家谱，却小一个辈分。颉刚是廷龙的侄儿，而廷龙先生常说，他受颉刚先生的影响很大。颉刚在北大读书时，幸运地遇上恩师、仅比自己长三岁的留美博士归来的胡适，与傅斯年、罗家伦都成为胡适的高足。他在胡适的引导下，完成了在史学领域有划时代影响和意义的著作《古史辨》。

1928年夏，顾颉刚接受燕京大学的聘请，离开了广州中山大学，途经苏州老家小住时初识在省立苏州中学任教的钱穆[2]。披览钱穆早年著作《先秦诸子系年》初稿，大为赞赏。苏州中学前身是紫阳书院，清康熙年间于北宋范仲淹所办府学中创建，被誉为“得人最盛”的书院，中进士二十余人，其中潘世恩和吴廷琛考中状元，名噪江南。同治十三年（1874），江苏巡抚张树声耗巨资在原址重建。1904年，江苏巡抚端方在紫阳书院原址创立江苏师范学堂。1927年，蔡元培实施大学区制，将这个学校（当时改名江苏省立第二中学、省立一中在南京）与省立苏州工业专科学校预科合并为江苏大学区苏州中学，钱穆在这个江南名校任国文课主任、教习兼高年级班主任。钱穆最高的文凭仅为高中（尚未毕业），完全是靠自学成才。

1927年秋，因无锡江苏省立第三师范教书时的同事胡达人的推荐，三十三岁的钱穆转任教省立苏州中学，侄子钱伟长也随至该校就读。钱穆是钱伟长嫡亲的四叔，钱伟长的父亲三十九岁去世，钱穆就一直接济钱伟长孤儿寡母。钱在《师友杂忆》中记云：“苏州中学乃前清紫阳书院之旧址，学校中藏书甚富。校园亦有山林之趣，出校门即三元坊，向南右折为孔子庙，体制甚伟，其前为南园旧址。余终日流连徜徉其田野间，较之在梅村泰伯庙外散步，尤胜百倍。……彼辈每言昔有王国维，今又见君。盖王国维亦曾在紫阳书院教书也。”（光绪三十年（1904）王国维应罗振玉之邀至苏执教，时紫阳书院已改为江苏优级师范学堂，钱氏称王国维曾执教于紫阳书院当为误记——引者）钱穆居苏期间，对古城极赞赏，八十岁后仍念念不忘：“苏州……为中国历史最悠久一城市。城内远近名山胜迹，园林古刹，美不胜收，到处皆是。余在苏中三年，游历探讨，赏览无遗，窃意此城，自余当时所见，倘能一一善加保护，其破旧者则略为修葺，宋元明清近千年历史文物、生活艺术、远自宋代至和塘沧浪亭起，直迄清末如俞荫甫之曲园，吴大澂之恪窓，依稀仿佛，一一如在眼前……”（《苏州市志》1995年版）

钱穆对苏州古城文化及百年学府印象极佳，于是，在苏州建立家庭，作长期打算。他于国学研究方面也渐趋成熟，学术成果迭出。但顾颉刚对他说：“君似不宜长在中学教国文，宜去大学中教历史。”先推荐钱穆去广州中山大学任教，结果苏州中学校长汪懋祖舍不得，挽留道：“你去大学任教是早晚的事，我明年将离开苏中，你能否再留一年，我们一起进退。”钱穆是极重感情的人，见校长如是说，当即答应了下来。写信给中山大学，婉辞聘约。顾颉刚闻讯，致函钱穆，请其为他主编的《燕京学报》写稿，于是钱穆又将刚刚完成的《刘向歆父子编年谱》寄去。谁料想，顾颉刚又推荐他到燕京大学任教。

实际上，顾颉刚初识钱穆，比胡适初识钱穆晚一年。钱穆在《师友杂忆》中记述初识胡适的经过：“一日，苏州女子师范请胡适之来演讲。翌晨，转来苏中演讲。余早在前排坐定。典存（即汪懋祖[3]，时任苏州中学校长）偕适之进会场，见余即招至台上，三人同坐。适之袖出天一（即陈天一，时任教苏州东吴大学）一柬示余，柬云：君来苏州不可忘两事：一当购长洲江湜弢叔《伏敔堂集》一书，盖适之提倡白话诗……可作为白话诗取镜。此集惟苏州有售。其二，则莫忘一见苏州中学钱某。适之与余本不相识，盖以询典存，故典存招余上台同坐也。余时撰《先秦诸子系年》，有两本皆讨论《史记·六国年表》者，遍觅遍询不得。骤遇适之，不觉即出口询之，适之无以对。演讲毕……适之午后即返沪，典存云，距下午火车时刻尚远，遂驱车同游拙政园，此乃苏州三大名园之一。……散坐园中一石头船头部四围之石坐上，露天环水，闲谈历一小时有顷，乃同送之火车站。余与适之初次识面，正式与余语者仅此。”经查胡适至该校讲演时间为 1928 年 5 月 25 日，讲题为《我们的生路》。汪懋祖乃当时力反白话文者之一，独请主张白话文的胡适之到苏中演讲，亦可见当时学风之一斑。（《苏州市志》1995 年版）

1930 年，钱穆北上燕京大学任国文系讲师。燕京大学是当时中国有名的大学，校务由监督司徒雷登主持。一天，司徒雷登征询新来教师对学校的印象，钱穆直抒己意：“初闻燕大乃中国教会大学中之最中国化者，心窃慕之。及来，乃感大不然。入校门即见 M 楼、S 楼，未悉何意。此谓中国化者又何在？此宜与以中国名称始是。”事后，燕大采纳了钱穆的建议，改“M”楼为“穆”楼，“S”楼为“适”楼，一律赋以中国名称。园中有一湖，景色优美，竞相题名，皆不适，乃名之曰“未名湖”。

钱穆以后任职北大，兼课清华，也得力于顾颉刚的推荐。重典籍的钱穆轰动学术界的成名作《刘向歆父子年谱》，恰与顾颉刚观点相悖，但顾毫不介意，将全文刊于《燕京学报》上。这种学术公心和博大胸怀，为中国现代学术史留下佳话。抗战时，钱穆离开西南联大，去成都协助顾颉刚主持齐鲁国学研究所。1941 年夏，他回乡省亲，吕思勉邀其回母校常州第五中学讲演，他恭敬从命，与当年的师长比肩而立，句句以学生自居：“今日余之讲辞，深望在场四十年后新学生记取，亦渴望在旁四十年老师长教正。学校百年树人，其精神即在此。”后来，钱穆去港办学，顾颉刚也托人带信，盼其能“设法早归”，“其不忘情于余者，实始终如一”。对顾颉刚的提携、识拔之恩，钱穆先生常存于心，在《师友杂忆》中道及“身体发肤受之父母，精神生命则发育于师友。两种生命皆不偏废”。钱穆，一代国学大师，以研究中国文化史著称，在学问上与新文化运动分道扬镳，但公正地感恩新文化运动的中坚人物及弟子提携了他。他与胡适并不投缘，但并不影响胡适聘他为北大教授。

陈寅恪说：“钱宾四（穆）《诸子系年》极精湛，时代全据《纪年》订《史记》之误，心得极多，至可佩服。”（《积微翁回忆录》，第 82 页，上海古籍出版社，1986 年）

顾颉刚说：“钱宾四先生，在北大任历史讲席已越十年，学识渊博，议论宏通，极得学生欢迎。其著作亦均缜密谨严，蜚声学圃，实为今日国史界第一人，刚敬之重之。”

刘梦溪评价："文化史学的集大成者是钱宾四先生。……'国学大师'之名，章太炎之后，唯钱穆当之无愧。"

许倬云评价："中国近百年来，国运与文化，都一蹶不振，然而几千年的文化精神终究孕育了几位为中国文化作后卫站的学术巨人，宾四先生是最后走的一位。"

1986 年 6 月 9 日下午，钱穆在素书楼讲最后一课，临别赠言："你是中国人，不要忘记了中国！"至此告别杏坛。钱穆心心念念的是中国在那个年代仍然无法统一，他说："作为中国人，我们怎么不站在中国人的立场？"《国史大纲》等坚持国人必对国史具有温情和敬意，以激发对本国历史文化爱惜保护之热情与挚意，阐扬民族文化史观。

1990 年 8 月，钱穆先生离世。遵遗嘱要归葬至大陆故里，故其灵骨暂存于台北阳明山永灵寺，同年 11 月，钱穆在台湾的夫人、原先的学生胡美琦由钱穆的侄子钱伟长陪同到太湖之畔、洞庭西山俞家渡选定了墓地。翌年 4 月，胡美琦再次来苏州，上山看过，办理了征地手续。1992 年 1 月 9 日归葬，随葬品是一包书，有《先秦诸子系年》《国史大纲》《论语新释》《新亚遗铎》等。在他生前的最后三个月，发生"素书楼事件"，理由是占用台北市政府用地。即便钱老已九十六岁高龄，眼盲，病体衰弱，只得搬离已居住二十三年之久的素书楼。谁都知道，素书楼是 1967 年他以归国学人的身份从香港迁台时由蒋介石拨给并修建，屋宇设计图样则出自胡美琦之手。蒋经国闻听此事，让阳明山管理局办理施工。台湾有文化人称素书楼事件为"文化暴力"。1992 年 1 月 6 日，台北市有关当局将素书楼改为纪念馆，并举行了落成典礼。

2016 年 5 月的一天，笔者住东山，下了一夜雨，清晨阳光灿烂，空气清新，与朋友专程赶到西山，现名金庭镇秉常村（西山镇改名金庭镇，秉常村是一个行政村，俞家渡为所辖一个自然村）。沿着村后山上高高低低的石坡，拜谒中国文化学术巨匠钱穆墓。墓地不大，旁边有个凉亭，都建在石坡上，墓制规范，显然是用心之工。墓由花岗岩石料制成，正前镌刻碑文："无锡七房桥钱穆先生之墓"。墓碑右上侧镌刻小字："生于民前十七年六月初九日戌时，殁于民国七十九年农历七月十一日巳时"。墓碑下方为镌刻钱胡美琦生卒的一块小碑，二十年之后，2012 年她去世而合葬。

墓后镶嵌一块小的青石碑，镌刻文字如下：

生父钱宾四先生，一九九〇年在台北去世。遵生父遗愿，一九九二年一月九日归葬于此。

生母张一贯女士，给予我们生命，抚养我们成长，毕生辛劳，一九七八年去世，安葬于苏州凤凰公墓永安墓区。

继母胡美琦女士于一九五六年与先父结为夫妇，陪伴、照顾只身客居港台之先父数十年。一九八九年与先父在台湾创办素书楼文教基金会，先父去世后，全心投入先父全集及小丛书之整理出版工作，为完成先父遗愿，不辞辛劳奔走两岸之地，戮力弘扬中华传统文化。壬辰年三月初五去世，合葬于此，永伴先父于地下。

愿父亲、母亲、继母安息。

钱拙 钱行 钱逊 钱易 钱辉谨立 壬辰年四月初十

壬辰年即2012年，由三个儿子及两个女儿谨立，其中长子钱拙已故。钱穆先后有三任妻子：第一位是无锡后宅邹氏，1928年去世，婴儿夭折。第二位是苏州人张一贯，1929年与钱穆成婚，婚后曾随钱穆去北平，她是一位知识女性，毕业于苏女师，曾做过小学校长。为钱家生了这三子二女。抗战爆发时，钱穆开始了流转西南联大八年的生涯。据长女钱易回忆，父亲曾有想法，让母亲带着孩子们通过香港去昆明，与他团聚，但当时家里上有奶奶，下有五个孩子，实在太困难了，只好天各一方。抗战胜利后，由于钱穆早已名重学林，各高校争相聘请，他往返于各地之间，在几个大学讲学著述，1947年家乡江南大学成立，应荣德生先生之邀，翌年春出任首任文学院院长，兼历史系主任。1949年南走广州、香港，也是独自而去。他的子女全由张氏一手带大。第三位就是胡美琦，江西南昌人，胡美琦曾在厦门大学教育系读书一年，1949年到香港，在新亚书院学习，成为钱穆的学生，1950年随家迁台湾，在台中师范学校（今台中师范学院）图书馆任职。1952年4月16日，钱穆应旧友朱家骅的邀请，在淡江文理学院新落成的大楼惊声堂作演讲，讲演方毕，突然屋顶塌陷，水泥块直击他的头部，几乎丧命。此后数月，钱穆在台中存德巷养病，幸亏胡美琦悉心照顾。1956年，胡美琦与六十一岁的钱穆结为夫妇，胡氏未育，著有《中国教育史》等书。两人相差三十四岁，胡美琦曾说，两人之间并非浪漫的爱情，她因敬仰钱穆的人格、学养，愿意委身下嫁，照料钱穆。钱穆晚年因眼疾无法专心著述，皆由胡美琦代为整理付印才得以出版。

无锡七房桥村钱家“一门六院士”：钱穆是国学大师；钱伟长是著名力学家、应用数学家、教育家，中国现代力学、应用数学的奠基人之一，与钱学森、钱三强并称“三钱”，曾任清华大学副校长、上海工业大学和上海大学校长，第六、七、八、九届全国政协副主席；钱易，清华大学环境工程系教授、环境模拟与污染控制国家重点联合实验室主任、生态文明研究中心主任，1994年当选为中国工程院首批院士，成为当时清华大学唯一的工程院女院士；同支的著名经济学家、教育家钱俊瑞，著名物理学家钱临照，著名工程力学家钱令希，全部是资深院士。除了健在的八十岁钱易，钱穆等五位都已作古。追寻他们的成功之路，相信我们能够得到深刻的感悟和启迪。

2012年，钱易在苏州参加市科协邀请部分苏州籍院士回乡活动时，回忆说：“我中学读的是苏州的新苏师范（苏女师）。高一时，加入了顾笃璜先生办的演剧研究社，他是我的恩师，带着我们排戏、唱歌，给我们讲昆曲、评弹、京剧以及文史知识。不久苏州市文联文工团成立，我又被动员参加，我当时一心想着革命文艺工作。”

“1952 年……国家经济建设需要人才，我被上海同济录取了。”“大学毕业时，我一心想投身大西北建设，没想到毕业答辩时学校组织了一次国家考试，清华大学的陶葆楷教授是那次考试委员会的主任，他希望我去考他的研究生。陶先生是当时国内给水、排水专业的头牌专家，考他的研究生竞争特别激烈，最终我考上了，也由此开始与环保事业结下了不解之缘。”（沈渊：《我幼年的记忆和苏州联在一起——专访“苏州女儿”中国工程院院士钱易》，《姑苏晚报》，2012 年 9 月 13 日）

顾笃璜回忆，1949 年前后，他和钱易交往有四年多。1948 年他所在的中共地下党支部曾办演剧研究社，参加这个社的有苏州工专、苏州中学、苏女师和东北街有原中学的学生，钱易是苏女师的学生。地下党是保密的，学生们不知道演剧研究社是共产党的外围组织。对学生除了演剧和文化活动，还有配合形势的“反饥饿”学运活动。一解放，钱易又参加苏州市文联文工团，后到无锡参加培训，培训结束后，分配至苏南文教处。1952 年，得知十六岁的钱易考上上海同济大学卫生工程系，他曾问她：“怎么女小倌（苏州方言：女孩子）考了个‘上下水道’（给排水）专业？”记得聪明伶俐的钱易回答：“我是‘歪打正着’啊。”其实百余年前，法国作家维克多·雨果在《悲惨世界》中便写道，下水道是“城市的良心”。

钱易致力于研究开发高效、低耗废水处理新技术，推行清洁生产、污染控制和循环经济，对国家环境决策积极献计献策并参与国家立法工作。十余次获国家科技进步、国家科技、发明、国家教委科技进步和中科院自然科学等奖项。2007 年获教育部授予的第三届高等院校教学名师奖，2015 年获央视“寻找最美教师”大型公益活动“最美教师”荣誉称号。她还担任北京市政协副主席、全国人大常委会环境与资源保护委员会委员、全国妇联第八届副主席、国际科学联盟执行委员会委员、世界工程组织联合会副主席、世界资源研究所理事会成员。

当初修钱穆墓，有好几种方案可供选择，但胡美琦对钱穆最小的女儿、原吴县人大常委会副主任钱辉说：“你父亲是读书人，需要一个安静的地方。”那时太湖大桥尚未通车，上山未筑路，未移一棵果树，一切原生态。

满山果树，正是黄澄澄的枇杷熟了的时候，当地人告诉我，秉常村的枇杷最有名，还有一周就可以采摘了。话音刚落，一颗挺大的枇杷落在我身上，“我愣住了，”这是钱老先生请我吃的？诚惶诚恐。站在墓边，满坡的绿一直延伸到太湖边，农舍掩映在茂密的果树丛中，视野越过烟波浩渺的太湖水，隐隐约约可望见远处的东山岛。

顾颉刚故居

顾颉刚和夫人合影

顾颉刚晚年

顾颉刚早年著作《古史辨》

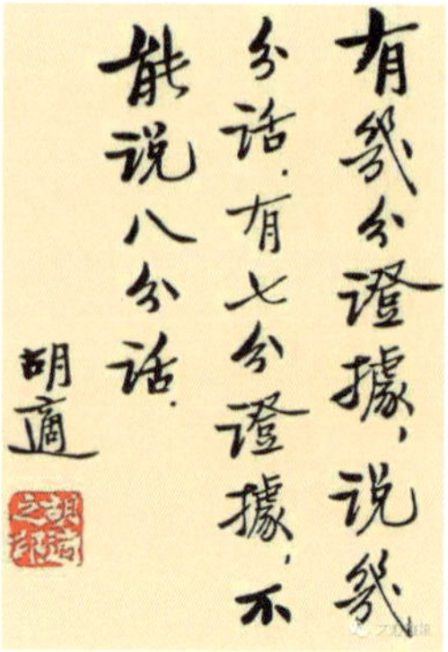

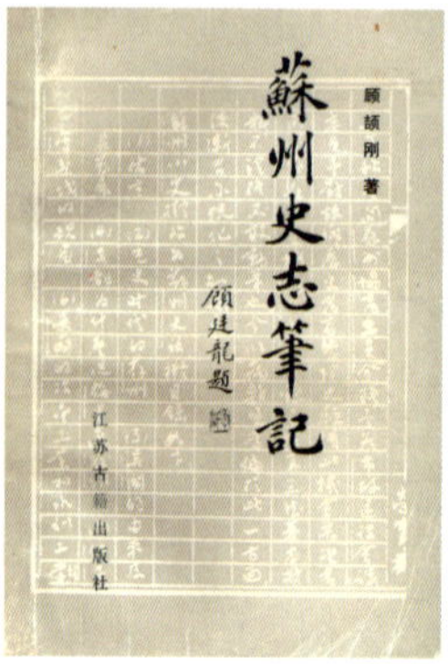

左为1924年9月，胡适（左四）、顾颉刚（左五）与北京大学《国学季刊》同仁合影
中为胡适题字
右为顾颉刚著《苏州史志笔记》

左为有“京华苏州五老”之称的顾颉刚（前左）、王伯祥（前右）、叶圣陶（后左）、章元善（后中）、俞平伯（后右）合影于 1966 年春。照片背面有叶圣陶题诗：“弱岁同窗丙午（1906 年）春，喜今垂老尚相亲。”

苏州公立第一中学堂是由苏州地方官绅兴办的第一所中学，因校址在草桥堍，师生校友称草桥中学。右为 1909 年部分学生合影，前排左一为叶圣陶、前排右四为吴湖帆、后排左二为顾颉刚，其他同学还有王伯祥、吴宾若、范烟桥等。

晚年钱穆

无锡荡口镇新修缮的钱穆旧居

今苏州中学科学楼

左为汪懋祖题“苏州中学”

右为江苏师范学堂同学合影。江苏师范学堂，即今苏州中学前身，于 1904 年创办，罗振玉为首任监督（校长），延请王国维等为教席。

钱易

钱易在2015中国循环经济发展论坛上演讲

顾颉刚对苏州的历史文化情有独钟，早在北京大学求学期间，就下功夫收集并选编出版《吴歌甲集》；1918年意外发现几近倒塌的角直保圣寺后，曾连续发表多篇文章呼吁抢救，又任“保存角直唐塑委员会”委员，筹款建馆，使珍贵文物得以保存。1949年前后经常应邀在苏州工专、苏州社会教育学院等院校讲授苏州的历史和文化。1951年农历新年，向新生的政权苏州市人民政府提出了保护古城的建议，述“苏州城之古为全国第一，尚是春秋时物，其所以历久而不变者，即以为河道所环故也”。

当时顾颉刚写了一份苏州文化建设计划书，指出筑于公元前514年的苏州城“实为全国最古的一座城池”。他建议“这城墙永久不拆，已毁的雉堞也修好，替中华人民共和国保护一个历史上具有重大价值的古迹”。他在日记中写道：“予计划书中力主不拆城，（当时）一致通过无异议，此为予对于苏州古迹一大功也。”

人民政府及时抢救修复了现在所开放的古典园林和文物古迹。可是，在“大跃进”的锣鼓声中，苏州拆了大部分古城墙，填了一部分河道。“文革”中，挖防空洞，城墙和河道再遭劫难。城市要发展生产，势必兴建许多工厂，使文物古迹受到损失。“文革”后，上海同济大学教授陈从周等发出“救救苏州”的呼声。1981年初，谢孝思在苏州市人民代表大会上，提出了《紧急制止对苏州文物古迹和园林名胜的破坏》的议案。同年10月18日，时任全国政协常委、中央党校顾问吴亮平和江苏省人大常委会副主任匡亚明到苏州调查研究，11月11日，吴亮平将《关于苏州园林名胜遭受破坏的严重情况和建议采取的若干紧急措施的报告》呈报中央；18日在《文汇报》上发表《古老美丽的苏州园林名胜亟待抢救》，从而引起中央高层重视。邓小平第一个作出批示：“江苏省委研究，采取有效措施，予以保护。”不久又来到苏州考察，再三叮嘱苏州市领导：“要保护好这座古城，不要破坏古城的风貌，否则，它的优势也就消失了；要处理好保护与改造的关系，做到既保护古城，又搞好市政建设。”1982年2月15日，经国务院批准，苏州被列为全国第一批二十四个历史文化名城之一。

一流的城市是文化城市。文化是一个城市的引领，当新世纪人类迎来第一缕阳光时，世界上一些著名的城市纷纷宣布自己是文化城市。苏州邻近的城市也为自己能进入中国历史文化名城行列而不懈努力。有文化才有生命力，文化枯竭就没有生命力。苏州的古城保护，从顾颉刚的一份建言，到吴亮平、匡亚明的一个调研，再到中央领导的关心支持，形成全市上下深入人心的共识。1986 年 10 月 15 日，苏州隆重举行纪念古城建城两千五百年活动，这是经过几代人的努力，具有历史和文化意义的活动，其意义可贵在这座城市的市民拥有如此珍惜文化的意识，以致充满文化自信，时时提醒自己的家园是一个文化城市和保护古城就是保护具有重大价值的古迹，这就是以人化文、以文化人的过程。历史将记住这些名字——顾颉刚、吴亮平、匡亚明、陈从周、谢孝思……看一个城市的影响力，不是光看财富增加了多少，更不是光看 GDP 数字，而是看文明程度的提高。经济的单翼是飞不起来的，与文化一起展开双翼才能翱翔高飞，尤其需要全面保护中国唯一的 14.2 平方公里如此体量的古城。新加坡已故开国总理李光耀先生当年物色合作城市，曾考察几个地方，当他看到这座城市深厚的文化底蕴，当他看到苏绣绣娘将一根丝线劈成比头发还纤细的十二丝，自然将中新合作的工业园区放在苏州，如此文化定力，如此心灵手巧，IT 产业当然没有问题。颇有传奇色彩的是，中国与新加坡两国合作的工业园区就是在网师园的小姐楼画出蓝图的。

优秀传统文化与科技创新的互动，使人们的生活更加五彩缤纷：原籍苏州，曾在美国哥伦比亚大学获诺贝尔奖的李政道博士，所描绘的《金核子对撞科学图像》由苏绣艺术家张美芳巧妙地绣出，被誉为最美境界；2004 年 7 月，新一代苏绣艺术家姚建萍的绣品《我爱中华》，搭载我国第二十颗返回式科学卫星顺利升空，在轨飞行十八天，行程超过一千两百万公里，卫星于 10 月 15 日返回地面，成为中国刺绣史上第一幅飞天的作品；2007 年 8 月 16 日，中科院紫金山天文台盱眙观测站发现了一颗新星，六年后，这颗星正式被命名为“谢孝思星”。

1986 年 6 月 13 日，国务院批准了《苏州市城市总体规划（1986—2000）》，并做出了明确的批复，为苏州迄今为止的经济发展、古城保护指明了方向，也是国务院第一次对一个地级城市规划做出批复。国务院批复指出：

> 苏州是我国重要的历史文化名城和风景旅游城市。建城已有两千五百年的历史，古城格局基本保存。要全面保护古城风貌，正确处理保护古城与现代化建设的关系。

两院院士周干峙是这样评价的：

原汁原味的古城呈现出惊人的升值潜力。苏州古城保护的成功，为这个城市保留了应有的口味，而文化品位反过来让这个城市升值。经济发展到一定的地步，人们一定会反过来追求文化。在迅速发展的二三十年间，多少城市的人文风貌湮灭，而苏州用自己的城市超脱了。

在 2004 年 CCTV 中国最具经济活力城市的评选中，苏州因古城保护获得了“年度城市”称号，央视对苏州是这样评价的：

苏州在古城保护和经济发展相协调方面做出的探索，对于中国的众多城市具有借鉴意义。2004 年 6 月成功承办的第 28 届世界遗产委员会会议，是这座城市物质基础和文化底蕴的集中体现，同时也表明：在城市如何继承历史和面向未来的课题上，她所表达出的可持续发展的理念和为此做出的努力，得到了世界的承认。

苏州还获得了“中国最具经济活力城市”称号，评奖词是这样描绘苏州这幅双面绣的：

苏州，一座东方的水城，让世界读了两千五百年；一个现代工业园，用十年时间磨砺出超越传统的利剑。她用古典园林的精巧，布局出现代经济的版图；她用双面刺绣的绝活，实现了东方与西方的对接。

改革开放后，苏州市区的版图扩大了许多倍，而且还在扩大，但古城保护不动摇。总体上保护了“河街并行”的双棋盘水城格局，古城的建筑高度不得超过二十三米，即苏州北寺塔的高度，城内建筑没有普遍“长高”，创造了古城保护的奇迹，基本避免了千城一面类同化的做法，这在国内属罕见。古城保护的关键是“减负”与“保护”并举，工厂和大型设施的搬迁，人口分迁新城，环城高架、轻轨纵横交错，同时，注重它的自然环境生态和历史文化生态的保护。

顾颉刚所说“河道所环”，这是一个外圈十六公里的环古城河，内圈十五公里的老城墙，呵护一个长方形的古城。五代梁龙德二年（922）吴越王钱镠以砖砌筑苏州城墙，高 8 米，厚 8.33 米，里外有濠，在此之前苏州城墙系土城。古城最大的特点是水城，南宋知府李寿朋主持刻制《平江图》碑，城内河道长达八十余公里，桥梁三百五十九座，街坊六十一个以及小巷、弄堂、寺观等。从明崇祯十二年江南巡抚张国维主持绘刻的《苏州府城内水道图》、清嘉庆二年江苏巡抚费淳主持绘刻的《苏郡城河三横四直图》、

1940 年绘制的《吴县城厢图》，一直到 2000 年编制的《苏州古今水道变化示意图》，虽然河道、桥梁锐减，八座水门及相联系的塘河却至今未变，仍然是世界上罕见的千年水城。历史上也时常有保护河道的故事：咸丰二年（1852）五月，苏州府于乌鹊桥立碑禁止向水中倾倒垃圾，“永禁占造……不得倾积瓦砾，致塞水弄码头”。此碑收藏于唐寅墓园内。宋代苏州水患泛滥，但苏州古城为什么自宋宁宗嘉定十六年至清末（1223—1911）近七百年无大的洪灾？关键是河道疏浚和保护。

古城的水系决定古城的格局，在绵长的历史中，苏州城屡毁屡建，只要水系不变，古城依然存在。原本老城墙，保留较完整的盘门及民国新开的金门等，不到 1.5 公里，另有 20%—30% 只剩下残垣断壁。新世纪以来，苏州启动环古城河的治理和风貌带的保护，修复胥门、阊门；修缮或恢复阊门北码头段、平门段、相门段试点，以及二期工程，修缮娄门至齐门、姑胥桥北至干将桥南两段城墙。此次修缮改变了古城墙昔日脏乱差的状况，成为深受广大市民欢迎的环古城健康步行道及旅游新线路，终于恢复了“河道所环”的格局。

2014 年 6 月，在卡塔尔举行的第 38 届世界遗产会议上，中国大运河文化遗产申请获通过，成为我国第四十六项世界文化遗产项目。其中苏州共有四条运河故道和七个点段列入世遗名单，这是继上世纪 90 年代及新世纪初九座苏州园林列入世遗名录之后古城保护的又一个突破。

今天苏州古城的文化特色和内涵发生了巨大的变化，苏州全市人口包括县市已突破一千万，其中一半是新苏州人，人多，汽车也多，人们的物质生活在变，文化相应也在变，现古城“瓤”的保护矛盾日益突出。

对古城的保护需要因势利导，逐步深入和扩大“点”（文物保护单位、文化遗产和名人故居、控制保护古建筑）、“线”（环古城河、老城墙、主要河道、主要街巷）、“面”（历史街区、保护性地段）结合的保护；需要彰显城市功能，如改善市民生活条件、疏解古城保护压力、提高交通畅通能力、大力增加停车设施，尤其是古城河道生态的治理等，既保留传统又拥抱现代化，既传承苏州的历史文化，又绽放新的价值和青春活力；还需要运用法治和文明尺度来检验我们的保护工作成效。

随着人们理念的更新、文明程度的提高，会越来越热爱、珍惜这座古城，在现代化浪潮中使古城保护日益法治化、文明化、生活化，苏州古城将愈发彰显出它那历史深厚的文化价值，越来越受到现代人的青睐。正如顾颉刚先生所言“保护一个历史上具有重大价值的古迹”是功德无量的。

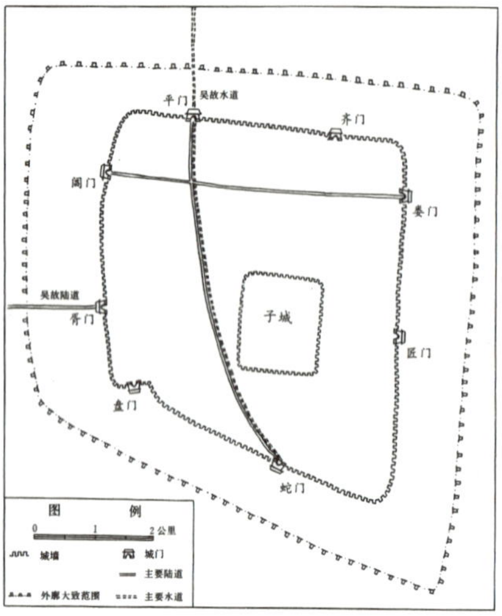

阖闾城址平面示意图

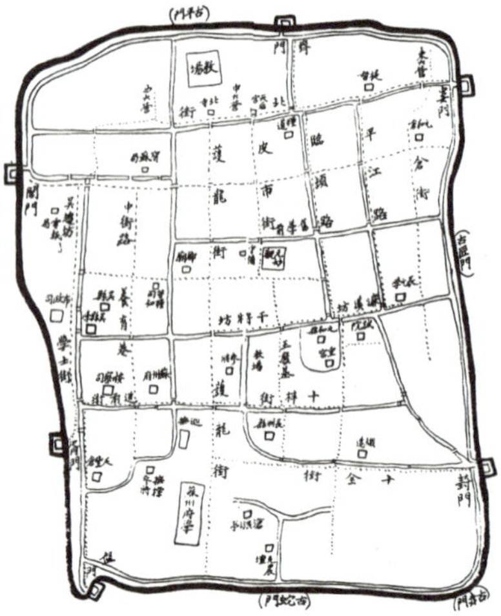

民国《吴县志》中的苏城全图

吴亮平与匡亚明同志
在苏州的珍贵留影

1986 年 10 月 15 日，纪念苏州建城两千五百年大会

钱荣初治印
苏州建城二千五百年纪念

苏州古城遥感图，2004 年

苏州现代化的工业园区

俯瞰古城——这是一个青春焕发的苏州

山塘街

河街相邻的平江路

注：

1. 顾颉刚《苏州史志笔记》云：吾家于江南为著姓，然未尝效曲阜之孔，新安之汪，合全国为一谱。早岁曾得《顾氏源流》一册，分全族为七十余支；此册惜于抗日战争中失去。吾族中最著名者为顾炎武，故时时有人问予："顾亭林是你一家吗？"答之曰："彼家住昆山茜墩，吾家本居昆山西之唯亭，相去固不远；然必推而上之，至元代之福二公则为一家矣，是即谚所谓'五百年前是一家'者也。"因览陶潜"路人"之言，记之于此。

2. 钱穆（1895—1990），字宾四、笔名公沙、梁隐、与忘、孤云，晚号素书老人、七房桥人，斋号素书堂、素书斋，江苏无锡人。自幼因求学，其父母以孟母择邻的方式，慕名在荡口镇租房读书（1903—1906）。中国现代著名历史学家、思想家、教育家。历任燕京大学讲师，北京大学、北平师范大学、西南联大、齐鲁大学、华西大学、四川大学、云南大学、江南大学教授。1949 年南赴香港，创办新亚书院（后并入香港中文大学）。1967 年迁居台北，为表示尊敬，蒋介石换一身长衫，与他会见。任"中国文化学院"（今"中国文化大学"）史学教授、"中央研究院"院士、台北"故宫博物院"特聘研究员。中国学术界尊之为"一代宗师"。更有学者谓其为"中国最后一位士大夫"、国学宗师，与吕思勉、陈垣、陈寅恪并称为"史学四大家"。

3. 汪懋祖（1891—1949），字典存，吴县（今苏州）人。十五岁入苏州府中学堂，旋转入上海广方言馆，后毕业于江苏高等学堂。曾赴美就读哥伦比亚大学学士教育院，受教于杜威获硕士学位，被哈佛大学聘为研究员。1920 年归国，曾任国立北京师范大学教务长兼代理校长、国立北京女子师范大学哲学系主任兼教授、国立东南大学教育系主任兼教授、江苏省督学等职。1927 年返苏州创办苏州中学，首任校长，曾聘请陈去病、钱穆、吕思勉、吴梅、吕叔湘等来校任教。

寄梦报国

1932年，继东北三省沦陷，“一·二八”淞沪抗战爆发，《国联调查团报告书》“承认日本在满洲利益”……国人陷入激愤悲观之中。越是动荡，中国知识分子越有深切的期盼。11月1日，著名的上海《东方杂志》策划了一次征求“新年的梦想”活动，向全国各界人士发出征稿函约四百份。征求的问题是：

（一）先生梦想中的未来中国是怎样的？（请描写一个轮廓或叙述未来中国的一方面）

（二）先生个人生活中有什么梦想？（这梦想当然不一定是能实现的）

征“梦”活动反响热烈，最终一百四十余位国人发表了二百四十四个“梦想”，其中包括林语堂、梁漱溟、胡适、柳亚子、徐悲鸿、郑振铎、顾颉刚、巴金、老舍、茅盾、穆藕初、俞平伯、谢婉莹、郁达夫、邹韬奋、章乃器、马相伯、周作人、杨杏佛、夏丏尊、朱自清、叶圣陶等大批文化精英。1933年，面对内忧外患的中国，中国人畅谈“中国梦”“我的梦”，表达了对中国未来的期盼。八十余年后，翻开历史，依然令我们动容。这里仅举一例，过云楼的姻亲世交、王颂蔚先生与著名近代教育家王谢长达之女、苏州振华女中校长王季玉[1]先生说：

我梦想的未来中国，是这样的：

（一）一切的利源，都得到发展的地步。

（二）平凡的国民，也得到相当的普通知识。

（三）学术人才，各得尽其所长。

（四）大小官长，都有诚实和牺牲的新品格。

（五）政治设施，都得入于轨道。

（六）国家地位，我不侵人，人亦不敢侵我，然而，要希望这幻想能够成为事实，非产生一辈有真道德、真学问的领袖，决不能达到目的！

我现在的个人生活，虽则消磨于教育之中，但是，我实在是一个科学的学者。所以，在我将来个人生活的梦想：绝对没有“位高权重，显赫一时”的期望，只求能回到我的研究室里去做我最所欣羡而认为最有兴趣的科学工作。

左为王谢长达（1848—1934），辛亥革命后，苏州人无不知“王三太太”，王三太太即王谢长达。光绪二十七年（1901），她以妇女解放为己任，身体力行，先自放足，并联合知识界妇女发行组织“苏州放足总会”，自任总理，堪称妇运先驱。1906年创办振华女校。图为经过艺术加工的历史照片“求人不如求己”，画面上两人都是王谢长达。王谢长达、王季玉母女创办的振华女中，今江苏省苏州第十中学前身。何泽慧、王淑贞、彭子冈、杨绛、费孝通等先后在该校就学。
右为苏州十全街737号慎思堂王颂蔚故居

王季玉

振华女中旧影

今苏州第十中学及校园内的瑞云峰

1927年南京政府成立后，实行省县两级制，规定在经济上有特殊情形者可酌情设市。当时苏州除城北的沪宁铁路外，水运航线有苏嘉、苏杭、苏湖、苏锡、苏沪等十一条航线，构成了以苏州为中心的水上交通网。陆上汽车线路，也有苏州至昆山、至木渎、至嘉兴、至常熟等线。城内交通有营业性人力车和马车。苏州的民族工商业获得了一定的发展，逐渐形成有少量的近代工业、众多的手工工场和广大的手工业户作坊组成的多层次的工业结构。鉴于上述背景，苏州已具备设立市级建制的基本条件和物质基础。于是，作为过渡阶段的苏州市政筹备处在1927年7月成立，历史上第一个苏州市政府也在1928年11月正式诞生。由官方主持的苏州近代城市建设随之展开。这里有必要提到一位当时制定《苏州工务计划设想》，对中国近现代建筑事业发展作出贡献的建筑师和建筑教育家——柳士英[2]。

柳士英，苏州人，六岁丧父，童年家境贫寒。笔者曾研究“历史上的苏州工专”课题，见到他1963年七十岁时于湖南大学留下的《忆旧怀新》一文中说“幼时就读义塾”，义塾、义学是地方善堂附设的小学。清末至民国期间，苏州所办育婴堂、普济堂、苦儿院、安节堂、昌善堂等慈善机构，大多由地方士绅捐资兴办，后逐渐改为公办。民国时尚有善局、善堂六十五个，其中清代始创四十三个。本书第一章述及太平天国战后同治年间苏州办三善堂，铁瓶巷过云楼顾文彬领衔办育婴堂。过云楼第三代顾鹤逸的前妻谢氏家也办过轮香局善堂。另查阅资料，民国初，逊清邮传大臣盛宣怀曾将阊门外广济桥北堍私人花园别墅捐赠筹办苦儿院，每年接收孤儿三十人。上世纪20年代的中共苏州独立支部负责人汪伯乐即曾是苦儿院的学生，柳士英的回忆未讲明其童年就读于哪一个义塾。柳士英自幼随长他六岁的哥哥柳伯英，柳伯英从日本回来至南京，可能将他再安排转读南京陆军小学、陆军中学。民国元年（1912）初，柳伯英受沪军都督陈其美派遣，准备“倒程”（程德全），因事泄逃往上海。袁世凯称帝，柳伯英遂随孙中山再次东渡日本，柳士英也随兄逃亡日本，改名飞雄，考入东京高等工业学校建筑科，预科一年后升入本科。五四运动前，哥哥归国从事革命党活动，弟弟参加留日学生回国请愿代表团。1920年柳士英从日本毕业归国至上海，与留日学生、挚友刘敦桢等人创设华海建筑事务所，为国人最早创办的建筑事务所之一。1923年受其兄主张兴办教育的影响，在苏州工业专门学校创办建筑科，担任科主任、教授，并邀请刘敦桢等共同办学，开创我国高校建筑教育之先河。

1927年苏州筹备建市，柳士英被委任为苏州市政工程筹备处总工程师，之后首任苏州市工务局局长。在任期间，主持苏州市城市建设与规划，近现代苏州第一部比较系统和完整的城市规划《苏州工务计划设想》于1927年底问世。制定三横三竖六大干道和外围循环线，整理拓宽旧城街道，修复城内三横四直河道系统，开辟金门、平门，修筑城市中心通往火车站、通往虎丘风景区的交通要道，为苏州市现代城市建设奠定基础，贝季眉、刘敦桢等海外留学归国精英也付出了努力。但出现了不同的呼声，1930年撤市，此计划中途夭折。而以后苏州城市建设许多方案的实施多可在其中找到雏形。这是柳士英对苏州故乡的贡献。柳士英回忆："苏州建市，从筹备到取消市府前后三十个月，凡市区的勘测、工程的视察、计划的拟定、民情的调查，我都日夜不倦地工作着，我是将此作为我终生可以尽瘁的地方事业。"

中国从晚清开始，由传统向现代的历史转型期，曾经有过三轮现代化的努力：第一轮是清政府迫于列强的侵扰所作的初步现代化尝试，特别是洋务派三十年的辛勤积累，由于1894—1895年的中日甲午战争，被打断了；第二轮是民国政府的现代化努力，由于1931年"九一八"日本军国主义的侵华战争，再一次被打断；我们现在正在进行的现代化进程，是中国共产党领导的现代化，也是中国近现代历史上的第三轮现代化努力，已经取得了令世人瞩目的成就，但我们的现代化进程还没有完成。我们要不断增强文化自信，实现中华民族伟大复兴的中国梦。

寄梦的还有许多文化人，但总归寄梦是寄梦，现实是现实。之前，1930年5月7日，鹤逸先生病逝于苏州朱家园寓所。郑逸梅记述："庚午四月也，寿六十有六。遗命以僧服、道人鞋殓。"灵岩山寺高僧印光法师[3]亲自前来做佛事，一路过来，公可、公雄、公硕三个儿子跪接。鹤逸去世前后，过云楼经三代百余年积累之千余件书画及其他文物，进行了分家析产。他于去世前五年（1925）已立定分家书，将过云楼藏品列册，以抽签形式分配，子女每家一份，此时公柔已去世，由他的妻子张惠娟出面。鹤逸先生是一位有心人，他将自己最担心的事全部分解了，超然离开了这个世界。

鹤逸一生娶过两任妻子，且都出身名门望族，父母之命媒妁之言，婚姻门当户对。原配夫人谢蕙是才女，喜绘画，可惜红颜染疴，早卒，鹤逸悲痛不已。之后鹤逸中规中矩再纳一妻，续弦夫人潘志玉乃苏州"徽潘"之后，即潘世恩、潘祖荫家族的后代。潘志玉知书达理、性情贤淑、容貌端正、有仪态、气质好。嫁到顾家之后，天天在花格木窗前潜心绘画，原因是鹤逸前妻画画得好，与夫君很是意趣相投。家里有十一个孙子、十个孙女儿，她特别疼爱孙女儿们，说："要善待女孩子，因为她们都要嫁出去，嫁出去后不知会怎样。"鹤逸支持志玉出面办过苏州武陵女学，刺绣名家沈寿的弟子金静芬便是刺绣专业的教师。分家事，她很拿得定主意，请来七弟子欣，按苏州人规矩，由娘舅主持公道。潘子欣是最早的日本留学生，曾结识秋瑾，参与反清活动。苏州人第一个穿西装、骑自行车的就是他，在族中第一个剪去发辫。辛亥革命后，寓居天津做官，后辞官投资实业，在天津开六国饭店。交际广，人称"天津的杜月笙"。日本侵华时，拟胁迫他出任天津市长，他连夜返苏，后居沪上，闭门不出。他的姐姐潘志玉则于1937年日本全面侵华前去世。

"一·二八"淞沪抗战后，卢沟桥事变前，形势紧迫，苏州的文化人经常在一起商量怎么办，顾氏兄弟几个将主要书画典籍运到上海租界、常熟和吴县横泾等处。公雄先将书画撤退至常熟，后转移上海，与常熟铁琴铜剑楼瞿启甲[4]的沪上寓所为邻，1948年才将所藏书画全部存入中国银行保险箱。公硕提前将主要书画租存上海四行储蓄会保险库，四行仓库是淞沪战役时发生八百勇士坚守国土的地点，举家逃难到上海后，租几间弄堂房子，居住条件较差。节衣缩食，始终遵循祖训，藏品毫发未损。顾笃璜说：

> 抗战期间，苏州文化人在上海经常碰头的地方有三处，法租界嵩山路吴湖帆寓所、英租界爱文路（旧名，今北京西路一段）瞿氏寓所，以及位于日租界虹口的天香味宝厂。天香味宝厂是苏州人何维石开的，他的父亲何桂方是居士，曾是苏州戏院的案目即经纪人，投资戏院的演出，推销票务赚了点钱，顾家在其中帮了很多忙，后来何桂方成了功德林餐馆的老板。何维石留学日本归来，开办天香味宝厂，顾延的丈夫陆楚善和公硕均有小股份，公硕临时当董事会秘书，厂里聘一日本友人做卡车司机。何家知恩报恩，公雄、公柔的妻子张惠娟和公硕逃难到上海、公雄运送藏品，都是何家派车提供便利。

注：

1. 王季玉（1885—1967），为王鏊之后裔，王颂蔚、王谢长达之三女。早年毕业于景海女学，后去日本补习英语及数理，翌年考入美国麻省蒙特霍育克女子大学，获文学士学位，旋入伊利诺大学攻读植物学硕士学位。1917 年学成归国，继承母志，接任振华女学校长。卢沟桥事变后，日军占领苏州，学校停办，敌伪当局先后用重金收买或威胁，她以民族气节为重，拒绝复校。抗战胜利后，她筹募经费，筹备复校，修缮校舍，增建科学馆。学校规模不断扩大，迁至织造府，校誉远扬。新中国成立后，曾担任江苏师范学院附中（即原振华女中）名誉校长。1967 年 3 月 14 日，病逝于杭州，她终身未嫁，全心献身于教育事业。

2. 柳士英（1893—1973），又名飞雄，苏州人。辛亥革命爆发，其兄柳伯英受同盟会派遣，领导苏州光复，柳士英也返回故乡，组织革命新军，担任北伐先锋营营长，参加会攻南京之役。兄长被军阀孙传芳杀害后，在北伐胜利及 1926 年苏州各界追悼柳伯英烈士大会上，柳士英高呼："柳伯英没有死，他回来了，他还要为苏州民众做事。"1927 年苏州筹备建市，主持近现代苏州第一部城市规划《苏州工务计划设想》。是年 10 月 5 日动工，拆除了阊门瓮城和城楼，逼仄矮小的城门被改建成有三个门洞的宽大城门，1928 年建市，重开已经闭塞的平门，修建梅邨桥，从火车站进城有了新通道。同时，久已闭塞的相门城门和城墙被打开。开建了沟通城东的相门桥，由于出现不同意见，1930 年撤市，与吴县合并，此计划夭折。之后由刘敦桢力荐，柳士英应邀赴湖南，开创了湖南建筑教育，任湖南大学土木系主任、教授，中南土木建筑学院院长，湖南工学院院长，湖南大学副校长等。

3. 印光（1861—1940），名圣量，字印光，别号继庐行者、常惭愧僧。陕西郃阳（今合阳县）人。幼年随兄读儒书。在湖北莲花寺晒经时得读残本龙舒净土文，于北京怀柔红螺资福寺专修净土道场并研读大乘经典。随普陀山法雨寺化闻和尚南行，安单法雨寺之藏经楼，闭门研读六载。著有《佛法导论》《学佛浅说》《净土决疑论》《宗教不宜混滥论》等，后汇编成《印光法师文钞》。1930 年至苏州穿心街报国寺掩关，修辑佛教四大名山普陀、五台、峨眉、九华各志。苏州灵岩山寺于太平天国战争中焚为焦土，得彭玉麟助略事修复，1926 年真达与印光商议改为十方专修净土道场，1932 年印光题额，复名灵岩山寺。1937 年 10 月，印光来山，皈依印光者甚众，在苏州有姚怡诚等千余居士。至 1940 年 12 月 1 日圆寂前，嘱咐妙真维持道场，弘扬净土，不要学大派头。圆寂后真达和尚为之举火，得舍利不少。1947 年 9 月，建舍利塔于灵岩山。佛教界尊印光为中国净土宗第十三祖。

4. 瞿启甲（1873—1940），苏州常熟人，藏书家，常熟瞿氏铁琴铜剑楼藏书至启甲为四世，其维护先辈遗书尤谨。1924 年后军阀混战，为免兵燹，将全部珍本密藏上海。1941 年，故居遭日军蹂躏，而善本幸免。商务印书馆辑印古籍，采自瞿氏者达八十一种。后又创常熟县图书馆，其自任馆长。新中国成立后，瞿氏后人将全部珍本献于北京图书馆。

日侵劫难

日本侵华，在苏州历史上留下了血与火的记忆。1937 年“八一三”事变后，苏州城又遭到一场大灾难。

8 月 16 日，侵略军首次空袭，古城血肉狼藉，一片火海。飞机飞过来转了一圈，又飞过来。顾笃璜回忆说，不知为什么，扔在苏州古城的第一颗炸弹恰恰落在顾家居住的朱家园院子，大厅、书房全部被炸毁，当场炸死两名在大厅里叠衣服的佣人。过云楼部分书画已搬过来，置放箱中，庆幸的是书画箱未遭损及。顾老那年才八周岁，但现在历历在目：

> 我在小学学过一点防空常识，就躲在床底下。炸弹炸得对面一口红木大橱哗啦啦倒下来，把棕垫床一压两截。我幸好在床头一边，额头上擦伤了。我从房间里逃到天井里，日机呼啸俯冲下来，还望见魔鬼似的戴头盔的驾驶员，似乎拿一竿晾衣服的竹头也能打着，机枪子弹尖叫着掠过头顶，墙上留下一排排弹孔。我要是个子高一点点，可能就送命了。

朱家园一被炸，顾家连夜坐船分头逃难，投亲靠友到吴县乡下。公硕偕妻子张娴搀着、抱着四个儿子，对着胥门万年桥洞连呼：“阿有船啊？”顾笃璜至今叙述时，仍能模仿桥洞里传出的阵阵回声，让人如临其境。一家人雇船先逃难到横泾，得到光福乡绅、顾氏宗亲顾衡如的帮助，再迁移到光福邓尉山司徒庙对面的徐家祠堂。表伯、苏州憩园主人沈希白则住在斜对面的潘家祠堂，他传来消息，太湖里的强盗扬言，今天要抢这家，明天要抢那家，于是如惊弓之鸟，又一起逃到镇上，借住吴似兰家老屋。公硕一番周折，最后还是与上海联系。公柔妻子张惠娟娘家在太湖边横泾开酒坊，张惠娟带着孩子也逃到横泾。公雄与家人先逃到蠡墅，再逃到沈同樾娘家常熟住了数月。公可在上海银行供职，家本来就在上海。果然没多久，又发生第二次空袭，朱家园被炸得连盆景都飞到了屋面上。顾家逃难时，家里留了一个人看家，叫徐全福，家住山塘街席场弄，会种花、种盆景，还会画工艺画，曾在三清殿卖画，是鹤逸在世时聘请来的，先在怡园管理花木，后转朱家园依旧管理花木。他的儿子徐瑞林，一个旅馆的伙计，解放前夕也帮助顾家看山塘街顾得其酱园的房子，这是后话。

这一年 12 月 13 日发生了震惊中外的南京大屠杀。

日军对苏州城实施大轰炸

轰炸、纵火后夜幕下的石路

日军平门入城式

护龙街上耀武扬威的日军

8月中旬至11月15日，日军在苏州城区共投弹四千二百余颗，轮番无差别狂轰滥炸，毁房四千六百余间，平民百姓死者不计其数。苏州周围铁路沿线和长江沿岸的重要村镇，也遭到了日机轰炸。据1939年伪吴县知事公署《事变损害统计表》载，全县十三个乡镇被毁房屋七千九百二十七间，被害居民六千七百七十四人。

11月19日，日军从平门、娄门入城，肆意烧杀淫掠。整个苏州成了人间地狱，苏州的老百姓遭到大规模杀戮。大街小巷，火灾连绵，护龙街、香花桥头、北寺塔旁，以及各城门要道，尸体遍地，城门上挂满人头，伤兵全部被杀，被奸杀的从十来岁的女孩到七八十岁的老太都有。自8月13日至苏州沦陷，日军在苏杀害军民约万人（侵华日军在苏州的罪行、有关数字见《姑苏晚报》2014年12月14日）。沦陷当天下午，日军用小钢炮对准大公园图书馆大楼猛轰乱炸，直至炸成一片废墟。园林名胜也横遭摧残，宝带桥南端六处桥孔被炸塌，狮子林成了“特别监狱”，石舫池水尽染血红。

1938年初，顾公雄在姐姐顾延和姐夫陆楚善的帮助下，将书画藏品从常熟搬至上海。陆楚善是苏州凤凰街陆家的后代。天香味宝厂何维石派了本厂卡车司机、日本友人酒井润藏开车带他们，一路上都有日本兵层层把守。不料卡车刚出发就发生意外，停在常熟城外的路上，车上每个人都遭到日本兵的盘问。危急之中，公雄决定将两个儿子留在常熟汽车站旁边小店，自己押车先将画箱辗转运到上海。当亲戚们问及家人时，他才想起两个儿子还在常熟小店里，大家欲哭无泪，埋怨他“为了保护字画，两个儿子都不要了”。

鹤逸在世时重视家风，因过云楼老宅外客来访太多，怕影响家族子孙，1927年，鹤逸建造醋库巷西津别业、朱家园别业。公可去上海的银行工作，但家一时仍留在父亲鹤逸曾住的老宅仁寿堂，后迁往上海；公柔住西津；公雄、公硕住朱家园；鹤逸自己先住西津，后搬至朱家园，主要藏品也迁至二处。过云楼腾出后，让七房侄子结婚居住，一直住到1949年解放。除卢沟桥事变前，顾家将主要藏品转移到上海等地外，留存有一部分藏品，又在朱家园住所的天井里挖了一个十余平方米的地窖，地窖从紧挨院子的后房地板下开挖，一直通到院子里，有一人多深，里面铺油毛毡防潮，上面再抹水泥，部分不能运往上海的书画就焊封在白铁皮箱中，藏入地窖。直到抗战胜利，顾家重返家园。地窖虽未被发现，却已进水，焊死的白铁皮箱被潮气侵蚀，箱底生锈，箱内书画霉变，损失惨重。

日本侵略军烧杀抢掠，肆意糟蹋。待局势稍稳定些，公硕乔装冒险返家，发现两处都被掘地三尺，劫掠一空，朱家园住宅遭日军搜索七天，醋库巷西津别业遭搜查了整整十五天。来的日本兵全是行家里手，有备而来，目标明确，房间里到处堆满了字画的裱头、卷轴，而画芯都被挖掉了。那些来不及带走沉在井里的青铜器也全部不知去向。过云楼及怡园的建筑、陈设均遭到严重破坏。

怡园内饲养了三十余年的一只老鹤，竟被闯入园中的日本兵积薪焚烧，煮煮吃了。常熟一位文人杨无恙[1]是怡园常客，为翩翩古风之士，抗战前曾为怡园老鹤画了一幅《鹤寿图》，因鹤寓长寿，且文人雅士作为灵禽物种饲养。他与圣约翰大学教授屈爔[2]怒不可遏，在这幅画上再题煮鹤诗，祭奠老鹤，《鹤寿图》变成了《烈鹤图》。“怡园老鹤于苏城陷落时遇兵煮食……同时予所藏七弦六经焚毁”，“惜哉凌霄者，竞与鸡骛群。世已无林公，焉得全其身。区区忍牺牲，藉以谋善邻。窃愿代民命，不必夸成仁。配彼爨下桐，从此息无声。虽无华阳瘗，聊用当铭文”。这是一则悲天悯人的瘗鹤铭故事。杨氏和屈氏借鹤喻人，悲悼成千上万无辜的亡灵。

民间传说，几个日本兵食老鹤而亡，鹤顶红剧毒。笔者无法考证，估计只是善良的老百姓咒骂残暴者。

今醋库巷40号西津别业

今朱家园巷口

上海中国银行

怡园内曾饲养的老鹤

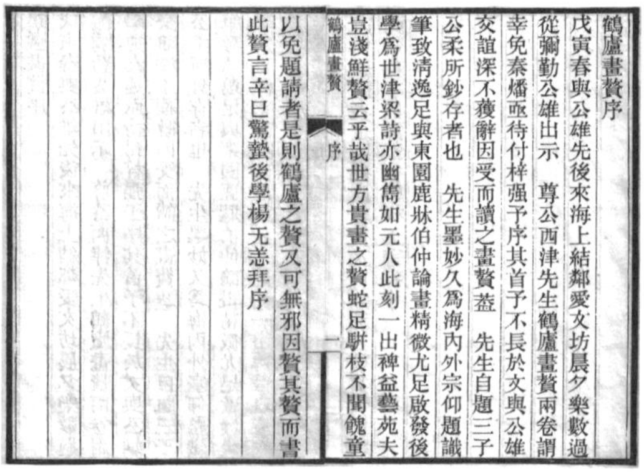

鶴廬畫贊序

戊寅春與公雄先後來海上結鄰愛文坊晨夕樂數過從彌勤公雄出示　尊公西津先生鶴廬畫贊兩卷謂幸免秦燔亟待付梓强予序其首予不長於文與公雄交誼深不獲辭因受而讀之畫贊盍　先生自題三子公柔所鈔存者也　先生墨妙久爲海内外宗仰題識筆致清逸足與東園鹿牀伯仲論畫精微尤足啟發後學爲世津梁詩亦幽雋如元人此刻一出裨益藝苑夫豈淺鮮贊云乎哉世方貴畫之贊蛇足駢枝不聞餽童以免題請者是則鶴廬之贊又可無邪因贊其贊而書此贊言辛巳驚蟄後學楊无恙拜序

鶴廬畫贊　序　一

杨无恙为顾鹤逸所作《鹤庐画赘序》
抗战时所印

杨无恙照片及木刻版小像

顾笃璜绘《老鹤图》

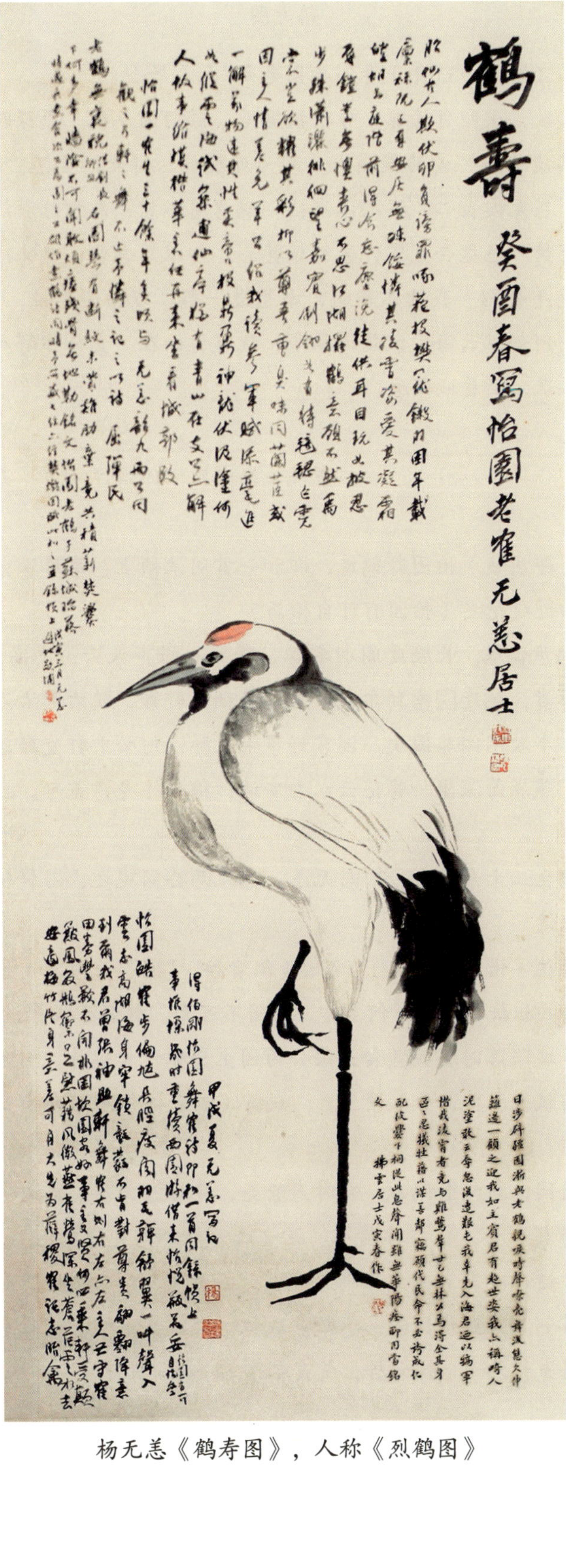

杨无恙《鹤寿图》，人称《烈鹤图》

鹤寿图

癸酉（编者按：1933 年）春写怡园老鹤 无恙居士

胎仙古人欺，伏卵负谤罪。啄菰投樊笼，铩羽困年载。廪禄既已辱，安居无冻馁。怜其凌霄姿，爱其凝霜皑。胡为庭阶前，得食忘尘浼。徒供耳目玩，如披忍辱铠。岂无惬衷心，不思江湖摆。鹤意愿不然，禹步殊潇洒。徘徊望嘉宾，刷翎如有待。毰毸企霓裳，岂欲耀其彩。抑以尊吾曹，嗅味同兰茝。或因主人情，差免羊公绍。我读参军赋，添毫进一解。万物违其性，奚啻投鼎鼐。神龙伏泥涂，何如纵云海。试筑逋仙亭，犹有青山在。支公亦解人，故事循模楷。华□任再来，坐看城郭改。

甲戌（编者按：1934 年）夏　无恙写记

得伯刚（即屈爔）怡园舞鹤诗，即和一首同录帧上，事堆垛，几时重续西园游，借来怡悦瓶花妥（怡园有可自怡斋）

怡园皓鹤步偏尴，长胫度阁羽毛鲜。舒翼一叫声入云，志高湖海身牢锁。毰毸不肯对尊贵，翩迁□意到尔我。君曾张袖题轩舞，鹤右则右左亦左。主人无守鹤田寡，丰歉不闻非困坎。园客好事主又贤，何必乘轩受颠簸。凤□鹄□足慰藉，凤□燕雀莺深坐。苍茫云水去安适，梅竹终身意差可。自大兄为薛稷鹤讬志胎禽

怡园一鹤生三十余年矣，顷与无恙、韶九两公同观之，乃轩轩舞不止，予怜之，记之以诗。　屈弹氏

老鹤无衰貌（借刘长卿句），名园（编者按："园"为衍文）琴有断纹。未蒙鸡肋弃，竟共积薪焚。爨下何多幸，嫱阴不可开。敢烦瘗残骨，无地勒铭文。怡园老鹤于苏城陷落时遇兵煮食，次公为园主公雄作煮鹤诗，同时予所藏七絃六经焚毁，固赋此和之，并录帧上。　戊寅（编者按：1938 年）三月无恙避地歇浦[3]

日涉辟疆园，渐与老鹤亲。唳时声嘹亮，舞后态欠伸。篱边一顾之，迎我如主宾。君有超世姿，我亦称畸人。泥塗敢云辱，忽复遭艰屯。我幸先入海，君乃以犒军。惜哉凌霄者，竟与鸡鹜群。世已无林公，焉得全其身。区区忍牺牲，藉以谋善邻。窃愿代民命，不必夸成仁。配彼爨下桐，从此息声闻。虽无华阳瘗，聊用当铭文。　拂云居士戊寅春作

日寇侵占江南后，日伪江苏省维新政府于 1938 年 5 月在苏州成立，设于东北街忠

王府及拙政园内。艺圃、沧浪亭、环秀山庄、天香小筑等也被日伪占用。怡园沦为游乐场所，号称“省会唯一游戏场所”“苏州大世界”。抗战胜利后，取消了伪江苏省会，苏州仍称吴县，直至解放。

1931 年 11 月至 12 月，苏州各校学生代表数百人先后两次前往南京请愿，参加全国学生总示威，要求国民政府出兵抗日。

左为“七君子”。1936 年 11 月，当局在上海逮捕了全国各界救国联合会七位领导人，12 月移押苏州，即“七君子事件”。此照为狱中所摄，前坐左起为李公朴、王造时、沈钧儒，后立者左起为邹韬奋、章乃器、沙千里，上端为史良。

右为“八一三”淞沪抗战爆发，吴县成立抗敌后援会，支援前线抗日将士。图为到前线慰问将士时合影。左四为冯玉祥、左五张一麐、左六李根源、左七张治中。

李根源题“英雄冢”碑

张治中为英雄冢题
“气作山河”碑

1931 年“九一八”事变后，抗日救亡运动兴起，著名爱国人士张一麐[4]、李根源[5]等大声疾呼，号召奋起救国，多方奔波营救“七君子”。淞沪抗战时欲效法范仲淹，自愿成立“老子军”和抗敌后援会，救护伤兵，收容难民，立“英雄冢”，安葬烈士忠骨于善人桥。

抗战海报选

罗伯特·麦考利·肖特

今肖特纪念馆和肖特殉难处纪念碑

美国飞行员罗伯特·麦考利·肖特在苏州上空孤身对阵六架日本战机，虽击毙日军编队指挥官一名，但寡不敌众，血染长空，二十八岁的青春生命永远定格在1932年2月22日，成为为中国抗战牺牲的首位美国飞行员。4月24日，中国政府在上海为肖特举行了隆重的追悼大会和公葬，十万人自发地为这位美国英雄送行。4月28日，苏州各界万人在公共体育场悼念肖特。

纪念中国人民抗日战争和世界反法西斯战争胜利七十周年，肖特的侄女杰奎琳来苏州市公共文化中心参观肖特史料展。2015年8月16日摄

左为1939年5月，新四军第一支队第六团以江抗名义东进苏州
右为江抗部队在阳澄湖乘舟前进，中立者为叶飞将军

叶飞将军 1990 年给沙家浜题词

无尚武精神，将任人宰割。在中国人民抗日战争暨世界反法西斯战争胜利七十周年前夕，笔者前往相城区阳澄湖畔太平镇，见到当年“江抗”叶飞[6]将军抗战活动旧址正受到全面保护。1939 年 5 月 1 日，叶飞率领新四军第一支队六团由茅山出发东进，改用“江南抗日义勇军”番号，六团对外称江抗二路。6 月 24 日取得浒墅关战斗的胜利。6 月底，叶飞率领江抗进驻阳澄湖畔太平镇及常熟东塘市。7 月下旬，突袭上海虹桥日军机场，烧毁敌机四架。根据国民政府第三战区要求，主动西撤，9 月与丹阳游击纵队合编为新四军挺进纵队，北渡长江，参与开辟苏北抗日根据地。灾难深重的苏州大地上，抗日民族武装和抗日民众与日本侵略者展开了殊死搏斗的一幕幕。记得数年前，我陪同叶飞将军的女儿叶之桦女士前往常熟沙家浜等地参观。“沙家浜”之名虽来自戏曲创作，但反映的历史故事是真实的。现沙家浜革命历史纪念馆大门口，矗立着一块石碑，叶飞将军于 1990 年 5 月 9 日亲笔题写的碑文是：“沙家浜的意义在于在沪宁铁路武进以东直到上海地区（即江南东路）能否建立抗日根据地，开展抗日游击战争，发展壮大人民抗日武装力量，一九三九年五月，新四军六团以江抗名义东进，建立了以阳澄湖为中心的苏常太根据地以及澄锡虞、嘉定、青浦根据地，回答了这个问题。”尚武精神无疑是中国文化精神中不可或缺的一部分。

老百姓经常说：“好有好报，恶有恶报。”“沙家浜”剧中主要的反面人物——“忠义救国军”司令胡传魁，其原型则是汉奸、阳澄湖地区的草头王胡肇汉。1950 年 11 月 30 日，胡肇汉在金门外华东革大礼堂内，接受人民政府和各界人士三百余人公审后，被绑赴刑场执行枪决。

注：

1. 杨无恙（1894—1952），原名元恺，字冠南，因体弱多病，自号无恙，后即以号行。江苏常熟人。以诗名，又工绘画，山水小品，风格隽永清逸，“淡雅中时出古艳”。公开出版的有《无恙初稿》《无恙续稿》《无恙三稿》《天光集》等诗文集和《虚廓词》词集等，经钱仲联和祁藏谷据原稿校辑，纂成《无恙后集》，于1960年出版。新中国成立后任上海文物管理委员会顾问。

2. 屈爔（1880—1963），字伯刚，别署弹山居士。浙江平湖人，诗人、藏书家，是贵州巡抚潘霨的外孙，自幼寓居苏州。宣统二年毕业于日本早稻田大学政治经济科，回国考中法政科举人。民国时历任江苏实业司、浙江财政司、政事堂主计局、统计局官员，30年代在上海商务印书馆任职，抗战时为圣约翰大学教授。新中国成立后任浙江省文史研究馆馆员。其伯父屈承柏善画，与过云楼怡园画社交往甚密。

3. 歇浦，旧时诗文中常指代上海。黄浦江也称黄歇浦，相传为战国时楚春申君黄歇所疏凿，故名。

4. 张一麐（1867—1943），字仲仁，吴县（今苏州）人，著名爱国民主人士。早年在苏州创设苏学会，响应维新变法，辛亥革命后，曾任中华民国大总统府秘书长、政事堂机要局局长、教育总长等重要职务。1915年12月12日，袁世凯一意孤行登基做皇帝，张一麐因力谏无效，心情忧郁，毅然离开充满险情的北京城，辗转回到故里苏州。曾与张謇组织苏社；与李根源组织吴县善人桥农村改进社，兴办教育；与吴荫培等创设吴中保墓会，保护乡里文化遗迹；参与《吴县志》总纂，倡议兴办社会文化设施。工篆书，代表作《工余谈艺录》等。

5. 李根源（1879—1965），字印泉，云南腾冲人，寓居苏州，著名爱国人士，早年加入同盟会。曾任云南讲武堂监督兼步兵科教官、总办。武昌起义后，与蔡锷发动新军响应，成立大汉军政府，任军政总长兼参议院院长，后参加“二次革命”，反袁世凯称帝活动和“护法”斗争。任北京政府航空督办、农商部总长、代总理等职。1923年因反对曹锟贿选总统而退出政坛。隐居苏州期间撰成《吴郡西山访古记》，担任《吴县志》总纂。卢沟桥事变后不久，离苏去内地。新中国成立后，将唐墓志及家藏文物图书全部捐献给苏州市文物保管委员会。

6. 叶飞（1914—1999），原名叶启亨，曾用名叶琛，生于菲律宾吕宋岛奎松省，祖籍福建省南安县，中国人民解放军开国上将。1928年加入共青团，1932年转入共产党。抗战时期，叶飞曾经率领江南抗日义勇军（简称江抗）东进，在苏州、上海地区给日本侵略者以沉重打击。新中国成立后，曾任中共福建省委第一书记，福州军区司令员、第一政委，中华人民共和国交通部部长，中国人民解放军海军司令员、第一政委，全国人大常委会副委员长。

文人脊梁

“国破山河在，城春草木深。”苏州在敌伪控制下七年十个月余，抗日烈火越烧越旺。手无缚鸡之力的文化人也不曾在刺刀下被奴化，爱家园、爱国、爱中华的精神流淌在血液中，与过云楼一样，表现形态是守护中华传统文化。顾炎武《日知录》卷十三“正始”一条说：“有亡国，有亡天下。亡国与亡天下奚辨？曰：易姓改号，谓之亡国；仁义充塞，而至于率兽食人，人将相食，谓之亡天下。”这段著名的话，何等明白、警醒，所谓亡天下，就是亡一国文化，亡国是封建王朝更替，亡天下是民族灭亡。文化绝不能亡，文化亡了便全亡了。中国传统知识分子洞明历史真谛，深明民族气节，顽强地挺着自己的脊梁骨，哪怕是打断了骨头，也要连着筋。这里略举数例。

光绪十四年（1888），江苏布政使黄彭年重修可园，并在正谊书院建造藏书楼学古堂，初建时藏书多达7万余卷2.46万册，在这座藏书楼的基础上，江苏省立第二图书馆于1914年应运而生，后曾多次易名。1937年前增至2.18万种12.79万册，是当时全国藏书较丰富的图书馆之一。

1937年8月3日，时任江苏省立苏州图书馆馆长、曾与过云楼顾公柔合作画赛会事务的蒋吟秋决定，立即整理馆藏图书，将善本图书等重要文卷装箱，密藏东山杨湾鉴塘小学（今明善堂）、西山显庆寺（即包山寺）满月阁、葑门内南园圆通庵。1937年11月中旬，日军进城后，炸毁了苏州大公园的吴县图书馆，占领了可园内的苏州图书馆。馆内未及转移的大量藏书受到日军肆意糟蹋和抢夺，一片狼藉，图书、木刻书版损失惨重。但最具价值的典籍，幸免于难。

抗战胜利后，蒋吟秋回到可园，感慨万分，写诗叹道：“不到可园已八年，重来旧馆亦前缘，删除蔓草开荒径，收拾丛残认蠹编。壁上留题人去久，花间访古石生研，浩歌亭畔秋如画，独立苍茫一伧然。”解放初期，损失殆尽的大公园吴县图书馆的建制并入苏州市图书馆。蒋吟秋先生1981年因病逝世。

世纪之交，苏州市将最方便市民的地段、曾经是人民路市委市政府所在地建现代化的苏州图书馆新馆。建新馆时，精心修复“天香小筑”园林，现列为全国重点文物保护单位。2004年，国际图联主席Alex Byrne，管理委员会委员Marian Koren，联合国世遗中心代表、日本世遗中心主任矢野和之等前来考察，赞誉其为“中国园林式图书馆”“最美丽的图书馆”。拾阶而上，镌刻在大理石门额上的“苏州图书馆”五个大字，是请王健生先生集米芾字体而成的。今天，蒋吟秋先生和同仁们冒着生命危险保护的近两万册古籍完好地保存在苏州图书馆古籍部，成为镇馆之宝。

从日本、美国留学归国的杨荫榆，出身于江苏无锡一个书香门第。其二兄杨荫杭（当代已故作家杨绛的父亲）曾翻译卢梭《民约论》、孟德斯鸠《万法精义》等，是我国著名的民主革命启蒙者、法学家。杨荫榆 1924 年成为中国近代教育史上第一位女性大学校长（国立北京女子师范大学），当年 11 月，该校发生“驱杨运动”。翌年，她下台。1926 年 3 月 18 日，北洋执政府段祺瑞卫队擅自开枪打死刘和珍等学生，鲁迅挥泪写下《记念刘和珍君》一文。杨荫榆 1925 年冬回到苏州后，先是住在兄长杨荫杭的庙堂巷家中，先后在东吴大学、“苏女师”（杨去国外留学前的母校，江苏省新苏师范学校的前身，也是著名物理学家吴健雄的母校）及草桥中学（苏州中学初中部）等任教。后杨荫榆在盘门新桥巷购地筑居所，当年校友、曾任北师大系主任、时任苏州中学校长汪懋祖的家——“懋庄”就在附近，杨时常去拜访汪懋祖。

苏州被日军占领后，由于杨荫榆精通日语，且在文化教育界有影响，日军要她出任维持会伪职，遭到拒绝。杨荫榆目睹日军暴行，曾到日军司令部提出抗议。有一次，邻近许多妇女害怕日军士兵挨户寻找“花姑娘”，都惊慌地逃到杨荫榆家，杨用日语责骂日本兵无耻，保护了这些妇女。1938 年元旦一早，两名怀恨在心的日本兵来到杨荫榆家里，谎称司令部传见她，诱她出门，走到吴门桥上，对她开了枪，杨荫榆坠入冰冷的河水中，待下沉，日本兵才扬长而去，后由曾为她修房子的木匠收殓装入薄木棺材。还有一种说法，杨荫榆的邻居吴兆奇说，当时杨曾多次去日军所驻的苏纶纱厂交涉，以致遭到肇事日兵怀恨在心，当杨走到桥上时被身后的日兵用刺刀挑落河中，随之开枪杀害。抗战胜利后，学校为她举行追悼会，她的爱国、爱同胞的气节和情操是其坎坷人生的一抹美丽霞晖。

左为 1914 年可园正谊书院学古堂改建为江苏省立第二图书馆，图为员工合影
右为可园学古堂，光绪十四年（1888）名学古堂，光绪三十三年（1907）改名存古堂

左为 1937 年卢沟桥事变前夕，学生义勇军在被日军毁为废墟的大公园图书馆前合影
右为杨荫榆

左为 1937 年 11 月，日本皇族的闲院宫载仁亲王在中国战地视察，特地到寒山寺俞樾书碑前照相留念。

载仁亲王（1865–1945）日本皇族，将领。伏见宫邦家亲王的第十六子。1882 年起留学法国军校。长期在日本陆军中任职。曾参加中日甲午战争、日俄战争，1912 年升为大将。1916 年负责策划暗杀张作霖和侵略中国东北。1919 年晋升元帅。在 1931–1940 年任参谋总长，掌握指挥大权，对日本发动侵华战争负有重要责任。晚年仍在天皇裕仁近侧操纵军务。1945 年病死。

右为沧浪亭里的魔影，沧陷时期，沧浪亭成为日军伤兵医院和海军炮艇队驻地

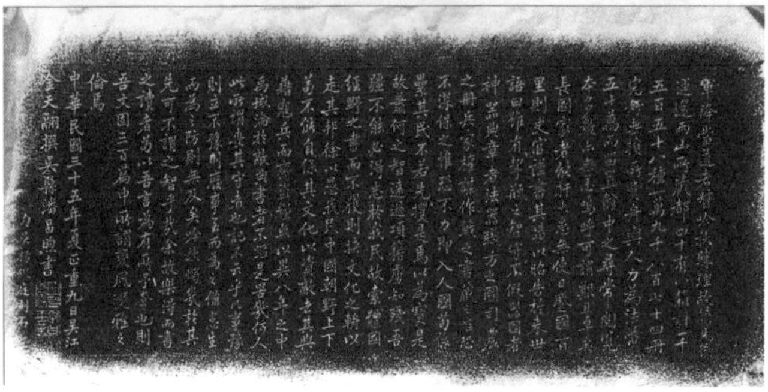

抗战胜利后，记叙蒋吟秋护书经过的《完书记》石刻，金松岑撰，潘昌煦书，杨鑑庭刻

左为潘昌煦（1873—1958），苏州人。清末翰林，燕京大学教授。沦陷时，伪省长李士群死，当局以财势逼迫题主，潘严拒不往。
右为沦陷初，金松岑拒任伪职，去上海光华大学任教。1941 年日本发动太平洋战争，光华被迫停办，金松岑（前排中坐者）与吕思勉、蒋竹庄三位老教授偕学生于除夕合影，以“一片冰心”砥砺气节相勖。

今苏州图书馆新馆及天香小筑

笔者走笔至此，不禁喟然有感，说说战争年代，中国人、中国知识分子是怎样对待日本文化的。梁启超的长子梁思成，著名建筑学家、中国科学院院士，抗战中与夫人林徽因随中国营造学社，颠沛流离。林徽因是一位才貌双全、个性鲜明的奇女子，早年曾留学欧美，于文学、建筑学、艺术等皆有精深的造诣。在前往昆明的途中，遇到了杭州笕桥中央航校的学员，这些学员为病重的林徽因提供了不少帮助，在患难中建立了深厚的感情。到昆明后，梁、林成了这些学员的“名义家长”。不到两年，八名飞行员和林徽因的弟弟林恒全部以身殉国。之后，梁、林来到四川南溪县李庄落脚，李庄在抗战时期一度为大后方的文化中心。罗哲文是他们的学生，笔者曾听罗老讲过李庄的故事。

2010 年，笔者在苏州市职业大学供职时，曾请我国文物界泰斗谢辰生和罗老为吴恩培教授主编的《苏州城墙》题书、写序言。罗老于 2012 年 5 月 14 日去世。2014 年 5 月 14 日为常州市申报国家历史文化名城，谢辰生先生不顾九十三岁高龄，由中国文物学会丹青先生陪同，回家乡踏勘古老的青果巷。青果巷历史上诞生了许多进士、状元，近现代名人有盛宣怀、赵元任、瞿秋白、张太雷、史良、周有光等。顾公硕的夫人张娴，其母是刘海粟的姑母，青果巷刘家。那天上午，常州市市委书记、曾任苏州市市长的阎立同志打电话给我，我匆匆赶往常州，看望谢老。是日，正逢罗老逝世两周年忌日，几个人坐在一起回忆罗老，不胜唏嘘。

为了确保所叙的真实性，笔者查阅了《罗哲文文选》（中国建筑文化中心主编：《中国建筑名家文库》，华中科技大学出版社，2010 年），罗哲文生前在《忆中国营造学社在李庄》一文中写道：

> 1944 年的夏天，日本帝国主义侵略者已经全线崩溃，盟军准备对中国大陆广大面积的敌占区和日本本土进行轰炸。为了保护这些地区的文物古建筑，我曾跟随梁思成先生去到重庆，进行了一个多月的工作，即在五万分之一军用地图上标出在轰炸时要保护的文物古迹。梁先生用铅笔在地图上画出来，我用仪器和绘图墨水画上，交给盟军总部。其中梁思成先生还特别提出了要保护日本古都奈良和京都的建议。
>
> 此事我原来还不清楚，1985 年我去日本奈良参加一个国际学术讨论会时，日本的专家学者们正在讨论一个话题，即在二次世界大战中东京、大阪被盟军（主要是美军）轰炸得一片焦土，而京都、奈良却免遭轰炸，许多古建筑文物得以保存，起初以为是美国学者的建议，但美国学者否认了这件事。北京大学宿白教授公开了在解放前（1947 年）梁思成先生亲口说过是他提出的建议。由于他们知道我当时正做梁先生的助手，所以向我打听此事。我经过认真回忆，证实了这件事。日本报纸因此把梁思成先生称之为日本“古都的恩人”。这件

事情也正是中国营造学社在李庄这段时期内所做的。

陈宇、王帆在 1995 年写的报告文学《日本古都的恩人梁思成》(《当代作家》1995 年第 3 期刊载)文中写到，梁思成去美国总部办公室找到布朗森上校，提出免炸日本奈良和京都，并且最后说服布朗森上校将此报告送达上司鲁梅将军。鲁梅将军阅后很震撼，接受了梁思成的建议，批转空军执行，使日本古都幸免于难。文中有这样一段文字，现摘录如下：

> 梁思成脸上肌肉颤动，显得十分痛苦地申诉："要是从我个人感情出发，想到国人的苦难，我是恨不得炸烂整个日本。然而一种职业与历史责任感让我冷静下来，建筑和园林是社会的缩影、民族的象征，但它绝不是某一民族的，而是全人类文明的结晶，像奈良的唐招提寺，是全世界最早的木结构建筑，一旦炸毁，是无法补救的。"

谁听了这则故事，不动容？不潸然泪下？美国哈佛大学神学院教授大卫・查普曼用中国神话故事解读中华民族特征，如"钻木取火""大禹治水""夸父追日""后羿射日"等。这是一方面，不屈的抗争精神；另一方面，几千年来，中国人的家庭对孩子讲得最多最多的话，是要"做好人"！中国人、中国文化骨子里善良、仁义，因为从小接受"人之初、性本善"的教育，哪个家庭不这样？传统社会中国人一直不缺乏信仰，无论有文化没文化，我们的信仰一直在祖辈父辈讲述的故事里，一直在日常生活中，成为遗传基因。

张善孖(1882—1940)，原名正兰，单名泽，字善子，号虎痴。其弟正权，即张大千，张氏昆仲出身于四川内江丹青世家。1932 至 1937 年间，张善孖偕弟寄寓苏州网师园，当时借寓网师园的还有书画家叶恭绰、王秋斋，新闻界的曹聚仁等，张氏昆仲以殿春簃为画室，为画虎而养虎，虎称"虎儿"。"八一三事变"后，张氏兄弟离苏西上。张善孖沿途挥毫不止，画了许多虎画分赠前方将士和友人，激励他们发扬雄风，奋勇杀敌。他在日机空袭中，历时四个月，创作了长二丈、宽一丈二尺的巨幅国画《怒吼吧！中国》，画面上二十八只猛虎象征当时中国二十八个省，威武勇猛，奔腾跳跃，正追逐扑吞着代表日本军国主义的一线落日，旁题："雄大王风，一致怒吼；威撼山河，势吞小丑！"1938 年底，张善孖在周恩来的关心下，出国赴法、美举行画展，他当众挥毫，举行义卖，画的都是老虎，寓中华民族不可辱。

张善孖与虎儿

张善孖画虎

1942年沦陷时期，苏州画家张星阶，租借怡园“拜石轩”作画室，并在轩东筑一小室，与朱守一共同创办“怡园画厅”。张星阶目睹日军暴行，义愤填膺，改名“张撷薇”并刻章一枚钤于画上，“撷薇”之典出于商周时伯夷、叔齐不食周粟，采薇充饥，饿死首阳山的故事，意在宁可饿死也不与日军和汉奸合作。1945年日本投降，先生欣喜若狂，一日与朱竹云、朱守一（西邨）等在画厅纵酒放歌，唱杜少陵名作《闻官军收河南河北》，歌罢热泪沾巾，将“张撷薇”石章向窗外假山石击去，见石章粉碎，狂呼：“快哉！快哉！”以此一泻积胸十四年之愤懑，体现了文人画家的爱国主义气节。张星阶（1909—1991），名国枢，以字行，晚署霜屋老人，苏州人，1973年星阶更名为辛稼。师从虞山陈摩。就读苏州工专时，与杰出的艺术家和美术教育家吴作人是同窗。新中国成立以后任苏州国画院首任院长、名誉院长。著名画家、第二任院长、“三吴一冯”之一吴待秋之子吴斅木称他“一生傲骨，不慕名、不羡人，嗜杯中物，飘飘然有酒仙之风。待人如己，已有所得，不吝教授，常为好学者书‘艺海一灯’四字，以勉其勤，实亦先生自写照也。先生始学山水，以山水笔墨之变化而专攻花鸟，因此造诣极深。七十前尚能，七十后尚拙，大江南北鲜有可与抗衡者”。

这里回到书画上，顺着介绍一下吴待秋[1]、吴敉木这个丹青世家和苏州国画院。吴待秋曾作画于笺纸上，鲁迅在《北京笺谱序》中推许为“画笺高手”。光绪三十年（1904）他与几位印家在杭州孤山创办西泠印社。1916年经曾任杭州求是书院督学的陈叔通推荐，至上海商务印书馆任美术部主任，以珂罗版在宣纸上印刷获得良好效果，编审《古今名人书画集》。抗战爆发，曾避难多处，后去上海，画名大振，抗战胜利后返苏。1947年与颜文樑、张大千、吴湖帆参与指导上海美术馆的筹建工作。因年长，列“三吴一冯”之首。与吴子深、吴湖帆、吴观岱被称为“江南四吴”。吴待秋一生追求艺术，成为民国时期影响海内外的著名山水、花鸟画家，又与赵叔孺、吴湖帆、冯超然同被誉为“海上四大家”。

吴敉木（1921—2009），1931年随父迁居苏州装驾桥巷，家有残粒园。1943年毕业于复旦大学经济系，后在上海中国银行国库局供职。1949年辞职返苏，兢兢业业攻习书画。1958年应聘执教于恢复的苏州工艺美术专科学校，曾任绘画专业组组长。1978年曾作为文化部首批选调的全国著名画家晋京创作，1980年任吴门画派研究会会长，后任苏州国画院副院长、院长、名誉院长。

1960年苏州成立国画馆，至今已度过半个多世纪，前后设址四处，初址在怡园湛露堂，“文革”中画师被分别安置在文化馆、图书馆和博物馆；1978年恢复国画馆，迁址于忠王府远香堂（今拙政园）；1983年改名为苏州国画院，1985年迁至怡园隔壁听枫园；2015年1月，听枫园修缮，暂迁东潘儒巷张氏义庄，2016年又迁回听枫园。在历史大潮中，画师人才辈出，德彰画坛。仅举一例，笔者曾就读于苏州工艺美术学校，记得“文革”前苏州火车站候车厅挂有吴敉木、许十明两位老师率杨明义、马伯乐等年轻教师所绘四幅巨幅国画——苏州虎丘、太湖、天平山、灵岩山春夏秋冬四景。作为一名学生，自然是仰视、崇敬，为之铭记在心。上世纪90年代中期，我刚到文化部门任职，正值恢复苏州美术馆，我当时一心想将那四幅苏州人难以忘怀的画收藏在美术馆，于是去火车站寻访，但毕竟三十年过去了，未果而怅然而归。火车站一位老职工告诉我，“文革”开始后曾被塞在楼梯下一个小仓库内。当时吴老师健在，我经常去装驾桥巷探望。许老师久病，我去探望时已卧床不起，说不出话来，只是老泪纵横，儿女守在边上。马伯乐老师回忆，当时画火车站候车厅巨幅国画时，吴老师画虎丘、太湖，许老师画天平、灵岩，是一家装潢设计公司承接的项目，工艺美术学校两位老师是应邀创作绘画，没有报酬的，画好后，连笔、颜料全部奉送还装潢设计公司。改革开放以后，画家的生活一天天好了，许老师却走了，一生清贫，犹如高洁的莲花与燃尽自己、照亮别人的红烛。

苏州近现代书画选
——苏州书画百年史（九）

吴待秋夫妇和子女在私宅残粒园，右一为吴羖木

左为吴待秋绘　高山流水深树烟
中为吴待秋绘　无量寿佛
右为1933年，张叔良创办《苏州明报》，邀张大千、吴湖帆、陆抑非、冯超然、吴徵（待秋）、王震、梅兰芳、庞元济、戴传贤、李根源等作此画。画中人即张叔良，他在日军入侵前夕，秘藏已发行十三年的《苏州明报》于一空寿材内，得以保全，是为至今保存的民国时期苏州报纸中最为完整的一种。

陈摩花鸟画

萧退庵书法

改革开放后，谢孝思、张晋、费新我、张辛稼、吴斁木等挥毫泼墨

谢孝思绘　黄齐生先生像

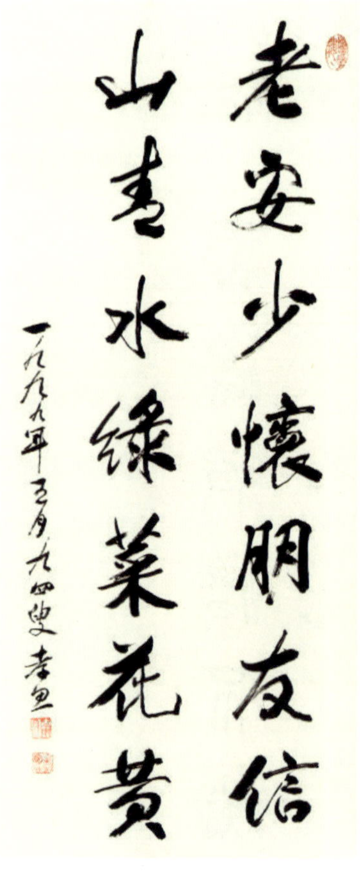

谢孝思书法

谢孝思题三清殿、妙一统元和艺圃延光阁匾额

谢孝思题怡园屏风三叠

谢孝思夫人
刘叔华画竹

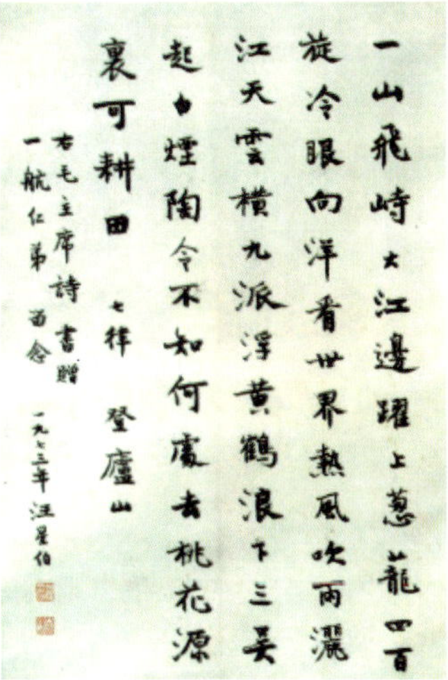

汪星伯书法作品

蒋吟秋　宋苏舜钦沧浪亭记

1979 年，蒋吟秋与中青年书法家

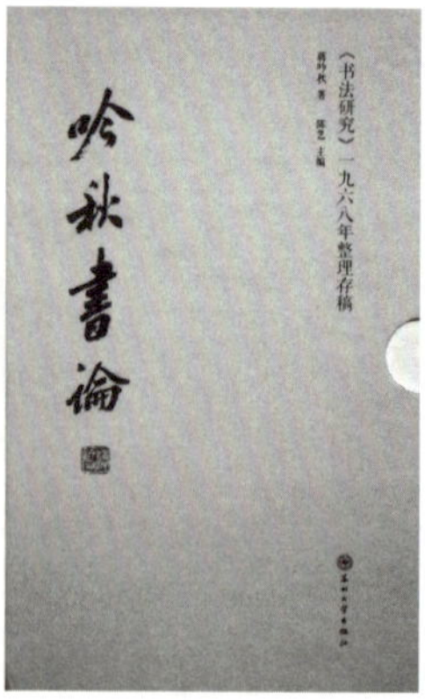

吟秋书论

蒋吟秋题苏州园林匾额、古桥和苏州公园

沙曼翁书法

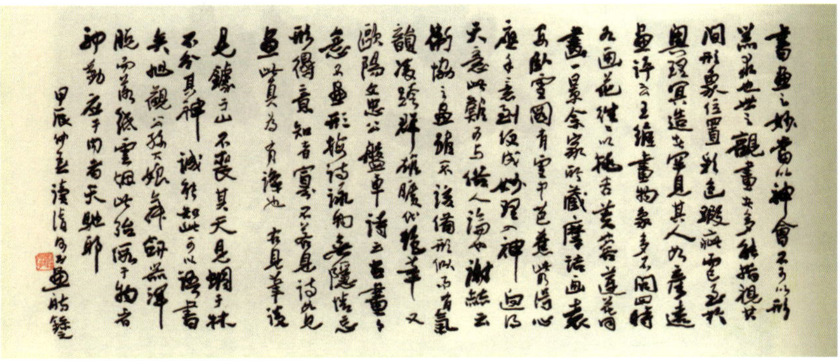

甲辰（1964）仲春，费新我读《清河书画舫》录之

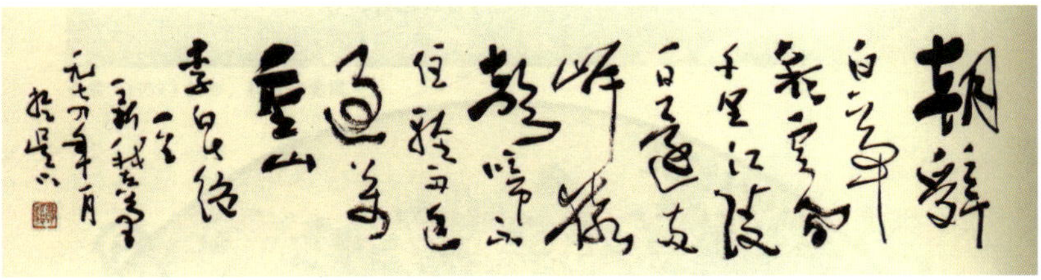

1974 年 1 月，费新我书唐李白《早发白帝城》

祝嘉书法作品及其著作

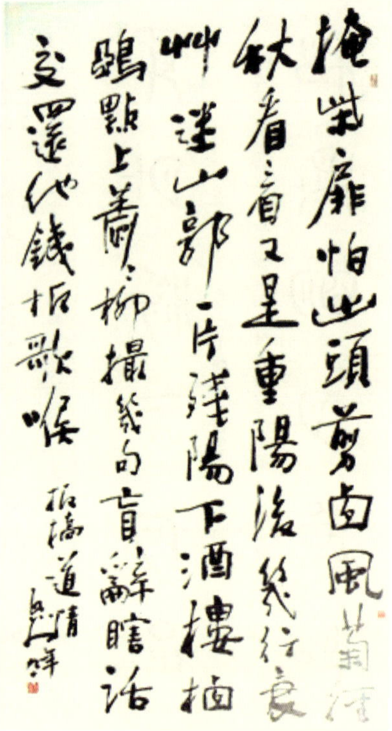

瓦翁书法作品

吴进贤题沧浪亭五百名贤祠

沈子丞绘　松阴飞瀑

张继馨绘　草枯鹰眼疾

苏州国画院画作选

——苏州书画百年史（十）

上世纪 80 年代张辛稼（左）与吴敦木

苏州国画院

张辛稼绘　春消息

张辛稼花鸟画

吴石渔绘　东湖陶公洞

吴敦木绘　源远流长

许十明山水画

杜重划人物画

孙君良绘　盘门

杨明义绘　周庄人家

杨明义绘　江南雨后

刘懋善绘　水乡秋色

马伯乐绘　高山流水

周矩敏绘　听枫园雅集

徐源绍绘　紫藤

注：

1. 吴待秋（1878—1949），名徵，以字行，别号春晖外史等，浙江石门（今桐乡崇福镇）人，其父伯滔（名滔）为清代画苑名手，晚年作山水苍秀沉郁、水墨淋漓，绘花卉墨色浓厚。吴待秋早年学山水画，颇有父风，及稍长，法奚铁生、钱松壶而追宗王麓台，并得黄公望余绪。又从师吴昌硕学花卉、治印。吴待秋作画甚勤，山水画挺秀劲拔，苍雄沉着，点苔飞舞稳当，设色气韵清明。又擅画佛，且工花卉，画梅更独绝一时，书法亦遒劲。出版有《吴待秋山水画集》《吴待秋花卉画集》《吴待秋画集》等。与吴昌硕、王一亭为世交，其子敩木、石耕、青门均能传其艺。

第三章　点亮盏盏心灯：亘古不变，递承中华优秀传统文化

公雄丹心

顾公雄（1897—1951），名则扬，以字行，善画山水，顾鹤逸第三子，过云楼第四代传人。新中国成立后，经历战争离乱和世事沧桑大起大落的公雄，于1951年临终前，终于对家人倾吐了隐藏在心底的愿望：“把我们珍藏的那份书画献给国家吧，私人保管总是靠不住的，这样的财产，应该是国家的。”夫人沈同樾携子女秉承遗志，分别于1951年、1959年将家藏宋元明清迄20世纪40年代书画，计308件，捐献给了上海博物馆。

所捐均为稀见之宝，价值无法估量，谓之当年上海文管会书画精品的“半壁江山”也不为过。自此，过云楼藏画中保存比较完整的一批书画找到了最好的归宿。其中有宋魏了翁《行书文向帖》卷、巨然《海野图》卷、陆游《谿山图》轴，元赵孟𫖯《吴兴清远图》卷和《秋兴赋》卷、张渥《九歌图》卷、华祖立《玄门十子图》卷、倪瓒《竹石乔柯图》卷、虞集《楷书刘垓神道碑铭》卷，明顾琳、杜琼、刘珏、沈周、陶成、文徵明、唐寅、陈淳、文嘉、钱穀、朱朗、文俶、熊廷弼、徐渭、薛素素、程嘉燧、董其昌、黄道周、项元汴、项圣谟、杨涟、魏大中、万寿祺，以及清初“四王、吴恽”等精品。

1951年为褒奖顾公雄家属，文化部颁发奖状及两千元奖金，他们当即将奖金全部捐献支援“抗美援朝，保家卫国”。这是老一代真情实感之举。一个半世纪来积贫积弱的中国向西方学习，但总也不明白，那些老师怎么老是欺负我们这个虔诚的学生？他们尝够了中国人一盘散沙、衰败软弱的苦头。

1949年10月1日，毛泽东主席宣告中华人民共和国成立，“中国人从此站起来了！”天安门上升起了第一面五星红旗。“抗美援朝、保家卫国”是中华人民共和国的立国之战，克拉克将军在板门店曾说过，他是美国历史上第一个在没有取得胜利的停战协议上签字的将军。

正如本书前述，王季玉先生“我梦想的未来中国”其中一句：“国家地位，我不侵人，人亦不敢侵我，然而要希望这幻想能够成为现实，非产生一辈有真道德、真学问的

领袖，决不能达到目的。”王季玉发自肺腑的希望，也是沈同樾女士和顾家发自肺腑的希望，也是全中国老百姓共同的希望。从旧社会过来的人都希望中国人任人宰割、受人欺凌的日子一去不复返，希望老百姓都能过上太平的日子。从百年沧桑到民族复兴，一个有几千年历史的伟大民族，一度沉沦后重新找回了文化自信。

左为人民解放军在进军苏州途中休息
右为描写解放军进上海睡在马路上的油画《拂晓》

左为人民解放军解放苏州后，乘胜解放上海，停靠苏州火车站的“上海解放号”列车
右为“不住民房睡马路，了不起”

左为乐益女中学生载歌载舞欢庆苏州解放
右为 1951 年苏州人民掀起支援抗美援朝的热潮

1959 年，上海市文化局奖给顾氏奖金一万元，沈老太太又意欲捐献，上海博物馆通过有关部门转告老太太，这笔钱同价值连城的捐赠藏品相比较实在微不足道，顾家生活并不富裕，望能聊补家用。沈老太太得知后，一方面感谢国家的关心，一方面仍悉数捐出支持街道发展生产。公雄子女五人，后来均大学毕业，各有所长，报效祖国。

2002 年，上海博物馆陈燮君馆长在《顾公雄家属捐赠上海博物馆过云楼书画集萃》的出版前言中高度赞扬说：

> 过云楼藏中国古代书画，富甲江南，有《过云楼书画记》《过云楼续书画记》传世。其历四代而不衰，并代有递增。凡遇国难，顾氏族人均以保护书画为第一生命，佩哉！
>
> 人民改元，顾公公雄为家藏书画之久长计，临终嘱托捐于国家，犹照见一片丹心。遗孀沈同樾遵夫婿之言，率子女顾笃瑄、顾榴、顾佛、顾笃璋、顾笃球，将其所藏书画于 1951 年、1959 年悉数割爱归公。
>
> 1959 年在上海博物馆举办“沈同樾先生捐赠过云楼书画展”。
>
> 1997 年在上海博物馆再次举办“过云楼捐赠书画精品回顾展”。
>
> 21 世纪伊始，上海博物馆又遴选其中八十件精品，编辑出版《顾公雄家属捐赠上海博物馆过云楼书画集萃》，既呈现出所赠藏品的珍贵性，又展示顾氏一门之诗文书画艺术性，读之隽永，过云永驻。

顾公雄　销寒山水图册选　过云楼捐赠上海博物馆

公硕殉道

顾公硕（1904—1966），名则奂，以字行，顾鹤逸的幼子，过云楼第四代传人。毕业于长元吴第四高等小学、省立第二中学，又从学于张廷升、朱梁任、孙伯南诸人。成年后，先后供职于上海华东银行和天香味宝厂。能书善画，精鉴赏。书香门第、大户人家，并不意味着可以将祖上留下的文化收藏随意换钱，可以无忧无虑、无所作为、锦衣玉食。抗战胜利后，家庭迁回苏州，他本人仍留在天香味宝厂，自食其力，后厂迁台湾，他返回苏州失业了。新中国成立后，投身于文博、文化工作，历任苏州市文联国画组组长、民间艺术研究组组长、市文管会委员、苏州博物馆副馆长、苏州市工艺美术研究所所长等职。曾当选为苏州市第四、第五届政协常委，中国民主促进会苏州市委员会委员，苏州市文联执委。一生专注于文物调查与征集、古建筑保护、园林整修和苏州传统工艺美术事业。

1953 年 12 月由顾公硕等代表家族[1]致函苏州市人民政府："迳启者：敝所有人民路怡园一所，经共有人会商决定，自愿将所有权无条件捐献政府，以供人民游览……"怡园正式对游客开放。经过政府拨款整修，1963 年怡园被公布为第一批苏州市文物保护单位，1983 年被列为江苏省文物保护单位。

1959 年，他参与苏州博物馆的筹备工作，广泛征集文物，并带头捐出珍藏。他先后所捐的 124 件珍贵文物中，有元王蒙的《竹石图》和明戴进、祝允明、文徵明、唐寅、董其昌等传世珍品。其中文徵明的《五月江深图轴》，顾文彬在《过云楼书画记》中称道："今世画家相传'粗文细沈'，以余平生所见言之，亦不尽然，即如此帧，纯用淡墨细笔干皴作坡陀，其间因树为水阁一椽，两人倚阑凝望，隔岸长松修竹，屋舍俨然，门前平桥曲涧，一翁挈小奚拄拐行，仰视危磴切云，奇峰插天，殆非尘境。盖以李晞古笔写杜陵诗意。款署'嘉靖丙申'，已在晚岁，真'丹青不知老将至'矣。惟钤'吴氏焕如阁'印，知其氏吴而已。"祝允明的手稿本《正德兴宁志》（两册）系蝴蝶装，小行楷书，极具钟（繇）、王（羲之）笔意，价值非凡。沈寿生肖四条屏不仅针法缜密，而且色泽鲜艳、生动活泼，跃然凌空于绢素状，绣品曾为南通张謇所藏。

顾笃璜先生回忆：

曾有人对父亲说，你们顾家又有园林，又藏品无数，一定很有钱啊。父亲听后仰天大笑，他说，我这些东西，不能吃，不能穿，不能卖，如果能卖当然有钱，但它们是国家文物啊，不能看成钱，还要自己花钱去保护。在顾氏家族看来，这些藏品不是单纯的金钱，而是需要保护的文物。

我们家里最好的房子放书，放画，书画放楼上，人住楼下。最好的箱子不装衣服，而是装书和画，那是一种福建产的皮箱，密封程度很高，关箱子时，都会有空气“哧”的一声被挤压出来。我们家的人都不讲究穿，衣服都是很普通的，我祖父鹤逸先生经常穿打补丁的衣服，一件棉袄要穿十几年。父亲在解放初期为苏绣的发展去北京争取支持和参加展览活动，也为没有一套出客的衣服而尴尬，我们穿的衣服都是带补丁的。

顾笃璜说起顾家最质朴的收藏精神，又谦虚地说：

苏州是文化和艺术的渊薮。现在所说的“过云楼收藏甲江南”，此话不是顾家说出来的，不一定合适。但那时大家都愿意把家藏文物捐献出来，像何澄[2]先生1905年参加同盟会，一生酷爱文物古董。解放不久，其子女根据父亲生前意愿，将网师园献给国家。1956年，南园宾馆发现了何澄先生生前封存的文物，之后子女何泽慧[2]、何泽瑛等，表示全部捐赠国家。柳亚子先生1958年逝世，其夫人郑佩宜女士将柳先生的生前遗物捐赠给了中国历史博物馆和苏州博物馆。李根源先生将自己毕生的收藏献给了国家。顾颉刚先生将其父亲平生收藏的古代书画及其他文物八百余件捐出。吴湖帆先生，庞莱臣[4]夫人与子女，俞平伯先生，钱镛、吕凤子、谭光、胡觉民等先生，还有潘家、陆家、王家等，举不胜举。

2006年10月，贝聿铭担纲设计的苏州博物馆新馆开馆时，一进门迎面可以看见一张密密麻麻的捐赠人名单，说明苏博没有忘却半个多世纪来办馆过程中的每一个支持人，上海博物馆也这样做，这是一种温暖。当初，父辈觉得新社会了，将心爱的收藏捐出来，让人民一起享用。同时，相信人民政府，觉得私家保管这些藏品任务越来越艰巨，祖先传下来的珍藏不能毁在自己的手上，收藏古籍书画所需的温度、湿度等条件非常严苛，那时仅凭个人力所不及。

祖籍山西灵石县的何澄的家族，以世代书香而著称。何澄是山西剪辫子第一人，也是山西首批留日学生，同盟会“铁血丈夫团”中的一员。后来不堪军阀乱局和官场黑暗，退隐苏州。他取的号是“真山”，是对山西人最崇拜的反清复明名士傅山的仰慕。他秉持“科学救国”的理念，其子女均学理、工、医，“何氏三姐妹”的何怡贞、何泽慧、何泽瑛分别在固体物理学、高能物理学、植物学领域里，取得了卓越的成绩。何泽慧出生于苏州，被誉为“中国的居里夫人”，为中国科学院第一位女院士，上了年纪后，共和国总理六次上门看望她，但依旧脚穿解放鞋，坚持挤公交车上班。有趣的是，她非常反感自己被称为“中国的居里夫人”，1994年科学出版社出版《中国现代

明代沈周《花鸟册》局部之一、之二 何澄与子女捐赠

左为何澄二女儿何泽慧年轻时，著名科学家、中国科学院第一位女院士
右为明代文伯仁《石湖草堂图》（局部），柳亚子夫人郑佩宜捐赠

科学家传记大辞典》，何泽慧居然排在最后，编者特别说明："此稿传记虽早已约稿，但因何泽慧本人谦让不同意立传，后在本书编辑组一再要求和催促下，作者才着手撰写并于全书付印前交稿。因全书页码已定，不便插入相应学科，故补排在最后。"

顾笃璜回忆新中国初，他说，老一辈并没有把书画、园林看成是一家一户的财富，而是要给这些历经沧桑的宝物找到一个好归宿，这也是藏家们真实的心态。笃璜老十分赞赏父辈当时"藏于私，不如藏于公"的思想。当然，当今收藏已是永不落的朝阳产业，现在藏家的条件好多了。

老一代文化人的心灵就是如此善良、纯朴。1959 年 10 月 1 日，是新中国十年华诞大庆，怎么来表达自已热爱新中国的感情呢？在苏州市文管会做文物征集、保管工作的钱镛先生心想，以绘画闻名的沈周、文徵明、唐寅、仇英是世人皆知的明四家，但以书法闻名的沈周、文徵明、唐寅、祝允明并称为"吴门四大书家"，则所知者不多。不过收藏界却有"集吴门四大书家字幅，比起吴门四大画家的画幅更难"的说法。

钱镛早年留学日本，归国后与著名画家吴湖帆的外甥女徐玥结为伉俪，并师从吴湖帆先生学习书画鉴定。1948年，他在上海购得祝允明书《乐志论》条幅，经吴湖帆先生过目，认为可与他所藏文徵明《行草七绝诗》条幅相配，于是就将文氏字幅赠予弟子。翌年，吴湖帆先生又将其所藏沈周《行书五律诗》条幅一件赠给钱镛，并告诉他，“吴门四大书家”字作难觅，其中尤以沈周、唐寅二人的字幅更为难求，“现在你已有了沈、祝、文三家，若得唐寅字幅，即为全璧。这将是收集明代吴门书法艺术的一件快事，也是对苏州文物的一大贡献”。

钱镛记下了老师的话，在随后的十年间留意访求，却一直不见唐寅的字幅。钱镛知道《过云楼书画记》曾著录唐寅一件行书条幅——七律《漫兴》，也称“龙头诗”。于是，与顾公硕说起，顾公硕取出展示，钱镛记录了当时的情景：“所书四行，用笔潇洒凝重，由赵（孟頫）溯李（北海）遗意。且尺寸与另三幅相类。我想此幅藏于过云楼已逾百年，是顾氏四代祖传之宝，定不能相让，故未启口，唯兴叹而已。”到了国庆节，钱镛借个机会与顾公硕商议，“建议将两家所藏此吴门四大书家之字幅，配成全璧，作为向国家十年大庆之献礼，献给国家，以表爱国之心”。顾公硕欣然同意，钱、顾两家便将此四幅捐献给苏州市文物保管委员会，成为国庆十周年苏州文化界的一件盛事。

现在说“苏绣”是中国“四大名绣”之首，是苏州的一张文化名片。但解放前民生凋敝，刺绣业已近消亡。1954年初，公硕在北京，中国美术家协会的一位朋友询问苏州能否做出国礼品，公硕一口答应。于是，在朱家园家中投入试制，夫人张娴，出身无锡张尚书家，曾入无锡女子职业学校，善刺绣，亲手绣制第一幅大型绣品《百鸟朝凤》。

解放初期，凡一同志兼任市文联主席，他热爱文化，善于团结知识分子并发挥他们的作用。公硕是文联的民间艺术研究组组长，在凡一同志支持下，先在朱家园顾家筹备，于1954年3月8日在调丰巷成立了市文联刺绣小组。后随生产规模不断扩大先后搬迁至修仙巷、史家巷，即今名扬中外的位于景德路王鏊祠堂、环秀山庄的苏州刺绣研究所的前身。请来了沈寿高足金静芬[5]，乱针绣发明者杨守玉（张娴的表姐）也前来指导，后来又引介了画家沈子丞等。解放前夕，金静芬流落在上海一亲戚家帮佣。去接她时，老人正在灶膛旁烧火。市文联刺绣小组聚集了一批后来成为刺绣艺术大师的人才，如毕业于吕凤子创办的丹阳正则女子职业学校刺绣科、师从杨守玉的朱凤、任嘒閒、周巽先，来自“家家有绣棚，户户飞针线”的苏州木渎镇的年轻绣女李娥瑛、顾文霞等。举办训练班，传授新针法，培养新人，拯救失传的苏绣艺术观赏品，恢复生产，推陈出新，在波兹南、莱比锡等国际博览会上获得声誉。

公硕还为抢救和研究濒临绝境的桃花坞木版年画、缂丝、虎丘泥人以及红木雕刻、

今苏州专诸巷

1954年春节苏州市民间美术工艺品暨国画展览会

玉石雕刻、核雕等多种苏州传统手工艺作出了贡献。1950年深入到桃花坞和玄妙观三清殿等处调研，收集了传统年画版印制了一整套，在小公园国货商场（今苏州人民商场）二楼举办桃花坞木刻年画展览；1951年在纪念太平天国起义一百周年之际，组织画家创稿，由桃花坞木刻艺人刻印《太平天国在苏州》八幅；还以市文联民间艺术组名义选印部分年画试销。

谈到中华文化的传承，不能忽视能工巧匠的作用，这是民间文化创新的宝贵源头。苏州是中国工艺美术门类最全的城市之一，历史上谓之“苏作”。工匠精神，按照百度百科的词条解释，是指工匠对自己的产品精雕细琢、精益求精的精神理念。一个拥有工匠精神、推崇工匠精神的国家和民族，必然会少一些浮躁，多一些纯粹；少一些急功近利，多一些脚踏实地；少一些粗制滥造，多一些优质产品。

清康雍年间，苏州状元韩菼的学生、当过浙江巡抚的纳兰常安《爱宜室宦游笔记》中曾如此记载：

> 专诸巷，琢玉、雕金、镂木、刻竹、髹漆、装潢、像生、针绣，咸类聚而列肆焉。其曰鬼工者，以显微镜烛之，方施刀错。其曰水盘者，以砂水涤滤，泯其痕迹，凡金银、琉璃、绮、铭、绣之属，无不极精巧，概标之曰“苏作”。

这里仅记录他在阊门内老城墙下一条小巷目睹的工艺品生产盛况。其实，苏州工艺的能工巧匠遍布城乡。苏作风格不以“土”“拙”为特色，不太用大料，精于设计，精工制作，讲究“精细雅巧”。公硕是一位工艺美术的鉴赏家，平日喜欢抽暇走访古城内外，在他的笔记本上密密麻麻记满了工艺品类、特色、工序和能工巧匠的姓名。

1954年2月3日至18日春节期间，公硕主持举办了“苏州市民间美术工艺品暨国画展览会”，展览会有两个馆，第一馆在苏南文管会（今苏州博物馆址），第二馆在东北街洪泽小学，展出刺绣、缂丝、宋锦、桃花坞年画、木雕、砖雕、石雕、折扇、虎丘泥人、灯彩、剪纸、绒花、银细工、仿古铜器等计八十七种。规模盛大，轰动一时，参观的人摩肩接踵、络绎不绝，引起苏州各界人士和市民对工艺美术的重视。公硕还在市政协会议上呼吁要关心老艺人的生活和传承，不让一些门类人亡艺绝。

1961年11月28日，兼任全国政协主席的周恩来总理，在政协礼堂宴请七十岁以上的全国政协委员一百人，以弘扬中华民族敬老尊贤的传统，一百名年过古稀的政协委员中，年龄最长的是辛亥革命后曾任北洋政府内务总长及代理国务总理，后来创建中国营造学社，九十岁高龄的朱启钤先生。席间周恩来倡议请章士钊先生赋诗记盛，作《八千春词》，因参加宴会者平均年龄八十岁，一百人共为八千岁，传为佳话。之前，这一年9月，南京工学院刘敦祯教授来苏，请刺绣艺术家任嘒閒为朱启钤九十寿辰绣一幅像，绣像完成后，朱老先生非常满意，由他的学生王世襄经手，将一幅沈寿当年在北京绣工科所绣的花卉，寄给时任苏州市工艺美术研究所所长的顾公硕先生，赠送该所。翌年6月，谢孝思先生到北京东四条54号朱启钤宅拜访，受顾公硕、任嘒閒托办，又将朱启钤四十年前在日本购得的一幅透绣《牡丹》，装箱托运带回苏州，交苏州刺绣研究所珍藏，此事也是在王世襄的帮助下办妥的。朱老先生将两件珍品作为绣像的酬谢，更为倾心的却是对正在复兴的苏州刺绣和工艺美术事业充满期望。

1966年秋，“文革”骤起。公硕先生的儿子笃璜，与周良、潘伯英一起成了苏州的“三家村”“文艺黑线人物”，最早被批斗，关入牛棚。有所预感的公硕主动写了个字条，请求苏州博物馆来“抄家”，没其他原因，就是怕文物遭“破四旧”之不测。那时顾家还有堆满五间房的收藏，连书箱带书柜，来抄家的用小卡车装了七卡车，运到博物馆。公硕从来视文物胜于生命，一小青年要砸一瓷盘，公硕耐心地告诉他，这瓷盘全世界就两枚，他的手迟疑了片刻，结果还是砸了下去，砸得公硕心如刀绞。当天，又来了一批剧团造反派，将公硕及夫人拖到大门外当街批斗。据说，要公硕跪下，这位平日谨言慎行，好好做人、好好做事的“好好先生”怎么也想不通。传统的教育，人格比什么都重要，他是一个宁愿站着死、不愿跪着生的人。公硕先生因不堪凌辱，当夜穿着短衫短裤，愤然离家出走，留下一张字条：“士可杀而不可辱，我去了。”笃璜从牛棚回家，与妻子吕灼华骑自行车城里城外到处找啊找啊，没找到，第二天一早闻讯，在虎丘一号桥畔找到被人从水中捞起的父亲，身体已经冰凉。那年公硕先生六十二岁，距今正好整整半个世纪。

公硕去世后，迫于当时的形势，只有三个亲友敢上门吊唁。一个是顾彦平的长女顾梅，东吴大学法律系毕业，同班有蒋纬国先生。她性格刚强、有傲骨，顾氏门中一枝独秀，还是一位抗日志士。日侵时常发表抗日言论，而且剪短发，戴白围巾，穿素色旗袍，个性鲜明。被日伪盯上，抓进去，据说还用刑，上老虎凳，但她仍坚强不屈。顾笃璜称呼她梅姐姐。“文革”时虽无单位，但仍成为居民中的冲击对象。一个是过云楼学馆的同门、生前好友顾寅（伯英），当时在解放军部队医学科研所工作。还有一位便是生前好友，著名作家周瘦鹃[6]，都是甘冒风险而来的。

周瘦鹃带来了一首挽诗和几粒红豆，红豆是公硕所赠之树结的。周瘦鹃，曾被视为文坛上“鸳鸯蝴蝶派”的领袖，散文、翻译也是卓然大家，性格乐观开朗，胸襟豁达开阔。

1964年，周瘦鹃（中）在家“紫兰小筑”接待友人

1959年4月28日，第三届全国政协第一次会议结束，中央领导人接见与会委员并合影留念，周立于靠前的第二排，待毛泽东经过时，周伸出手自报姓名：“我是周瘦鹃。”毛主席停步与之握手，并说：“噢！鸳鸯蝴蝶派，我还记得你，还写不写东西啊？写了给我看看，好不好？”周连声答好。周回苏后陆续作了二十余首诗，题名《学步集》，寄往中南海。1962年4月，三届三次政协会议期间，周请李富春副总理带信，想单独见毛泽东，果然他提前接到中共中央办公厅的电话通知，约他于4月15日下午3时至新华门。翌日，按约定时间到新华门，有接待人员引至会客室，告诉他，主席正在接见外宾。毛主席准时步入会客室，握手寒暄，并为周点燃纸烟。毛即问他写作的情况，他说：“解放后搁笔不写了。”毛说：“可以写嘛。风花雪月的文章也可以写嘛。我看过你过去在上海写的东西，我愿意再看到你写的文章。”谈话间，周瘦鹃频频看表，担心超过时间，他知道主席公务繁忙。毛主席说：“不妨，再谈下去。”临行前，毛主席说：“我等着看你的文章哟！”为纪念这次会见，周将毛主席赠他的中华牌香烟留了半截，缚上红线，放在玻璃盒中，成为爱莲堂内的陈列品。

1961年除夕夜，广东省在迎宾馆设宴，欢迎从全国各地前来度岁的一批艺术家、文学家，工作人员忙中出错，将他的席卡写成“周瘦娟（女士）”，他既没有生气，也没有要求改过来，而是同大家一道笑起来，就在笑声中取过席卡，在背面幽默地题了一首诗：“琼宴开处欢肠畅，一样团圆在异乡。六十七年如梦过，哪知今夕换红妆。”

1963年，周恩来总理偕夫人邓颖超来到苏州，看望正在养病的陈云，游览虎丘、园林后，访问了居住于凤凰街王长河头3号的周瘦鹃，当时院中蜡梅正开，周总理与周瘦鹃在爱莲堂畅谈一个多小时，鼓励周瘦鹃多多写作，周总理临走时在签名册上签题“一九六三年一月三十一日访周瘦老于苏州爱莲堂”。周瘦鹃有诗记其事。1964年，朱德委员长来访周瘦鹃，并题“一九六四年十一月十日访周瘦老于苏州爱莲堂”，并赠送了亲手培育的四川雪兰。陈毅副总理也曾来访问。

一向文雅澹定的周瘦鹃对公硕家人说：“公硕一生少经风雨，所以经不住了，其实应该坚强地活下去。”但过后不久，周瘦鹃先生亦投井自尽了。1978年顾公硕和周瘦鹃均获平反昭雪。

顾笃璜回忆说，母亲很坚强，无锡内侄都叫她“寄爹阿伯”（寄爹，无锡方言干爹，阿伯是孃孃，父亲的姐妹）。旧时女孩子从小要缠脚，家里白天替她缠好，到了晚上她就解开，父母没法子，只好把她当成男小倌养。新中国建立前夕，张娴与公硕一起掩护中共地下党成员，很沉着淡定，支持顾笃璜在大石头巷憩园办春荫小学，初级小学四个班级，是地下党的联系点。张娴写一手好字，要公硕先生好好临法帖，四个儿子幼时练书法、方块字，也是她教的，不是父亲教的。公硕先生是红绿色盲[7]，医检后，一度对绘画有点动摇，中国画黑白水墨画无所谓，遇青绿山水设色，张娴在一旁帮忙，“这是花青、这是赭石”；刺绣鉴赏、遴选，她也是最好的助手。为人热心，里里外外一把手。无论顾家，还是无锡哥哥家，遇到什么难事，都请她出面协调。“三年自然灾害”时，她将朱家园的院子收拾收拾养猪，没有饲料，到缫丝厂买蚕蛹，养的猪又肥又壮，杀了猪也分给巷里的邻居吃。后来吴县文联的作家王染野“文革”中到五七干校去养猪，去之前专程上门向张娴取经。半个多世纪过去了，顾笃璜的女儿顾其正回忆说：“因为有这样一位勤劳能干的阿婆，那几年倒赠饿着苦着，就是猪肉里有蚕蛹味道。”“文革”中，丈夫和儿子遭难，儿媳、孙女下放，家里书画被悉数抄没，她不闹也不号啕，泪水只在心中流淌，默默承受着，挑起家中的一切。心若明镜，志若磐坚，有胆有识有担当。1977年去世，享年七十八岁。去世前，还能背《古文观止》的文章，春天到了，她却化作春泥。

顾公硕20世纪五六十年代山水画练笔选

顾公硕书法扇页

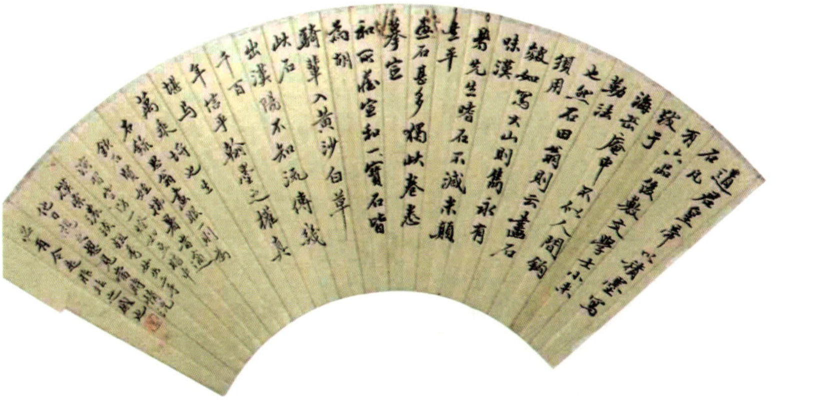

注：

1. 怡园、义田，以及山塘街上的顾德其酱园，是过云楼顾氏家族的义庄庄产，顾公硕是家族选举的管理委员会主任。

2. 何澄（1880—1946），号亚农，号真山，山西省灵石县两渡村人。青年时留学日本振武学堂及陆军士官学校。曾参加孙中山领导的中国同盟会，翌年被选为同盟会“铁血丈夫团”的军事骨干。辛亥革命爆发，在上海辅佐陈其美，任沪军都督府参谋长。1916 年 5 月，陈其美遇刺，何澄遂解甲，寓居苏州。他曾管理铁路和经营工商业，在苏州十全街创办益亚织布厂。热心扶持地方教育，曾任苏州振华女学校董。晚年，购置修葺苏州名园网师园。何澄以极高的艺术鉴赏力与张善孖、张大千、叶恭绰等结为至交。其二女儿、女婿即新中国第一代著名科学家何泽慧和钱三强。

3. 何泽慧（1914—2011），出生于苏州，十八岁时考入清华大学，二十六岁时在德国柏林高等工业学校取得博士学位。后来成为她丈夫的钱三强当时考到了法国巴黎大学居里实验室，跟随居里夫人学习镭学，何泽慧也去了钱三强所在的实验室，与丈夫一起发现了铀核的三分裂，又独立发现了铀核的四分裂。她是中国第一位物理学女博士，中国科学院第一位女院士，中国第一代核物理学家。外祖母王谢长达，苏州振华女校创始人；父亲何澄，同盟会成员，近代实业家；母亲王季山，物理翻译家；大姐何怡贞，著名金属物理学家；大哥何泽明，原北京钢铁学院院长；弟弟何泽涌，山西医科大学著名教授；妹妹何泽瑛，南京植物园资深研究员；弟弟何泽庆等，均为高级工程师、资深教授。女儿钱民协，北京大学化学与分子工程学院教授；儿子钱思进，北京大学物理学院教授。

4. 庞元济（1864—1949），字莱臣，号虚斋，浙江吴兴南浔人。庞父为南浔镇四巨富之一。庞元济为清代举人。他以经营蚕丝发家，精于鉴赏。以书画最精，其中七百多幅记录在《虚斋名画录》及《续录》之中。上迄唐代，下至清代，多为历代收藏大家旧物。抗战爆发，因年事已高，寓居上海。新中国成立后，庞家后人将书画、文物捐赠或出让给上海博物馆、南京博物院和苏州博物馆。有人称王季迁的藏品“富可敌国”，但王季迁自己却说过“上海有一位收藏家庞莱臣，是全世界最大的中国书画收藏家，拥有书画名迹数千件”，自己也收藏过好些他的藏品。郑孝胥称庞氏“甲于江南”。

5. 金静芬（1885—1970），女，原名彩仙，小名杏宝。光绪十一年（1885）生于苏州，九岁时被送至一绣工家当学徒，十二岁满师后，在绣庄领活绣制。光绪二十九年（1903）拜沈寿为师，学习用针、设色等方法，第二年她绣出的《观音大士像》形神毕肖，甚有古风。沈寿任清农工商部女子绣工科总教习时，特聘她任刺绣教习。她所绣作品在南洋劝业会上获优等奖，在巴拿马万国博览会上获奖章、奖状。1911 年离京后，在上海城东女子学校，后又在南通女红传习所、苏州武陵女学、苏州女子职业学校等教刺绣，因学校停办而失业。1955 年苏州市文联聘她任苏州刺绣工艺生产合作社社长、后任苏州刺绣研究所副所长。当选为江苏省政协委员、全国人大代表等。

6. 周瘦鹃（1895—1968），原名国贤，字祖福，笔名怀兰室主、紫罗庵主人等，吴县（今苏州）人。社会活动家、文学家、翻译家、盆景艺术大师。中学时代即开始文学创作和翻译。1914 年起在上海先后独办或与他人合作创办各种刊物十种，在上海中华书局、申报馆担任编辑、翻译。1936 年 9 月与鲁迅等人发表《文艺界同仁为团结御侮与言论自由宣言》。日侵时避居浙江南浔及皖南黟县，后返回上海，以鬻花卉盆景为生。抗战胜利后，返回苏州定居，边创作边研究盆景艺术。新中国成立后曾任第三、四届全国政协委员，江苏省人大代表，苏州市文物管理委员会副主任。

7. 公硕先生日记中有这样一条记录：色盲患者辄不自知，余其一也，后经医生道破，遂破画缘，屈指已近廿年。今后文联画家有黄山写生之举，归述风景之美，不胜向往，回忆归游，不免技痒，乃构图，未意忽。

园林宗师

受到过云楼影响，值得一提的，还有像陈从周[1]那样著名的古建筑、园林专家。1950 年他应邀到苏州的工专、美专讲授中国美术史和营造法。他曾深情地回忆道：“我是每星期五于同济大学政治学习后，乘傍晚火车去苏州，在观前街新苏饭店住一夜，次晨到沧浪亭讲课。”“上午课毕，下午我就踏查苏州古建园林与住宅，晚间在友人顾公硕姻兄家聊天，谈古说今，都是涉及苏州的。星期天仍是继续工作，到夕阳西下，缓步上火车站。”“在苏期间我完成了《苏州园林》《苏州旧住宅》《江浙砖刻选集》《装修集录》《漏窗》等书与若干篇古建筑调研报告。尤其值得高兴而得益，是认识朱葆初老教授和贾林祥老师傅，我们是忘年之交，共同研究了许多苏南建筑的问题。从前刘敦桢教授常常道及工专教师、老前辈姚承祖[2]先生，心仪者久之，后来居然让我找到姚先生《营造法原》的手迹图，终于由同济大学印行问世。”

笔者前文已叙述到苏州美专，这里顺便说一下苏州工专。这是一段不应该淡忘的历史，有创新，也有坚守，有叶茂，更有根深，这才是苏州近现代史的双面绣。苏州工专，先后称江苏省立第二工业学校、苏州工业专门学校，创立于 1911 年辛亥革命前夕，1951 年更名为苏南工专，位于苏州三元坊可园和原苏州医学院一带，上世纪 50 年代初全国高校院系调整时迁并今东华大学、西安交通大学、西安建筑科技大学、山东大学等。民国初年，校长为留日学成归国的刘勋麟，主持校政十三年，1923 年启动设置建筑科，为国内之首。1925 年留英学成归国的邓邦逖[3]继任校长，他是协助林则徐查禁鸦片、抗击英军的民族英雄邓廷桢的后裔，著名的工业教育家、纺织工程学家。由于近代工业革命的呼唤，一批批有志于实业救国的先辈们，历尽艰辛，创建了苏工，哺育了大批工程师、实业家，在中华大地上作出了卓越贡献。苏工的学生，大多是贫苦家庭出身的子女，勤奋好学，所以苏工毕业生的质量，不逊于国内其他著名大学。半个世纪中，学校产生了一批杰出人才，有“天下英才苏工专”之誉。如无产阶级革命家秦邦宪即博古，人民解放军无线电通讯事业的创建者王诤[4]将军，著名民族工商实业家、爱国人士、曾任全国政协副主席的刘靖基，毕生束黄澜于故道的黄河治理功臣潘镒芬[5]，在国际上有影响的物理学家、我国机械工业创始人王守竞，中国古代数学史和天文学史研究领域的开拓者钱宝琮，现代地图学和地名学先驱曾世英，两院院士刘敦桢、张大煜、时钧、程民德、陈太一，杰出的艺术家吴作人，原商务部部长胡平。还有前文介绍的现代建筑教育先驱柳士英、贝季眉（寿同）。陈从周专门说：“我国之有建筑学教育，自 1924 年苏州工业专科学校建筑科始（指正式招生），其学制为三年，至 1927 年夏（因实施‘大学区’制）并入南京第四中山大学，未一年改江苏大学，又定名为国立中央大学，称建筑系。”陈从周又说：“治我国教育史者，不能健忘它，应该说是既有悠久历史，又有名学者教授，培养了一大批工程人才……人们将永远铭记着它。”

陈从周前段回忆提到的多位人物均为相关领域的专家：姚承祖，继明永乐年间主持建造北京故宫的蒯祥之后、近代“香山帮”的建筑名师，灵岩山寺大雄宝殿、怡园的主体建筑藕香榭重建出自他之手。他曾于20世纪20年代走上苏工专建筑科讲坛，执教上课，根据家藏秘籍和图册编绘的讲稿，即后来出版的《营造法原》。刘敦桢，是与梁思成并称为“北梁南刘”的中国现代建筑学科的创始人，几十年中带领苏州工专、中央大学等学生对苏州园林古建进行测量、分析、整理、归纳，出版的《苏州古典园林》是国内外研究中国园林的经典著作。20世纪50年代他与陈从周一起，应苏州市人民政府和谢孝思的邀请指导苏州园林整修。朱葆初和贾林祥，都是苏工专建筑科有名的专家，朱葆初是苏州著名的建筑工程师，曾应吕彦直特邀参加过中山陵施工设计的全过程，“贾晚岁任职苏南工专，曾修建苏州旧皇宫前的牌楼，为工专制重檐歇山顶及厅堂二模型，极精”（陈从周《梓室余墨》）。顾公硕，便是苏州文化的“活地图”，精于书画、园林、古建筑、戏剧、工艺美术和摄影。

陈从周于1983年4月写的另一篇文章《一位学识渊博的鉴赏家》中，记录了有一次在公硕先生家里，当时在场的有程元庆教授和建筑大师贝聿铭的叔祖父贝晋眉先生，那晚酒阑，晋眉先生吹笛，“我唱了一折《牡丹亭》的《游园》，而最难忘的，是顾先生方才从洞庭东山归，他拿出一张杨湾轩辕宫的照片，我一看惊喜交集，初步鉴定可能是元代建筑。不久我上了杨湾，果然不错。我写下了鉴定报告，刊登在《文物》月刊，后作为全省重点文物保护单位。至此东山景物又添一色”。时至今日，东山轩辕宫已列为全国重点文物保护单位。其实公硕先生发现的何止杨湾轩辕宫一处，仅当年他的《东西山待访录》中就详细记载新发现的古建筑和各类文物有六十一处，另外三十三处要进行待访调查工作，合计九十四处。

顾笃璜先生告诉笔者，陈从周与其兄笃瑛曾经是同事，陈的太太蒋定出身于海宁峡石镇名门，蒋定的侄女嫁给笃瑛，于是成为他的阿嫂，陈从周成为他的姑父。过云楼的小孩调皮，背后给陈从周起了个外号“轮船码头”，因陈一到哪里，话特别多，哪里就“闹猛”（苏州方言：热闹）。父亲公硕先生为陈从周的潜心研究和写作，提供了大量资料和照片。陈从周由此迈入了他的古建筑、园林研究生涯，最终成为一代宗师。1957年他的成名之作《苏州园林》，抓住了苏州园林最本质的特征——充满诗情画意的文人园林，提出了“江南园林甲天下，苏州园林甲江南”的著名观点。但翌年在《苏州旧住宅》的学术报告会上，因引用《吴县志》中“议吴俗者，皆病其奢，不知吴民之奢亦穷民之所借以生也”而受到严厉批判。陈从周晚年曾感慨“三十年恩怨尽苏州”。

风华正茂的
著名工业教育家邓邦逖

苏州籍的黄河治理
功臣潘镒芬

开我国高校现代建筑教育先河的柳士英、刘敦桢

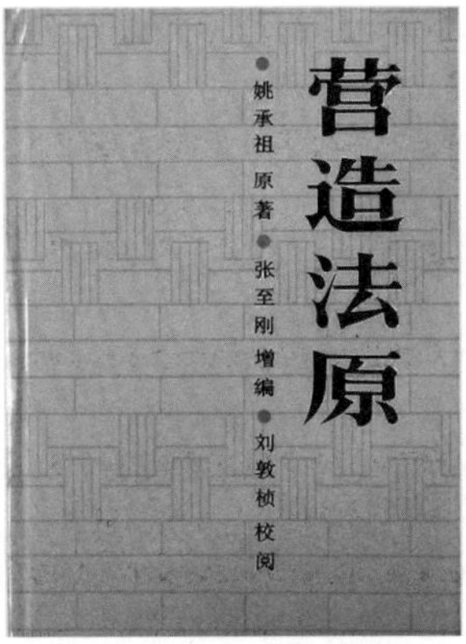

左为苏州“香山帮”营造大师姚承祖
右为姚承祖在苏州工专的讲稿，新中国成立后经张至刚、刘敦桢增补整理出版，被誉为“中国南方建筑之宝典”

改革开放后的陈从周

陈从周与俞振飞

陈从周《苏州旧住宅》

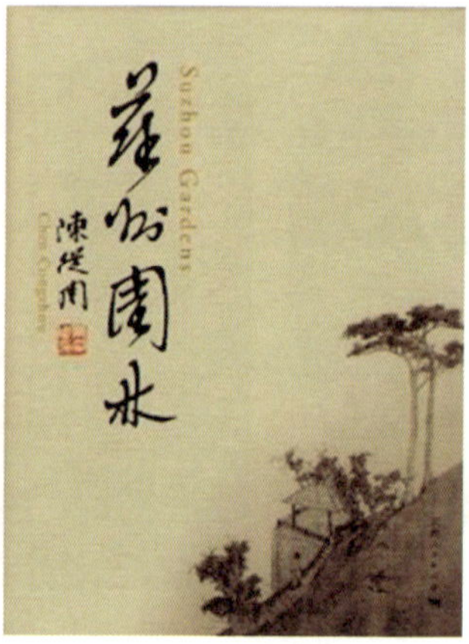

陈从周《苏州园林》

陈从周《说园》

新出版的《陈从周全集》十三卷

注：

1. 陈从周（1918—2000），名郁文，祖籍绍兴，生于杭州。先从事文史教育，入张大千门下学画。后因热衷于园林古建，进入建筑史、园林设计专业领域。

2. 姚承祖（1866–1938），字汉亭，号补云，又号养性居士，苏州胥口镇墅里村人。是继明代蒯祥之后又一位香山帮营造大师，不到二十岁便在建筑界脱颖而出，1912 年，在他的倡导下成立苏州“鲁班会”，任会长。在苏州玄妙观三清殿旁开办“梓义小学”，在故里开办“墅峰小学”，免费招收建筑工匠子弟上学。苏州工专邀请他走上高校讲坛，是一个创举。

3. 邓邦逖（1886–1962），江苏江宁人，祖籍吴县洞庭西山明月湾人。1903 年应官费留学考试，录取后赴英国曼彻斯特高等实业学校机织本科攻读，他是从国外学纺织工程而获学士学位的第一位中国人。1912 年满怀强烈的爱国主义热情和“工业救国”的抱负，进入苏州工专，由纺织科主任而代校长、校长，一直到 1956 年高等院系调整，历时四十四年，校长三十一年，毕生致力于工业教育。

4. 王诤（1909—1978），原名吴人鉴，江苏武进人。1924 年他以优异成绩考入苏工专，后考入南京军事交通技术学校。1930 年井冈山龙岗战斗后参加中国工农红军，并带来一部英国制造的军用电台，在红都瑞金组建中央军委无线电队，是毛泽东主席、朱德总司令亲自任命的红军第一个无线电队的队长。参加中央苏区第二、三、四、五次反围剿和举世闻名的两万五千里长征。解放后曾任中央军委通信兵主任兼国家电信总局局长，第四机械工业部部长、党组书记，人民解放军副总参谋长兼总参四部部长。

5. 潘镒芬（1893—1953），字万玉，苏州人。出身书香门第，父亲为前清秀才，以就馆教读为业，母亲为清潮州知府吴硕卿之女。十四岁时父亲去世，他考入苏省铁路学堂测绘科，1911 年该校与官立中等工业学堂合并，为江苏省立第二工业学校。毕业后以黄河治理事业为己任，1938 年 8 月郑州花园口炸决黄河大堤，他被派至黄泛区，终于束黄澜于故道。曾任黄河水利工程总局副局长等职。离别家人十年之后，方才回家探亲。人们将他与明代潘季训和清代靳辅两位历史上的治河功臣相比拟，以景仰、以追思。大儒巷端善堂，是潘镒芬祖宅。

特立独行

过云楼后裔至第五代，大多是大学毕业，学理、工等，因上辈不希望后代吃过云楼老本，要他们谋职自立。大多似蒲公英的种子，随风飘洒至天南海北，主要分布在京、沪、宁、东北等地，也有退休后随家庭子女到海外。大多高寿，一个个事业有成，有科学家、教育家、实业家、医生，绵绵瓜瓞，晚年生活幸福。

顾公可（名则久，以字行，1892—1940），妻潘蘅（1888—1964）。有三子三女：长子笃瑾（荣木），精研六法，临摹过云楼旧藏，祖父鹤逸有意培养他继承家学，参加怡园美术活动。祖父应邀在日本办画展，曾得意地将他年仅十四岁孙儿的习作附展在后，这个孙儿就是荣木。祖父病逝后，他去上海大陆银行，曾与海上画友成立“绿漪艺社”。及至八一三事变，日军侵华，战争爆发，全家自苏避难至沪。他肩负笃字辈中大哥哥的重担，不得已转业工商。办过轴承厂，任厂长，遂与绘事绝缘三十余年之久。直至退休之后，方得于1976年重提画笔，时年将七十，自号“古稀艺徒”。从此杜门谢客，不与外事，专心研习画学。年届九十六岁时，编印《过云楼后裔顾荣木老年戏笔》，扉页上题“顾荣木九十岁后画”。邀顾笃璜担任主编。顾笃璜说：“欣哥（顾荣木又名欣）为什么指定由我来编画集呢？……祖父共有十一个孙子，而弟兄中除欣哥外，唯我也曾学过绘画，其余九人一律是学理工科的，科学救国，这是时代的潮流。”其实，笃字辈中，画画的有两个半，两个是笃瑾（荣木）、笃宪（季文），半个是笃璜。荣木先生完成了夙愿，九十七岁时含笑离世。两个弟弟，笃瑜已去世；笃瓒，现在美国；三个姐妹宁、敏、慧，唯小妹顾慧健在，退休前是上海乐比中学数学教师，已是九十岁以上的老人。

顾延（女，1896—1959），夫陆楚善（1896—1995）。卢沟桥事变后，顾公雄、顾公硕手中的过云楼书画典籍转移至上海，幸亏顾延、陆楚善救助，陆楚善先生当时在天香味宝厂，是一位实业家，辞世时近百岁。顾延、陆楚善生有二女二子：陆佩芝（女）、陆佩兰（女）、陆汝忻、陆汝憘。

长女陆佩芝（漪），婿叶炳藻，随子女迁居海外，去世于巴西。陆佩芝、叶炳藻又生有叶梁（女）、叶铮、叶丹（女）、叶蔚（女），一子三女。大外孙女叶梁及大外孙婿毛琨曾也已退休，现居美国，毛琨曾先生是一位实业家，原巴西中国友协副会长、南美中华艺术协会副会长。外孙叶铮先生，也是实业家，现巴中商会副会长，外孙媳萧自华。叶丹、叶蔚两位外孙女也定居巴西。

次女陆佩兰，上海一中学教师，婿施复祥，土木工程师，均已去世。陆佩兰、施复祥生有施明（女）、施建、施进（女），一子二女。

长子陆汝忻，武汉中南地质研究所高级工程师，1966年去世，媳蔡蕴玉。大孙子陆其，上海企业家、电器工程师，已去世，孙媳顾姗。另一孙子陆怡，也是高级工程师。

次子陆汝憘，1965 年去世，媳殷誉兰，原中学校长、政协委员，退休后随子女到澳大利亚。孙子陆寅，在澳大利亚经商。孙媳林佩群。

顾公雄（生卒见前），妻沈同樾（1896—1978）。生三女三子：馨（笃瑄，女）、笃琳、榴（女）、佛（女）、笃璋、笃球。笃琳曾与叔叔公柔帮助祖父整理《鹤逸画赘》，卢沟桥事变前卒。笃瑄 1948 年随丈夫去了台湾，随军家属，业余喜欢昆曲，1998 年去世。20 世纪 50 年代，其余姐弟随母亲沈同樾将全部书画捐献给上海博物馆。笃璋在 1949 年前参加中共地下党，上海解放后是第一任电信局局长，已故。顾佛，曾为自己取名笃玫，古琴弹得好，箫也吹得好，但也学理工科，曾在大学教数学，其夫苏良赫，地质学家、英国曼彻斯特大学地质学博士、中国地质大学教授兼博物馆馆长，2014 年去世。现小弟笃球健在，八十八岁，退休前在原兵器工业部工作。

顾公柔（名则坚，以字行，1899—1929），妻张惠娟（1893—1972）。有一子四女：丽兰（女）、笃琨、丽苓（女）、丽芸（女）、珏（女），现均已去世。笃琨是独子，家里称“夜明珠”。1947 年，笃琨大学商科毕业后难找工作，公硕将自己的照相器材给了他，在临顿桥堍开了一爿“万象照相馆”，笃璜常去帮忙。之前是国民党军队士兵来拍照的多，拍了照不给钱，你要他付钱，他眼睛一瞪，“老子抗战八年，还要钱？”就是电影里的那句话。后来解放军进了城，也纷纷来拍照，拍了照寄往家乡，但纪律严明。不久，笃琨找到了专业对口的工作，去台湾兢兢业业做会计师，把小照相馆送给他之前雇佣的一个姓殷的职工，结果这个职工在划分成分时被定为“小业主”。笃琨 2001 年去世，去世后，其子女以“顾笃琨携子女名义”，将历经离散沧桑的《元赵天裕、柯九思、赵原、顾安、张绅、吴镇七君子图》和《王石谷水竹幽居图卷》两件列为国家一级文物的书画珍品捐赠给苏州博物馆，完成了父亲的生前遗愿。

顾公硕（生卒见前），妻张娴（1902—1977）。生一女四子：长女恽来，生下来时，祖父做了个梦，梦见恽南田登门，故名，但早卒。长子笃瑛，1924 年出生，圣约翰大学毕业，曾倡议并创办苏州有线广播电台，苏州遂成为全国第一个创设有线广播的城市，是苏州广电事业创业之初的有贡献者。他根据国外的零星资料，自制成国内当时尚不能生产的一种涂料，涂于纸带表面即可录音，后调去上海人民广播电台，2004 年 1 月，八十岁时去世，妻蒋迺疆，1925 年出生，2014 年去世。三子笃琰，1932 年出生，随兄学习电学，后调中央广播电视学院，妻沈文娟，1931 年出生。四子笃琪，1936 年出生，北京石油学院毕业，从事石油勘探，妻周勤清，1945 年出生，现定居在法国。以上三兄弟都是高级工程师，笃琰、笃琪健在，分别为八十四岁、八十岁。次子笃璜，是唯一留在苏州，始终从事文化工作的，八十八岁。笃璜老有一个女儿顾其正，苏州工艺美院电脑教师，已退休。

顾笃璜，公硕、张娴的次子，1928 年 11 月 15 日生，过云楼第五代传人。曾就读上海美术专科学校，后又入苏州国立社会教育学院艺术教育系戏剧专业，1947 年参加中共地下党组织。苏州一解放，二十一岁的顾笃璜进入苏州市军管会文教部文艺科。苏州市文联成立，他成为文联专职干部。1953 年四季度，上海的民营戏班——民锋苏剧团落户苏州，为了加强领导，任苏州市文联戏改部长的他，被委以重任，派驻该团，全面管理艺术工作，担任总导演。这是实现他梦想的地方。在剧团期间，1955 年 1 月苏州市政府文化科改为文化事业管理处，他被任命为副处长；1956 年 1 月文化处改为市文化局，局长是范烟桥[1]，他被任命为副局长、党组成员，分管戏曲研究室、创作室、剧团、苏剧的创建、昆剧的传承。1957 年，为了能集中精力、专心致志地做好已改名为江苏省苏昆剧团的工作，他毅然主动辞去副局长职务，而作为苏州市文化局党组成员，专门负责该团的工作。从此，他一生做一事，在他人生的词典里大概只有“苏”和“昆”两个字，为了昆剧而操心。

良好的家风、家学是潜移默化的。从 20 世纪五六十年代结缘苏昆起，顾笃璜执着追求，心无旁骛，六十年如一日，将自己的命运与苏昆艺术紧紧地联系在一起，成为解放后苏昆事业的奠基人之一和那一时期抢救保护昆剧遗产突出的代表人之一。2002 年 11 月，他与钱璎均由于“长期潜心昆曲艺术事业成就显著”而获文化部表彰。

注：

1. 范烟桥（1894—1967），名镛，字味韶，号钦，别署含凉、鸱夷、乔木等，吴江同里人。幼年曾从师金天翮。宣统三年（1911）入苏州长元吴公立中学。辛亥革命时，停课回乡，结识柳亚子，入南社。后创办《同言报》《吴江周刊》。1922 年迁居苏州，为上海各报副刊及杂志写稿，创作长篇小说，组织文学团体星社。后执教于沪、苏的中学、大学。至上海明星影片公司供职，抗战初期，为国华影业公司改编、撰写电影剧本。1942 年日伪统治时，拒不合作，辞去职务。抗战胜利后，主编《文汇画报》。1946 年东吴大学附中恢复，遂回苏州任教。新中国成立后，任苏州市文化处处长、文化局局长，苏州市文物保管委员会副主任、江苏省文联副主席等职。

激情年代

今天，中国古老的戏曲昆曲给人的印象是阳春白雪，几百年历代文人雕琢，“此曲只应天上有，人间能得几回闻”，当下出现“厅堂版”“豪华版”。其实它是从民间文化的土壤里生长起来的，很接地气。已故中国文联主席周巍峙同志，江苏东台人，他曾告诉笔者，他五岁时由祖父领着，进了私塾，祖父就在东台昆班敲锣打镲。逢年过节，他跟着祖父的昆班到处跑，他说农村昆班要龙灯、舞狮子都有。当然，昆曲发祥地苏州与农村昆班是有区别的，顾笃璜对笔者说：现在苏州人对昆曲有一个四个字的戏言，叫“鸡、鸭、鱼、肉”，实误；应该是“鸡、鸭、鱼、萝卜”，这是四个练声的基本发音，分别是头腔、口腔、胸腔、腹腔共鸣。如用苏州方言，将这四个字拖腔拖调地说出来，即为十分形象有趣的南昆念白。

1949 年前，苏州的昆曲社团已销声匿迹，传字辈艺人流落外地。那时江浙沪一带，仅有两个苏剧民间戏班：一个是 1941 年建立的“国风苏剧团”，由苏滩艺人朱国梁领头的“国风社”和华和笙领头的“正风社”合并而成，吸收了昆剧艺人周传瑛、王传淞、包传铎等参加，苏昆兼演，艰难辗转于杭嘉湖及苏南一带农村，1953 年终于在杭州落户，改名浙江省昆苏剧团，即今浙江省昆剧院的前身。一个是 1951 年 4 月由在上海的苏滩艺人吴兰英个人集资，集合一批苏滩老艺人和同道共四十余人组建的上海市民锋实验苏剧团，这是苏剧史上第二个苏剧团。这个团组建初，在上海排演第一出苏剧《李香君血溅桃花扇》，营业平平，部分艺人动摇离团，留下的二十八人赴上海郊区罗店去演出。经过三年多的锤炼，进苏州演出，让当时苏州的许多文化人如范烟桥、周瘦鹃等刮目相看，都觉得这个民办剧团进步很快。

1949 年前，像上海、北京真正拥有名角儿、收入好的戏班毕竟是少数，大多戏班在苦斗中挣扎浮沉。解放后，艺人对人民政府、对共产党，寄予很大的期望，指望有棵根深叶茂的大树，为他们庇荫，能找到一个“娘家”。新社会人人平等，昔日社会地位低下的艺人翻身成为“文艺工作者”，被尊为“人类灵魂工程师”，真是做梦也想不到，终身难忘。这一点老一辈戏剧工作者是有切身体会的。

1952 年 5 月，中央人民政府政务院发布了关于戏曲改革工作的指示，使得苏州市戏改工作的重点进一步明确，应该放在发源于苏州的昆剧、苏剧、评弹、滑稽戏等方面。之前，1951 年 4 月，苏州曾广邀苏、沪、杭一带的传字辈艺人和名票曲友来到苏州，举行昆曲观摩演出，为抢救和保存这个古老剧种制造了舆论。昆剧是我国戏剧历史上的一个高峰，是祖国的宝贵遗产，有丰富的、文学价值极高的剧本，许多优秀的剧本都列入中国文学史；有优雅动听的包括声乐和器乐在内的古典乐曲，也由工尺谱记录下来。尽管当时有相当一部分人认为：“昆剧是封建士大夫、文人雅士欣赏的戏曲，曲高和寡，不能为工农兵服务，没有保存的价值。”但较懂行的看法是，应该抢救、继承和振兴昆曲艺术，而且落脚点要培养新一代昆剧演员。当时市委分管文化艺术的领导凡一同志明确主张，抢救昆剧首先要“学习”，要千方百计把老艺人的本领接过来，这就是“抢救”方针的全部内容。可是，又没有条件成立专业昆剧团，既然苏剧团来苏州落户，苏剧与昆剧又有着密切的渊源，那么，就可以将继承昆剧的任务落实到苏剧团。

苏剧语言生动、活泼、丰富，也像它的曲调、唱腔一样引人入胜，有鲜明的地方色彩，通俗易懂，群众喜闻乐见。但苏剧不是坐着唱苏滩，不是几个人所能办的事，昆剧的艺术经验是建立苏剧的最好养料。所以，当时确定了苏昆并举的办团方针，一方面培植刚刚站上舞台的苏剧，吸收昆剧遗产来促进苏剧的发展，一方面学昆演昆，继承和发展昆剧，“以苏养昆”“以昆养苏”结合。如此这般，以苏入昆，于是，昆剧的传承工作便有计划地启动了。

2004年苏州市文广局编撰《昆剧继字辈》一书，其中收录了1957年入江苏省苏昆剧团的继字辈老同志金继家的回忆文章《继字辈的“教师群”》。此文以亲身经历，讲述了新中国成立之初，在各方面条件还十分艰苦的时期，是如何解决师资问题，下功夫传承苏、昆剧，培养新人的。全文如下：

> 20世纪五六十年代在苏州培养了一批继字辈苏、昆演员，在这批演员中，出了个全国著名的昆剧表演艺术家张继青，以及柳继雁、姚继焜、范继信、吴继静、姚继荪等一批国家一、二级演员。现经资料查明，以继字辈命名的演员，前后有43人[1]，但又意外地统计发现，当年剧团在培养这批继字辈的“坐团”老师，却比学生还多，前后竟有四十八位，这还不包括当年经常来往于苏州、上海的昆曲名家徐凌云及沈传芷、郑传鑑、华传浩、薛传钢等一批传字辈老师和江苏省戏校借调来的著名“拍先[2]”吴秀松、上海市戏曲学校校长俞振飞和言慧珠，以及杭州借调来的苏滩老艺人施湘骏、北京舞蹈艺术家吴晓邦、苏州京剧团的小盖叫天等一批客席教师。
>
> 早在50年代初，最早进入苏昆剧团的老师，是“全福班[3]”仅存的两位旦角演员尤彩云、曾长生。后来，陆续又有“鸿福班[4]”的武老生汪双全以及苏州资深曲家贝晋眉[5]、丁鞠初、宋选之、宋衡之和吴梅堂弟吴仲培、俞（粟庐）门弟子俞锡侯[6]，他们教授生、旦戏。还有统教老生、副、丑的宁宗元及“堂名[7]拍先”沈金喜。继后，又有苏州昆曲世家贝祖武、幔亭女子曲社的许振寰，教净角的吴迪刚、教旦角的吴琇。1961年，苏州市文化局又专门从宁波请到一批教戏的“宁波昆曲”老艺人：教老生的陈云发、林云生，教小生的高小华，教旦的周来贤、王长寿、林根兰，教副丑的严德才。因此，教昆

剧的老师就有22位。

教苏剧的老师有曾与林步青同台演出的前辈艺人朱筱峰，有范少山弟子华和笙，教旦角的有吴兰英、朱小娥、沈雪芳，教副丑的有杨少云、朱少祥（兼作曲）。

早期的京剧老师则有夏良民，王瑶琴、筱翠花弟子林鸣霄和盖叫天弟子周荣芝，上海的刘正裔、陈剑鸣、李宝荣、曾心斋、陈不群等。

同时，剧团还有专任戏剧理论教学的老师顾笃璜（兼总导演）、张翥（兼编导）、易枫（兼导演）、马骅（兼编导）、吕灼华（兼编剧）及专教音乐声乐的老师姜守良（兼作曲）、刘菁、罗天锡；专教文学的有王南政（兼作曲）、沈晓春等。

上述48位老师都是在剧团编制内的"坐团"老师。其中，还不包括当年曾是苏剧主要演员的庄再春、蒋玉芳、朱容、尹斯明、郭音、张惠芬、张惠芳、朱小香、李丹翁、刘文灿、陈月蟾、马晋笙等一批苏滩艺人。当时，他们也承担了继字辈演员的教学任务。

从上述情况，不难看出，当年苏昆剧团的唱念老师及基本身段老师，是占着优势的，但是"踏戏[8]"的老师，即传字辈昆剧演员，却没有一个在苏州。因此，老师力量仍显得不足。于是，只能采取先学好唱，再将演员送出去学戏，或者将外地老师请来苏州传授。他们为培育继字辈青年演员呕心沥血，真可称为是一个特殊的"教师群体"，这可能就是剧团当年能"出戏、出人"的重要因素。

张继青有一段生动的回忆：

1956年底……苏剧团正式有了安身之处，由暂居的庙堂巷迁到了新址文衙弄（原文徵明的书馆），大家高兴极了。

在文徵明书馆旧址度过了三个春秋，真是难忘的三载，现在回想起来可算是"三年若修，平地起楼"。

古老的昆剧艺术使我越学越觉得有学头，艺术的魅力打动了我的心，我如饥似渴地向吴门曲师俞锡侯老先生求教，学习他纯真的南昆唱腔技巧。俞锡侯老师自幼随昆曲名家俞粟庐（昆剧表演大师俞振飞之父）学曲，南昆旦角戏尤精，他的小腔唱得特别有感情，缠绵、婉转、刚劲、挺拔，不同的旦角行当能唱出不同的旦角的声音，同样旦角杨贵妃不同于白素贞，李三娘不同于赵五娘，并擫得一手好笛，托我唱曲时真是丝丝入扣，能把我带入角色的理想境界。我原本嗓音细窄，高音虽能上去，但无力度，低中音又不够宽厚，俞老师为了对症下药，亲自找了一些有针对性的曲子要我学，拓宽音域，增加厚度。他很注意方法，要我以气代声，打开喉门，抑扬顿挫，注意感情，从早到晚，一天三次拍曲练唱，每次结束，荷花池旁水榭中的方砖地上，俞老师竹笛筒内倒下来的气息之水，总是汪了一大片。为了培养南昆事业继承人，俞锡侯老师可称得上是呕心沥血。

（张继青《姑苏城啊，培养滋养我生长的地方》，
载《苏州报》，1984 年 3 月 25 日）

顾笃璜回忆说，培养继字辈不容易，踏戏教师大多数是外请的。昆剧本来是先学唱念，再排身段的，其实戏剧都一样，先对台词，再排戏，有时背不出来，拿着戏本排大地位（舞台调度），昆剧称场形；背出来了，再排动作，曲家教唱念，演员出身的教师踏戏，新文艺工作者导演加工。这样排戏很奏效，所以当时上海《霓虹灯下的哨兵》导演沈西蒙看了苏昆演出，曾问凡一，为什么你们的演员与一般的戏曲演员不一样，更入戏。道理就在这里。

新中国诞生后“继”字辈的培养

——苏州昆曲百年史（四）

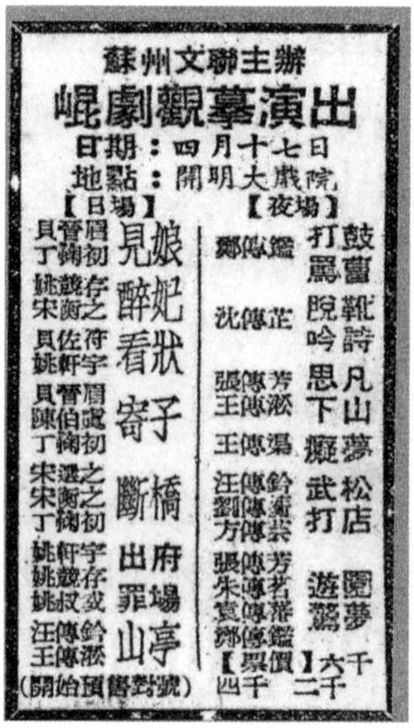

蘇州文聯主辦
崑劇觀摹演出
日期：四月十七日
地點：開明大戲院
【日場】
見娘 貝晉眉 丁𫄨初
醉妃 姚讚存 宋衡之
看狀 貝佐符 姚軒宇
寄子 貝晉眉 陳伯虞 丁𫄨初
斷橋 宋選之 宋衡之 丁𫄨初
出府 罷場 姚軒宇 姚讚存 姚叔㲄
山亭 汪傳鈐 王傳淞
（開始預售對號）
【夜場】
打鼓罵曹 鄭傳鑑
脫靴吟詩 沈傳芷
思凡下山 張傳芳 王傳淞
癡夢 王傳蕖
武松打店 汪傳鈐 劉傳蘅 方傳芸
遊園驚夢 張傳芳 朱傳茗 華傳浩 鄭傳鑑
【票價】六千 四千 二千

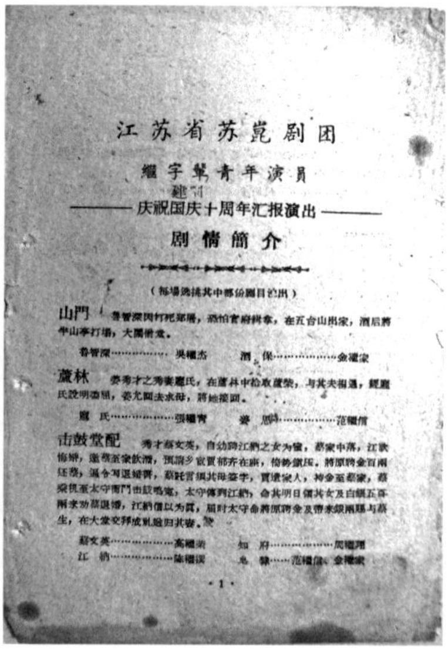

江苏省苏崑剧团
繼字輩青年演員
——庆祝国庆十周年汇报演出——
剧情簡介
山門
蕭林
击鼓堂配

左为 1951 年 4 月 15 日《新苏州报》昆剧演出广告
右为江苏省苏昆剧团“继”字辈青年演员庆祝国庆十周年汇报演出节目单

江苏省文化局 暨 苏州市文化局

主 办

昆剧观摩演出

演出地点：苏州市新艺剧院　　日期：9月22日起

票　　价：5角6角7角8角　　上午10时预售24至28号戏票

（为照顾爱好昆剧的观众保留每天中、后座共300张）

23号日场 十五貫（客满）‖ 23号夜场 内部观摩（不售票）

·24号夜场·

沈傳芷、華傳浩（守　　歲）

徐子权、鄭傳鑑（議劍獻劍）

周傳瑛、薛傳剛（遊　　園）

王吉儒、包世蓉（遊　　園）

俞振飛、張嫻（長生殿驚变埋玉）

·25号夜场·

郭剑英、沈枫、包傳铎、周傳滄 白蛇傳水斗

颜森柏、朱傳茗、張傳芳（白蛇傳断桥）

徐子权、龚世葵、包傳铎（照　鏡）

俞振飛、徐凌云、鄭傳鑑（荊釵記 見娘、梅嶺）

观众注意：（1）迟到观众需间歇入场　（2）不得中途离场　（3）不得携带小孩入场

1956年《新苏州报》昆剧节目单

徐凌云向柳继雁、董继浩传授昆剧

徐凌云传艺《卖兴》

左为尤彩云（1887—1955），又名云卿，艺名小彩云，苏州人，昆剧传习所教师

右为曾长生向学员传授昆剧

宋选之先生

晚年宋衡之与他的学生

宋衡之主编的
《苏剧音韵》

左为 1954 年，修复寒山寺时，修仙巷宋氏兄弟捐献的花篮楼，即今“枫江第一楼”
右为俞锡侯传授继字辈

俞锡侯擫笛

沈传芷和张继青

沈传芷向柳继雁、凌继勤授艺

姚传芗为张继青授戏

左为王传淞传授《杀尤》
右为昆剧《贩马记·写状》，俞振飞饰赵宠，张继青饰桂枝

左为俞振飞与言慧珠演出《墙头马上》
右为俞振飞《太白醉酒》剧照

注：

1. 以继字辈命名的演员，前后有四十三人：朱继圆、潘继正、崔继慧、高继刚、姚继焜、周继康、柳继雁、丁继兰、周继鸣、王继南、金继家、邹继治、郎继凌、高继荣、章继涓、张继霖、朱继勇、潘继雯、姚继荪、张继青、董继浩、潘继琴、吴继茜、吴继心、杨继真、范继信、孙继良、凌继勤、李继平、张继帼、尹继梅、龚继香、尹继芳、吴继静、吴继杰、朱继云、周继翔、刘继尧、郭继新、蒋继宗、吴继月、陈继撰、华继韵。

2. 拍先：拍曲先生的简称，也称曲师或笛师。

3. 全福班、鸿福班：创建于清道光末年的苏州四大昆班（鸿福、全福、大章、大雅），继承乾嘉年间苏扬两地的演剧艺术特点。至清末民初，具有姑苏风范的正宗南昆，仅存一副约有三十余人的全福班（以演文戏著称，又名"文全福"）在支撑残局，且已基本上成为江湖班。时聚时散，断断续续演出于苏、杭、嘉、湖一带的城镇、农村，艺人们在风雨飘摇中过着十分艰难的日子。

4. 同上。

5. 贝晋眉（1887—1968），字绵礼，以字行，号晋美，苏州人。贝氏一门雅好昆曲，晋眉自幼即从二兄仲眉学曲，先学老生，后改巾生，又问业于粟庐，得俞派唱法三昧，加以融化，形成自己独特的表演艺术。他嗓音清亮，擅擫笛。贝晋眉能戏颇多，擅演《楼会》《拆书》《亭会》《访素》《跳墙》《着棋》《受吐》《独占》《茶叙》《琴挑》等巾生戏，兼演五旦；中年后改唱冠生，也能应老生、老外或丑角。1919年在苏创建禊集曲社，1921年6月与张紫东、汪鼎丞组成道和曲社，8月又与张紫东、徐镜清等发起创建昆剧传习所。新中国成立后，曾为江苏省苏昆剧团继字辈演员授课，一度出任江苏省锡剧团教师。晚年中风后，仍为苏州戏曲研究所校订《昆剧穿戴》，并撰写昆剧活动回忆录。

6. 俞锡侯（1902—1985），字洞宾，苏州人。年轻时喜昆曲，1923年参加道和曲社，从师俞粟庐，工旦角，主五旦，嗓音甜润，唱腔缠绵婉转，具有南昆特色，又擅擫笛，与顾公可、俞振飞并称为粟庐三大弟子，为普乐昆剧团成员之一。1935年加入苏州吴社曲社。1952年参加昆剧研究会，后应聘入苏州民锋苏剧团、江苏省苏昆剧团昆曲教师，"继""承"字辈中的生、旦演员大多受过其教诲。张继青、柳继雁等即是其中的佼佼者。晚年仍为培养王芳等一代新人尽力。

7. 堂名：民国以后出现的清唱昆曲的职业性班社，只唱剧曲，不彩串（不化妆）。一般由八人组成，演唱时，摆开两张方桌，八人对面而坐，剧中的生、旦、净、末、丑、吹、弹、敲、打，统由这八人轮流承担，因此不仅要求每个成员能唱、奏，而且要熟记众多剧目的各类角色唱词、道白，以便随时搭配成戏。堂名演出对于昆曲的普及，以及在昆曲衰落时期对昆曲的保存起到了重要作用。

8. 踏戏：教师为学生"踏戏"，大体上两种形式：一种是"拼盘型"，各主教老师分头教授剧中的主要角色，然后再一起合成；另一种是"协作型"，即在现场分工排练，相互配合，一气呵成。一折戏往往要经两位乃至三四位老师共同合作完成。

梅花飘香

1983年，凡一在《张继青的成长》一文中，对昆剧的传承和优秀演员的培养，分析得更为全面、深刻。他说：

昆剧遗产极其丰富和珍贵，一定不能让它在社会主义时代人亡艺绝。一定要培养新一代昆剧演员，将昆剧优秀的传统继承下来。……如果不是首先把老演员身上的戏（活的表演艺术）学下来，那是不可能将昆剧继承下来的。我们在培养新一代昆剧演员时，也不是没有遇到困难，除了经费不足以外，主要的困难是缺乏师资。十分感谢传字辈老演员，他们几乎每年轮流回苏州教戏。传字辈演员都长在苏州，对苏州有深厚的感情，只要有机会，总是愿意回苏州来看看；同时，又是为了培养新一代昆剧演员，他们格外高兴，教戏的积极性极高。俞振飞先生还曾特地应邀来教过戏。经过不断地学习和舞台演出实践，新的一代继字辈昆剧演员逐渐的成长起来了。张继青是继字辈昆剧演员的杰出代表。如果不是千方百计地为保存昆剧而作了不懈的努力，就不会有继字辈昆剧演员，也就不可能有张继青这样出类拔萃的演员。

……民锋苏剧团与苏州市建立了民营公助的关系以后，苏州市文联就派了一名新文艺工作者到团里。当他看到张继青（那时叫张忆青）在苏剧《卖油郎独占花魁女》的演出中，扮演一个逃难的群众角色，发现她气质很好，是个可以培养的好材料。经过一段时间的观察，决定重点培养。在为张继青排演苏剧的同时，让她向尤彩云学《闹学》《游园》《断桥》等昆剧。一边排演苏剧、学习昆剧，一边进行基本功的训练。既按戏曲的传统方法练腰腿功，又吸取西洋的方法进行肌肉适度紧张和松弛等训练。为了解决内心技巧问题，结合排戏用通俗的语言（因为张继青当时文化水平不高），向她讲授一些斯坦尼斯拉夫斯基的表演理论。张继青嗓子很细，发声方法有问题，就让她学习京剧梅派唱腔，逐步地嗓子宽起来了；但是嗓音又变成刚而欠柔，含蓄不够，于是又让她学习程派唱腔。身上动作欠圆婉、欠和谐，就请打拳行家教太极拳。还乘著名舞蹈家吴晓邦来苏州之机，让张继青从他学舞蹈，着重解决动作舒展、塑型美，以及外部表达的技巧。所有这些训练，都是有针对性的和比较科学的。这就使张继青具备了扎实的基本功。这样的训练，进行了大约两年多时间。

1956年，江苏省和苏州市举办的第一次昆剧会演在苏州市举行，俞振飞为了提携后辈与张继青合演《断桥》。在与俞振飞那样的名家配戏时，张继青毫不怯场，得到了观众和专家的赞赏。北昆名家韩世昌、白云生当时看了戏曾说过张继青很可能成为未来的“昆剧梅兰芳”。

张继青学习昆剧的轨道也是那位派到民锋苏剧团里的干部为她铺设的。……在学戏过程中，首先是严格选择教师。张继青没有正式拜过师傅，而是努力学习众家之长。剧团的领导力争安排她向各个不同的戏的表演得最好的昆剧演员学习，尽量做到“取法乎上”。在学习时，又对她作有意识的介绍和引导，告诉她某某人有什么长处，某某人的某某戏最好，因而就学其最好的戏，甚至学某个戏中的某些最好的片段。在这方面，领导上是很花心血的。例如张继青表演的成名之作《痴梦》，是跟沈传芷学的。沈的《痴梦》是家传，有很多精彩的独到之处。……以后张继青在演出过程中又反复经过整理、加工，就更显出光彩了。又如，张继青表演的《惊梦》是向姚传芗学的，姚先从尤彩云学这个戏，后又经丁兰荪的传授，有绝招。领导安排张继青将绝招学到手，再经过自己的消化，她的表演就不同于一般了。……所以难怪人们看了张继青演的《惊梦》，觉得比一般舞台上流行的京昆的路子，更加细腻、深刻，更有南昆的特色。

张继青不仅向戏工（昆剧专业演员）学表演，而且向清工学唱念。昆剧的鉴赏家认为真正讲究唱念的是清工（清唱），大多数是票友，他们很讲究唱念的功夫……张继青主要是跟俞锡侯学唱念的，俞锡侯是俞粟庐（俞振飞之父）的得意门生，他的唱念功夫特别深，保持了纯正的南昆韵味。

上述凡一文中所提苏州市文联派到民锋苏剧团的“新文艺工作者”，就是顾笃璜。是钱璎老告诉笔者的，顾老也给予肯定的回答，并说凡一写文章时是他希望不提自己姓名的。

以上凡一和金继家的两篇文章较多摘录，是笔者希望完全客观地记录解放初抢救保护昆曲、培植苏剧十余年的盛期。中国戏曲的一个显著特点是“艺寓于戏，戏寓于人”，“人在戏在，艺随人走”。凡一作为一个城市文艺工作的决策者，文化眼光和深入程度令人敬佩；抢救昆曲遗产以人为本，关键是把优秀传统艺术学到手、传下去。顾笃璜作为一个文艺团体的引导者，与同道们一起努力，在培养优秀演员上下功夫，不遗余力，功不可没。

1958年以后，江苏省苏昆剧团开始探索大演现代戏。根据苏州街道妇女组织起来参加生产劳动的事迹，创作现代苏剧《妇女运输队》。为尝试昆剧反映现实生活，创作或改编演出了《活捉罗根元》。1963年、1964年期间，创作演出苏剧现代戏《雷锋的故事》《红色宣传员》《鸡毛飞上天》《霓虹灯下的哨兵》（从话剧改编）《古城斗虎记》《千万不要忘记》《小足球队》等。后来，还创作演出了大型现代昆剧《焦裕禄》、苏剧《锋芒初试》等。客观地说，这一阶段的探索经历和探索精神，是很可贵的。昆剧到底能否演现代戏，也需要试试才能回答。1959年招收了承字辈。1960年春，根据省里决定，由苏昆剧团抽调部分演职员，到南京另组一个苏昆剧团，属省文化局领导，苏州输送了张继青等十三名继字辈演员，从此，张继青等依依不舍离开了培育他们的故乡。

顾笃璜与我说了一个小故事："去南京的十三名继字辈中有个吴江的小姑娘朱继云，当时是一个人背着被头铺盖来到文化局传达室，要参加苏昆剧团。我让她学清唱，研究曲学，不当演员。她是继字辈中唯一研究曲学的，现赴美国当访问学者。"

大跃进时期，苏昆剧团办墨汁厂，右起俞锡侯、朱继勇（前）、吴梅的堂弟吴仲培（昆曲教师）、朱继云

1963年，"写十三年、演十三年"，形势向"左"转。1964年，开始禁演古装戏，使得专演传统剧的昆剧无用武之地。后来又是摧残一切传统文化的"文革"，砸烂苏昆，改成所谓"红色文工团"，当然不再演昆剧，撤销编制，演员大多转业下放，随团学员则被遣散。新中国成立以后十余年努力的成果，几乎荡然无存。顾笃璜在"文革"一开始，就被打成牛鬼蛇神，连探索昆剧新路而排演的《焦裕禄》戏也遭批判为"歪曲英雄人物"。从"牛棚"里出来，下放到五七干校和苏州民丰锅厂劳动锻炼，改造思想。民丰锅厂以冶铸一种薄型铁锅著称，还承担大钟、宝鼎、磬、云板、香炉、蜡扦等法器的制作，苏州玄妙观三清殿前的宝鼎便是民丰锅厂生产的。顾笃璜说，在民丰锅厂与工人师傅抬铁水，铸件最重的一次过磅五百一十六市斤，身高1.65米、瘦小的他，每月供粮票四十五市斤，这是最强劳动力标准，与工人师傅结下了深厚的感情。

"批林批孔"时，他又变成了批判对象。顾笃璜回忆说："承一位医生朋友帮忙，为我开了一张长病假的证明，工资打六折，在家'养病'——躲在城外一间小屋子里读书写作，想把失去的时间补回来。作为休息和调节精神，便作画刻印，无非是国画小品而已。作大幅国画不具备物质条件，连画桌也没有，更无条件画油画。到‘文革’结束，我恢复工作，又忙戏曲方面的事，只得搁笔。”这本来是他的专业，“几十年中……只有在‘批林批孔’时期，画过一段时间。”“后来我画的那些小品，被一位朋友看见，拿去交《苏州杂志》选刊了两幅，博读者一笑而已。”“我更想做的事是绘画，绘画不但是我的爱好，而且单纯得多，独自一人就可以了。保护昆曲遗产，则是出于历史责任感，解放初期二十多岁是这样，现在也是这样。”

梅花香自苦寒来
——苏州昆曲百年史（五）

人民日報

社論

從“一出戲救活了一個劇種”談起

“一出戲救活了一個劇種”，這句話是戲劇界一些同志有感于昆曲“十五貫”在首都演出後的情況而發的。本來，一個劇種的興亡衰替，決不應該決定于一出戲，然而“十五貫”的演出，竟然使這句話有了根據，這就看出我們的戲劇工作中確實存在着問題。

昆曲“十五貫”的豐富的人民性，相當高的思想性和藝術性，是我國戲曲藝術中的優异的成就。正如周恩來總理昨天在“十五貫”座談會上所指出的：“十五貫”不僅使古典的昆劇藝術放出新的光彩，而且說明了歷史劇同樣可以很好地起現實的教育作用，使人們更加重視民族藝術的優良傳統，爲進一步貫徹執行“百花齊放、推陳出新”的方針，樹立良好的榜樣。

但是，在這以前，我們也曾經聽到過這樣一些論調：某一個地方劇種沒有什麼發展前途；某一個地方劇種祇好讓它自生自滅。諸如此類的意見，如果是出自一般觀衆之口，那也還祇是少數人的興趣口味和知識不足的問題；可是，這樣的意見，卻也曾經出自一些對領導戲曲工作負有責任的人之口，這樣不能不令人感到奇怪了。

對于昆曲，就確實有過這種論調，似乎除了向它學習一些舞蹈身段或表演的基礎技術訓練之外，就沒有什麼“新”可“出”了。在持這些論調的人的心目中，昆曲的命運是注定了要湮沒的。因爲活躍在“紅氍毹上”的時代，自然早過去了，典雅的唱詞，也祇有少數人才能欣賞。可是，下這樣的判斷的時候，他們有沒有對這個劇種作過深入的、細致的調查研究呢？有沒有到昆曲的傳統劇目中去即使是略作涉獵呢？更重要的是，有沒有同昆曲的藝人們商量過并且傾聽他們的意見，同他們一起動手來進行本劇種的改革工作呢？

我們看到的，是爲數不少的現代的過于執們的“察言觀色”和“揣摩猜測”——他們祇憑少數人的興趣和口味，祇憑主觀臆測和一些若干年前的印象，就輕易的作出決定，并且把看當作發展……

左为1956年浙江国风苏剧团因新编昆剧《十五贯》而走红全国，《人民日报》发表社论《从“一出戏救活了一个剧种”谈起》
右为《十五贯·访鼠测字》，王传淞饰娄阿鼠，周传瑛饰况钟

周传瑛《十五贯》饰况钟

周恩来、贺龙同志与苏昆剧团合影

宁波昆剧老艺人陈云发、王长寿在苏州传艺，张乐平速写（1961）

左为 1962 年 12 月，苏、浙、沪三省（市）联合举办昆曲观摩演出大会的演出说明书
右为“苏、浙、沪三省（市）昆曲观摩演出大会”时，两代昆剧艺术家合影
前排（左起）：林根兰、王长寿、高小华、沈金喜、徐新章、汪双全、陈云发、曾长生、严德才、周来贤
中排（左起）：华传浩（左一）、邵传镛（左二）、张顺金（左四）、周传铮（左六）、张传芳（左八）、包传铎（左九）、周传瑛（左十一）、方传芸（左十二）、郑传鑑（左十三）、沈传芷（左十四）
后排（左起）：薛传钢（左一）、姚传芗（左二）、王传渠（左三）、马传菁（左四）、朱传茗（左八）、倪传钺（左九）、王传淞（左十一）、周传沧（左十二）、沈传锟（左十三）

左为苏剧《出猎》，尹斯明饰刘知远
右为 1966 年昆剧现代戏《焦裕禄》剧照

1961 年 9 月，南京、苏州两个团，应上海市委宣传部邀请，在上海人民艺术剧场演出，首场演出后，上海市文化局领导及文艺界人士与剧团演职人员合影，前排有：周信芳、徐凌云、盖叫天、孟波

1964年在苏州新艺剧场演出昆剧《林海雪原》，徐希博导演，宁宗元作曲，吴继杰饰杨子荣、周继康饰少剑波、薛承钰饰李勇奇、蒋继宗饰座山雕、刘继尧饰栾平

西哈努克亲王与苏昆剧团王如丹、袁丽萍等合影

张继青的昆曲表演艺术
——苏州昆曲百年史（六）

《牡丹亭·游园》

《牡丹亭·写真》

《牡丹亭·离魂》

《烂柯山·痴梦》

《烂柯山·痴梦》

《朱买臣休妻》

《牡丹亭·惊梦》
董继浩饰柳梦梅

与姚继琨演出《逼休》

《窦娥冤》，张继青饰窦娥

灼灼其华

说到这里，应该说说顾笃璜先生的家庭。笃璜与他的祖父鹤逸先生一样，先后有两任妻子：前任妻子吕灼华，1934年生，1955年与顾笃璜结婚，生有一女。毕业于苏州女子师范学校（后改名江苏省新苏师范学校），文联文工团转业，为幼儿园教师，婚后调苏昆，管理教务工作，业余从事编剧，爱好是阅读与写作。在江苏省苏昆剧团学编剧，任编剧，志同道合，患难与共，1988年因病去世。之后，经人介绍，又找了个老伴，年纪大了，生活上总要有个人互相照顾。

伴随顾笃璜昆曲事业大半辈子的吕灼华，据褚铭先生回忆（《怀念吕灼华》文章原载《影剧月刊》1989年9月号）：

我们是在那个特殊年代的特殊环境里相识的。

那是一九六九年严冬的一个早晨，在苏北一个偏僻小县的一家屋檐下，蜷缩着一对在此躲避风雨的母女俩。她们是从苏州下放刚刚到达这里的。母亲三十多岁，穿一件旧棉袄，神色很镇定，似乎并不为来到这个陌生的穷乡僻壤而沮丧。而这时，附近正有几位下放妇女在号啕大哭。寒风冷雨，使人们的心情更为压抑，而她却和还未到上学年龄的女儿轻轻说着什么，甚至还不时露出微笑。这是我第一次见到吕灼华。

我问她："就你们母女两个下放？"

她回答："她爸爸的问题还未了结，暂时来不了。"

……

也许是出于一个二十刚出头的年轻力壮的小伙子对这母女的恻隐之心，也许是我对戏剧也有着浓厚的兴趣，后来，我常常蹬着向农民借来的自行车去看她。我想为她做些什么，例如买米买煤。那时下放干部的供应都要到公社去买，而她所在的大队离公社有二十里路，中间还要经过那条约二十米宽的灌溉渠，得从独木桥上过。

吕灼华笑笑："谢谢你，这些我自己可以做到的。"

后来有一次，她从公社买了近百斤煤，绑在自行车上回家，途中遇到了雷暴雨。这条路沿途很少有人家。她女儿在家急得大哭，邻居们一面安慰她女儿，一面打算派人去接。正在这时，她一身泥水地回来了。谁也不能想象，她是怎样推着装有近百斤煤的自行车，在暴雨中从又高又滑又窄的仅几十公分宽的独木桥上过来的。

那时候我开始学习写戏，常常去向她请教。她耐心地看完我的不成样子的习作，细细地分析讲解，最后，她总是说："你把本子留下吧，我再寄给老顾看看，我自己也写不好，有时看不太准……"即使是对一名初学者，她仍然这样谦虚。

其实，她早就是一位成绩斐然的优秀苏剧作家了。

在苏北时，县里管文化宣传的军代表曾多次找她谈话，要她写歌颂"文化大革命"、批判走资派的戏，但她总是婉言拒绝，始终未著一字。

粉碎"四人帮"后，她立即以饱满的政治热情，将被"四人帮"残杀的优秀共产党员陆兰秀的事迹作为素材，创作了大型苏剧《死的已经死了》，演出后在社会上引起很大反响。观众纷纷给她去信发表感想。有一位当年曾和陆兰秀同遭迫害囚于一室的青年工人约见了吕灼华，含泪感谢她为人民写了一出好戏，还向她提供了很多当时情况。

这时，我也已回城并到苏昆剧团工作。吕灼华想写一个挽救失足青年的戏，约我一起到生活中去采访调查。我们冒着酷暑去公安局法院看材料，深入到街道里弄工厂，或开座谈会或个别了解，还和失足青年谈心。她是那样严肃认真、一丝不苟……我常常见她挤公共汽车挤得脸色蜡黄，看到她疲惫憔悴的神态。我劝她多休息休息，她还是那样一笑："谢谢你，我可以做到的。"

其实，这时病魔已经侵入了她的肌体。正当她能为苏昆事业作更大贡献的时候，她终于病倒了。她以坚强的毅力和病魔斗争了七八年，未能摆脱死神的威胁。

吕灼华除了创作剧本外，还几度担负了培训学员的教育工作，从继字辈、承字辈到"文革"后的王芳、陶红珍她们，新人的成长都倾注了吕灼华的心血。

吕灼华生活十分俭朴。平时她的饭盒中只是最最简单的饭菜，穿着十分普通。她病倒后，苏州市文化部门老领导钱璎同志去看她，见她穿着打了补丁的棉毛衫，不禁万分感叹……正是她，支持丈夫顾笃璜将数目可观的家资捐献出来用于振兴昆剧。

钱璎同志也写了一篇《追思吕灼华》的文章（原刊于《苏州杂志》1997年第6期），摘要如下：

我经常会想到她，虽然她离开我们已经十年了。

圆圆的脸，大而明亮的眼睛，恬静沉稳；她的穿着非常简朴，却总觉与众不同。她的名字，可与江苏省苏昆剧团连在一起……

我与她相识还在50年代初，她到市文联报考文工团，在文联会议室考场，她表演了新疆舞蹈，那时，她刚满十七岁，还在苏女师读书……

不久，她与顾笃璜同志结婚了。笃璜同志新中国成立前是中共苏州地下党员，在社会教育学院学话剧的，也精通戏曲，当时是在苏州文联负责戏曲工作……

1956年，苏昆剧团招收一批学员（即后来的“继”字辈演员），又调吕灼华到剧团负责培训教务工作。那时的培训班很少集中上大课，多采取个别训练，十多个教师辅导二十多名学员，何时何人上课训练，都得做好教务安排，既繁重又复杂，但灼华同志总能有条不紊，细致周到。不久，组织上又决定让她兼任编剧。她创作态度严谨而大胆，在创作现代戏剧本之前，非常注重深入生活；写传统题材（古装戏）剧本时，总要参阅大量历史资料，并用密密麻麻的小字写下大量创作笔记。她认真勤奋，兼任编剧后的几年中，仅她一人创作（包括移植、改编）的剧本，足可供苏昆剧团一个演出队全年演出所需。

记得有一次，我因事去看顾公硕先生（笃璜的父亲），顺便问起灼华同志的情况，顾夫人在旁以夸赞的口吻说：“她在楼上看书心相真好，整天听不到一点声响的。”据说他们夫妻常常双双看书或写作，悄无声息，互不影响，旁人都以为家中无人呢。顾公硕先生当时家庭条件比较优裕，笃璜、灼华他们婚后完全可以住在那里，但他们并不依恋舒适生活，坚持住剧团宿舍，还经常随剧团外出“跑码头”。

文化局组织剧团创作人员下乡深入农村生活，我曾担心吕灼华家庭生活优越，恐怕吃不起苦。没想到，她没提任何条件，很乐意地就下乡去了。那时正是三年自然灾害期间，生活条件艰苦可想而知，在农村，她与农民同吃同住同劳动，与他们交朋友，亲身体验农民的生活疾苦。

1966年，“文革”风暴席卷全国，运动之初，顾公硕先生就被抄家批斗，身心受辱，含冤而去。笃璜同志遭批斗又隔离审查。她却没有眼泪，顽强地面对难以相信的现实。她，没有屈服于沉重的压力。一次苏州新艺剧院的批斗会上，造反派逼她承认“顾笃璜是反革命分子”，她坚决地说：“他不是，我了解他！”对方命令她低头认罪，她却扬起了高昂的头。造反派对她拳打脚踢，她犟不低头，最后，造反派恼羞成怒，一剪刀剪下她一条长辫子，想不到她依然抬头挺胸……第二天，人们看到她已剪去了另一条长辫，昂首走在路上。1969年，吕灼华带着女儿，背着沉重的“反革命家属”的压力，全市第一批下放到苏北条件最为艰苦的响水县，而且是半户下放，对顾笃璜的审查未结束，其艰难程度可想而知。

“文革”磨难结束，吕灼华的创作进入新的阶段。然后，令人痛心的是，她患上了严重的肝病，在承受疾病折磨的同时，她仍然勤奋写作，甚至还挤时间进修外语，我去看她，枕边还放着英语小说和英语字典。外柔内刚的吕灼华以惊人的毅力面对生活，在其生命最后的几年里，尽自己最后的努力报效社会，她还有很多剧本要写，她想更多地讴歌人间美好，也想无情地鞭挞丑恶。可惜，1988 年 3 月 11 日，吕灼华甚至没能等到在海外几十年的母亲归来一见（仅差一个月时间），无情的病魔夺走了她的生命。

五十四年的历程，她悄悄地生活、工作，又悄悄地离去……灼华，你走了，你留下了太多人世间的遗憾，也留给了我们无尽的思念，你那特有的性格力量与你创作的剧本，必将永远激励后人正直向前。

笔者拜读了一本《吕灼华剧作选》，是顾笃璜借我的。1998 年 12 月由苏州市艺术创作中心、苏州市文联艺术指导委员会编印。当时吕灼华已去世整整十年，那么多人怀念她，真是人们常说的“金杯银杯不如人们的口碑”。这本书是由前苏昆剧团书记徐坤荣创议，徐坤荣也是解放前参加中共地下党组织，做事任劳任怨，是顾笃璜在苏昆剧团的得力助手之一。后来，调到省昆。其时他已身患癌症，于 1997 年去世，经有关同志接着编辑，最后由顾笃璜完成编订工作。书中收录了钱璎、褚铭等上述怀念吕灼华的文章。顾笃璜在后记中说：

这里刊印的剧本都是演出台本，因为灼华的剧作都是由我担任导演的，所以都由我对文学剧本做过导演加工。……为了纪念灼华，我以为如果能够按文学本的原稿刊印出来是最为理想的，可惜剧本原稿在“文革”中已经散失，于是，只能按照当时油印的演出台本来刊印，既是出于无奈，又不免有些遗憾。然而这却勾起我对那一段与灼华共同度过的戏剧生涯的美好回忆。

笔者与顾笃璜讨论吕灼华，敬佩吕灼华一是“勤奋”，二是“坚强”，顾老又说了一句“有才华”，我完全赞同。这是有信仰的人。吕灼华“文革”十年包括单身带女儿下放，命运坎坷对个人意志是一个挑战，但她挺过来了，不随波逐流，内心有定力，再大的困难也就能克服。谁知，病魔来了，又是八年的折磨，甚至连离别了四十年的母亲都未来得及谋面（父亲担任过国民党政府县长，1949 年父母去了台湾，她与弟弟向往光明，未去，留在大陆），就告别了人生。她一辈子做绿叶，没做过红花，红花都献给了他人，她信奉的格言是：“要爱自己心中的艺术，不要爱艺术中的自己。”她燃烧自己，照亮别人，始终处在“忘我”的境界中。从她做编剧工作的 1957 年算起，直至“文革”她被迫停笔，“文革”下乡返城后直至病重，总共仅十五年左右，她为苏昆剧团奉献了二十五个剧本（大多是苏剧，连专职编剧也没这么多），不含移植整理的剧本；从继字辈到承字辈，以及“文革”以后的短训班、学馆，她都负责教务工作，直到重病后才离开。

她在剧本创作中尝试冲破戏曲唱词“豆腐干”式的格律，推陈出新。如昆曲的唱词本来是一流的，《西厢记》的“碧云天，黄花地，西风紧，北雁南飞。晓来谁染霜林醉，总是离人泪”，《牡丹亭》的“梦回莺啭，乱煞年光遍，人立小庭深院”，“原来是，姹紫嫣红开遍，似这般，都付与断井颓垣”，旋律多变，委婉细腻地表达了人物的内心感情。不知怎的，戏曲唱词到了后来，都变成了整齐划一的“七字句”和“十字句”，节奏都是“二二三”“三三四”，吕灼华在60年代初想破破这个规矩，如《霍小玉》中“小玉自甘入空门，古佛青灯，并一点相思，伴我终身”，《金玉缘》中“既认知己，果成知己，何必又有金玉之论。有金有玉也只该你有我有，偏来个宝钗金锁现成，不由的叹息声声”“凄凄冷冷，一病到如今，曾有谁来探问”。她写的文词典雅，结构严谨，有很高的文学性，读来给人们一种美妙的艺术享受。当时的朱少祥先生便把苏剧的基本曲调《太平调》《南方调》《迷魂调》《费家调》等等作为音乐素材，彻底打破、揉碎了融成一体，重新谱曲，这才是苏剧的旋律，是苏州的韵味，给人一种耳目一新的感觉。（引自《吕灼华剧作选》冬苗文章）

顾老回忆，“文革”中他也遇到了许多好人。他随口跟笔者说了两件事：一件是到了1972年，他从牛棚中出来，局势也渐渐稳定了，他请假，提出要去苏北探亲，因心中始终牵挂灼华和女儿，一位好心的军代表了解他的情况后，马上同情地表态“调回来吧”。就这样，做梦也未想到，灼华在全市下放人员中第一个调回苏州，回到苏昆剧团。另一件是他还在接受审查中，担心戏曲研究所珍贵的资料受损，军代表当机立断，让人马上贴上封条，使得这批资料免遭厄运。

吕灼华　摄于1956年

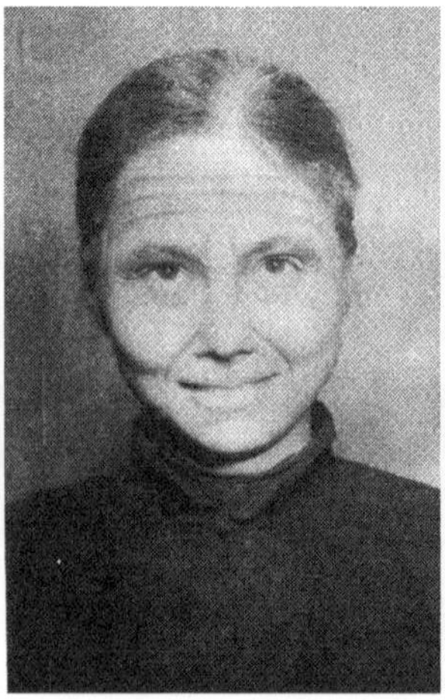
演话剧《年青的一代》剧照

手不释卷

体验生活去　左为顾笃璜

现代昆剧《卖布记》，吕灼华编剧

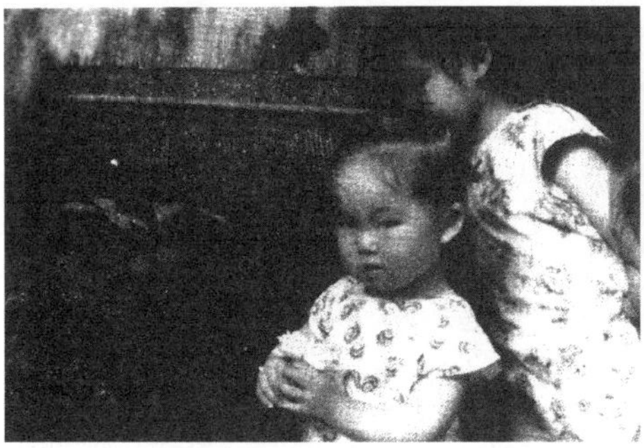

左为女儿顾其正幼时，身后是笃瑛的女儿其苏　顾公硕摄
右为“文革”期间吕灼华带着女儿下放苏北农村，左为女儿其正

1972年7月，苏州恢复了仅有二十余人的苏剧小组。同年10月，省京剧二团原苏昆南京团一部分人调回苏州，与苏剧小组合并，并召回部分转业的承字辈演员，恢复江苏省苏昆剧团建制。1977年11月，南京、苏州两地分别成立江苏省昆剧院和江苏省苏剧团，后者直到1982年才被批准重新启用江苏省苏昆剧团的原名。1977年招收了一个苏剧班，学员三十名，他们大多出生于1963年，属兔，像继字辈、承字辈一样以学馆的形式随团培养，昆苏兼学，在2001年访台演出时曾冠以“弘字辈”之名。他（她）们中的优秀者，如苏州团的王芳，现已二度获中国戏剧梅花奖，成为昆曲艺术的领军人物，陶红珍、杨晓勇、吕福海、王如丹、陈滨等成为昆曲艺术的骨干力量。90年代，苏州艺术学校又招收了一批学生，这批学生毕业后，涌现了如俞玖林、沈丰英、周雪峰这样获中国戏剧梅花奖的年轻优秀演员。现苏州市政府每年拨昆曲教育专款，扶持艺术学校开办昆曲专业班，每年招收二十名初中毕业生，三年加两年，五年高职，实行免费教育。

历经磨难，仍执迷不悔，在20世纪80年代传统戏曲处于低潮时，顾笃璜已离休，但他离而未休，卖掉了朱家园一处房产，筹集了一个基金，为他心中的事业艰辛拼搏。1981年，文化部与江、浙、沪三省市文化局、全国戏剧家协会，在苏州隆重纪念苏州昆剧传习所成立六十周年，苏州博物馆等为此而举办了“苏州昆剧历史陈列”，许多传字辈老艺人以及俞振飞等昆曲名家纷纷捐献了珍贵的历史资料。还举行了汇报交流演出，80高龄的俞振飞特赋诗一首：“姑苏台下挹秋光，甲子已周再上场。梁魏遗风传儿辈，幽兰更胜菊花香。”1982年春节，于忠王府戏厅隆重地举行会演。5月25日至6月3日，文化部与江浙沪文化局在苏州开明大戏院联合举办昆曲会演，并探讨交流昆剧“抢救、继承、改革、发展”的情况。钱瓔、顾笃璜等一起重新建立苏州昆剧传习所，至1985年先后举办了十一期学习班，向全国招生，共有昆曲专业、业余工作者及其他文艺工作者三百三十八人次参加学习。顾笃璜曾一度中风，但2000年首届中国昆剧艺术节在苏州举行后，身体一下子健康起来。2004年，由他导演的《长生殿》赴台湾、北京、上海、南京等地演出，把大唐盛世、强国风采表现得淋漓尽致，是苏州昆曲界百年来折子最多、篇幅最长的一次本戏演出。编著《昆曲史补论》《苏剧昆剧沉思录》《昆剧舞台美术初探》《昆剧表演艺术论》《昆剧漫笔甲集》，主持编选了《韵学骊珠新编》《昆剧选浅注》《昆剧穿戴》《昆曲常用曲牌分析》《宁波昆剧老艺人回忆录》《传字辈身段谱》《传芷身段谱》（后两种待修订、刊印），还出版了两期《昆剧艺术》杂志。至今，昆曲拥有越来越大的影响，江苏省苏昆剧团改名为江苏省苏州昆剧院、江苏省苏州苏剧团，两块牌子，一个单位，新的演出基地也如愿建成。“场团一体，挂牌唱戏，出人出戏”的演出机制，“传艺传艺，无艺不传，不传无艺”的传承机制，演出与学艺、传艺结合，形成一种开放、渐进、承上启下的艺术发展格局，有待进一步改革和探索，任重道远。

岁寒三友

20世纪60年代，“文革”骤起。苏州所谓文艺黑线“三家村”，是周良、潘伯英[1]、顾笃璜三人。潘伯英于1968年11月2日含冤离开人世。凡一同志1984年特意为潘伯英先生撰写传记，他说，潘伯英“改编和创作的开篇、短篇、中篇和长篇评弹共有五六百万字”，“如果说他是对苏州评弹的革新最有影响和贡献最大的评弹艺人，是当之无愧的”。凡一例举潘伯英新评弹创作成就最卓著的是两部长篇评弹，一部是评话《江南红》三十回，“被誉为《江南红》，红遍江南”，另一部是弹词《孟丽君》二十六回，当年对苏州评弹关怀备至的陈云同志来苏州时，曾当面赞扬。1960年陈云同志指出：“苏州评弹解放后搞了不少二类书[2]，功绩不小。潘伯英有功劳。”粉碎“四人帮”后，潘伯英获平反昭雪。周良同志1957年任苏州市文化局副局长。“文革”结束后，历任苏州市文化局局长、苏州市文联主席等，兼任文化部江浙沪评弹工作领导小组副组长等职。1989年起，担任《中国曲艺志》(29卷)副主编、《中国曲艺音乐集成·江苏卷》主编，编著出版或主持编撰《苏州评弹旧闻钞》《苏州评弹艺术论》《苏州评话弹词史》《听书备览》《苏州评弹书目库》和《评弹艺术》集刊等三十七种，成为苏州评弹研究的著名专家。

笔者与钱璎、周良、顾笃璜熟识二十年，这几位老人都是文化部门德高望重的老前辈，热爱文化，或苏剧、昆曲，或评弹，或工艺美术，造诣颇深，都为苏州文化事业的发展作出了卓越的贡献。钱璎同志20世纪60年代曾随凡一奉调至北京工作过一段时间，“文革”开始就被造反派“揪”回来，实际上极大部分时间在苏州从事文化宣传工作。她和蔼可亲，善于协调，不仅熟悉昆曲、苏剧、评弹，而且熟悉滑稽戏、京剧、工艺美术。无论是胡芝凤、张继青和继字辈其他人以及年轻些的顾芗、王芳，还是任嘒閒、周巽先、李娥瑛、顾文霞，都与她亲密无间。在今天苏州文化人心目中，她与周良、顾笃璜成了“岁寒三友”。其他不说，她离休后，主持编撰《苏州戏曲志》，曾获江苏省社科一等奖，还有《张幻尔[2]——滑稽戏表演艺术家》《滑稽小戏》《昆剧继字辈》《昆剧在苏州1951—2005》《苏剧遗产集萃（1—5卷）》《苏州滑稽戏传统剧目选》《苏州滑稽戏优秀剧目选》《沧浪亭五百名贤像赞》《艺术书简》等。老人如今九十三高龄，仍然闲不住，与另一位老同志沈石先生新编一本继字辈的书。笔者一劝再劝，她儿媳王亚丹连连摇头：“别提了，今天翻阅资料，明天去文联艺术指导委员会开会，后天在那里写啊写的，喃喃自语‘有责任啊’，就是闲不住。”

笔者讲“岁寒三友”，并非前面讲周良、潘伯英、顾笃璜，后面讲钱璎、周良、顾笃璜，而是讲许许多多老一代文化人对中华优秀传统文化的热爱。著名作家陆文夫的人事关系在苏州市文联，他晚年身体不太好，我经常上门求教，虚心听取他对苏州文化的意见、建议。2000 年前后，他建议编撰《苏州文明史图录》《苏州文化丛书》，分别由他和我负责。不久，他病重了，对《苏州文明史图录》心有余而力不足；但在他的关心下，《苏州文化丛书》与苏州大学出版社、古吴轩出版社合作，连续出版了二十余本，由市委主要领导和他作序，一直做到我 2007 年离开文化部门。

2002 年 9 月，笔者陪同北京来的中国民间文艺家协会老主席贾芝参加常熟的白茆山歌会，歌会中间密密匝匝下起雨来，几分钟衣服就湿透了，后来变成倾盆大雨，但全场数千观众穿着雨披，纹丝不动，秩序井然，乡镇文化站人员、农民歌手、企业歌手、乡镇干部轮番上台，亮开嗓子就唱。人如潮，歌如潮，贾芝老和我，还有苏州的吴歌专家金煦，听着、被大雨浇着，脸上分不清是雨水还是泪水，深深感到文化的力量和群众的真诚。之后，金煦老师找我，他 20 世纪 60 年代就是文化局文化科长、市文联秘书长，后来是市民间文艺家协会主席，又是离休老同志，一辈子研究吴歌，所有吴歌资料放在一个竹编筐里，时间一长发霉了，问我能否寄存在文广局地下仓库。我听后很感动，先向他检讨，自己关心不够，然后说，组织力量将它整理出来吧。我利用工作之余，帮助金煦老师抢救吴歌遗产。金煦老师太累了，2005 年 1 月因心脏衰竭离去。我含着热泪，写了一篇文章《他在用生命抢救吴歌》，至今经常怀念他。由于这批老同志的率先垂范和各市、区的支持，苏州编撰了《吴歌遗产集萃》《中国吴歌论坛》《中国白茆山歌集》《中国芦墟山歌集》《中国河阳山歌集》《水乡情歌》《苏州民间器乐曲集成》《苏州民间歌曲集成》等等，合计超过一千万字，无形之中成为最大规模的吴歌抢救整理之举，被学术界誉为吴歌史上继南朝乐府、明代《山歌》、“五四”歌谣运动三大里程碑之后的又一个高潮。

左为 2015 年 3 月 20 日三老观看苏剧，左起周良、顾笃璜、钱璎
右为钱璎为主编、顾笃璜等为副主编的《苏州戏曲志》

潘伯英50年代初演出《刺马》

评弹作家潘伯英（1903—1968）

滑稽戏老艺术家张幻尔

滑稽戏《满意不满意》，张幻尔饰老张

滑稽戏《小小得月楼》

张幻尔创编的滑稽戏
《钱笃笤求雨》

左为滑稽戏儿童剧《一二三，起步走》剧照，顾芗、张克勤主演
右为丁关根同志（右五）与《一二三，起步走》剧组合影

京剧《李慧娘》和《百花公主》，胡芝风主演

苏州锡剧团 苏剧《满庭芳》，王芳、张唐彬主演

苏州歌舞团大型舞剧《干将莫邪》，马家钦编导，新世纪初在新加坡演出时，新加坡领导人李显龙上台祝贺

舞蹈《担鲜藕》

苏州吴侬女子合唱团

左为 20 世纪 50 年代常熟白茆塘上万人参加赛歌的场面
右为《吴歌遗产集萃》编撰人员，左二为金煦

与陆文夫商议编撰的
“苏州文化丛书”

苏州抢救整理的吴歌遗产系列部分书籍

注：

1. 潘伯英（1903—1968），原名根生，常熟人。自幼爱上评弹，十四岁开始学艺，拜润裕社评话名家朱少卿为师，擅说《张文祥刺马》。后又拜在光裕社王石军门下，并向朱润田学习评话《五义图》。边跑码头边整理和自编脚本《萧何月下追韩信》《扫松下书》。抗战中，携家逃到外地说书，后回到上海，一度靠绘连环画获取稿酬度日，后编演《彭公案·杨香武三盗九龙杯》《大破剑峰山》。40年代，先后与徐云志、蒋月泉、张鉴庭弟兄、唐耿亮等一起演出，在上海书坛成为一大响档。上海解放后，参加评弹协会工作，改编了《阿Q正传》《强渡大渡河》《小二黑结婚》等，由蒋月泉等名演员演出。自编自演《李家庄的变迁》。1951年4月，来苏州，编写《变伦》《刘巧团圆》，开创中篇评弹形式。翌年，在苏州市文联从事戏改。曾任苏州市文联副主席、市曲协主席等。

2. 一二三类书：一二三类书，是苏州评弹书目分类方法。1959年11月25日至27日，陈云在同上海市文化局、上海市人民评弹团负责人谈话时提出，当时评弹演出的书目，大体可分一类书、二类书、三类书。简要说，一类书，即传统书，也称老书；二类书，这是解放初部分艺人发起"斩尾巴"以后产生，这类书目，大抵是根据古典小说和当时流行的传统戏曲改编的，但是，一般来说评弹的传统说表艺术运用得不够；三类书，指现在题材的新书，这是解放后新编的，这类书目思想性一般比较强。1950年代产生的二类书，知道书名、改编着或演出着的，共有一百二十多部。其中演出时间较长、影响较大的，有弹词《王十朋》《白罗山》《四进士》《双按院》《林冲》《法门寺》《武松》《拜月记》《情探》《梁祝》《秦香莲》《梅花梦》《贩马记》和评话《将相和》《武松》等。当时在苏州，艺人组织十多个小组改编二类书，由潘伯英掌握和辅导。

3. 张幻尔（1912—1965），苏州著名滑稽戏演员。1942年组创苏州璇宫话剧团，任团长。新中国成立后，曾任苏州滑稽剧团团长。1955年以他为主创作了《苏州两公差》，而后是《伪巡长》，引起轰动。1958年创作的《满意不满意》，获江苏省第三届戏曲演出优秀创作奖、演出奖，影响广泛。

砥柱中流

陈云同志是如何热情支持评弹新书目、新长篇创作的？这里仅举一例。20 世纪 80 年代，他为邱肖鹏等人创作的新长篇弹词《九龙口》先后写过三封信。1984 年 1 月 6 日，写信给周良，信中说："看了《评弹艺术》第二期邱肖鹏、郁小庭同志写的文章《努力搞好新长篇》，非常高兴。"当时，《九龙口》还在创作中，所以陈云勉励他们要不怕失败，搞出一个成功的新长篇，这是第一封信。同年 10 月 25 日，给周良、邱肖鹏的信，说："《九龙口》录音（送来的二十六回）今天上午都听完了，听录音中演员说'明日说给你们听'，看来还有好几回书，请录后送来。"他说，《九龙口》这部书是长篇，听后，我认为这是一个成功的创作。照例对于新的作品，我非常赞赏。希望继续演出，边演边改。1985 年 2 月 2 日又写信给周良，继续谈对长篇新书《九龙口》的看法，这是陈云为《九龙口》的创作和演出写的第三封信，信中说："《九龙口》三十二回书，每回都听了两遍。这是一部新长篇，你们花费了很多力量才有这样的成绩。全书的组成和结局，都处理得很好。希望你们边演边改。不知演出时听众反应如何，望告。"他还说："这三十二回书的胶带，我要保存起来。估计三十二盒胶带，至少要一百五六十元，望将胶带成本告我，以便寄钱给你。""为了祝贺你们编演成功，我特写了五个条幅给你和邱肖鹏、郁小庭、魏含玉、侯小莉同志，请收。"

陈云同志对评弹事业发展的关心，文化界有口皆碑。他与评弹界的交往始于 1958 年，当时他因心脏病休养，医生认为他用脑过度，他就选择了童年在青浦家乡听过的评弹作为休养时松弛神经的文艺活动。他多次说："我十岁前就听书，常跟舅舅去镇上的书场听，有时候大人不去自己也想去，没有钱不能进书场怎么办，有时就站在外面听。""我是听'戤壁书'（吴语方言，'戤'读'gài'。戤壁书：书场后站着靠墙或窗听书）出身，听《英烈》的，小时候在家乡章练塘。""后来参加了革命，南征北战，没有时间听书了。解放后，到南方来，又开始听书。""评弹好听啊，它是把评话和弹词结合起来的艺术，它的内容很丰富，演唱得很细腻。""可以深入群众，作用很大。"评弹界尊称他为"老听客"，他鼓励评弹界要"出人、出书、走正路"。他重视评弹人才的培养，曾深情地说："我是评弹学校的名誉校长，当时是我建议办的。"据北京来的同志说，陈云同志在弥留之际，耳朵上还挂着听评弹的耳塞。

笔者就本书稿向周良同志讨教，每次聊到评弹，与周老坐在一起无比感慨："一位伟大的无产阶级革命家，从小站在书场后面，靠墙听戤壁书，革命一生仍不忘这门艺术，身居高位、在繁忙公务的同时，始终以一名普通老听客的身份关心这门艺术。他的关心不是发指示、讲大道理，而是在非常熟悉评弹的基础上，与你一起探讨这门艺术的规律，毫无架子。似春风化雨，温暖人心。"他深知评弹长篇是最直接联系基层听众的生命，听了一部新创作的长篇书目，连写三封信，给予亲切的勉励，还关心书场中听众的反应；都能叫出创作人员和演员的姓名，甚至亲自书赠五个条幅，祝贺他们编演成功，而三十二回书的胶带钱一定要全数付清。

他主张正确对待传统书目，再三指示“不能以现代人的要求来要求古人”，又积极提倡新书，“对老书，要有七分好才鼓掌；对新书，有三分好就要鼓掌”，“强调评弹艺术要革新，但革新不能违背艺术的规律”，“评弹应该是评弹”，“评弹要像评弹”。对评弹界的勉励，七个字简明贴切，评弹界人人皆知。对评弹艺术后继有人更是关心，建议办评弹学校，自称是评弹学校名誉校长，在苏州成为广泛流传的佳话。其作风之深入，眼光之高远，如此接地气、如此管用，实属少见。

陈云同志与苏州评弹图片选

听评弹　1979 年 2 月于北京

陈云故居

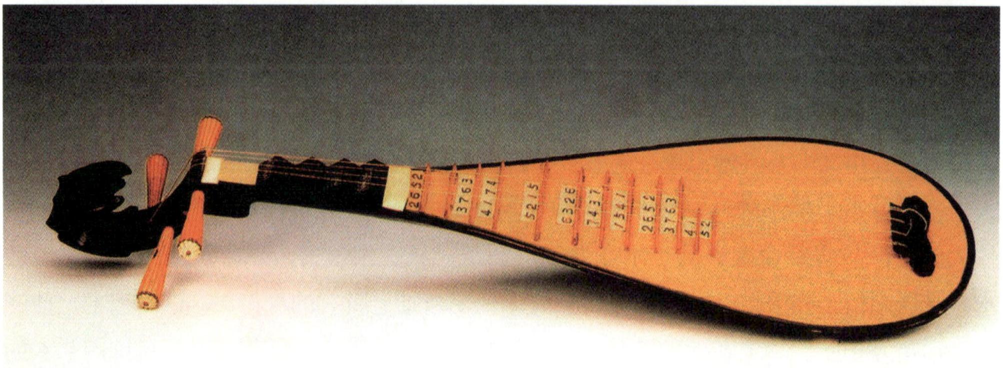

陈云学唱评弹时用过的琵琶　1950 年代末

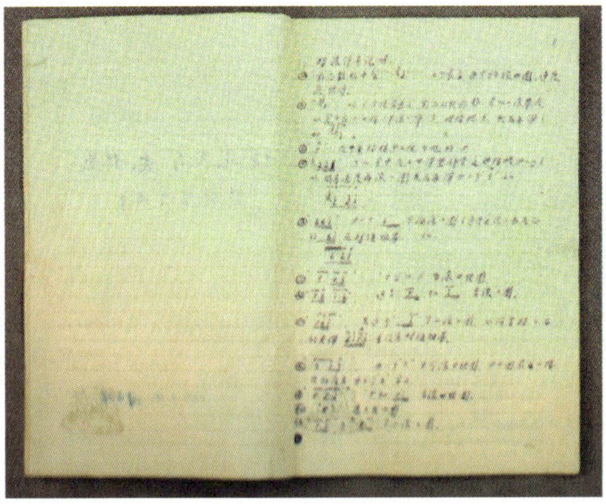

陈云学唱评弹时的曲谱

1982 年 3 月 24 日，陈云在苏州南园饭店接见苏州评弹学校师生代表，第二排右三为周良

1986 年 3 月，陈云在杭州接见苏州评弹学校师生代表，左五为邢晏芝

左为陈云（右三）与评弹界人士座谈
右为魏含玉（左）、侯小莉演出《九龙口》

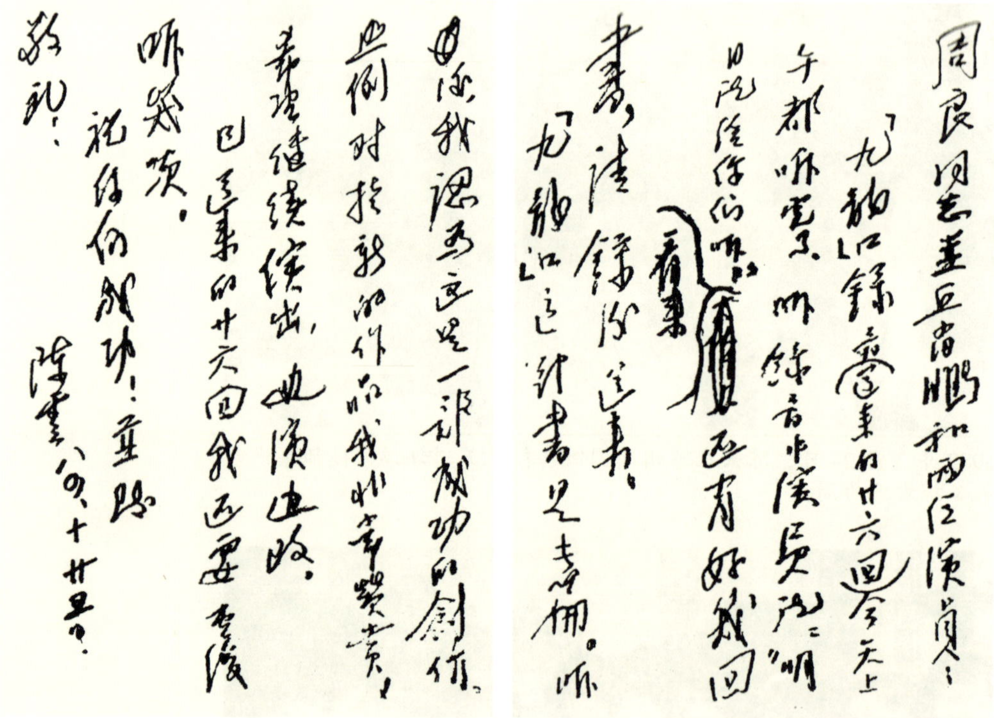

周良同志并丘肖鹏和两位演员：
「九龙口」录音带的廿六回今天上
午都听完了。听录音比实况"明
日请你们听"，看来还有好几回
书，请录成全套。
「九龙口」这部书是本册。听
书后我认为这是一部成功的创作。
也同时对于新的作品我们要赞赏！
希望继续演出，边演边改。
已录来的廿六回我还要重复
听几次。
祝你们成功！并颂
敬礼！
陈云 八四、十、廿五日

陈云关于《九龙口》书信手迹

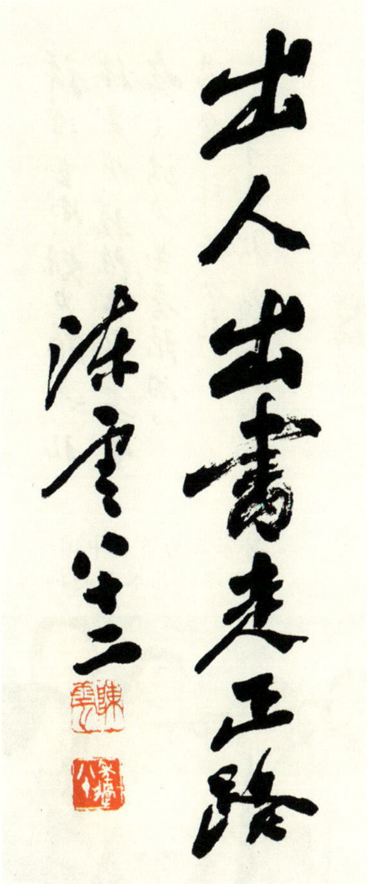

陈云为评弹界题词
1986 年

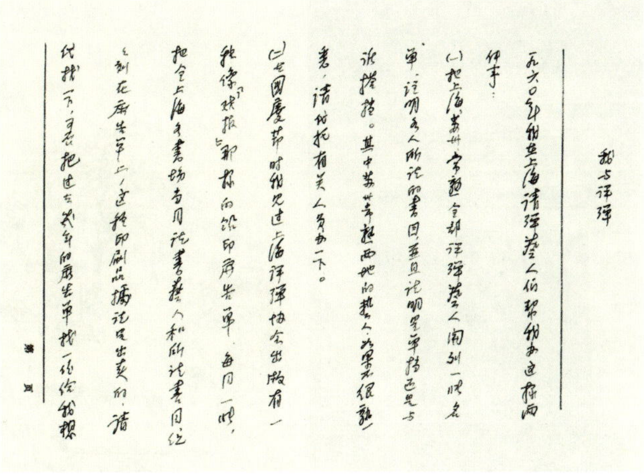

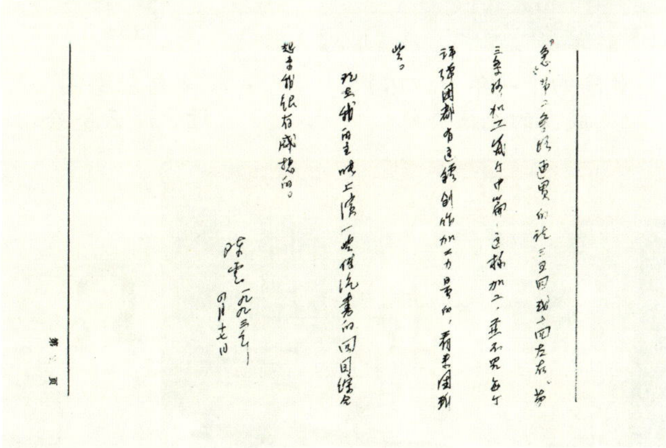

1993 年 4 月 17 日
陈云《我与评弹》文稿

乾隆四十一年（1776）
成立的光裕公所

光裕社全图
近代赵云壑绘

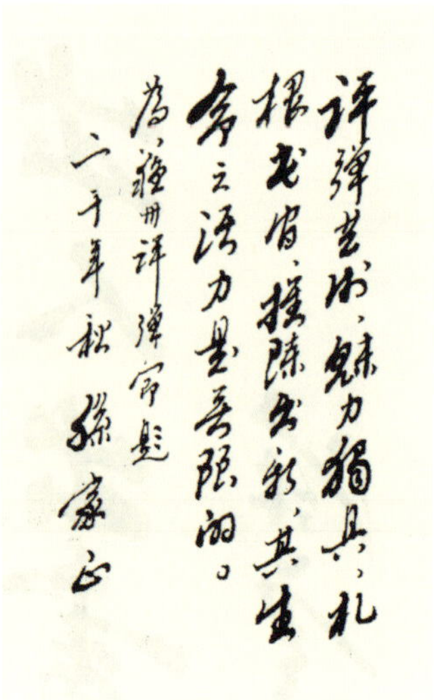

孙家正为首届中国
苏州评弹艺术节题词

2000年9月首届中国苏州评弹艺术节

金庸参观苏州评弹学校并题词

世纪之交

20世纪90年代中期，笔者刚迈入文化部门，钱璎让老同志程元麟送来厚厚一大摞书稿，那是钱老、顾老等编撰的《苏州戏曲志》。每天利用中午、晚上的时间，翻来覆去地读，读得很仔细，整整读了大概两个月。说是审稿，其实我是第一个忠实读者，或者说这部书是我第一位昆曲老师，起码使我懂得了，中华文化宝库里不能没有昆曲，就像不能没有唐诗宋词一样。

1999年，文化部昆曲指导委员会在湖南郴州召开会议，讨论拖了八年之久的首届中国昆剧节由哪座城市来办。苦于无人敢接，“昆曲都这个现状了，还能办节啊？”郭汉城、刘厚生两位戏剧老专家发脾气，“研究了八年，还在研究，这次再不定下来，我们就不参加昆指委会议了”。主持会议的文化部副部长潘震宙和艺术司司长王文章（后任文化部副部长、中国艺术研究院院长）也很为难。我资格浅，事先没有多少思想准备，“有老大哥、老大姐们在，上昆、北昆、南京省昆、浙昆条件肯定比苏州好，个个都有响当当的角儿，轮不上苏州吧？”这时，上海昆剧团蔡正仁团长发言了，谁知他力主苏州承办。蔡正仁是俞振飞的学生、著名昆曲艺术家，他振振有词地说了三个理由：苏州经济发展迅速，也有条件；又是昆曲的故乡、发祥地；八年前昆山领导就表过态：“让我们再发展几年，我们来办昆剧节！”于是全场所有的眼睛都投向我，他说的第三个理由我事先并不知晓，无人与我说起。

自20世纪80年代后期起，苏州昆曲的演出与其他城市一样，前所未有的冷清，即使大剧场的演出，台上演的人也比台下的观众多。王芳是一位好演员，出于无奈，临时在一家婚纱摄影店做化妆。记得她父母亲就住在阊门内下塘街，我小时候家也曾住在那里，一上任就走访她家，那天她父母亲和姐姐在，她不在。她很快就归队了，成为最出色的演员。1989年，苏州大学招收昆曲本科班，经四年培养，这批学子毕业时，没有如当初办班时设想的那样投身昆曲界，而是全部改行了。我去后，想重新招他们回来，可是木已成舟。90年代后期，决心重振旗鼓，尝试面向市场创排现代戏和新编历史剧，但引起很大争议。有一次文化部在北京举办全国昆曲观摩演出，苏昆参演的是一台现代戏，刚演完就听到一些非议。分管副局长很难过，与剧团团长褚铭还吵了一架，“叫你们不要来，你们偏要来！”那次上北京的路费，还是我去几个企业寻求支持的，弄得很尴尬。即使不说昆曲现状，就说全国昆曲院团和海内外昆曲团体都来苏州，规模这么大，当时剧场设施跟得上吗？还有，作为东道主，上什么戏呢？总要为苏州增光添彩吧。

“也许是好事，总要改变这个局面，应该有一种责任感。”当天晚上，我反复掂量后，打电话回来请示、商量。第一个电话是给张卫国同志，他是苏州市委常委，刚从宣传部部长转去昆山兼任市委书记（后任江苏省副省长）；第二个电话是给接任他的周向群部长；第三个电话是给钱璎同志；第四个电话是给提拔不久的成从武同志，我的副手，分管文艺院团。所有的答复都表示坚决支持，说得我心里热乎乎的。钱璎同志说："只要你敢接，老同志支持没问题。"我知道她与笃璜老的支持很要紧，他们是内行、专家，经验丰富。当时苏昆剧团的团长是曾向吕灼华学过剧本创作的褚铭，他也是文化部昆指委成员，跟我一起参加会议。会议气氛很沉闷，等着我表态。于是，文化部领导和东道主湘昆（湖南昆剧团）安排轻松的活动，上郴州苏仙岭。大家边走边嘻嘻哈哈，开玩笑说，那里抽签最灵。一路上我正在与褚铭盘算苏昆排什么戏，无心参与。两位大姐——昆曲大师蔡瑶先、张洵澎让我抽个签，我连连摇手。她俩当众帮我抽出来一看，上上签，大家乐不可支。漂流时，偏偏我的漂流筏翻了，我会游泳，以为别的漂流筏也翻了，还想"英雄救美"，谁知她们都安然无恙，在筏上和岸边拍手鼓掌，一起哈哈笑我"落水"啦！领导和大师们怕我压力太大，只字不提昆剧节，一切尽在不言中，我很感动。

十数年过去了，至今全国昆曲界时常说起郴州会议和首届昆曲节。2000 年首届中国（苏州）昆剧艺术节由文化部、江苏省人民政府、苏州市人民政府主办，文化部振兴昆剧指导委员会、江苏省文化厅、苏州市文化局、昆山市人民政府承办。3 月 31 日在昆山大剧院举行开幕式，由江苏省昆剧院演出《桃花扇》。之后移师苏州，在开明大戏院由江苏省苏昆剧团演出苏剧《花魁记》、浙江永嘉昆曲传习所演出《张协状元》、湖南昆剧团演出《荆钗记》、江苏省苏昆剧团演出《长生殿》、浙江京昆艺术剧院昆剧团演出《西园记》《牡丹亭》、台湾联合昆剧团演出折子戏专场；在人民大会堂由上海昆剧团演出《牡丹亭》（上、中、下本）、北方昆曲剧院演出《琵琶记》、江苏省昆剧院演出《看钱奴》、香港顾铁华先生与江苏省昆剧院合作演专场；在忠王府古戏台由江苏省苏昆剧

1999 年，文化部"郴州会议"，笔者（左一）与上昆著名演员蔡正仁（左三）等合影

团演出《钗钏记》、上海昆剧团青年演员演折子戏专场、苏州昆剧继字辈演折子戏专场；在十全街文华曲艺厅由日本昆剧之友社与北方昆曲剧院演折子戏、台湾联合昆剧团演折子戏专场、北方昆曲剧院青年演员演折子戏专场；在苏州戏曲博物馆古戏台由昆明昆剧、古乐研究会演专场。4 月 6 日在开明大戏院举行闭幕和颁奖仪式，由江苏省苏昆剧团演折子戏和昆山小昆班汇报演出，共七天时间。那时，经费比较紧，按勤俭的原则办事，其中就有因陋就简利用娱乐设施的，效果挺好。

由于苏州在最困难的时候接手承办昆剧艺术节，而且圆满成功，所以文化部决定昆剧节每三年一届，并在昆剧节上宣布："永久落户苏州！"由中国艺术研究院申遗，2001 年 5 月 18 日，联合国教科文组织公布中国昆曲为首批"人类口述与非物质遗产代表作"，由总干事松浦晃一郎先生宣布。首批十九项代表作，只有四项是全票通过的，其中就包括中国昆曲。入选"代表作"没有排名先后，是并列的，但我记得很清楚，国内各报刊公布时中国昆曲排在十九项之首。同年 11 月，苏州在虎丘举行了盛大的庆祝昆曲申遗成功暨纪念苏州昆剧传习所建立八十周年活动。中国申遗写的是"昆曲"，申报成功后一般用"昆曲"，之前大多用"昆剧"之名，其实在清代中后期，昆曲与昆剧就同义并称。

中国是世界非物质文化遗产保护的倡导者之一，也是第一批签约国。非物质文化遗产是一个新名词，之前国内称"民族民间文化"。2004 年 4 月 8 日，苏州市被文化部、财政部等确定为两个国家级民族民间文化保护工程综合性试点城市之一。在文化部周和平副部长主持下，我代表苏州市文化部门与中国艺术研究院签约，当时文化部民族民间文化保护办公室设在中国艺术研究院。苏州行动迅速，工作细致，当年相继出台了《中国民族民间文化保护工程苏州市综合性试点总体实施方案》《苏州市民族民间传统文化保护办法》等。联合国教科文组织，非物质文化遗产的名称几经变动，1997 年联合国教科文组织第 29 次大会通过了关于建立"联合国教科文组织宣布人类口头遗产优秀作品"国际鉴别的决议，2003 年 10 月 17 日，联合国教科文组织第 32 次大会通过《保护非物质文化遗产公约》，这个"公约"于 2006 年 4 月 20 日生效。生效之后，"人类口头与非物质遗产代表作"的名称改为"人类非物质文化遗产代表作"，已入选或以后入选的，一律纳入"人类非物质文化遗产代表作名录"。2005 年 3 月 26 日，国务院办公厅下发了《关于加强我国非物质文化遗产保护工作的意见》、附件《国家级非物质文化遗产代表作申报评定暂行办法》，在北京召开了"全国非物质文化遗产保护工作会议"。7 月 5 日，时任文化部长的孙家正在"中国非物质文化遗产保护·苏州论坛"上动情地说："保护和弘扬我国的非物质文化遗产，就是延续和保持中华民族的精神血脉和民族基因，责任重大。如果我们的工作没有做好，中华民族的精神血脉在我们这里中断了、民族基因消失了，我们就将成为历史的罪人。"他用了"时不我待、刻不容缓"八个字，强调了加强非物质文化遗产保护的紧迫性。2006年5月20日，国务院公布第一批国家级非物质文化遗产名录，在首批公布的国家级非物质文化遗产名录中，苏州市十八个项目榜上有名，在全国各城市中居于首位，而且质量精湛，有昆曲、古琴艺术、苏州评弹、苏剧、吴歌、江南丝竹、道教音乐、桃花坞木版年画、苏绣、宋锦织造技艺、缂丝织造技艺、香山帮传统建筑营造技艺、御窑金砖制作技艺、明式家具制作技艺、制扇技艺、剧装戏具制作技艺、端午节、甪直水乡妇女服饰。

新世纪初，苏州昆曲的路怎么走？政府部门制定了一个五年保护规划，完成五位一体的保护体系，叫“节、馆、所、团、场”——中国昆剧艺术节、中国昆曲博物馆、苏州昆剧传习所、江苏省苏昆剧团、一批昆曲演出场所。原定五年完成，结果很快就完成了。于是又增加了一个五位一体的保护体系，与苏州大学联合成立中国昆曲研究中心、办好苏州昆曲学校、打造昆曲之乡和活跃曲社活动、设立昆曲电视专场和昆曲网站、制定昆曲保护法规。两大体系互相支撑，促进发展，使昆曲形成了前所未有的生态性保护环境，又一次从濒危走向复苏。

话说回到首届昆曲节，有一位牵线搭桥的人，现在很少提起，而我觉得不能忘记，她就是台湾雅韵艺术传播公司的贾馨园女士。她带领台湾昆曲团体参加了首届昆剧节，昆剧节一结束，她给我写了一封信，对我深有启示。全文如下：

您好，本次首届昆剧艺术节办得很成功。这需要很大的勇气和睿智，极不容易，特别向您道贺。而这次的圆满成功所带给今日昆剧的意义是极深的。

昆剧代表中国最精致典雅的传统戏曲。自明清盛况后，一直处于颠簸中，而现今在台湾这隔着海峡有不同语系（闽南语系）的地区，能被欢迎肯定至此，当然是昆剧本身文学、表演、音乐的艺术已臻最高水平。而昆剧对苏州言之，从历史上、地域上到民初昆剧传习所至今，其意义更非他处能相提并论。

今日昆剧在日渐被爱护与重视之际，它骨子里所含的蕴藉却被声光科技冲淡，使它和别的剧种（有的较浅薄）没什么差别。这回备受台、港、美、欧、日、韩等地赞誉的乃是《钗钏记》、“继字辈”演出、《长生殿》、《张协状元》和《西园记》等的表演。这代表的是什么，可想而知。要说激光不经，我们看过不少，难道还能望欧美歌剧的项背吗？今日我们传统戏曲所有虚拟的表现，已被世界肯定为最高境界的表演，我们应该自重之。

我们特别肯定苏州对昆剧的保存工作做得了不起，若非苏州雅致的《钗钏记》和《跪池》，不识者真会纳闷昆剧较之别的剧种特色在哪里。这次苏州主办当局不仅于整个活动筹备的完善和辛劳，能拿出真正代表昆剧精神面貌的剧目也是一大贡献。

再次恭贺此次昆剧节的凯奏，并道谢对这次台昆来的支持。

敬祝

安祺

雅韵艺术传播有限公司

贾馨园敬上

2000 年 4 月 18 日

我揣摩，使贾馨园等昆曲修养不凡的人士激动、在首届昆剧节上看得最有滋有味的，大概是在太平天国忠王府古戏台上演的正宗南昆戏，舞台和戏珠联璧合，妙不可言。当然，她还欣赏上述其他戏。是啊，昆曲就是昆曲，贪大求洋，激光不经，重形式不重艺术，就会失去艺术魅力。艺术有艺术的规律，她说得不无道理。

世纪之交的昆曲遗产保护
——苏州昆曲百年史（七）

首届中国（苏州）昆剧艺术节在苏州和昆山举行

在苏州忠王府古戏台演出《钗钏记》

“继”字辈和中青年演员的精彩演出

左为首届中国昆剧艺术节向获奖演员颁奖
右为笔者与著名昆剧表演艺术家张继青和云南滇昆代表合影

2001年5月18日，昆曲被联合国教科文组织宣布为首批公布的“人类口述和非物质遗产代表作”，11月苏州举行虎丘曲会。

倪征日奥与笛王顾兆琪在虎丘千人石上演出

九十五岁的倪征日奥与九十四岁的倪传钺会面

左为倪征日奥在苏州虎丘山随北京昆曲研习社参加第二届虎丘曲会
右为 2001 年 11 月 5 日，倪征日奥在苏州盘门度曲

倪征日奥老人是国际法学家，苏州吴江黎里镇人。1946—1948 年参加东京远东国际军事法庭对日本甲级战犯的审判。1984 年，年已七十九岁的他当选为新中国首任国际法官，到海牙任职八年。他还是北京昆曲研习社最早的成员，学曲七十余年。虎丘曲会上，老人引吭一曲《长生殿・闻铃【武陵花】》。两年后，老人辞世，享年九十七岁。在告别仪式上，北京曲友同声泣唱他喜欢的同场曲“天淡云闲，列长空，数行新雁……”

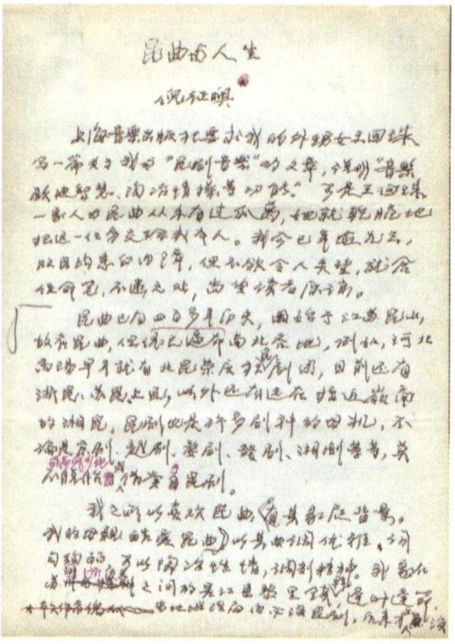
昆曲与人生

倪征日奥

左为2001年10月，倪征日奥参加首届江苏曲会，在扬州与苏州大学曲社师生合影，第二排左三为苏州大学中国昆曲研究中心常务副主任周秦教授
右为倪征日奥《昆曲与人生》手稿

2003年11月5日，苏州博物馆新馆正式奠基。贝聿铭携夫人在贝家祖宅狮子林指柏轩观看《长生殿》。贝聿铭的叔祖即贝晋眉，他不无自豪地与笔者说：“贝家曾为中华文化遗产昆曲作过贡献。”

贝聿铭，著名华人建筑师，出生于1917年，苏州人。为中国银行创始人贝祖怡之子。贝家在苏州已有六百多年历史。1920年代，贝聿铭随父亲由香港到上海，每年放暑假时回苏州。十七岁赴美求学，先后在麻省理工学院、哈佛大学学习建筑，建筑设计广及世界各地，著名作品包括美国华盛顿国家美术馆东馆、香港的中国银行大厦、日本滋贺县的美秀博物馆、法国罗浮宫的玻璃金字塔、德国历史博物馆、多哈博物馆、中国驻美大使馆等。2006年10月6日中秋佳节，由他担纲设计的苏州博物馆新馆开馆，他说：“苏州的老乡们好，我也是苏州人。”“我离开中国已经七十三年了，但我的根还在中国，在苏州。”在设计苏州博物馆新馆几年中，他曾五次返回家乡苏州，在紧张的工作中，每次都欣赏昆曲。

左为1996年，苏州市领导在狮子林指柏轩为贝聿铭祝寿
右为2006年10月6日，苏州博物馆新馆开馆庆典

贝聿铭为设计苏州博物馆新馆听取陆文夫和著名专家吴良镛、周干峙和罗哲文等的意见和建议

左为新馆开馆庆典上，苏州市领导向贝聿铭赠送苏绣作品，左二为新一代刺绣艺术家姚慧芬
右为贝聿铭在苏博新馆工地

左为1920年的贝家，贝聿铭坐在最左边，中间是祖父贝理泰，右边站着的是他母亲，手中抱着他的弟弟。
右为1989年贝聿铭回苏州，与亲友合影。前排右一为贝聿铭夫人，右二、右三为贝祖武夫妇。

左为2002年11月，钱璎（左一）、顾笃璜（左二）获文化部“长期潜心昆曲艺术事业成就显著”表彰，中国文联主席周巍峙、文化部副部长陈晓光授奖。
右为2003年1月，苏州市领导和文化界人士热情接待白先勇等

左为《长生殿》制作人陈启德（右）；叶锦添（左）曾获奥斯卡最佳美术设计奖，担当《长生殿》舞台美术设计；中为顾笃璜。摄于2003年
右为2004年第二十八届世界遗产委员会会议在苏州举行。世界遗产中心主任巴达兰与昆曲、评弹演员合影

左为2005年文化部部长孙家正（左四）在中国非物质文化遗产保护·苏州论坛暨中国昆曲国际学术研讨会开幕式上作主题演讲
右为2004年2月，笔者率苏昆参加联合国教科文组织在日本举行的世界传统艺术节

左为2006年，文化部在苏州召开纪念昆剧《十五贯》晋京五十周年座谈会
右为2006年10月，苏州市人大常委会审议并通过《苏州市昆曲保护条例》

王芳的昆曲表演艺术
——苏州昆曲百年史（八）

昆剧《扈家庄》
饰扈三娘

苏剧《醉归》
饰花魁

苏剧《五姑娘》

苏剧《醉归》

苏剧《孟姜女》

《都市寻梦》中
饰外来妹柳春

昆剧《思凡》

王芳，国家一级演员，中国戏剧“梅花奖”二度梅获得者。2002 年荣获联合国教科文组织颁发的“促进昆曲艺术奖”。左、中为《长生殿》剧照，右为《寻梦》剧照

《长生殿》剧照

《西施》

《柳如是》

苏剧《花魁记》

“浮生若梦”——昆曲折子戏在德国巡演

2007 年
《长生殿》在比利时演出

王芳在《白兔记》中饰李三娘

2015 年 10 月 12 日，第六届中国昆剧艺术节开幕式上演出的《白兔记》

善行无迹

越是现代化，越是融入全球化潮流，就越须呵护中华母亲文化，这是一个国家、一个民族凝聚力所在。呵护中华母亲文化是善行，前述中华文化宝库不能少了唐诗、宋词，即便是幼儿园和小学刚入学的孩童，也能朗朗上口，背诵几首唐诗。识字从唐诗始，这是中国人引以为骄傲的独有的文化特色。那么，唐诗、宋词是口口相传至今吗？并不完全是，它是怎么流传下来的呢？这里仅举例唐诗。明万历年间，离苏州不远，浙江省海盐县，有个藏书家族，以胡彭述、胡震亨父子为代表。胡家藏书的传统已历四世。到了胡震亨（1569—1645）这一代，藏书已达万卷之多，称“好古堂”。受先辈诗书传家的影响，胡震亨年轻时“才识通达敏捷”，“怀济世之志”。后在万历二十五年中举出仕。因嗜书如命，日夕攻读不辍，因此学识渊博，被时人称之为“博物君子”。明天启五年（1625），五十六岁的胡震亨辞去兵部员外郎官职，回到家乡，他要用剩余的时间，完成一件更重要的事。

在书斋微弱的烛光下，他发现令日月增辉的唐诗居然失传了将近一半。比如写《春江花月夜》的“吴中四士”之一张若虚，一生作诗八十余首，到明代仅剩两首。王之涣的诗，到明代只存六首。他竭尽心力，足足花了十年时间，来编唐代诗歌全集，在他六十六岁那年完成了一部巨著《唐音统籤》。全书共分十籤一千零三十三卷。在完成此书后，又用十年时间编撰了《李诗通》《杜诗通》等。清代文学家黄宗羲称其书“考索精详”，《四库全书总目》则记载：“《唐音统籤》的搜罗成帙，初见规模……是编秉圣训，以震亨为稿本。”近代海盐名人张元济，曾把这位比自己大二百九十八岁的前辈称作“吾邑第一读书种子”。如今读唐诗，人们知道王勃、骆宾王、张若虚、王之涣、李白、杜甫、王维、高适、白居易、元稹、韩愈、柳宗元、刘禹锡、李贺、杜牧、李商隐，举不胜举，连中小学生都知道，却很少有人知道胡震亨，但每一位喜爱研究唐诗的朋友都衷心感谢胡震亨，是他让今人能领略与欣赏到风格各异的四万八千九百首唐诗。

当然，胡震亨之后，有明末清初常熟人钱谦益，他也下决心要编一本《全唐诗》。估计已编到数百卷规模时不幸离世，兵燹中书稿七零八落。幸亏另一个善人季振宜出现，他是泰兴县（今靖江市季市镇）人，重新开始《全唐诗》的编辑工作，也花了十年时间，在书稿编成的第二年病倒了，很快撒手人寰。最后是政府行为，很有作为的康熙帝，选定江宁织造曹寅，也就是曹雪芹的爷爷，督率一批翰林官，其中有苏州籍状元彭定求，在胡震亨和钱谦益、季振宜二书的基础上，于康熙四十四年（1705），于扬州开局修书，编纂《全唐诗》，仅仅一年后，曹寅等人就完成了任务，将《全唐诗》放在了康熙皇帝面前。清人孙洙也在《唐音统籤》的基础上，编了风行海内的唐诗普及本《唐诗三百首》。

做文化要有积累，懂规律，少不了传承和研究的有心人，以及一种锲而不舍的精神。这里还应该特别说说一位文化老人对我的影响。1979 年，也是政府行为，由文化部、国家民委和中国文联有关协会联袂发起了一项文化工程——在全国范围内收集整理荟萃民族民间文化遗产，编撰出版“十部文艺集成志书”（中国民间歌曲、戏曲音乐、民族民间器乐曲、曲艺音乐、民族民间舞蹈、民间故事、歌谣、谚语集成和中国戏曲志、曲艺志）。2009 年 10 月，在新中国六十华诞之际，二百九十八卷四百册、4.5 亿文字的鸿篇巨制终于宣告全部出齐。实际上，这仅仅是此项工程的一部分，积累起来的珍贵资料达一百一十余亿字之多（含各种珍贵的手抄本、录音录像、图片），被誉为“中国民间文艺万里长城”“中华文化长城”“中国民间文艺的百科全书”。先后有十万余名文化工作者跋山涉水，走乡串村，对源远流长、浩如烟海的民间文化深入挖掘、整理，这是中国文化史上的创举。主持这个项目的就是文化部老领导，后任中国文联主席、名誉主席的周巍峙同志。我在任文化部门十二年，他每年来苏州。老人是我做文化工作的老师之一，也是“忘年交”。

他说，由于基层普查下限（大致为 1985 至 1995 年间）之后约二十年，中国社会发生巨变，许多民族民间文化受到现代化碰撞和市场经济的冲击。当时有些少数民族不唱民歌了，唱流行歌曲，也不跳民族舞蹈了，跳迪斯科，当然让人担忧。是啊，任何一种文化都必须在老百姓中找到一片可供扎根的肥沃土壤！《诗经》有三百零五首诗，流传最广的是国风，而不是雅、颂，就是明证。国家正式实施非物质文化遗产保护工程，而“十大集成”起到了奠基、先导和衔接的作用。随着时间的推移，“十大集成”的价值会更加凸现。他对 20 世纪 80 年代苏州重建昆剧传习所，面向全国举办培训班和 2000 年的首届昆剧节赞不绝口，首届昆剧节期间他自始至终参加，还为苏州颁艺术节组织奖。老人 2014 年去世，享年九十九岁。

2017 年春节，央视《中国诗词大会》总决赛上线，这个节目全部十期累计收看观众达到 11.63 亿人次。这届《中国诗词大会》的入选诗词从中国诗歌的缘起《诗经》始，包括楚辞、汉魏六朝诗、唐宋诗词、明清诗词，一直延续到当代名人诗词，时间跨度数千年。为什么这么火？最深层次的原因，就是中国人仍有不死的“诗心”。诗歌是中国人表达情感的最古老的方式，一部中国诗歌史既是中华文明在语言文字上的浓缩精华，更是几千年来中国人的精神风貌的展示。领略中华诗词的无穷魅力，接近经典，接近传统，拥抱中国文化中一切美好的东西。如此之多的年轻人大呼过瘾，这是传统文化的希望所在。相信中国诗词永远与我们为伴，永远是我们的精神家园。

改革开放是一个五彩缤纷的年代，随着脚步的深入，中华文明的种种特质正在复兴，与现代生活交相辉映。2004 年苏州承办第 28 届世遗会。市文化部门要创作一首会议主题歌，照例召集部分词曲家商讨，评弹曲牌《大九连环》是具有悠久历史的苏州传统民歌，演唱内容为苏州十二月花季和风俗民情，江南特色浓厚、委婉动听，不过曲式大而长，一首唱完需要近十分钟。于是，谭亚新句斟字酌填词，精炼为四季，赋予时代性，由陈勇保留原曲基本元素，重新编配，朱虹原唱，时长四分钟。管弦乐的伴奏更具现代气息，还运用转调、合唱及带通俗的唱法。这首《苏州好风光》，在世遗会开幕式会场一经亮相，好评如潮。这就是传统文化的魅力与创新之间的关系。事隔几年，文化部副部长、《在希望的田野上》作词陈晓光与两位著名的作曲家赵季平、徐沛东来苏州参加合唱节活动。赵季平老师与我们文化部门的一个同志是老同学，与我每次碰头都要说起。赵老师说他有一个作品，这次来苏州需要现场体验一下评弹音乐。且不知赵老师在研究什么作品，但仅他一句简单的话，使我对他充满敬意。他曾与陈凯歌、张艺谋等跑遍陕西的一百零一个县，为影视《黄土地》《霸王别姬》《红高粱》《大红灯笼高高挂》《水浒传》《大宅门》等作曲，引领西北风，是最具东方色彩和中国风格的作曲家，现为一个作品，又要现场体验苏州评弹。中华优秀传统文化传承弘扬需要下功夫，需要如此有志之士。善行无迹，探索有痕。寻根体验，深入采风，才有可能拥抱创新，拥抱未来。

宝岛演出

2001 年 11 月，由笃璜老牵线，受贾馨园邀请，苏州昆曲首次赴台演出，演出地点是辜振甫之女辜怀群的台北新舞台。我率团带去了顾老一手导演的《琵琶记》《钗钏记》《白兔记》《永团圆》《满床笏》等五台叠头戏和折子戏。任何活的传承，肯定植根于个人的创造，我觉得这是顾老一生中导得最好的戏。

演员阵容有继字辈的柳继雁、龚继香、朱继勇、周继康、尹继梅、周继翔、凌继勤，有承字辈汤迟荪、赵文林，有中青年一代的王芳、陶红珍、吕福海、杨晓勇、王如丹、陈滨、王瑛。现场我看到观众中有许多穿绿色校服的中学生，据说台湾的中学课本上有昆曲剧本选，其中就有《琵琶记·吃饭吃糠》。这些学生对我们的戏并不陌生。演出结束后，女孩子喜欢追明星，像一只只蝴蝶飞来飞去，当眼见继字辈老阿姨卸妆时，调皮地伸伸舌头，不好意思地说“是老奶奶”。

演出出乎意料的成功，观众屏息凝神观戏，台上台下气息贯通，人入戏境，戏入人心。演员形容剧场效果“一根针掉在地上，都能听见”，戏与观众引起心灵上的共鸣。龙应台（时任台北市文化局局长）、白先勇、余光中、许倬云等一批台湾文化人，看到苏州的昆曲都兴奋不已。白先勇先生好高兴，说：“大陆有最好的演员，台湾有最好的观众。”一次，我在剧场门口迎接来宾，看到一位下肢不方便的观众，我主动走上前去搀扶他进剧场，坐到座位上，好像是他太太过来了，双方一交谈，才知他就是大名鼎鼎的历史学家许倬云。许倬云讲话中气很足，一口纯正的无锡乡音，我则说苏州话。许倬云先生和著名乡愁诗人余光中先生都对苏昆的演出赞不绝口。白先勇和我同时接受台湾《中国时报》的采访，白先勇讲了昆曲的价值，我讲了昆曲的传承和保护，白先勇听得眯眯笑，与我约定，他马上来苏州。

之后，白先勇先生是青春版《牡丹亭》的总策划和制作人，台湾企业家陈启德先生和笃璜老分别是《长生殿》的制作人和总导演，两台大戏同时并进，最终双双获得荣誉。

新世纪昆曲转折的标志：郴州会议——昆曲办节——申遗成功——虎丘曲会——赴台演出——邀陈邀白——两台大戏——双五一体（昆曲保护的五位一体、又五位一体的体系）。

笃璜老经常提醒我，苏州作为昆曲的“原生地”应注重“原真性”艺术特色。笃璜老年轻时也崇拜过西方艺术，艺术生涯一大半在戏改，戏改来改去，到了晚年，则沉浸于传字辈的折子戏中。经过风风雨雨，坚持“原真性”特色，并非保守，而是他艺术生涯几十年的宝贵总结。因为就是靠这一出出戏，培养了传字辈、继字辈。文化是多元包容的，应该“百花齐放、百家争鸣”，但也应该有主心骨，作为昆曲发祥地的苏州，重视自己的特色，从保护非物质文化遗产的角度非常必要。昆曲怎么演？争论了几十年，传统戏、现代戏、新编历史剧也探索了几十年，其实昆曲艺术的传奇经典和数百个折子戏是数百年来积淀的精华。

即使进入现代生活，昆曲也不能失去它精致、优雅、经典的特色。作为活的遗产，肯定有发展变化，要为当代人服务，但变，需要传统文化价值受到尊重，需要变的积累，其积累在一定阶段应该是传承艺术、扩大传播、培养人才和培养观众，核心是传艺、以人为本。于是，我在2006年苏州立法保护昆曲时建议要体现原真性特色并得到采纳。之前重点开展苏昆传统折子戏传承年活动。恢复了历史上为培养"传字辈"艺人作过贡献的苏州昆剧传习所的活动，笃璜老担任所长至今。我还与钱璎老、笃璜老商议，编撰了"苏州昆曲艺术原真性研究丛书"。

2001年访台演出及传承年照片

龙应台和台企负责人欢迎苏昆赴台演出

笔者与著名诗人余光中交谈

首次访台演出与白先勇合影

笔者与白先勇接受《中国时报》采访

姹紫嫣红——昆剧文物史料展现场

学生们争相与演员合影

龚继香与陶红珍演《钗钏记》

王芳、王如丹演《白兔记》

《钗钏记》，杨晓勇饰皇甫吟

《白兔记》，汤迟荪饰刘知远，
王瑛饰岳秀英

《永团圆》剧照

《永团圆》，陶红珍饰芸香，王瑛饰史碧桃

《满床笏》，薛年椿饰中军，周继康饰院子，柳继雁饰师氏，周继翔饰龚敬

《满床笏》，王芳饰师氏

《琵琶记·吃饭吃糠》

左为江苏省苏州昆剧院优秀传统折子戏传承录像。自上而下：《养子》（王芳饰李三娘）、《折柳阳关》（王芳饰霍小玉、赵文林饰李益）、《琵琶记》（陈滨饰赵五娘、吕福海饰蔡婆、杨晓勇饰蔡公）

右上为传字辈中年龄最小的吕传洪在传艺

右中为苏昆剧团星期专场演出，陶红珍演《前逼》

右下为苏昆乐队

责任如山

传承、弘扬中华优秀传统文化，需要一个大环境，需要有识之士，这里想记录一位已故的著名科学家对昆曲的呵护，这位科学家就是王选。王选（1937—2006），江苏无锡人，中国科学院院士、中国工程院院士、北京大学计算机研究所所长，方正股份有限公司董事会主席、第十届全国政协副主席。他是汉字激光照排系统的创始人，针对汉字的特点和难点，他发明了高分辨字形的高倍率信息压缩技术和高速复原方法，率先设计出相应的专用芯片。这些成果开创了汉字印刷的一个崭新时代，使我国汉字印刷术“告别铅与火，迎来光与电”，从铅字排版直接跨越到激光照排，被公认为毕昇发明活字印刷后中国印刷技术的第二次革命。

汉字是中华文化的重要载体，弘扬中华民族的优秀传统文化就不能不重视汉字在文化传承中的重要作用。早在1848年，在中国生活了四十多年的美国传教士兼驻华参赞卫三畏就说过：“一旦废止汉字而改用字母去拼写汉语，中国就会出现数百种文字，中国将像欧洲一样四分五裂、不复存在。”此言凿凿，发人深省。王选是真正的大家，是中国人的骄傲，汉字因他不再落后于人。

更为难得的是，这位被誉为“当代毕昇”、两度获中国十大科技成就奖和国家技术进步一等奖的科学家，在生命的最后时刻，不谈计算机，不谈方正，惦念起昆曲的振兴。他之前，九届全国政协副主席万国权与北京大学教授叶朗曾就加大昆曲保护抢救力度，写信给党中央和国务院。2004年3月8日，时任全国政协副主席的王选与九届、十届全国政协常委叶朗在全国政协十届二次会议上联合递交了一份名为《关于加大昆曲抢救和保护力度的几点建议》的大会发言稿，留给人们无穷的回味和无尽的敬意。

王选和叶朗两位委员说：

> 2003年11月6日至16日，全国政协组织了一个专题考察团，赴长沙、郴州、杭州、温州、苏州、昆山、南京等地，对全国昆曲艺术的现状做了实地考察。通过这次专题考察，我们深感昆曲艺术一方面正面临着一个很好的发展机遇，另一方面也存在着重大的危机，迫切需要国家加大对昆曲艺术的抢救和保护力度。

他们认为，昆曲是我国现存的最古老的戏曲艺术，被誉为“百戏之师”。昆曲不仅是我们民族的文化经典，同时也是世界文化经典。昆曲在世界文化史、戏剧史、音乐史、舞蹈史上都占有重要的地位。但是，昆曲艺术的生存确实面临重大的危机。这主要表现在以下方面：广大群众特别是广大青少年对昆曲缺乏了解，昆曲演出的市场不断萎缩；上演的剧目急剧减少（历史上昆曲剧目可考的有三千多个，到“传”字辈演员还能演六百个，在那之后每一代大约减少三分之一）；演员、编导和作曲队伍后继乏人，现有人才流失严重；昆曲院团的经费严重不足，等等。为了解决昆曲面临的危机，应该确立由国家扶持昆曲事业的方针。

很多人都只知道王选是位优秀的科学家，却不知道他还是位戏曲研究家、活动家、收藏家。他在2000年被确诊为肺癌晚期，在与疾病抗争的五年多时间里，只要对国家对人民有利有益的事，他都会不遗余力地去做，2003年他当选全国政协副主席兼全国政协京昆室主任后，在全国重点省份组织了多批次、大范围的调查研究，还多次把院团和演员请到北京举行座谈。笔者也曾被邀请参加叶朗教授主持、北京大学举办的一次昆曲论坛，在论坛上谈昆曲的保护。后进一步学习钻研，形成论文，2005年经专家委员会上答辩，获首届文化部创新奖唯一的特等奖。

党中央和国务院领导在王选和叶朗联名保护、抢救昆曲的政协大会发言建议稿上作出重要批示，给予有力的支持，文化部和有关省市迅速贯彻。病魔缠身的王选用近两年时间主持编纂了《中国昆曲精选剧目曲谱大成》，直到七十岁时含笑离开人世。现在无锡东林书院附近建有王选纪念馆。

这里，不妨将公硕先生和笃瑛老作一比较，颇有意义。过云楼五代人中，从时间上说，最接近我们的是公硕和笃瑛父子俩。他俩像过云楼前人一样，都有超越时空的对文化艺术价值的追求；无论遇到什么困难，都有孜孜不倦的实践，即使家传的书画典籍和园林“藏公”了，告别了过云楼的“光环”，还有工艺美术和昆曲。如今社会越来越现实，整个社会都受利益驱动，因此更需要文化知己。越努力越孤独，越奋斗越寂寞，所以有人将他们比作17世纪西班牙塞万提斯小说《堂吉诃德》中的主人公，来形容他们对中国传统文化的坚守。公硕先生遇上“文革”，“士可杀而不可辱”，成为传统文化的殉道者，至今让人有断肠之痛。笃瑛老晚年碰上改革开放，不论他心中的原真性昆曲梦能否实现，毕竟有一个良好的宽松环境。笔者曾与笃瑛老讨论“原真性”，因非遗保存讲究一代代人的传承，定位在传、继字辈似更确切、更好操作。老人顶真地说，是传字辈。我哈哈笑了，“传”“继”不是一脉相承关系吗？

笃瑛老在“文革”中吃了不少苦，但他不怎么提，即使对“文革”中那些痛心疾首的事，至今只提某某事，不说某某人。他相信那场灾难不会再来了，人生时间不多了，要珍惜每一分每一秒，圆自己的梦。他与我说过云楼文化研究，我说您老也要花时间啊，他说他要做昆曲，还有苏剧。我完全理解他。这是他的生命，是他一生如胶似漆的真情。我曾与中国艺术研究院著名专家田青先生说起他那特立独行的精神，“仿佛他是为昆曲而生，为昆曲而活的”。所以有人称他为“江南最后一位名士”。不过，鄙人陋见，他父亲公硕先生倒是名副其实的“江南最后一位名士”。笃瑛老对昆曲如痴如醉，与公硕先生如出一辙，其精神永恒。

我与笃璜老是无话不谈的忘年交。我说："您老是喜欢昆曲，才久恋昆剧传习所？"老人神色俨然："不是喜欢，是一种责任。"责任二字重如山，不由得让我想起梁启超在《最苦与最乐》一文中的几段话："人生什么事最苦呢？贫吗？不是。失意吗？不是。老吗？死吗？都不是。我说人生最苦的事，莫若于身上背着一种未了的责任。""翻过来看，什么事最快乐呢？自然责任完了，算是人生第一件乐事。古语说得好'如释重负'，俗话亦说是：'心头一块石头落了地。'大抵天下事从苦中得来的乐才算是乐。人生须知道有负责任的苦处，才知道有尽责任的乐处。这种苦乐循环便是这有活力的人间的一种趣味。这些苦都是自己找来的。处处尽责任便处处快乐，时时尽责任便时时快乐。快乐之权，操之在己。有人说：'既然这苦是从负责任而生的，我若是将责任卸却，岂不就永远没有苦了吗？'这却不然，责任是要解除了才没有，并不是卸了就没有。"（《时事新报·学灯》，1922年8月12日）

"责任"二字，无须赘述，生命来来往往，来日并不方长。可贵的是，此翁将生命的意义转化为文化的意义。

破茧成蝶

传承、弘扬中华文明，关键在于中华文化的特质，或者叫优秀传统文化，要让青少年喜欢，能够传承下去。顾笃璜无疑是一位熟谙正宗南昆戏真谛的艺术家，是灵魂式的人物。2001年苏昆赴台演出的戏完全是他艺术生涯后期更成熟的艺术观点的体现，完全是正宗南昆传统戏，才成功。白先勇先生有眼光，才看中苏州。苏昆的出路在哪里？离不开正宗南昆戏的传承发展和发扬光大。

白先勇先生是一位著名旅美作家，具有国际视野，与苏昆合作，排演青春版《牡丹亭》。他也是灵魂式的人物，他的美学思想是运用开放理念、国际语言和现代运作来传播、传承，起用年轻人来演青春年少的杜丽娘、柳梦梅，“爱得死去活来”，赢得大批青年观众，大学生喜爱上昆曲，在海外也产生了巨大影响，值得我们虚心学习借鉴。

记得首次在北京大学百年讲堂演出，演出后已是深夜十一二点，气温零下九至十度，上百名学生排成长队，要见见白先勇，签个名或说上几句年轻人的心语，这种感觉如不在现场是体会不到的。在传承、传播中孕育新的生命，传承与传播，相辅相成，缺一不可。

当今是网络化时代，文化上“小众”特色鲜明，但无可避免进入“大众”视野，“小众”与“大众”的关系是相对的。刚改革开放时，年轻人喜欢听快的节奏，因为要适应这个环境；如今工作节奏太快了，需要精神世界有个“桃花源”，精神需求是不断变化的。

现在理解白先勇的昆曲美学观点不难，因他把昆曲带进了现代生活，带给了年轻人。进入新世纪，苏州出现了“昆曲热”。2012年以来，苏州的高考录取率均在95%左右。从趋势看，现代的年轻人文化程度高，是大有希望的。2016年，中国出境游达1.22亿人次，苏州人旅游消费在全国诸城市中名列前茅，多元文化视野使年轻人一方面喜欢快节奏的文化，另一方面也喜欢具有独特魅力的中华传统文化。消除传统文化所面临的危险，还得寄希望于年轻人。

怎样来理解顾笃璜的昆曲美学观点？因他更强调昆曲艺术的原汁原味，担忧昆曲主体的失传。老人是文青出身，学不会老成世故，直言不讳，固执得可爱：“老的并不一定是保守的，孔子的话过时吗？老祖宗留下的昆曲遗产太珍贵了。昆曲要为今天的人服务，要发展，首先要传承好。如果艺术本体湮没了，何来发展？传字辈老先生现仅剩下一位，年高九十，住在福利院，继字辈也大多是耄耋老人，走了不少。新一代如果不继承好，就会出现断档。从时间上说，传承是有限的，创新是无限的。昆曲的艺术魅力不能丧失，年轻人要带好。”

此翁的原汁原味——本真性传承。他说，至新中国初，努力挖掘和资深演员的传承，

顾笃璜说昆曲

继字辈的传统折子合计 307 出。经改革开放初和世纪之交两度抢救保护，昆曲遗产在复苏，但真正保持遗产原貌的昆曲传统折子反倒所剩不多。我们往往喜欢树上的果实，看不到地下的树根，但没有树根，怎么有果实？不深耕细作，怎么会有丰硕成果呢？

老戏不一定就跟不上形势，2015 年 10 月，中国昆剧艺术节在苏州、昆山举办第六届，笔者看了五场，有新戏，有老戏。如苏昆的《白兔记》、上昆的《墙头马上》这些经典老戏，观众看得有滋有味、眉飞色舞，评价甚高，因戏味足。前者是当年顾老所导的五个戏之一，王芳主演，配角是青年演员；后者是 1958 年俞振飞大师和言慧珠首演，至今已由第三、四代担纲演出。观众说，倒是有的投入巨资的新戏昆味不足，甚至艺术上“快不姓昆了”。当然对新戏的探索要鼓励，但传承力度有必要加大。没有传承，谈不上创新。新排的戏不等于创新，有的戏可能是评奖机制的产物，现在评奖机制不灵了，它的内在动力也就消失了。关键要形成一种艺术机制。

有专家说，昆曲是古典文化遗产，其一字一腔、一颦一笑、一举手一投足，无不含有历史文化特征，继承和保存昆曲表演遗产的同时，也必须保持这些历史文化特征，否则便不再是古典遗产，也不再是传统意义上的昆曲。我们说鉴往知今，如果不认识它的过去，那么如何理解它的现在到底代表什么意义？作为联合国教科文组织首批颁布的人类非物质文化遗产代表作之一，昆曲艺术在更大的坐标里头，横的与纵的，它到底是在哪一个位置上？不理解它的过去、现在，又何从判断它的未来？原因在于传统文化底蕴的缺失，有些人不理解，这是当代昆曲传承和发展中的困惑。儒家强调“志于道，据于德，依于仁，游于艺”，首先“志于道”，再“据于德依于仁”，艺术才能有所成就。就像文人画讲究文雅，现在美术学院招生，只看素描、色彩水平，传统文化教育仅是走过场，境界、修为达不到，很难画好文人画。文人画追求的不是绘画技巧本身，而是上升到文化层面的“心灵之境”，全靠丰厚的学养、生活积淀才能达到。

昆曲也是如此，对传统，对“人类非物质文化遗产代表作”，心存敬畏之心，才知道创新的不易。传承就是接续传统，是文化的接力，包含对本体特色的坚守和对发展脉络的注重；“台上一分钟，台下十年功”，折子戏学得越多，塑造人物越有底气。时尚将传统演绎进现代生活，但如果以时尚元素取代传统，昆曲的艺术便稀释了。只有让昆曲的精髓保留下来，才是昆曲新生的基础，才有昆曲的发展。发展是建立在中国传统文化传承的基础上，然后在这个基点上起飞。传承是需下功夫的，不付出艰苦的努力，昆曲的发展便无从谈起。现在继字辈的传统折子戏三百零七出，究竟能传承多少？谁来教？谁来学？不妨下点功夫，制订和实施一个五年至十年的传承计划。

人们的视野越来越开阔，需求越来越个性化和多样化，精神世界更需要通过文化艺术来释放。传统艺术能够为现代人创造心灵的栖居之地，尽管这项工作很艰苦，但必须坚持下去。没有文化依然可以做事业的年代一去不复返。品牌全靠品质，艺术的魅力不在于外在包装，而在于自身的品质；艺术的回归，在于品质的递承和开放的眼界，就像人要靠两条腿走路一样。无论如何，不能离开本民族优秀文化传统艺术，但也不能封闭。有收有放，才能自如。传承和培养新人是核心，传承好，才能发展好。丢掉母体等于丢掉生命，弘扬传承中华优秀传统文化，要有眼光，下功夫，讲质量，艺术传承与传播推广结合并发展好，才能破茧成蝶。

时代产生一定的文化，造就一代艺术家，文艺又是最有个性、最有魅力的，出好的作品和人才，营筑生态环境和条件最要紧。1950 年暑期，中央音乐学院的杨荫浏、曹安和从天津来到无锡，寻找双目失明、流落街头的民间艺人阿炳，阿炳找到了，为他录制了《二泉映月》《听松》《寒春风曲》三首二胡曲和《大浪淘沙》《龙船》《昭君出塞》三首琵琶曲。在录制过程中，杨荫浏轻声问一支曲子的名字，阿炳说没名字，杨教授说没名字不行，要想一个。阿炳说，那就叫《二泉印月》吧，杨教授说，《印月》这名字和广东音乐重了，要不叫映月？无锡有映山湖么？阿炳说，好，你是教授，你的学问大，就听你的。同年 12 月 4 日阿炳离世，终年五十七岁。这是一个民间文艺走向经典的故事，如当时不及时抢救整理，阿炳与《二泉映月》就会弃如敝屣。昆曲抢救保护的道理同样如此。

传承之梦

中国的艺术鉴赏理论与西方的不尽相同，表现在艺术上则强调灵感思维，相信“文章本天成，妙手偶得之”。《文子·道德篇》说：“上学以神听之，中学以心听之，下学以耳听之。”被列为“上学”的“以神听之”，就是通常所说的“心领神会”，也就是妙悟。艺术的表现和表达，务求简约，不求穷尽，经常点到为止，留有空白，所谓“言有尽而意无穷”。它的极致是司空表圣所谓“不着一字，尽得风流”。

这里不妨以曹雪芹《红楼梦》第二十三回“牡丹亭艳曲惊芳心”为例略加分析。这一回写到宝黛在沁芳闸桥共读《西厢》，借书中语词表达爱情。正在此时，袭人传贾母之命叫宝玉去看望贾赦。于是，黛玉一个人正欲回房，只听到墙内笛声悠扬，歌声婉转，便知是那十二个女孩演习戏文呢。黛玉——

> 偶然两句听到耳内，明明白白，一字不落，唱道是：“原来姹紫嫣红开遍，似这般都付与断井颓垣。”林黛玉听了，倒也十分感慨缠绵，便止住步，侧耳细听。又听唱道是：“良辰美景奈何天，赏心乐事谁家院。”听了这两句，不觉点头自叹，心下自思道：“原来戏上也有好文章，可惜世人只知看戏，未必能领略这其中的趣味。”想毕，又后悔不该胡想，耽误了听曲子。又侧耳时，只听唱道：“则为你如花美眷，似水流年……”林黛玉听了这两句，不觉心动神摇。又听道“在幽闺自怜”等句，亦发如醉如痴，站立不住，便一蹲身坐在一块山子石上，细嚼“如花美眷，似水流年”八个字的滋味。忽又想起前日见古人诗中有“水流花谢两无情”之句，再又有词中有“流水落花春去也，天上人间”之句，又兼方才所见《西厢记》中“花落水流红，闲愁万种”之句，都一时想起来，凑聚在一处，仔细忖度，不觉心痛神痴，眼中落泪。

至此，黛玉作为欣赏者已经完全为汤显祖的《牡丹亭·游园惊梦》所征服。曹雪芹仅运用“皂罗袍”和“山桃红”数句唱词便为我们描绘了一幅艺术欣赏达到共鸣的图画。理解的方式是感悟，自由联想代替了逻辑推演。文化素养在这里构成了艺术欣赏深化的必要条件。如果不是林黛玉，而是一个文化知识不够的普通丫头，估计产生的共鸣不会如此强烈，不会达到如此高层次的美学境界。

因此，白先勇的青春版《牡丹亭》在苏州大学存菊堂、北京大学百年讲堂和全国数百个高校传播推广，苏昆王芳等在沁兰厅的传播推广，顾笃璜在沈德潜故居传播推广，一个是在当今大学生中传播推广，一个在当今中学生中传播推广，一个是在当今曲友雅集的本真性传播推广，而这些不同文化层次的传播推广，对于抢救保护弘扬具有六百年悠久历史的昆曲文化遗产，均是必不可少的。开放视野的，体制内、体制外的，都要。不同的定位，共同托起了一个弘扬传统优秀文化的时代。昆剧节则是在更为广泛的层次——海内外昆曲文化圈，尤其在本市市民中传播推广，而不能仅仅理解为商业文化层次。

说到传承，顾笃璜先生撰有《抢救〈痴梦〉小记》一文。他说：

记得那是1959年末，正酝酿着张继青等人到省另建江苏省苏昆剧团南京团之时，我们研究为张继青再建立一些剧目，我们戏称之为替张继青备嫁妆，想到了《痴梦》，主要是徐凌云先生的建议。照例请教曾长生，问清谁教这出戏最好？他建议向沈传芷学。理由是：一、沈传芷虽先学小生，后改演正旦，《痴梦》是他的本工戏。二、更重要的是沈传芷有家传，此剧曾得其父月泉先生亲授，沈月泉先生是1921年创办的苏州昆剧传习所的首席教师，有特别精彩的私房戏。谁知沈传芷竟婉言推辞，理由是他在上海戏校主教小生，旦角戏由朱传茗主教，朱传茗有《痴梦》，建议我们请朱传茗教这出戏。他考虑的是传统戏德。我们考虑的却是"取法乎上"这一学艺的不变法则。经过曾长生反复要求，他最后说，买顾同志的情面，总算同意了。待到1960年暑假，上海戏校放假才来苏州授戏，其时张继青已调南京，便专程回到苏州，在博雅堂学习（其时江苏省苏昆剧团的驻地是艺圃）。

传芷先生授戏时，我照例从旁观察，直到我以为已知全剧的要领为止，因为授戏完毕，我便照例做一点导演加工。……一是帮助演员走向体验，因为演员学戏总是从模仿外部结果入手的，要走向体验还要下一番寻找内心依据的功夫。二是从整体处理上加强入梦的意境。这个戏最为完整的演出，我以为是1962年苏州、南京两团联合赴上海演出的那一次，因为又做了一次精细的排演，全场演员表演风格统一，各个角色入戏，念白的气音，以及同场曲及群场动作的朦胧感，都能恰到好处。姚继焜老人家尤其出色，这样一个搭头角色，却受到了艺术大师周信芳的热情称赞。

此剧清初无名氏作，取材于朱买臣休妻的民间传说。演述西汉时朱买臣守贫勤读，打柴为生，其妻崔氏不耐寒苦，逼夫写下休书，改嫁假冒"张百万"的张西桥张木匠。一日，崔氏得悉朱买臣衣锦荣归，悔恨交加，睡梦中遇见朱派人送来凤冠霞帔，接她去当夫人。崔氏半信半疑，如痴如狂，突然后夫张西桥持斧撞来，始惊醒，原来是一场大梦。后崔氏拦马要求复婚，朱买臣命人泼水在地，要崔氏收回覆水，才能破镜重圆。崔氏无法收起，羞愧难当。

传字辈老艺术家华传浩先生曾撰评论文章《痴梦的三个变化》(《新民晚报》，1961

年9月16日）欣喜点赞精益求精的变化：

《痴梦》是《烂柯山》中的一折。这出戏绝迹昆曲舞台已久，在最近才重新挖掘出来。

……张继青在化妆上采用棕色油彩，在眼圈周围加有黑色，也有些黄色。一出场，在锣鼓声中轻轻一叹，就让人意识到这是一个失意的女子。这时候矛盾还没有展开，所以她步子很稳，显得很文静。在表述身世后，开出门去看望王妈妈，同时看看街景，闲散闲散，情绪还是很平静的。下来第一个变化发生在与报喜人接触之后。这时候她眼看报喜人已往烂柯山下寻找朱买臣家报喜，想起自己过去逼写休书的一段情节，未免心中悔恨，思想斗争很激烈。在门外的一支【锁南枝】，唱出了她这种复杂的心情。这时忽听更鼓已响，她无可奈何地走进门去，但是感情未断。她自叹命薄，忽然又想到出嫁时父母的叮嘱，更感到羞见人面，自怨自艾地唱出"我被万人嗔，又被万人骂"两句。这两句按工谱曲调是高的，张继青在这里却是高调低唱，处理得很好。因为唱完这两句她就要入睡。这两句的唱是下面梦境的基础，以后的戏就进入了第二个阶段。

可以看出苏昆剧团对配角的处理也十分重视，衙役们念词"请开门"，声音都是阴阴幽幽的，使人感到迷迷糊糊，确似置身梦境一般。衙役叫门，崔氏惊醒，这里一段【渔灯儿】是剧本的主曲。张继青唱来丝丝入扣。她的嗓音是很响亮的，但是根据"人是在梦里"这样一个规定情景，她并不卖弄嗓子。现在听起来声音略带低沉。夹上衙役们幽幽的呼唤，把梦境渲染得很有气氛。

最后第三段，崔氏戴上凤冠，穿上霞帔，欣喜万分，在梦中活跃起来。这里的一些夸张动作十分优美。乃至梦见张木匠，一觉惊醒原来是场大梦。她环顾四周，空无所有，最后唱出"只有破壁孤灯零碎月"，是从极度快乐忽然转到极度空虚的一个突变，情绪突然冷了下来，人顿然发呆，再把这一晚发生的事情细细想想，想到报喜人，想到方才的梦境，再看看自己这副形容，悔恨交加，忍不住哭出声来。这一哭是非常合乎情理的。崔氏在嚎哭之后，临下场回过头来又是一笑。那一笑告诉观众，崔氏梦后精神已是失常。这正是《痴梦》一折戏题名的由来，同时也与以后要接下去的一折《马前泼水》连串起来了。

2015年12月下旬的一天下午，应顾笃璜先生之邀，我径直至位于古城东南阔家头巷沈德潜故居的苏州昆剧传习所"教忠堂"传承现场。传演的剧目正是《牡丹亭·游园惊梦》和《烂柯山·痴梦》，来传习所学戏的二十余岁的年轻人，都是民营演员，平时定点在平江历史街区演出。那天见到五名，三女二男，《游园惊梦》中演杜丽娘、春香，

《痴梦》中演崔氏，《游园惊梦》中演柳梦梅，还与另一人演《痴梦》中的皂隶和报录。五人中，四名为苏州市艺术学校昆曲班毕业，其中一位男生曾招聘至轨交公司，有人叫他“地铁王子”，舍不得放弃专业而辞职；另一位女生为苏州市评弹学校毕业，已跑码头演出，也为昆曲吸引过来。评弹为昆曲、京剧输送过一些人才，上海京剧院的著名老生、人称“孟小冬第二”的王佩瑜，十四岁时就从学评弹改学京剧。1987 年八岁，小学生时演唱《新木兰辞》在苏州评弹艺术节中曾获业余比赛特等奖。

艺术学校毕业仅是胚胎，要多学多演，反复加工，昆曲表演艺术的全部奥秘都保存在一出出折子戏里，靠口传心授，细致入微，才能成长、成熟，传习所与这些年轻人有传承合同。辅导老师是一流的，有退休的继字辈老演员柳继雁、张继霖和承字辈演员以及剧团抽空来帮忙的，乐队也都是退休的老先生，技艺娴熟，乐于发挥余热。

一般来说，顾老每周二、六到所，平日一身布衣，挎着一只洗得发白的帆布包，不紧不慢地挤公交车，也有一阶段步行，现女儿顾其正已退休，负责接送。八十九岁的他就这样托起了九十五岁的传习所。

教忠堂内坐满了曲友，演出赢得阵阵掌声。顾老告诉我，今天是江阴市的一批企业家，也是顾氏宗亲，慕名而来，现在曲友也有选择，这些人很懂昆曲，爱听原汁原味的昆曲，传习所的活动也离不开他们的赞助支持。显然，企业家们对这场演出很满意。纷纷走上前与顾老和演员合影留念。

作为传习所掌门人，笃璜老的点评妙趣横生，最受欢迎。他说《牡丹亭·游园惊梦》中杜丽娘的表演要含蓄，碰见柳梦梅要害羞，头要低下来。他表扬了《烂柯山·痴梦》中崔氏的第三段有爆发力，用沈传芷的话来说“要舍命”。他说，沈传芷确是高人一筹的，要做到体验不容易。各个搭头角色都要衬托好，怎样出场，上台后眼神应该怎样，手怎么拉圆，都有讲究。沈传芷一生会三百出戏，是一位体验派艺术大师。张继青的成名之作就是“三梦”，能够全身心投入，内心技巧与外部技巧训练有素，而且上台演出时会比排演时“长”一点精气神。顾老谆谆告诫年轻演员要向老艺术家学习。

此翁不寻常，只要一讲昆曲，精气神也就上来了。世界上有的人是未老先衰，有的人则老而不衰。他的点评我理解，始终聚焦“虚实相生”“艺修并举”八个字，昆曲的基本特征不能离谱。

望着眼前的场面，我脑海中不由得浮现著名女作家杨绛先生翻译英国诗人兰德诗中的一句：“我和谁都不争，和谁争我都不屑；我爱大自然，其次就是艺术；我双手烘着生命之火取暖；火萎了，我也准备走了。”1986 年 10 月，因杨绛翻译《堂吉诃德》，西班牙国王奖给七十五岁的她一枚“智慧国王阿方索十世十字勋章”。钱锺书临终，杨绛俯在他耳边说：“你放心，有我呐。”老伴留下的几麻袋如天书般的手稿与中外笔记，被杨绛接手过来，陆续整理得井井有条，2003 年出版了《容安馆札记》三卷，一百七十八册外文笔记，2011 年又面世了《钱锺书手稿集·中文笔记》二十卷。杨绛她自己最后一组散文发表于 2013 年 10 月 15 日，题目叫《忆孩时》。2016 年 5 月 26 日凌晨，老人在北京闭上了眼睛，享年一百零五岁。她可能是这个世界上最后一个见过五四运动现场的人。顾笃璜应该是现在为数不多的、经历过日侵苦难和参加过中共地下党的人，经历过解放军进城和新中国诞生的百废待兴，现在还在传承和弘扬中华传统文化。从杨绛先生的豁达、善良、雅致、坚韧，到顾笃璜老的专注、顿悟、执着、明白，其情怀让人钦佩。当一个更热闹的时代到来时，满世界的年轻人已经很少再能辨识出他们当初的新潮。但似乎更喜欢类似旧时代的新人、新时代的旧人。

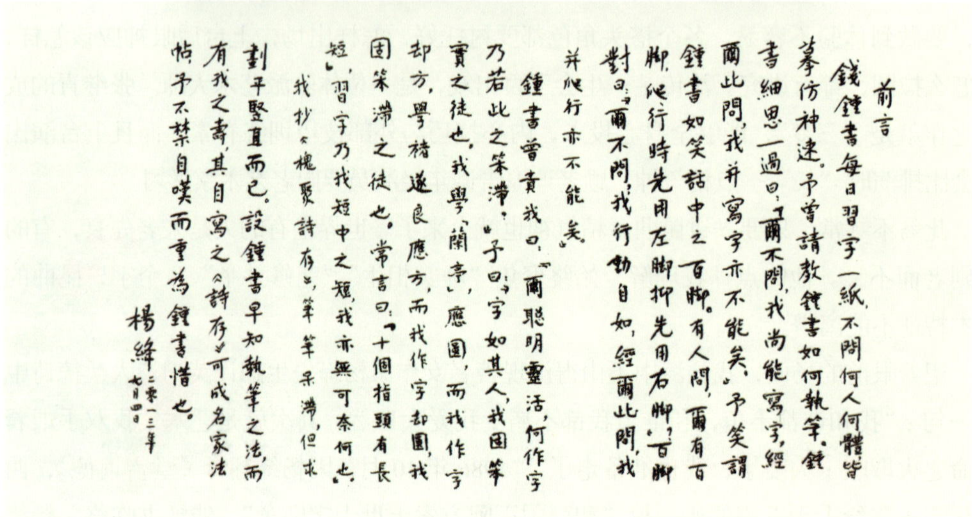

前言

錢鍾書每日習字一紙，不問何人何體，皆摹仿神速。予曾請教鍾書如何執筆，鍾書細思一過曰："爾不問，我尚能寫字，經爾此問，我并寫字亦不能矣。"予笑謂鍾書如笑話中之百脚。有人問，爾有百脚，爬行時先用左脚抑先用右脚？百脚對曰："爾不問，我行動自如，經爾此問，我并爬行亦不能矣。"

鍾書曾責我曰："爾聰明靈活，何作字乃若此之笨滞？"予曰："字如其人，我固笨實之徒也。我學「蘭亭」，應圓，而我作字却方，學褚遂良應方，而我作字却圓，我固笨滞之徒也。常言曰："十個指頭有長短"，習字乃我短中之短，我亦無可奈何也。"

我抄《槐聚詩存》，筆筆呆滞，但求劃平竪直而已。設鍾書早知執筆之法，而有我之壽，其自寫之《詩存》可成名家法帖，予不禁自嘆而更為鍾書惜也。

楊絳 二零一三年七月四日

杨绛晚年的照片与手稿

情怀是一种淡定、一种从容，相信生活中有阳光、有诗意，年轻时拥有憧憬、激情，年老时拥有纯真、责任。有人相信知识就是财富，他们相信知识负有相应的责任。责任是根植于内心的崇高，无须迫切期盼外界的认可。用不着抱怨这、抱怨那，因为这个世界是自己的。遵从一生的憧憬，流水淙淙成河，聚沙堆堆成塔，成为人生最曼妙的风景。

传承和发展中华文明、中华优秀传统文化，就需要认识中华文明、中华优秀传统文化的特征。其中，凝结为艺术的文化形式是中华文化具有代表性的文化形式之一。这种文化形式是中国人感受世界、认识世界，探寻自然、社会与个体的人之间关系的特殊方式，其鲜明的感性特征与认知特征滋养了中华民族特殊的精神气质。从根源上说，无论是儒家还是释家、道家，都围绕人与自然的关系来看待人自身，儒家重视的是人的现世经验世界，释家重视的是人对现世世界的超越，道家强调通过顺应自然的方法使人获得自由。传统艺术，如昆曲的“一桌两椅”，如水墨写意画，都是虚实相生、艺修并举、言简义丰、以少胜多的特征。艺术家的技艺与修为，需要对中国传统艺术的领悟，不是一朝一夕的功夫。昆曲是典型的中华古典戏曲形式，艺术表演也是利用深厚的修为和精湛的技艺把外在于人的、可以触摸的、物质的东西省略，而为人们虚拟出一片片美好的意境，让人回味无穷。中国的艺术，秉承一种随缘、精进的宇宙观，不希望被扰乱或中断；西方的宇宙观外化成分很大，如何被创造，又如何分化。与西方的歌剧、话剧不同，与工业化的电影不同，中国艺术口耳相传，达到极致时，只可意会不可言传，往往难以用语言来表达。中国传统艺术的精髓就在这里，让艺术家和观众沉浸于此种意境之中，使人感悟此种意境所带来的美好精神世界。

当然，从大艺术的角度，现实主义及审美多元的趋向无须怠慢，只不过昆曲的传统经典的特征更值得看重。延伸至中华文化，将在历史的源流中走向更远的未来；文人审美、风骨，带着这般风雅舟楫沧海。

昆剧传习所传承镜头（2015 年 12 月 26 日）

顾笃璜讲戏

《牡丹亭·游园惊梦》

《牡丹亭·游园惊梦》

《烂柯山·痴梦》

《烂柯山·痴梦》

乐队

顾笃璜点评

笔者与顾笃璜

远道而来的戏迷们与顾老合影

藏书合璧

过云楼以藏书画著名，但外界对其藏书知之不多，其藏书不轻易示人。顾笃璜先生回忆，当时藏书的条件不太好，有的纸张一翻动就易破损，故即使顾家的后人，都很少能看到藏书的原本；看画当然也要有资格，什么人看什么画，据说古画看一次减少寿命六十年。1912 年，书友、著名版本学家傅增湘登门拜访，顾鹤逸待为上宾，同意其在楼内观览，后来傅增湘编纂成《顾鹤逸藏书目》，发表在民国二十年《国立北平图书馆馆刊》第五卷第六号上，过云楼善本藏书终于被世人所知。记录在这个《顾鹤逸藏书目》中的多是他以为的珍稀、精善之本，普通线装书并未收录在内。当时顾氏藏书当在万卷以上。

顾氏所藏古籍善本，大多来自苏州藏书家散出之书，且流传有序。20 世纪 70 年代版本目录学专家谢国桢[1]曾看过顾氏部分善本，他认为过云楼有相当一部分藏书来自莫友芝[2]的家属。同时，据顾氏现存书籍中印鉴考索，有吴云、潘志万[3]、沈树镛[4]、刘履芬[5]、史蓉庄[6]等人的藏书散出，被顾氏整批接收，纳入过云楼收藏。卢沟桥事变前，为避战火，过云楼八百余种藏书转往上海租界。1966 年过云楼藏品被查抄，后查抄物归还顾氏后人，因“文革”中保管不善，有所散失。过云楼藏书虽然历经劫难，但总体上一直作为一个整体保存在国内，并没有像有的地方藏书楼在战火中烧毁，或者流散了，甚至流失到国外去。过云楼对中华文化的珍爱和坚守是值得国人学习的。

清末四大藏书楼，是指清晚期江苏常熟的铁琴铜剑楼、山东聊城的海源阁、浙江湖州的皕宋楼和浙江杭州的八千卷楼。四大藏书楼中，除皕宋楼藏书大部分流入日本外，其他则为国内各大图书馆收藏。常熟铁琴铜剑楼藏书由瞿绍基、瞿镛父子搜求建立，存在一百五十多年，最后完好地移交给新中国，瞿氏子孙的持护之功实不可没。第四代传人瞿启甲，不但继承和保藏了铁琴铜剑楼的典籍，还利用藏书刊刻流布，于光绪五年（1879）刻成了《铁琴铜剑楼书目》。辛亥革命后，瞿启甲积极倡议设立公共图书馆，并亲自创立了常熟图书馆。

清末民初，是中华文物典籍外流的高峰。除传教士、外交官和其他来华外国人个人收购外，大学和文化机构也纷纷派人来收购古籍，古籍尤以外流到日本的最多，超过万册的外流，仅民国初期就有数宗。顾鹤逸在世时，常有地道的“中国通”“汉学家”的日本学者到苏州登门拜访。考察过云楼藏书，可追溯到顾文彬。顾文彬雅好书画收藏，又喜收藏乡邦文献，在他的《过云楼书画记》中就记录有明祝允明的《正德兴宁县》稿本，以及东林五君子的诗札手迹等。他希望这些家藏旧抄“后世志经籍者采择也”。到清末民初，过云楼在顾鹤逸的手上，不仅成为书画收藏上千幅的书画藏书楼，而且也成了集宋元旧刻、精写旧抄、明清精刻、碑帖印谱等八百余种的大型古籍藏书楼。顾鹤逸殁后，全部传给他最钟爱的幼子公硕，公硕独守家藏的珍密遗本，抗战时及早应变，使古籍的精华部分幸免于难。

莫友芝像

沈树镛像

刘履芬像

1992年，江苏省老领导柳林同志嘱托，“一定要把过云楼藏书留在江苏”。因当时顾氏家族中有不同意见，所以顾家没有全部捐赠。“文革”中被抄而发还的过云楼藏书的四分之三转归南京图书馆，顾氏家族得三十万元，应视为捐赠性奖励。合计共五百四十一种三千七百零七册，内容涵盖经、史、子、集四大部类，版本类别完备精善，几乎囊括古代纸质书籍的所有类型，在时间上跨越宋、元、明、清，地域上除了中国历代版本外，还有少量日本刻本和朝鲜刻本。其中七部宋刻本、十部元刻本以及多部明清刻本、稿抄本尤为珍贵。当时顾家丝毫没计较钱的多少，唯一希望是在南京图书馆辟一个过云楼藏书室。

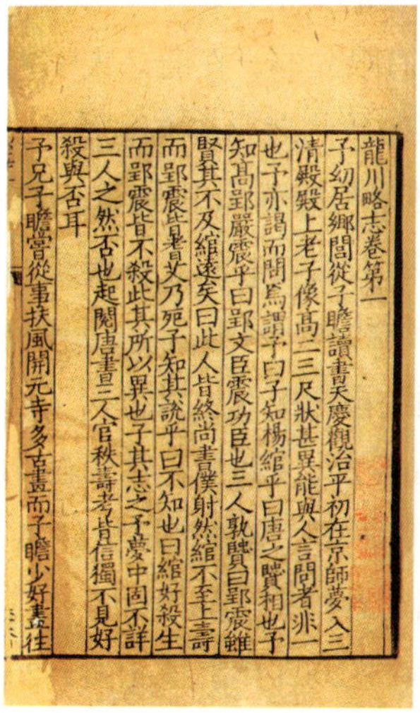

龍川略志卷第一
予幼居鄉閭從子瞻讀書天慶觀治平初在京師夢入三
清殿殿上老子像高二三尺狀甚異能與人言問者非一
也予亦謁而問焉謂予曰子知楊綰乎曰唐之賢相也子
知高郢嚴震乎曰郢文臣震功臣也三人孰賢曰郢震雖
賢其不及綰遠矣曰此人皆終尚書僕射然綰不至上壽
而郢震皆耆艾乃死子知其說乎曰不知也曰綰好殺生
而郢震皆不殺此其所以異也子其志之予夢中固不詳
三人之然否也起閱唐書三人官秩壽考皆信獨不見好
殺與否耳
予兄子瞻嘗從事扶風開元寺多古畫而子瞻少好畫往

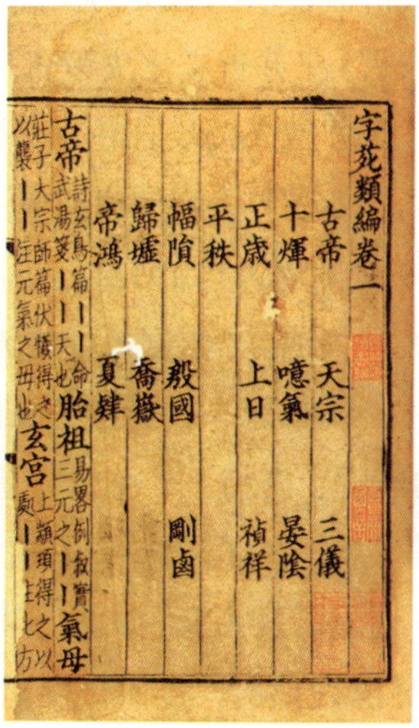

字苑類編卷一
古帝 天宗 三儀
十煇 噫氣 晏陰
正歲 上日 禎祥
平秩
幅隕 殺國 剛鹵
歸墟 喬嶽
帝鴻 夏肄
古帝 胎祖 氣母
玄宮

左为宋刻本《龙川略志》
右为宋刻本《字苑类编》

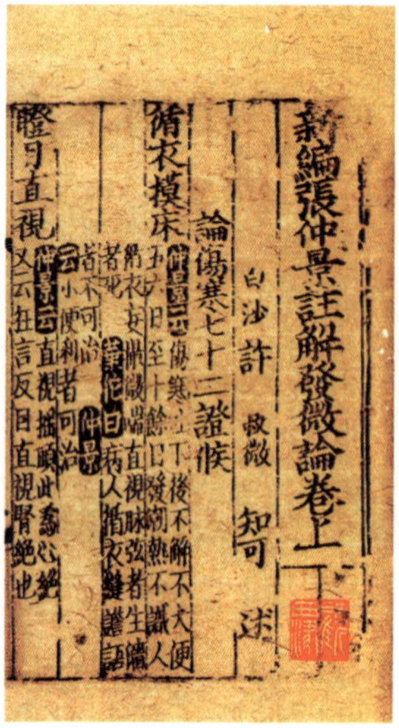
新編張仲景註解發微論卷上
白沙許叔微知可述
論傷寒七十二證候

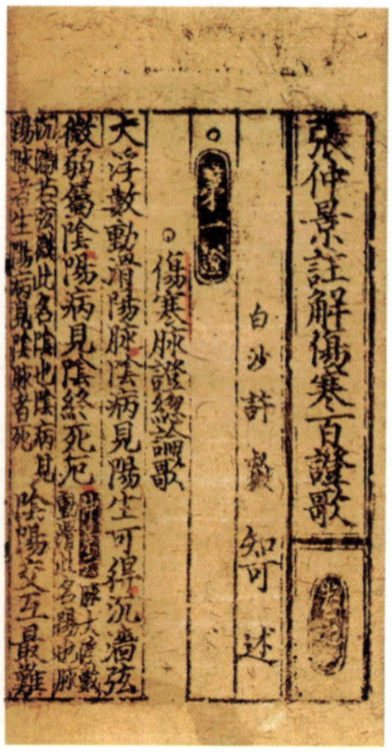
張仲景註解傷寒百證歌
白沙許叔微知可述
傷寒脉證總論歌

左为元刻本《新编张仲景注解发微论》
右为元刻本《张仲景注解伤寒百证歌》
现藏南京图书馆

剩余四分之一，一百七十余种，尚被顾氏后人完整保存。这四分之一的精品，也是过云楼古籍的核心。其中海内外孤本、宋版《锦绣万花谷》，前集四十卷，后集四十卷，全八十卷，是宋代的一部类书，也就是“百科全书”，堪称全世界部头最大的宋版书。清代著名学者阮元曾评价：“书成锦绣万花谷，画出天龙八部图。”这部书是当时的天文地理与人文风情等各类书籍的集成，穿越近千年时光，完整地传承着宋代文明。这批从清代就有传奇故事的古籍，可以说是国宝中的国宝，过云楼在传承过程中，一直小心翼翼，秘不示人。

2012 年 6 月 4 日，备受瞩目的“过云楼秘藏”拍卖经过八轮紧张竞拍，最终以 1.88 亿元的落槌价（加上佣金共 2.16 亿元），被凤凰出版传媒集团拍得。这创造了中国古籍拍卖世界纪录。而北京大学深知其价值，以国有文物收藏单位的身份，在拍卖落槌 7 日之内，申请优先购买“过云楼藏书”。江苏省文化决策者是有眼光的，在北京大学宣布对过云楼藏书行使优先购买权后，江苏省人民政府办公厅果断致函北京市文物局。2012 年 6 月 20 日，国家文物局确认过云楼藏书将归属南京图书馆和江苏凤凰集团。至此，历经坎坷的过云楼藏书终于荣归江南大地，与 1992 年南京图书馆收购的过云楼藏书团聚。按照江苏省人民政府办公厅发函所言：“依据《中华人民共和国文物保护法》相关规定，指定南京图书馆收藏，以利于开展整体学术研究和通过再出版开发其重大文物价值。”极为不易的是在诸多方面的理解、支持下，弥足珍贵的过云楼藏书之精华合璧收藏，江苏省人民政府珍爱中华典籍文物，做了一件值得赞扬、不留历史遗憾的大好事。

顾公硕的次子顾笃璜解释说，对过云楼古籍，2005 年嘉德春拍拍出两千余万元，后由所得者时隔七年后，交北京匡时再行拍卖。过云楼仅是参加 2005 年嘉德拍卖，2012

年匡时拍卖与过云楼无关，只是首次拍卖所得者的拍卖。每当提及此事，顾笃璜先生说，从文物保护角度，他不大赞成重要文物拍卖，因拍卖了不知会流到谁人手里。现合璧收藏于南京图书馆，总算有了好归宿，可以放心了。

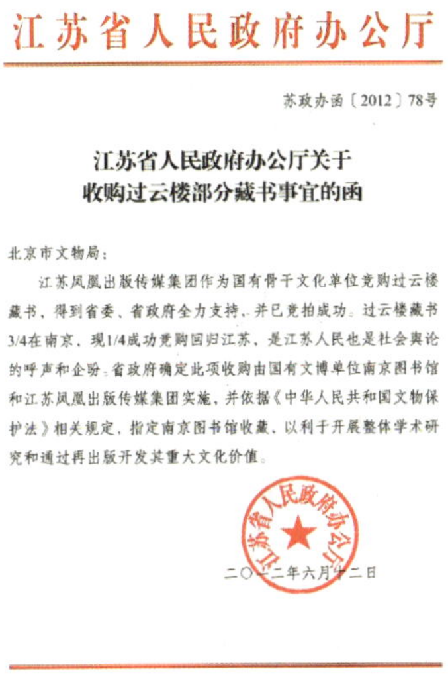

江苏省人民政府办公厅

苏政办函〔2012〕78号

江苏省人民政府办公厅关于
收购过云楼部分藏书事宜的函

北京市文物局：

江苏凤凰出版传媒集团作为国有骨干文化单位竞购过云楼藏书，得到省委、省政府全力支持，并已竞拍成功。过云楼藏书3/4在南京，现1/4成功竞购回归江苏，是江苏人民也是社会舆论的呼声和企盼。省政府确定此项收购由国有文博单位南京图书馆和江苏凤凰出版传媒集团实施，并依据《中华人民共和国文物保护法》相关规定，指定南京图书馆收藏，以利于开展整体学术研究和通过再出版开发其重大文化价值。

二〇一二年六月十二日

江苏收购过云楼藏书的函

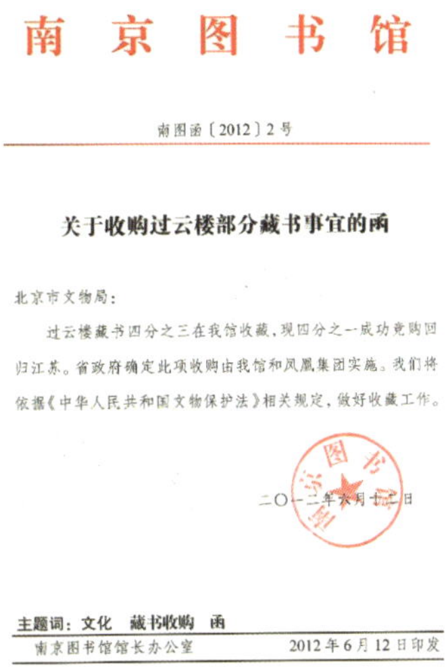

南京图书馆

南图函〔2012〕2号

关于收购过云楼部分藏书事宜的函

北京市文物局：

过云楼藏书四分之三在我馆收藏，现四分之一成功竞购回归江苏。省政府确定此项收购由我馆和凤凰集团实施。我们将依据《中华人民共和国文物保护法》相关规定，做好收藏工作。

二〇一二年六月十二日

主题词：文化　藏书收购　函

南京图书馆馆长办公室　　2012年6月12日印发

南京图书馆收购过云楼藏书的函

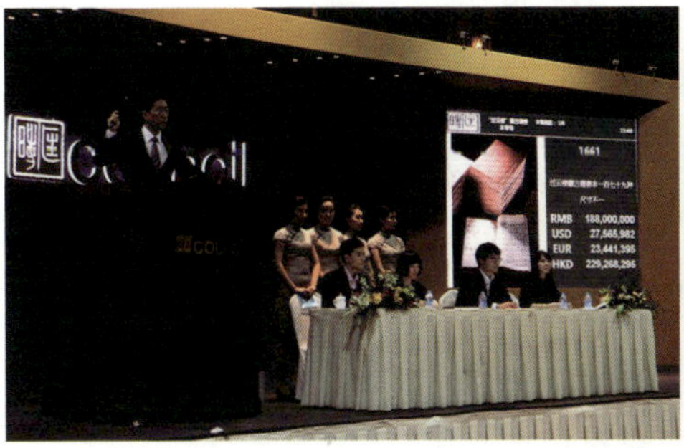

“过云楼藏书”拍卖现场

今南京图书馆

元王蒙　稚川移居图　纸本设色立轴
纵 139.5cm 横 58cm
北京故宫博物院藏

《稚川移居图》是元代画家王蒙平生杰构。描写晋人葛洪携子侄徙家于罗浮山炼丹的情景。画上有与王蒙同时或稍后的七位大学者的题诗，包括王冕的老师韩性、“元四家”倪瓒及陶复初、陈则等。曾为明代大收藏家项元汴珍藏，晚清入藏过云楼。2011年北京保利春拍。

注：

1. 谢国桢（1901—1982），字刚主，河南安阳人。1926年考取清华学校研究院，后曾在国立北平图书馆、国立中央大学、云南大学任职和执教，解放后先后在南开大学和中国科学院哲学社会科学部历史研究所任教、从事研究工作。在明清史、文献学、金石学和汉代社会等领域取得令人瞩目的业绩，有《清开国史料考》《晚明史籍考》《明清之际党社运动考》等著作。

2. 莫友芝（1811—1871），字子偲，贵州独山人，历经清嘉庆、道光、咸丰、同治四朝。经史著述颇丰，为曾国藩欣赏，两人有文字之交。《清史稿》评价“书不类唐以后人，世争宝贵”。

3. 潘志万，生卒不详，字硕廷，吴县人，晚清书法家、金石收藏家。潘志万出身于文献世家，与其父潘介繁皆喜藏书。工书法，学颜、柳，晚年多金石气。家中多藏碑版。著有《金石补编》。

4. 沈树镛（1832—1873），字均初，一字韵初，号郑斋，藏书家、金石学家。咸丰九年（1859）中举，官至内阁中书。生平收藏书画、秘籍、金石颇丰。尤对碑帖，考订精辟。

5. 刘履芬（1827—1879），字彦清，号沤梦，祖籍浙江，随父客居江苏苏州。曾任苏州书局提调。幼承家教，酷爱诗词，通晓音律。性嗜书籍，所居有书屋名“古红梅阁”，书籍环列，箧满架溢，藏书富一时。编有《古红梅阁书目》，著录图书四百余种，与藏书家叶昌炽为忘年交。著作有《古红梅阁集》。藏书目有《古红梅阁书目》。

6. 史蓉庄，生卒不详。著录：《国立北平图书馆馆刊》第五卷第六号，傅增湘先生藏本《顾鹤逸藏书目》明版书籍，钤有：吴江史氏藏书、松陵史蓉庄藏、“史积中印”、“梧轩主人”、“秀夫”诸印。史氏为松陵旧家，知前人亦以罕秘重之矣。

霞光无限

藏私化藏公，美名百世存；回眸过云楼，一袭江南梦。人们喜欢称过云楼是一个文化品牌，而深层次地认知，它更是一种文化品质。中国的传统士大夫向来重视文化传家，而并非现代人的家产传家。过云楼是一个文化世家，五代人以文化艺术为追求目标，他们中的每一代人都承继优秀传统文化的基因，每一代人又都抒写新的文化艺术篇章。家族的文化性不是一下子能形成的，它有个逐渐聚集的过程，这就是通常所说的“积”。《孔子家语·观周》曰：“涓涓不壅，终为江河。”唐代王勃《平台秘略赞十首幼俊八》曰：“积微成大，陟遐自迩。”明代文徵明言：“诗书之泽，衣冠之望，非积不可。”

“盛则必衰，乃理之常。所赖以保其盛，使不至于衰，则在贤子孙耳。”（《文徵明集补辑》卷一九）中国古代一个家族留给子孙的不是可计算的物质或货币，而是手批的各种书籍和以书画为伴的攻苦精神。“君子之泽，五世而斩”，这一历史性规律让许多文化家族为之警戒。这一个三代，那一个五代，细水潺潺，历朝历代无数个三代、五代，自然汇成中华文化的大江大湖。家族文化链的构建也需要先辈和后辈的共同努力，特别是遭受巨大变故时，如果缺乏有效的传承，家族文化链就很容易断裂，所以文化世家对中华文化都有一种信仰感、敬畏心。俯首甘为文化族，代代相传赤子心。

今天，过云楼珍藏又向公共文化转变，永无散失之虞，并得以发扬光大，过眼烟云化作霞晖渊映。在现代化浪潮中，需要固本创新，因为中华文化是我们的生命之根，是民族梦想的源头。过云楼文化是苏州乃至更大范围近现代文化交替时期的一个缩影，是这一时期苏州文化特色传承的一个聚焦。它并不落伍，致力于收藏的书画、典籍成就了上海博物馆、苏州博物馆、南京图书馆、苏州图书馆、苏州市档案馆一流的馆藏，努力传播的园林、昆曲、古琴现为世界文化遗产和人类非物质文化遗产代表作，倾心抢救的苏绣、缂丝、桃花坞木版年画、虎丘泥人、明清家具、玉石雕刻、核雕等成为名闻海内外的艺术瑰宝。

屈指一个半世纪，过云楼五代人，笔者自有一比：顾文彬是官场兼文场中的佼佼者，在乱世中创家业，自我更新，鹰击长空；顾承则像一头牛，在文场和家业中辛勤耕耘，任劳任怨；顾鹤逸是纯粹的文化人，像一只鹤，穿云拨雾，文雅澹定；公雄兄弟一代，经受磨难，似公硕笔下的马，负重勇闯关隘的马；顾笃璜生肖属龙，在新中国诞生后的体制内，虽曲折坎坷，但无比热爱文化，一生一事，滋润昆曲。比喻毕竟是比喻，至关重要的是筚路蓝缕的人文精神。中国古代人文精神的产生和中国历史的演进是同步的。优秀传统文化的人文精神带有这样的特征：它重视人的道德修养，认为人们通过自身的修养与学习，可成为高尚的、有理想的人。《周易·坤》：“积善之家，必有余庆。”古代人文精神特别重视社会的细胞——家庭，为家庭成员规定了应当遵守的各种道德规范，认为有了家庭和谐，才有社会的稳定和均衡。这些人文精神培育的中华民族积极进取、坚韧不拔、敬老尊贤、救济孤寡、勤俭持家治国等美德是我们的精神财富。中华文化积淀着中华民族最深层的精神追求，成为中华民族生生不息、不断发展的丰厚滋养。

史学大师陈寅恪说："家族文化其核心是优美之门风（家风）与因袭之学业（家学），两者塑造了家族成员人格，影响甚至决定着当时的社会和政治。"决定后代未来成就的在于教养，所谓穷养、富养，都不如教养。素养表现为人文底蕴、科学精神、学会学习、健康生活、责任担当、实践创新，涉及科学性、民族性、时代性。教育的最大功能是使生命产生敏感——善良与正义，理想与实干，本领与奉献，平等与互助。洞彻人心者，人心生光明。教养才是底色，精神才是高贵。卓越与平庸之间，不在于天赋，不在于一时有多少鲜花和掌声，而在于选择和坚持；选择意味着有取舍，坚持就是不放弃，有价值、有意义的，就要专心专注地做下去。过云楼是苏州文化的一道风景线，这就是过云楼对这座城市的贡献，对传承中华优秀传统文化的贡献。

蔡元培在《中国人的修养》一书中说到："决定孩子一生的不是学习成绩，而是健全的人格修养。"这句话并非与现代社会中国家庭教育无关，现家庭教育往往以开发孩子的智力为重，让孩子从两三岁读唐诗，四五岁学英语、弹钢琴、画画，上小学后要请家教、上辅导班，成绩一定要名列前茅，将来一定要上名牌大学。似乎只有这样，父母的教育才算成功，孩子才能成才。其实，这是对家庭教育的误解，再好的名校都比不上家庭教育。试想，一个孩子如果长大后缺少对生命的认知，一遇到挫折就产生轻生的念头，没有理想和吃苦准备，不知道将来能做什么；不懂得如何与人交往，保护自己，读了博士生仍然被人拐卖；无法与社会共享，腰缠万贯却不快乐，那么即使这个孩子门门功课都能考第一，又能怎么样？正确的家庭教育应该是帮助孩子建立一个良好的人生平台，让孩子有很好的人格修养，懂得做人、感恩，懂得创造、创业，懂得成功的真正含义。

教养，辞典上说是"文化和品德的修养"。教养是一个古老、于今天则何其陌生的词啊。教养不是天生的，除了入学经师，也包括家长的言传身教和环境的耳濡目染，更在于一个人对自己的要求。当然，一个比较好的家风，不是一个人，少数几个人来形成的，而是一个整体，是大家共建共创的，体现在每一个人对人、对事、对国家的忠诚和奉献中。家风还会受时代环境的影响，在一个环境里怎样去吸收正能量、抵御负能量的东西，往往都会影响家风的形成。一个内心高尚的人，人格、性情散发出来就是教养，与品位倒是绝配。如今遍地的炫耀、奢华，招摇过市，甘于谦逊、勤谨，力求品格真善美，却奇缺，岂不可叹？品位、气质是内在的素养，追求奢华是浅薄浮躁的表现。一个有教养者才能真正获得社会的尊敬，它并不与学历、权力和金钱、奢华画等号。进一步说，教养并不能使每个人都博古通今，但却能使人知晓我们是从哪里来，要到哪里去，使我们不单活在此时此刻，也活在从前和以后，如同生活在一条奔腾的河流，知道源头和入海的方向。教养是衡量一个民族整体素质的 X 光片子。

怡园藕香榭前有一亩池水，笔者为写过云楼，淋着蒙蒙春雨，冒着盛夏酷暑，一次次走到这里寻找感觉，总觉得这一池清水最美，最富有楚楚动人的表情，似过云楼充满希冀的眼睛。柔弱之水在烟云散尽处，忽然，我仿佛认出来，她就是过眼烟云变的，虽似纤纤女子，婉约轻灵、宁静依然，却有滴水穿石之刚强，造化众生、滋养万物之襟怀。云变水、水变云，动变静、静变动，一代代人繁衍生息，五千年文化如诗似画，就在此变化无穷，彩虹般的云水间。天地悠悠，上善若水，吴门盈盈，下德如曦。汇聚江河，聚散离合，红尘往事落幕，鸟雀尽归山林。

藕香榭内至今留有过云楼创始人当年题写的一对楹联：“与古为新，杳霭流玉；犹春于绿，荏苒在衣。”联语取自唐司空图[1]《诗品》和宋史达祖[2]词，起点睛之意。大概这才是过云楼的梦，过云楼的魂。宋代苏东坡《宝绘堂记》曰：“吾薄富贵而厚于书，轻死生而重于画，岂不颠倒错谬失其本心也哉！”东坡先生也是经历了人生苦难和失意后，才成为千古文学家的。遥想题写此楹联者沿觅东坡先生的足迹，是一位具有眼光、虚怀若谷之人，如池中一支亭亭玉立、不取媚于世的莲花。不管斗转星移，还是沧海桑田，唯有热爱中华文化才是那亘古不变的定海神针，荡气回肠，豪迈无比。

怡园藕香榭

顾文彬题藕香榭楹联

注：

1. 司空图（837—908），字表圣，自号知非子，又号耐辱居士，河中虞乡（今山西运城永济）人。晚唐诗人、诗论家。其成就主要在诗论，《二十四诗品》为不朽之作。

2. 史达祖（1163—1220），字邦卿，号梅溪，今河南开封人。今传有《梅溪词》。

过云楼第一代主人顾文彬云："书画之于人，子瞻氏目为烟云过眼者也。"

苏轼，字子瞻。

烟云过眼，意出自苏轼著《宝绘堂记》"烟云之过眼，百鸟之感耳"之句。

又，南宋周公瑾著《云烟过眼录》。

过云楼由此得名。

编　著／高福民
副主编／陶莉　高晴　皇甫琳

過雲樓夢

大變革時代江南文脈之一隅

言恭達題

（下）

文匯出版社

目录

第二章 回忆几桩往事：穿云拨雾，开一代江南人文渊薮

第三章　点亮盏盏心灯：亘古不变，递承中华优秀传统文化

第四章　霞晖渊映见精神：过云楼文化追踪

第四章　霞晖渊映见精神：过云楼文化追踪

东吴良相

《顾雍习琴图》　张晓飞绘

顾雍，字元叹，吴郡人。东汉末年蔡文姬之父蔡邕曾隐居吴地山中，顾雍幼年时拜蔡邕为师，学习琴艺，常焚香操琴于山顶石硎之上，故苏州小王山有琴台山之别称。

《天下第一拜》　叶雄绘

黄武四年（225），东吴顾雍拜相后在吴郡迎接其母至武昌。抵达武昌后，孙权亲自登门祝贺，在庭上拜其母，史称“天下第一拜”。顾雍连居相位十九年，这是江南士族进入中枢的标志。

沧浪亭五百名贤像赞中的顾雍

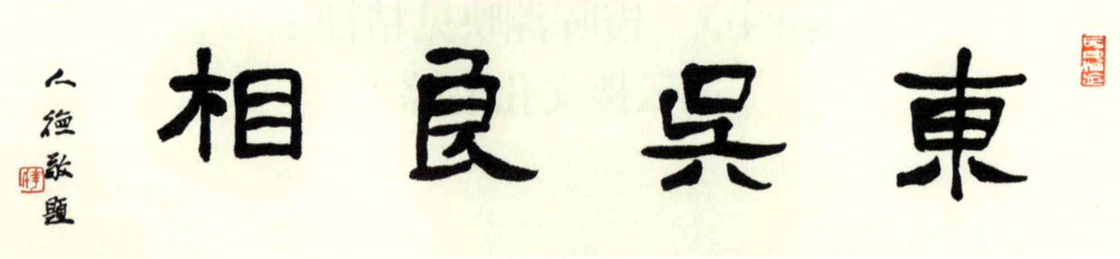

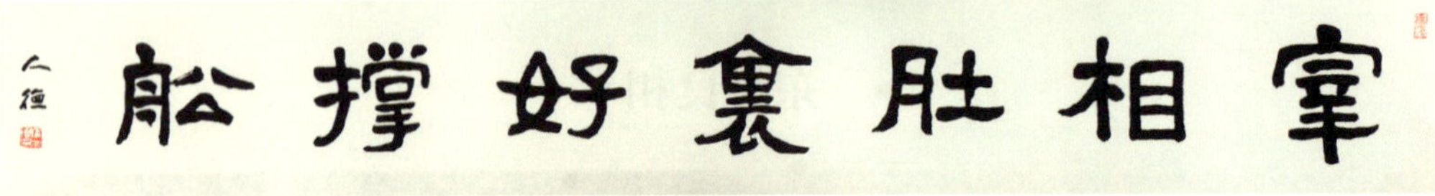

书法　华人德书

以上四幅书画资料由顾建新提供

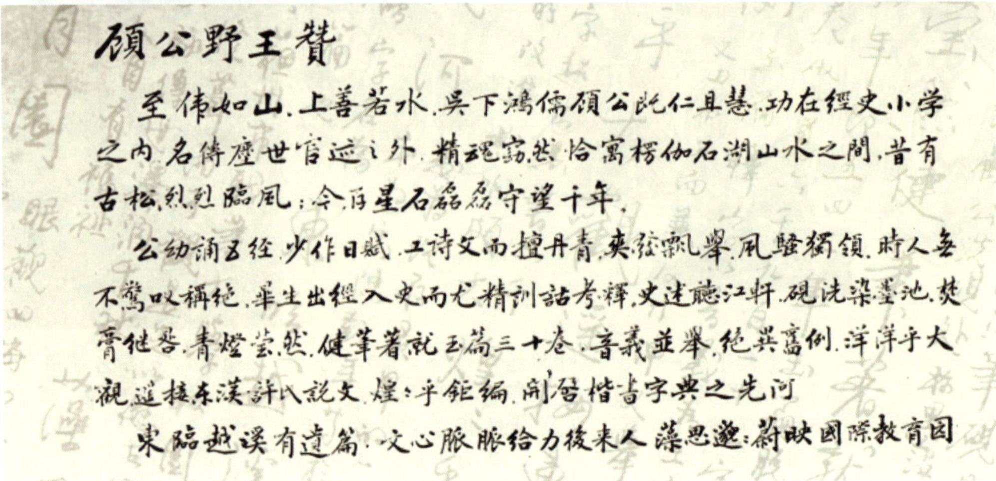
顧公野王贊

至偉如山。上善若水。吳下鴻儒顧公既仁且慧。功在經史小学之內，名傳歷世官迹之外。精魂窈然，恰寓楞伽石湖山水之間。昔有古松烈烈臨風；今有垦石磊磊守望千年。

公幼誦五经，少作日賦。工詩文而擅丹青。爽然飄舉。風騷獨領。時人無不驚以稱絕。平生出經入史而尤精訓詁考釋。史述聽江軒。硯洗染墨池。焚膏继晷。青燈熒然。健筆著就玉篇三十卷。音義並舉。绝異舊例。洋洋乎大觀。追接东漢許氏說文。煌煌乎鉅编。開啓楷書字典之先河

東臨越溪有遺篇。文心脈脈给力後来人。藻思邈邈蔚映國際教育园

千年文物顾野王墓　现苏州市职业大学校园内

松茂星灿

石湖，为太湖由东一脉支流而形成的内湾，如练如镜，一碧千顷。石湖以西，山峦起伏，群峰映带，最近处上方山丰神特秀，山巅楞伽塔挺拔玲珑。

2009 年底，我调任石湖之畔、上方山下国际教育园的苏州市职业大学。上班第一天，在美丽如画、新楼鳞次栉比、面积一千余亩的校园内，从东走到西，从南走到北。站在北端致能大道上，发现留着未开发的东侧，有一片杂草长得比人高得多的土墩，我钻进去，满身尘土钻出来，问身旁的同事：“这是什么地方？”回答是：“顾野王墓。”哈哈，真是“着意寻不见，有时还自来”啊！

顾野王墓——“落星坟”，我早有所闻。由于在文化部门工作多年，当时苏州市区被列为文物保护单位包括全国重点和省级的共二百六十五处，我差不多都考察过，没走到的没几处，而顾野王墓恰是其中之一。记得有一次考察申时行墓维修后，专门寻访它，但相距不远，就是没走通，因为到处都是建筑工地。怅然若失回到单位，一了解，顾氏墓于 1957 年曾被列为省级文保，而到了 1982 年则被降为市级文保，原因是损毁严重。参加过国际教育园建设的同事给我看照片，2004 年村里拆迁前顾氏墓一直处于农居、宅基地和菜地的包围之中。

后来修复时，我因习惯上班早，几乎每天前往遗址观察，才看清：古墓面积并不大，约五十平方米，封土直径约 10 米，高约 1.5 米。它不是一般的土坟，上面分布着大大小小十一块石头，这些石头置放在那里已十四个世纪，比苏州古老的虎丘塔还要早四百余年。其中有两块石头不仅体积大，石质、色彩也不同，十分奇特。东侧斜卧的是一块长 6 米、宽 3 米、平均厚度超过 1 米的土黄色巨石，听说测重达四五十吨。北侧平卧的是 2 米见方的铁褐色石块，走上前端详，依稀可辨镌有清代嘉庆八年（1803）钱大昕所书“陈黄门侍郎顾公之墓”。

墓上的石头就分成上述两种类型，土黄色的花岗岩和铁褐色的石英砂岩，前者周围天平山、灵岩山、天池山一带甚多，后者形状方方正正，颇为少见。铁褐色石中有称之为“石印”（按：石头印章）和“星石”的，神秘兮兮，这些石头据传为陨石，故俗呼“落星坟”。据 1994 年编撰的《苏州市志》载，墓上原有古松一株，于 1980 年被砍去，仅剩下两个光秃秃的树根露在那里，令人扼腕叹息；墓前原有“顾公神道”及两柱出头无楼石坊一座，于 1966 年倒毁，乾隆年间所立墓碑早已不见踪影。

顾野王（519—581），字希冯，是南朝梁、陈间的大学者。《沧浪亭五百名贤像》中依年代先后他排在第十七位，是吴地历史上一位有杰出贡献的代表人物。宋代诗人刘嘉谟有诗赞：“博洽倾当世，江东孔子儒。”

顾野王被称为“楷书之祖”，于梁武帝大同九年（543）官至黄门侍郎兼太学博士时所撰著的《玉篇》三十卷，是继《说文》《字林》之后我国语言学史上又一部极具影响的字书，也是我国第一部以楷书为收字对象的字书。唐高宗上元元年（674）和宋真宗大中祥符六年（1013）先后两次敕令重修，后一次定名为《大广益会玉篇》，即所谓今本《玉篇》，收字两万两千有余。与《说文解字》大体相同，但部首排列顺序却完全不同，不以六书的“据形系联”为原则，似乎是以字义相关为先后。每个字头下先以反切释音，然后解释字义。有些还引有书证或直接引用典籍的训诂来释义，并把一些字的古体、异体附于释义之后。1986年中华书局重新出版，是研究古籍不可或缺的工具书。

《舆地志》三十卷，是顾野王于陈时所编撰，集汉魏以降两百多家地理书之大成，为全国性地理总志，代表了南朝地学发展的最高成就，是继《汉书·地理志》后又一开地学体例先河的巨著。原本早已散佚，然《文选》李善注、唐代类书《初学记》、宋代类书《太平御览》《锦绣万花谷》、地理书《元和郡县图志》《太平寰宇记》、宋元方志《嘉泰会稽志》《嘉定赤城志》《嘉定镇江志》《至顺镇江志》《咸淳毗陵志》《景定建康志》，都有颇多引录；清代王谟辑《舆地志》一卷，见《重定汉唐地理书钞》。凡此种种，可见顾野王对后世地书的影响。2011年，顾氏后人、上海交通大学老教授顾恒一先生，从一百三十余种书中辑文一千四百余条次，整理出《舆地志辑注》，重现其比较完整的面貌。此书由上海古籍出版社出版时，老教授嘱我作序，实不敢当，最后被老教授的精神和诚意所感动，只得恭敬不如从命。

《陈书》中有《顾野王传》，而《南史》《建康实录》《吴地记》《吴郡志》等亦有记载。他博览群书，对天文、地理、虫篆奇字、绘画书法等，无不贯通。宣城王建造东府，请顾野王画古贤像，诗人、书法家王褒写像赞，被当时人称为“二绝”。对振兴顾氏家族也有贡献。

他曾居住在太湖岸边的光福古镇。光福铜观音寺背靠龟山，山上七层舍利塔前存洗砚池遗迹，亦称墨泉、墨沼，民间相传是他撰著时在此洗砚而得名。为善则流芳百世，光福当地至今还流传他舍宅而建该寺的故事。隋开皇元年（581），顾野王去世，立墓于上方山下石湖澄湾前下舟村。

关于顾野王墓，历史上也颇多记载。唐陆广微《吴地记》云：“在横山别隅，平地不起坟。”宋范成大《吴郡志》卷三十九记：“梁顾野王墓，在吴县楞伽山下，近越来溪。绍兴间，其碑石虽皴剥断裂，尚巍然直立，后为醉人推仆，石碎于地，今尚有存者。”碑石倒地的情况，至明初依然，高启《顾野王墓》诗曰：“南朝旧碑倒，墓近樵苏道。应与读书堆，离离总秋草。”“天下兴亡，匹夫有责”的顾炎武和写《吴门表隐》的顾震涛（清嘉庆年）、写《清嘉录》的顾禄（清道光年），都是顾野王的后裔。清顺治九年（1652），顾炎武[1]至上方山谒顾野王墓，有《同族兄存愉拜黄门公墓》诗，诗序：“卢襄（明嘉靖年）《石湖志略》曰：‘墓上有一巨石横卧，可二丈许。石上古松一枝，似盖，湖上望见之，即知为野王坟。'"《吴门表隐》卷一记道："落星坟，陈乡贤顾野王暨配贺夫人墓。……平地起山，穴后一石如屏，旁有石如几如印，上有古松，祷可疗疾。右有铁佛，唐初得之土中。左有星石如舟。土人相诫云'宁可赤脚奔，莫踏顾公坟'之谚，从无人侵一草一木，聚坞支（顾氏家族中的一支）后裔守之。"

2011年春节前后，修缮顾野王墓及周边环境整治，被列为苏州市职业大学成立三十周年暨苏工专百年庆筹备活动的文化工程。修复以历史资料为依据，"落星坟"保持原样不动，恢复神道，神道上立顾野王铜像一座，请雕塑大师钱绍武的学生杨明设计，铜像高2.8米，底座高1.4米，合计高度4.2米，底座上镌刻介绍顾野王事迹的碑文。我将铜像设计和碑文送顾氏后裔顾笃璜指教，老先生回复我两个字："好极！"为补栽一棵"似盖"的松树，我和职大总务处长先后五次赴光福、藏书等地寻觅。有专家建议应立重修记碑，由于时间紧促，只能由我权充撰文，邀名家马伯乐书、时忠德镌。墓区占地十二余亩，松柏常青，翠竹掩映，整个景观区有四十余亩。说也奇怪，"似盖"的新松一移栽成活，原先两个干结了三十余年的树根，居然在几天里迅速腐烂脱落，天天到现场的我，看得目瞪口呆。

令人关注的是"落星坟"陨石之谜。2003年，苏州两位陨石爱好者在石湖清淤的淤泥中发现了大量石棍和形态各异的铁疙瘩。2009年，南京大学教授经多年考察和研究，发表论文，确认石湖石棍等为太湖冲击坑的溅射物，太湖为一万年前陨石冲击坑。当然，也有专家质疑。那么，"落星坟"石头是否为陨石呢？本市专家亦曾实地考察，认为陨石坠地前会与大气摩擦，产生高温，并引发燃烧，因此表面应留有燃烧过的痕迹，即烧结层。那么"落星坟"铁褐色石表面是不是烧结层呢？尚难说明。毕竟建坟已有十四个世纪，陨石冲击更是一万年前啊。根据手上的历史资料，说有"星石"的实际上是清嘉庆年间顾震涛的《吴门表隐》，他说"左有星石如舟"，也就是指刻墓碑的铁褐色石英石，墓上"如几（按：小或矮的桌子）如印"的石头也是相同质地，共计七块。铁褐色石块与陨石是否有关联？究竟是"天外来客"还是顾氏为了护坟？

石湖，湖底皆石，故名。春秋时已为巨浸。隋开皇十一年（591），即顾野王去世10年之后，杨素平定江南，因苏州城遭兵燹破坏，且突兀平原，无可设险，于是在城西横山（今指七子山）之东，新立城郭，州治、县治悉迁新郭，今上方山、石湖当时都属于新郭的范围。但新郭的历史很短暂，仅三十三年后（唐武德七年（624））又迁回了老城。人类史前便有巨石坟，以搬动巨大的石头为荣。此处是自然形成还是人工所为？留待有兴趣的人士深入研究，本文旨在呼吁人们更多地呵护文物遗产，保护生态环境。

民国年间寓居苏州的名流李根源先生，曾将光福司徒庙相传邓禹手植的"清、奇、古、怪"古柏、苏州织造府（今第十中学）内的瑞云峰、汪氏义庄（环秀山庄）的假山和苏州博物馆文徵明手植紫藤，称为"吴中四绝"。不妨将历史悠久、蒙上神秘色彩、独一无二、相传为“落星坟”的顾野王墓列入，作为吴中第五绝，成为石湖景区一胜景。

似松之茂，如星之灿。一切都显得和谐、融合、宁静、致远，这就是文化的魅力。

写于2011年5月，修改于2014年7月

注：

1.顾炎武（1613–1682），初名绛，后改名继坤，字忠清。明亡后改名炎武，字宁人，亦自署蒋山佣，世人尊称为亭林先生。苏州昆山人。明清之际著名的思想家、经济家、史学家，有“清学开山”之誉，和王夫子、黄宗羲并称为明末清初三大儒。终身为反清事业奋斗奔波。清定鼎中原后，已届中年的他，因种种情势，决计北上，以图复明大业。此后二十多年间，顾炎武孑然一身，漫游天下，观察山川险要，了解郡国利病，足迹遍及山东、河北、山西、河南。代表作品有著作《日知录》《天下郡国利病书》《音学五书》《亭林诗文集》等。他在《日知录》卷十三《正始》条中提出“保天下”，被后人概括为“天下兴亡，匹夫有责”的响亮口号，成为中华优秀传统文化精神的重要组成部分。

沧浪亭五百名贤像赞中的顾野王

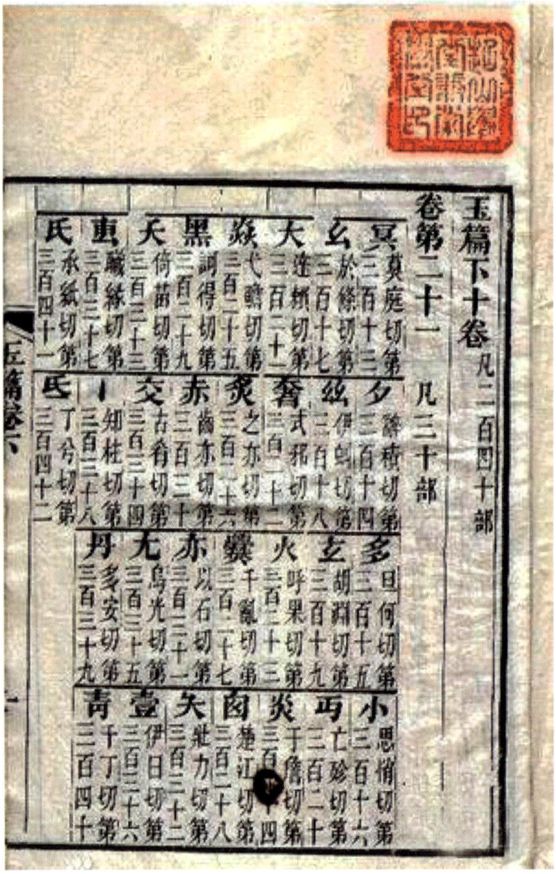
玉篇下十卷 凡二百四十部
卷第二十一 凡三十部
冥 莫庭切第三百十三
幺 於條切第三百十七
大 徒賴切第三百二十一
焱 弋瞻切第三百二十五
黑 呼得切第三百二十九
夭 倚苗切第三百三十三
叀 職緣切第三百三十七
氏 承紙切第三百四十一
夕 辭積切第三百十四
兹 伊虯切第三百十八
奢 式邪切第三百二十二
炙 之亦切第三百二十六
赤 齒亦切第三百三十
交 古肴切第三百三十四
丨 知柱切第三百三十八
氐 丁兮切第三百四十二
多 旦何切第三百十五
玄 胡涓切第三百十九
火 呼果切第三百二十三
爨 千亂切第三百二十七
亦 以石切第三百三十一
尢 烏光切第三百三十五
丹 多安切第三百三十九
小 思俏切第三百十六
丏 亡殄切第三百二十
炎 于詹切第三百二十四
囪 楚江切第三百二十八
夨 壯力切第三百三十二
壹 伊日切第三百三十六
青 千丁切第三百四十

顾野王《玉篇》书影

明代文嘉（1501—1583），文徵明次子，绘《苏台十景图册·顾野王坟》

2004 年前下舟村拆迁前的顾野王墓

左为清嘉庆时学者钱大昕所书之墓碑
右为刚修复的顾野王墓，左为铁褐色石几，右为似盖的新松

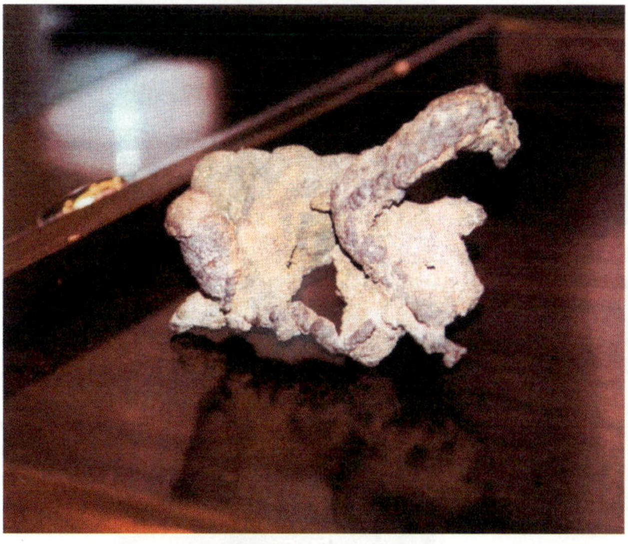

石湖清淤时出土的铁疙瘩，为陨星坠落时形成的小型溅落物

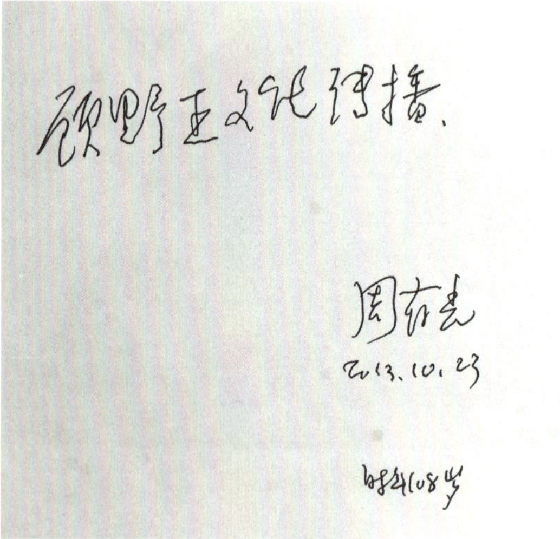

周有光题词

笔者陪同钱璎（中）等拜谒顾野王墓
摄于2011年

笔者陪同顾笃璜（中）等考察钱大昕题书之
顾野王墓碑　摄于2011年

右为2011年5月，苏州市职业大学、苏州学院（筹）重修顾野王墓记碑刻
高福民撰文　马伯乐书　时忠德镌

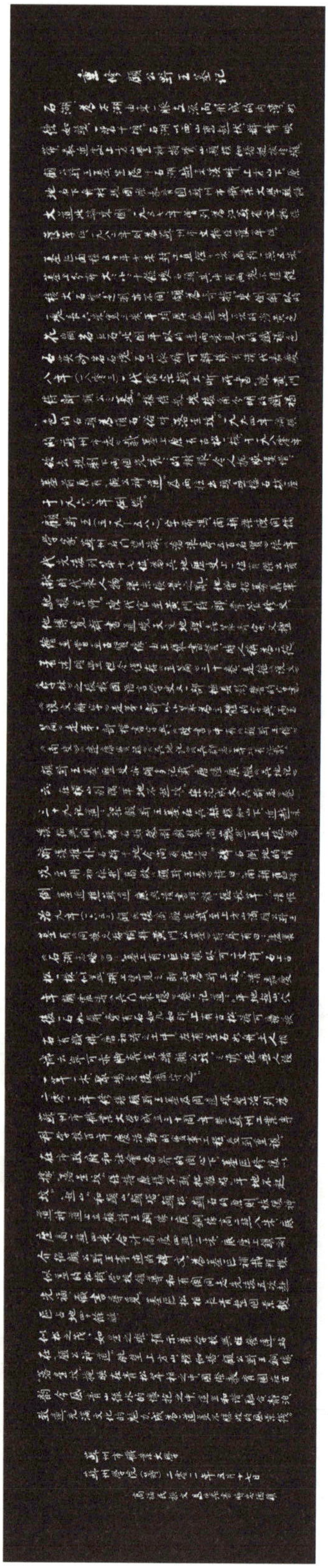

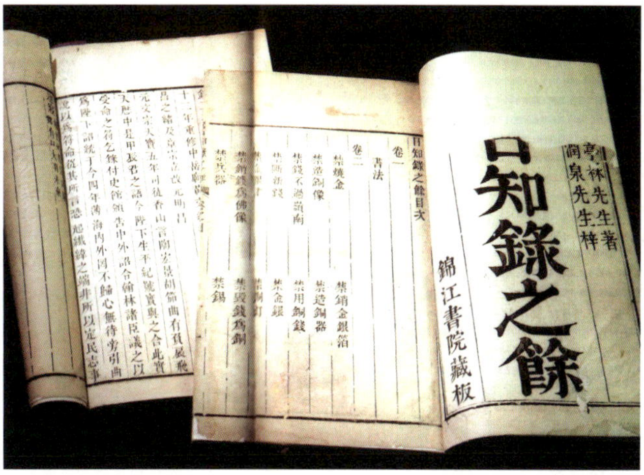

左为明末清初虎丘泥人（塑真）顾炎武像（因年久，部分色彩已脱落），
现藏于南京博物院
右为顾炎武《日知录之余》

顾炎武故里——昆山千灯镇外景

顾炎武故居

《顾炎武拜谒黄门墓》
马伯乐绘

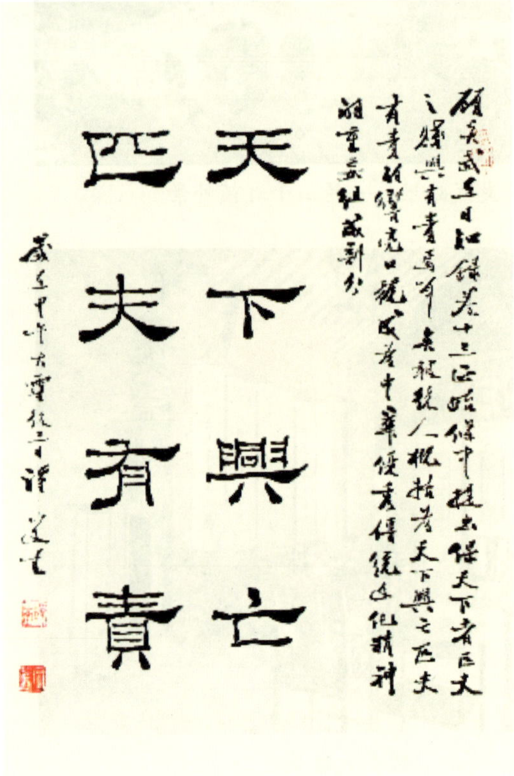

书法　谭以文书

手稿秘本

（一）顾文彬《宦游鸿雪》手稿

《宦游鸿雪》为过云楼创始人顾文彬在外担任官职之时，写给三子顾承的家书信札，共六册，时间跨度十数年。由过云楼后人顾笃璜先生捐赠苏州市档案局（馆）。以下为第二册中影印件选页，顾文彬在浙江宁绍台道任上的家书，大多涉以藏治学思想，字画搜求、鉴别，孙辈教育，其中也涉及与冯桂芬（校邠）正谊书院同考的回忆，与胡雪岩阜康银号的交往，以及建造怡园缺钱、关照顾承“典房质押”，将所藏“中下等书画……索性全行销去”和《过云楼书画记》编著等内容，对于研究过云楼文化具有很高的史料价值。

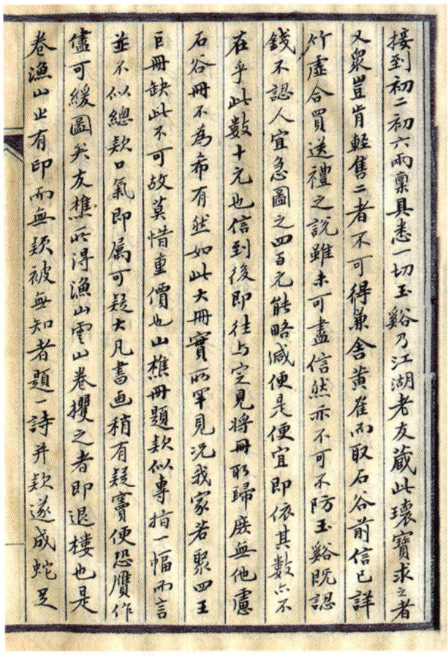
接到初二初六兩稟具悉一切玉谿乃江湖老友藏此瓌寶求之者又衆豈肯輕售二者不可得兼舍黃雀而取石谷前信已詳竹虛合買送禮之說雖未可盡信然亦不可不防玉谿既認錢不認人宜急圖之四百元能略減便是便宜即依其數亦不在乎此數十元也信到後即往與定見將册郵歸應無他慮石谷册不爲希有然如此大册實所罕見況我家若衆四王巨册缺此不可故莫惜重價也山樵册題款似專指一幅而言並不似總款口氣即屬可疑大凡書畫稍有疑竇便恐贗作儘可緩圖矣友樵所得漁山雪山卷攫之者即退樓也是卷漁山止有印而無款被無知者題一詩并款遂成蛇足

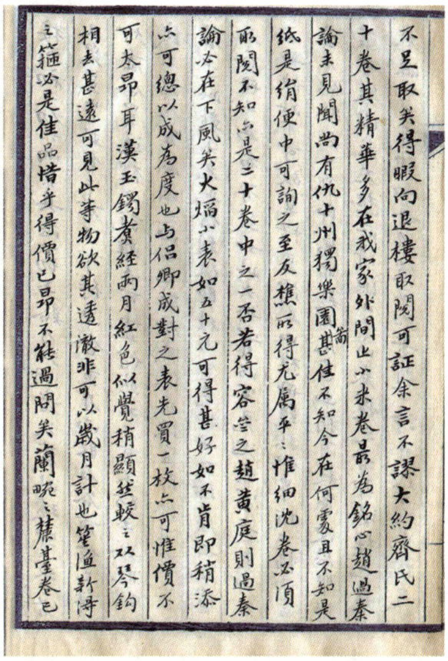
不足取矣得暇向退樓取閱可証余言不謬大約齊氏二十卷其精華多在我家外間止小米卷最爲銘心趙過秦論未見聞尚有仇十洲獨樂園甚佳不知今在何處且不知是紙是絹便中可詢之至友樵所得允屬平平惟细洗卷必須取閱不知亦是二十卷中之一否若得容臺之趙黃庭則過秦論必在下風矣大幅小卷如五十元可得甚好如不肯即稍添亦可總以成爲度也與侶卿成對之卷先買一枚亦可惟價不可太昂耳漢玉錫煮經兩月紅色似覺稍顯然較之双琴鈞相甚遠可見此等物欲其透澈非可以歲月計也筆洗新得之種必是佳品惜乎價已昂不能過問矣蘭畹之蘿蔓卷已

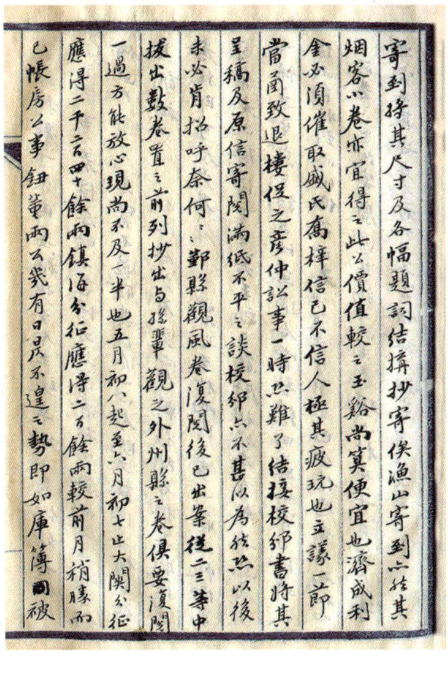
寄到將其尺寸及各幅題詞詩摘抄寄俟漁山寄到亦將其烟客小卷亦宜得之此公價值較之玉谿尚算便宜也濟成利金必須催取盛氏高梓信已不信人極其疲玩也立議一節當函致退樓侶之彥仲訟事一時恐難了結接校卿書將其呈稿及原信寄閱滿紙不平之談校卿亦不甚以爲然恐以後未必肯相招呼奈何奈何鄞縣観風卷復閱後已出案往二三等中拔出數卷置之前列抄出與孫輩觀之外州縣之卷俱要復閱一過方能放心現尚不及一半也五月初八起至六月初十止大閱公征應得二千四百餘兩鎮海分征應得二万餘兩較前月稍勝而已帳房之事鈕葦兩公我有日及不遑之勢即如庫簿回被

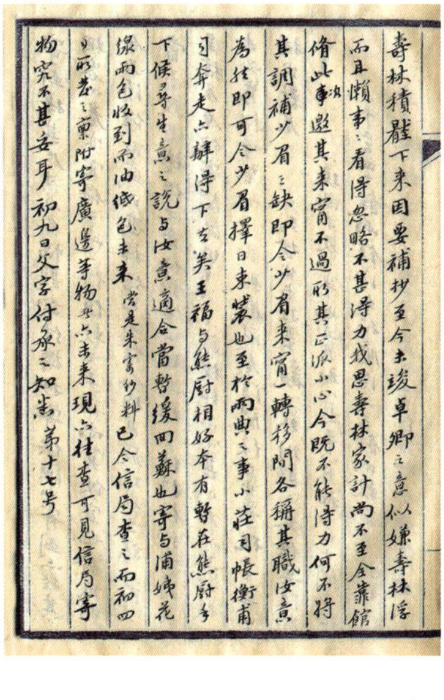
壽林積壓下來因要補抄至今未竣卓卿之意似嫌壽林而且懶事之者將忽略不甚得力我思壽林家計尚不至全靠館脩此事以遲其來當不過形其不派小心今既不能得力何不將其調補少眉之缺即令少眉來寓一轉移間各稱其職汝意爲然即可令少眉擇日來署也至於兩曲之事小莊司帳衡甫司奔走亦辭得下去矣王福與熊廚相好本有暫在熊廚手下候差之說與汝意適合當暫緩回蘇也寄與湄姊花銀兩包收到而由紙包未來當是未寄抄料已令信局查之而初四日所寄之東洋寄廣蓮等物亦未來現亦往查可見信局寄物究不甚妥耳 初九日父字付承之知悉 第十七号

（二）顾文彬《过云楼日记》手稿

清同治九年至光绪十年，以自然年度分卷，共分十五卷，其中同治九年至光绪六年为顾氏手录，现藏苏州市档案局（馆）。光绪七年至光绪十年原稿现藏上海图书馆，为瞿济沧抄录，并有所删改。《过云楼日记》对于后人了解和研究怡园的修建、江南藏画楼之首过云楼的收藏过程，乃至晚清文人仕宦交游情况，都有很高的价值。2013 年 5 月，过云楼后人顾笃璜先生将其高祖顾文彬所撰十册《过云楼日记》捐赠苏州市档案局（馆）。《过云楼日记》点校本由苏州市档案局（馆）整理出版（文汇出版社，2015 年）。

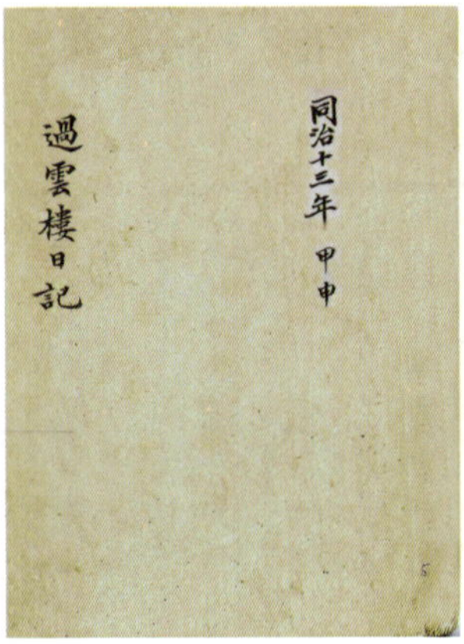

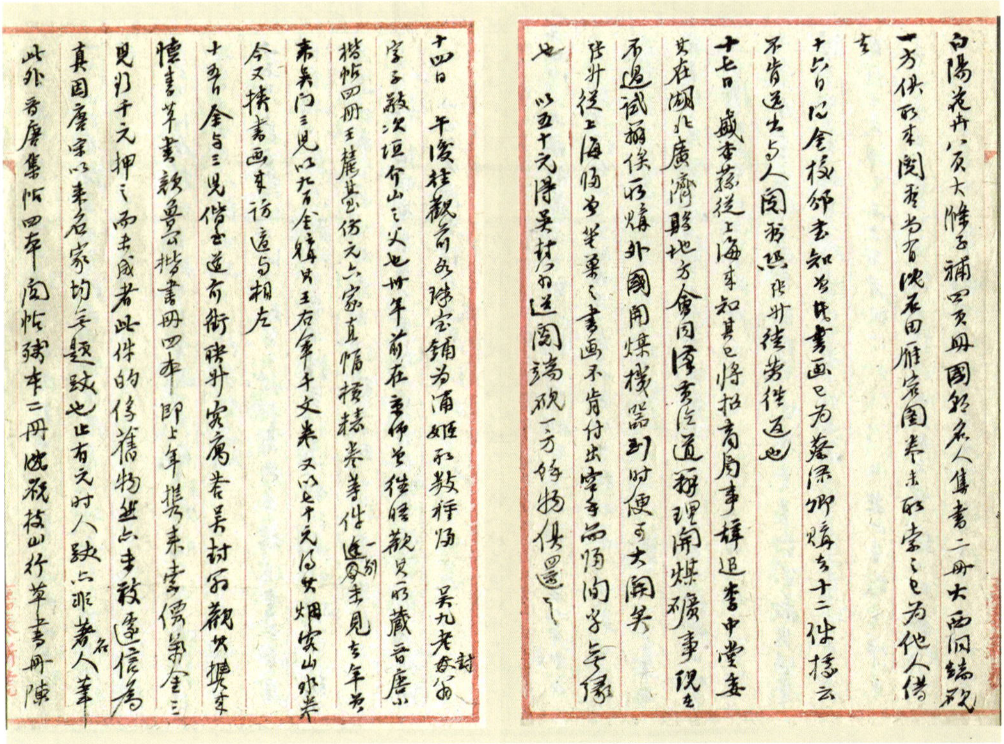

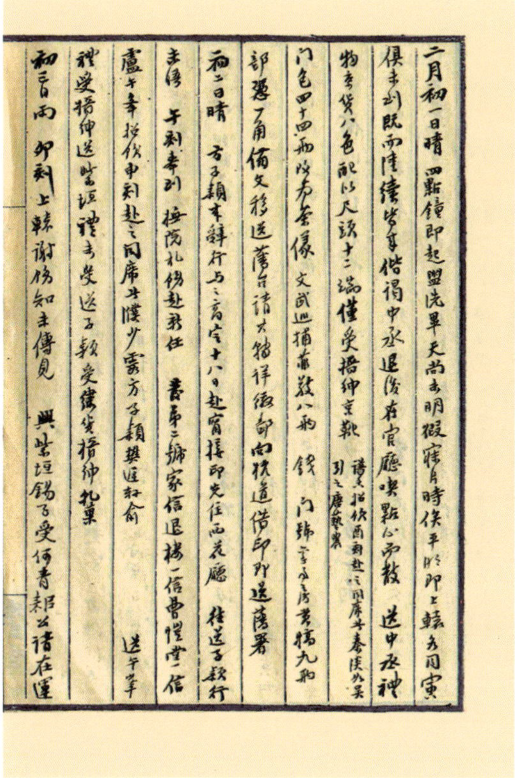

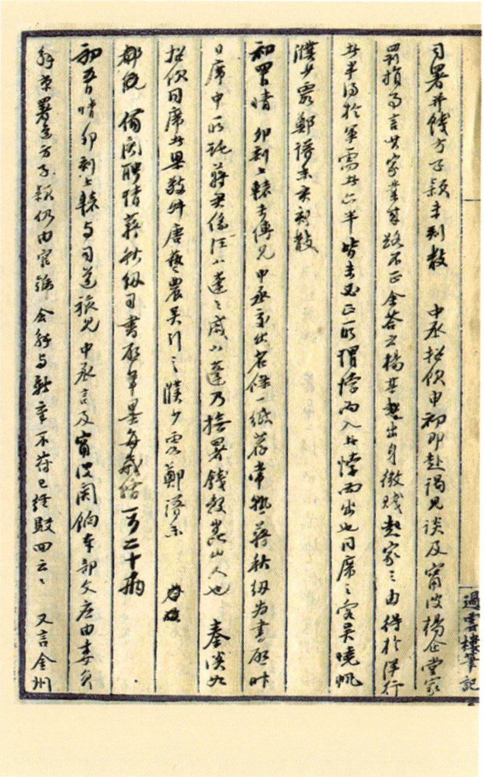

（三）顾廷熙《待访录》手稿

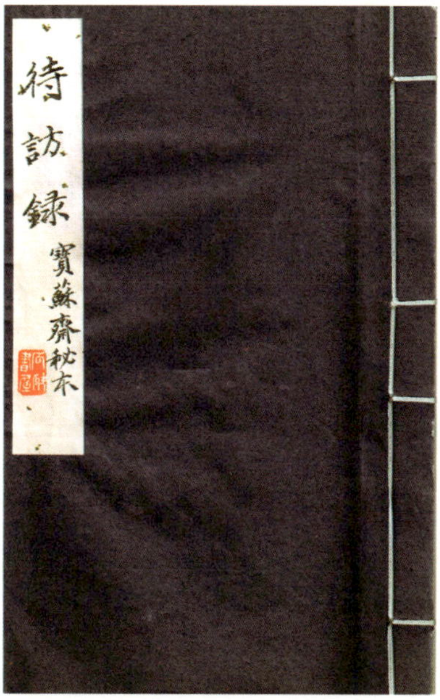

咸丰九年（1859）春，顾承到湖北汉阳省亲，将自己两年中在吴中所见书画碑帖，随见随录而成的《烟云过眼编》交与二兄廷熙过目，才使得二兄廷熙“就其寓目心赏之迹，洵所往来，录成是册”。因此《待访录》写作的时间，应该始于“已未（咸丰九年，1859年）四月十五日”，地点就在其父时任汉阳知府府署中的鹤来堂之后轩（书房）。按所见印本首页，左书“待访录”三大字，下作“宝苏斋秘本”。由于《待访录》作者顾廷熙英年早逝，后来常年宦游在外的顾文彬对于过云楼书画碑帖的收藏、整理，只能多倚重三子顾承（骏叔）。

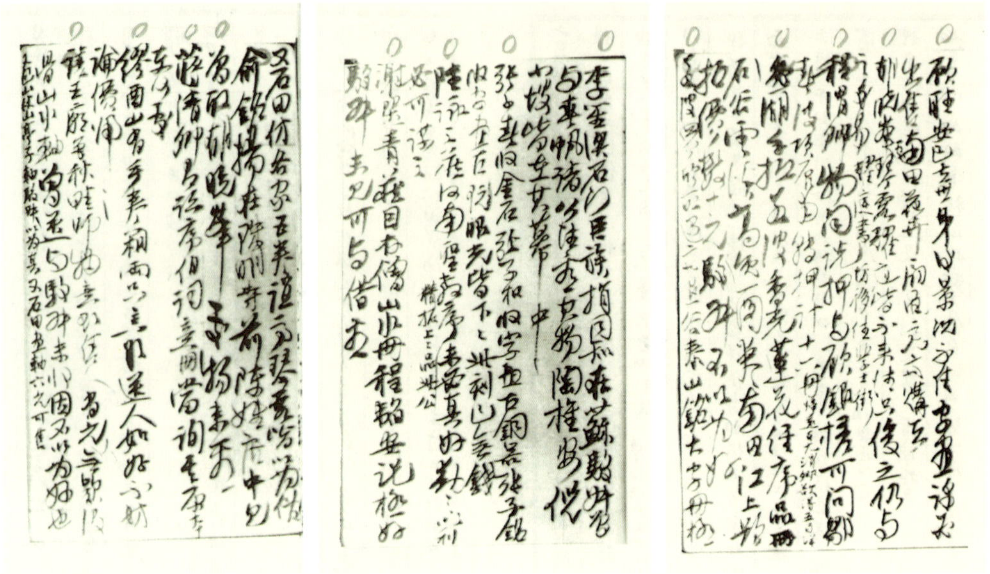

苏州国画院著名画家马伯乐提供的《待访录——宝苏斋秘本》复印件选页

（四）顾承《楚游寓目编》手稿

谢国桢《江浙访书记》中称“苏州图书馆、苏州博物馆、苏州元和顾鹤逸藏书”三家部分藏书中，记有所见“《楚游寓目编》二卷。苏州图书馆藏，抄本”，并在书中写道：原题武陵渔隐顾承手辑。承事迹不详。是书为汇录其游湖北时所见书画之作。前有清咸丰十一年（1861）自序。

读以上引文，便可知《楚游寓目编》的作者，应该是晚清顾氏“过云楼”主人顾文彬三子顾承。他的《楚游寓目编》二卷，堪为“过云楼”书画收藏秘本《待访录》手稿的姊妹篇。

所见《楚游寓目编》一册（上下二卷），系毛边纸写本，细黑格，九行，书口手写“楚游寓目编”，下有页码。全编墨书小楷，字迹工秀，小有董（其昌）字意味。据此所谓“抄本”似欠正确，是书应是辑者顾承自写本。卷首有辑者自序一篇，内容可以明了其编辑是编的时间、地点和缘起等等。

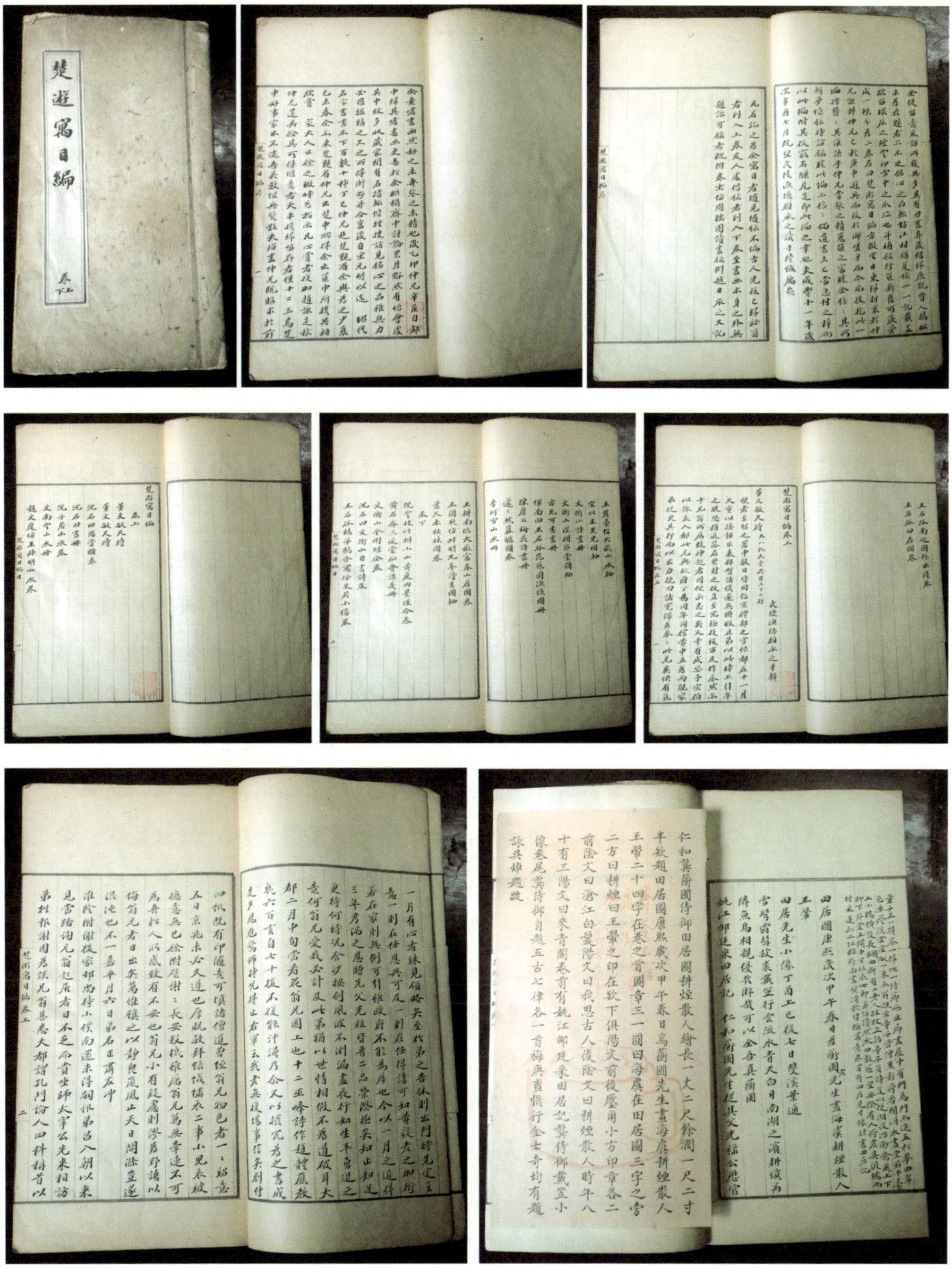

苏州图书馆藏

庋藏实录

一、《过云楼书画记》概要

中国著名书画目录。过云楼第一代主人顾文彬编著，十卷，为著者录载自藏书画。书前有顾文彬于光绪八年（1882）所作的自叙一篇。前四卷为书类，后六卷为画类，凡书画合璧者皆入画类。共收录自藏书画二百四十六件，收止于清初四王吴恽，内颇多传世名迹。凡绢本、石刻、宋克丝、单条、扇面及闺阁之作皆未收，其例甚严。每种后自撰题语，略记行款、布局、题记及印章，间加以评论，并详考流传始末，征引史实，辨识真伪，不失为鉴赏谨严之作。

二、书画之于人，子瞻氏目为烟云过眼者也——《过云楼书画记》自叙 / 顾文彬

书画之于人，子瞻氏目为烟云过眼者也。余既韪其论以名藏秘之楼，则罗而储焉、记而存焉，适然之遇已耳。殆无容心。虽然，入之非深，《六典》《七略》直视无睹，奚足异？苟浸淫于是，嵇锻阮屐，且若与生俱来，矧其为书画？书画恶乎宜？宜娱老。古之人非深得聃氏"重为轻根，静为躁君"之指，不能翰毕名世。重，故神常内凝；静，故物不外祟。故其人眉寿。又宜初学。孔子云："君子不重，学不固"；诸葛君云："非静无以成学"。莹虑识，陶质性，莫疾于书画。故夙慧之子好焉。余家旧鲜藏弆，先子暮年获名贤一纸，恒数日欢。余务以娱其心，先子务以牖余学，题躞赙褾，遂不胫而至。及次子廷熙、三子承长，余之教熙、承，熙、承之事余，一如谁昔，则以是为韦氏籯经、仲氏菽水，亦既三世矣。先子于真伪工拙，审之又审，按款识岁月，核诸行事，以究所繇作。左卷轴，右故书，雅记恒不离。或进余隅坐，假以辞色，俾献一得。余于二子亦然，而二子颇不钝。熙能画，尤长于书，惜年不副志。承少时业从余友徐江帆、程序伯游，甫成人，何子贞、吴退楼亟称其书画。余学焉而无所成，为负先子，幸其能弥余憾焉。是记命意，窃本先子，而与承论定者居多。曾谓区区纂述，不及过庭之时，而是子复不终相乎？余得斯乐于先子，二子得斯乐于余，将使嗣二子而兴者，复于二子得斯乐，庶无拂乎余心。今此过云楼之藏，前有以娱吾亲，后有以益吾世世子孙之学，亦复奚恨？乃吾欲娱老，造物似不允，何也？濡笔泫然。壬午秋日，元和顾文彬，时年七十有二。

（壬午即光绪八年（1882），标题系编者所拟）

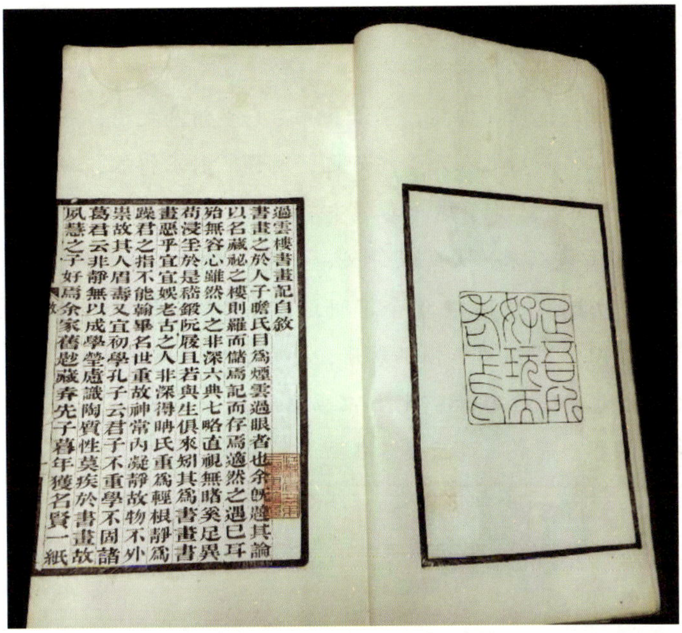

過雲樓書畫記自敘
書畫之於人子瞻氏目爲煙雲過眼者也余旣題其論
以名藏秘之樓則羅而儲焉記而存焉適然之遇已耳
殆無容心雖然人之非深六典七略直視無睹奚足異
苟浸淫於是磋鍛阮屐且若與生俱來矧其爲書畫書
畫惡乎宜娛老古之人非深得晦氏重爲輕根靜爲
躁君之指不能翰畢名世重故神常內凝靜故物不外
累故其人眉壽又宜初學孔子云君子不重學不固諸
葛君云非靜無以成學瑩虛識陶質性莫疾於書畫故
夙慧之子好爲余家舊匙藏春先子暮年獲名賢一紙

《过云楼书画记》印本自叙
苏州图书馆藏

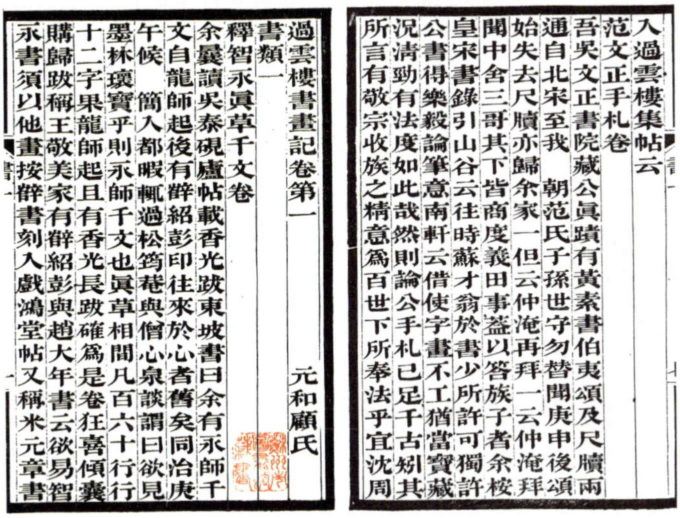

過雲樓書畫記卷第一　元和顧氏
書類一
釋智永眞草千文卷
余曩讀吳荼硯廬帖載香光跋東坡書曰余有永師千
文自龍師起後有辯紹彭印往來於心者舊矣同治庚
午候　簡入都暇輒過松筠菴與僧心泉談謂曰欲見
墨林瓌寶乎則永師千文也眞草相間凡百六十行行
十二字果龍師起且有香光長跋確爲是卷狂喜傾囊
購歸跋稱王敬美家有辯紹彭與趙大年書云欲易智
永書須以他畫按辯書刻入戲鴻堂帖又稱米元章書

入過雲樓集帖云
范文正手札卷
吾吳文正書院藏公眞蹟有黃素書伯夷頌及尺牘兩
通自北宋至我　朝范氏子孫世守勿替聞庚申後頌
始失去尺牘亦歸余家一但云仲淹再拜一云仲淹拜
聞中舍三哥其下皆商度義田事葢以答族子者余桉
皇宋書錄引山谷云往時蘇才翁於書少所許可獨許
公書得樂毅論筆意南軒云借使字畫不工猶當寶藏
況清勁有法度如此哉然則論公手札已足千古矧其
所言有敬宗收族之精意爲百世下所奉法乎宜沈周

《过云楼书画记》印本扉页

三、《过云楼续书画记》概要

书画著录著作，六卷。过云楼第三代主人顾鹤逸撰。续其祖父顾文彬《过云楼书画记》，补录家藏书画一百一十四件而成书，体例仿前书。书类二卷，画类四卷。书类宋二种，元九种，明十七种，各系题跋，于庋藏流传。各家著录异同、印章、序跋、行款、书体、纸张、纸幅、真伪及作品内容详加著录考证，间有论书之语。

四、如千里马之集于燕市——《过云楼续书画记》自叙／顾麟士

东邻之子好礼，西邻之子好武，询其由然，家藏互异：一多清庙之遗，一多兵库之选。前人之藏之也无心，而后之人无心焉好之，所谓“种瓜得瓜，种豆得豆”，薰习濡染有不期然而然者。昔李虚一喜藏法书名画，龙眠居士自少好之，岂偶然也哉！予家自曾王父以来，大父及仲父、先子，咸惟书画是好，累叶收藏，耽乐不怠。溯道光戊子（1828），迄今丁卯，百年于兹。唐宋元明真迹入吾过云楼者，如千里马之集于燕市。帧轴卷册，郁郁古香，寝馈其中，恍友前哲，赏心乐事，无逾于此。陈后山云：“晚知书画真有益。”予幸获益之非晚，何可不述祖德，重负云烟邪？爰成《过云楼续书画记》六卷，附前记以行。孔子云：“知之者不如好之者，好之者不如乐之者。”然则予小子得以乐先人之乐者，亦清庙兵库之分而已矣。丁卯长夏元和顾麟士，年六十有三。

（丁卯即1927年，标题为编者所拟）

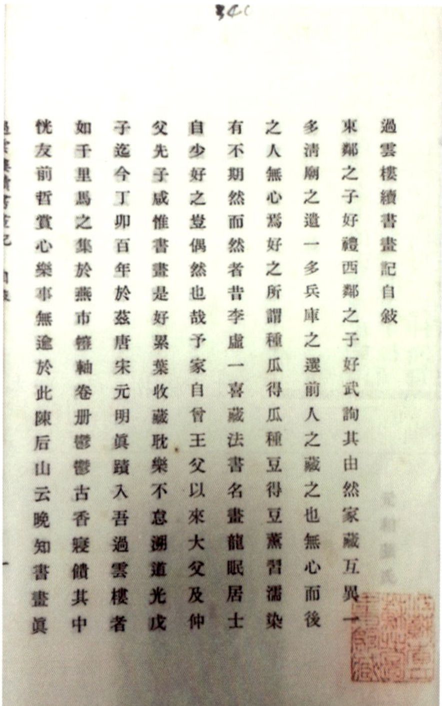
過雲樓續書畫記自敘
東鄰之子好禮西鄰之子好武詢其由然家藏互異一
多清廟之遺一多兵庫之選前人之藏之也無心而後
之人無心焉好之所謂種瓜得瓜種豆得豆薰習濡染
有不期然而然者昔李虛一喜藏法書名畫龍眠居士
自少好之豈偶然也哉予家自曾王父以來大父及仲
父先子咸惟書畫是好累葉收藏耽樂不怠溯道光戊
子迄今丁卯百年於茲唐宋元明眞蹟入吾過雲樓者
如千里馬之集於燕市幨軸卷册鬱鬱古香寢饋其中
恍友前哲賞心樂事無逾於此陳后山云晚知書畫眞

顾麟士《过云楼续书画记自叙》印本
苏州图书馆藏

五、过云楼书画收藏

《过云楼书画记·续记》中，共收录了三百五十九件各类书画作品，其中顾文彬收藏二百四十六件，顾鹤逸为一百一十三件。

从题材来看，画迹的收藏远多过书法，两本著录书中的比例都为 3 ∶ 1 左右。

从形制来看，顾文彬的重点在于绘画的卷、轴，而顾鹤逸收藏的绘画手卷明显减少；法书部分，顾文彬的手卷收藏较多，其次是册页，顾鹤逸对于卷、册的收藏相当……

从年代来看，《过云楼书画记》中，唐、五代八件，宋十六件，元四十四件，明一百一十八件，清六十件；《续记》中，唐、五代一件，宋三件，元十八件，明五十一件，清四十件。明清两代始终是两人收藏的重点。

过云楼所持藏最多的三个绘画群体是“清初六大家”“明吴门四家”“画中九友”，藏品总量各为六十六件、五十八件、四十六件，其余递次为“赵氏及元末四家”的二十九件、“清初四僧”的七件。

自陶大珉《分岔之度：过云楼早期鉴赏的一种解释》

（苏州博物馆编《烟云四合——清代苏州顾氏的收藏》译林出版社 2016 年版）

（一）顾文彬收藏活动例举

绘画类

朝代	藏品	活动
唐	《吴道元水墨维摩像轴》	……宣和谱中物也。道光戊子，有戚魏某携此及院画《上林图》售余（1828），是为收藏之始。……比同治壬戌，侨居海上，复于楼月潭家见之，以议直（值）未谐而罢
宋	《扬补之四清图卷》	卷为潘西圃编修家藏物……近岁始归于余
	《南宋画院本上林图卷》	及甲戌秋，有人持《上林图》求售，遂不惜重价购归（1874）
元	《赵文敏墨竹轴》	初藏松子阁，后归寒碧庄，余得之春申江上（约 1861—1863）
	《王叔明怡亲堂图卷》	余官浙时，从抚部嗣君敬叔同年得之（1873）
	《倪云林赠袁寓斋卷》	卷曾藏知不足斋，余得诸南海伍氏
明	《王孟端山水卷》	则是文彬庚申后续得（约 1861 年后）
	《唐子畏风木图卷》	癸酉秋监试杭州，张氏裔孙忽持索售……亟属其戚秦澹如观察为余和会，以重直得之（1874）

朝代	藏品	活动
明	《文待诏山水册》	余从劫后得之（约1861年后）
	《仇十洲唐六如刺目双图卷》	此及《东村卷》，余皆于劫后得之（约1861年后）
	《周东村俞节妇刺目图卷》	余援衡山补松雪后《汲黯传》之例，以《甫田集》补之
	《钱叔宝求志园图卷》	因从敬叔同年得之（约1873—1875）
	《董香光书画袖珍册》	为海上巨室所藏，乱后零替，始出求售。余与三子承见而心醉，亟以重直购归（约1861—1863）
	《董香光山水九帧册》	周茂卿得而赠余
清	《清湘老人花果册》	此册皖人于劫灰中拾得……固属同岁生何子贞书首藏之
	《药地师书画禅册》	余自鄂城得无可大师书东坡诗九番……
	《傅青主书画卷》	余于平斋两罍轩中见之，炙色形面。平斋靳曰："是希代珍，须以君家宋拓大字《麻姑碑》易。"恐其悔，亟如所请
	《杨龙友王烟客恽道生张而唯四家山水合卷》	既而访沈揖甫，发其秘箧，则真者在焉。……闻有田孟春者，尝以医往来沈家……报余曰："若能以朱提三百相博易，可得也。"亟如言与之，卷回归余
	《瓯香馆写生册》	乱后购得，而书札已佚，乃发箧补书册尾。今又辗转购得此牍，仍得装入（1861年后）
	《恽南田设色蟠桃图轴》	知画向藏弇山，余于庚申后得之（1861年后）
	《王麓台湖湘山水图卷》	此卷初见于沪上，骨董家居奇特甚，且军书旁午，日与盾鼻为伍，未遑问也。逾十年，复于四明遇之……遂以重值得之（1870）……藏之吾楼
	《王麓台为赵松一仿子久山水卷》	余得此卷，从甬上寄示时语也
	《王麓台仿宋元山水十幅册》	则乱后为秦澹如题。未几由澹如归余(约1861年后)
	《王石谷仿黄鹤山樵写山庄乐志图轴》	往在武昌以赠庄卫生方伯（约1857—1860）。卫生，余尝兄事者，文学政事，卓然可传

法书类

朝代	藏品	活动
唐	《释智永真草千字文卷》	同治庚午，候简入都，暇辄过松筠庵……狂喜倾囊购归（约1870）
	《米题唐模兰亭卷》	往余得是帖，以示老友吴平斋姻家
	《唐写续花严经疏卷》	余从同郡金君芷衫得之
宋	《范文正手札卷》	闻庚申后《颂》始失去，尺牍亦归余家

朝代	藏品	活动
宋	《苏文忠与谢民师札卷》	最后为吾吴程心柏所得，乃以售余
	《朱文公周易系辞本义手稿卷》	壬午二月四日，余姻吴愉庭取“假年学易”之义，持赠此卷，为儿子承寿（1882）
	《魏文靖文向帖卷》	今归两罍轩……承儿心爱是卷，以汉铜官私印四十纽易得之
	《张温夫楷书华严经册》	回忆在都门日，偶过许星叔斋中，亦见秘阁手书《华严经》一卷。以坐有他客……不能记其卷次（约1841—1853）。今者北望京华……不知又在何时也，书竟惘然
元	《赵文敏小楷书黄庭经卷》	乱后程本已失，顾本归海盐陈君容斋，每往访，必出此卷与余共赏，近岁其弟良斋始以归余
	《赵仲穆行书洛神赋册》	余官浙东时得之吉甫同年（约1873—1875）
明	《熊襄愍东园十咏卷》	往余观察武昌，于襄愍故乡，得公行书《东园十咏》（约1857—1860）
	《黄忠端唐公墓志铭卷》	后归家文学湘舟，有石琢堂殿撰跋，最后归余
	《东林五君子书札册》	册初得之金保三。一日，偶访徐燮堂大令，斋头则石刻在焉，亟以他画易归堪怡园壁间

（二）顾鹤逸收藏活动例举

年代	藏品	活动
宋	《苏沧浪留别王原叔诗卷》	卷既归余，割去伪跋，独存诗迹
	《苏文忠质翁帖卷》	旧为北海所藏，著录《庚子销夏记》……旋为费屺怀所闻，再四商假，以平生知暱，不能峻辞，未及索还，屺怀奄忽陨世，遂应季札旧事
元	《赵文敏小楷金丹四百字卷》	旧藏塘西故家，旋为余闻，买舟访之，升堂求见，主人托故不予观，亦淡然置之。未匝月，见于骨董家，不吝重酬，遂完素愿
	《俞紫芝临赵文敏书常清净经轴》	往岁曾见一轴，乃归安陆存斋故物，亦界乌丝，修广略同，赵款亦同……盖一日并临两本，可见古人精进不已也
	《元人书比红儿诗册》	余遍访通人，莫详斋之谁属。最后持视费君屺怀，屺怀书数行复余，以其不署名族，疑为成宗御墨
清	《汤文正楷书理学宗传序册》	归余时，诗已佚去，今所附装公诗一笺……乃余物色所得，虽未必其旧，慰情聊胜云尔
	《白石翁小影轴》	余得此幅适为光绪丁未岁，因于先生生日，招同社金心兰、吴昌硕、陆廉夫、颜莼生凡四人……为先生祝神明寿焉。时余年四十三（1895）……

年代	藏品	活动
清	《陈眉公梅花卷》	寒碧山庄旧藏陈眉公画梅一卷，余从秀水王氏得之
	《吴渔山仿古八帧册》	余与立凡叹为真迹，同观者类皆目笑之，以其书之结体不同暮年也。立凡为谓长先生子……
	《王麓台仿古山水册》	余得之海虞翁氏扶海垞

宋代扬补之　四清图卷　故宫博物院藏

明代唐寅　王公拜相图卷　故宫博物院藏

（三）顾文彬鉴藏印辑录

序号	印鉴	释文	出处
1		顾文彬印	钟银兰主编《中国鉴藏家印鉴大全》（江西美术出版社，2008.7）
2		艮盦居士	钟银兰主编《中国鉴藏家印鉴大全》（江西美术出版社，2008.7）
3		顾子山秘箧印	钟银兰主编《中国鉴藏家印鉴大全》（江西美术出版社，2008.7）

序号	印鉴	释文	出处
4		过云楼主	钟银兰主编《中国鉴藏家印鉴大全》(江西美术出版社，2008.7)
5		文彬之印	钟银兰主编《中国鉴藏家印鉴大全》(江西美术出版社，2008.7)
6		子山	钟银兰主编《中国鉴藏家印鉴大全》(江西美术出版社，2008.7)
7		子山所作	钟银兰主编《中国鉴藏家印鉴大全》(江西美术出版社，2008.7)
8		艮盦	钟银兰主编《中国鉴藏家印鉴大全》(江西美术出版社，2008.7)
9		顾子山	钟银兰主编《中国鉴藏家印鉴大全》(江西美术出版社，2008.7)
10		过云楼藏	钟银兰主编《中国鉴藏家印鉴大全》(江西美术出版社，2008.7)
11		文彬私印	钟银兰主编《中国鉴藏家印鉴大全》(江西美术出版社，2008.7)
12		子山	钟银兰主编《中国鉴藏家印鉴大全》(江西美术出版社，2008.7)

序号	印鉴	释文	出处
13		子山墨缘	钟银兰主编《中国鉴藏家印鉴大全》(江西美术出版社，2008.7)

(四)顾鹤逸鉴藏印辑录

序号	印鉴	释文	出处
1		顾麟士	于连成编《近百年书画名人印鉴》(荣宝斋出版社，2001.7)
2		顾麟士画记	于连成编《近百年书画名人印鉴》(荣宝斋出版社，2001.7)
3		顾鹤逸	于连成编《近百年书画名人印鉴》(荣宝斋出版社，2001.7)
4		鹤	于连成编《近百年书画名人印鉴》(荣宝斋出版社，2001.7)
5		鹤庐秘笈	于连成编《近百年书画名人印鉴》(荣宝斋出版社，2001.7)
6		鹤庐主人画兰记	于连成编《近百年书画名人印鉴》(荣宝斋出版社，2001.7)
7		鹤逸	于连成编《近百年书画名人印鉴》(荣宝斋出版社，2001.7)

序号	印鉴	释文	出处
8		鹤逸	于连成编《近百年书画名人印鉴》(荣宝斋出版社，2001.7)
9		鹤逸藏真	于连成编《近百年书画名人印鉴》(荣宝斋出版社，2001.7)
10		麟士	于连成编《近百年书画名人印鉴》(荣宝斋出版社，2001.7)
11		顾麟士	于连成编《近百年书画名人印鉴》(荣宝斋出版社，2001.7)
12		顾	于连成编《近百年书画名人印鉴》(荣宝斋出版社，2001.7)
13		顾六手临	于连成编《近百年书画名人印鉴》(荣宝斋出版社，2001.7)
14		鹤道人年四十以后所作	于连成编《近百年书画名人印鉴》(荣宝斋出版社，2001.7)
15		鹤庐主人	于连成编《近百年书画名人印鉴》(荣宝斋出版社，2001.7)

序号	印鉴	释文	出处
16		西津老鹤	于连成编《近百年书画名人印鉴》(荣宝斋出版社，2001.7)
17		元和顾麟士之章	于连成编《近百年书画名人印鉴》(荣宝斋出版社，2001.7)
18		顾麟士印	钟银兰主编《中国鉴藏家印鉴大全》(江西美术出版社，2008.7)
19		病鹤	钟银兰主编《中国鉴藏家印鉴大全》(江西美术出版社，2008.7)
20		顾鹤逸	钟银兰主编《中国鉴藏家印鉴大全》(江西美术出版社，2008.7)
21		顾鹤逸藏	钟银兰主编《中国鉴藏家印鉴大全》(江西美术出版社，2008.7)
22		麟士	于连成编《近百年书画名人印鉴》(荣宝斋出版社，2001.7)

六、过云楼古籍善本收藏

(一) 傅增湘与《顾鹤逸藏书目》

《顾鹤逸藏书目》，傅增湘著。最早刊登于在《国立北平图书馆馆刊》第五卷第六号

中年时期的顾麟士

傅增湘先生撰《顾鹤逸藏书目》——天下始知过云楼藏书之宏富
《傅增湘画像》，徐悲鸿作

上。书目共收书五百三十九部，分为宋元旧椠（五十一部）、旧精抄本（一百六十四部）、明刻本（一百四十九部）、国朝精印本（一百七十五部）四大类。记录在《顾鹤逸藏书目》中的多是珍稀、精善之本，普通线装书并未收录在内。

傅增湘（见前注），近现代著名藏书家。1917 年 12 月至五四运动前，曾入内阁任教育总长。傅氏一生藏宋金刻本一百五十种四千六百余卷；元刻本善本数十种三千七百余卷；明清精刻本、抄本、校本更多，总数达二十万卷以上。是晚清以来继陆心源皕宋楼、丁丙八千卷楼、杨氏海源阁、瞿氏铁琴铜剑楼之后又一大家。他无论是在藏书、校书方面，还是目录学、版本学方面，堪称一代宗主。

据傅熹年《记先祖藏园老人与北京图书馆的渊源》一文中介绍，傅增湘于 1947 年将生平所校群书捐赠北京图书馆，“除早年流散和零星校在大型丛书中者外，家中只留三数种传示子孙，其余全部在内。据当时点交清册为三百三十七种，三七五百八十一册”。1948 年，傅增湘又一次向北京图书馆捐让明刊本及名家钞校本约七十九种。他辞世后，长子傅忠谟秉承遗志，先后几次将二百八十五种宋元钞校善本让归北京图书馆。解放之初，周恩来总理曾派人持函探望重病中的傅增湘，遗憾的是未及相见，傅先生就去世了。

國立北平圖書館館刊

第五卷 第六號 （民國二十年十一、十二月）

插圖
高麗眞興王巡狩管境碑
驫氏編鐘銘（放大四倍）
滿文書影

專著
建文遜國事考 孟森
疊石名家張南垣父子事輯 謝國楨
高麗眞興王巡狩管境碑研究 劉節輯譯
驫氏編鐘考 劉節
驫羌鐘補考 吳其昌
滿州文字之來源及其演變 李德啓
敦煌叢抄 向達輯抄

書目叢刻
顧鶴逸藏書目

新書介紹

國立北平圖書館館刊第四卷第五卷總目

《国立北平图书馆馆刊》
第五卷第六号封面

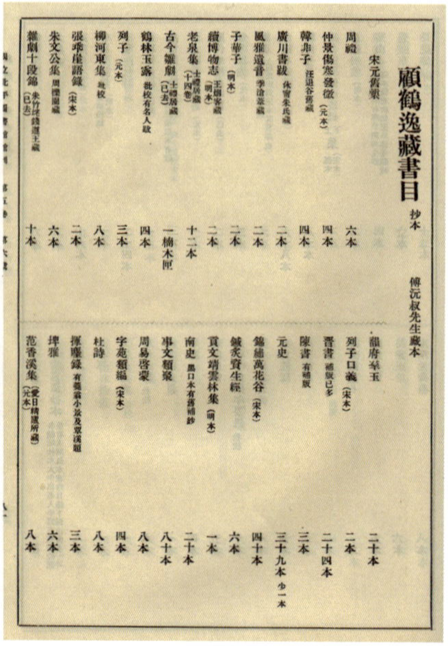

顧鶴逸藏書目 抄本 傅沅叔先生藏本

宋元舊槧

周禮	六本
仲景傷寒發微（元本）	四本
韓非子 汪退谷舊藏	四本
廣川書跋 休寧朱氏藏	二本
風雅遺音 季滄葦藏	二本
子華子（明本）	二本
續博物志 王雅宜藏（明本）	二本
老泉集 士禮居藏（十四卷）	十二本
古今雜劇 士禮居藏（已去）	一楠木匣
鶴林玉露 批校有名人跋	四本
列子（元本）	三本
柳河東集 批校	八本
張乖崖語錄（宋本）	二本
朱文公集 周櫟園藏	六本
雜劇十段錦 朱竹垞錢遵王藏（已去）	十本
韻府羣玉	二十本
列子口義（宋本）	二本
晉書 補版已多	二十四本
陳書 有補版	三本
元史	三十九本 少一本
錦繡萬花谷（宋本）	四十本
鍼灸資生經	六本
賈文靖雲林集（明本）	一本
南史 黑口本有舊補鈔	二十本
事文類聚	八十本
周易啓蒙	八本
字苑類編（宋本）	四本
杜詩	八本
揮麈錄 有藝蕓小箋及眾溪題	三本
埤雅	六本
范香溪集（愛日精廬所藏）（元本）	八本

《顾鹤逸藏书目》

（二）爱书爱才

傅增湘来苏州时，书商杨馥堂曾携带一个大竹箱来访，其中有洪武刻本《苏州府志》。此书为常熟汲古阁毛氏及吴门石韫玉旧藏，且为娄水宋宾王校补，是吴中较早的地方志书，十分珍贵，傅增湘以四十元换得。几天以后他拜访过云楼，顾鹤逸对他这本书一见倾心，说此书是我们苏州旧物，前人撰写府志时所用，本来就应该是属于顾家的，恳请傅增湘把这书让给他，但傅增湘不愿出让，只说倘若他日看到相同的书，一定会帮忙买下给他。顾鹤逸知道这本书并不简单易得，便与傅增湘相视一笑，就此作罢。

傅增湘返回京城后，偶然在琉璃厂翰文斋又见到了此书，喜出望外，连夜写信寄给顾鹤逸，并用上百元帮他代购下来。到了秋天，傅增湘再次来到苏州，将此书郑重交给顾鹤逸。顾鹤逸十分热爱乡邦文献，又爱书成癖，就请傅增湘把宋宾王的校补过录于新得到的书上。傅增湘返京后，因事务缠身，将此事一拖再拖，不想顾鹤逸却在不久后故去了。傅增湘对此感到歉疚，认为辜负了好友对自己的信任，就托友人、古琴家汪孟舒在顺道经过苏州的时候，将原书奉还给顾鹤逸的四子顾公硕等人，表达自己的心意。

此则佚事，感人至深，不由想起历史上“季札挂剑”的故事。傅增湘的为人，从徐悲鸿为他所作画像事可窥其一斑。傅增湘从事教育多年，一贯怜才爱士。他出任教育总长时，徐悲鸿曾带着自己的作品去拜访他。傅增湘看了徐的作品后，大加欣赏，表示一定帮忙。然而，第一批公费留法的名额被人从中篡改，徐悲鸿无缘此次留法。徐悲鸿认为自己受了愚弄，写信诘问傅增湘。先生也为挤占名额一事气愤不已，承诺第二批一定努力帮助他。徐悲鸿本以为第一次名额被权势挤占，又以如此恶劣的态度对待傅先生，肯定再无希望。没想到在不久公布的第二批公费留法名单中，他榜上有名，这时才明白傅先生的一片苦心，于是亲自前往致谢。此后，二人成了挚友。徐悲鸿学成归国，又去拜访傅增湘，提出要为其画像，以表心意，先生欣然应允。这幅画是徐悲鸿油画肖像中的得意之作，流传至今，也见证了傅、徐二位先生之间的深厚友谊。

（三）《古今杂剧》真相

促成清末四大藏书楼之一——浙江湖州陆氏皕宋楼藏书东流日本静嘉堂文库，造成中国文化遗产重大损失的日人岛田翰，也曾与顾鹤逸有一段往来。

民国著名出版家和版本学家张元济在给缪荃孙的信中述及："岛田翰来，至顾鹤逸家购去士礼居藏元刊《古今杂剧》，明本杂剧《十段锦》，残宋本《圣宋文选》，闻出资者皆不少，令人为之悚惧耳。"清华大学图书馆学者刘蔷《苏州顾鹤逸藏书考》据此分析："在傅增湘所编的《顾鹤逸藏书目》上，其中士礼居藏《古今杂剧》和曾经朱彝尊和钱曾收藏的杂剧《十段锦》下标明'已去'，可知此事是发生在壬子（1912）岁前。"皕宋楼藏书东流曾使当时学界极为痛惜，顾鹤逸虽仅数种倘若也为日本人购去，未免令人遗憾。

随着时间推移，过云楼曾藏的元、明刻本《杂剧》两种的下落日渐清楚。1984 年新编《王国维全集・书信》，王国维《东山杂记》中有"罗振玉藏《元刊杂剧三十种》"一条云："上虞罗氏所藏《元刊杂剧》凡三十种，旧藏吴门顾□（疑为'氏'），去岁日本人某购之以东，为罗君所得，乃黄荛圃故物也。"1912 年夏，恰好罗振玉避居日本，从文求堂书店购得此书。而王国维也一同侨居日本，正在研究宋元戏曲，对罗氏所获此书非常重视，曾加以深入研究，广泛介绍。《十段锦》由岛田翰借出后，也携往东瀛斥卖，由董康从日本文求堂书店购得，回流国内，又经袁克文、周叔弢递藏。现二书均藏北京中国国家图书馆。在近代藏书史上，很多名贵的善本，都有离奇曲折的流传故事，元刻本《古今杂剧三十种》，因系黄丕烈旧藏，遂在被人谈及时常与黄丕烈旧藏的另一种脉望馆抄校本《古今杂剧》相混淆，其实，前者是元刻本，后者是明刻配抄本。（苏州博物馆申闻《元刻〈古今杂剧三十种〉明刻〈杂剧十段锦〉回归钩沉》，苏州博物馆编《烟云四合——清代苏州顾氏的收藏》译林出版社 2016 年版。）

顾鹤逸之孙顾笃璜解释说："《古今杂剧》等书并非售出，而是被岛田翰骗走的。"1905 年，岛田翰常到苏州拜访大儒俞樾，获赠手稿四卷，竟被他于 1912 年 3 月售于东京旧书店，最终由日本国会图书馆购去，收藏至今。顾鹤逸对这位精通版本学的年轻人颇为看重和信任，当岛田翰提出商借《古今杂剧》等元明刊本时，慨然应允，然而不曾想，他回国以后竟然音信全无。顾家人都知道，顾鹤逸多次委托其他日本朋友打听并帮助催讨，却被告知，岛田翰在日本因为在金泽文库和足利学校两次盗卖珍贵典籍而被刑拘。后来又得到消息，说他羞愧难容，已在横滨家中饮弹自尽，时间为 1915 年 7 月 28 日，岛田翰三十七岁。顾笃璜说，1930 年前后，江南许多藏书楼毁于战火，侥幸保存下来，也纷纷被后人变卖。顾家的日子也不好过，但多年战乱，顾家没有因为生计变卖过一本书。

顾鹤逸去世后，过云楼收藏的一千三百六十种善本全部传给了五子公硕，顾公硕笃守家藏的珍秘遗本，在日本侵华前后及早应变，才使古籍的精华部分幸免于难。

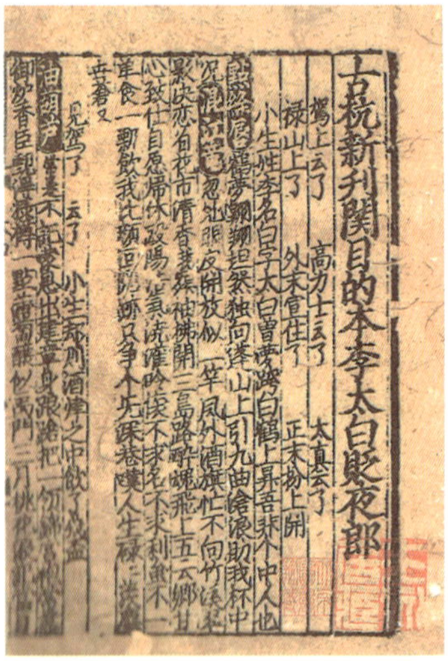

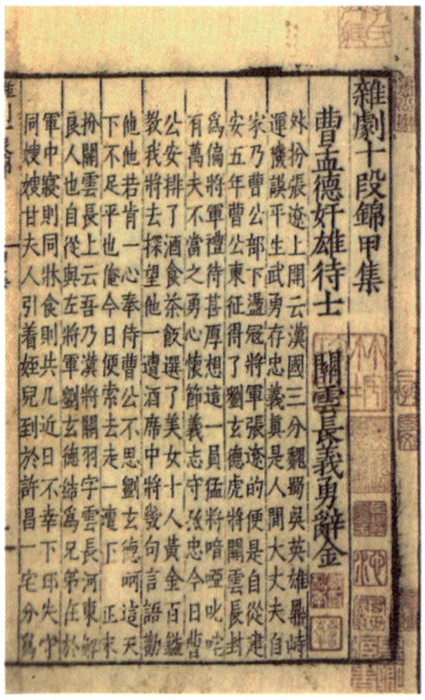

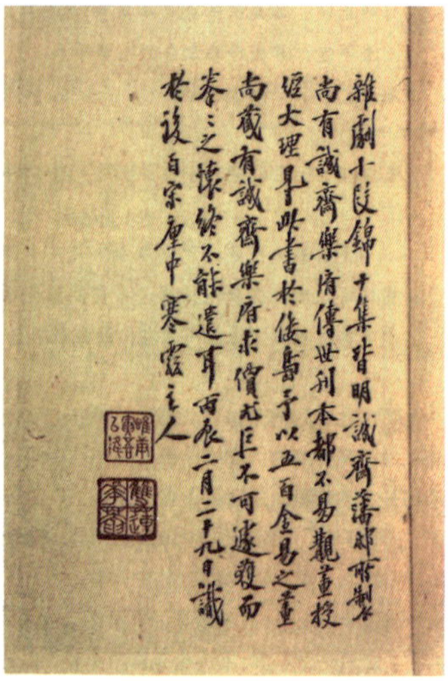

古今杂剧三十种元刻本杂剧十段锦十集明刻本

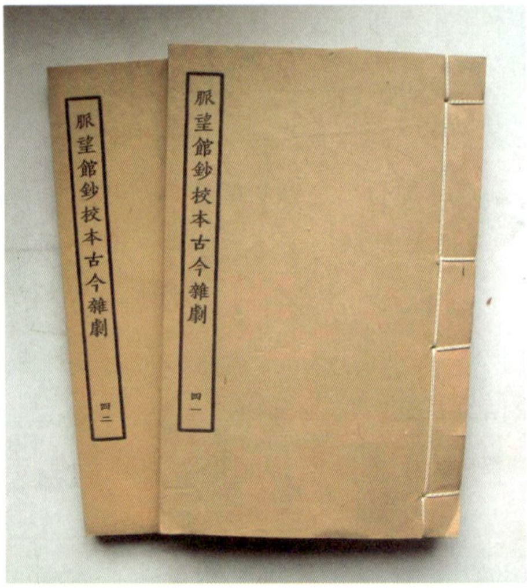

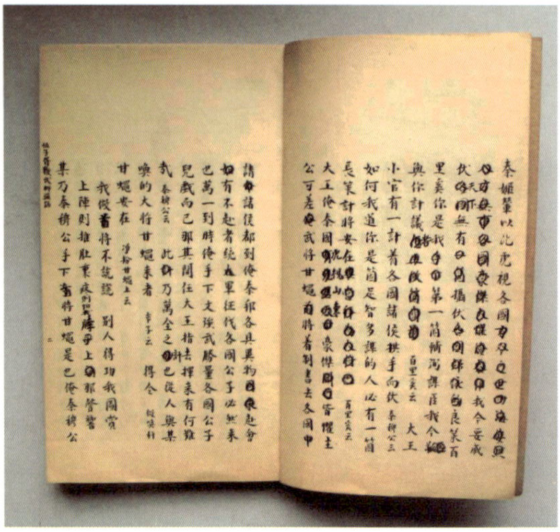

常熟脉望馆抄校本古今杂剧
中国国家图书馆藏

顾鹤逸　宋刻阿毗达摩大毗婆沙论题跋
南京图书馆藏

观前街
摄于 20 世纪 20 年代初

苏州盘门城楼　1936 年摄

（四）过云楼藏书之宝《锦绣万花谷》

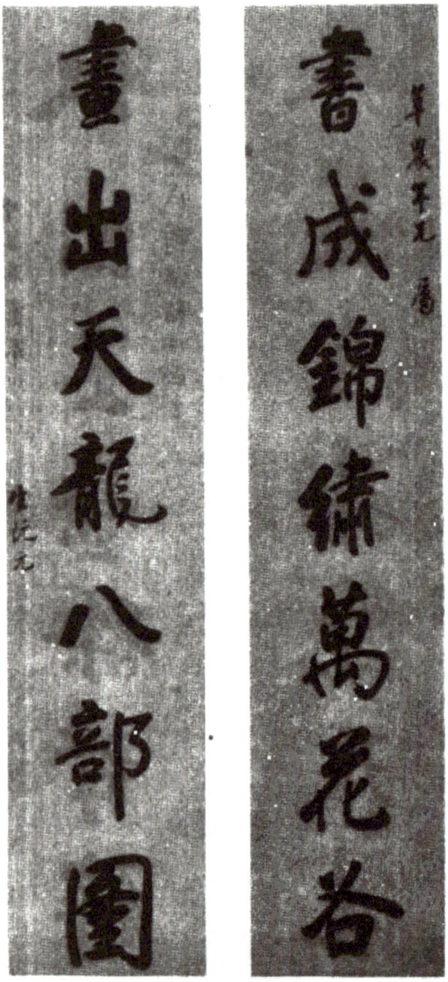

清代著名学者阮元评
《锦绣万花谷》之书迹

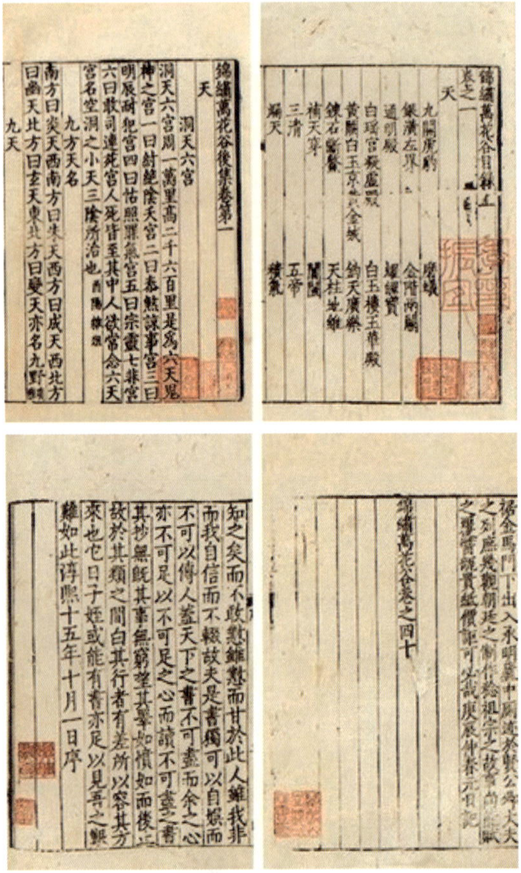

过云楼藏书之宋版书《锦绣万花谷》

《锦绣万花谷》前集四十卷二十四册，后集四十卷十六册

遗碑重现

在本书编纂过程中，接到苏州图书馆古籍部主任孙中旺先生打来的电话，说他在苏州文庙即碑刻博物馆，无意之中看到顾文彬墓志铭。笔者当即搁下手中稿子，赶到文庙大成殿后的崇圣寺德善堂，在苏州碑刻博物馆陆雪梅馆长和孙中旺先生陪同下观察此碑：共 4 条 19 块组成的长方形书条石，书法、刻工俱佳，字迹清晰。当天，笔者打电话告诉顾笃璜先生，顾老第一反应是问："在哪里？" 于是第二天，将老人从家中接出来一起观察此碑，显然他也很兴奋。

同治三年（1864）八月，太平天国战事后，顾文彬全家自沪"迁回省城铁瓶巷旧宅"，"是冬，令承修理下沙塘祖茔，树木被贼（太平军）伐尽，一律补种，迄今已复旧观"。（见顾文彬百首七绝哭子诗注解）

《过云楼日记》载，光绪元年，五月初二日，顾文彬从宁绍台道任上衣锦还乡。稍微歇息，首先祭拜先人。初八日，"携八儿、三孙坐船至虎丘上老坟"，十二日"往下沙塘扫墓，仍携八儿、三孙"。

岁月沧桑，恐怕今天顾氏家族已无人知道虎丘老坟；而下沙塘老坟，据《顾文彬墓志铭》，位于"吴县十四都下四图"。查同治《苏州府志》卷二十九、民国《吴县志》卷二十一上：下沙塘，在吴县胥台乡十四都三图；下沙庙前，在四图。同治《苏州府志》卷二十九云："下沙塘，木渎十景其六曰'下沙落雁'。" 后来过云楼的西席周乔年，有亲戚就居住于下沙塘。

顾笃璜老人说，顾文彬墓在木渎，顾鹤逸墓在西津桥，他还是抗战全面爆发前不到十岁时随大人去祭扫过。家族清明上坟，走水路，坐船去，人多，需安排一个船队。顾文彬墓和顾鹤逸墓，都有看坟的坟客，西津桥坟客是一位有名的木匠，会打船，叫吴天福。顾家祠堂也祭祖，祠堂内墙上镶嵌有复刻的顾文彬、顾鹤逸墓志铭书条石。

顾笃璜老人孩童时代最初的朦胧记忆：在焚烧香烛的烟雾中，与大人们一般正襟危坐，看祖宗的牌位时一排排看过去，看到祖先们依长幼次序端坐在神龛上。他清楚地记得，顾鹤逸的墓志铭上还有他的名字，排最后一个，因祖父去世时他出生不久。

后来，日本人打进来，家人逃难出去，就无法祭祖了。八十来年过去了，对顾文彬墓，他具体也说不大清楚了。顾鹤逸墓早在 20 世纪 50 年代或"文革"中平坟时深埋，当时由他母亲张娴经手。他说，他家里好像保存有顾文彬墓志铭书法原稿。

20 世纪 80 年代纪念苏州古城两千五百年活动前夕，苏州碑刻博物馆建于苏州文庙。如前所述，复刻的顾文彬墓志铭当年与过云楼藏帖碑刻一起，陈列于顾家祠堂内墙上。顾家祠堂、义庄后来成为苏州歌舞团所在地，房子修缮时，于 1980 年前后将碑刻搬入正在筹建碑刻博物馆的苏州文庙。1985 年 7 月苏州碑刻博物馆成立，过云楼藏帖碑刻上墙，而顾文彬墓志铭书条石一直未上墙，直到 2009 年馆内进一步整理各种碑刻时，将顾文彬墓志铭书条石镶嵌于崇圣寺德善堂后的碑廊，现保存情况完好。

后来，我们又在苏州图书馆古籍部发现了顾鹤逸墓志铭书条石拓片，现将顾文彬、顾鹤逸墓志铭整理如下，以供过云楼文化研究参考：

一、顾文彬墓志铭书条石拓片

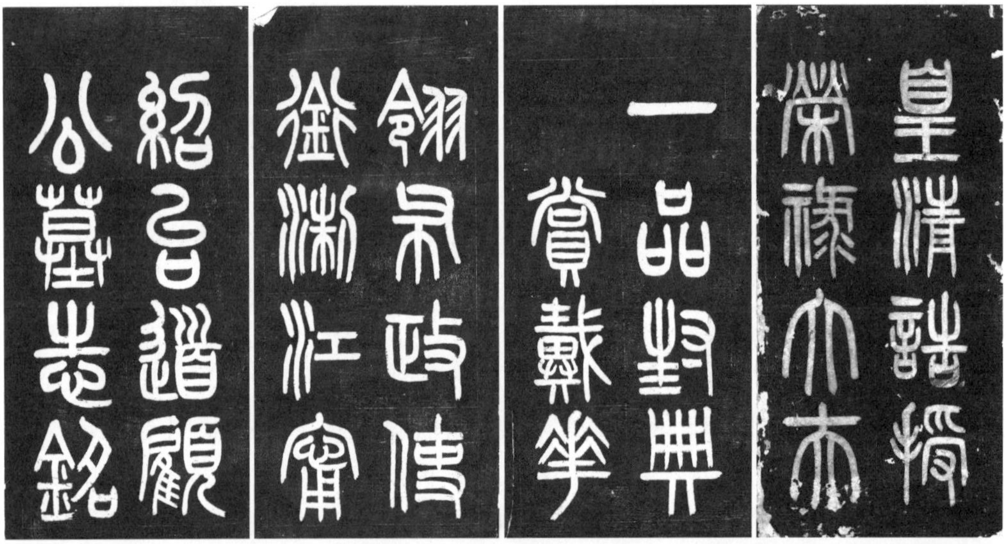
皇清誥授榮祿大夫一品封典賞戴花翎布政使銜浙江甯紹台道顧公墓志銘

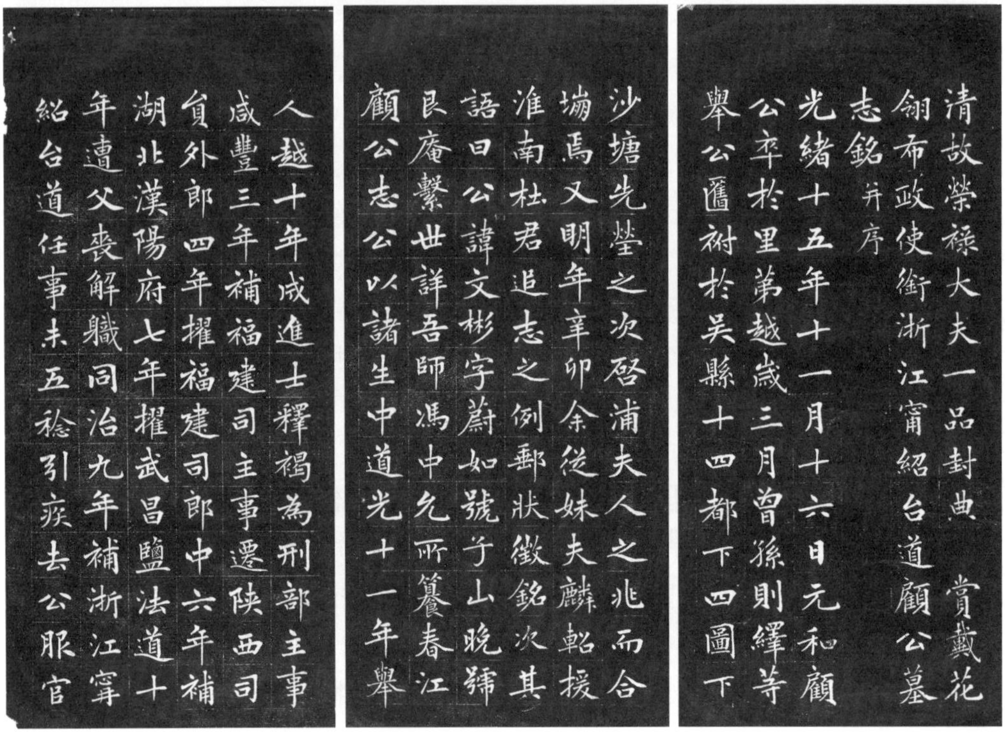
清故榮祿大夫一品封典賞戴花翎布政使銜浙江甯紹台道顧公墓志銘并序
光緒十五年十一月十六日元和顧公卒於里第越歲三月曾孫則繹等舉公匶祔於吴縣十四都下四圖下沙塘先塋之次啓浦夫人之兆而合堋焉又明年辛卯余從妹夫麟軺援淮南杜君追志之例郵狀徵銘次其語曰公諱文彬字蔚如號子山晚號艮庵繁世詳吾師馮中允所簒春江顧公志公以諸生中道光十一年舉人越十年成進士釋褐為刑部主事咸豐三年補福建司主事遷陝西司員外郎四年擢福建司郎中六年補湖北漢陽府七年擢武昌鹽法道十年遭父喪解職同治九年補浙江寧紹台道任事未五稔引疾去公服官

中外二十餘年所至以賢能稱在刑曹日於律章訟比盡心甄究務得廉平嘗隨節按事瀋陽同官病未能訊牒公獨自料省累年滯獄決辰之閒決遣殆盡故事使者張纛入境有司逆勞維謹自歸饟暨贈賄必極華腆

而公而為小行人峻絕階梯壹切弗受以是見重上官考格登最

御屏簡記基山矣公之以知府蒞往湖北也總制官文恭署公軍諮時武漢初克莫中簿領闐委公結舫而居匹馬絝褶往来江岸風雪中疾書遽

奏占對不絕恆至丙夜撫軍胡文忠與文恭不相中任官專政時或抵牾得公一言輒解文忠歎曰制府忠厚長者惜用人太濫如顧某者不愧端人正士公由典郡陟監司不及五旬蓋文忠器公久因密薦之也左文襄

為某鎮所誣

朝廷命文恭及錢副憲寶青治是獄文襄慁辱書抵文忠搘死不就逮公稔文襄非常人力請於文恭獄得解時吾鄉潘文勤抗疏明文襄亡它謂寸可大用海內至今歎誦前識公嘗

護事隱世尟知者庚辛之際全吳淪莽四方僑寄鱗萃危漬孤城黑子羣賊覬覦其旁舉烽赤天譌言一夕數起公奉

命幫辦團練憂形於色首創逆師皖中之議當事持不可反復陳譬迺許

猶以艦艫未具饟餉亡出難之公謀之吳方伯煦委曲籌備始獲濟師用成今相國李公鴻章平吳之功大難既夷文恭走書幣禮請公以祿不臮養深維止足之義固辭不就徵居頃丁公日昌撫吳復具疏力薦而日者

相公終當再起不得已遂行觀察浙東數年於市易交聘事宜剛柔操縱胥中窾會而塡閼鹹河一役利賴農田尤普云公文學淹贍而未參侍從才堪方任而位終監司稚性沖澹不慕時榮年未縣車投劾歸里家居十五年義行不勝書在公為小節故不具卒年七十九夫人浦氏婉娩賢淑門內無閒子廷薰附生候選通判廷熙監生廷烈更名承附貢生候選翰林院待詔皆先公卒廷廉幼殤煦榮女適奉天府府丞新陽朱以增孫麟祥三品銜浙江候補同知升用知府麟元附貢生候選翰林院孔目麟誥增貢生廣東候補鹽大使麟軺附貢生五品銜分省補用鹽大使麟頤附貢生麟士監生麟瀞孫女四許適皆士族曾孫則忠則萬監生五品銜候選縣丞則義則壽則繹則立則潤則效則明則正則久則惠曾孫女十一公帖經而外詞學最邃集古之妙與長蘆唐堂相軒輊晚築怡園極水木之勝弆藏法書名畫甚夥鑒別精審雖朱性父張米庵或未過也箸有過雲樓書畫錄及詩詞各如干卷咸於家公殁吳中邑義追念平吳舊勞申牒請祠入奏

報可十八年六月祠成以此志函辟饔者戶部郎中長洲王頌蔚書人則公門人翰林院編修武進費念慈也

銘曰

江左名閥希馮令裔鬱生寶臣榦國經世早謝纓紱歸臥東岡文酒倜儻泉石平章龕定吳會公首建策立廟告功籩豆永式香水南帶硯山西屏魂魄樂此慶緜億齡

顾建新提供碑刻拓片

二、顾文彬墓志铭原文

皇清诰授荣禄大夫一品封典赏戴花翎布政使衔浙江宁绍台道顾公墓志铭

清故荣禄大夫、一品封典、赏戴花翎、布政使衔、浙江宁绍台道顾公墓志铭并序

光绪十五年十一月十六日，元和顾公卒于里第。越岁三月，曾孙则绎等举公匶祔於吴县十四都下四图下沙塘先茔之次，启浦夫人之兆而合堋焉。又明年辛卯，余从妹夫麟軺援淮南杜君追志之例，邮状徵铭，次其语曰：

公讳文彬，字蔚如，号子山，晚号艮庵。系世详吾师冯中允所纂《春江顾公志》。公以诸生中道光十一年举人，越十年成进士，释褐为刑部主事。咸丰三年，补福建司主事，迁陕西司员外郎。四年，擢福建司郎中。六年，补湖北汉阳府。七年，擢武昌盐法道。十年遭父丧，解职。同治九年，补浙江宁绍台道，任事未五稔，引疾去。

公服官中外二十馀年，所至以贤能称。在刑曹，日於律章讼比，尽心甄究，务得廉平。尝随节按事沈阳，同官病，未能讯牒，公独自料省累年滞狱，浃辰之间决遣殆尽。故事，使者张旝入境，有司逆劳维谨，自归饩暨赠贿必极华腆，而公两为小行人，峻绝阶梯，一切弗受。以是见重上官，考格登最。御屏简记，基此矣。

公之以知府发往湖北也，总制官文恭署公军咨。时武汉初克，莫中簿领闐委，公结舫而居，匹马纨褶往来江岸，风雪中疾书遽奏，占对不绝，恒至丙夜。抚军胡文忠与文恭不相中，任官剸政，时或抵牾，得公一言辄解。文忠叹曰："制府，忠厚长者，惜用人太尶。如顾某者，不愧端人正士。"公由典郡陟监司，不及五旬，盖文忠器公久，因密荐为之也。左文襄为某镇所诬，朝廷命文恭及钱副宪宝青治是狱。文襄思（惧）辱，书抵文忠，誓死不就逮。公稔文襄非常人，力请於文恭，狱得解。时吾乡潘文勤抗疏，明文襄亡它，谓才可大用。海内至今叹诵前识。公营护事隐，世尠知者。

庚辛之际，全吴沦莽，四方侨寄，鳞萃巵渎，孤城黒子，群贼覬（眈）视其旁，举烽赤天，讹言一夕数起。公奉命帮办团练，忧形於色，首创逆师。皖中之议，当事持不可，反复陈譬，迺许，犹以艦舻未具、饟餫亡出难之。公谋之吴方伯煦，委曲筹备，始获济师，用成今相国李公鸿章平吴之功。大难既夷，文恭走书币礼请，公以禄不臮（暨）养，深维止足之义，固辞，不就徵。居顷，丁公日昌抚吴，复具疏力荐，而日者相公终当再起。不得已，遂行观察浙东数年，於市易交聘事宜，刚柔操纵，胥中窾会，而填閼鹹河一役，利赖农田尤普云。

公文学淹赡，而未参侍从；才堪方任，而位终监司。雅性冲憺，不慕时荣，年未县车，投劾归里。家居十五年，义行不胜书。在公为小节，故不具。卒年七十九。

夫人浦氏，婉娩贤淑，门内无间。子：廷薰，附生，候选通判；廷熙，监生；廷烈，更名承，附贡生，候选翰林院待诏，皆先公卒；廷廉，幼殇。煦荣，女，适奉天府府丞新阳朱以增。孙：麟祥，三品衔，浙江候补同知升用知府；麟元，附贡生，候选翰林院孔目；麟诰，增贡生，广东候补盐大使；麟韬，附贡生，五品衔，分省补用盐大使；麟颐，附贡生；麟士，监生；麟澥。孙女四，许适皆士族。曾孙：则忠；则万，监生，五品衔，候选县丞；则义；则寿；则绎；则立；则润；则效；则明；则正；则久；则惠。曾孙女十一。

公帖经而外，词学最邃，集古之妙，与长芦、唐堂相轩轾。晚筑怡园，极水木之胜。弆臧法书、名画甚夥。鉴别精审，虽朱性父、张米庵或未过也。著有《过云楼书画录》及诗词各如干卷，臧於家。公殁（殁），吴中邑义追念平吴旧劳，申牒请祠，入奏，报可。十八年六月，祠成，以此志函壁。篹（纂）者，户部郎中长洲王颂蔚。书人，则公门人翰林院编修、武进费念慈也。

铭曰：

江左名阀，希冯令裔。鬱生宝臣，斡国经世。早谢缨紱，归卧东冈。文酒俶傥，泉石平章。龛定吴会，公首建策。立庙告功，椾豆永式。香水南带，砚山西屏。魂魄乐此，庆绵亿軨。

三、顾文彬墓志铭译文

光绪十五年十一月十六日，元和顾公在乡里去世。第二年三月，曾孙则绎等将顾公的灵柩安葬于吴县十四都下四图下沙塘，先人的坟墓旁边，开启浦夫人的墓穴，与之合葬。又第二年辛卯，我的堂妹夫麟韬依据淮南杜君追忆故人的先例，邮寄他的生平征求别人给写篇墓志铭，信中附带详细地记述了他的情况：

公讳文彬，字蔚如，号子山，晚号艮庵。谱系在我的老师冯桂芬所纂写的《春江顾公志》有详细记载。顾公以诸生的身份于道光十一年（1831）中举人，过了十年（1841）中进士，被任命为刑部主事。咸丰三年（1853）补官福建司主事，后升官任陕西司员外郎，咸丰四年（1854）升官福建司郎中，咸丰六年（1856）补授湖北汉阳府，咸丰七年（1857）升任武昌盐法道，咸丰十年（1860）因为父亲去世，卸任官职。同治九年（1870）补官浙江宁绍台道，任职不满五年，因为生病，辞去官职。

顾公任职前后二十多年，所任的每个职位都以贤能著称。在刑部，每日忙于各类诉讼案件，尽心甄别探究，务必要求公平廉洁。曾经跟随节按在沈阳为官，同仁因为生病，未能审讯案件，顾公独自承办案例审理之前数年未能解决的案件，在十二天之内都一一处理完毕。故事，使者张澹入境，谨慎迎劳，自行归顺，并送了非常厚重奢华的礼品。而顾公两次坚持操守，严词拒绝，什么都没有接受。因此，被上官所看重，考核最优。这次墓志铭的记录正是基于这些。

顾公以知府的职务前往湖北任职，总制官文恭（即官文）委任顾公为军咨。当时武汉刚刚被攻克，莫中官府记事的簿册大量集中，顾公将船舫结在一处，频繁往来于江岸之间，风雪中飞书传递，应对不绝，直到丙夜才结束。抚军胡文忠（即胡林翼）与文恭不相和谐，任职时有矛盾，后来得到顾公的劝解，矛盾立刻解决了。文忠感叹："制府是忠厚的长者，可惜用人太滥了。比如顾公，确实是端正人士啊。"顾公从典郡升迁到监司职务不到五个月，是因为文忠器重顾公很久，秘密推荐他。左文襄（即左宗棠）被某镇所诬陷，朝廷让文恭和钱副宪宝青办理此案。文襄担心受辱，传书文忠，誓死不就捕。顾公熟知文襄不是常人，向文恭力请，案件得以审理。当时同乡潘文勤（即潘祖荫）上疏，表明没有文襄不行，大有作为，海内外至今还在传诵他的前瞻意识。顾公之前的营救保护之事比较隐蔽，很少有人知道。

庚辛年（编者按：庚申、辛酉，咸丰十、咸丰十一年，1860、1861）之际，整个吴地一片莽芜，各地人士都寄居聚集于此地及上海周围，孤城黑暗，叛乱之人虎视眈眈，烽火连天，流言四起。顾公奉命操办团练，每日忧心忡忡，溢于言表，首创引皖中湘军救沪之议，当事认为不可，顾公反复陈述，才得到应许，还因为船舰未完成，而粮饷已经用尽之事，备受责难。顾公向吴方伯煦求助谋略，委屈筹备，才获得救助，得以促成相国李鸿章平定吴地的功劳。后来大灾难已经消除，文恭写信送礼请聘，顾公坚决认为俸禄不可至养，坚决拒绝，不愿接受。后丁日昌在吴地为官，再次上疏力荐，公最终不得已上任。任浙东察使数年，于市易交聘事宜方面，刚柔并济。胥中要害之地，而新开河填塞咸河一役，确实是有利于农田普及。

顾公文学修养很高，却没有文职侍从，才能足以担当地方官职而最终担当监司类官职。素来性格冲淡闲定，不追求荣誉，后来辞官回归故里，生活了十五年。他的义行书写不尽，在顾公看来都是小事，因此不一一细述，享年七十九岁。夫人浦氏温婉贤淑，家族内没有游手好闲的子弟，廷薰官至附生候选通判；廷熙官至监生；廷烈更名承，官至附贡生候选、翰林院待诏，皆先于顾公去世。廷廉幼年早夭，煦荣之女嫁于奉天府府丞新阳朱以增，孙辈麟祥官至三品衔、浙江候补、同知升用知府；麟元官至附贡生、候选翰林院孔目；麟诰官至增贡生、广东候补监大使；麟韬官至附贡生、五品、分省补用盐大使；麟颐，官至附贡生；麟士官至监生；麟澥。四位孙女，都嫁给了士族。曾孙则忠、则万官至监生，五品衔候选县丞；还有则义、则寿、则绎、则立、则润、则效、则明、则正、则久、则惠等。还有十一个曾孙女。

顾公擅长帖经，最精于词学，喜爱收集古书古画，与长芦、唐唐堂不分伯仲。晚年造怡园，穷极山水草木之胜，收藏很多各类法书、名画。还精于鉴赏，即使朱性父、张米庵，也不一定能超过他。著有《过云楼书画录》及诗词各若干卷，藏于家。顾公去世后，吴中百姓追念他平定吴地的功劳，请求建立祠堂，上报朝廷后得到允许。十八年六月，祠堂建成，为其写志的是户部郎中长洲王颂蔚。书写的是则公的学生翰林院编修、武进人士费念慈。

铭曰：

江左名阀，希冯令裔；郁生宝臣，干国经世。早谢缨绂，归卧东冈；文酒俶傥，泉石平章。龛定吴会，公首建荣；立庙告功，于豆永式。香水南带，砚山西屏；魂魄乐此，庆绵亿龄。

四、顾鹤逸墓志铭拓片

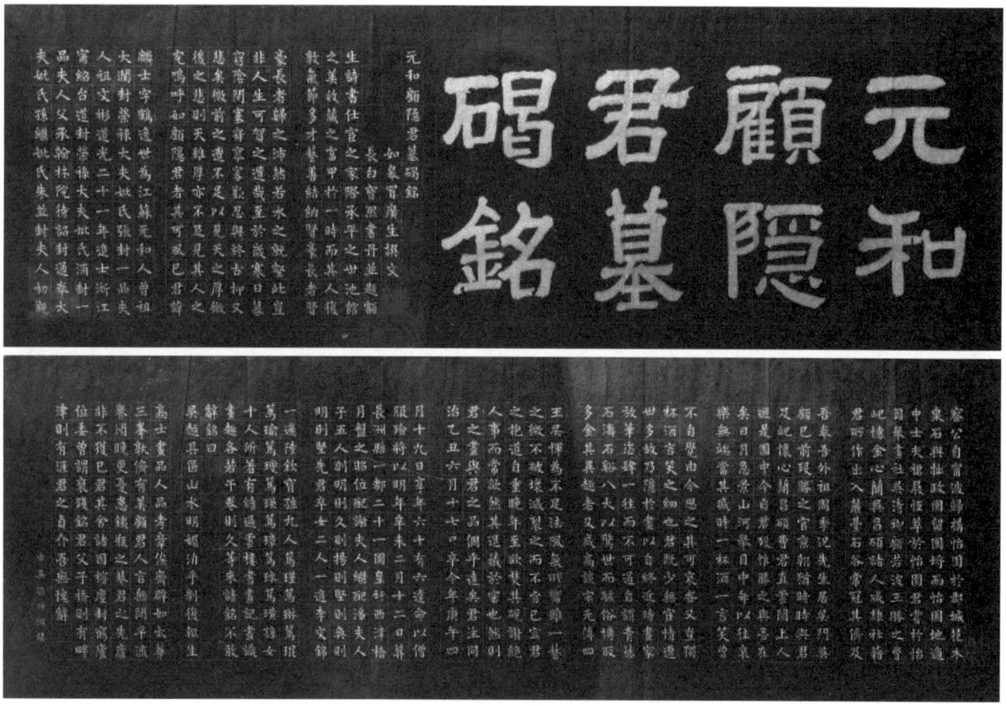

苏州图书馆藏

五、顾鹤逸墓志铭原文

元和顾隐君墓碣铭

如皋冒广生撰文、长白宝熙书丹并题额

生诗书仕宦之家，际承平之世，池馆之美，收藏之富，甲于一时。而其人复敦气节，多才艺，善接纳贤豪长者，贤豪长者归之，沛然若水之就壑，此岂非人生可贺之遭哉。至于岁寒日暮，穷阴闭塞，寂寥寡欢，忍与终古，抑又悲矣。微前之遭，不足以见天之厚。微后之悲，则天虽厚亦不足见其人之完。呜呼，如顾隐君者，其可风已。

君讳麟士，字鹤逸，世为江苏元和人。曾祖大澜，封荣禄大夫，妣氏张，封一品夫人。祖文彬，道光二十一年进士，浙江宁绍台道，封荣禄大夫，妣氏浦，封一品夫人。父承，翰林院待诏，封通奉大夫，妣氏孙，继妣氏朱，并封夫人，初观察公自宁波归，构怡园于郡城。花木泉石，与拙政园、留园埒，而怡园地适中，士夫群屐恒萃于怡园。君尝于怡园举画社，吴清卿、顾若波、王胜之、费屺怀、金心兰、吴昌硕诸人，咸隶社籍。君所作出入麓台、石谷，常冠其侪。及吾奉吾外祖周季况先生居吴门，吴、顾已前殁，胜之官京朝，犹时时与君及屺怀、心兰、昌硕、曹君直、云间上人游是园中。今自君殁，惟胜之与吾在矣。日月急景，山河举目，中年以往，哀乐无端。当其盛时，一杯酒，一言笑，曾不自觉。由今思之，其可哀者，又岂独杯酒言笑之细也。君既少无宦情，遭世多故，乃隐于画以自终。近时画家，放笔恣肆，一往而不可遏，自谓青藤、石涛、石谿、八大，以惊世而骇俗，博取多金。其异趣者，又或高谈宋元，薄四王、吴恽为不足法。风气所尚，虽一艺之微，不破坏灭裂之而不肯已，宜君之抱道自重。晚年至欲焚其砚，谢绝人事，而尝歆然而退藏于密也。然则君之画与君之品，偶乎远矣。

君生同治乙丑六月十七日，卒今年庚午四月十九日，享年六十有六。遗命以僧服殓，将以明年辛未二月十二日，葬长洲县一都二十一图皇圩西津桥月盘之昭位。配谢夫人，继配潘夫人。子五人：则明、则久、则扬、则坚、则奂。则明、则坚先君卒。女二人：一适李文锦，一适陆钦宝。孙九人：笃瑾、笃琳、笃琨、笃瑜、笃瓔、笃瑛、笃璋、笃球、笃璜。孙女十人。所著有《续过云楼书画记》《画识》《画趣》各若干卷。则久等来请铭，不敢辞。铭曰：

吴越具区，山水明媚，洎乎剥复，辄生高士。画品人品，孝章俟斋。辟如太华，三峰孰侪。有美顾君，人言无间。早流誉闻，晚更忧患。铁瓶之巷，君之先庐。非不获已，君其舍诸。因櫂尘封，穹庐位委，曾谓衰残，铭君父子，桥则有畔，津则有涯，君之贞介，吾无愧辞。

六、顾鹤逸墓志铭译文

元和顾隐君墓碣铭

如皋冒广生[1]撰文、长白宝熙书丹并题额

顾隐君生于诗书、官宦世家，正值太平之世。家中的池塘馆阁、丰富的藏书在当时都是一流的。但他为人极重气节，多才多艺，善于接纳贤者、豪爽之人。贤者、豪爽之人到其处，如同流水归于沟壑一般，这难道不是人生之可喜可贺的遭遇？到了年老之时，却穷困闭塞，与外界交往不多，郁闷寂寥，最终孤寂离世，又十分可悲。如果没有之前的遭遇，不足以看到苍天之厚道。如果没有后世的悲苦，那么天即便厚道也不足以看见他人格之完整。呜呼，像顾隐君这样的，他可以形成一股风气啊。

顾公讳麟士，字鹤逸，世代都是江苏元和人。曾祖顾大澜，受封为荣禄大夫，张夫人受封一品夫人。祖父文彬，道光二十一年进士，曾任浙江宁绍台道，受封光禄大夫，浦夫人受封一品夫人。父亲顾承，翰林院待诏，受封为通奉大夫，孙夫人和朱夫人，并封为夫人。早年从宁波观察公任职上归来，在苏州城内构建怡园。花木泉石，都与拙政园、留园相媲美，而怡园地理位置适中，文人雅士多聚集于怡园。顾公在怡园内创办画社，吴清卿、顾若波、王胜之、费屺怀、金心兰、吴昌硕等人，都在怡园画社。顾公创作可与王麓台（原祁）、王石谷（翚）相提并论，在同类画家中居于首位。等到我侍奉外祖周季况[2]先生居住在吴中，吴清卿、顾若波二位已经去世了，王胜之在京朝为官，还时时与我、屺怀、心兰、昌硕、曹君直、云间上人在院中游览。而今顾公先生又去世了，只有王胜之和我在。日月变幻，山河瞩目，中年以后，哀乐无常。当时繁盛之时，一杯酒，谈笑之间，都不曾觉得。如今想来，可悲的又岂是独自饮酒、谈笑之声渐弱。顾公自少没有为官的追求，遭遇很多变故，于是潜心作画。近代画家，大多画笔恣肆，一发不可遏制，自称青藤、石涛、石谿、八大以惊世骇俗，博取高额酬金。而有异趣者，有的高谈宋元大家，轻视四王、吴恽，谓不足以效法。风气所崇尚的，即使是作画这一技艺，不破坏毁灭不肯罢休，而顾公秉承道义，自尊自重。晚年，欲焚烧其砚台以谢绝人情，而自感不足，退而秘密收藏书画。然而顾公的画品、人品，超然洒脱却又渐渐远去了。

顾公生于同治乙丑年（1865）六月十七日，死于庚午年（1930）四月十九日，享年六十六岁。去世前嘱咐用僧服收敛，于第二年辛未年（1931）二月十二日葬在长洲县一都二十一图皇圩西津桥月盘的昭位。配享谢夫人，后配享潘夫人。有五子：则明、则久、则扬、则坚、则奂。则明、则坚早卒。有二女：其一嫁给李文锦，其一嫁给陆钦宝。有孙九人：笃瑾、笃琳、笃琨、笃瑜、笃瓆、笃瑛、笃璋、笃球、笃璜。有孙女十人。一生著作有《续过云楼书画记》《画识》《画趣》各若干卷。则久等来请我写墓志铭，我不敢推辞。写墓志铭曰：

吴越具区，山水明媚，洎乎剥复，辄生高士。画品人品，孝章、俟斋。辟如太华，

2014年10月，顾笃璜先生于苏州碑刻博物馆顾文彬墓志铭书条石前

三峰孰侪。有美顾君，人言无间。早流誉闻，晚更忧患。铁瓶之巷，君之先庐。非不获已，君其舍诸。因檑尘封，穹庐位委，曾谓衰残，铭君父子，桥则有畔，津则有涯，君之贞介，吾无愧辞。

撰译/高福民　陶莉

2014年11月

注：

1. 冒广生（1873—1959），字鹤亭，号疚翁，别署疚斋，冒辟疆裔孙，江苏如皋人，清末民初著名学者、诗人、刻书家。从外伯祖周星誉受词章之学，师从外祖周星诒学校雠、目录学。光绪二十年中举，后跟随俞樾、孙诒让游学。光绪至民国间编刊《如皋冒氏丛书》三十四种、附录六种，共四十二册。著有《小三吾亭诗》《后山诗注补笺》《宋曲章句》等。顾颉刚先生评价其："今东南学者应推冒鹤老为坛坫祭酒。"解放后，受聘为上海市文物保管委员会特约顾问、上海文史馆馆员。

2. 周星诒（1833—1904），原籍河南祥符，长于浙江绍兴。官至福建建宁府知府，罢官后幽居苏州，与傅以豫、魏锡曾等友善，著有《窳櫎诗质》。早年与李慈铭创诗会益社，其书钞阁藏书甚富，因此而知名。

名楼藏帖

士衡铁笔妙通神，名迹双钩欲夺真。一代过云楼集帖，隋珠和璧数家珍。

这是过云楼首任楼主顾文彬对过云楼藏帖由衷的赞美，对协助他完成家刻集帖的三子顾承的悼念。

过云楼藏帖，又称过云楼集帖，原存苏州铁瓶巷尚书里顾氏春荫义庄祠堂内，20 世纪 80 年代初在苏州文庙筹建苏州碑刻博物馆时，移至大成殿东廊陈列。集帖共书条石六十七方，当时发现此帖有所佚散，后按旧拓补刻八方，以存全璧，是一部完整的具有较高文物价值的书法艺术丛帖。

过云楼藏帖，是清光绪八年（1882）顾文彬及其三子，将所藏法书中精选出释智永、褚遂良、范仲淹、苏轼、米芾、赵孟頫、祝允明、文徵明、董其昌等二十四家精品精刻成帖。顾文彬说："择家藏名迹，倩海盐陆芝山茂才精摹刻石，为《过云楼帖》八卷。""精选""精品""精刻"，这"三精"使过云楼藏帖成为当时著名和流行的法帖，成为过云楼一绝。按时代先后编成八卷，每卷首用钟鼎文书题，下角盖有"元和顾氏过云楼审定"印章，标签均由朴学大师和书法大家俞樾所题。所刻诸家作品在顾文彬所著《过云楼书画记》一书中大多著录，有专文考证。

过云楼藏帖是稀世珍宝，这里仅作简要介绍：

帖的第一集《释智永真草千字文》，董其昌、郭尚先跋，有薛绍彭印。智永，隋朝僧人，书法大家，是东晋书圣王羲之的七代孙。其真草千字文墨迹之用笔，更合乎唐人楷法，为初学者学习楷书和草书的最佳范本。顾文彬所著《过云楼书画记》称："夙昔往复余心者，忽据为余有，文字之福未渠央也，傥亦永公牖余乎？"此卷流传有序，赵大年得之于以翰墨名世的北宋书法家薛绍彭，北宋书法家米芾以唐代诗人、书画家王维的传世画作《雪山图》，从同乡宋光禄处易得，冯铨从明晚期书画家董其昌手中得之，后太原温启封得之，顾文彬又从心泉和尚处得之。

帖的第二集《唐人书郁单越经》，程瑶田、王芑孙跋，与第三集《褚河南兰亭》，米芾题。前者珍贵之处在于，后世稀见，故未入《大藏经》。而后者又称《米题褚摹兰亭卷》，东晋书圣王羲之所书《兰亭序》被后世视为行书典范，唐代书法家褚遂良摹本，纵 24 厘米、横 88.5 厘米，几可乱真。褚遂良，字登善，号希明公子，唐太宗、唐高宗朝均为大臣，封河南郡公，人称"褚河南"。顾文彬收藏此卷时极为低调，一再关照三子顾承，"我家既得永师书，兹若再得河南书，则大江以南推为收藏家第一，亦可当之而无愧矣"。

帖的第四集《范文正手札卷》，吴宽、费寀跋。这二通珍贵的范仲淹尺牍，其中《范仲淹与尹舍人》信札，从北宋开始一直与范书《伯夷颂》并为范氏传家之宝，原藏苏州文正书院。信札中涉及范氏义庄的资料是苏州乡土文献。清咸丰年间太平天国战乱，流失在外，后被顾文彬发现而收藏。因为战乱，江南收藏家手中的藏品纷纷流散，顾文彬正是抓住了这个千载难逢的机会，收集了《范文正手札卷》。

帖的第五集《苏文忠公黄几道文》，董其昌、笪重光、王鸿绪跋。顾文彬高度评价《祭黄几道文》，称其即置之过云楼，亦在奏状、札子之上，又说，收藏大家李鸿裔推举其为苏轼法书之首，“真知音也”。因原主徐仰屺正值家道中落，对祖传藏品又不甚爱惜，顾氏以三百元购之。顾文彬难抑激动，“徐氏苏书，字既精整，黄几道又是名人，不但可压梁册，即我家所藏两件，亦拜下风，志在必得，不必计较价值也”。据湖北省博物馆收藏的杨守敬手稿，述及元和顾氏怡园《过云楼藏帖》苏轼书《黄几道文》和《民师说》较《安素轩苏书》尤为精贵。杨守敬为我国清末著名金石版本专家，对此推崇备至。

帖的第二集《三弥底部论》，第三集《定武兰亭》《古本兰亭》，第四集《苏轼民师札》，第五集《米襄阳千字文》《崇国公墓志》，第六集《赵文敏黄庭经》《酒德颂》，第七集《祝京兆归去来兮》《闲情赋》《书述》，第八集《文待诏落花诗》《千字文》《董文敏临古六种》，均为名家墨迹，有的原本无存，只有靠碑帖拓本留存于世。正如清代顾燿君《书法概要》云：“帖者，始于卷帛之署书，后世凡一缣半纸珍藏墨迹者，皆归之帖。今晋人之书，其流传者，王、谢、钟诸书，皆帖也。”

《过云楼藏帖》作为有清一代私家刻帖，实属首屈一指，魅力永存。

苏州文庙

苏州碑刻博物馆碑廊

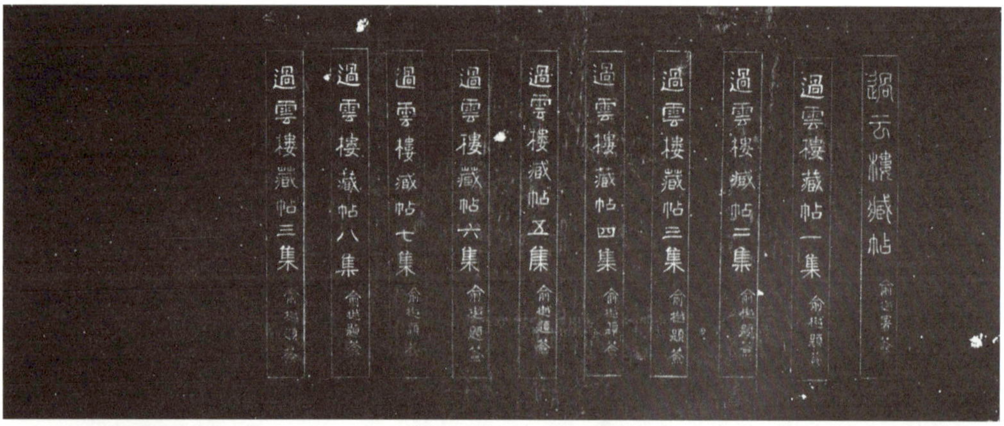

《过云楼藏帖》俞樾署签

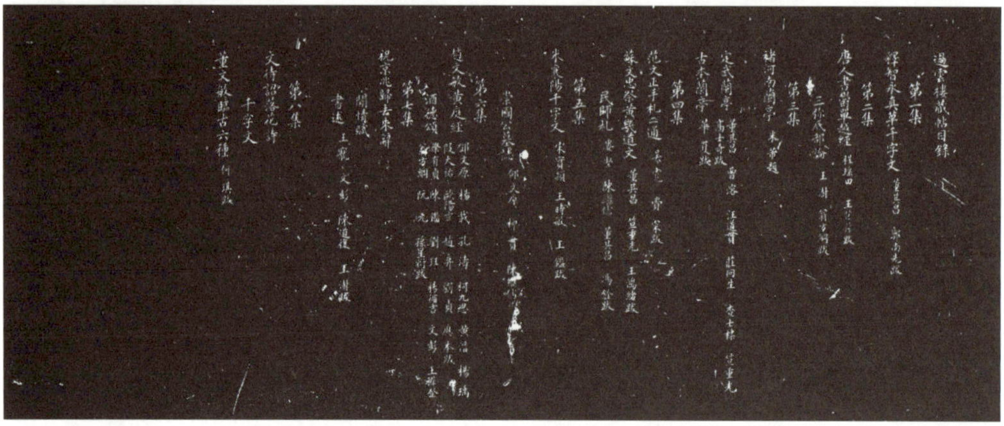

过云楼藏帖目录，苏州碑刻博物馆藏

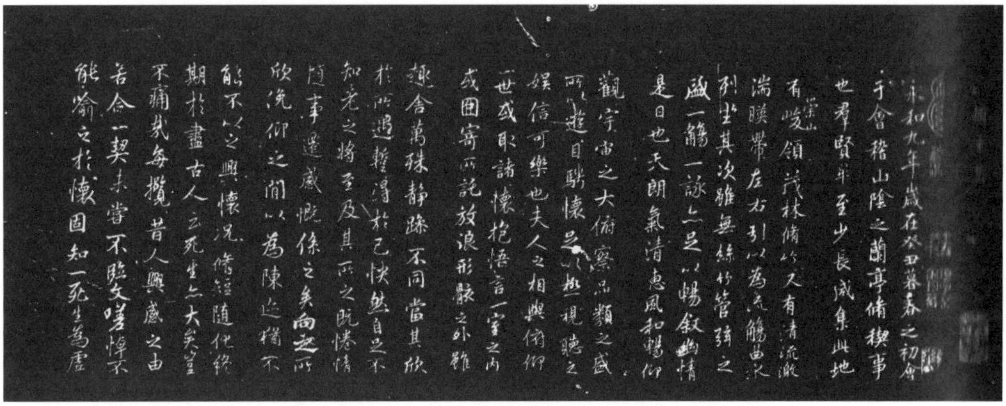

褚河南兰亭

清光绪八年（1882），宽 82cm，高 31cm

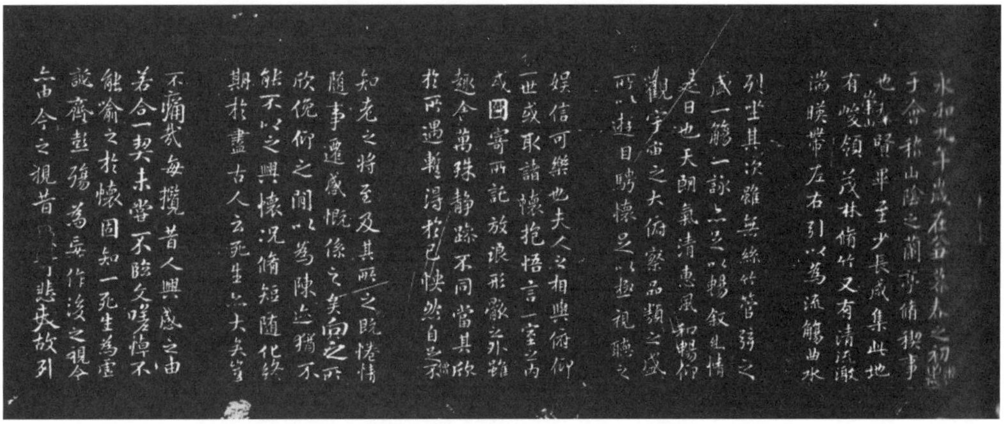

定武兰亭

清光绪八年（1882），宽 82cm，高 31cm

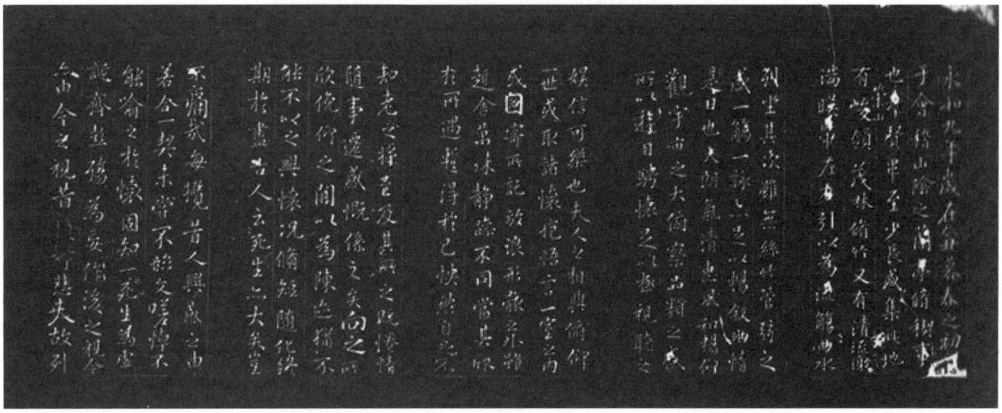

古本兰亭

清光绪八年（1882），宽 82cm，高 31cm

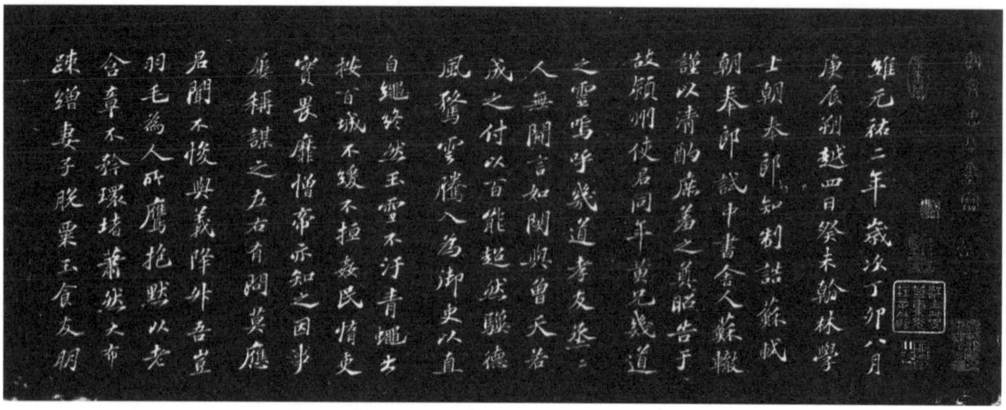

苏文忠公黄几道文
清光绪八年（1882），宽 82cm，高 31cm

苏州碑刻博物馆藏

《祭黄几道文》碑文：

维元祐二年，岁次丁卯八月庚辰朔，越四日癸未。翰林学士、朝奉郎、知制诰苏轼，朝奉郎、试中书舍人苏辙，谨以清酌庶羞之奠，昭告于故颍州使君同年黄兄几道之灵：呜呼几道，孝友蒸蒸。人无闲言，如闵与曾。天若成之，付以百能。超然骥德，风骛云腾。入为御史，以直自绳。终然玉雪，不污青蝇。出按百城，不缓不拒。奸民惰吏，实畏靡憎。帝亦知之，因事屡称。谋之左右，有问莫应。君闻不悛，与义降升。吾岂羽毛，为人所鹰。抱默以老，含章不矜。环堵萧然，大布疎缯。妻子脱粟，玉食友朋。

轼迁于南，秋谷五登。坐阅百吏，锥刀相仍。有斐君子，传车是乘。穆如春风，解此阴凌。尚有典刑，紫髯垂膺。鲁无君子，斯人安承。纳币请昏（婚），义均股肱。别我而东，衣被仅胜。一卧永已，吾将安凭。寿命在天，维圣艾增。君赵魏老，老于薛滕。天亦愧之，其世必兴。举我一觞，归安丘陵。尚飨。

怡怡之园

一、顾文彬怡园诗词

(一)《怡园即事》

顾文彬在诗词造诣方面，著有《眉绿楼词》《眉绿楼词联》，此两部诗词之作，在园林文学史上应有其独特的价值和地位。《眉绿楼词》有调寄《望江南》的咏怡园词一千数百首，题名为《怡园即事》，其中颇多可诵之作，如：

怡园好，往日巷无邻。历劫烟尘怜故土，敝庐风雨守先人，赤手辟荆榛。
怡园好，春草梦池塘。止水不流花出涧，凉飔多借竹穿窗，吟啸坐幽篁。
怡园好，莲渚浴红衣。欹岸水花莲影动，穿林山鸟带声飞，斜月柳桥西。
怡园好，篱菊饱含霜。映烛蒲黄浮酒栈，卷帘松翠落琴床，待月掩银缸。
怡园好，风转雪侵阶。树冻有衣牵薜荔，石髡无发补莓苔，春讯问寒梅。
怡园好，夹路锦成丛。栖草蜨痴寻旧梦，触藩鹿静护新茸，遥避埽花僮。
怡园好，竹籁玉琤琮。种石如林高下笋，傍花为屋短长廊，红紫灿成行。
怡园好，筇竹不离云。领鹤徐行莎径滑，与鸥闲坐钓矶温，花影聚游鳞。
怡园好，松桧拂云平。卷幔树添炉篆碧，隔池峰入镜屏青，人在画中行。
怡园好，挈榼小奚随。濡首浊醪狂泼墨，响肠清茗苦搜诗，清兴少人知。
怡园好，飞槛与云摩。本色亭台雕缋少，匠心邱壑折旋多，斜径入烟萝。
怡园好，古洞路弯环。螺髻小亭棕盖瓦，虹腰低彴柳扶阑，陟岛借藤攀。
怡园好，树暗径微分。浅水平桥千柳罨，长廊短碣万花熏，藓迹绿成文。

（选自《眉绿楼词》）

(二)怡园词联

怡园落成后，文人们纷纷以诗文唱和的方式来表达对怡园的赞扬。顾文彬有诗曰："凭空结树此园林，世俗尘无一点侵。别写胸中丘壑趣，萧疏如画淡如琴。"顾文彬又集宋词自题园联若干，辑成《眉绿楼词联》。

与古为新，杏霭流玉；
犹春于绿，荏苒在衣。
——集唐司空图《诗品》和宋史达祖词题怡园藕香榭

千古频臾，当年事如对奕；
一亭寂寞，公歌我亦能书。
——集宋词题怡园奕书亭

曲砌虚庭，玉影半分秋月；
艳歌芳酒，夜深醉踏长虹。
——集周密词题怡园

竹杖敲棋，倚窗小梅索句；
帘波浸笋，闭门明月关心。
——集史达祖词题怡园

春意长闲，闲处直须行乐；
吾生堪笑，笑时犹有些痴。
——集辛弃疾词题怡园

高树晚蝉，三十六陡秋色；
短亭逢雁，几千万缕垂杨。
——集宋词题怡园绿杨亭

露罥蛛丝，花径啼红满袖；
香笼麝水，澄波淡绿无痕。
——集吴文英词题怡园

水影动梨云，是镜中窥莺，帘冰却燕；
霁痕消蕙雪，看随花甃石，拨叶通池。
——集张炎词题怡园

素景护梅残，向梦里消春，酒中延画；
雕笼移烛暗，任灯前欹枕，雨外熏炉。
——集吴文英词题怡园

斜日起凭栏，见竹静梅深，鹊楼胜处；
春雪初起户，算柳娇桃嫩，燕子来时。
——集吴文英词题怡园

云洞插天开，欲往何从，一百八盘狭路；
湘屏展翠迭，临流更好，几千万缕垂杨。
——集宋词题怡园

素壁写归来，画舫行斋，细雨斜风时候；
瑶琴才听彻，钧天广乐，高山流水知音。
——集宋词题怡园

柴门今始开，窈窕谁来，有客骖鸾翳凤；
翠竹栽成路，弯环如许，小园曲径疏篱。
——集宋词题怡园

唤个月儿来，清光更多，只放冰壶一色；
从今花影下，娇黄成景，染教世界都香。
——集辛弃疾词题怡园桂花亭

秋水浸芙蓉，四壁骊珠，波影暖浮玉甃；
晴空摇翠浪，一声龙竹，素鳞远避金钩。
——集周密词题怡园

莲叶共分题，贮月怀宽，笑拍阑干呼范蠡；
篑屏掩双扇，避风台浅，旋移芳槛引流莺。
——集宋词题怡园

流水洗花颜，拥莲媛三千，谁道采菱波狭；
紫霄承露草，倚瑶台十二，犹闻凭袖香留。
——集宋词题怡园

占一年好景，数朵奇峰，经卷熏炉，谁与赠洞霄仙侣；
拟招隐羊裘，寻盟鸥社，绿蓑青笠，人道是烟波钓徒。
——集宋词题怡园

但一庭风月，几曲阑干，换却繁华，更底用燕帘莺户；
且料理琴书，夷犹今古，还将乐事，凭寄与象笔蛮笺。
——集张炎词题怡园

二、怡园联额

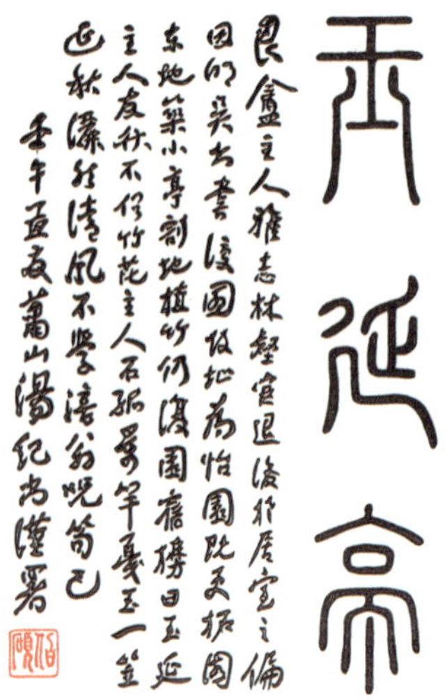

晚清书画家
汤纪尚题：玉延亭

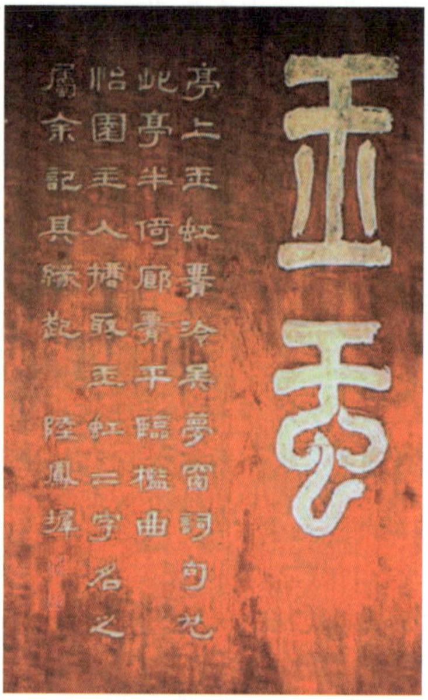

晚清著名书法、雕刻家
陆凤墀题：玉虹匾额

书法篆刻家钱太初题
藕香榭外抱柱对：
水云乡松菊径鸥鸟伴
凤凰巢醉月吟鞭烟雨
偏宜晴亦好；
盘谷序辋川图谪仙诗
居士谱酒群花队主人
起舞客高歌。

郑板桥题
白石精舍（石舫）楹联

无落款

三、怡园碑刻

怡园镌晋、唐、宋、元、明诸家法书名迹碑

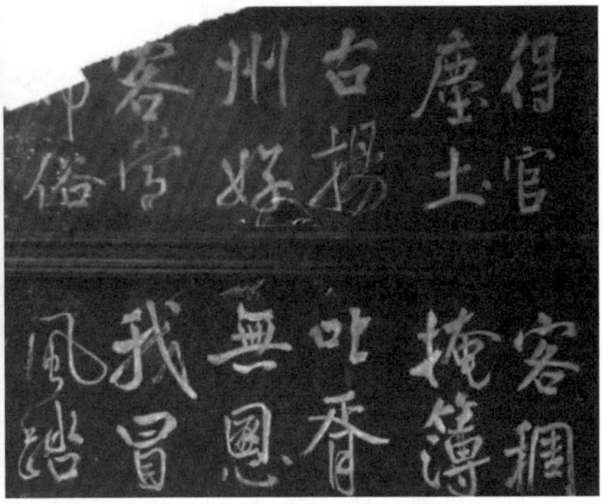

米芾书法碑刻

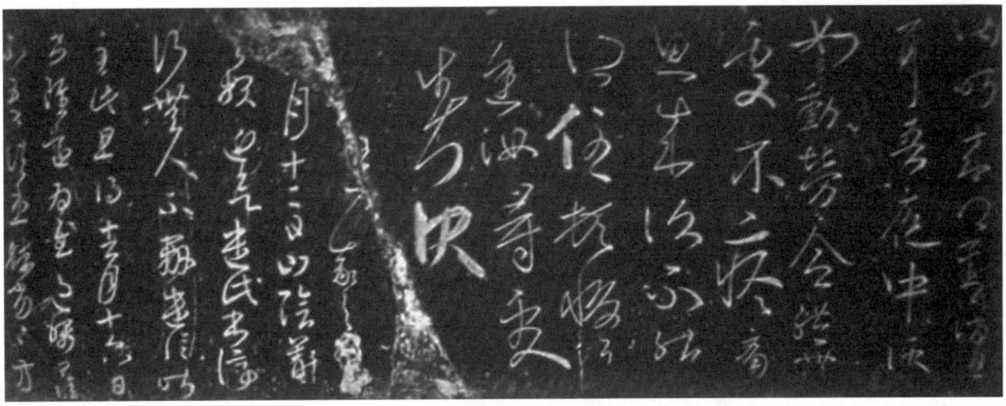

王羲之书法碑刻

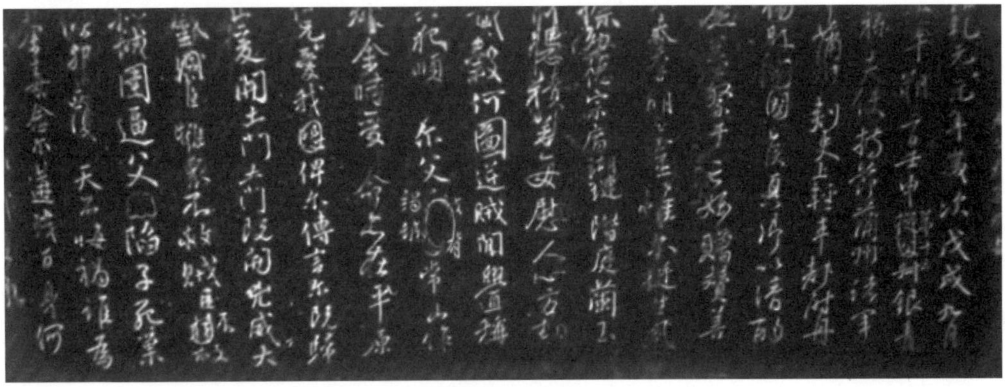

颜真卿书法碑刻

张旭书法碑刻

四、笔墨丹青

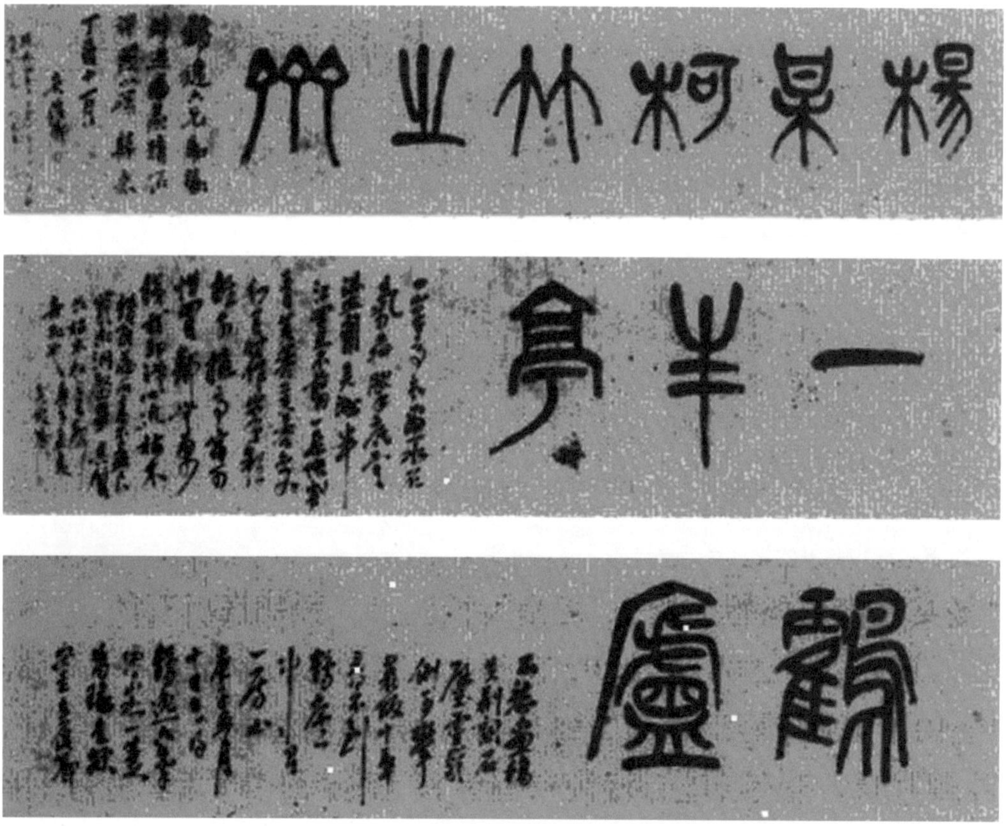

吴昌硕在参加怡园画社期间为怡园主人顾鹤逸所题篆书三榜

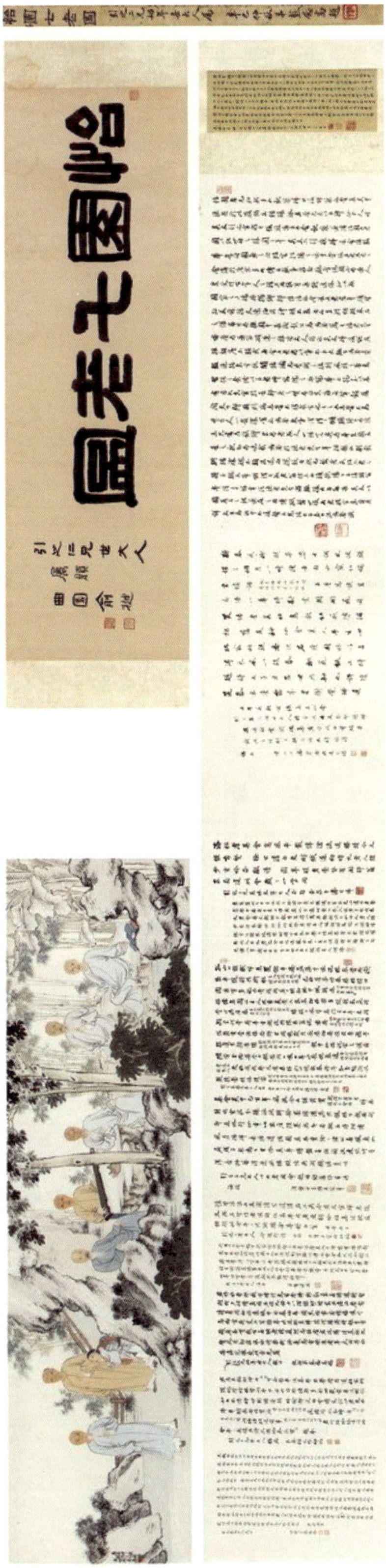

晚清 俞樾题 王缘绘《怡园七老图》

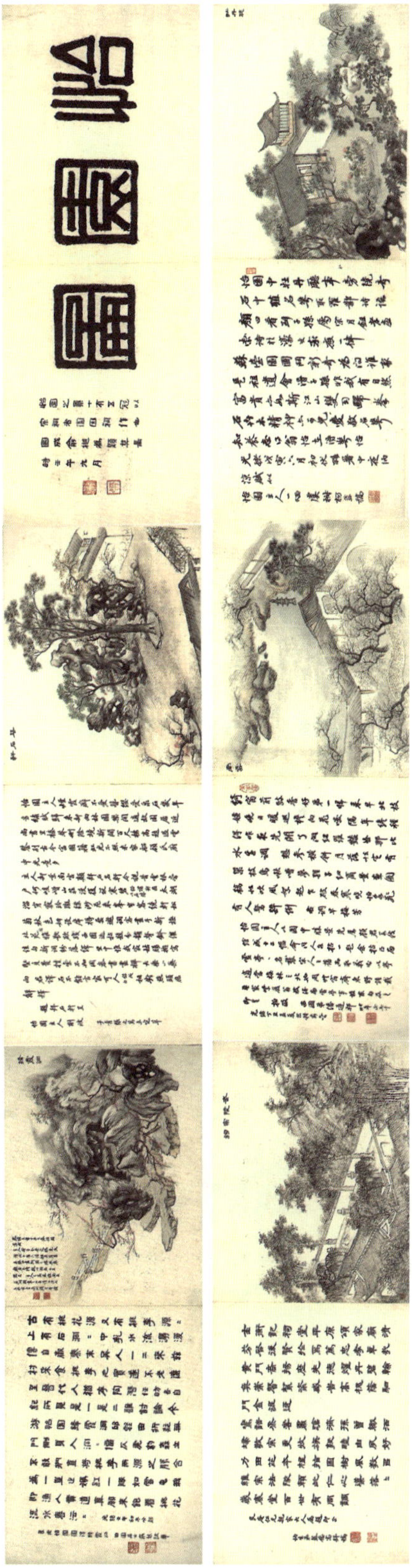

晚清 俞樾题怡园图 顾沄绘《怡园图》选

吴穀祥《怡园主人像图》及《画怡园图册》八幅

晚清　吴穀祥　怡园主人像图轴

晚清　吴穀祥《画怡园图册》之“青灯红袖伴夜读”

晚清　吴穀祥《画怡园图册》之“妇□评诗女栽花”

晚清　吴榖祥《画怡园图册》之“遗编展读祖庭书”

晚清　吴榖祥《画怡园图册》之“挑灯雪夜寒开宴”

晚清　吴榖祥《画怡园图册》之“金壶投箭消长昼”

晚清　吴榖祥《画怡园图册》之“夜半红烛画春阴”

晚清　吴榖祥《画怡园图册》之“夜深箫管和填词”

晚清　吴榖祥《画怡园图册》之“高斋棣萼夜联吟”

自“故宫博物院藏文物珍品大系”之《海上名家绘画》

当代　周矩敏绘　《怡园画集图》

五、名人文选

（一）《怡园记》 文 / 俞樾

《怡园记》屏刻

顾子山方伯既建春荫义庄，辟其东为园，以颐性养寿。是曰“怡园”。入园，有一轩，庭植牡丹，署曰“看到子孙”。轩之东，有屋如舟，署曰“舫斋赖有小溪山，涪翁句也”。其前，三面环水，左侧苍松数十株，余摘司空表圣句，颜之曰“碧涧之曲，古松之荫”。其上有阁，曰“松籁”。凭槛而望，郭外西山，隐隐见眉妩矣！绕廊东南行，有石壁数仞，筑亭面之，名曰“面壁”。又南行，则桐荫翳然，中藏精舍，是为“碧梧栖凤”。又东行，得屋三楹，前则石栏环绕，梅树数百，素艳成林；后临荷花池，石桥三曲，红栏与翠盖相映。俗呼其前曰“梅花厅事”，后曰“藕香榭”云。“梅花厅事”之西，凿环于垣，曰“遁窟”。窟中一室，曰“旧时月色”，亦余所署也。循廊东行，为南雪亭。又东为岁寒草庐，有石笋数十株，苍突可爱。其北为“拜石轩”，庭有奇石，佐以古松。又北为“坡仙琴馆”，以藏东坡琴也。馆之右有石似老人，伛偻而听琴，筑室其旁，曰“石听琴室”。又西北行，翼然一亭，颜以坡词，曰“绕遍回廊还独坐”，廊尽此矣。庭中有芍药台，墙外有竹径，遵径而南，修竹尽而丛桂见，用稼轩词意，筑一亭，曰“云外筑婆娑”。亭之前即荷池也。循池而西，至于山麓，由山洞数折而上，度石梁，登其巅，则螺髻亭也。自其左履石梁而下，得一洞，有石天然如大士像，是曰“慈云洞”。洞中石桌石凳咸具，石乳下注，磊磊然。洞外多桃花，是曰“绛霞洞”。洞之北即余所謂“古松之阴”也。出松林，再登山，有亭曰“小沧浪”。亭后叠石为屏，其前俯视，又即荷池矣。

兹园东南多水，西北多山。为池者四，皆曲折可通。山多奇峰，极湖嵌之胜。方伯手治此园，园成，遂甲吴下，精思伟略，即此征之。摹玩终日，粗述大概，探幽搜峭，是在游者。光绪三年夏五月，曲园居士俞樾撰并书。（选自《春在堂杂文》卷一）

（二）《苏州古典园林——怡园》 文 / 刘敦桢

刘敦桢（1897—1968），
著名建筑学家，1955年为
中科院学部委员

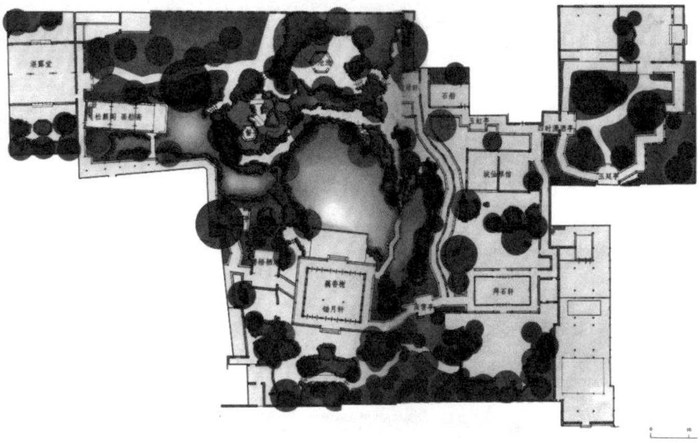

怡园平面示意图
选自《怡园志》

怡园鸟瞰图

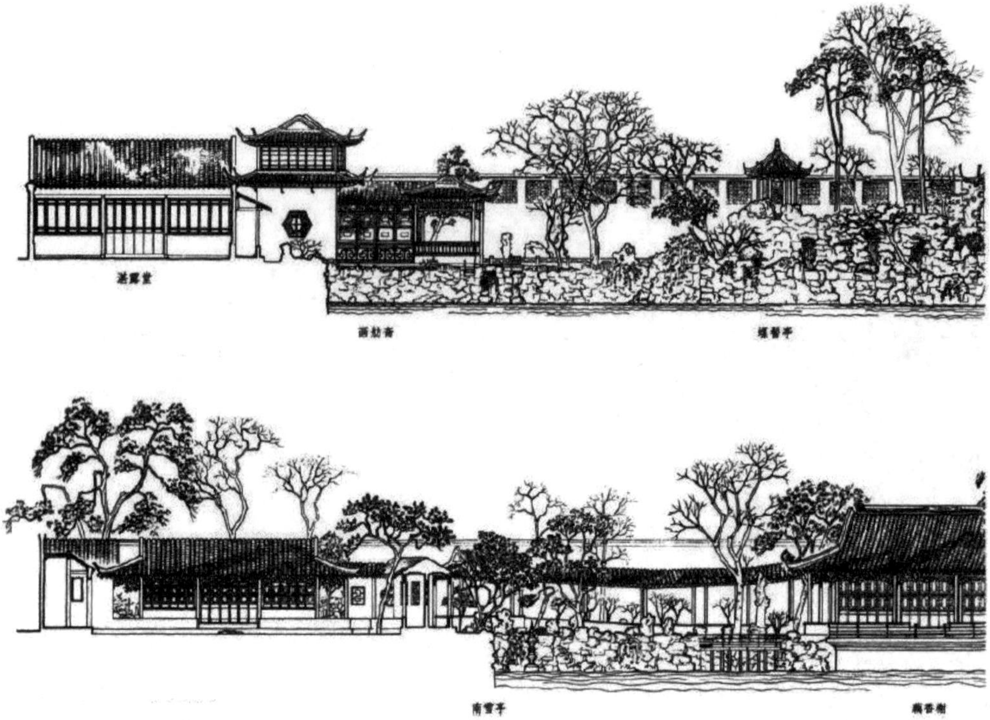

怡园局部剖面图（选自刘敦桢《苏州古典园林》）

怡园建于清末同治光绪年间，为一官僚的私园，园西与祠堂毗连相通，南与住宅隔巷相对，现在园内山池亭馆基本上仍保持原来布局。

此园总平面东西狭长，面积约 9 亩，分东西两部。东部原是明朝一官僚旧宅基址，西部为清末建园时所扩建，两部之间用复廊相隔。复廊东以建筑庭院为主。复廊西是全园重点所在，水池居中，环以假山、花木及建筑。

现在园门在东北角，临人民路，由园门入东部小院，经曲廊及玉延亭至四时潇洒亭而分为两路：其一循廊向西，过玉延亭、石舫到复廊北端的锁绿轩而进入园之西部；另一路沿廊向南经东部主要建筑坡仙琴馆（又名石听琴室）及拜石轩（又称岁寒草庐），西至复廊南端的南雪亭而抵西部东南角。坡仙琴馆及拜石轩前各有庭院，中列石峰及湖石花台，植银杏、蜡梅、枫、柏、山茶、银薇、竹等。复廊逶迤曲折，壁间设漏窗沟通两面景色，增加景深。

西部中央凿东西狭长的水池，池北叠湖石山，建筑布置在池南侧。主要厅堂藕香榭，内部装修原极精致，但毁于日本帝国主义占领期间。此厅内部作鸳鸯厅形式：北半厅称“藕香榭”，又名“荷花厅”，有平台临池，夏季可观荷花；

南半厅称“锄月轩”，厅南叠不规则湖石花台，高低错落，上植牡丹、芍药、杉、桂、白皮松等。花台以东侧有梅花数十株，故南半厅又称梅花厅。厅东有廊与南雪亭相接。出厅东北渡曲桥可至金粟亭、锁绿轩一带，西行则至碧梧栖凤馆、面壁亭。池北假山以湖石叠成，石壁与山洞比较自然，有大体大面，手法较好，可是池北较为僵直，山上东端石峰稍嫌琐碎，石壁高度也偏低，与池馆尺度不称。

池西部有水门，池水经北曲折向西北汇成小池，其尽端有旱船画舫斋，装修精美为当地旱船之冠。最西是湛露堂，为一独立的封闭庭院。院内筑牡丹花台，并有白皮松、桂、紫薇等花木。由画舫斋北面向东可至假山石洞，穿洞拾级盘旋登山至螺髻亭，可俯览全园山池亭馆。过山上小沧浪即达园东北的金粟亭及锁绿轩。金粟亭四周遍植桂树，石峰林立，构成一种萧疏的景色。自池西望园中山池林木，参差隐现，层次颇多。

此园建造较晚，力求吸收苏州各园的长处。如旱船、复廊、悬镜（面壁亭内）、假山、石室等。有集锦式的特点，庭院处理也较精练，但作为全园重心的西部，山、池、建筑各部的比重过于平均，相互之间缺乏有力对比。园景内容，因欲求全，罗列较多，反而失却特色，结果，山比环秀山庄大而不见其雄奇，水比网师园广而不见其辽阔，是其不足之处。（选自《苏州古典园林》）

（三）《苏州园林甲江南——怡园》 文/周瘦鹃

周瘦鹃，现代作家，文学翻译家

苏州王长河头3号周瘦鹃故居

怡园在南门内人民路乐桥之西，本为明代尚书吴宽古宅的一部分；太平天国失败后，为顾姓所得，就在住宅北部造园，命名怡园。怡园占地不多，而结构精巧，厅堂亭榭，位置得当，并能吸收其他园林的长处，加以融会贯通。

进了园门，经竹林小径前进，过“玉虹亭”就到“石听琴室”，室外一角，有双峰并立，似在听琴。沿着曲廊进去，就到了全园的精华所在，假山绵延，亭榭相望，莲塘澄澈、古木参天，好像是红楼梦里的一幅大观园图，展开在面前，使人看了心旷神怡！

这里的假山，当初全是搜罗了其他废园上好的太湖石，由名手设计堆叠而成，所以不论是竖峰、横峰、花台、驳岸所用的，都玲珑剔透；就是三块平凡的大石，因为它排得法，而且刻上了“屏风三叠”四个大字，也觉得突出而动目。山并不高，而布置得十分自然，“小沧浪”一带，尤其不凡，从莲塘北面山洞中进去，侧身从暗处石罅中拾级登山，可达山顶的“螺髻亭”，出“慈云洞”为“抱绿湾”，沿塘绕山而北，入“绛霞洞”自下而上，又自上而下，使人迷迷糊糊，不知所从，这又是设计者在使狡狯捉弄人了。

莲塘上有曲桥通至“藕香榭”，再向西，经“遁窟”、“碧梧栖凤精舍”，就到形如画舫的“舫斋”，上有小阁，因窗外有松，可听松涛，所以叫“松籁阁”。再进即俗呼“牡丹厅”的大厅，厅前种有牡丹，出厅由走廊转自“藕香榭”后，穿梅林到“岁寒草庐”，前庭后庭，都用奇峰怪石随意点缀，更有石笋多株和古柏、老梅、方竹等互相掩映，饶有诗情画意。（选自 1958 年第 4 期《旅行家》）

鹤鸣九皋

光绪二十一年（1895）四月，二十三岁的冒鹤亭兜兜转转一大圈子后，来到了山阴（绍兴），谒见外祖周季贶。闻外祖因牵涉复杂政事，有迁居苏州之计，颇赞成。次年正月，冒鹤亭在瑞安娶了夫人后，囊中羞涩，舟过苏州时，即入城找到了外祖的居所孔副司巷，住了下来。

这年（1896）秋天，冒鹤亭结识了一位新朋友，他们的字中都有一个鹤字，即过云楼后人顾鹤逸。鹤逸比冒鹤亭大八岁，饱藏名人书画。秋日里的怡园，枝繁叶茂，花团锦簇，流水潺潺，透彻的阳光打在园子里，一派清畅。鹤逸在此地招待冒鹤亭、吴昌硕、费屺怀、金心兰、王胜之等名士，相互诗歌唱酬，观赏园林清景。

冒鹤亭先祖即冒辟疆，家有水绘园，园以水贵，秀雅并兼，为江海平原之明珠。冒鹤亭对园林颇有兴趣，到苏州后曾拜晤壶园主人并赋诗，后来回到故里如皋，将先祖故园买下重修。

光绪二十三年（1897），伴随着长女在苏州的出生，冒鹤亭不时拜访宿儒名士，俞樾、蒋玉棱等。其时，鹤逸家正兴起怡园画社，吸引了一批已经成熟或正在成熟的诗书画文士，冒鹤亭加入其中，结识了诸多好友。

此时的鹤亭进京五试不中，后纳赀为刑部郎中，举家于京师，但时常往来苏州。并请鹤逸绘制《水绘庵填词图》，鹤亭观图后，大为满意，诗云："冬至关河万木枯，太行西去路崎岖，诸君换我伤心泪，更写明皇幸蜀图。"鹤亭以为，鹤逸山水师法王原祁、王石谷，兼有诸家之法，此卷烟云满纸，周季贶则叹为"二百年无此者也"。

在这期间，鹤逸特在怡园辟出一室，命名"鹤庐"。室内常有名家书画精品鉴赏会，为顾氏过云楼三代收藏上品，鹤亭曾得见杨补之梅花、柯九思竹子，赞为"真铭心绝品也"。鹤逸曾嘱冒鹤亭作《鹤庐记》，冒挥笔流畅，引经据典，洋洋洒洒："士生蓬户瓮牖、饥寒冻馁，内无所树立于己，外无所凭藉于世，乃假泉石以寄其啸傲……余来吴门游顾氏之园屡矣，因得识吾鹤逸，而余友吴子昌硕又时时为余称道鹤逸不去口。"

聚散终有日。鹤亭要离去的时候，鹤逸、金心兰、吴昌硕、曹君直等，及好友云间和尚，在虎丘为鹤亭送行，金心兰作《虎丘饯别图》作为纪念，鹤亭作《水龙吟》留别，实物暂置苏州报恩寺，由云间和尚保存。

二十九岁的鹤亭赴京，成为刑部郎中。约两年后，鹤亭回到如皋，为母亲祝贺五十大寿，曹君直作诗、金心兰作《采芝图》，鹤逸送上了自作的山水巨幅。其后，鹤亭一有机会即到苏州，与鹤逸等人相聚，有时鹤逸送友人画，鹤亭也会欣然题跋，如《溪堂宴别图》。如果在外面见到昔日雅集的好友，鹤亭一定会热切地打听鹤逸等友人的消息。

时间来到1927年秋，已年过半百的鹤亭避兵上海，与鹤逸有了交集。鹤逸为之绘《写经图》,并题跋赞其孝心。自鹤逸为冒鹤亭作《写经图》后,鹤亭陆续请人画了十几帧《写经图》，皆为一时名家，如陈仁先、王一亭、溥心畬、吴湖帆、唐云等，从1927年一直持续到1955年，长达近三十年。

1930年4月19日，鹤逸在苏州病故。这一年的冬季，鹤逸之子公雄、公硕从苏州赶到镇江，请鹤亭为父亲撰写墓志铭，三十年的交情，不可无字，鹤亭做了一长篇《元和顾隐君墓碣铭》。其中记述了鹤逸的出身、为人以及艺术成就等。看着英气勃发的公雄先生，鹤亭颇为欣慰，公雄也擅山水，继承父法。后来，鹤亭就将第三个孙子冒怀苏交予公雄练习山水多年。

1935年5月，鹤亭再到苏州，与公雄、公硕兄弟至怡园品茶聊天，追忆四十年前往事，感慨万千。第二天从苏州返回南京时，竟然误了火车，冒自称“此为平生未有事”。

抗战后，鹤亭与顾家后人公雄、公硕等人在上海多有聚会和诗书雅集，畅谈往事，唏嘘不已。

一晃四十年过去，1998年秋，公雄之子笃璋的爱人卢秀华收到一封信，写信人是冒怀苏，即鹤亭的三孙。“……早在此前，就是五十年代初期，我曾数次想见公雄老师，畅叙旧情。没想如今，老师、师母早已不在人间。笃璋一二年前似乎还在，最近上海博物馆友人告我，才知笃璋本人已去世。每次梦见此中情况，不觉夺泪而出也。这只能恨自己不争气，未及时叩见他们，为之惘然耶！我记得还有笃瑾、笃琳、笃璜数人，不知他（她）们还健在？在何处？我很想念他（她）们……”

如今，著名版画家冒怀苏已去世十二年。信中提及的顾笃璜先生，耄耋之年仍在苏州掌舵昆剧传习所，提及冒怀苏，顾老一再强调，是顾家的好朋友，冒字念“Mie”音。有人说错一遍，他就纠正一遍。

（文 / 王道，本文题目系编者所拟，原名为《双鹤之谊》。鹤鸣九皋 :《诗经·小雅、鹤鸣》:“鹤鸣于九皋，声闻于野。”九 : 虚数，形容深远 ; 皋 : 沼泽。）

油画先驱

颜文樑是我国近现代著名的美术教育家，同时又是杰出的中国油画先驱。或许有人不理解，在传统中国绘画渊薮苏州，又是过云楼顾鹤逸身边，怎么会冒出一位中国油画先驱？《美术杂志》执行主编尚辉先生说："《厨房》诞生的年代，比中国第一篇现代文学作品——鲁迅《狂人日记》的发表晚两年，而与成为白话诗真正取代文言旧诗标志的郭沫若《女神》的创作同年。这不是事件的巧合……他表明了新美术与新文学在发展上的同步性。"

普遍的学术观点认为，西画流入中国，最早于明末利玛窦来华前后；清康熙年间，又有进入宫廷供职的意大利画家郎世宁——不过，即便如此，油画仍然没能得到只醉心于《石渠宝笈》的清廷的足够重视。1840 年鸦片战争后，系统化的西方文化逐渐传入中国，上海、苏州、南京一带无疑是西方文化最早传入中国民间的中心区域之一。欧洲传教士在上海董家渡主持天主教堂设计，继而在教堂院内开设"美术工场"，传授素描、雕塑以及绘画（包括版画）的技术，一位叫马义谷的意大利传教士负责教授油画，马义谷也由此成为油画在上海的最早传播者。这个美术工场或者称工艺学校，作为孤儿院的下属部门搬入徐家汇的土山湾，共有三百余名学生先后接受了素描、写生、水彩和油画训练，时间为 1864—1914 年，开中国西方美术教育之先河。徐悲鸿先生甚至把土山湾美术工场比喻为"中国西洋画之摇篮也"，类似的情况也发生在其他各地。

1893 年出生于苏州的颜文樑并非土山湾培养出来的，他从小跟着父亲出入过云楼，最初是从学习中国传统绘画入手的。十一岁的颜文樑以摹《芥子园画谱》走上绘画之路。十六岁时父亲送他去上海商务印书馆报考练习生。报考的人非常多，录取的门槛也很高，主考官是日本画家松冈正识，图画题目是铅笔画《猫》，国文题目是《积财千万，不如薄技在身》。颜文樑基础好，从应考的四百人中脱颖而出，成为被录取的四十人之一。在图画室随松冈正识学西方绘画一年。父亲要他辞职回苏后，为新剧社画布景，那就真正开始画油画了。

那时，甚至连油画颜料都没有见到过。曾因为从松冈先生那儿得知意大利壁画是由蛋清调和颜料叫"吞拨拉[1]"的方法绘制的，突发奇想，在水彩画上涂胶水，希望达到油画的效果。"我开始是在水彩画上涂胶水，但只能使其表面发出光亮，没有油画的效果，光亮的时间亦不长。日本人说，要在画上涂蛋白，否则要黏着的，我就在画上涂蛋白。"[2] 他尝试着用各种油料调配颜色，做种种试验，如亚麻仁油、松节油、橄榄油、胡桃油、柏子油、桐油、菜油、麻油都做过试验，知道松节油很容易干，亚麻油要几天才能干，而且干了很牢固，所以一般都用松节油画底稿，用亚麻油调色。他没有油画笔，就用他家附近的笔店为他特制的狼毫小笔作画，形成层层加点的技法。又从画片印刷上研究三色分离的色点，逐渐形成他自己与印象派相仿佛的技法，从技法中总结经验得出色彩渐变和分割并置的方法。

1919 年颜文樑与杨左匋共同发起组织美术画赛会，也就是这一年国外的色粉画颜料最初输入中国。颜文樑如获至宝，立即试用。因为从油画和水彩方面已经有了探索的知识，一经使用就取得了良好的效果。他的第一幅色粉画作品是《画室》，接着又创作了《厨房》《肉店》等代表性作品。这些画都是用非常写实的方法画出来的，洋溢着时代的气息。

《厨房》如实地描绘了我国江南一个典型的旧式厨房，是一幅生活风俗画。在色彩和明暗变化上力求逼真、谐调。画面的重心偏于右方，画面物体有正面、侧面、倾斜面、直线、曲线、圆形、方形、不规则形体等等；明暗关系上有光、影的高低、左右、前后，等距离和不等距离的各种不同变化。这幅画可以被看做是颜文樑把多年研究的透视学原理，应用到绘画上的一次总结。后来，颜文樑去巴黎留学时，也是把这幅画作为自己的成绩首先拿给老师看的。

《肉店》生动地展现了 20 世纪 20 年代苏州市民的生活景象，也是一幅风俗画。一个暑天的早晨，一缕阳光照亮了“老三珍”的招牌，投射在黝暗的地面上，这家古老的肉铺正在开始营业。画面分成两组，以左侧为重点，环绕柜台站着男女老少五位顾客，以不同的姿态、表情等待购买。高居在柜台上的店伙，正在操刀应市。画面右侧，肉架上悬挂着整块的肉爿，木架后面隐约有一名携篮的妇女正面对着肉案旁的另一位店伙。画面上的四个男子都上身赤膊，与悬挂在木架上的肉爿，形成对比。所有描绘都是真实而自然的，十分精确地运用了透视和比例。

颜文樑早期所作的油画，或是在完成以后立即为爱好者购去，或是为友人所委嘱，以后就不知下落，都未保存下来。这一时期颜文樑还画了大量的水彩水粉风景人物，其中有一幅《博古图》，过云楼著名画家顾鹤逸极力支持推崇颜文樑之画，特为题词：

> 唐宋时画尚写真，绳尺唯谨，南宋以降，渐入化境，真意遂疏。迨雍乾间，海西人郎世宁供奉内廷，所画与我国古法合，乃知唐宋流风久传海外矣。近时西法画盛行，得毋昔之沦入异域者，今将返之祖国乎？循环之理，岂独画然？因观颜君文樑新制，雅有古意，远胜侪辈，爰舒己见。——西津

2014 年金秋，苏州沧浪亭畔的颜文樑纪念馆内，“沧浪之水——苏州美术馆馆藏颜文樑作品特展”再度亮相。颜文樑从独自摸索、自学成才，到成名后平实淡定，一以贯之。几乎所有留洋回来的画家最后都会兼画或改画中国画，而他只始终走自己的油画之路，到老一贯，从未改弦易辙，委实少见。如果没有坚定的信念和执着的定力，也就不

能有如此的把持。

文 / 高福民　高晴
写于 2014 年 10 月

注：

1. 吞拨拉："temepera"，西方早期淡彩画的音译，通常错误地认为颜料混上蛋白或其他物质的画法，其实颜料是由蛋黄调制而成的。

2. 颜文樑：《回顾我的艺术生涯》，原载《上海美术通讯》第 15 期，1982 年。

颜文樑作品选赏
——苏州书画百年史（十一）

祖姨母　1912 年　水彩

岳父　1919 年　水粉

厨房　1920 年　水粉

肉店　1921 年　水粉

天平初夏　1924 年　水彩

巴黎脱罗卡特罗　1928 年　油画

普陀寺门前　1935 年　油画

旭日照墙东　1965 年　油画

祖国颂　1982 年　水彩

美术教育

“今日之些微成绩，虽不能与欧美相颉颃，然在草创时代未始非表示我苏艺术界之合作精神，此则尤为鄙人等私心欣慰者也。鄙人等希望我山明水秀之苏州成为世界美术之中心，而光华灿烂之美术世界更从我美会微光中发现，此鄙人等所馨香祷祝者也。”（颜文樑：《十年来我苏事业之报告》，《沧浪美——画赛会十周年纪念特刊》，1928 年）

颜文樑留下的这段文字，现在读起来有点拗，但“希望我山明水秀之苏州成为世界美术之中心”这句话是夺人眼球的。因此可以想象出他当时在古城苏州，以画赛会、美术会、美术学校和美术馆四位一体的形态刮起美术改革旋风的动因，同时也是孕育他美术教育梦想的雏形。他认为发起画赛会可以相互竞赛及进步；组织美术会，可以相互磋磨交流；设立美术学校，可以造就后起之秀；开办美术馆，可以提供社会文化。四位一体中，培养英才显然是核心、是中坚，颜文樑带动了中国现代的创新美术教育思想与精神。作为现代美术教育先驱的颜文樑，“谋艺术的进步、社会的改善”，把自己毕生的精力倾注于中国现代美术教育的开拓之中，又积极引进西画，使中国美术注入西方艺术因素，其影响较于他的绘画创作还要更大些。

正如新文化运动的旗手之一蔡元培所述：“六十年矣（指鸦片战争始），始而造兵，始而练兵，始而变法，最后乃知教育之必要。”20 世纪上半叶，在中国美术教育的起步阶段，颜文樑与刘海粟、林风眠、徐悲鸿起了极为重要的开拓作用，尤其是刘海粟先生创办的上海美术专科学校与他创办的苏州美术专科学校，是中国早期现代类型的美术院校。颜文樑之举，是开放、承继、宁静、致远的苏州人文精神的发扬光大，是苏州的骄傲。

在过云楼“以古为新”开明思想的熏陶下，颜文樑自从 1913 年起一直到创办苏州美专时，都是在苏州一些新学堂任图画课教员，他早就有意创办一所专门培养美术人才的学校。1922 年先是与胡粹中、朱士杰、顾仲华、程少川等创办了一所苏州暑期美术学校，这是苏州美专最早的名称，地点在过云楼对面海红坊的律师公会会所，招收一百多名学生，学习时间为两个月。

两个月的课程结束之后，学生意犹未尽，纷纷要求长期办学。于是，同年 9 月正式成立美术学校，学制两年，是为苏州美专之起步。学校开办之初，借得沧浪亭对面三贤祠河南分馆房子和原县立中学的校舍，分国画、西画两科。胡粹中、朱士杰是那个时代杰出的西画家，朱士杰的油画技法非常娴熟，构图优美，胡粹中则擅长水彩与透视学，学生们戏称为“颜胡朱”，乃苏州方言“眼乌珠”的谐音，就是眼珠的意思。之后的关键人物，还有黄觉寺等。所有教师都是义务职，过云楼的子弟顾公柔、顾彦平当然是骨干，顾公柔曾参加筹组苏州画赛会、苏州美术会及苏州美专，不仅擅长国画，对西画布景和建筑设计也感兴趣，原延聘为苏州美专国画科主任，后因患肺痨，国画科主任改由顾彦平担任。顾彦平，名则正，是公柔（则坚）的堂兄，他是顾家七房的，排行第二，年龄比公可大。顾笃璜称顾彦平为“大二伯伯”，称公可为“小二伯伯”。创业是艰难的，一切费用全由颜文樑在其他学校兼课和卖画收入开支，上素描课没有石膏像，他从旧货摊买到一个日本制造的小型石狮子，就用这个石狮子来学习素描，当时还受到外人嘲笑。

第二年招生时改为四年制，居然还有一名女师毕业的学生自愿报考学画，这在古城也是开了男女同学的先例。到第三期招生，由于学生日增，原来的校舍已不够用，1927年应苏州公益局聘请，颜文樑担任沧浪亭保管员，设立美术陈列馆，于是把学校搬迁至沧浪亭内。过云楼同门吴子深为颜文樑艰苦办学所感动，出资清理园林，修葺一新，使学生得以在优美、安静的庭园内读书；并敦请名流张一麐、叶楚伧、朱文鑫、金天翮、汪懋祖、王謇、许厚基、龚鼎、徐嘉湘、章骏、赵昌等组成校董会，吴子深为董事长，自此这所白手起家的学校，才真正走上了轨道，并为以后的发展打下了基础。

1927年秋，徐悲鸿先生偕夫人蒋碧薇及他们的儿子来苏州讲学和访问。徐悲鸿与颜文樑相见于沧浪亭“面水轩”，称赞颜文樑创立苏州美术学校并对他的画极为赞赏，称他是“中国的梅索尼埃”（法国有代表性的画家，以古代绘画与荷兰画派为基础，画风细致）。那时徐悲鸿自法国留学归国已任教于中央大学，去法国学习本是颜文樑的夙愿，这次力劝，终于使三十七岁的颜文樑在1928年去法国巴黎高等美术学校留学。

颜文樑自费去法国留学，不仅为了提高自己的油画水平，更是为了办好苏州美术学校。他抵达巴黎后，立即带着徐悲鸿的介绍信和自己的作品去拜访著名学院派大师达仰·布凡勒。达仰·布凡勒是徐悲鸿的老师，是一位稳健的写实画家。经他介绍，颜文樑进入皮埃尔·罗朗士教授的教室学习。

1929年，颜文樑将他在苏州时所作的色粉画《厨房》《画室》和油画《苏州瑞光塔》送巴黎春季沙龙评选，均入选。春季沙龙展览时间为五六个月。《厨房》被评为荣誉奖，法国政府对美术作品的评奖是极为重视的，由公共教育和艺术部长亲自主持授奖仪式，凡被评奖的作品都标上了金签。

学习期间，颜文樑总是腾出时间搜集图书资料，两三年内节衣缩食，搜求了图书资料一万余册。最要紧的是，设法购置石膏教具，举凡希腊、罗马及文艺复兴时期的著名雕塑复制品共计四百六十余件，随时托运回国。这种搜求甚至在颜文樑回国以后，还陆续向法国、比利时订购。为了筹集购置这些图书和石膏教具的经费，甚至卖掉了家中的屋宅，卖掉了家传的田产，而没有为自己家带什么回来。1931年，那些从意大利开往上海的游船上带来的石膏像，使他成为欧洲雕塑阿加特米型复制品大量运回中国的第一人，从此不知有多少中国人受惠于他的石膏像，从那里了解了遥远的文明。苏州美专曾为全中国设备最为完整的学校，各地的美专纷纷到苏州来翻石膏模子。

这些完全按照欧洲雕塑博物馆的陈列模式陈列起来的雕像，被人们称为是美术界的玄奘取回的经卷。正是在苏州美专的石膏画室中，后来培养出一大批名家高手。如学生董希文虽然先后在五家院校学习绘画，但在苏州美专的三年为他打下了扎实的基本功，正是这些石膏像使他深谙古典西方艺术与知识，加上后来的敦煌三年，使他对中国艺术精神及壁画、装饰手法与平面处理有了深入的掌握，于是他游刃有余地画出了《春到西藏》《开国大典》《百万雄师过大江》，成为新中国首席油画家。还培养出莫朴、李宗津、费以复、俞云阶、李咏森、黄觉寺、罗尔纯、宋文治、杨之光、卢沉、钱家骏、阿达等一大批杰出的艺术家和教育家。

1930 年 11 月。颜文樑学习期满归国，得莫逆之交、校董吴子深帮助，筹建新校舍。之前，吴子深去日本考察，见东京美术学校校舍庄严美丽、设备齐全，深受感动，回国后决定购下早在颜文樑出国前初步商议的沧浪亭东侧徐姓的四亩地块，并当场签票捐赠三万。新大楼采用希腊爱奥尼亚柱式[1]建筑风格，由上海工部局建筑师吴希孟设计，由苏州张桂记营造厂得标承建，总耗资 5.4 万银元，所有费用由吴子深先生包办。1932 年 8 月，苏州美专新校舍落成，列廊拱柱，蔚为壮观，画室采光科学，共计五十间房屋。

颜文樑四处奔走，徐悲鸿也提供了很大帮助，同年 10 月，当时的教育部批准以大专院校立案，正式定名为苏州美术专科学校，成为规模宏伟、设备齐全、国内一流的高等美术学校。1933 年，徐悲鸿应邀去德国和苏联举办画展，为期一年半，所遗职务商得颜文樑同意暂行代理，为此颜文樑每周要去南京三天，代理中央大学美术系主任并为学生授素描、油画课。

1933 年 9 月，苏州美专增设实用美术科并正式招生，专辟印刷、铸字、制版、摄影工场以备实习，颜文樑亲自赴沪，迭经往返，终与上海谦信洋行签约订购德国印刷制版设备，使之成为当时国内首屈一指的集设计、制版、印刷为一体的美术科，颜文樑还筹设动画科，后因抗战爆发无法进行，最后于 1950 年才正式成立。1936 年颜文樑撰写的《艺术教育今后之趋向》（载于校刊《艺浪》第 2 卷第 2、3 期合刊）一文揭示了工艺与美术的结合是世界美术教育的发展方向："欧洲各国艺术教育，除提倡纯粹美的艺术外，无不亟图实用艺术之发展；使艺术不单专为奖赏而作，同时也与工艺联络，以期达于实用。"

不料，正当学校蓬勃发展时，卢沟桥事变爆发。颜文樑不得不带领师生辗转浙皖，几经周折，终于抵达上海，在极端困难中设法筹建美专沪校。1937 年沦陷后的苏州美专校址，被征为日本军司令部，日本兵把那些石膏像当枪靶打，苦心经营多年的设备惨遭破坏。颜文樑坚拒日本人要其回苏复校的威胁利诱，表现出民族气节。1966 年红卫兵横扫四旧，将石膏像陈列悉数砸烂，从此，颜文樑从欧洲带回的石膏像原件全不存在了。

文 / 高福民　高晴
写于 2014 年 10 月

注：

1. 普林尼《自然史》，XXXVI，第 178—179 页：古希腊斜屋顶神庙有四种柱式。高度是底部直径六倍的柱子被称为“多利克柱式”，比例为九比一的被称为“爱奥尼亚柱式”，比例为七比一的是“托斯卡纳柱式”，“科林斯柱式”和“爱奥尼亚柱式”比例相同，两者的区别在于“科林斯柱式”的柱头高度与柱子底部直径一样，因而显得更加优雅。“爱奥尼亚柱式”的柱头高度是柱底直径的三分之一。[英] 约翰·罗谟、伊丽莎白·罗谟著，徐剑梅译，《世界七大奇迹史》，生活·读书·新知三联书店，2008 年。

颜文樑
（1893—1988）

胡粹中
（1900—1975）

朱士杰
（1900—1990）

苏州美术专科学校校旗

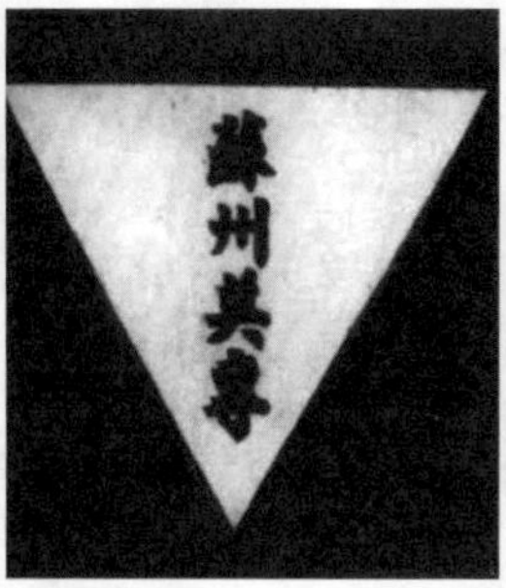

校徽

苏州美术馆徽章

黄觉寺（1901—1988）

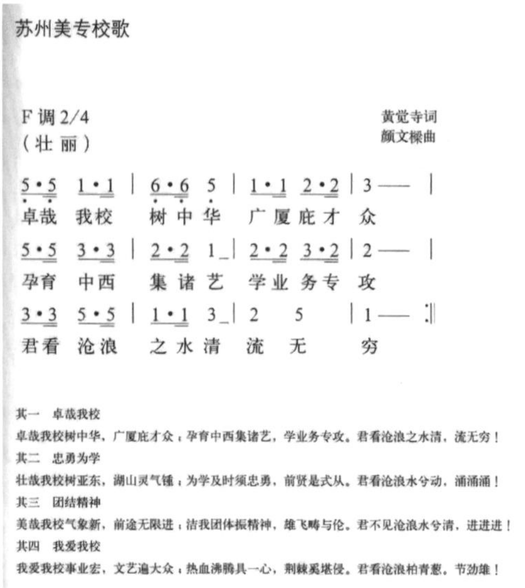

苏州美专校歌

1930年，颜文樑与刘海粟（中）、吴恒勤（左）在意大利考察

苏州美专校刊《艺浪》

颜文樑为学生示范

苏州美专新校舍

1937 年颜文樑在苏州写生

苏州美专希腊式大楼

苏州美专 1933 年毕业生合影

京沪杭艺术家参加苏州美专新校落成典礼

实用美术科工场

1946 年，苏州美专全体师生欢迎
校董主席吴子深先生来参观

1964年4月，颜文樑在苏州写生

张乐平、颜文樑、贺天健、丰子恺、林风眠、张充仁在鉴赏古画

晚年的颜文樑在作画

颜文樑著《美术用透视学》《色彩琐谈》
上海人民美术出版社出版

著名油画家、美术教育家
董希文（1914—1973）

吴作人（左三）、萧淑芳（右二）与罗尔纯（右三）合影

1964 年，颜文樑与陈逸飞等合影

1980 年，颜文樑（前排拄杖者）重返沧浪亭，与苏州老美专师生合影。
颜文樑左右为谢孝思、周迅。

董希文油画作品　开国大典　1952—1953 年作

董希文油画作品　百万雄师过大江　1961 年作

董希文年画作品　北平入城式
1949 年作

莫朴油画作品　南昌起义

罗尔纯油画作品　睡莲
2005 年作

罗尔纯油画作品　布拉格小景
2006 年作

杨之光国画作品　毛泽东同志在广东农民
运动讲习所　1959 年作

卢沉国画作品
东坡先生行吟图

阿达指导的美术动画片《蝴蝶泉》《小蝌蚪找妈妈》

柔哥遗墨

顾公柔系顾鹤逸第四子，清末民初著名书画家、藏书家，擅长国画。著有《顾公柔日记》，写于1923年前后，记录了其生活、交友等情况。对了解过云楼的历史具有一定价值，现已由顾笃璜先生捐赠给苏州市档案馆。《柔哥遗墨》是20世纪20年代公柔先生的画作选集。公柔于1929年初去世，父亲鹤逸悲痛欲绝，为其画集题跋，吴湖帆先生题记、弟弟顾公硕题画册名，苏州博物馆有藏。

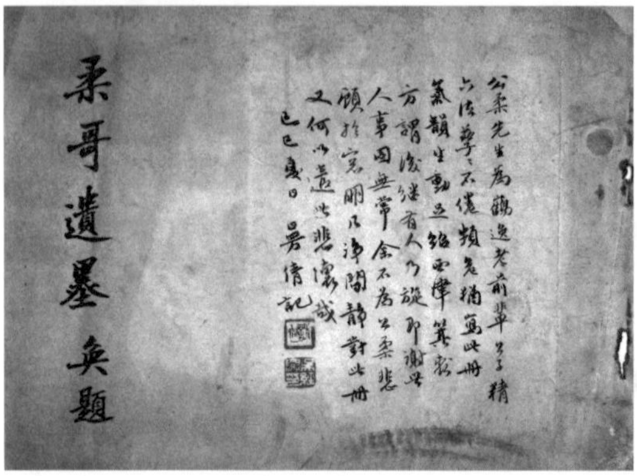

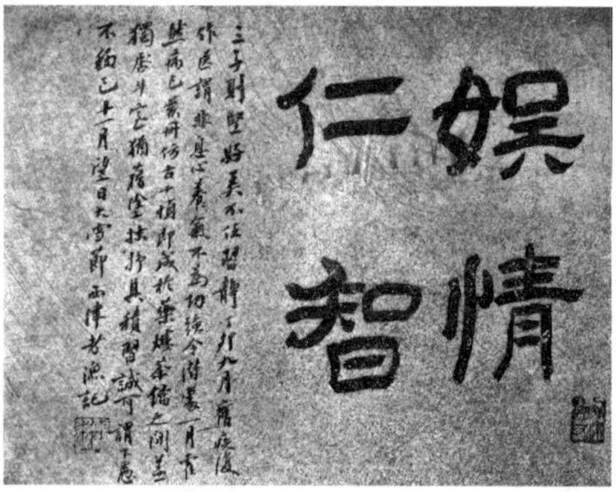

《柔哥遗墨》 吴湖帆题记、顾公硕题画册名　　　　娱情仁智　顾鹤逸题

顾鹤逸题

《柔哥遗墨》选 苏州博物馆藏

“浪华”旧痕

一、浪华旅行团及摄影社——苏州第一代摄影家的摇篮

1928年闰2月23日，过云楼学馆的同门顾公硕、汪葆楫一行十人，兴致勃勃游览天平山。天平山是北宋名臣范仲淹先祖归葬之地，天平山中绝美的红枫是范仲淹十七世孙范允临从福建移来，迄今已有四百余年历史。虽不是深秋时节，丹枫烂漫，却也春光徜徉，草长莺飞。范公祠、高义园、咒钵庵、白云泉、一线天、万笏朝天……诸同门不由受先贤精神所激励，引发要有计划地走出去的讨论。当提及成立旅行团的名称时，才思敏捷的公硕脱口而出：“浪华。”于是，以“怡情、养性、益智、健身”为宗旨的浪华旅行团正式宣告成立。

浪华旅行团从成立之初的十余人，到1937年发展到三十人。现对浪华成员名单一一查对，已知二十九人。除公雄、公硕兄弟及长侄荣木外，有汪葆楫，后考入东吴大学法律系，最有名的经历即为“七君子”案的沙千里担任义务辩护律师；汪孟舒，著名古琴家；吴绥之，桃花坞吴家，为公可所赏识，将顾家大小姐顾宁许配给他；吴寅伯，著名摄影家，早期与郎静山、吴中行、刘半农等名家结合西洋技法与中国传统文化确立了中国摄影的艺术地位，作品多次获国际奖，获文化部颁发的“造型艺术终身成就奖”；张同清，苏州补园张紫东的后人，毕业于上海圣约翰大学后，赴美留学就读伊利诺大学并获土木工程硕士学位，解放后在上海同济大学任教，担任系主任，为岩土工程学科创建者之一；还有汪叔川、汪季学、程畴庸、程严隽苕、程荣欣、赵志麐、陆佩绅、周非杰、顾伯英（寅）、刘重荫、刘潘志英、程若川、张宾鹿、傅祖如、詹仰会、詹师会、马觐侯、朱容孺、蒋有孚、汪醉楼、何庆五。还有一名，如以遗存的老照片为证，或者是陆楚善，或者是陈涓隐。如果都是，那么三十名是个约数，应该是三十余名，也许这个名单是动态的。

顾公雄说“读书行路不相偏颇”“读万卷书，行万里路”应该是过云楼学馆同门共同的目标。顾公硕儿时体弱，爱好旅行，旅行团之所以能延续近10年，全赖“公硕之淬励经营，及诸友同好之热诚维护”。

旅行团的孪生姐妹是浪华摄影研究社，由旅行团中爱好摄影的成员组成，有顾公硕、汪叔川等十五位社员。他们是苏州第一代摄影家，一起切磋摄影技艺，举办摄影展览，提倡交换镜箱，合作购置设备，建立公共光室和公共暗房等设施，达到节省经费、资源共享的目的。

1936年10月15日，顾公雄、顾公硕、汪葆楫等同窗好友再度相聚于苏州横山，不禁想起已过世两年的恩师孙伯南，师生情谊深厚。公硕已写一篇纪念孙伯南的文章《消夏会引》。汪葆楫提议编辑出版旅行团纪念册，一为纪念孙老师，二为记述旅行团往事。

主编纪念册的任务就由公硕负责，收录了成员们到虞山、黄山、宜兴、南翔等地的游记摄影作品。

一本薄薄的《浪华旅行团十周年纪念册》重现了八十年前的往事。这本小册子有顾公硕拍摄的三幅照片，还有他写的一篇文章《旅行与摄影》。旅行团及摄影社后因日本侵华、抗战爆发而停止活动。

公硕在 20 世纪二三十年代是标准的“文青”，先后用过依仁、老奂、七阳、浅草等笔名发表文章和摄影作品，发表在当时有影响的上海摄影专业杂志《飞鹰》上。公硕喜欢新潮流，笔者在整理他“文革”前的遗稿时发现，有大约近三分之一是他研究照相机和摄影技术所撰写的文稿和笔记，时间主要在抗战前。他学德语大概就与莱卡照相机有关，由此猜测他肯定想写一部照相机技术和摄影方面的书。他对故乡尤为热爱，数十年孜孜以求，留下了许多有关苏州的城乡风景、风土人情、社会变迁、家族亲友等方面的历史镜头，弥足珍贵。其中有横塘亭子桥等镜头，当时就已被制作成明信片广为流传。解放后他拍摄的园林建筑和街巷风情照片，20 世纪 50 年代被陈从周先生收入了他编著的《苏州旧宅参考图录》《苏州旧住宅》等画册之中。

1999 年 6 月，苏州地方志办公室徐刚毅先生主编《老苏州》系列画册，有过这样一段记载：

当我一听说顾公硕的名字之后，便立即有了寻访顾氏后人的念头。但就在这时，不少上了年纪的人却告诉我，你要去顾家征集照片，恐怕难的，“文化大革命”一开始，顾公硕就是苏州最早被迫害致死的，造反派抄家，顾家被抄的次数堪称苏州之最，不可能会有好东西留下来。但我不死心，还是上门去了，向顾老的儿子，如今也已七十开外的昆剧专家顾笃璜先生讨老照片。顾老先生点点头：“我家里确实还有很多老照片，而且还不是一般的多。”这回轮到我吃惊了：“不是说当初抄家，东西都抄掉了吗？”“是啊，我家一共被抄过六次家，可造反派把照相底片当作垃圾，当初乱七八糟散了一地，所以也就留下来了。”

哈哈，我兴奋至极！几天后，我即上门去，顾先生指了指墙角四只纸板箱子。我上去搬，喔哟，很重很重，我又奇怪了。顾先生说：“有许多都是玻璃底片，当然重啊。”

那几天，我就在这六次抄家后的劫后余灰中翻捡整理，如饥似渴。这四箱底片，足有上千张，可惜有不少因为当初受到损害，已经坏了，但还有许多依然完好！其中有拍摄的红木家具，那是顾公硕先生当年为研究苏式家具而拍摄的。还有工艺美术制品、园林建筑和舞台戏曲摄影等。当然，我最关心的还是古城风貌的东西。等到底片冲印出来一看，果然，许多 20 年代、30 年代、

40年代和50年代的古城风情扑面而来！当时激动得我真恨不得立即跪下来向顾公硕先生在天之灵磕头表示感激。（摘自徐刚毅著《再读苏州》，广陵书社，2003年）

《老苏州》系列画册选　苏州市地方志编纂委员会办公室
徐刚毅主编

左图为顾公硕身穿长袍，头戴礼帽，挂着德国莱卡相机，摄于20世纪30年代
右图为苏州摄影艺术的开拓者：顾公硕（右一）、陈涓隐（右三）、顾公雄（右四）、顾伯寅（左二），20世纪30年代摄于留园

左图为“浪华”旅行社及摄影社成员，左三为陆楚善，右四为顾公硕
右图为顾公雄、汪葆楫等　顾公硕摄

去北京的旅途中

旅途中摆个pose

左图为《浪华旅行团十周纪念册》，1936 年出版，封面摄影为老奂，题词为著名律师汪葆楫
右图为浪华摄影社作品《耘》，吴绥之摄

左图为浪华摄影社作品《鱼肉》，刘重荫摄
右图为浪华摄影社作品《帆》，道培摄

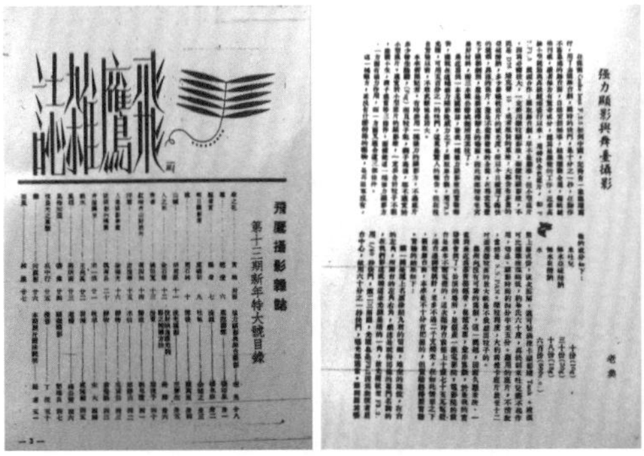

顾公硕（老奂）当年在《飞鹰杂志》上
研究摄影的文章

顾公硕照片一正一反
对摄影的探索

顾公硕之子顾笃璜回忆道："浪华旅行团是我家所办，前后活动有十多年，现在许多真实记录20世纪城乡社会景象的摄影作品，如《藏书农民运石上山》《下乡文物调查》《讲故事》《大跃进年代吃食堂》等都是父亲的代表作。"在这个旅行团里产生了一批苏州早期的摄影爱好者，而他们的作品也相继出现在解放前上海《飞鹰》杂志上和近年各类反映苏州旧影的画册及展览中。

其中《讲故事》一幅，笔者看了总觉得是金声伯先生在讲故事，地点似在平江历史街区纱帽厅，现苏州状元博物馆。外面一进，一群赤膊的孩子在听故事，时间在20世纪50年代。那时的金声伯才二十出头。2014年10月的一天早上，与金声伯等几位艺术家，在平江路菉葭巷口"大树舫"吃面、喝茶，笔者请金老看此照片，金老给予了肯定的回答。在座都是自小听金老的《包公》《三侠五义》《武松》长大的。金声伯（1930–2017），著名苏州评话表演艺术家，他被称为"书坛巧嘴"，誉满海内外。

《讲故事》，顾公硕摄

"书坛巧嘴"金声伯

2014年4月在苏州工业园区文化馆举办的顾公硕摄影展，右为贺野题

二、顾公硕摄影作品采撷

（一）城乡风景

苏州古城墙一段

胥门城河

山塘街

临街古建筑

山塘河潘所宜酱园

城内河埠

玄妙观斗姆宝阁

玄妙观真人殿

玄妙观财神殿

玄妙观内

玄妙观正山门

三清殿宝鼎

玄妙观方丈殿

双塔

虎丘斜塔

虎丘后山

50年代寒山寺

枫桥与铁铃关

瑞光寺与塔

南禅寺

南禅寺

可园

拙政园

网师园

桃花坞三家村

五亩园

唐寅故居

北园旧景，远处是北寺塔

彩云桥

行春桥

光福寺“清奇古怪”

灵岩山

范文正公祠

花山寂鉴寺

陆巷会元牌坊

横塘亭子桥　现已不存

石湖古亭

郊外古桥

上方山石佛寺

上方山治平寺

石湖余庄

申氏义庄

东山安定塔，“文革”中已毁

东山陆巷王鏊墓，现不存

紫金庵泥塑

苏州郊外

太湖里的渔船

苏福公路与天平公路交会处

白塔子桥

人民桥

石佛寺甘泉

（二）风土人情

抬轿

马车

藏书农民运石上山

藏书农民运石上山

藏书农民运石上山

老石匠

风味小吃

油饼摊

网船打鱼

馄饨摊

木头人戏

骆驼担

玄妙观西脚门小说林书店

玄妙观东脚门文昌殿前行人

船菜

农村妇女和孩子

（三）社会变迁

下乡进行文物调查

政协人士下乡劳动

60 年代中期，左为程小青

1950 年，顾公硕（右）与政府工作人员

1956年市政协学习组与新国画研究会人士在三清殿

观前街游行

划分成分

在古建筑内办工厂

解放初期农村劳动

“大跃进”年代上街宣传

“大跃进”年代标语

“大跃进”年代居民炼铁

“大跃进”年代大炼钢铁作壁画

“大跃进”年代吃食堂

妇女搓麻将

最早的金阊文化馆

广播站

在正山门前宣传

国民经济恢复时期社员在劳动

传统石库门

采摘橘子

母与子

（四）工艺美术及设计

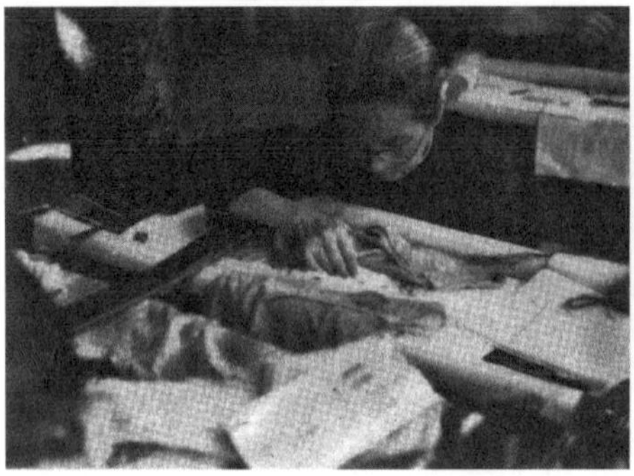

刺绣艺人

刺绣“双鱼”

传统织布机，顾公硕用红笔作了注解

传统泥塑

工艺品与老家具

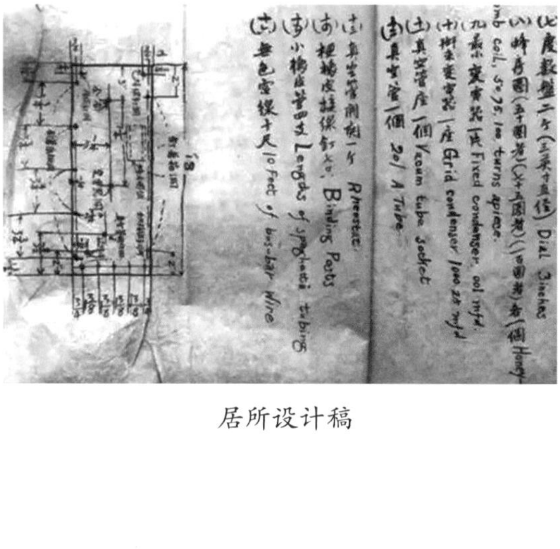

苏州早期缂丝作品

居所设计稿

藏公永存

一、顾公雄家属书画捐赠事迹

解放后，经历了战争离乱和人生铅华的过云楼第四代传人顾公雄，目睹新中国欣欣向荣的景象，坚信党和人民政府，作出了极其慎重的选择。他想到自己年事已高，又体弱多病，深感收藏不易，为免蹈昔日藏家的聚散烟云，不若献给国家，不枉几十年的心力所聚。1951 年，在临终前，对家人倾吐了蕴藏在心底的愿望：“把我们珍藏的那份书画献给国家吧，私人保管总是靠不住的，这样的财产，应该是国家的。”遗孀沈同樾女士暨子女顾榴、顾佛、顾笃璋、顾笃球，秉承遗志，慨然将四代相传的三百余件书画以及明正德、万历、崇祯时期的善本书和罕见稿本十余部，分别于 1951 年、1959 年一并捐赠给国家。他们为弘扬祖国文化艺术，发展文物博物馆事业，作出了重要的贡献。

顾公雄家族捐献文物获得的褒奖状和奖状

顾公雄夫妇合影

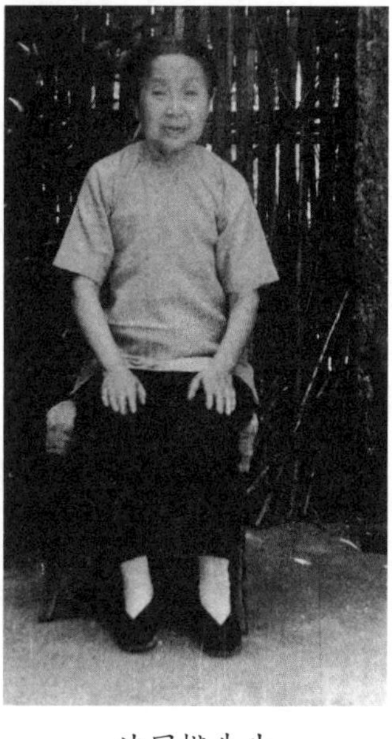
沈同樾先生

沈同樾先生及亲属在“沈同樾先生捐赠过云楼书画展”的序言前合影

（一）1951年上海市文管会公文报告

苏州“过云楼”顾氏，是近代很著名的收藏家。自顾子山先生开始，递经其子乐泉先生、其孙鹤逸先生、以迄其曾孙公雄先生，已历经四世将近百年。所收书画名迹，见顾子山先生《过云楼书画记》，及顾鹤逸先生《过云楼续书画记》（尚未刊行，其稿正在录清，将来由本会代为付印），为全国所艳称。今顾公雄先生逝世，遗命以其所藏捐献政府，其遗族亦不愿以先人手泽，轻易分散，流为私家所有，决定化私为公，捐献华东文化部。文化部特指定拨交本会庋藏，遵即前往点收，除宋元明清书画、周齐侯罍、唐琴、毕沅珍藏的石子、宋藏经纸等由古整处接管外，所有书籍八十八种，大都为书画参考资料，颇为珍贵。论版本，若万历刻初印本朱性甫《铁网珊瑚》、乾隆刻《吴越所见书画录及书画跋》、正德刻《刘完庵集》、崇祯刻《耕石斋集》、瞿氏刻本《沈石田集》、明玉兰堂刻本《南村辍耕录》、乾隆冰丝馆刻开化纸印本《牡丹亭》、黄小松碑目及《魏稼孙日记》，皆为不可多得者。又鹤逸所著画赞版片，为公雄先生于抗战时期所刻，当时仅印一二十部，流传未广，特交本会代为续印，分送各图书馆参考。

（二）1959 年 3 月 30 日《人民日报》报道

1959 年 3 月 30 日《人民日报》刊发消息《沈同樾献出一百多件珍贵书画给上海博物馆》，全文如下：

新华社上海 29 日电　年逾六旬的收藏家沈同樾先生，继 1951 年和她的子女将家藏一百三十多年的二百二十四件宋元明清书画和文物捐献给国家以后，最近又将珍藏的一百六十九件名贵书画全部献给上海博物馆。

为表扬沈同樾先生这种爱国主义思想，在今天上海博物馆举办的“沈同樾先生等捐献所藏过云楼书画展览”的预展会上，上海市文化局发给沈同樾先生一万元奖金。

沈同樾先生这次捐献的一百余件著名书画中，有极为珍贵的宋朝魏了翁文向帖、张渥九歌图、明朝祝允明怀知诗卷、沈周送行图、文徵明风雨重阳诗画、清朝释道济花果册、吴烈墨笔山水轴等。

首次捐赠，沈同樾及其子女将国家给予的数千元奖金全部捐献出来，支持抗美援朝；再次捐赠，一万元奖金又全部捐献给街道，支持发展生产。

1997 年上海博物馆举行过云楼捐赠书画精品回顾展
上博领导与过云楼顾氏后人留影

（三）过眼烟云化作映世霞晖

当年上海文管会书画藏品"半壁江山"出自过云楼

顾氏后人于1951年、1959年将家藏法书名画三百零八件捐赠上海博物馆。所捐均为稀见之宝，价值无法估量，谓之上海文管会当年书画精品的"半壁江山"当不为过。至此，过云楼藏画中保存比较完整的一批书画有了最好的归宿。

如果说，顾家上几代先辈出于钟爱书画、潜心研习的宗旨，在收集历代书画名迹方面付出了无数的心血和财力，那么后两代人为了呵护、征集和充实这批珍宝，其间历经艰险困顿。正因如此，顾氏收藏的古书画已不是一家之私产，而是中华历史文化极重要的遗珍。这批书画珍品归入国家博物馆，为深入研究、为进一步宣传弘扬优秀文化传统发挥作用。

今上海博物馆

（四）过云楼顾氏家属捐赠上海博物馆书画珍品目录

▲宋　魏了翁　行书文向帖卷

此帖书法落笔劲健，法度严谨而又姿态横生，是难得的珍品，为研究宋史提供了可贵的文献资料。

▲元　赵孟頫　吴兴清远图卷

赵孟頫为元代继往开来的艺术大师。此画绘制技法融唐宋遗意而又自具特色，在元代山水画中别开生面。

▲元　赵孟頫　秋兴赋卷

此作结构严谨又溢之以晋人风趣，为赵氏中年精心之作。

▲元　张　渥　九歌图卷

张渥是元代著名白描人物画家。《九歌图》卷纯以线条描绘人物形态，笔法流畅潇洒，优美而有骨力。

▲元　华祖立　玄门十子图卷

华祖立画艺高超，在元代人物画中堪称高手，传世作品仅此一件，足以补画史之缺。

▲元　倪　瓒　竹石乔柯图轴

倪瓒为“元四家”之一，其绘画风格以“天真幽淡”为宗。

▲元　虞　集　楷书刘垓神道碑铭卷

▲明　顾　琳　丹山纪行图卷

▲明　杜　琼　南邨别墅十景图册

图册艺术手法朴素自然，运用黄公望、王蒙的笔墨长处，具有文人画儒雅含蓄的气质。

▲明　杜　琼　刘　珏　沈　周　山水图合卷

三人德高名隆，绘画继承元代文人画传统，对吴门画派的兴起和形成，起到了开创作用。

▲明　陶　成　竹凫图卷

▲明　沈　周　临大痴山水图轴

为沈周六十八岁时所作，苍茫深秀，浑厚腴润，是难得的佳作。

▲明　沈　周　京口送别图卷

沈周为吴宽北上送别之作。构景疏简，苍劲浑厚，境界清旷，呈现出沈周晚年画风的鲜明个性。

▲明　文徵明　风雨重阳图卷

▲明　文徵明　江南春图卷

图卷传达了江南水乡的绚丽春色，是文徵明最具创意的小青绿山水典型。

▲明　唐　寅　黄茅渚小景图卷

为唐寅二十余岁时所作。图卷法元人又糅以宋人画法，是研究唐寅艺术演进过程极重要的作品。

▲明　陈　淳　竹石菊花图轴

吴门画家中，陈淳是一位具有创造性的画家，在水墨写意画方面独树风格，《竹石菊花图》轴是其代表作。

▲明　文　嘉　钱　穀　朱　朗合作　药草山房图卷

▲明　钱　穀　山水花鸟图册

▲明　文　俶　葵花图轴

▲明　熊廷弼　行书东园十咏诗卷

▲明　徐　渭　墨花图卷

图卷以草书笔法作画，行笔奔放，姿态多变，生气活现，不愧为扛鼎之作。

▲明　薛素素　梅花水仙图轴

▲明　程嘉燧　霜林远岫图轴

▲明　程嘉燧　绿树越溪图卷

▲明　董其昌　楷书先世告身册

为董其昌晚年精品，用笔温雅敦厚，秀逸中饶有苍劲，一生功力尽见于此。

▲明　黄道周　兰竹图轴

▲明　项元汴　双树楼图轴

▲明　项圣谟　雪景图轴

▲明　杨　涟　魏大中等　东林五君子手札册

▲明　万寿祺　野果山禽图轴

▲清　姜实节　溪桥远山图轴

▲清　姜实节　高山流水图轴

▲清　王时敏　仿子久山水图页

清初，号称“六大家”的作品，是过云楼收藏的一大特色。

▲清　王　鉴　仿古山水图册

为王鉴六十五岁时所作。其山水画既有浓厚的泽古功力，又流溢出个人的情趣。

▲清　王　鉴　仿子久浮岚暖翠图轴

图轴笔力雄厚沉着，又极清润文秀，用墨淋漓痛快又层次清晰明洁，寓沉稳于古逸柔媚中，是王鉴晚年的经意之作。

▲清　王　鉴　仿子久扇页

▲清　王　鉴　仿巨然扇页

▲清　王　翚　黄鹤传灯图卷

王翚四十岁至精之作。笔法繁密浓润，苍古之气直逼王蒙。王鉴称此图“真丹青宝筏也”。

▲清　王　翚　松庵调息图轴

为王翚游平江（今江苏苏州）的会心之作。

▲清　王　翚　恽寿平　王原祁　山水图合册

此册虽为八幅合成，但幅幅精妙，乃顾氏数十年搜集的心力所聚。

▲清　恽寿平　秋山图扇页

▲清　恽寿平　细柳新蒲图扇页

▲清　恽寿平　为苍濡作山水图扇页

▲清　王原祁　仿大痴白石青谿图轴

▲清　王原祁　仿黄公望山水图卷

兼取黄公望、董源、巨然、倪瓒诸家书法，笔墨苍秀，风格雅意。

▲清　王原祁　仿高房山山水图轴

图轴风格沉雄拙朴，是画家晚年佳作。

▲清　吴　历　溪阁读易图轴

▲清　吴　历　仿云林寒山亭子图页

▲清　吴　历　仿古山水图册

吴历作于三十岁。此图仿宋元各家,笔墨淡逸疏拙,是研究吴历早年画学的可贵资料。

▲清　王　武　菊石图轴

▲清　顾　昶　仿宋元各家屏

▲清　朱　耷　石　涛　花果山水图合册

共十开,朱耷（号八大山人）花果六开,其以精炼的笔墨勾画出花果生动妙灵的形态,是八大山人作品中极为难得之作。

▲清　程　邃　秋岩耸翠图卷

▲清　石　涛　花果图册

画笔恣放利索，风神洒脱，为石涛晚年之作。

▲清　石　涛　细雨虬松图册

石涛作于四十七岁。布局严谨，笔墨精炼，清丽雅致，为石涛作品中不可多得的细笔山水。

▲清　查士标　山水图册

▲清　龚　贤　山水图册

龚贤视此册为枕中之秘，真片片珠玑，为龚贤作品中难得的精品。

▲清　刘　墉　杂书册

▲清　金　农　墨竹图轴

此图枝干清遒瘦劲，竹叶丰腴厚重，画法工稳，笔墨沉劲，三角阔叶状竹叶，为金农的典型风格。

▲清　吴翌凤　乌嘴狗传卷

▲清　顾　峻　山水图册

▲清　华　喦　金谷远图轴

此图轴为华喦人物画杰作，运用畅利的行云流水描和飘逸的兰叶描，挥洒自如，具有松秀古拙的韵味。

▲清　罗　聘　云天耸立图轴
▲清　顾符稹　少陵诗意图册
▲清　薛　寿　梨花海棠图轴
▲清　汤贻汾　水阁弹琴图轴
▲清　刘彦冲　仿古山水图册
▲清　刘彦冲　怡云图卷
▲清　张之万　山水图册
▲清　周　闲　百花图卷
▲清　杨　补　怀古图册
▲清　顾文彬　楷书集张玉田辛稼轩词长联
▲清　胡锡珪　岁寒清品图轴
▲清　俞　樾　隶书五言联
▲清　吴昌硕　亭子山高图轴
▲清　吴昌硕　梅菊对轴

对轴中梅花干枝老硬如铁，繁华烂漫，勃发凌厉，菊花则花瓣壮实，神采奕奕。

▲清　顾　承　溪庐清图扇莲

顾承、顾鹤逸、顾公雄山水，集“四王”之长，布局平稳，设色淡雅，具有文人画温雅的韵味。

▲清　陆　恢　猫蝶图轴
▲现代　顾鹤逸　无量寿佛图轴
▲现代　顾鹤逸　风木图卷
▲现代　顾公雄　销寒山水图册

（五）过云楼顾公雄捐赠上海博物馆文物珍品选

元　赵孟頫　吴兴清远图卷

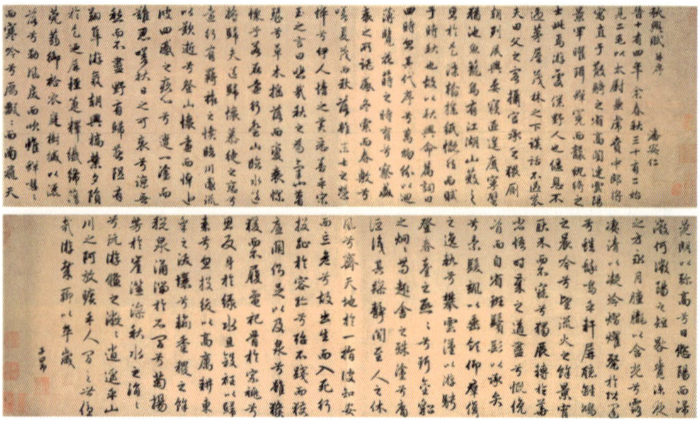

元　赵孟頫　秋兴赋卷

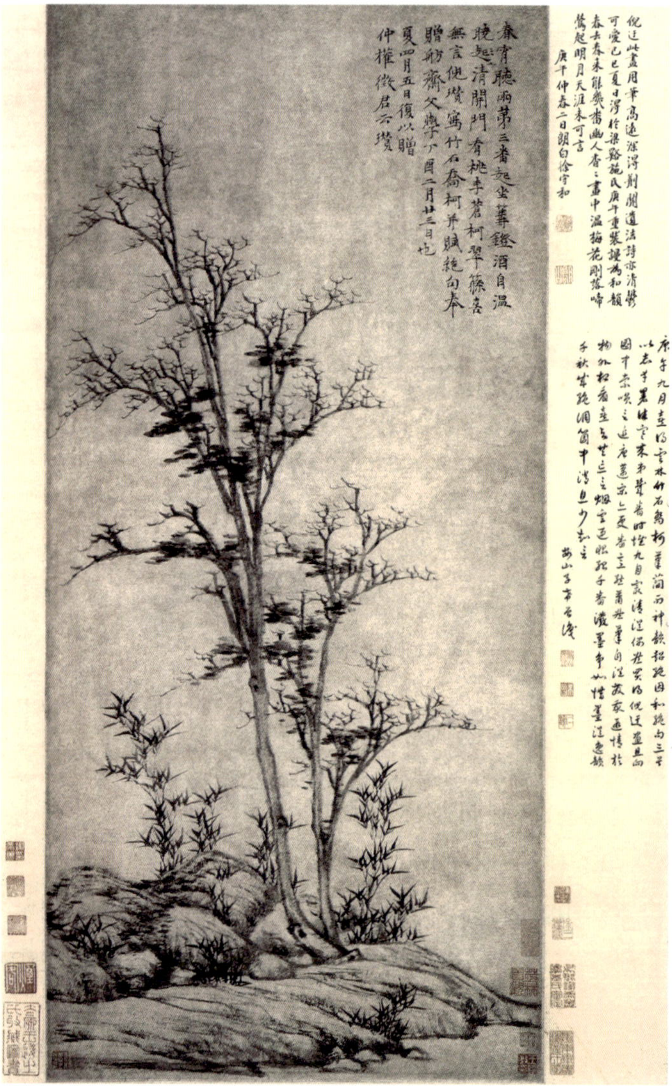

元　倪瓒　竹石乔柯图轴

明　沈周　京口送别图卷

明　文徵明　风雨重阳图卷

清　王时敏　仿子久山水图页

清　王鉴　仿子久浮岚暖翠图轴

上图为：清　王鉴　仿子久扇页
下图为：清　王鉴　仿巨然扇页

清　王翚　松庵调息图轴

清　王原祁　仿大痴白石清谿图轴

二、顾公硕捐赠事迹

（一）过云楼顾公硕等代表家族捐献怡园

新中国诞生后，顾公硕崇信党和政府，认为“藏于私不如藏于公”。1953 年 12 月，由顾公硕等代表家族自愿将顾氏怡园无条件捐献国家。1959 年，他参与苏州博物馆的筹备工作，慷慨捐献书画精品共计一百二十四件，内有元王蒙、明戴进、文徵明、唐寅、董其昌等人的书画，以及刺绣等文物，价值无可估量。

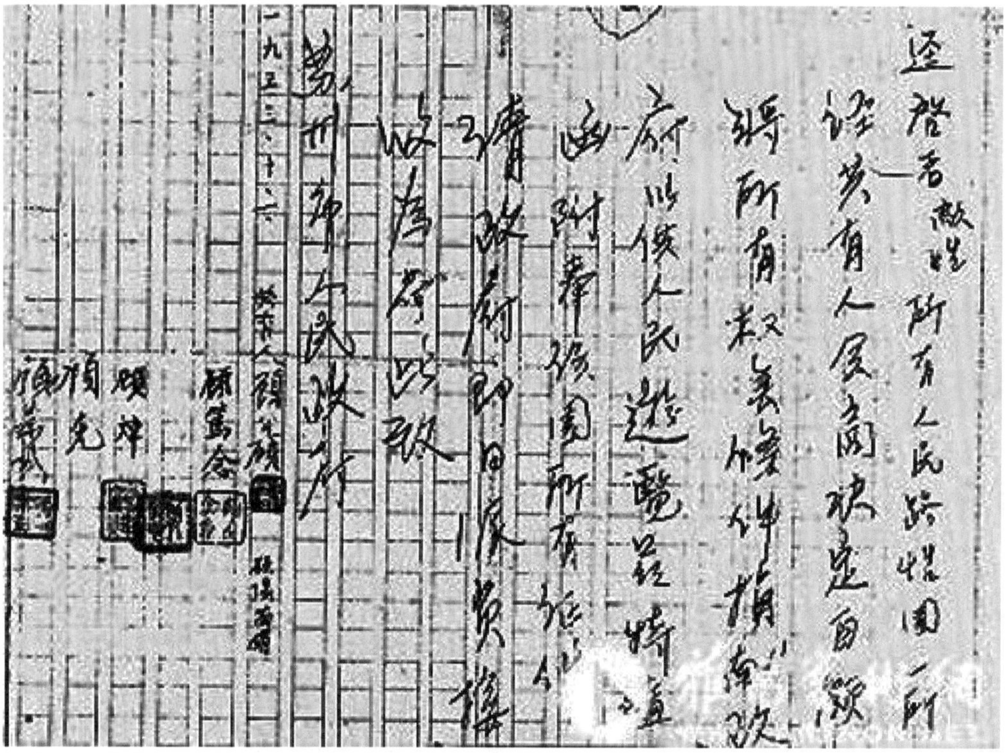
逕啓者敝姓所有人民路怡園一所經共有人商决定自願將所有权無條件捐献政府以供人民遊覽兹特函附奉該園所有証件請政府即日派員接受為荷此致蘇州市人民政府

一九五三、十二、

顾公硕等捐赠书：

逕启者敝姓所有人民路怡园一所，经共有人会商决定，自愿将所有权无条件捐献政府，以供人民游览。兹特随函附奉该园所有证件，请政府即日派员接受为荷。此致苏州市人民政府。一九五三·十二。

（二）过云楼顾公硕捐赠苏州博物馆的部分文物珍品选：

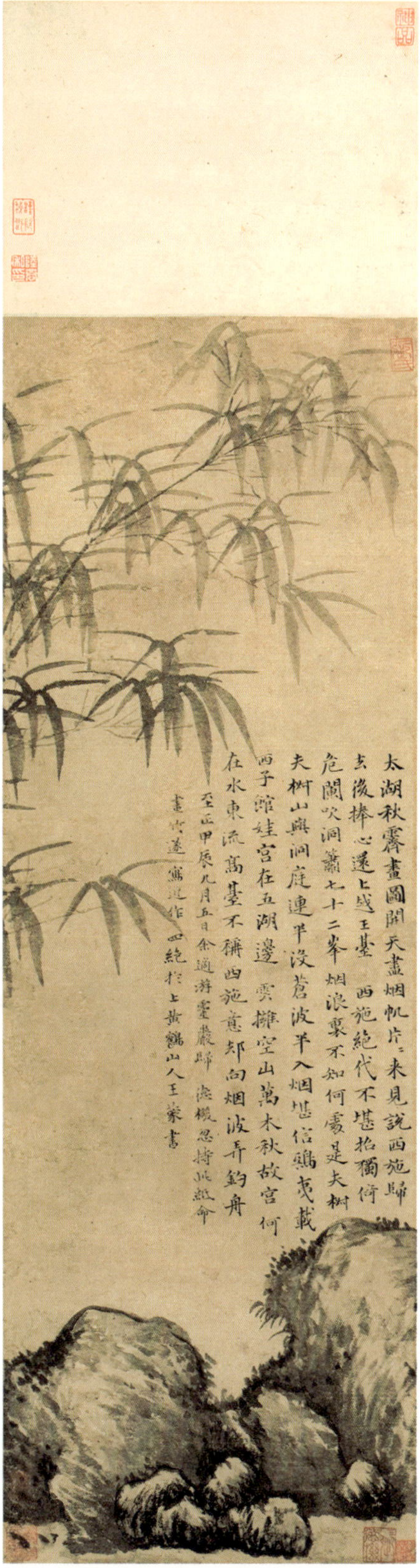
太湖秋霽畫圖開天盡烟帆片片来見説西施歸
去後捧心還上越王臺
西施絕代不堪招獨倚危闌吹洞簫七十二峯烟浪裏不知何處是夫椒
夫椒山與洞庭連半沒蒼波半入烟堪信鴟夷載西子館娃宮在五湖邊
雲擁空山萬木秋故宮何在水東流高臺不稱西施意却向烟波弄釣舟
至正甲辰九月五日余適游靈巖歸 澹機忽持此紙命畫竹遂寫近作四絶於上黄鶴山人王蒙書

元　王蒙　竹石图轴

明　戴进　归舟图

明　祝允明　《正德兴宁志》（一）

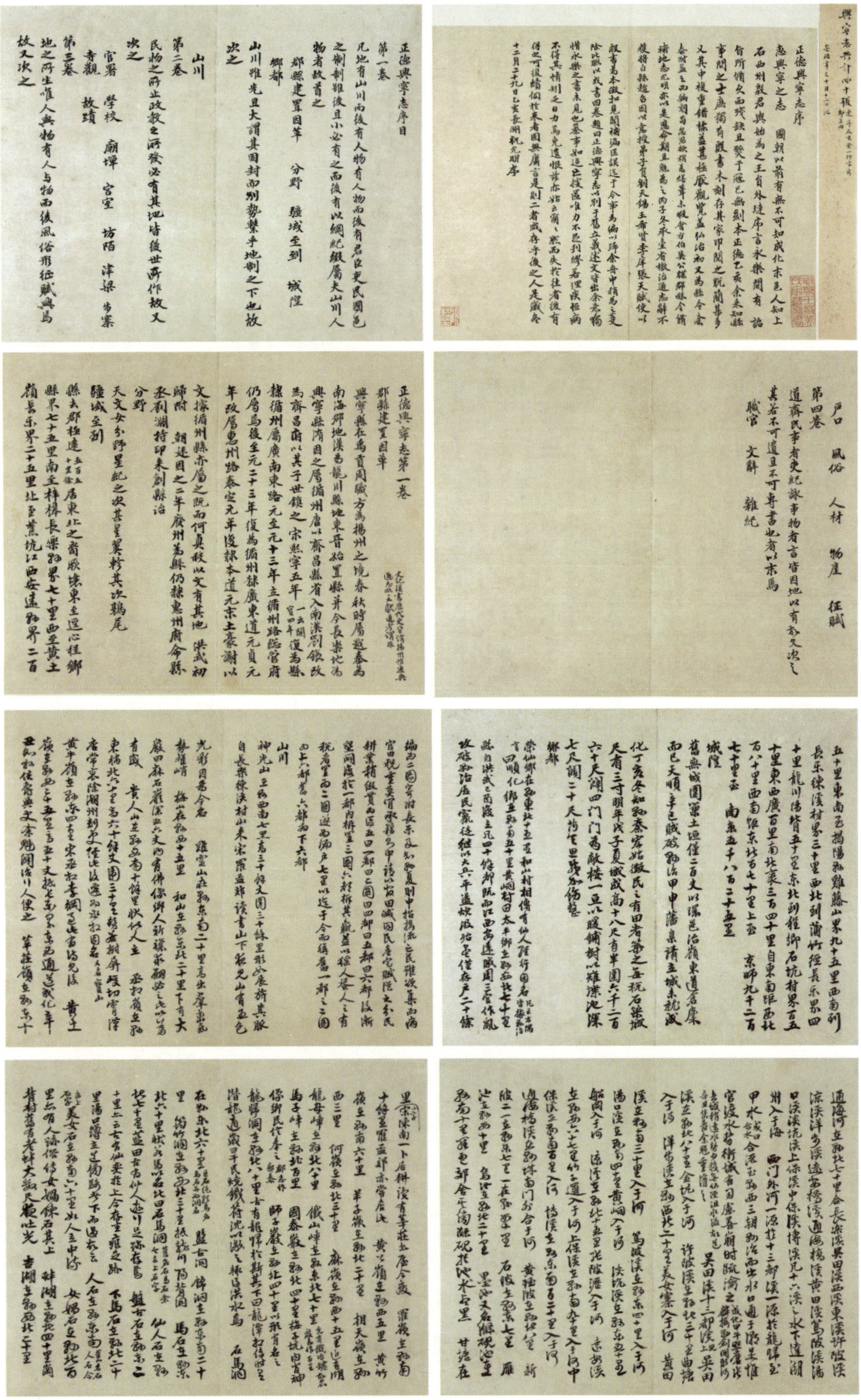

明 祝允明 《正德兴宁志》（二）

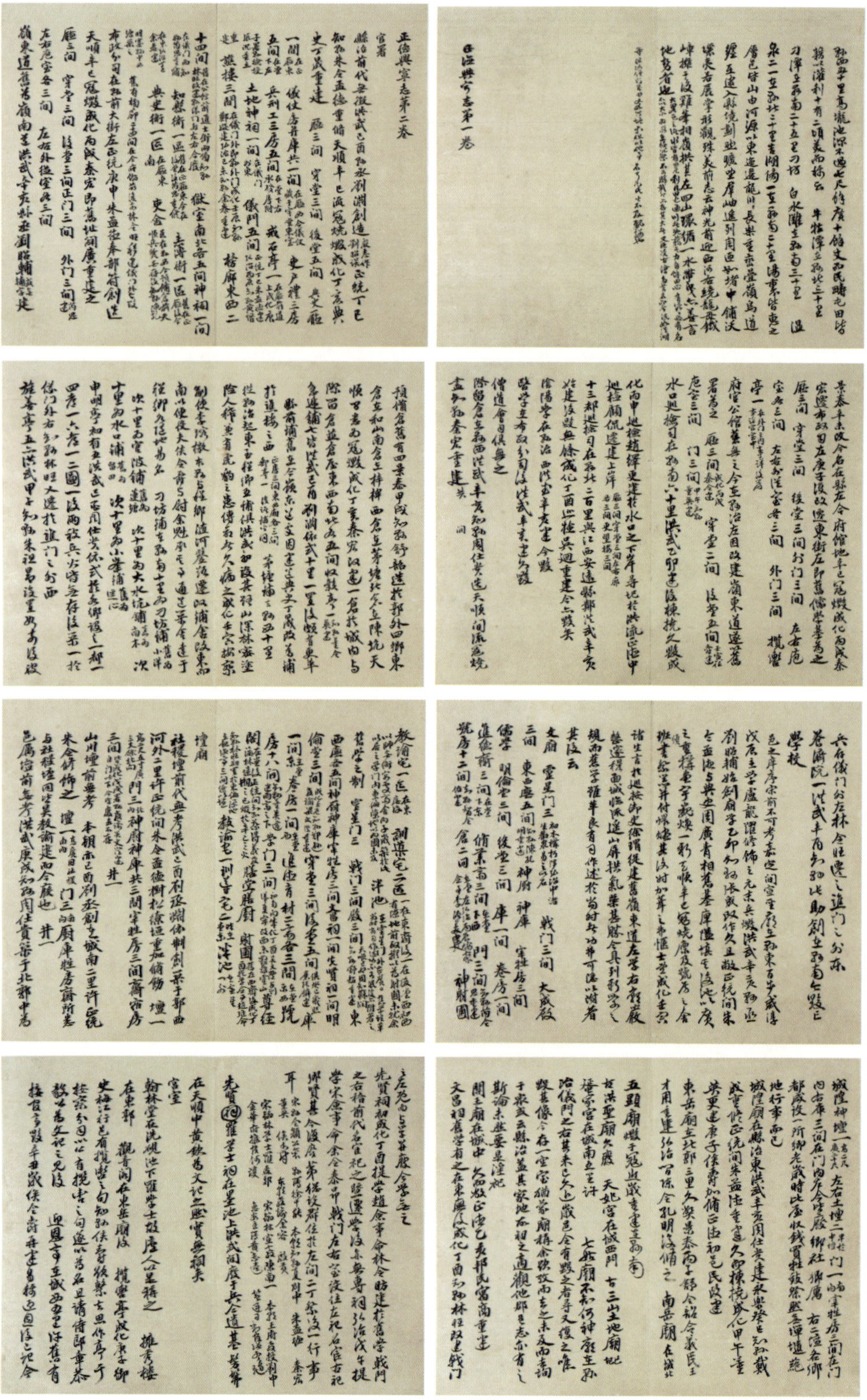

明　祝允明　《正德兴宁志》（三）

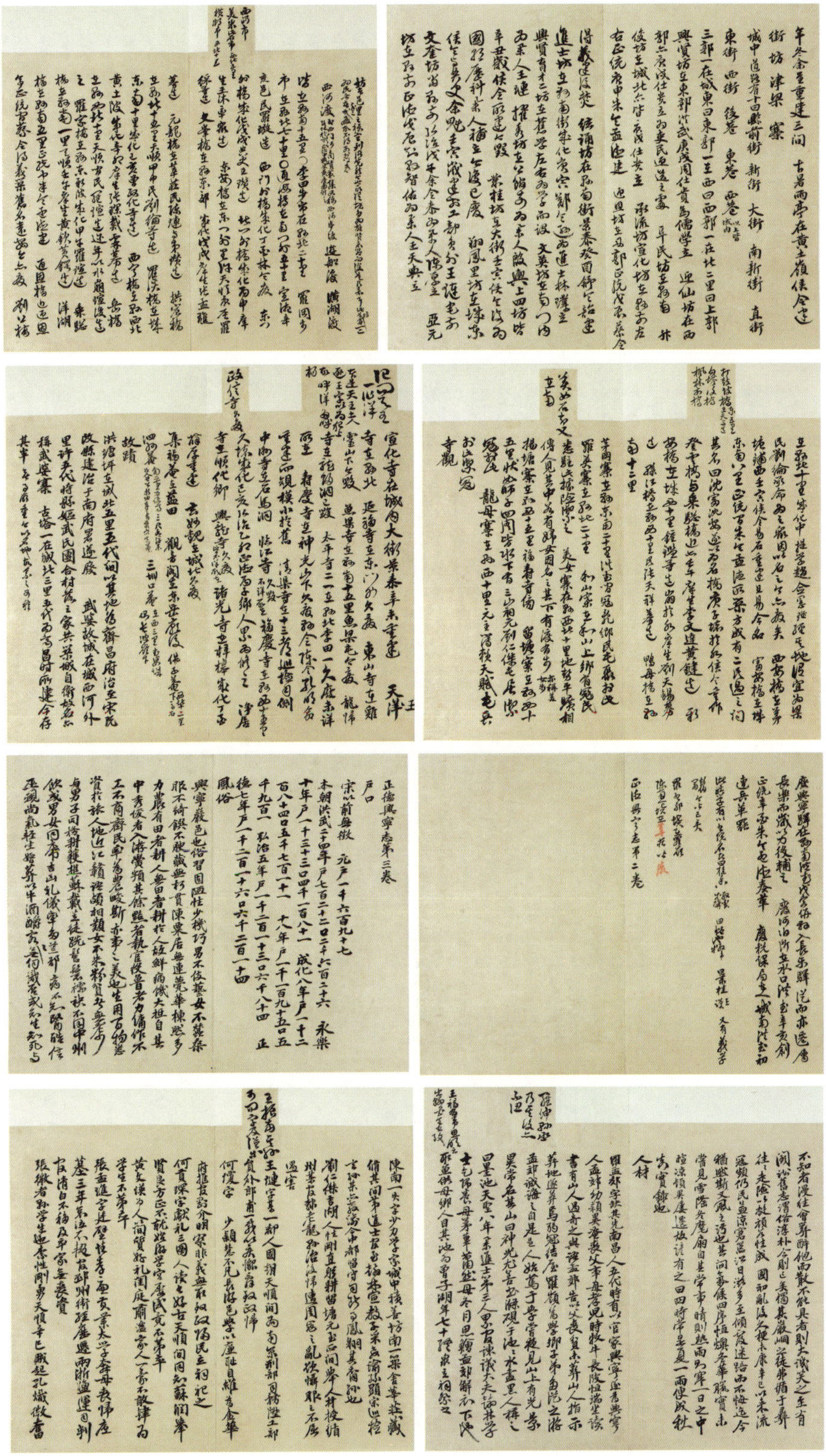

明　祝允明　《正德兴宁志》（四）

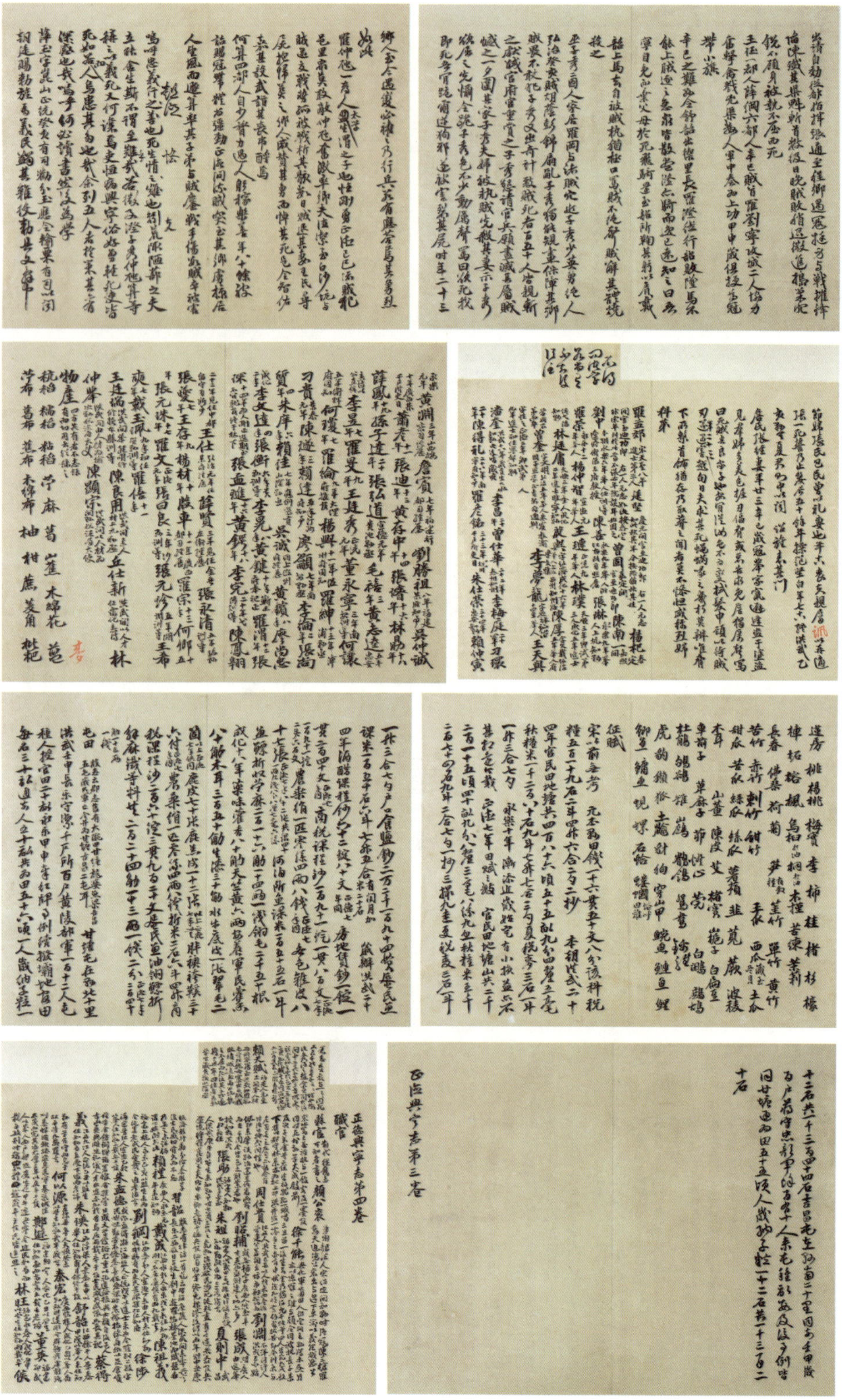

明　祝允明　《正德兴宁志》（五）

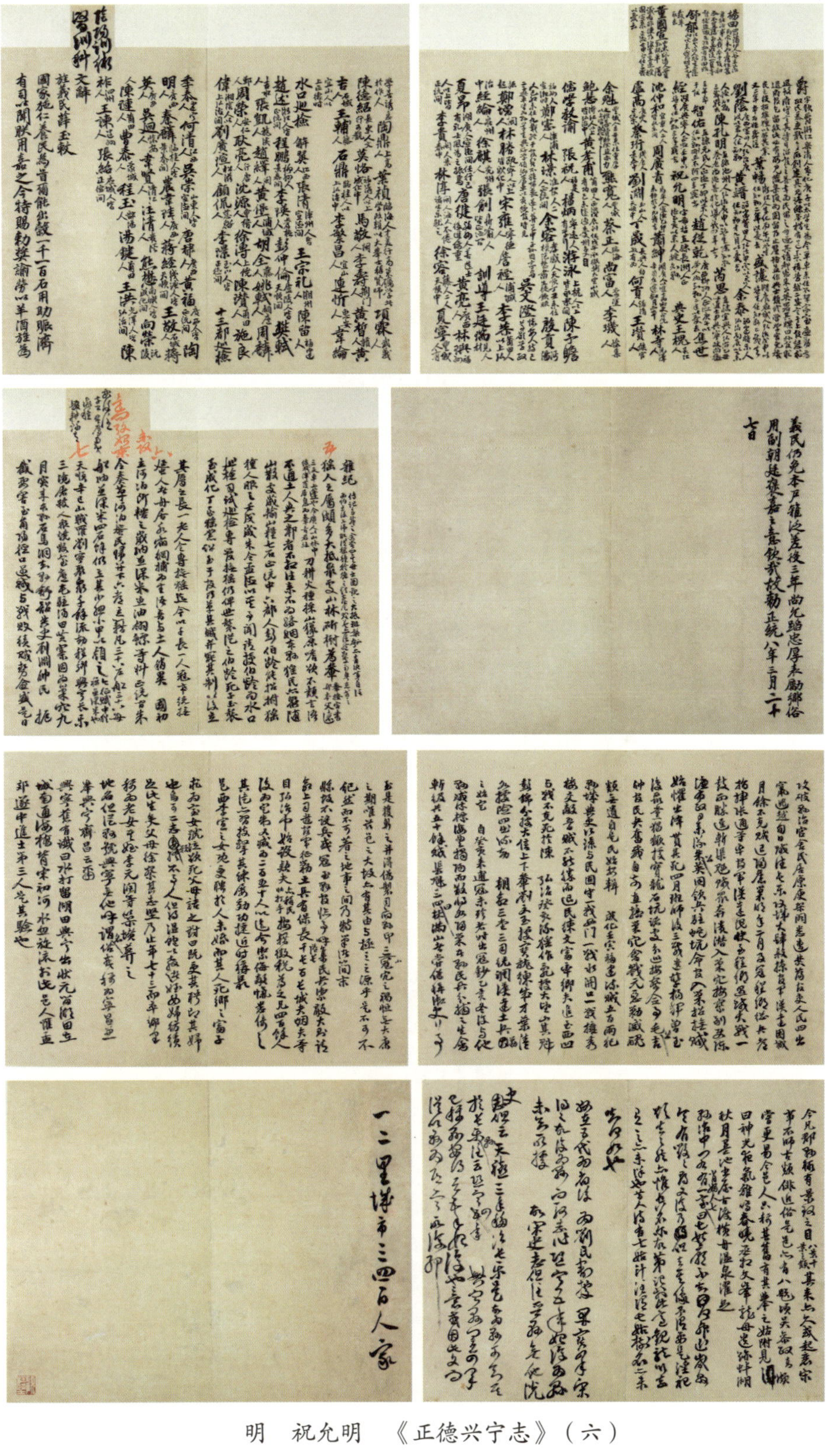
義民仍免本户雜泛差役三年尚允蹈忠厚表勵鄉俗用副朝廷褒嘉之意欽哉故勅 正統八年三月二十日
一二里埠市三四百人家

明　祝允明　《正德兴宁志》（六）

明　文徵明　五月江深图轴

明　李士达　西园雅集图卷

明　李士达　西园雅集图卷局部

明　陈洪绶钟馗图

清　任熊（渭长）临陈洪绶钟馗图

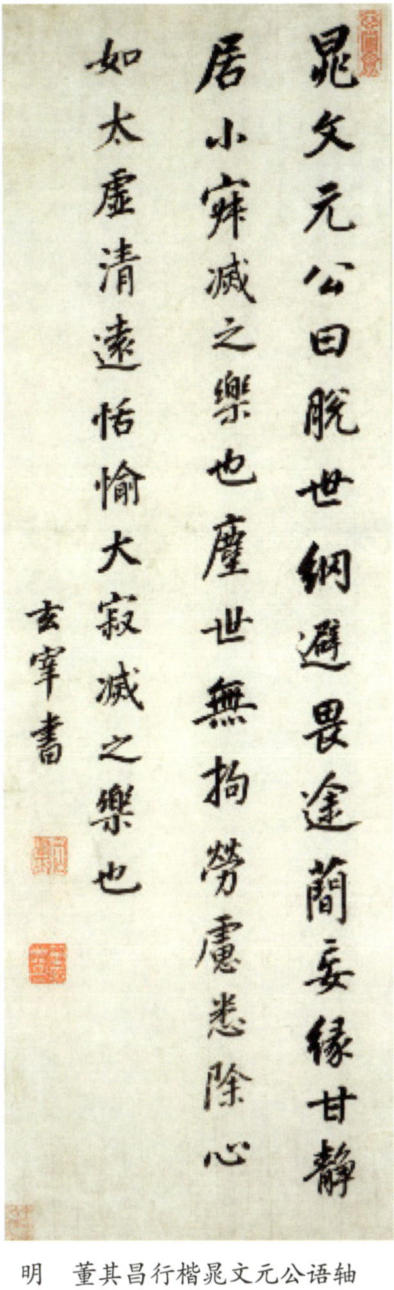

明　董其昌行楷晁文元公语轴

明　王时敏　秋山晓霁图

清　沈寿　刺绣生肖屏

（三）1959 年，顾公硕、钱镛[1]向国庆 10 周年献礼捐赠的“吴门四大书家”字幅

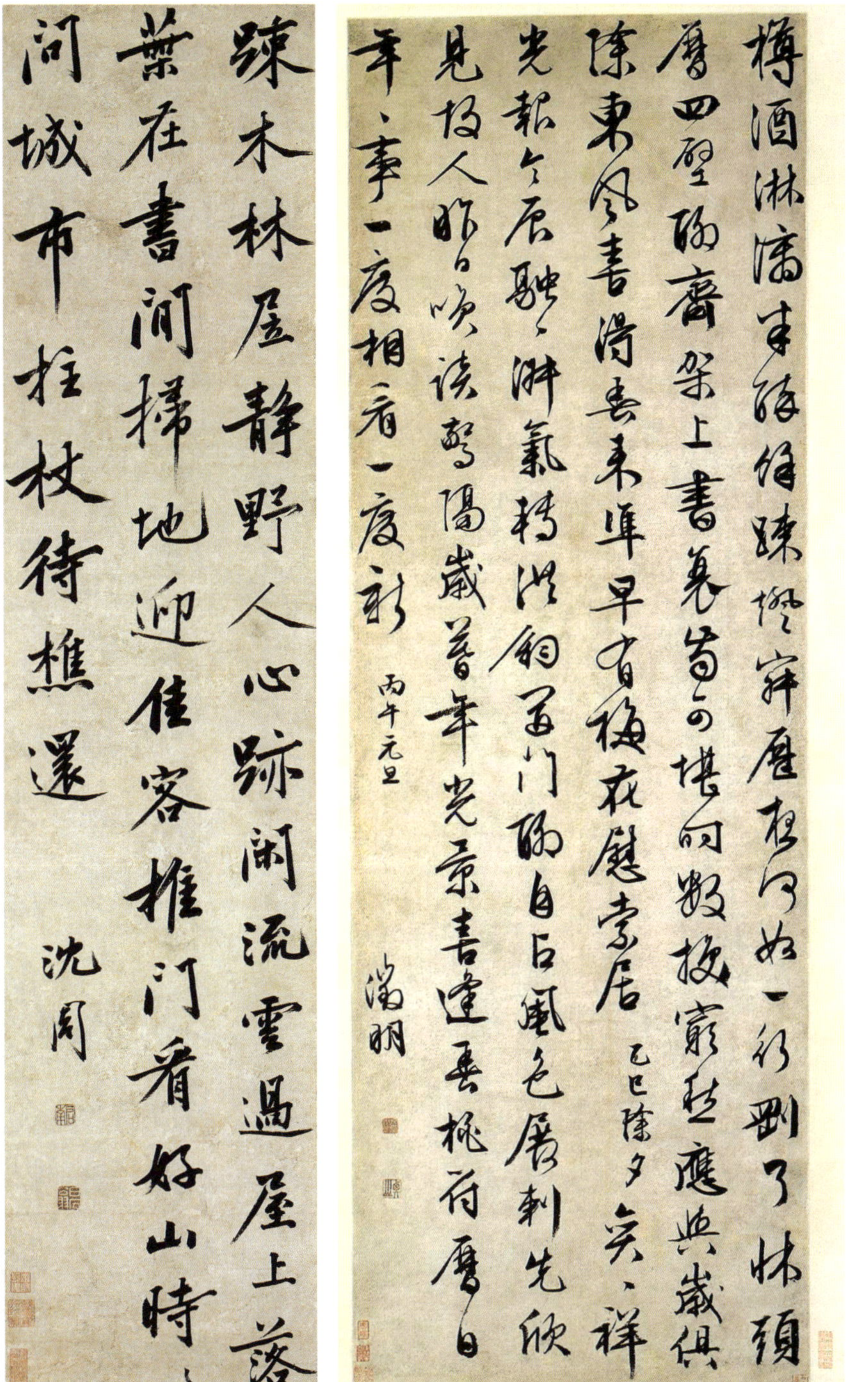

左为沈周《行书五律诗》轴　钱镛捐赠　现藏苏州博物馆
右为文徵明《行草七绝诗》轴　钱镛捐赠　现藏苏州博物馆

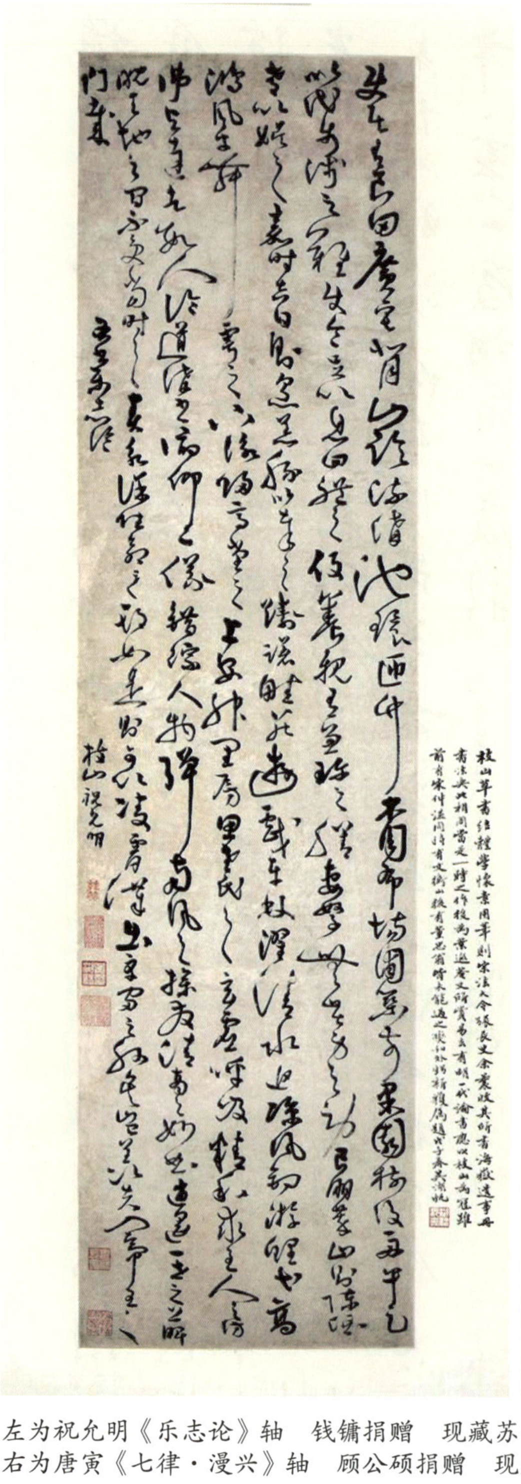

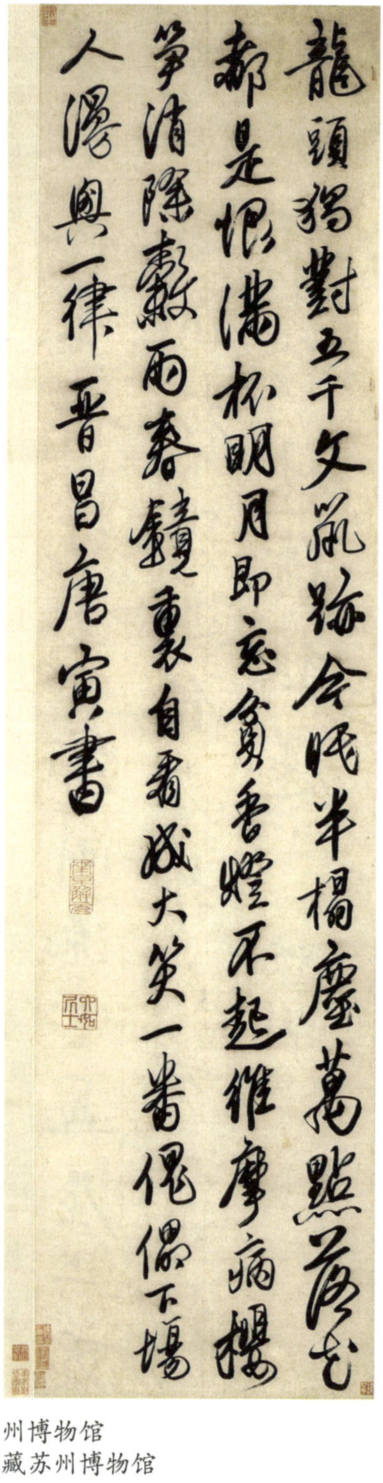

左为祝允明《乐志论》轴　钱镛捐赠　现藏苏州博物馆
右为唐寅《七律·漫兴》轴　顾公硕捐赠　现藏苏州博物馆

三、顾公柔之子顾笃琨书画捐赠事迹

顾公柔，1929 年早于父亲鹤逸去世，1930 年由妻子张惠娟女士出面接受家产。公柔有一子四女，笃琨是唯一的儿子。

继 20 世纪 50 年代解放初，顾氏家族捐献书画后，在新世纪再添新篇。经顾笃璜先生牵线，2009 年，顾笃琨（1919—2001）的子女以“顾笃琨偕子女”的名义，将元代六家《七君子图卷》和清代王翚（字石谷）《水竹幽居图卷》捐赠苏州博物馆，实现了父亲生前遗愿。两件书画是过云楼旧藏，历经离散沧桑，均属国家一级文物。

元代画家赵天裕、柯九思（字敬仲）、赵原（字善长）、顾安（字定之）、张绅（字士行）、吴镇（字仲圭）六人所画墨竹裱于一长卷中，其中柯九思画墨竹两幅，故称《七君子图卷》。卷前有吴大澂题签和三段引首。第一段引首是此卷的早期收藏者乔崇修所书，第二段引首是张廷济为其后的藏家蒋生沐所书，吴昌硕为该图的最后一位藏家苏州顾鹤逸题书。

《七君子图卷》递藏有序。康熙年间的收藏家缪日藻在其专著《寓意录》中最早记录了一张名为《竹林七友》的长卷，藏家把元朝赵天裕、柯九思、赵原、顾定之、张绅五位大画家的墨竹逐一收裱在同一长卷中，其中，柯九思与顾定之各二件作品，一共七件，得名“竹林七友”。到了乾隆时为乔崇修所藏，但已失去顾定之作品一帧，遂易名《竹溪六逸》。顾鹤逸购得这张长卷后，恰好又得到一张吴镇的墨竹横幅，取以配入，这张图又从“六逸”长成了“七友”，故得名《七君子图卷》。

王翚，与王时敏、王鉴、王原祁、恽寿平、吴历齐名，世称“四王吴恽”，又称“清六家”。

注：

1. 钱镛（1913—2015），字夔和，江苏江阴人，苏州资深书画鉴定专家。20 世纪 50 年代起，定居苏州，主要从事苏州地区文物的征集、保护、保管工作，曾负责双塔、虎丘塔等古建筑维修保护工作，虎丘塔文物的抢救整理工作，“文革”抄家物资的清点整理工作。他向苏州博物馆捐赠了诸如宋代缂丝、明沈周《行书五律诗》轴、明文徵明《行草七绝诗》轴、明马向真《兰竹图》卷等百余件家藏珍贵文物。2015 年 8 月 23 日去世，享年 102 岁。

顾笃璜偕子女捐赠苏州博物馆书画珍品

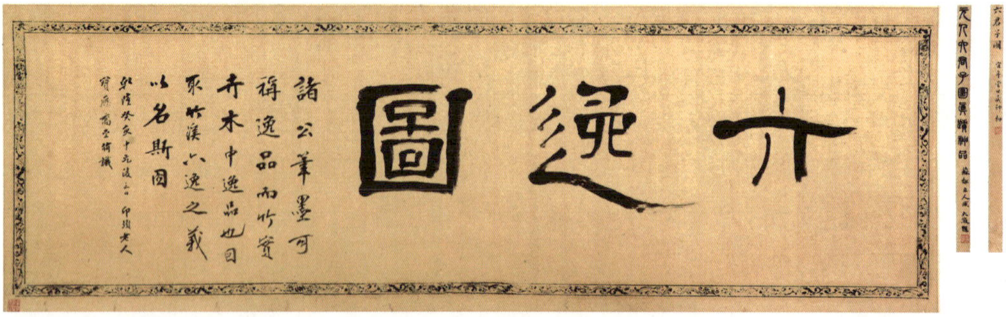

清乾隆　乔崇修书

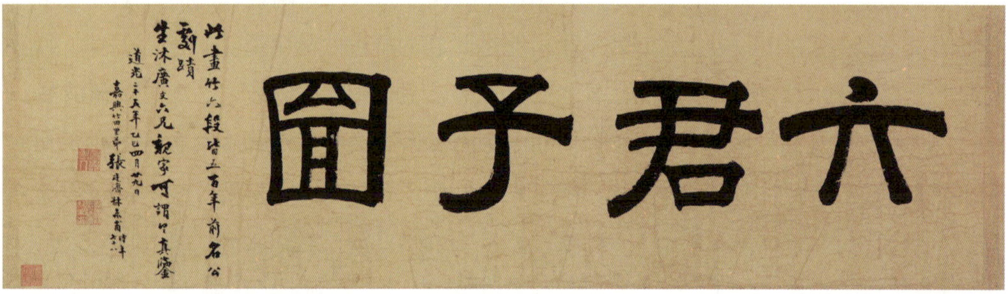

晚清　张廷济书

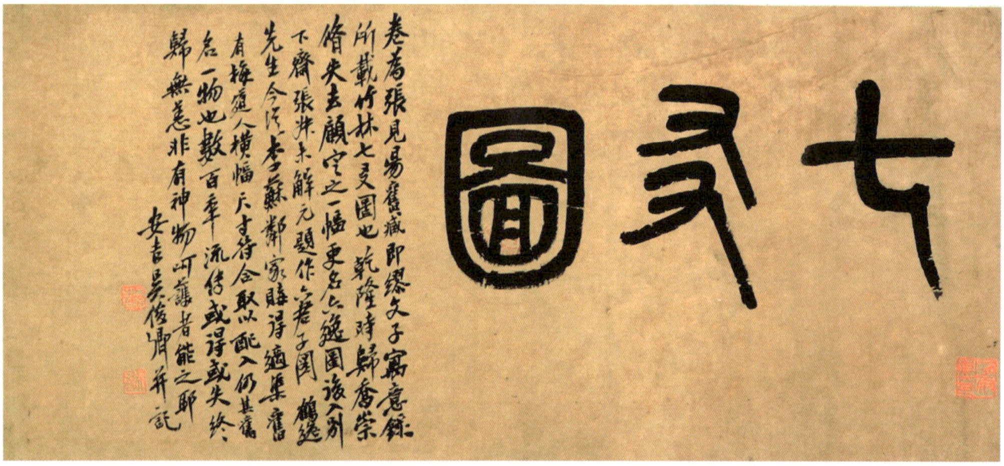

清末民初　吴昌硕书

元　赵天裕　墨竹图

元　柯九思　墨竹图

元　柯九思　墨竹图

元　赵原　墨竹图

元　顾安　墨竹图

元　张绅　墨竹图

元　吴镇　墨竹图

清　王翚　水竹幽居图卷

贝聿铭大师担纲设计的苏州博物馆

凤凰亮翅

2012年6月5日，备受瞩目的"过云楼藏书"拍卖落槌的第二天，江苏凤凰集团在北京召开成功竞购媒体见面会，宣布一百七十九种一千二百九十二册古籍，将与20世纪90年代五百四十一种三千七百零七册古籍合璧入场，团聚于南京图书馆，公开向社会承诺永久收藏，公藏公享。同年9月，经文化部、国家文物局批准，部分"过云楼藏书"在台北世贸中心展出；12月，在南京举办了"'过云楼藏书'回归江南特展"，引起极大轰动。"过云楼藏书"一词入选国家语言资源监测与研究中心等机构联合发布的"2012年春夏季中国报纸流行语"。

2014年4月，凤凰出版传媒股份有限公司凤凰出版社（原江苏古籍出版社）出版发行的《过云楼藏书书目图录》中"顾氏过云楼及其藏书（序）"说："顾氏一百七十九种藏书有一百五十多部都可归入善本……特别是宋版四十册《锦绣万花谷》于南宋淳熙十五年刊刻发行，品相完整，印制精美，为南宋大型类书，也是目前已知海内外最大部头的宋版书，实属罕见文化珍品，举世无双。"该序中还指出，经北京市文物局组织北京文物鉴定委员会专家审核，一百七十九种藏书"均属于文物监管范围，其中，元黄瑞节附录《易学启蒙朱子成书》、元胡一桂撰《周易启蒙传三篇外传一篇》八卷、元杜大珪编纂《皇朝明臣续碑传琬琰集》、元太监王公编《针灸资生经》七卷、宋《锦绣万花谷前集四十卷后集四十卷》共五种为一级文物"。

凤凰亮翅，满目生辉。江苏凤凰集团仅花不到两年的时间，将一百七十九种一千二百九十二册古籍原原本本建了一个书目图录，并影印出版，以利学者或读者对照书目图录研究过云楼藏书的始末源流，功德无量。本书将《过云楼藏书书目图录》包括类种、卷种、提要、注释，特整理制表，以飨读者。此表格卷种一栏全采用原书繁体字，特此说明。

类种	卷种	提要
宋刻本[1]	1. 錦繡萬花谷四十卷、後集四十卷	宋刻宋印，皮纸佳墨，品相精良，为海内外孤本，世界最大部头宋版书。全四十册。

注：

1. 宋刻本：进入宋代，形成了杭州和眉山两个雕版印刷业中心，所刻书籍，通常被称为"浙本"和"蜀本"，过云楼藏《锦绣万花谷》即为浙本。到南宋时，除这两个中心之外，福建的建阳，又成为另一个刻书中心，所刻之书被称作"建本"或"闽本"。一般说的宋浙本是指南宋时以杭州为中心地区的刻本，严格说是南宋浙本。

类种	卷种	提要
元刻本[2]	2. 黄瑞节附録　易學啓蒙	元至正元年（1341）日新堂刻朱子成书十集之零种，此本初刻初印，品相上佳。四册。
	3. 胡一桂撰、胡思绍校　周易本義啓蒙翼傳三篇外傳一篇	全国公藏书目著录仅存一部，雕版精湛，乃初刻初印，触手如新，纸质精良，字体宽厚中不失俊秀。八册。
	4. 杜大珪編纂　皇朝名臣續碑傳琬琰集八卷	被选入《中华再造善本》。十册。
	5. 王执中撰　針灸資生經七卷	元广勤书堂原刻，传世少见。六册。
批校本[3]	6. 孔平仲撰　談苑六卷	明抄本，黄丕烈[4]、顾锡麒[5]校。二册。
	7. 李氏集解 易傳十卷易解附録一卷	明万历三十一年（1604）胡震亨刻本。四册。 黄丕烈通校通批注者，实为罕见之物。
	8. 葉隆禮撰 契丹國志二十七卷	清中期抄本。六册。 首有淳熙七年叶隆礼上表，黄丕烈旧物，据考黄丕烈极重此书。

注：

2. 元刻本：元代建国之初，杭州、建阳的刻书业，不仅没有停滞衰落，反而有所发展。这两个刻书中心所刻书籍，习惯上将建阳刻本称为元建本，杭州以及其他各地所刻则不加区分地统称为元刻本。北方原来金的刻书业中心平阳府依然存在，为北方新的刻书中心。

3. 批校木：稿本、抄本、刻本在流传过程中经过名家学者、收藏家亲自校点、校勘、题跋、批注、评阅本的统称。一部书，如果经过文人学者的批校、题跋，无论是文献学术价值，还是文物价值都会提升。此批过云楼藏书中抄校稿本就有数十种之多，诗人叶昌炽《藏书记事诗》涉及的许多清代藏书家都名列其中。藏书界享有盛誉的“顾批黄跋”本，是指清代中叶两位著名的学者、藏书家顾千里和黄丕烈批校或题跋过的书籍。二人是苏州老乡、莫逆之交，又都是饱学之士，嗜书如命，凡经顾、黄批校题跋的书，都具有较高的文献价值和文物价值。“顾批黄跋”成为藏书界的美称，凡经顾黄之手，题跋校勘，即可身价百倍。几乎与宋版相酹。按现代确定的善本古籍定级标准，凡有“顾批黄跋”之书，即可列入一级古籍善本。此批过云楼藏书中，不乏黄氏士礼居的旧藏本，其中的汲古阁本《易传》还有黄氏的通篇校字，尤为珍贵。

4. 黄丕烈（1763—1825），字绍武，一字承之，号荛圃、绍圃，又号复翁、佞宋主人、秋清居士、知非子、抱守主人等。长洲（今江苏苏州）人。清著名藏书家、目录学家、校勘家。乾隆五十三年（1788）举人，官主事，嘉庆六年（1801）发往直隶知县不就，专一治学和藏书。

5. 顾锡麒，字竹泉，一字敦淳。太仓浏河人。喜藏书，搜罗甚富，藏书楼为“謏闻斋”。向居申江，道光辛丑（1841），遇英军之扰，仓皇迁徙，书多散佚。民国初，张元济曾到其后裔家观其藏书，大都为黄尧圃、汪士钟的旧藏，尚有抄本数百册。涵芬楼以廉价购得，知名刻本比比皆是，惜毁于1932年“一·二八”之役。

类种	卷种	提要
批校本	9. 孫承澤述　閑者軒帖考一卷	清刻本。一册。 鲍廷博[6]校，沈树镛旧藏。
	10. 吾衍撰　竹素山房詩集三卷附録一卷補一卷閑居録一卷	清乾隆二十七年（1762）钱塘郁礼[7]东啸轩抄本。一册。此书《中国古籍善本书目》著录，仅存鲍抄一部，此当为鲍校本，可谓存世双绝。
	11. 孔廣林録 北海經學七録八卷	清乾隆三十九年（1774）古俊楼刻本。一册毛装本。此本曾经清代著名藏书家吴骞[8]收藏，眉上朱笔校语出吴氏之手。
	12. 查慎行撰、陳鱣録 敬業堂文集二卷	清嘉庆十四年（1809）吴骞拜经楼抄本。一册。为著名学者吴骞拜经楼抄、校，极为宝贵。
	13. 吴景旭撰 歷代詩話十二集	清中期抄本。十册。内有朱笔详校，出张绍仁[9]手笔。此书据《中国古籍善本目录》著录仅存清抄本，此系张绍仁校，可谓所知最善之本者。
	14. 劉義慶撰 世說新語六卷	清光绪三年（1877）湖北崇文书籍刻本。四册。清末藏书及版本目录名家周星诒[10]批校并题书衣。
	15. 陶宗儀撰 游志續編二卷	清嘉道间抄校本。二册。所录多宋、元人游览制作，书尾录有钱穀跋、吴翌凤跋、鲍廷博跋，内有墨笔校字。周星诒旧藏。
	16. 韓愈撰、顧嗣立刪補 昌黎先生詩集注十一卷	清苏州顾氏秀野草堂精刻本。四册。潘钟瑞所批校并藏。

注：

6. 鲍廷博（1728—1814），字以文，号渌饮。祖籍安徽歙县，随父居杭州，后定居桐乡。鲍氏父子殷富好文，不惜巨金求购宋元书籍，筑室收藏，取“学然后知不足”义，名其室为“知不足斋”。鲍廷博刻书，博采众长，广搜遗编，凡经史考订、算书、金石、地理、书画、诗文集、书目等皆择优收入。其中不少是海内孤本。

7. 郁礼，清钱塘（今浙江杭州）人。字佩先，一作佩宣，一字陛宣，号潜亭。诸生。家世素封，储书充盈，礼又增其所未备，遂成巨观。

8. 吴骞（1733—1813），字槎客，又字葵里，号兔床、兔床山人，海宁新仓人。积有名刻善本45000余卷，筑拜经楼以庋藏。常与同里陈鳣、周春，吴县黄丕烈往来，鉴赏析疑，互相抄校。

9. 张绍仁，字学安，号訒盦。清乾嘉时期长洲人。好蓄书，校雠精到。黄丕烈自叹不如，称其心到眼到手到，在朋友中无出其右者。

10. 周星诒（1833—1904），字季贶，河南开封人。藏书甚丰，多前贤手录本、乾嘉名家精校善本及宋元旧椠，著有《窳櫎藏书目》《传忠堂书目》《勉熹集诗》等书。

类种	卷种	提要
批校本	17. 張雲章撰　樸村詩集十三卷文集二十四卷	清康熙五十三年（1714）精刻本。六册。张云章序诸多王芑孙友人批注，王芑孙[11]藏。
	18. 羅願撰　新安志十卷	清中期抄本。十册。乾嘉之间所抄。书中有佚名校。钱大昕跋。为影宋淳熙本。《中国古籍善本书目》著录，仅存清抄本。
	19. 趙執信撰 聲調譜附談龍録	清乾隆间卢氏雅雨堂刻本。一册。首卢见曾序，后有乾隆乙酉年（1765）钱东照跋，书内墨笔批注者为钱东照手笔，朱笔者佚名。
	20. 盧見曾輯　金石三例十卷附古文詞類纂目文章精義	清乾隆二十年（1755）卢氏雅雨堂精刻本。二册。首有潘贵生[12]手录王芑孙跋，目录后有嘉庆戊辰潘贵生跋。书内潘贵生咸丰间墨笔录王芑孙批校，朱笔为潘贵生嘉庆戊辰年手批。
	21. 汪士鋐撰　瘞鶴銘考	清康熙五十三年（1714）松南书屋刻本。一册。刊刻静雅，经梁巘、沈树镛递藏，沈树镛同治戊辰年批校，益增其辉。
	22. 金幼孜撰　北征録一卷	清同治十三年（1874）潘介祉渊古楼抄明弘治刘氏安正堂本。一册。潘介祉[13]校并跋。
	23. 鄭杓撰、劉有定注 衍極二卷	清末潘志万抄本。二册。潘志万跋云："采入四库，此为苏斋校本，师鄦得之绿润堂，余为借读，喜其详究书学源流，甚为精博，手录副本以存。"
	24. 翁方綱撰　粵東金石略九卷附録二卷	清嘉庆十二年（1807）怡亭姜宁冬碧楼影抄本。二册。

注：

11. 王芑孙，字念丰，一字沤波，号惕甫，一号铁夫、云房，又号楞伽山人。长洲人。乾隆五十三年（1788）召试举人，官华亭教谕。工书逼刘墉，不期而合。吴门自明季以来，书家用笔，皆以清秀俊逸见长，至芑孙，始以遒厚浑古矫之，遂为三百年所未有。著《碑版广例》《楞伽山房集》《渊雅堂集》。

12. 潘贵生，字秋谷，又字隺秋，号青芝山人。江苏吴县人。

13. 潘介祉，字叔润，号玉笋。江苏吴县人。藏书甚丰，渊古楼为其书斋之名。

类种	卷种	提要
批校本	25. 宋本廣韻五卷	清康熙四十一年（1702）张氏泽存堂刻本。五册。《广韵》版本众多，分详略两类，张氏泽存堂本为详本的代表。叶德辉[14]在《书林清话》赞道："摹仿宋刻，极肖极精。自明至国朝，刻功如此之精研者，盖亦鲜矣"，可见其价值之高。书前抄配朱彝尊[15]"重刊广韵序"。卷一有"乙丑三月以集韵刊彼不载者，其旁为识，涧"朱字一行。 卷四尾有"道光元年岁在辛巳，用洪钤庵所藏曹楝亭家宋小字本，略校一过，千里"，尾有抄"顾炎武书殿撰广韵后"跋，又有顾千里[16]"书宋椠广韵后"跋（道光元年顾千里记于环翠山房）。
	26. 龔明之撰、毛晋訂　中吳紀聞六卷	明末汲古阁刻本。二册。首有龚明之原序，尾有毛晋跋。序后录有何焯跋，并校注。《四库全书》本即"据毛晋本缮录"
	27. 黄憲撰　秘傳天禄閣寓言外史八卷	明隆庆四年（1570）昆山沈松石刻本。四册。卷首序后有刻书牌记，卷末有"皇明隆庆庚午昆山沈松石校椠于留春书院"牌记。刘崐、舒铁云跋。刘崐旧藏。
	28. 郭雲鵬輯録 文章備覽二卷	明姑苏郭榜峰家刻本。一册。刻于嘉靖年间，为罕见之本。目录后下有小牌记："姑苏盘门内郭榜峰家梓"，内有佚名朱笔校字。毛晋、汪士钟[17]旧藏。

注：

14. 叶德辉（1864—1927），字奂彬，号直山，别号郋园。父亲叶雨村原为吴县洞庭东山人，太平天国战争时迁居湖南。他本人光绪十八年（1892）进士，授吏部主事，不久辞官归湘里居。返湖南后编纂《观古堂书目丛刻》等。有藏书楼为"观古堂""郋园""丽楼"等，与傅增湘有"北傅南叶"之称。晚年，整个藏书除少部分流散外，大部分被其后人售与日本人，这是我国典籍自皕宋楼后又一次大规模外流。

15. 朱彝尊（1629—1709），清代诗人、词人、学者、藏书家。秀水（今浙江嘉兴）人。曾参与纂修《明史》，诗与王士祯称南北两大宗，购藏古籍图书不遗余力。

16. 顾千里（1766—1835），名广圻，以字行，号涧薲，别号思适居士，人称"万卷先生"。江苏元和人。清代著名藏书家。其藏书处为"思适斋"，藏书记为"一云散人"。师事尚书学专家江声。顾千里对于经、史、小学、天文、算术、舆地、九流百家、诗、文、词、曲，无所不通。

17. 汪士钟，字春霆，号阆源。长洲人，清代藏书家，尤喜黄丕烈旧藏，凡有黄氏跋语之书，虽一行数字，必重价收之。

类种	卷种	提要
批校本	29. 新编金匱要略方論三卷	明万历间刻本。一册。内有朱笔评校。尾有同治丁卯“借元刻本校正旧本，藏孙从添家，后入袁氏五砚楼”题记，并补抄元至元证珍序。毛晋旧藏。
	30. 王士禛撰、林佶编 漁洋山人精華録十卷	清康熙三十九年刻本。四册。此书为康熙朝软体写刻的典范。内有黄朱二笔过录校，分别为沈归愚王蘭泉批点。书成时士禛六十七岁，已至晚年。《四库全书总目》提要曰：“士禛晚年，仿宋黄庭坚精华录例，自定其诗为此本。”书凡十卷，前四卷载古体诗，后六卷载今体诗，共一千六百九十四首，堪称巨著。
	31. 查慎行撰 敬業堂詩集五十卷	清康熙五十八年（1719）刻本。六册。书内有朱笔批校。
	32. 佚名　佛道集録	清初抄本。一册。内有墨笔批语。
	33. 紺珠經二卷	清抄本。二册。内有朱笔校。
	34. 小浮山人録　道經四種	清光绪十四年（1888）刻本。一册。内有刻书和收藏者亲笔批注。
稿本、抄本[18]	335. 盧文弨[19]撰 盧抱經先生手稿	清乾隆间卢文弨稿本。二册。卢文弨读书笔记，内容天文地理、先朝掌故、本朝圣训，无不可及。

注：

18. 稿本：就是书籍的原始形态，由于稿本的真实性、唯一性，稿本往往是孤本，因而具有较高的学术价值和文物价值。稿本中有的书从来未经传抄刊刻，当然是孤本，价值自不待言。稿本又分为清稿本和草稿本两种。

抄本：大致分为三种：一、原稿本亡佚，又未曾刊刻，仅靠抄本保留了原书的面貌，起到了稿本的作用。二、名家抄本。抄本原来就比印本稀少，价值就高，如果是名家抄本，价值就更高。此次过云楼藏书中有刘履芬抄本八部，包括草本《乾道临安志》《遂初堂书目》《秋笳集》《郑志》《尚书大传考纂》等；其中还包括他的稿本《鸥梦词》，尤为人瞩目。三、影抄本。顾名思义，就是指后人用近乎透明的薄纸在宋元明古书上影写或摹写，保存了原书面貌。有的原书亡佚，影抄本就成为下真迹一等的孤本。其资料价值、文物价值之高，毋庸置疑。

19. 卢文弨（1717—1796），字召弓，一作绍弓，号矶渔等，人称抱经先生，仁和人。文弨一生好学，与戴震、段玉裁友善，潜心汉字，以校勘古籍称名于世。家有藏书楼名“抱经堂”，与宁波卢址抱经楼为浙江东、西两“抱经”，藏书达数万卷。著有《抱经堂集》等。

类种	卷种	提要
稿本、抄本	36. 史夔鑒定、史煒纂述 致身録十無辨	清雍正元年（1723）史炜稿本。三册。此本尾有雍正元年史炜跋，称“重订谨书”。
	37. 程庭鷺輯　塗松遺獻録	清程庭鹭稿本。一册。嘉定地方文献，分官司、学校、乡型、古迹、风俗、物产、志异、轶事，其中有关嘉定的抗清史料尤为珍贵。
	38. 秋圃詩稿	清道咸间稿本。一册。尾有砺铸、程泳等跋。此秋圃，道光中人，居常熟。与汪梯愚、谈鹤雛友善。
	39. 沈欽韓撰　漢書證經	清隐蛛稿本。二册。此书以“隐蛛庵”红格稿纸写成，首尾无著者姓名。傅增湘先生注为沈钦韩[20]书稿本，未见流传和著录。
	40. 吴芝輯 真迹題跋録不分卷	清吴芝手稿本。一册。此书以“心逸轩”蓝格纸抄成，原为张廷济旧藏，后其从孙赠与魏锡曾。此书未见刻本流传，孤本。前录魏锡曾题跋、沈德潜跋。吴芝题书名。
	41. 姜垓釋　孫過庭書譜釋文	明蓝格纸姜垓稿本。一册。内有朱笔校补。
	42. 薛尚功撰 鐘鼎彝器款識二十卷	明末赵均[21]抄本。六册。此本前有巢氏七研斋题签，副叶有“赵灵均手迹”五个篆字。书尾过录杨伯岩跋、周伯温题记、王行观识、鄞丰坊题记、至正柯九思题记等跋。
	43. 趙均撰 寒山堂金石林時地考	清黄均[22]抄本。一册。首有明万历己未年（1619）赵均序，此书《中国古籍善本书目》著录仅有清抄本，此本内有校考。

注：

20. 沈钦韩（1775—1831），字文起，号小宛。江苏吴县人。淹通诸学，于诗古文骈体外，尤长于训古考证。著有《幼学堂文集》八卷、《幼学堂诗集》十七卷、《两汉书疏证》七十四卷、《水经注疏证》四十卷等。

21. 赵均，字灵均，赵宧光之子，吴县人。能诗，善草篆，所居室曰“小宛堂”。目前可知赵均所抄书有《说文解字》四十卷、《说文字原》十六卷、《寒山堂金石林时地考》等。

22. 黄均，字次欧，苏州人。祖藏吴中先哲秘稿极富，著《十三种医学本草书目》百卷。

类种	卷种	提要
稿本、抄本	44. 絳雲樓書目附静惕堂書目	清初休宁汪氏摛藻堂抄本。二册。首有曹溶题词，傅增湘先生藏本《顾鹤逸藏书目》中仅记有一部，然顾氏共存二部，均为一个系统，不知傅增湘所指何者。此清初康熙初年休宁汪季青[23]摛藻堂抄本。曹溶抄本今不可见，此本应系所知现存最早的钱氏《绛云楼书目》。孙凤钧旧藏。
	45. 絳雲樓書目附静惕堂書目	清同治九年（1870）刘履芬抄本。一册。此本首录有曹溶序，内蓝笔录黄丕烈注跋，红笔录吴翌凤注跋，墨笔录吴翌凤、陈景云注批，雌黄笔当为刘履芬自注。章钰跋。章钰旧藏。
	46. 刘履芬撰　鷗夢詞一卷	清刘履芬稿本。一册。此本尾有潘钟瑞手校一过题记。
	47. 吴兆骞撰　秋笳集八卷	清同治六年（1867）刘履芬抄本。二册。
	48. 董豐垣考纂　尚書大傳三卷	清同治十年（1871）刘履芬抄本。一册。
	49. 鄭小同撰　鄭志三卷	清光绪二年（1876）刘履芬抄武英殿聚珍本。一册。尾有刘履芬光绪抄录题记。尾录卢文弨、吴骞、丁小雅观款。
	50. 周淙撰　乾道臨安志三卷	清同治三年（1864）刘履芬抄本。一册。
	51. 尤袤撰　遂初堂書目一卷	清同治十年（1871）刘履芬抄本。一册。书尾有同治辛未刘履芬依海山仙馆丛书本附录题记二行。
	52. 揚州文樓巷墨莊考	清中期抄本。一册。此本内以刘氏墨庄、扬州文楼巷墨庄一路考究，甚是详备。
	53. 黄虞稷編次、周在浚輯　徵刻唐宋秘本書目	清同治十三年（1874）潘介祉抄本。一册。此本尾有“同治甲戌孟冬借伯父所藏旧抄本手录一过，渊古楼潘介祉誌”。
	54. 金嘉穗手摹　篆文三公山碑	清道光间稿本。一册。此本为沪上金嘉穗手摹三公山碑，寄赠顾承之物。顾承题书衣，后有金邠卿庚午年跋。

注：

23. 汪文柏，字季青，号柯庭，一作柯亭。安徽休宁人。精鉴赏，晚年手定诗稿《柯亭余习》，朱彝尊序之。家有藏书楼“古香楼”“摛藻堂”“拥书楼”。

类种	卷种	提要
稿本、抄本	55. 王好古撰　陰證略例二卷	清同治三年（1864）汪日桢[24]抄本。二册。尾有汪日桢跋，考证是书原委。《阴证略例》是研究伤寒阴证的专著。
	56. 王賓[25]著　光庵集不分卷	清初抄本。一册。此书据《中国古籍善本书目》著录，仅存清抄本，未见刻本行世。松陵史蓉庄藏、竹垞、彝尊私印。
	57. 朱元昇撰　三易備遺十卷	清初抄本。四册。朱元昇自序，似为据宋本抄出者。此书未见刻本流传，《中国古籍善本目录》著录仅存明抄本一部。此本为清初朱竹垞旧藏，足显珍贵。
	58. 張可久撰、宋濂編　張小山小令二卷	清初抄本。二册。此本尾查继佐藏书。
	59. 吴歷撰　墨井詩鈔二卷附別卷一卷外卷一卷	清初抄本。一册。首有钱谦益、唐宇昭、陈瑚、钱陆灿序、墨井道人诗等，尾有陆道淮跋，他本多缺钱谦益序。全书抄写工整，凡损坏之处，均以朱笔补齐。
	60. 顧炎武撰　歷代宅京記二十卷	清中期抄本。六册。此本收录有徐元文序、尾有顾衍生跋，称此书复录二部。据《中国古籍善本书目》著录，仅存清代中期以后抄本，未见刻本流传。此本为清道光间戴植[26]、陈守吾[27]等递藏。
	61. 胡其久集　語溪宗輔録四卷	清初朴学斋黑格抄本。一册。此本首有隆庆已巳许镃序、隆庆庚午时化成序，以朴学斋黑格稿纸抄成。

注：

24. 汪日桢（1813—1881），字仲雍，一字刚木，号谢城等。湖州人。平日酷爱书籍，著述自娱。精以史学，兼通数学、天文、历法，谙熟乡土历史、地理。工于填词，精通音韵学。

25. 王宾，原名国宾，字仲光，长洲人。通经善医，尤长于诗，编有《虎丘诗集》。刘子威《续吴先贤赞》、文震孟《吴中名贤小记》均有传。

26. 戴植，字培之，号芝农。江苏镇江人。工书善画，山水尤佳。富收藏，精鉴别。

27. 陈宝晋，字守吾、康甫。江苏海陵人。咸丰八年至九年间，吴让之流寓海陵，与陈宝晋来往密切。

类种	卷种	提要
稿本、抄本	62. 百寶總珍集十卷	清初徐釚[28]抄本。一册。考其书中所记，为南宋临安古董行情。此书《中国古代善本书目》著录仅存抄本一部，未见刻本传世，此为清初徐釚抄本，更显可贵。
	63. 陳均編 皇朝編年備要三十卷	清中期影宋抄本。十五册。此本首有陈均序、绍定二年真德秀序、绍定己丑郑性之序、绍定二年林岊序、目录。全书三十卷巨帙，为一人所抄，一字不苟，不改一字，不见一章一题一记，工整如新，黄绫包角原装，似为清中以后影宋抄本。
	64. 蜕翁憶記 窳櫎舊藏書目	清末抄本。一册。此本为周星诒瑞瓜堂藏书目录。
	65. 佩文齋明代書家姓氏目、書跋目、書跋目附南疆繹史諸臣目	清中期抄本。一册。抄本内“宁”字避讳，其附录南疆绎史诸臣目，为晚明忠烈名目史料。
	66. 程文榮撰　南邨帖考	清末抄本。二册。此书首录张廷济道光二十五年（1845）致蓝川先生书札一通。鉴藏印：独山莫棠[29]、铜井寄庐。
	67. 褚人獲纂輯　堅瓠補集六卷廣集六卷餘集續集四卷	清抄本。八册。广集缺卷一至四。余集卷首有康熙四十二年张潮序。
	68. 陶淵明撰 陶淵明詩不分卷	清春草亭黑格抄本。一册。鉴藏印：康娱真赏、只可自怡说、文舟。
	69. 房祺編 河汾諸老詩集八卷	清抄本。二册。首录有明弘治十一年车玺序，书尾过录大德辛丑房祺序。

注：

28. 徐釚（1636—1708），字电发，号拙存，又号虹亭。吴江人。官检讨，著有《词苑丛谈》等。

29. 莫棠（1865—1929），字楚孙，一字楚生。贵州独山人。莫友芝九弟莫祥芝的第三子。颇富藏书，娴于目录版本之学，绍继友芝余绪。编《文渊楼藏书目》，著有《铜井文房书跋》。

30. 夏敬渠，字懋修，号二铭。江苏江阴人。诸生。家贫。英敏绩学，通经史，旁及诸子百家、礼乐兵刑、天文算数之学，靡不淹贯。生平足迹几遍海内。《野叟曝言》约于乾隆四十四年（1779），即夏敬渠七十五岁前后完成。

类种	卷种	提要
稿本、抄本	70. 夏敬渠[30]（见上页）撰 野叟曝言一百五十回	清晚期抄本。三十六册。此底本为道光抄本，乃所知最早版本，极具文献校勘价值。内有朱笔校字，殊为珍贵。《野叟曝言》为清代长篇小说，有天下“第一奇书”之称。它围绕文素臣的发迹展开情节，熔古今中外、天文地理、医卜星象、帝王将相为一炉，历史小说、神魔小说、艳情小说、侠义小说为一体，可谓是一部包罗万象的封建社会百科全书式的作品，被鲁迅誉为“以小说见才学者”之首。
明刻本[31]	71. 范浚撰、高栴编　香溪范贤良文集二十二卷	明初。黑口本。八册。首有绍兴三十年陈岩肖序，首页书名后行题：“门人高栴编。”莫友芝《郘亭知见传本书目》卷十三·集部·别集类著录此书为元本。傅增湘《订补〈郘亭知见传本书目〉》卷十三下称：“明初黑口本，十二行二十二字，黑口，四周单栏，有绍兴三十年陈岩肖序，本书标题大字占双行，题门人高栴编。张金吾[32]爱日精庐旧藏，即莫氏著录者，今在顾君麟士处，号为元本。”

注：

31. 明刻本：前人把洪武至弘治这一时期的刻本统称为明初本，这一时期除建阳刻本外，其他各地无论官刻、家刻、坊刻，都是同一种风格，即继承了元浙本的风格，而明建本则是继承元建本的风格。其中的司礼监掌管中央的刻书事务，所刻书就称司礼监本或内府本。过云楼藏朱熹集注《四书》即是正统十二年由司礼监所刻，明代前期的这种司礼监本，在今天已是难得的善本。这一时期坊刻仍集中于建阳，过云楼藏有刘氏慎独斋刻《大明一统志》即为建阳名刻。明中期包括正德、嘉靖、隆庆三朝，明刻本发生了根本性的变化，始于正德，到嘉靖时大盛，延续到隆庆。过云楼藏《秘传天禄阁寓言外史》八卷为明隆庆四年（1570）昆山沈松石刻于留春书院。明后期包括万历、泰昌、天啟、崇祯四朝。从万历时开始，刻书业又出现新的巨大变化。徽州的吴勉学、吴琯首先开创了万历本的新风气，过云楼藏《诗纪》即为吴琯所刻。万历时还出现一种写刻本，过云楼藏《石田先生集》即为万历写刻本的代表。晚明的毛晋，不仅藏书，还大量刻书。过云楼藏中就有《中吴纪闻》《元人诗十种》《李氏易解》等汲古阁名刻，蔚为大观。

32. 张金吾（1787—1829），字慎栴，别字月宵，道光时诸生。致力于藏书，研究诸学。潜心经术、目录学。嘉庆二十二年（1817）编藏书总目《爱日精庐书目》20卷和善本书目《藏书志》4卷。道光七年（1827）编《爱日精庐藏书志》36卷、《续编》4卷，收录宋元旧椠及世人鲜见的版本近800种，是为有清一代著名的版本解题目录。

类种	卷种	提要
明刻本	72. 朱熹撰　四書章句集注	明正统十二年（1447）司礼监刻本。十册。前有司礼监钦奉圣旨，曰“四书朱熹集注，都畴写的本，重新刊印，便于观览，钦此”，为正统司礼监原刻，殊为珍贵。
	73. 班固撰、顏師古注　前漢書	明百衲本。六十八册。此书以十七至十八字不等本、十九至二十字不等本、二十二字本参配，首五卷抄配。全书均挖书口下角，据书中各卷刻工陈亚佑、罗清、朱敬等查为明代刻工，此本当以明正统间刻本为基础。
	74. 黄庶、黄庭堅撰　青社黄先生伐檀集二卷、豫章黄先生簡尺二卷山谷先生年譜三十卷	明弘治叶天爵刊嘉靖六年（1527）乔迁、余载仕重修本。八册。此本为虞山毛氏汲古阁。张氏爱日精庐等名家递藏。
	75. 黄庭堅撰　豫章黄先生别集二十卷	明弘治叶天爵刻本嘉靖乔迁余载仕重修本。八册。
	76. 歐陽修撰 重刊歐陽文忠公集	明弘治间刻本。五十九册。内有居士集五十卷、外集二十五卷、易童子问三卷、外制集三卷、内制集八卷、表奏书啓四六集七卷、奏议十八卷、雜述十九卷、集古录跋尾十卷、书简十卷、附录五卷。
	77. 沈周撰　石田稿三卷	明弘治十六年（1503）黄氏集义堂刻本。六册。此本首有彭礼彦序、吴宽序、童轩序、李东阳序。周星诒称：“石田诗集世传多为陈元素重刻本，此黄氏本不易得。”
	78. 李賢等撰 大明一統志九十卷	明弘治十八年（1505）慎独斋刻本。三十六册。是书天顺五年内府刻本成，英宗亲自作序，赐名《大明一统志》。凡经书所载，咸在网罗；而子史所传，则举当收录，系统而集中地保存了政区的地理资料；书末则记述邻近国家或地区的地理形势。书首有“皇明弘治乙丑慎独斋刊行”牌记。慎独斋为建阳名刻。
	79. 張萊輯、顧清正　京口三山志十卷	明正德七年（1512）刻本。四册。此书为正德刻本《中国古籍善本书目》著录仅存一部，是为其二，洵可宝者。

类种	卷种	提要
明刻本	80. 朱隱老撰　皇極經世書説十八卷	明成化二十二年（1486）刻本。八册。朱隐老字子方，号潜峰。丰城人。洪武中大学士朱善之父，盖元末、明初人也。隐老以邵子《皇极经世》义趣深奥，学者猝不能得其说，因以己意训解。凡邵子所未及者，皆折衷而论定之。若邵子所自为说者，则又姑取至浅近之理以为之指示，欲令读者易得其津涯。然邵子作此书，其大旨主于推步。
	81. 吴寛撰、吴奭輯　匏翁家藏集七十七卷	明正德三年（1508）吴奭刻本。十册。卷首有正德三年李东阳和王鏊所撰两篇序文，卷末有徐源撰《匏翁家藏集后序》。
	82. 宋濂撰 潜溪集八卷附録一卷	明嘉靖间洛邑温秀校刻本。八册。此本卷八后有明嘉靖间高节跋，有“知景州洛邑温秀校刊”一行。
	83. 李軌、柳宗元注　新纂門目五臣音注揚子法言十卷	明嘉靖间世德堂刻本。四册。鉴藏印：金粟山房藏书、松树屋图书记、读杜草堂。
	84. 元積撰　元氏長慶集六十卷	明嘉靖间刻本。十二册。此书仿宋精刊，刻印俱佳。首有宣和甲辰刘麟序，尾有乾道四年洪适原跋。明项元汴、毛晋汲古阁等名家递藏之物。
	85. 黄帝素問靈樞經十二卷	明嘉靖间赵府居敬堂刻本。六册。此书为明代赵王府刻本。清怡王府旧藏。
	86. 蔡羽撰　林屋集二十卷	明嘉靖八年(1529)刻本。五册。书前有蔡羽自序，本为二十卷，今缺十九、二十卷。
	87. 鄭玉撰　師山先生文集八卷、遺文五卷、附録一卷	明嘉靖十四年（1535）刊清康熙雍正间递修本。四册。是书用开花纸印，颇精美。首有至正丁亥程文序，至正庚寅郑玉序，尾有杨士奇跋。遗文前有洪武三年王祎序。
	88. 魯伯嗣撰　嬰童百問十卷	明嘉靖二十二年（1543）礼部刻本。四册。首有明嘉靖二十一年（1542）严嵩序、许赞进疏，尾有嘉靖二十三年陈輿音跋。《婴童百问》主要阐述婴幼儿的初生养护及病候诊治。
	89. 宋濂撰、韓叔陽匯集　新刊宋學士全集三十三卷	明嘉靖三十年（1551）刻本。二十册。《国立北平图书馆馆刊》第五卷第六号，《顾鹤逸藏书目》明版书籍。
	90. 羅洪先撰　念庵羅先生集十三卷	明嘉靖四十二年（1563）刻本。八册。是书扉页有唐少村兴贤堂题记。

类种	卷种	提要
明刻本	91. 鄒元標詮次、吴期炤参訂 重校一峰先生集十卷	明万历十八年（1590）刻本。五册。前录有嘉靖四年聂豹、罗洪先序，吴期炤万历十八年序，书口下方有“陈栋写徐述三刻”。
	92. 陸龜蒙撰、許自昌校 甫里先生集二十卷	明万历间刻本。二册。《国立北平图书馆馆刊》第五卷第六号，《顾鹤逸藏书目》明版书籍。
	93. 韋續撰、胡文煥校 新刻墨藪二卷	明万历二十一年（1593）刻本。二册。首有胡文焕序。鉴藏印：张氏君栗珍保。
	94. 白居易撰、馬元調校 白氏長慶集七十一卷	明万历三十四年（1606）刻本。七册。卷三十七尾有“壬午闰六月十日校记”一行字样，卷一至三十七均有朱笔详校。
	95. 馮惟訥編、吴琯校 詩紀一百五十六卷	明万历间刻本。三十四册。首王世贞序后有“金陵徐智督刊”小字一行，此书初刻初印，纸白墨浓，品相上乘。
	96. 祝允明撰、王世貞校 祝子罪知録十卷	明万历间刻本。四册。鉴藏印：溧阳狄氏静寄轩书籍、吴平斋读书记。《国立北平图书馆馆刊》第五卷第六号，《顾鹤逸藏书目》明版书籍。
	97. 祝穆、富大用、時大可編集、鄒可張訂刻　新編古今事文類聚六集	明万历三十五年（1607）刘氏安正堂重刻本。三十册。卷首有淳佑丙午祝穆识序，外集卷末有“万历岁次丁未季冬月书林安正堂刘双松梓”牌记。
	98. 劉鳳撰　續吴先賢贊十五卷	明万历间刻本。六册。书口有“吴郡刘溥卿刻”，当系吴门一带刻本。鉴藏印：松陵史蓉庄藏、吴江史氏藏书。
	99. 沈周撰、錢允治校 石田先生集不分卷	明万历间刻本。四册。此书为陈仁锡手书上版，傅增湘赞为“写刻精美”。首目录有补抄，不分卷，以五言古诗、七言古诗、五言律诗、七言律诗、五言绝、七言绝分类。
	100. 唐寅撰、何大成校　唐伯虎集二卷、六如唐先生書譜三卷、伯虎外編續刻十二卷	明万历二十年（1592）刻本。四册。《国立北平图书馆馆刊》第五卷第六号，《顾鹤逸藏书目》明版书籍。
	101. 申時行撰　賜閑堂集四十卷	明万历四十四年（1616）刻本。二十册。
	102. 李贄撰　疑耀七卷	明万历三十六年（1608）刻本。四册。卷七尾有史石泉道光间读书题记。此本史体仁藏书记与松陵史蓉庄收藏二印并见，当系一人无疑。史石泉题记。

类种	卷种	提要
明刻本	103. 秦觀撰、徐渭評 淮海集四十卷	明万历四十六年（1618）刻本。四册。眉端镌徐渭评，毛晋旧藏。首许吉人序、次张珽、盛仪、姚镛、李之藻并郡志本传、淮海集附录。
	104. 王世貞撰　弇州山人四部稿一百七十四卷	明万历五年（1577）世经堂刻本。四十八册。此本书口有“世经堂刻”字样。
	105. 嚴訥撰 嚴文靖公集十二卷附詩一卷	明万历十五年（1587）严治刻本。四册。此本卷一首页书口下有“夏邦彦刊”字样。夏邦彦为苏州、无锡地区刻工，万历四年（1576）刻两汉隽言。
	106. 張杲[33]撰　醫説十卷	明万历十三年（1585）刻本。五册。
	107. 鄒元標撰　南臯鄒先生會語義合篇二卷	明万历四十四年（1616）刻本。二册。《国立北平图书馆馆刊》第五卷第六号，《顾鹤逸藏书目》明版书籍。
	108. 袁宏道撰　袁宏道先生合集	明万历三十六至三十八年（1608—1610）勾吴袁氏书种堂刻本。八册。内收瓶花集十卷、潇碧堂集二十卷、锦帆集四卷、解脱集四卷、广庄一卷、敝箧集二卷。此书瓶花斋集总目后有袁氏书种堂刻书牌记；敝箧集卷下有“门生袁叔度无涯校梓，吴士冠相如手书”字样；潇碧堂集首有“书种堂禁翻豫约”，为版权重要史料；广庄卷书口下有“禅悦山房校”字样。鉴藏印：松陵史蓉庄藏。
	109. 毛晋訂　元人詩十種	明崇祯十一年（1638）汲古阁刻本。十六册。
	110. 馬臻撰　霞外詩集八卷	明末汲古阁刻本。二册。此本为毛晋所刻，末有毛氏跋，为《元人诗十种》之一。是书存卷三至卷十，卷一二失。
	111. 婁機撰　漢隸字源	明末汲古阁刻公文纸印本。三册。此本以明代正德、嘉靖年间公文纸刊印，纸质棉白，初刻初印，为汲古阁罕见印本。
	112. 歐陽修撰、毛晉訂 六一題跋十一卷	明末汲古阁刻本。四册。鉴藏印：莲溪草堂藏书之印。

注：

33. 张杲，字季明，新安人。前七门总叙古来名医、医书及针灸、珍视之类，次分杂证二十八门，次杂论六门，次妇人小儿二门，次疮及五绝、痹、疝三门，而以医功、报应终焉。取材既附，奇疾险证，颇足以资触发，而古之专门禁方，亦往往在焉。

类种	卷种	提要
明刻本	113. 毛晉訂　宣和書譜二十卷	明末汲古阁刻本。四册。鉴藏印：归安吴氏二百兰亭斋藏书之印、博陵狻叟、书画、香浓画省。吴云旧藏。
	114. 蘇軾、黄庭堅撰　東坡題跋六卷、山谷題跋九卷	明末汲古阁刻本。六册。《国立北平图书馆馆刊》第五卷第六号,《顾鹤逸藏书目》明版书籍。
	115. 米芾、李之儀撰　海岳題跋一卷、姑溪題跋二卷	明末汲古阁刻本。一册。鉴藏印：万壑草堂顾氏藏书印、莲溪草堂藏书之印。
	116. 李延壽撰　北史一百卷	明崇祯十二年（1584）汲古阁刻本。三十册。书内有“琴川毛凤苞氏审定宋本”木记,书口刻“汲古阁”“毛氏正本”。另附“元和顾氏鹤庐藏书”书签，当为顾鹤逸手迹。
	117. 金日升輯 頌天臚筆二十卷	明崇祯二年（1629）刻本。二十册。是书主要记载崇祯朝关于清除魏忠贤势力所下的谕旨，东林党人这一时期的相关奏折，以及高攀龙、叶向高、赵南星等著名东林人物的事迹，为晚明党争史料。
	118. 丁元薦輯、李枝訂 廣筆記	明崇祯十五年（1642）李枝刻本。四册。内有先醒斋笔记，炮灸大发、用药凡例。尾有佚名题记，称此本为毛氏汲古阁刻本。前有天启二年缪希雍序，崇祯十五年李枝季序。
	119. 馬永卿撰、陳汝元校 嬾真子五卷	明万历间刻本。一册。是编乃其杂记之书，然亦多述刘安世语。又开卷冠以司马光事，书中亦多称光，盖其渊源所自出也。此为明万历间商浚刻稗海本。
	120. 王思仁撰、王鼎起訂 謔庵文飯小品五卷	明崇祯间刻本。十册。鉴藏印：范氏天仪、退思斋主人。《国立北平图书馆馆刊》第五卷第六号,《顾鹤逸藏书目》明版书籍。
	121. 劉道醇撰 五代名書補遺一卷	明刻本。一册。前录陈洵直序。
	122. 董逌撰　廣川畫跋六卷	明刻本。二册。此本为著名收藏家王鸿绪、朱之赤旧藏。
	123. 金履祥編集、路進校輯通鑒前編十八卷舉要二卷	明刻本。十二册。内有皇明地图等历代舆地图十八幅。

类种	卷种	提要
明刻本	124. 唐時升撰　三易集二十卷	明崇祯间谢三宾刻本。六册。首有钱谦益、谢三宾序。
	125. 宋人小說一百帙	明末刻本。十六册。前序、目录为补抄。计有陆游《家世旧闻》、钱惟演《玉堂逢辰录》、陈郁《话腴》、方回《虚谷闲抄》、沈括《忘怀录》、洪迈《封雨篇》等。鉴藏印：莺湖孙叔来鉴赏书画记。
	126. 任昉等撰　傳奇七種	明末刻本。二册。计有《物怪录》《东阳夜怪录》《幽怪录》《语怪》《述异记》《诺皋记》《弹碁经》。
清刻本[34]	127. 周亮工撰　閩小記四卷	康熙六年（1667）周氏赖古堂刻本。四册。此本书口有"赖古堂"字样。此书为周氏赖古堂精刻本。乾隆时，周亮工著作悉遭查毁，流传遂少；周在延为周亮工之子，此本为周家自存之物，更显珍贵。
	128. 許慎撰　説文解字三十卷	清初刻本。八册。此本初刻初印，雕版精细，纸白墨浓。鉴藏印：退思居记。
	129. 邵長蘅撰、王士禛評　邵子湘全集	清康熙十八年（1679）青门草堂刻本。十册。内中篦藁诗文十六卷、旅藁诗文六卷、剩藁诗文八卷。
	130. 劉廷璣撰　在園雜志四卷	清康熙十八年（1679）精刻本。一册。此本版刻极精，初刻初印。鉴藏印：高淳孔氏耕余堂印。

注：

34. 清刻本：清前期刻本包括清顺治、康熙、雍正三朝。从康熙十九年起，在武英殿刻书，遂有殿本之名。过云楼藏有康熙五十九年（1720）武英殿刻本《韵府拾遗》一百六卷。另在南方设扬州诗局，由两淮盐政、江宁织造曹寅主持编辑《全唐诗》，编成后就在诗局刻版。除《全唐诗》外，还刻了其他若干种书，过云楼藏《集韵》即为嘉庆甲戌补刊楝亭五种之一。清中期刻本包括乾隆、嘉庆、道光、咸丰四朝。乾嘉时期为考据全盛时代，多校勘古书，当时著名的校勘家如卢文弨、顾广圻等，不仅刊刻自己校过的古书，还帮助其他人校刻。黄丕烈根据影宋抄本刻的《国语》、根据宋本刻的《战国策》《仪礼》，都经过顾广圻的校勘，刻得颇精。这些仿宋仿元本，大多是在南京刻的，由当时有名的刻工刘文奎、刘文楷等刘氏兄弟子侄等承担，刊刻水准在当时都是一流的。过云楼即藏黄丕烈读未见书斋所刻《国语》《战国策》。经过校勘的仿宋元本和方体字本的古书，以及当时学者文士的著作，往往汇刻成为丛书。清代的丛书，校勘精良。过云楼藏《唐人五十家集》，便是光绪二十一年（1895）元和江氏灵鹣阁影宋刻本。

类种	卷种	提要
清刻本	131. 李德耀、黄執中纂修 天台縣志十五卷	清康熙二十三年(1684)刻本。十册。此《天台县志》为稀见方志之一。
	132. 萬樹撰、吕洪烈評　念八翻傳奇二卷	清康熙二十五年（1686）粲花别墅刻本。二册。此本首留有残扉页，书口均有“粲花别墅”字样，与扉页体相同。
	133. 王士禛撰、程哲校編 帶經堂集	清康熙五十年（1711）七略书堂刻本。十九册。内含《渔洋诗集》二十二卷、《续集》十六卷、《渔洋文略》十四卷、《蚕尾集》十卷、《续集》二卷、《后集》二卷、《南海集》二卷、《雍益集》一卷。
	134. 王士禛撰 香祖筆記十二卷	清康熙三十年（1765）精刻本。二册。是书包罗广泛，既有典章制度，也有诗文评论；既考辨史事，又网罗轶闻；名山物产，医药方剂，亦在记载之列。而人物故事，历史轶闻，则是整个明清志人小说的一部分。
	135. 顧天朗輯著　嶺雲集六卷	清康熙五十六年（1717）清辉堂精刻本。三册。前有康熙丁酉张映葵、周棫序。
	136. 楊億撰　武夷新集二十卷	清康熙四十四年（1705）仁安堂刻本。八册。
	137. 王鴻緒奉敕編撰 明史稿二百六十一卷	清雍正元年（1723）敬慎堂刻本。一百二十册。
	138. 張廷玉等奉敕輯 韵府拾遺一百六卷	清康熙五十九年(1720)武英殿刻本。二十册。《国立北平图书馆馆刊》第五卷第六号，《顾鹤逸藏书目》清朝精印本。
	139. 傅澤洪撰 行水金鑒一百七十五卷	清雍正三年（1725）淮阳官舍精刻本。十八册。此书版刻精美，版画精细，初刻初印，为清代精刻本，上品之作。有沈秉成“鲽砚庐”藏书签。
	140. 朱存理撰 鐵網珊瑚十六卷	清雍正六年（1728）年希尧澄鉴堂刻本。十二册。其中书品六卷、画品十卷。顾公硕题书衣。封面镌“欣赏斋原编”“铁网珊瑚”。书末有万历二十八年（1600）赵琦美跋言补辑事，雍正六年年希尧跋言刻书事。
	141. 沈擎撰、沈青崖集校 薫庵遺集二卷附録一卷	清雍正十一年(1733)精刻本。二册。《薫庵遗集》著录于《北京图书馆古籍善本书目》。

类种	卷种	提要
清刻本	142. 徐葆光撰　奉使琉球詩	雍正十一年（1733）精刻本。一册。此本为徐葆光奉节出使琉球，为有关琉球之重要史料。松陵史蓉庄藏。
	143. 朱厚章[35]撰　多師集八卷	清乾隆四年(1739)精刻本。二册。此本雕版极精，堪与康雍相比，初刻初印。前有雍正三年张云章、乾隆四年张鹏翀、乾隆六年沈德潜序。
	144. 張錫爵撰　吾友於齋詩鈔十二卷	清乾隆五年(1740)精刻本。二册。此本雕版精致，为清中精刻佳品。松陵史蓉庄收藏。
	145. 李鍇撰　睫巢集六卷	清乾隆六年（1741）洪肇林刻本。一册。书尾有高心夔[36]题记，为乾隆精刻本。
	146. 田雯、田肇麗撰 田氏叢書	清乾隆七年（1742）刻本。六册。包括《古欢堂诗集》《长河志籍考》《有怀堂诗集、文集》，内有"鲽砚庐藏"书签，为沈秉成家旧藏之物。
	147. 沈彤撰 周官禄田考二卷釋一卷	清乾隆十五年(1750)果堂精刻本。一册。鉴藏印：珠里蒋氏圣雨草堂园章、退思居记、检亭藏书。
	148. 翁方綱録　漁洋杜詩話	清乾隆二十二年（1757）石州草堂精刻本。一册。沈树镛旧藏。鉴藏印：沈树镛、郑斋、郑斋所藏。
	149. 董其昌撰 書禪室隨筆四卷	清乾隆间董氏刻本。二册。此本为云间金文达雕版，刻印极精。前有董邦达序。《国立北平图书馆馆刊》第五卷第六号，《顾鹤逸藏书目》。
	150. 岳浚撰　相臺書塾刊正九經三傳沿革例一卷	清乾隆四十三年（1778）陈氏影元岳氏相台刻本。一册。全书有姚元之墨笔批校，尾有牌记。姚元之、金克俊旧藏。《国立北平图书馆馆刊》第五卷第六号，《顾鹤逸藏书目》清朝精印本。
	151. 翁方綱抄　七律鈔十八卷	清乾隆四十七年（1782）复初斋刻本。四册。徐渭仁旧藏。鉴藏印：曾为徐紫珊所藏。
	152. 韓嬰撰　韓詩外傳十卷	清乾隆五十五年（1790）亦有生斋刻本。二册。此本为清金陵著名刻工刘文魁、刘文楷雕版，字体端正，版型疏密得当，初刻初印。

注：

35. 朱厚章，字以载。昆山人，寓居嘉定。

36. 高心夔（1835—1883），见本书上册 24 页。

类种	卷种	提要
清刻本	153. 彭元瑞撰 石經考文題要十卷	清嘉庆四年（1799）刻本。二册。潘贵生旧藏。鉴藏印：秋谷藏书、潘康宝秋谷印信长寿。
	154. 郭璞注　爾雅音圖三卷	清嘉庆六年（1801）艺学轩刻本。三册。首有嘉庆六年曾燠序，卷中后有“秣陵陶士立临字，当涂彭万程刻”。《国立北平图书馆馆刊》第五卷第六号，《顾鹤逸藏书目》。
	155. 阮元撰　揅經室詩録五卷	清嘉庆间刻本。一册。沈树镛题识称此本为阮氏家藏初印本。阅此本纸白字新，初刻初印无疑，内有阮亨收藏之印，确系阮氏家藏，名家收藏，甚是名贵。沈树镛旧藏并题记。
	156. 黄丕烈編 士禮居叢書二種	清嘉庆八年（1803）吴门黄氏读未见书斋刻本。八册。影刻宋本书二种，内包括《国语》二十一卷札记一卷、《战国策》三十三卷札记三卷。《国语》前有嘉庆五年钱大昕、段玉裁序。《战国策》前有钱大昕乾隆二十八年序。
	157. 張問陶撰 船山詩草選六卷	清嘉庆十年（1805）吴门黄丕烈学耕堂刻本。一册。沈树镛藏书，此为《船山诗草》版本中最精者。鉴藏印：郑斋藏书、沈树镛、东甫。
	158. 薩都拉撰　雁門集十四卷附録一卷	清嘉庆十二年（1807）代郡萨氏侯官刻本。八册。
	159. 郑玄注　禮記二十卷	清嘉庆十一年（1806）阳城张氏影宋刻本。六册。书内有钱泰吉[37]题记。鉴藏印：钱泰吉印、嘉兴钱氏颐和室收藏、颐和室、马铨、锐卿、颐和堂图书记。
	160. 歐陽忞撰 輿地廣記三十八卷	清嘉庆十七年（1812）吴门士礼居据宋本影刻本。四册。此本为士礼居精刻精印，纸白墨新，品相极佳。
	161. 洪尊撰　洪氏集驗方五卷	清嘉庆二十四年（1819）黄氏士礼居刻本。二册。

注：

37. 钱泰吉（1791—1863），字辅宜，号警石，又号深庐。浙江嘉兴人。好校古书，假人善本，勘校数周，一字之舛，旁求众证。藏书数万卷，精校雠之学，经其手校的书，多成善本。

类种	卷种	提要
清刻本	162. 丁度等奉敕修訂 集韵十卷	清康熙十五年（1676）曹楝亭扬州使院刻嘉庆甲戌补刊本。十册。此本为清康熙丙戌曹楝亭扬州使院刻楝亭五种之一，嘉庆甲戌间原板漫坏，由顾广圻主持补版重印，凡补版者书下均有“甲戌重刊”字样，由金陵名工刘文魁刊版。全书有陈倬过录批校；朱笔为余蕭刻客校宋本；黄笔为段懋堂校影宋本；绿笔为校真宋本即段校所自出，“凡历三校，以绿笔为定”。
	163. 王引之撰 周秦名字解故二卷	清嘉庆间刻本。一册。此书初稿初刻，罕有流传，后改为《先秦名字解诂》。沈树镛旧藏。
	164. 阮元編 漢延熹西岳華山碑考四卷	清嘉庆间阮氏文选楼刻本。二册。鉴藏印：陈璜私印。
	165. 熱河避暑山莊圖	清中期刻本。一册。此书抽印《御制避暑山庄诗》图版部分，辑印二册，亦极为罕见。雕版细腻，纸白墨浓，为清内府雕印之版画精品。
	166. 沈濤撰　交翠軒筆記	清道光二十八年（1848）刻本。一册。鉴藏印：校经庐、沈均初收藏印、沈树镛印、宝董室珍藏，沈氏家藏、顾鹤逸藏书印。
	167. 蒋鳳藻輯　鐵華館叢書	清光绪九年（1883）蒋氏影宋刻本。十二册。杨岘题书名，共计六种，有著名学者叶昌炽汇刊并校。叶氏聘请写刻能手金辑甫、徐元圃雕版，以版本精善著称，代表了晚清雕版艺术的成就。此丛书有两套。鉴藏印：顾西津、麟士长寿。
	168. 龔鼎孳撰　龔端毅公奏疏八卷附一卷附録浠川正譜二卷	清光绪九年（1883）听彝书屋刻本。五册。前有李振裕序。
	169. 錢灃撰 錢南園先生遺集五卷	光绪十九年（1893）浙江书局刻本。四册。
	170. 葉德輝撰　覺迷要録四卷	清光绪三十一年（1905）刻本。二册。湘人唐才常在鄂起兵反清失败，叶德辉编述《觉迷要录》，以为“康梁逆案之定谳”，光绪二十七年编成，三十一年刊行。

类种	卷种	提要
清刻本	171. 江標辑　唐人五十家集	清光绪二十一年（1895）元和江氏灵鹣阁据南宋陈道人临安书棚刻本。十六册。潘志万旧藏。鉴藏印：志万、大佛潘氏、硕庭藏书记。
	172. 劉克莊撰　玉牒初草二卷	清光绪三十四年（1908）刻本。一册。尾有缪荃孙跋，后艺风老人辑入《藕香拾零》丛书。
	173. 杜甫撰、王十朋注 王狀元集百家注編年杜陵詩史三十二卷拾遺一卷	清宣统三年（1911）刘世珩刻本。八册。刘世珩影宋本。
	174. 曲譜十二卷附一卷	清内府朱墨套印本。八册。此本雕印精良、纸佳色正，为清代套印上品。《国立北平图书馆馆刊》第五卷第六号，《顾鹤逸藏书目》清朝精刻本。
	175. 千壐齋印譜	清末钤印本。三册。此本为吴大澂千玺斋古铜印谱。
	176. 李嘉福辑　唫蓮館印村	清中期钤印本。十二册。此本为李嘉福[38]先生集古今印谱，夹板有佚名人题云："不亚于飞鸿堂也。"内有秦汉古玺至清代流派印众多，无一不精。
	177. 西泠印社辑　丁龍泓印譜	西泠印社钤印本。四册。此为清代著名书画家、篆刻家丁敬[39]印谱，印风各异，饶有风范。
	178. 徐堅集　西京職官印録	民国二十四年（1935）商务印书馆影印本。二册。
	179. 龐世龍编 蘭石軒印草劫餘篇	民国二十九年（1940）钤印本。一册。此本为庞裁藏印，于丁玉劫余之后所遗数十方残石钤印而成。鉴藏印：公硕。

注：

38. 李嘉福（1829—1894），字麓蘋，号笙鱼，一号北溪，自署石佛庵主、语溪老民。浙江石门人。精鉴赏，收藏极富，锐志学画，山水苍润，曾为戴熙弟子。尝问字于何绍基。与吴江翁小海有金石交。

39. 丁敬（1695—1765），清代书画家、篆刻家。字敬身，号钝丁、砚林，别号龙泓山人等。浙江杭州府钱塘县人。乾隆初年举鸿博不就，卖酒街市。嗜好金石文字，工诗善画，所画梅笔意苍秀。尤精篆刻，擅长切刀法，为"浙派"开山祖，"西泠八家"之一。有《武林金石记》《砚林诗集》《砚林印存》等。

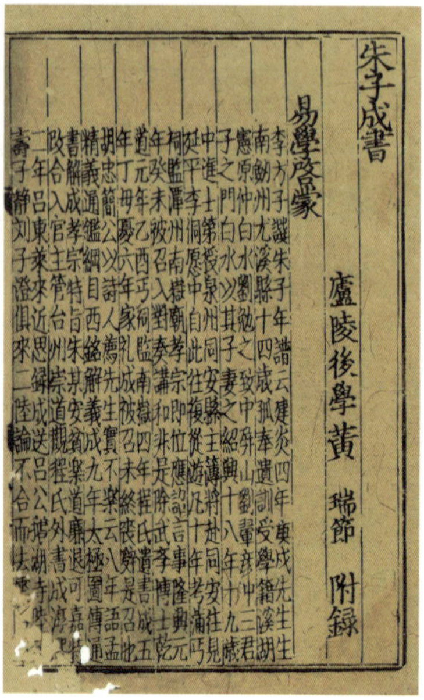

朱子成書

易學啓蒙

廬陵後學黃瑞節附録

元刻本　黄瑞节附录　易学启蒙

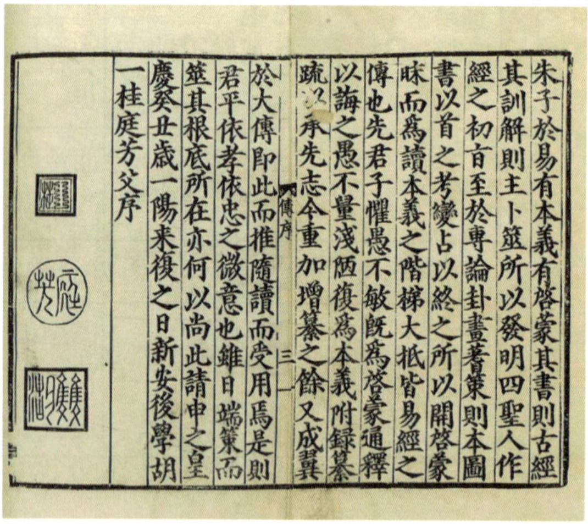

朱子於易有本義有啓蒙其書則古經
其訓解則主卜筮所以發明四聖人作
經之初旨至於專論卦畫蓍策則本圖
書以首之考變占以終之所以開啓蒙
昧而爲讀本義之階梯大抵皆易經之
傳也先君子懼愚不敏既爲啓蒙通釋
以誨之愚不量淺陋復爲本義附録纂
疏以承先志今重加增纂之餘又成翼
於大傳即此而推隨讀而受用焉是則
君平依孝依忠之微意也雖曰端策而
筮其根底所在亦何以尚此請申之皇
慶癸丑歲一陽来復之日新安後學胡
一桂庭芳父序

元刻本　胡一桂撰、胡思绍校　周易本义启蒙翼传三篇外传一篇

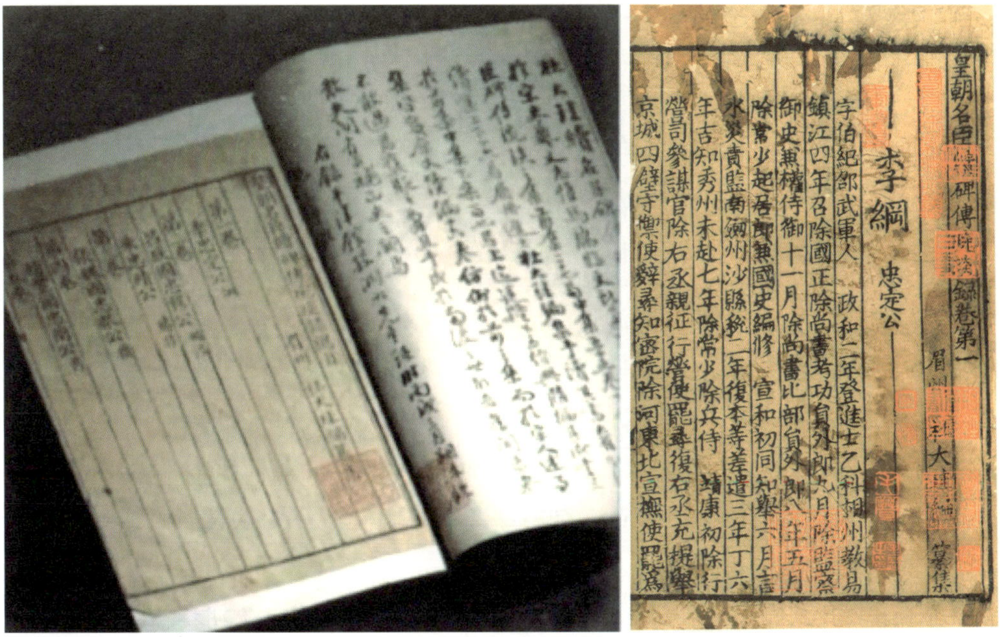

元刻本　杜大珪编纂　皇朝名臣续碑传琬琰集八卷

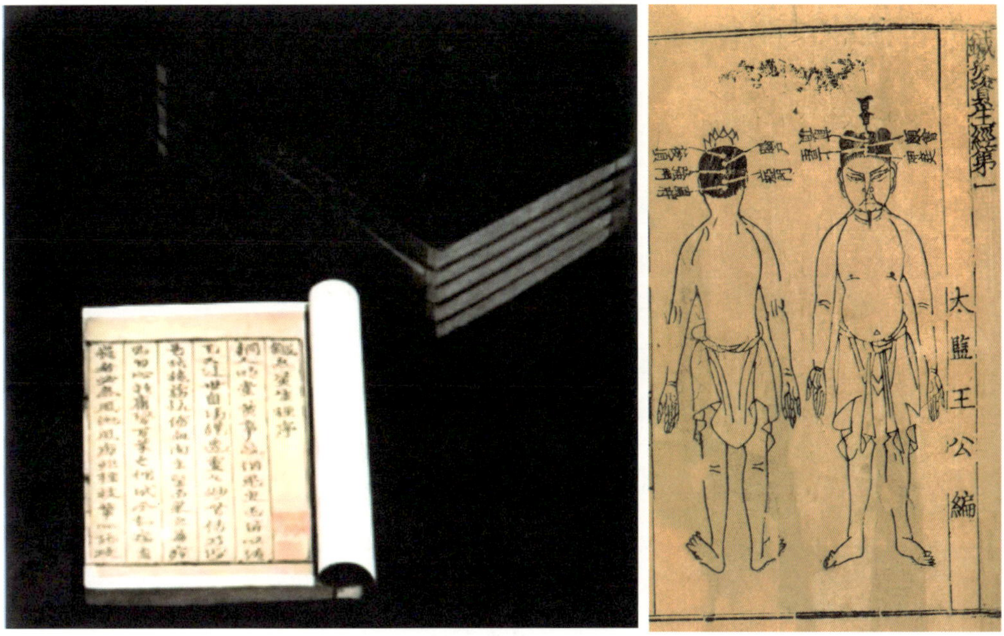

元刻本　王执中撰　针灸资生经七卷

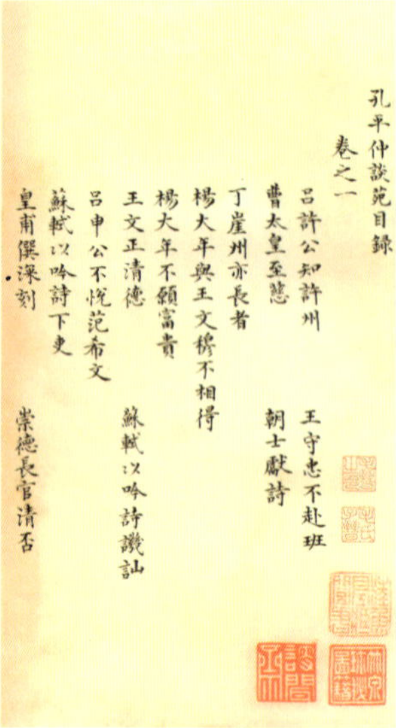
孔平仲談苑目錄
卷之一
呂許公知許州　王守忠不赴班
曹太皇至慈　朝士獻詩
丁崖州亦長者
楊大年與王文穆不相得
楊大年不願富貴
王文正清德
呂申公不悅范希文　蘇軾以吟詩譏訕
蘇軾以吟詩下吏
皇甫僎深刻　崇德長官清否

批校本　明抄本
孔平仲撰　谈苑六卷

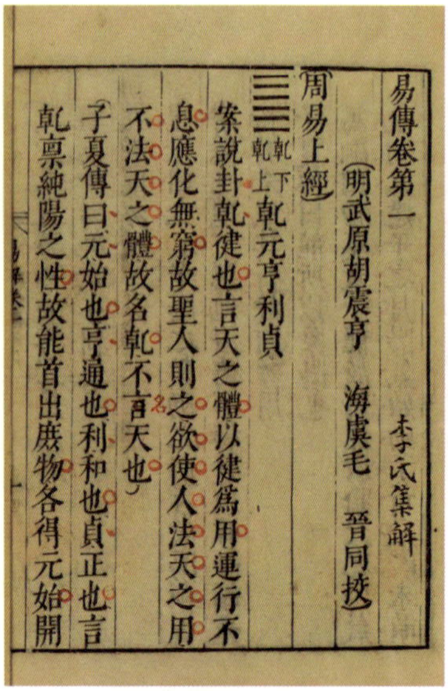
易傳卷第一　李子氏集解
明武原胡震亨　海虞毛　晉同挍
周易上經
☰☰ 乾下乾上 乾元亨利貞
彖說卦乾健也言天之體以健為用運行不息應化無窮故聖人則之欲使人法天之用不法天之體故名乾不言天也
子夏傳曰元始也亨通也利和也貞正也言乾稟純陽之性故能首出庶物各得元始開

批校本　明刻本
李氏集解　易传十卷易解
附录

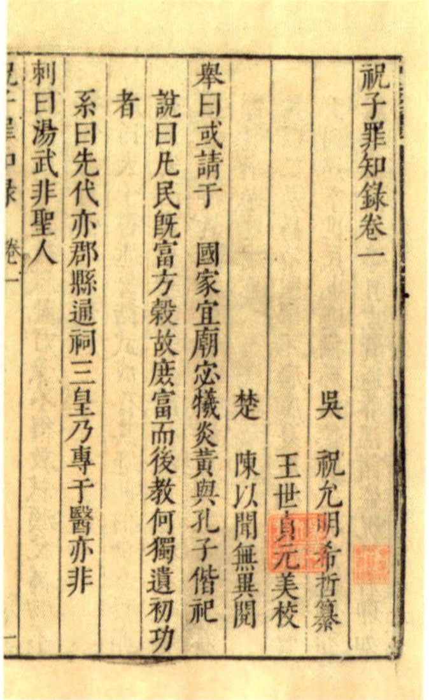
祝子罪知錄卷一
吳　祝允明希哲纂
王世貞元美校
楚　陳以聞無異閱
舉曰或請于　國家宜廟宓犧炎黃與孔子偕祀
說曰凡民既富方穀故庶富而後教何獨遺初功
者
系曰先代亦郡縣遍祠三皇乃專于醫亦非
刺曰湯武非聖人

明万历间刻本
祝允明撰、王世贞校
祝子罪知录十卷

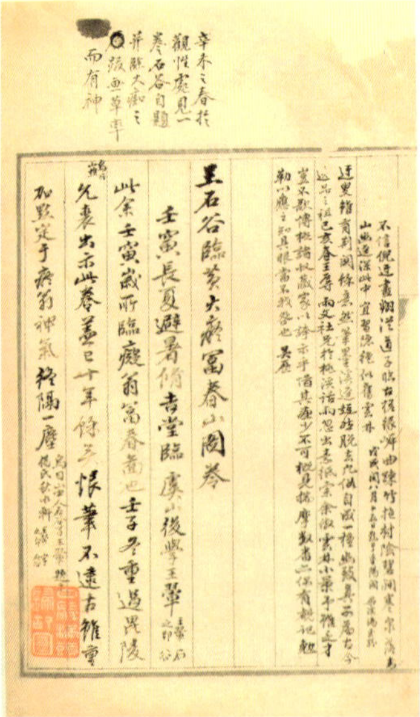
黃石谷臨黃大癡富春山圖卷

清吴芝手稿本　真迹题跋
录不分卷

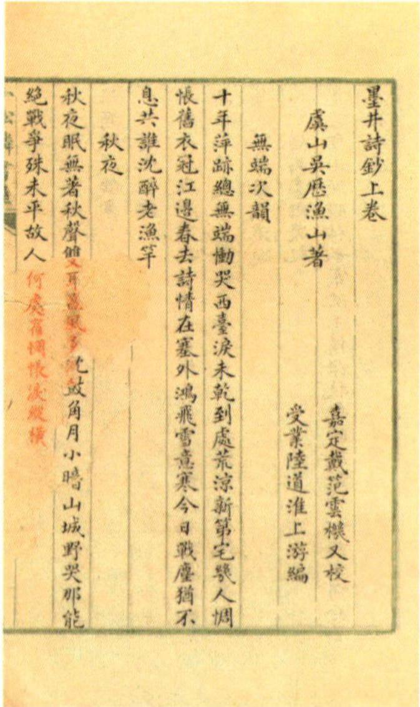
墨井詩鈔上卷
虞山吳歷漁山著　嘉定戴苑雲樵又校
受業陸道淮上游編
無端次韻
十年蹤跡總無端慟哭西臺淚未乾到處荒涼新第宅幾人惆悵舊衣冠江邊春去詩情在塞外鴻飛雪意寒今日戰塵猶不息共誰沈醉老漁竿
秋夜

清初抄本　吴历撰
墨井诗钞二卷附别卷一卷
外卷一卷

清中期刻本　热河避暑山庄图

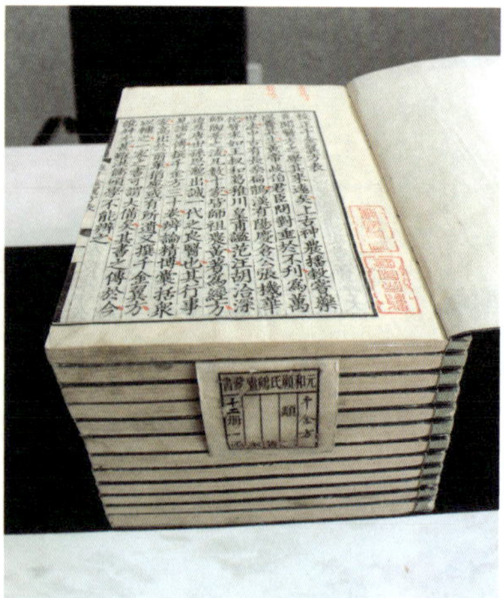

过云楼所藏《千金方》

过云楼所藏古籍

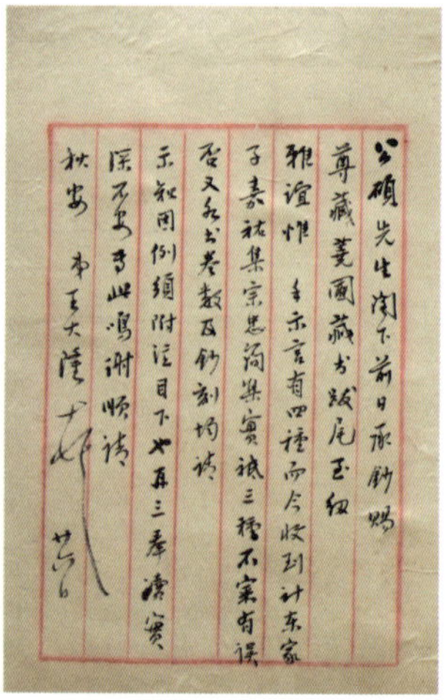

公碩先生閣下前日承鈔賜
尊藏蕘圃藏書跋尾至紉
雅誼惟 手示言有四種而今收到計東家
子嘉祐集宋思溪集寶祐三種不審有誤
否又各書卷數及鈔刻均請
示知因例須附注目下尤再三奉讀實
深不克書此鳴謝順請
秋安 弟王大隆

顾公硕先生与朋友的书信来往，主题讨论古籍

荣木如愿

顾荣木（笃瑾，1913—2010），是顾鹤逸的长孙，祖父有意培养他继承家学。他少年时便已显露不凡的天赋与才华，一次，祖父应邀在日本举行画展，曾得意地将他年仅十四岁孙儿的习作随展于后，备受瞩目。“八一三”事变后，全家自苏州避难，迁居上海，他因家累而转业，不得已将书画事业忍痛放弃，直到退休后的1976年，重提画笔，从此无分寒暑，钻研画学，像隐士一样闭门作画，实现祖父对他的期望。2007年，九十六岁时他在顾笃璜的帮助下，编纂画集《过云楼后裔顾荣木老年戏笔》。时隔三年，含笑离世。

顾荣木自序

余幼年时，祖父鹤逸公命余从孙伯南先生攻读古文，并于过云楼临摹古迹学习绘事。

曾与苏州同辈画友吴辟疆、樊伯炎、蔡震渊、王选青、潘博山、朱梅村等，组建“东方美术会”，除举办画展外，并编辑出版刊物《东方美》，祖父欣然应聘为名誉会员以示支持之忱。不幸祖父于1930年5月病逝，是年冬，余就业于上海大陆银行，移居申江。

又曾与海上画友徐邦达、张石园、江寒汀、叶潞园等成立“绿漪艺社”。及至八一三事变，日军侵华，战事爆发，全家自苏避难来沪，因家事繁重，不得已转业工商，遂与绘事绝缘三十余年之久，直至退休之后，方得于1976年重提画笔，时余年将七十，乃自号“古稀艺徒”，从此杜门谢客，不与外事，专心研习画学，不觉又越三十春秋，余年届九十六矣。

儿女敦促，将余老年习作，刊一画册，以留纪念，并赠送亲友，广结画缘。余亦以为然，遂成此册。

抚今追昔，殊愧老大无成，有负先人之期望，是为序。

顾荣木画作选

春溪晴翠

溪山清幽

柳塘春色

秋岭悬瀑

罢钓归来

秋山霜林

松岭清流

溪亭清泉

幽兰空谷
——说昆剧传习所

（一）

昆曲（指水磨调的昆曲）形成于明代中叶，很快进入了她的全盛时期，作为一种声腔、一个剧种，风光了两百年。而自清道咸以来的一百多年中，却遭遇了由盛至衰的大波折，从时代的宠儿跌落为时代的弃儿，强势的昆曲沦为弱势的昆剧，其观众面不断缩小，民间职业戏班营业不振，出现生存危机，年青子弟不愿从事连糊口都成问题的昆剧演艺事业，形成了人员老化、后继无人的颓势，在发源地苏州，最后只剩下全福班一支孤军，勉强维持着昆剧的残局。眼看着昆剧的场上艺术确已到了几将消亡的地步。

正在这样的危急时刻，苏州创办了昆剧传习所，于 1921 年 8 月成立。

最初发起倡办昆剧传习所的是苏州曲友贝晋眉、张紫东、徐镜清三人，又联合吴粹伦、潘振霄、李式安、徐印若、陈贯之、汪鼎臣、吴瞿安、叶柳村、孙咏雩等共十二人为董事，组成董事会。商定每人出资一百元作为开办费。最后集得开办费一千元，向由谢氏经管的公益组织，借用设在城北西大营门五亩地的轮香局善堂十多间房屋作所址，开始办学。推举孙咏雩为所长，主持工作。

聘任的教师都是一时之选，有：沈月泉、沈斌泉（三年后因病辞职，由陆绶卿接替）、吴义生、许彩金（不久辞职，改聘尤彩云，后又增聘施桂林任教）。

此外，还先后聘请国文教师傅子衡（先）、周铸九（后），以及英语、算术教师孙卓人，开设文化课。

原计划招学员三十名，学习三年，帮演（实习演出）两年，共五年结业。开学半年时，实业家穆藕初加入，根据他的意见，决定扩招学员为五十名，学习期延长为五年，帮演两年，共七年结业。经费则由他全额负责。

（二）

这里让我们说一说当时戏曲界办学的一些情况。辛亥革命前后，我国戏曲界曾掀起过一场戏曲改良活动。这是由一群热心戏曲艺术的文化人所创导的。与此同时，兴办有别于旧科班的新型学校式的培训机构，以造就有思想有文化的新一代戏曲从业人员，也成为风气。

开风气之先且极有代表性的，首推民国元年（1912）创立于西安的易俗社（秦腔）。它的全称是“易俗伶学社”，简称“易俗社”。后来又定名为“陕西易俗社”。这个易俗社自 1912 年创办起先后办班十三期，培养学生六百多人。一直延续到 1949 年新中国成立后由国家接办，更名为“西安易俗社”。

“易俗社”首先是一所学校，又不仅是一所学校。该社仿照共和制建社，以社员大会为最高权力机构。下又分改行政管理及业务管理两个机构。行政管理机构下设干事部及评议部，干事部为办事机构，评议部为监督机构。业务管理机构下设编辑部（负责剧目创作等）、学习部（负责文化教育）、训练部（负责训练和演出）。可见这是一所兼有学校、演出团和创作部的复合机构。他们的演出团由成熟的艺人组成，而学校的毕业生中之优秀者经双向选择，可以转为演出团的演职员，这又与以童伶为号召的旧科班实习演出不同了。

该社订有严密而周详的章程。其教学工作则引入了新型学校的办学理念。

且看该社章程第六条——学术教授之科目一节，便可见其大概：

（一）高小班

知识学科：三民、国文、算术、历史、地理、习字

艺术学科：修养学、戏剧学、服装学、心理学

（二）初小班

三民、国语、常识、算术、习字、修养

又有第七条——戏曲训练之科目：

姿势、做工、道白、声调、武艺

请注意，这里没有临摹传统剧目的课程，全部属于元素训练，这在传统戏曲教育中是前所未有的。

还值得注意的是，章程又规定，学生入学，首先学习初小、高小文化课程，然后再升文史进修班，学习及格者发给结业证书。然后再学习六年戏曲专业，及格者，发给戏曲专业毕业证书。可见学艺并非自幼年开始，而是相当于初中生的年龄了。这也是传统戏曲教育前所未有的。

再看第二章——编演种类：

本社编演戏曲以下列各类为准：

一、历史戏曲　就古今中外政治之利弊，及个人行为之善恶，足引为鉴戒者编演之。

二、社会戏曲　就习俗之宜改良，道德之宜提倡者编演之。

三、家庭戏曲　就古今家庭得失成败最有关系者编演之。

四、科学戏曲　就浅近易解之科学，及实业创造之艰苦卓著者编演之。

五、诙谐戏曲　就稗官小说及乡村市井之琐事轶闻，含有教育意味者编演之。

这里完全没有提及搬演传统剧目。

可见他们的宗旨不在继承传统剧目，而在编演新戏，改良秦腔。据统计，在新中国成立前的三十七年中他们共创作演出新剧五百多个，平均每月有一个新剧目演出。

他们所演仍冠以秦腔之名，但和传统秦腔已有一定差别，被称之为“西安梆子”或“改良梆子”。

易俗社的办社宗旨是“补助社会教育、移风易俗、启发民智”，而他们认为“旧秦腔剧目陈腐恶劣，殊不足以为社会教育尽其辅助之责”。

易俗社的创办人李桐轩、孙仁玉、高培支、李约祉等都是西安地区具有民主主义思想的进步知识分子，他们借群众喜爱的戏曲形式，编演新戏，宣传新思想，进行通俗教育，其目的是非常明确的。

（三）

到了1919年在南方又有“南通伶工学社”的建立。

创办人张謇。他虽是清代光绪二十年的状元，但他却是一位提倡实业救国的新派人士。辛亥革命胜利，南京国民政府成立，孙中山聘请他入阁担任实业部长。北京政府成立，袁世凯力聘其出任实业部长、农商总长等职。后因为反对袁世凯称帝，愤然辞职归里。在家乡南通，他举办实业、大兴教育。他又注重文化事业，认为“至于改良社会，文字及戏曲之捷，提倡美术工艺，不如戏曲之便”。为了发挥戏曲的教育功能，他又主张改良戏曲应该“订旧从改正脚本始，启新从养成艺员始”。于是创办了京剧学校“南通伶工学社”。张謇自任董事长，梅兰芳任名誉社长，张謇之子张孝若任社长，聘欧阳予倩任主任兼主教务。学制为七年，学习五年，实习二年。欧阳予倩主张办学应该取“融贯中西”的方针，所以设计了一枚校徽，纹样是五线谱加毛笔钢笔各一支。他主张取新型学校形式，用现代教育方法，以区别于旧科班。设置文化课程有：国文、历史、地理、算术、英文、体操等。业务教师由昆剧和京剧艺人组成，是由欧阳予倩亲自物色延聘的，均为一时之选。为丰富学生知识，提高艺术素养，还开设了西洋音乐、话剧、西洋舞蹈等课程。

由于更俗剧场的建立，许多名演员纷纷应邀到南通演出，为学生们提供了难得的观摩的机会。

这个学校自1919年下半年开学，于1926年停办。欧阳予倩则于1922年1月就离开了，前后不足三年时间。

欧阳予倩自己这样记述道：“我到南通的目的，是想借机养成一班比较有知识的演员，我又想在演剧学生能用的时候，便组织江湖班似的流动团体，四处表演自己编的戏。其次我想用种种方法，把二黄戏彻底改造一下。”“伶工学社的学生，大半都是些贫民子弟，伶工学社的办法第一是要求他们能读书识字，所以我聘请比较好的国文教师，而且对于社会常识都很注意。我把一切科班的方法打破，完全按照学校的组织，用另一种方法教授学生。”但是有一股守旧势力反对他这样做，要他照旧科班办。而欧阳予倩自有其“牢不可破的主张”，“在校内写了几个信条，张贴在各处。第一条开宗明义就说：伶工学社是为社会效力之艺术团体，不是私家歌僮养习所。第二条说：伶工学社是要造就改革戏剧的演员，不是科班”。（以上引文均摘自欧阳予倩的自述《自我演戏以来》）

他在南通三年，究竟做了些什么呢？欧阳山尊所写的《我的父亲》一文中有如下的记述："他在南通创办了伶工学社，这是一座崭新的培养戏曲演员的学校，这是一项启蒙工作，也是向旧文化、旧习俗的挑战。学生所学的课程除语文外，还有西洋的歌唱舞蹈和弹钢琴，还挑选出学生组织了一个西洋管弦乐队。他买了许多新杂志如《新青年》《新潮》《建设》等给学生读，并亲自为他们讲解。他创建了南通更俗剧场，剧场的管理制度完全由他一手拟定。内容是：观众座位依一定的号码，场内不售食物，观众不吐痰，不吃瓜子，有吐痰的马上有人拿手巾替他擦干净，有自己带瓜子进来的，有人马上替他拾起吐下的皮。台后不许喧哗，不许随地吐痰，不许到前台看戏，所有的人都有一定的座位，反对杂乱无章的现象。"但是结局却是颇不尽如人意。"父亲对于伶工学社和更俗剧场的这些改革做法，受到当地上层人士和一些戏曲界同行的讥讽和攻击，但他并没有退却。办学的经费有困难，他就用自己的薪酬来贴补，他当伶工学社主任，每月薪金一百银元，可是他从来没有拿过。在南通三年中，他垫出去的钱不下七八千元。弄得自己穷困不堪，无法以继。再加上各方面的压力越来越大，使他不得不离开南通，重新回到上海，在亦舞台搭班，和余叔岩一起唱京戏。这不能不说是一个启蒙者、革新者的悲哀。"

欧阳予倩离开后，先由徐梅萍，继由陈树森接替他的工作。欧阳予倩所制订的办学方针当然不能贯彻了。延至 1926 年该社停办。

先后入社学生九十余人，后从事京剧工作的约二十余人。

据上述可以看到，无论易俗社或南通伶工学社的宗旨都是推动戏曲改革。

这是因为他们面对的是秦腔和皮黄，其时这两个剧种均处于上升时期，既无后继无人的危局，又无艺术失传的恐慌，而在艺术上则又深感其欠成熟，有待改进与提高的地方正多。

他们办学的目的在于改变旧科班的教育方法，融入先进的教育理念，旨在培养有思想有文化的新一代戏曲演员。在艺术走向方面，则受当时文艺新思潮的影响正构想着如何投身于戏曲改良运动。尤其是南通伶工学社创办于 1919 年秋，正当北京爆发反帝爱国运动——五四运动之时。这对于欧阳予倩的思想影响是非常巨大的。他，一个热血青年，正是带着满腔革命热情投身于此一工作的。

（四）

于是要说到苏州昆剧传习所的创办。从时间的先后来看，"易俗社"和"南通伶工学社"都是昆剧传习所的先驱者。说到把现代教育理念来改造旧科班教育的办学方针，昆剧传习所与之是完全一致的。

无论是"易俗社""南通伶工学社"，还是"昆剧传习所"的创办者们，都是受过新思想洗礼的。他们都抱有改进戏曲教育的理念，他们不约而同，创办的都不是旧式科班，而是新型的戏曲职业学校。例如，他们都废除了旧式师徒体制，建立了学校式的师生关系。他们都严格禁止旧式科班普遍存在的对学生体罚的陋习。又都开设文化知识课程等等。“易俗社”与“南通伶工学社”的文化课程设置已见前述，“苏州昆剧传习所”则开设了“语文”“算术”“英语”等课程。非常值得注意的是设有英语课（这一点与“南通伶工学社”正好相同），可见他们都考虑到了日后学生们向西方吸收知识的需要，也是为着未来戏曲走向世界的文化交流作准备的。在当时，有这样的构想，实在是很超前的。但是在昆剧传习所，“英语”和“算术”两门功课开课不久便取消了。据说主要原因是学生们对这两门功课普遍缺乏兴趣，学习成绩上不去，又考虑到昆剧专业人才必须对古典文学、音韵学、曲律学等方面有一定的修养，为了加强这方面的教育，并让学生更多地集中精力，才把这两门学生不感兴趣的课程取消了。实践证明，这样做收到了效果，传字辈一代人中在学期间便出现了能改编剧本与谱曲的高材生。

（五）

这三座学校的创办人们，其办学理念是如此相似，然而其办学宗旨却是根本不同的。“易俗社”与“南通伶工学社”是为了造就梆子与京剧的一代革新者，而“昆剧传习所”却是以挽救昆剧于危亡而培养昆剧遗产传承人为使命的。

正因为办学的宗旨不同，所以在专业培训方面从内容到方法，也就各异了。前者从教学内容到方法有不少革新，而“昆剧传习所”在其专业培训方面从内容到方法则基本遵守传统。整个学习计划总体分为“基本训练”及“学演传统剧目”两个阶段。“基本训练”又分为“嘴里”（即“练声”与学习“唱念口法”）、“身上”（即形体训练之“体能”及“技能”两项）。初期训练时，演员并不分行当，逐渐发现演员素质特性之后，才为之定“行当”，而训练才有所区别。“基本训练”合格之后，便进入“学演传统剧目”阶段，也分“嘴里”及“身上”两个方面，则先学“嘴里”，即某些传统剧目的唱念。“嘴里”有了，再学“身上”，称“踏戏”，即是学习某些传统剧目的形体表演。

进入“学习传统剧目”阶段以后，基本训练仍继续进行，既为了巩固已有的体能、技能水平，更为了一步步有所提高，所谓熟能生巧。

所有这些都是按照传统章法进行的。有关这方面的经验得失容另文详述，这里不展开。

说到各行当的学生学演传统剧目，也自有其循序渐进的规则，首学什么剧目（称开蒙），继学什么剧目，都有大体的规范，而且又有数量与质量的严格要求。因为学生必须学会各行当的常演剧目，又有一定的艺术质量之后，才具备搭班充当演员也即就业的资格。而昆剧传习所则更增添了为昆剧之传承不灭而抢救继承遗产的使命，所以从继承传统剧目的数量与质量上也就必然有更高、更严的要求了。正是在这一点上，“昆剧传习所”“易俗社”与“南通伶工学社”的方针也是根本不同的。

传字辈一代人不负使命，是出色地完成了任务的。几乎把他们的老师辈能演的剧目全部学到了手，至于前辈们能演的优秀传统剧目，由于人亡艺绝而他们不曾见到、学到，那便无可奈何了。

（六）

昆剧传习所创办于1921年，与中国共产党建党正好是同一年，这当然完全是巧合，但却反映出昆剧传习所创办时所处的时代背景。

那时革命浪潮席卷全国，在这样的大背景下，一些进步人士主张把文艺区分为两大类：新文艺和旧文艺；戏剧区分成两大类：新剧（从西方传入的话剧）和旧剧（我国的传统戏曲）；文艺工作者则区分为两大类：新文艺工作者和旧文人或旧艺人。而这里的“旧”是完完全全的贬义词，有着没落、垂死等含义。说到戏曲是旧剧，那么昆剧自是旧中之旧了，昆剧是封建士大夫的艺术这顶帽子是被戴定了的。而执着于保存昆剧的人即使不被视为封建余孽、顽固分子，至少也是跟不上时代步伐的恋旧者，应该划入旧文人行列则是理所当然的了。

然而，昆剧传习所的三位发起人，除张紫东外都是接受过当时称为“新法学堂”的教育的。贝晋眉（1887—1968）毕业于北京高等工业学校，学的是染织。徐镜清（1891—1939）则是教会学校苏州东吴大学文学院毕业的（今苏州大学前身）。至于昆剧传习所的主要出资人传习所开办半年后加入的穆藕初（1876—1943）更是留美归国的农学硕士，既是从事实业救国的企业家，又是倡导教育救国的教育家。唯有张紫东（1881—1951）没有在“新法学堂”读过书，受的还是科举教育，而且1902年中了秀才，1907年曾赴北京当过小京官（度支部主事）。他在北京总共工作了四年光景，张紫东在北京的四年正是辛亥革命的前夜，那时他读进步书籍、接受新思想，倾向于推翻帝制拥护民主革命。1911年辛亥革命胜利，他便剪了辫子穿了西装回到苏州来了（那时苏州的不少遗老遗少还留着辫子）。从此他一面经营着家族产业，一面从事昆剧研究，直至发起创办昆剧传习所。贝晋眉年轻时非常活跃，除了办曲社、搭戏台、置行头，不但清唱且彩串昆剧以外，又是新剧运动的积极参与者，曾多次参加新剧（文明戏）演出。说到穆藕初，除身体力行进行实业救国外，他又创导教育救国。他与蔡元培合作，资助优秀学生出国留学，为祖国培养高级人才不遗余力，而且收效很大。他与黄炎培合作，成立中华职业教育社，任校董会主席，稍后创办中华职业学校，这是培养人才的教育机构。又出资建立位育学校，为普及基础教育而努力。在其青年时代，即在上海组织过“阅书报社”“沪学会”“体育会”“音乐会”“通鉴学校”和演出文明戏的“春阳社”等文化团体。但他热衷于文体、音乐、戏剧，并非单纯出于娱乐的目的，而是为了“启蒙启智”“尚武精神”，他说：“感人至深者，莫善于讲求音乐。”“欲图社会捷收改良之伟效，舍不用文字之表演教化无以奏功。”徐镜清先生英年早逝，他的事迹笔者知道的很少，但他是教会学校的大学毕业生、著名曲友，又发起创办昆剧传习所，便已说明了一切。

介绍以上这些情况，想说明的是，他们并不是应该被划入旧文人之列的人，他们偏偏都是受过新思想洗礼的人，其中还有接受新思想比较多的，从美国留洋归来的人。但是他们却又深刻地认识到传统文化的价值。

据穆藕初自己说，在他听到了俞粟庐唱曲之后，“始憬悟昆曲之关于国粹文化之重要”。而这正是他慷慨地承担昆剧传习所全额办学经费，并将生员名额从三十人扩充到五十人，把学习期限从三年延长至五年，再加上所谓“帮演”的实习演出二年，合为七年的思想基础了。

（七）

昆剧传习所对于学生的实习演出，是非常重视的。

学艺未及一年，1922年夏，正值董事张紫东为他母亲做寿，学员们便在张家开始了他们第一次演出，剧目为：

《大赐福》《上寿》，全体学员合演。

《三挡》，由沈月泉最小的儿子、即沈传芷之弟沈南生（传锐）主演饰秦琼，技艺甚佳，可惜未结业就病夭。

《见娘》，顾时雨（传玠）饰王十朋、马家荣（传菁）饰王老夫人、施培根（传镇）饰李舅。

《借茶》，王森如（传淞）饰张文远、华和卿（传萍）饰阎婆惜。

《刀会》，邵锦源（传镛）饰关羽、王森如（传淞）饰周仓、倪筱荣（传钺）饰鲁肃。

《学堂·游园、惊梦》，张金寿（传芳）饰春香、朱祖根（传茗）饰杜丽娘、郑荣寿（传鉴）饰陈最良、顾时雨（传玠）饰柳梦梅。

《起布》《问探》，沈葆荪（传芷）饰吕布、包根生（传铎）饰丁建阳、华福麟（传浩）饰探子。

《养子》，朱祖根（传茗）主演。

《坠马》，徐永福（传溱）主演。

（按：其时尚未以传字排行，但为了阅读方便起见，均加注传字艺名。）

这次演出是成功的，获得曲友们一致称赞。

办所第三年（1924），请上海曲友王慕喆为学员提艺名，除用“传”字排行外，以第三字来分别角色行当：末、净取金字旁，生取斜玉旁，丑取三点水旁，旦取草字头。不久，就用昆剧传习所名义，借苏州青年会剧场公演，从此，就边演边学。

公演将近一年，上海曲友徐凌云家中举行堂会，邀请部分学员赴沪演唱，梅兰芳也参加这次演出。大家都感到这些学员大有希望，昆剧后继有人。于是，徐凌云就与上海的曲友联系，决定邀请全体学员赴沪公演。徐凌云是上海庚申曲社曲友，商得该社同意，将行头借给昆剧传习所使用，并将自己的私家园林——徐园作为传习所公演场所，收入全部充办所经费。所长孙咏雩带领全体赴沪连续公演了几个月。当学员载誉返苏，又假座玄妙观机房殿来鹤堂道和曲社公演。

1926年秋，传习所应邀前往上海新世界游艺场公演，一切在正常进行中。

昆剧传习所的创办人对昆剧的价值有清醒的认知，他们认识到昆剧的场上艺术必须以人为载体。挽救昆剧的唯一途径便是培养接班人，才能把昆剧传下去。正因为昆剧观众减少，艺人生活穷困，弃行转业的不少，青年人则望而却步，不愿入行，已陷入老辈凋零、后继乏人的险境。正是为了挽救这样的危局，才有昆剧传习所的创办。其目标首先是培养一代合格的演员，把昆剧遗产——保留在老一代身上的传统剧目的表演艺术，继承下来；又期望他们日后能成为合格的昆剧教师，把这些遗产再传给下一代，使昆剧薪火相传。毫无疑问，昆剧又必须存活于舞台上，拥有观众，才能永生，昆剧的形势决定了昆剧传习所的学生们毕业后必须迅速组建剧团并演出，这不但早在计划中，且已到刻不容缓的地步。然而现实的情况是，昆剧没有多少基本观众，剧团很难依靠演出收入维持生计。因此，昆剧更须多多演出，以培育观众群。若是昆剧没有演出，便失去了自身的存在，便是所谓自动退出历史舞台了，这样的局面，是决不应该出现的。但如果任其在演出市场中自生自灭，那么昆剧的走向必定是向通俗的流行艺术转化，以迎合观众求得上座率的提高，或者便是从演出市场中逐渐退却。昆剧要多演出，又要坚守自己的本真性与艺术品位，这首先要求从业者有自觉、自信、自重和自强的精神，然而从业者的经济收入却是无法回避的现实问题；为了稳定队伍，至少应该保证他们有一个中等的收入，便必须另有经济来源。穆藕初不但对此有清醒的认识，并且是有计划、有准备的。他的方案是，学生毕业后，一律吸收到他的企业中，拿一份稳定的工资，然后让他们去从事昆剧事业。遗憾的是，正当学生实习演出（帮师）即将期满毕业之时，他的企业出现危机，最终遭遇破产，使他的计划无法实现。在这样的情况下，他以极端负责的精神请来了他的朋友严惠宇、陶希泉两位，继续他未竟的事业，于是有维昆公司及新乐府昆剧团在上海的成立，时在1927年10月。投资者们新制了全套行头；为演职员们准备了舒适的宿舍；聘请了昆剧老艺人任教，为青年演员进修和继续继承传统剧目提供条件；租借了剧场，把剧场装修一新，专演昆剧。又创建了许多服务设施，为观众营造了优雅的环境。

“昆剧传习所”改组为“新乐府”在上海公演之时，在申报刊登了巨幅广告，那是1927年12月间的事。那广告内容是一篇题为《笑舞台新乐府昆戏缘起》的告白。现全文抄录于后：

“雅颂不作，声音道衰，元明以还，传奇大著，虽病绮靡，颇赡文辞。胜清之初，踵事增华，作者并起，斯风不坠。乾隆末叶，乱弹渐盛，然在士夫辈，多嗜风雅，当时菊部，仍娴昆奏。至是以降，世趋简易，吴歈曼声，听着艰涩，燕筑激响，遂代笙箫。第江南曲部，典型尚在。洪杨而后，迄于清末，世变多故，魁桀之士，瘁心国是，未遑语此，旧日梨园，都成白发，片玉昆山，扫地将尽，南北剧院，亦間从事，俗尚既异，知音用希。吴越俊彦，愍也忧之，乃集颖秀，结社肄习，历年六七，能者辈出，顾朱张施，所造尤深，海上试艺，久博众誉，兴废继绝，创者伟已，同人等端居多暇，结习同深，爰立新院，以为后劲，网罗全部，益进佳材，著名曲家，按谱硕匠，隆礼致远，用资导帅，名词旧曲，佳话逸闻，制剧以著，衣冠帷幕，观瞻所系，制造经营，不甘固陋，又顾曲乐事，几席宜精，兹出新裁，悉更旧制，轻裘缓带，绰裕可容，茗馥兰馨，絪缊相接，他若粉饰涂垩，期于雅洁，斯为余事，何庸靓缕。兹上仲冬，吉日始事，玉佩琼裾，会当萃集。惟同人等智识有限，难语周祥（详），嘤鸣求友，玉错可攻，尚冀雅言，不吝指导，顿首谨白，毋任主臣。”

所有告白他们都是一一在做着的。传习所毕业生全部网罗了。团结老艺人、曲家共同来耕耘这块园地，他们也是做了的，而且是大有成绩的，许多曲家聚集在他们周围，纷纷伸出援助之手。还继续聘请了陆寿卿、施桂林、吴义生三位老艺人，为传字辈青年演员继续学习传统剧目创造了条件。至于投资制作戏衣戏具、装潢剧场、营造昆剧场应有的高雅气氛，提高服务质量等等，当然更是做到了的。他们是一群有文化修养又有专业知识的热心人士，对于昆剧事业，他们是有构想的，他们目光远大，看到了昆剧的价值，看到了昆剧的未来。

当时，传字辈艺人向京剧艺人王洪、周宝奎、林树森、林树堂、盖叫天、夏月恒等学戏。学的都是保留在京舞台上的昆腔戏及吹腔武戏。汪传钤、方传芸学习武戏尤为努力，成为新乐府中最有造诣的昆剧武戏演员。新增的剧目有：《全本玉麒麟大名府》《乾元山》《雅观楼》《反武场》《安天会》《割发代首》等。

还有：《义侠记》《水浒记》《铁冠图》《南楼传》《白罗衫》《十五贯》《寻亲记》《奈何天》《玉搔头》等传统昆剧叠头戏。其中《南楼传》《白罗衫》两剧是请赵景深先生重加修改和填词，倪传钺等自打工谱、自行排演的。还排演过吴梅创作的《湘真阁》传奇（李十娘故事）。

从而，剧目就从学员结业时能演的五百多折逐渐积累至六百多折戏。演技也有了提高。传字辈进入了全盛时期。到了 1928 年 4 月 5 日，与“笑舞台”合约期满，剧团先回苏州短期巡演，不久返沪，转入“大世界游乐场”继续演出。一切进展尚称顺利。

遗憾的是好景不长，1930 年，新乐府内部发生纠纷。事情是这样的：也许是出于市场运作的需要，又受当时京剧界与电影界的影响，严、陶二位着力于包装顾传玠与朱传茗二人为昆坛明星，在各种待遇方面与师兄弟间拉开了较大距离。这与昆剧班社的传统体制不合。昆剧当然也有当红的演员，所以客观上也存在明星，但班社的组织体制一向

清末桃花坞年画《玉麒麟》

清末桃花坞年画《割发代首》

是角色行当制，而不是明星制的。新乐府这样的举措引起了大多数传字辈的反对，且矛盾无法调和而致双方决裂，严、陶二位宣布退出，并收回演出行头，演员顾传玠亦于此时离班。1931 年 4 月 15 日演出结束，“新乐府”宣告停办解散。传字辈决定自主组班，推举倪传钺、施传镇、张传芳等为负责人。他们苦心筹款，重置行头，更名为“仙霓社”，于 1931 年 10 月 1 日宣告成立，首演于上海大世界游艺场。此后仙霓社除继续在上海与苏州演出外，又至昆山、盛泽、青浦、无锡、南京以及杭、嘉、湖等地巡回演出。

1936 年农历正月，聘请前鸿福班老艺人汪双全为坐班，转为江湖班。其时，国难当头，政局动荡，经济萧条，民生凋敝，剧团营业不振，演员收入微薄，“仙霓社”陷入困境。同年六月四日，施传镇不幸在苏州病逝。他不但艺术出众，而且有组织能力，在同辈演员中威信很高。他的死亡如雪上加霜，给仙霓社沉重的打击。在祭奠他的时候，仙霓社同人个个心情忧郁，泣不成声。

1937 年“仙霓社”又去上海，在福安公司演出，正是这一年“七七”事变爆发，不久，“八一三”事变，仙霓社千辛万苦所置办的行头全毁于日本帝国主义的侵略战火之中。在重重困难之下，挣扎苦斗至 1942 年 2 月，仙霓社再也无法维持，宣告解散。从此传字辈艺人被迫脱离昆剧舞台，有的改演京剧、苏滩、苏剧、文明戏，有的为曲友拍曲教戏为生，有的参加堂名班或当吹鼓手，有的脱离演艺界。还有的生活无着，如赵传珺贫病交迫路毙在上海街头，乐师徐金虎卧轨自杀。

（八）

行文至此，特别应该说到：仙霓社虽已解散，传字辈被迫脱离昆剧舞台，难能可贵的是，他们对于昆剧的那颗赤诚的心没有改变，把继承昆剧遗产视为自己的责任这一点绝大部分传字辈都是终其一生的。只要有机会，他们便会为传承与弘扬昆剧尽心尽力地作奉献。

新中国成立后，迎来了戏曲的复兴，1956 年因《十五贯》演出成功，昆剧成为热点。其时除早期转业的传字辈不在其列，姚传湄、顾传玠定居海外不曾归来外，分散各地的二十三位传字辈艺术家无一遗漏地全部回归到文艺工作岗位上。他们或者任职戏曲学校，为培养新一代昆剧演员而努力，或者受邀担任如越剧、粤剧等剧团的艺术指导，其任务是把昆剧艺术元素丰富与滋养兄弟剧种，并通过学习昆剧提高其演员的艺术素养。还有几位则应聘参加民族舞蹈的研究与教学工作。这几位虽不在昆剧专业岗位上，但凡有需要都曾为教授昆剧而贡献力量。对于昆剧，他们有信仰、有理想、有使命感，都把传承昆剧视为自己的历史责任，并且当他们进入老年以后都退而不休，发挥余热、终身坚守。尤其令人感动的有沈传芷，他两次中风，留下后遗症，拐着腿，坚持为学生授戏。沈传琨，癌症晚期，住在医院里，正输液中，提出要在这最后的时刻，为学生传授行将失传的折子戏，而且态度坚决，终于征得医生许可，教学在病床边进行了。这些事都发生在苏州，为笔者所亲见。他们可贵可敬的精神将永远是后人的学习榜样。他们不负当年以传字辈所寓的历史使命，这又无疑应归功于传习所的品德教育。

应该引起我们的深思的还有：

一个昆剧传习所造就了一代昆剧演员，而且除了早期转业者外可以说个个成材，每一位传字辈演员都有相当高的艺术造诣，都是很好的演员，又都是很好的教师，事实是，每一位传字辈演员都有很强的教学能力。这不是偶然，也不是招生时选材特别严格的缘故，而是昆剧艺术体系乃至其教学内容及训练方法的成果。这无疑也是应该继承的宝贵遗产。

（九）

今天不妨作一番逆向思考：假如当年不办这个昆剧传习所，昆剧会怎样呢？大约有一点可以肯定，传统的苏州昆剧早已是历史的陈迹，要保护也来不及了。

难能可贵的正是在那样的时代背景下，先贤们能认识昆剧的价值，并立志要把这份遗产传承下去，而且做到了。

事实是，对昆剧持否定态度，一百多年来作为主流思潮，一直延续到新中国成立之时也并没有根本改变。“昆剧从总体来说已无存在的价值，从其分体来说，则尚可以用之于滋养其他戏曲剧种”，这便是新中国成立之时戏曲工作的主导思想。直到 1956 年《十五贯》演出成功，周恩来总理说了“一出戏救活一个剧种”这句名言之后，才有了转机。为什么是“救活”？当然因为昆剧已经“垂死”，而且似乎已经放弃“抢救”，只准备将其“有用器官移植”给别人了。《十五贯》的成功证明了昆剧从总体上来说依然有存活的价值，而且作为一个剧种仍具活力。《十五贯》一下子改变了人们对昆剧的认识，所以说是《十五贯》“救活了”昆剧。当时引出的结论是昆曲只要沿着《十五贯》的经验继续走“古为今用”之路，便可以在新时代重获生机，而且前程远大。当时的认识还并不是从昆剧遗产本身所具的全部价值来肯定昆剧的，所以那时虽也提出继承遗产的重要性，但继承的目的是为了给改革提供可利用的材料，继承只是手段，改革才是目的之所在。昆剧必须改革，又成为当时昆剧工作的主导意见。

接着而来的是“文化大革命”，昆剧作为封建主义文化的代表，被扫进“历史垃圾堆”。

历史进入改革开放时代，昆剧才重又得到了新生。

（十）

在经济全球化大趋势面前，人们才觉悟到，文化多样性的重要意义。世界文化的多样性是建筑在充分发挥各民族文化的独特性基础之上的。没有独特性便没有多样性，而正因其独特性，各民族才对人类文化宝库的丰富性作出了贡献。而归根到底，民族的独特性离不开民族文化的独特性为支持。

然而，在经济全球化的过程中，世界各民族的许多文化遗产正面临消亡的危险。

联合国教科文组织设立“人类口述和非物质遗产代表作”项目正是以“保存文化特异性永久不灭为宗旨”的。而“杰出的文化代表性”和“亟须保护的紧迫性”又是“进入名录必须兼备的条件”。其目的就是要鼓励各国政府，非政府组织，及各地方团体，鉴别、保护和利用口述和非物质文化遗产。因为这些遗产是世界各国人民的智慧的结晶，唯有这些文化遗产得到保护，才能够确保人类文化特性和多样性得以不灭。

昆曲被列入首批名录，表明昆曲的价值得到肯定，昆曲将受到联合国《保护非物质文化公约》的保护。在《公约》中，“保护”是指对遗产全方位地“确认、立档、研究、保存、保护、宣扬、弘扬、传承和振兴”。

从“昆剧已无保留价值，应该扫进历史的垃圾堆”，到“昆剧应该保存”，并将受到联合国《保护非物质文化公约》的保护。曾几何时，消灭昆曲是“革命行动”，一变而为破坏昆曲遗产将成为历史罪人。真可以说是天翻地覆的大转变了。

经过一百多年的风风雨雨，昆剧终于熬出头了。此时此刻，回顾往事，不得不钦佩前贤们的真知灼见和实干精神。在根本没有政府支持，更谈不上联合国支持的情况下，完全依靠民间自发的力量，办起了昆剧传习所。今天联合国《保护非物质文化公约》要求对昆曲遗产全方位地确认、立档、研究、保存、保护、宣扬、弘扬、传承和振兴，在1921年之时他们都已尽力去做了。由于他们的有效工作，才把发源地苏州的昆剧遗产从濒临灭绝的险境中挽救了过来。

不妨作一个逆向思考：假如当年不办这个昆剧传习所，昆剧的场上艺术即使不曾完全灭绝，也已基本上不存在了。又假如办这个昆剧传习所指导思想不是认真地把传统剧目的舞台艺术一出出继承下来，而把精力投放在走向时尚化、大众改革上面，结果又会是什么呢？大约有一点是可以肯定的：遗产大量流失，昆剧已经不姓昆了。

附记：

传习所开办时原定招生三十人，但仅得二十五人，不曾满额。穆藕初加入后，原定扩招为五十人，但直至1927年也不曾满额，仅续招到十九人，所以得传字辈排名者，总共为四十四人，尚缺六名。现列表如下：

1921年入所者：

顾传玠（1910—1965）（1931年新乐府停办时告别舞台，后定居台湾）

周传瑛（1912—1988）

赵传珺（1904—1942）（原名钧，后转生行而改珺）

朱传茗（1909—1974）

张传芳（1911—1983）

华传萍（1911—1939）

姚传芗（1912—1996）（仙霓社解散后一度转业离开文艺界，新中国成立后归队）

刘传蘅（1908—1986）

王传蕖（1911—2003）

马传菁（1909—1972）

龚传华（1911—1932）

沈传琨（1911—1987）

邵传镛（1908—1995）（仙霓社解散后一度转业离开文艺界，新中国成立后归队）

周传铮（1904—1977）

郑传鉴（1910—1996）

包传铎（1911—1997）（1936年至1944年一度转业画绣稿为生，后参加国风苏剧团）

屈传钟（1912—1940）（1930年因犯班规除名，离开新乐府转业）

沈传锐（1909—1924）

王传淞（1906—1987）

顾传澜（1912—1939）

张传湘（1905—？）（学艺不成，改事文书。1929年转业）

姚传湄（1909—？）（1940年改搭京班赴南洋演出，后定居海外）

华传浩（1912—1975）

周传沧（1912—1990）（仙霓社散班后一度在上海摆拆字摊糊口）

徐传溱（1901—1942）（因吸毒于1926年被除名，1933年又重搭仙霓社）

1922年入所者：

顾传琳（1908—1931）

沈传芷（1906—1994）

金传铃（1904—？）（1924 年因偷窃被除名，后情况不详）

施传镇（1911—1936）

倪传钺（1908—2010）（仙霓社解散后一度转业离开文艺界，新中国成立后归队）

蔡传锐（1904—1937）（带艺入所。笛师）

1923 年入所者：

方传芸（1913—1984）

沈传芹（1909—1952）

薛传钢（1910—1990）

汪传钤（1911—1958）

袁传蕃（1911—1974）

1924 年入所者：

沈传球（1913—？）（1932 年离班求学，后入报界）

史传瑜（1913—1933）（1931 年转业报界）

华传铨（1914—1931）

章传溶（1914—1941）（1931 年冬转业电话局）

1926 年入所者：

吕传洪（1917—2016）

陈传琦（1916—1936）

1927 年入所者：

陈传萸（1916—？）（1935 年转业银行）

陈传镒（1916—？）（1928 年 4 月离开新乐府，转业情况不详）

（以上据沈传芷、王传蕖、倪传钺口述材料整理）

附注（1）：凡在新乐府及仙霓社演出中，原非传习所成员，受邀参加，而临时亦冠名传字者，有沈盘生等，均不计在内。

附注（2）：20 世纪 60 年代初，曾得夏衍同志关心，通过外事部门获知姚传湄时定居柬埔寨金边，并已取得联系，准备动员其回国传艺，奈因“文化大革命”开始而未果。

（选自 2015 年苏州昆剧传习所、苏州昆曲遗产抢救保护促进会编《说昆剧传习所》）

文 / 高福民　高晴

附：

缅怀先贤纪念道和曲社

（一）

昆剧兴起以后，在苏州一带迅速拥有许多爱好者，他们相约同好，结社并集会唱曲，早已形成风气。但是订立“章程”，推举“负责人”，把“曲社”组成现今这样的“社会团体”，却还是晚清时期才开始的，大约倒是受西方文化的影响而产生的新事物。当然，虽是“社团”，其组织相对来说仍是比较松散的。例如在民国时期，苏州一些曲友发起成立了“谐集”曲社（成立于1918年）。不到一年，部分社员退出，另结“禊集”曲社。到了1921年，经人协调，“谐集”与“禊集”合并，成立了“道和”曲社。不久，“禊集”重新恢复活动，许多曲友则兼跨“道和”与“禊集”两社。“禊集”很注重发展社员的工作，吸引了不少新曲友入社，所以社员人数反比“道和”为多。过了一段时间，“道和”与“禊集”依旧各自独立活动外，却又联手合办了专事彩串的业余昆剧团，取名“普乐”，时在1923年。1929年，全由女曲友组成的“幔亭”曲社假怡园成立。到了1932年，“禊集”的部分社员另集了“壬申”曲社。

晚清以来，在苏州周围的昆山、太仓、吴江、盛泽、常熟、甪直、黄埭等地，亦都有业余昆曲社存在，而且曾经涌现出不少水平极高的曲家。

到了日伪时期，苏州曾有“九九”“俭乐”“吴社”等曲社成立。“道和”曲社则偶有活动，地址仍在玄妙观机房殿来鹤堂。（注）这里反映出来的情况是：在昆剧职业班社已基本解体、昆剧正面临消亡的状况下，苏州一带的昆剧业余活动却还相当活跃，甚至敌伪时期也坚持着没有完全终止。

又说明：曲社既是业余爱好者的组织，所以有兴则成立、无兴则解体，合得来则合、合不来则分，甚至为了曲叙地点时间的方便也会另行建社。至于曲友们相约同好，举行曲叙，却并不建什么“曲社”的，也并不少见。总之，这样的情况早已成为业余昆剧活动的常态。

（二）

然而，当年“谐集”与“禊集”合并改组成立“道和”曲社，却成为在曲友中备受称道的一件大事，这又是什么缘故呢？

事情的经过是这样的：首先“谐集”中的一部分社员退出，另组“禊集”，其原因是他们之间产生了一些不和。当然这里既非学术观点的分歧，也不存在利害冲突，无非是在非原则问题上稍有一点碰撞罢了。他们之间当然不曾也不会闹到决裂或绝交的地步，他们的文化素养决定了他们绝不会如此没有风度。或者正是为了不使矛盾扩大，便另立新社，各自分别举行同期，实际上就是苏州多了一个曲社；这对于有些曲友来说，反而可以多一些习曲唱曲的机会，所以是抱欢迎态度的，他们便两个曲社都参加。

两个曲社并存又相安无事，这样的局面本无改变的必要，然而以汪鼎臣为首的几位资深曲家，郑重其事地出面协调，倡导“同道相和”的精神，终于促成了两社合并，改组成立道和曲社。取名“道和”，便为了表明他们“同道相和”又重新走到一起来了。

当然，这并不是小题大做，事实说明，他们是为着更高的目标才有这样的举动的。

于是要说到当年苏州的大多数曲友，成立曲社举行的曲叙，并非仅仅停留在自娱自乐的层面上。他们爱昆曲，首先因为他们有较高的文化修养，对昆曲这样的高雅艺术具备鉴赏能力。他们由爱好而研习，从普通的“曲友”进而成为对此深有研究的“曲家”。他们普遍懂得昆曲的不朽价值，又意识到如此宝贵的民族文化遗产正面临灭绝的险境，从而激起了强烈的使命感与责任感。

他们清楚地懂得，要传承昆曲使之不灭，曲友们是不可缺少的一个方面军，但主力部队却必须是专业艺人。曲友们可以在唱曲方面精益求精，他们的文化水平普遍较高，又有音韵学方面的研究，他们能把昆曲唱念的口法上升为理论，加之对文字不免深奥的剧本的深刻理解，在唱念方面可以超越职业艺人，这确是事实，俞粟庐他们的长处是文化修养以及生活阅历使他们对剧中人物的理解可能高人一等，但由于缺乏幼功，在肢体动作的技艺层面，便难以达到专业演员应有的水平了。又由于他们毕竟是业余活动，不可能把更多时间花在学戏与演戏方面，因而在能演剧目的数量及舞台经验等方面也不可能达到专业艺人的水平。他们认识到，当前昆剧的主要矛盾是要解决如何使昆剧的场上艺术得以传承不灭的问题。而昆剧的现状却是专业艺人老辈凋零，青年一代后继无人。唯一的办法是创办昆剧学校，培养接班人，而且时已紧迫，必须立即进行。当时的政府，对此是全无作为的，唯有依靠民间力量。这无疑是一件不小的工程，要完成这样的使命，需要热心昆剧的有识之士们加强团结形成合力，于是才有了二社合并的创意。可喜的是他们能很快在更高的目标面前捐弃前嫌、通力合作了。

今天我们回顾这一段历史，若说是“道和”曲社创办了昆剧传习所，似乎不合事实，因为道和曲社成立于1921年7月，而昆剧传习所于1921年8月便建成招生了。可见在昆剧传习所筹备期间，道和曲社亦正在酝酿之中，尚未正式成立。严格地说，应该是“谐集”与“禊集”的曲友们携手合作在合并建立“道和曲社”的过程中，同时又共同创办了“昆剧传习所”。可以想见，他们正通力为“昆剧传习所”的创办而奔忙，为了集中精力，便把“道和曲社”的筹建暂时搁置。因为比起“昆剧传习所”的筹建来，成立“道和曲社”却是轻而易举的。所以当“昆剧传习所”的创办工作基本就绪之时，便宣布“道和曲社”成立了，时间比“昆剧传习所”开办招生早了一个月。

请注意，“昆剧传习所”由发起人张紫东、贝晋眉、徐镜清及汪鼎臣、吴梅、李式安、潘振霄、吴粹伦、徐印若，叶柳村、孙詠雩、陈冠三等共十二人组成董事会，孙詠雩被推举为社长，负责办学工作。他们同时也是筹组“道和曲社”的骨干力量。当“道和曲社”正式成立之时，他们当然无一不是社员。连同后期参与办所、贡献极大的穆藕初，虽并不居住苏州，却也是“道和”的社员。

今天我们是否把创办昆剧传习所这件事写在“道和”曲社的功劳簿上，这并不重要，我们要强调的是，苏州昆剧的场上艺术得以传承不灭，“昆剧传习所”的创办无疑起了关键性的作用。苏州的昆曲曲家们贡献之大，真是怎么估计都不过分。

（三）

再说“道和曲社”，其建社的构想及规模也大大有别于一般的曲社。他们租用了玄妙观机房殿来鹤堂为社址，并且在那里搭建了舞台，设置了桌椅，形成一个200座的小型戏厅，又添置了戏衣戏具，不但注重清唱，而且注重彩串，不久就成立了业余昆剧团“普乐团”。这在苏州都属创举。他们经常举行彩串，也常有外地曲友参加。若遇盛大演出，则假座大剧场或学校大礼堂举行。这样的活动一直延续到抗日战争爆发才停止。

在苏州的昆剧职业班社基本上全部解体，而昆剧传习所的学生还未成材的这一时间段里，“普乐昆剧团”的彩串便成了苏州昆剧舞台唯一的演出了。事实是有些剧目还因为他们而得到了传承，例如著名的《开眼·上路》便是其一。他们的演出为昆剧爱好者提供了一些观剧的机会。尤其是那几次假座大剧场或学校大礼堂举办的盛大演出曾引起轰动，昆剧爱好者们奔走相告，结伴前往观赏，就像过节日一般，事后又对演出热烈讨论，为此可以兴奋好几天。这些在我幼年时曾经亲见过。

（结束语）

今天我们缅怀先贤，纪念道和曲社，面对苏州昆剧的种种现状，现今曲社的曲友们如何继承先人的遗志，把他们的可贵精神发扬光大，共同来为昆剧做些应该与必须去做的事呢？

注：日本学者、以研究中国戏曲著名的青木正儿，在敌伪时期曾到过苏州。还走访了道和曲社，在那里见到过曲家俞锡侯。这在他出版的一本日记选中有这样的记载。我的父亲懂日文，也热爱昆剧，所以藏有青木正儿的这本小册子。可惜这本书在“文革”期间已经散失了。建国后，我从事昆剧工作，俞锡侯先生在江苏省苏昆剧团任教，我曾问起过这件事，他说：“怪不得这个日本人很懂行。”何尝懂行而已，他是有心人，日伪时期苏州昆曲活动的状况，他所掌握的第一手资料比我们还多吧。敌伪时期苏州昆曲活动的情况，随着老一代曲家的辞世，我们所知已经绝少了。

（选自2015年苏州昆剧传习所、苏州昆曲遗产抢救保护促进会编《说昆剧传习所》）

“传”“继”不息
——苏州昆曲百年史（九）

一、“传”字辈回眸

左为昆剧传习所所长孙咏雩等率领“传”字辈学生赴沪“帮演”时种牛痘留影，
1926 年摄于上海徐园
右为“传字辈”艺人合影，1928 年于上海笑舞台演出时摄

左为“传”字辈演员与沈月泉等在苏州老郎庙昆曲梨园公所成立时合影，
1931 年 6 月 12 日摄
右为昆剧《燕青卖线》，方传芸饰燕青

昆剧《孽海记·思凡》
张传芳饰色空

昆剧《烂柯山·痴梦》
张玉笙饰崔氏

昆剧《三笑缘·桂花亭》
周传瑛饰唐伯虎

左为昆剧《鸣凤记·吃茶》，王传淞饰赵文华、张世铮饰杨继盛
中为昆剧《浣纱记·寄子》，程耦卿饰伍员、周凤林饰伍子
右为昆剧《南柯记·瑶台》，朱传茗饰金枝公主

左为《贩马记·团圆》，顾传玠饰赵宠、朱传茗饰李桂枝、倪传钺饰李奇、周传瑛饰李泰（1928 年）
右为《割发代首》，顾传玠饰张绣、朱传茗饰邹氏（1928 年）

左为《狮吼功·跪池》，顾传玠饰陈季常、朱传茗饰柳氏、倪传钱饰苏东坡（1928年）
右为《孽海记·下山》，华传浩饰本无、张传芳饰色空

左为《长生殿·弹词》，郑传鉴饰李龟年
右为倪传钺、王传蕖《不伏老·北诈》

二、苏昆新生、由苏入昆

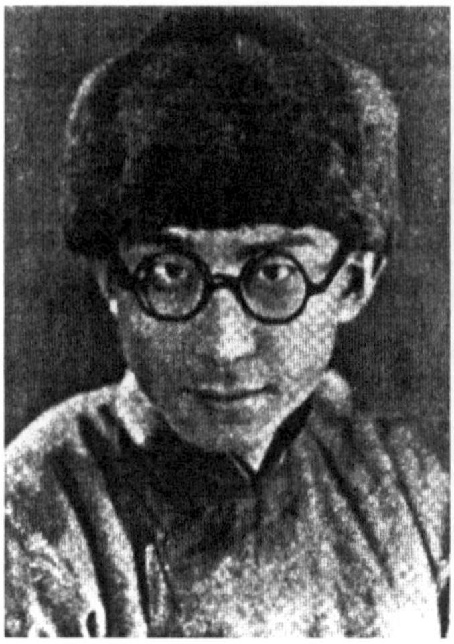

国风苏剧团创始人朱国梁

苏滩女艺人，后为民锋苏剧团团长吴兰英及戏照

左为苏滩老艺人坐唱，左起：朱容、陈月蟾、华和笙、李丹翁、张惠芬、朱筱峰，摄于1922年
右为苏滩坐唱艺人合影，摄于1928年

左为20世纪20年代之化装苏滩，左起：尹玉霞、尹玉娥、尹玉珍、王慧琪
右为苏滩20世纪40年代演出照

苏滩艺人
林步青

苏滩艺人
庄海泉

苏滩艺人
蔡云麟

苏滩艺人
李本沅

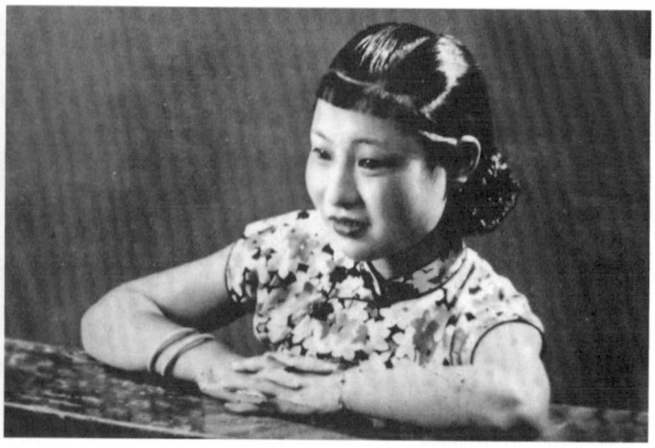

左为苏滩女艺人，摄于民国十几年。左起：贺英、包慧英、陆爱芳、王玉英、张凤云、王瑶琴、张惠英、朱小红、缪凤英
右为苏滩女艺人江筱红

苏滩女艺人
郎彩云

苏剧《李香君》

苏滩女艺人
陆爱芳

苏剧《春香传》

《李香君》导演应云卫

指导老师郑传鉴

《李香君》作词者徐卓呆与妻子合影

《寻亲记》，尹斯明饰周羽、庄再春饰郭氏

苏剧《花魁记》弹唱

左为苏剧传统剧目《郜飞霞刺梁》，张继青饰郜飞霞
中为苏剧《鳌珠配》，吴兰英饰柯夫人、张继青饰柯宝珠
右为张继青

左为苏剧《梅花梦》，庄再春饰崔素琼
右为1953年《秦香莲》剧照，朱容饰包公、尹斯明饰陈世美

左为苏剧《抱妆盒》，继字辈演员合演，摄于1962年
右为苏剧《南海长城》剧照，周继翔饰区英才、叶和珍饰阿螺，摄于1964年

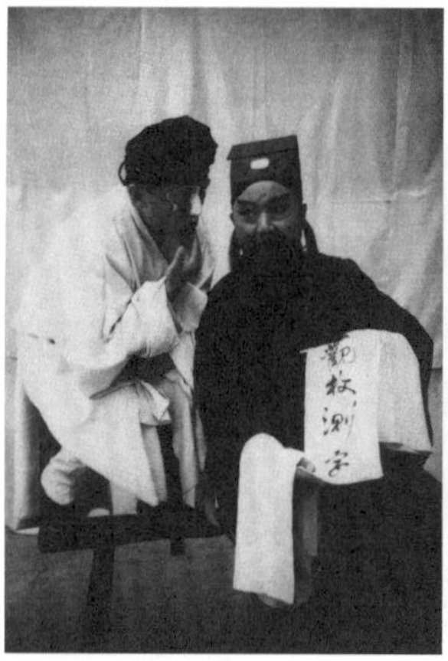

昆剧《十五贯·测字》

昆剧《鲛绡记·写状》

昆剧《孽海记·思凡》

昆剧《荆钗记·上路》

昆剧《双珠记·卖子》

昆剧《白蛇传·断桥》

昆剧《燕子笺·狗洞》

昆剧《长生殿·弹词》

左为继字辈全体演员合影
右为 1954 年 10 月 9 日，“华东区戏曲观摩演出大会”昆曲代表团合影

左为1962年12月，江、浙、沪三省，市文化局在苏州联合举办昆剧观摩演出大会。俞振飞、周传瑛、沈传芷老师与九位小生演员合影。
第一排左起：周传瑛、俞振飞、沈传芷
第二排左起：尹继芳、王泰祺、高继荣、岳美媞
第三排左起汪世瑜、董继浩、顾兆琳、蔡正仁、郑鹏程
右为 1964 年 2 月摄于苏州民治路苏昆剧团
前排左起：尹继梅、龚继香、华继韵、朱继勇等
二排左起：尹继芳、钱瓔、章继涓
三排左起：刘继尧、金继家、凡一、周继翔、吴继杰、凌继勤、周继康

民锋苏剧团四大台柱，苏昆剧团第一代元老合影，
1971 年 10 月摄于苏州（前尹斯明、庄再春，后蒋玉芳、朱容）

三、风雨过后见彩虹

左为昆剧《鲛绡记·写状》，范继信饰贾主文、王继南饰刘均玉
右为昆剧《惊变·埋玉》，张继青饰杨贵妃、董继浩饰唐明皇

左为昆剧《写状》，张继青、董继浩主演
右为昆剧《墙头马上》，张继青饰李倩君、董继浩饰裴少俊、吴继月饰梅香

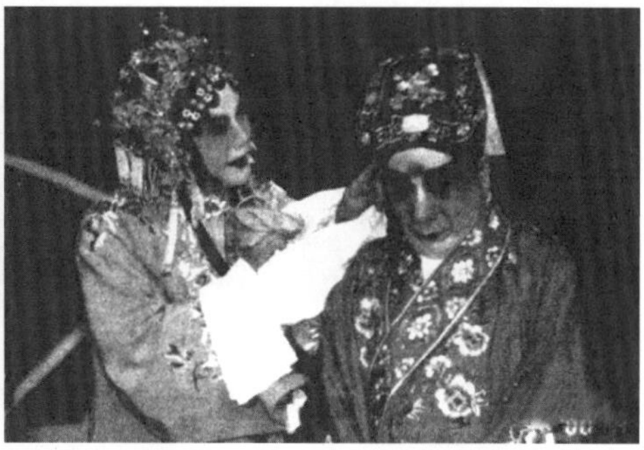

左为柳继雁、董继浩演出《跪池》
中为柳继雁演出《楼会》
右为柳继雁、董继浩演出《跪池》

吴继杰饰演的鲁智深

《长生殿》

龚继香《钗钏记》

《绣襦记·卖兴》，金继家饰郑元和、周继康饰熊店主

《满床笏》，薛承钰饰中军

姚继焜《朱买臣休妻》

高继荣《莲花》

李继平《义侠记·打虎》

左为凌继勤《击鼓堂配》
中为江苏省昆剧院群丑图：范继信（左）、张寄蝶（前左）、林继凡、姚继荪（前右）、单小明（后）、李鸿良（右）
右为《狸猫换太子》演出纪念书签

左为苏剧《狸猫换太子》，尹继梅饰李娘娘
右为 1979 年苏剧现代戏《姐妹婚事》，庄再春饰花介绍、陈红民饰张金来

左为韩铁燕在苏剧《哪哼谈勿拢》中饰招娣
中为 1980 年赴温州演出《荆钗记·改书》，王士华饰孙汝权
右为叶和珍在苏剧《快嘴李翠莲》中饰李翠莲

左为在台湾演出苏剧《醉归》，赵文林饰秦钟、王芳饰花魁
右为昆剧《荆钗记·见娘》，朱承涛饰王母、尹建民饰王十朋、杨晓勇饰李勇

赵文林在苏剧《钗头凤》中饰赵士诚

陈红民在昆剧《况钟》中饰况钟

苏剧《出猎》

1996年，昆剧《都市寻梦》

左为 1982 年访问威尼斯，右起三张继青、左起二威尼斯市市长里戈
右为 1986 年张继青访问法国，接受维格班尔市长（左一）颁发的荣誉证书

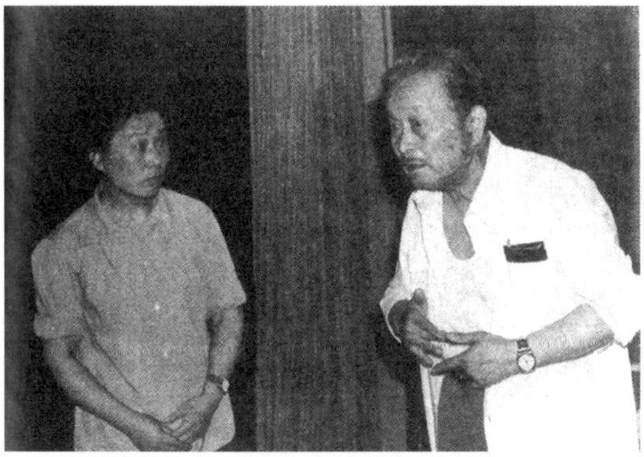

左为 1983 年排练《朱买臣休妻》时，阿甲先生为张继青说戏
右为 1987 年，张继青在北京与老戏剧理论家张庚（左一）、郭汉城合影

左为俞振飞为董继浩说戏
右为沈传芷与金继家、赵文林、朱蔷合影

左为1993年5月11日新加坡领导人李光耀（右三）、王鼎昌（右二），时任苏州市政府领导（左一）在网师园观看朱继勇、陈红民演出《访鼠测字》后，与演员合影
右为苏剧艺人合影。左起：周慧珍、尹斯明、庄再春、陆爱芳、崔慧芳、蒋玉芳、华静、张娴、泮雯瑜、徐秀芳、贺英、丁杰，摄于1986年5月。

左为1989年“承”字辈成立三十周年合影，前排中为顾笃璜
右为迎澳门回归，昆剧继字辈五十周年联欢活动全体合影，1999年12月19日摄于富仁坊巷文化局门口。

左为青春版《牡丹亭》在国家大剧院演出
右为2003年《凤冠情事》戏曲艺术片参加意大利威尼斯电影节

老树春深

——重建苏州昆剧传习所大事记略（1982 年 3 月—2014 年 12 月）

1981 年 11 月，由国家文化部、中国戏剧家协会，上海市文化局、剧协上海市分会，浙江省文化局、剧协浙江省分会，江苏省文化局、剧协江苏省分会，苏州市文化局、苏州市文学艺术界联合会共同发起，由苏州方面承办的“纪念苏州昆剧传习所六十诞辰”纪念活动隆重举行。昆剧界人士聚集苏州，共商振兴昆剧大计，倡议重建昆剧传习所并决定由苏州市文学艺术界联合会负责筹组。工作进展极为顺利，于 1982 年 3 月“苏州昆剧传习所”宣告重建成立。并发表《重建昆剧传习所缘起》，全文如下：

重建昆剧传习所缘起

建立于 1921 年的“昆剧传习所”，在昆剧艺术的继绝存亡上，曾经起了关键性的重要作用。为了在新形势下进一步继承和发展优秀的民族戏曲艺术传统，我们决定重建“昆剧传习所”。

重建后的“昆剧传习所”，将是一个研习昆剧艺术为昆剧工作者以及有志于向昆剧学习的其他文艺工作者艺术进修服务的机构。从现在起，就将陆续举办各种有关昆剧艺术的不同内容的讲习活动。

这是一项具有一定难度的工作，我们缺乏经验，水平有限，至希得到各级领导和专家学者，广大戏曲工作者的关怀与支持。对我们工作中的缺点和不足，则希给予指正。

苏州市文联主办
昆剧传习所
1982 年 3 月

昆剧传习所重建以后，立即连续举办了十一期学习班，参加学习的有来自苏、浙、沪两省一市的专业、业余昆剧工作者以及其他文艺工作者三百三十八人次。

一、填词谱曲学习班（自 1982 年 3 月 26 日至 5 月 15 日），聘请昆剧老曲家朱尧文、陆兼之任教。参加学习的有江苏省戏曲学校、江苏省昆剧院、上海昆剧团、浙江昆剧团、永嘉昆剧团以及江苏省苏昆剧团、苏州市昆剧研习社等专业和业余昆剧工作者共二十人。

二、永嘉昆剧表演艺术学习班（第一期自 1982 年 11 月 15 日至 1983 年 1 月 26 日，第二期自 1983 年 4 月 9 日至 6 月 30 日），先后聘请了永嘉昆剧老艺人杨银友、陈雪宝、陈方魁、缪立周、周云娟、孙彩凤，鼓师陈达辉、笛师徐建鸣等老艺人来苏州任教，共传授了《见娘》《当巾》《相约》《讨钗》《吃饭》《吃糠》《灶房》《打肚》《产子》等折子戏四十折，参加学习的演员、乐队人员共一百一十人次，分别来自江苏省昆剧院、江苏省戏曲学校、江苏省苏昆剧团等。1984 年春江苏省苏昆剧团（苏州）组团赴温州作汇报演出。

三、昆曲堂名音乐学习班（自 1983 年 3 月 10 日至 7 月 10 日），组织吴县、无锡县、常熟县的原民间昆曲堂名老艺人十位，挖掘、抢救出十余折昆曲传统折子戏（重点在于伴奏，因其锣鼓经完全是昆剧传统，与现今普遍采用的京剧化的锣鼓经不同，极有价值），共计录音二百四十九分钟。同时还挖掘、整理出苏州民间音乐《十番锣鼓》和《吹打音乐》十五大套，共计录音一百九十一分钟。江苏省苏昆剧团乐队人员参加观摩学习。

四、为提高昆剧中青年演员的表演艺术水平（自 1983 年 7 月 12 日至 9 月 8 日），聘请曾荣华、易征祥、李笑非、蓝光临等著名川剧艺人，为苏、浙、沪的昆剧演员、学员共一百二十五名举办了《川剧表演艺术学习班》，共授剧目十七折，并对其重点剧目作了五小时录音和三小时录像。办班期间又聘请老音乐家、川剧研究家沙梅老举行川剧艺术讲座。（注）：川剧为多剧种的合班，含昆、高、胡、弹、灯五种声腔剧目。昆即昆剧、高即高腔（弋阳腔）。现今昆剧在川剧中已较少流传，高腔则占很大比重。弋阳腔为昆腔之母体，其剧本与昆剧几乎相同，声腔则不同，而其表演艺术十分丰富，对昆剧演员有较高的借鉴价值。

五、先后聘请了王传淞、张传芳、姚传芗、沈传锟、沈传芷等五位老师为江苏省苏昆剧团的青年演员举办了六期昆剧表演艺术学习班，共授戏二十六折，参加学习的有七十三人次。

因连续办班继承剧目数量大增，在昆剧传习所的策划下，江苏省苏昆剧团举办星期昆剧专场演出。

1985 年，国家文化部酝酿成立“振兴昆剧指导委员会”。1986 年文化部振兴昆剧指导委员会正式成立，并在苏州举办培训班，旨在抢救昆剧艺术遗产，昆剧传习所主要成员全部参加该班工作，昆剧传习所遂暂停办班。

文化部振兴昆剧指导委员会主办的培训班于 1986 年 4 月 1 日至 5 月 15 日在苏州开班。由周传瑛任主任，我所顾笃璜任副主任、徐坤荣、王士华负责教务工作。北京、上海、浙江、江苏、湖南、苏州六个昆剧团的主要演员大部分参加学习。参加学习的还有各团主要笛师、鼓师以及上海、江苏戏校的教师共一百三十五名（其中二十七名为旁听生）。培训班主教老师共十四位，他们是：倪传钺、周传瑛、沈传锟、王传淞、姚传芗、包传铎、郑传鉴、邵传镛、周传沧、王传蕖、沈传芷、薛传钢、吕传洪、马祥麟（北昆）。

经过一个半月的学习，共传授三十三折传统剧目：

《永团圆·击鼓、堂配》，沈传芷主教。

《彩楼记·拾柴》，周传瑛主教。

《红梨记·亭会》，周传瑛、姚传芗主教。

《金雀记·觅花、庵会、乔醋》，姚传芗、周传瑛主教。

《双珠记·卖子、投渊》，沈传芷主教。

《双冠诰·做鞋、夜课》，王传蕖、包传铎主教。

《青冢记·出寨》，马祥麟主教。

《百花记·点将斩叭》，马祥麟主教。

《宵光剑·闹庄、救青》，沈传锟主教。

《渔樵记·寄信、相骂》，邵传镛、王传蕖主教。

《万里圆·打差》，邵传镛、周传沧主教。

《一文钱·烧香、罗梦》，沈传锟主教。

《寻亲记·出罪、府场》，倪传钺、王传蕖主教。

《渔家乐·卖书、纳姻》，郑传鑑、王传蕖、邵传镛主教。

《牧羊记·小逼》，薛传钢主教。

《八叉记·闹朝、扑犬》，倪传钺、薛传钢主教。

《金锁记·羊肚》，吕传洪主教。

《鸣凤记·吃茶》，王传淞、郑传鑑主教。

《浣纱记·回营》，王传淞、包传铎主教。

《牡丹亭·问路》，周传沧、沈传锟主教。

《时剧·拾金》，吕传洪主教。

“培训班”按照指导委员会提出的在学戏过程中做到三个同步的要求，进行了教学录像，学员汇报演出的录像，文字记录，教师教唱录音。又由丁修询、肖翰芝、武俊达、顾笃璜作了专题讲座。

经研究决定第二期培训班分片举办，共分南京、苏州、上海、杭州、北京、郴州六片。8 月 1 日开始至 12 月初，六片先后开班。共分头传授传统剧目九十九折。其中苏州片传授剧目共十五折。

《绣襦记·教歌》，主教老师：薛传钢、吕传洪。

《金不换·守岁、侍酒》，主教老师：沈传芷。

《醉菩提·当酒》，主教老师：倪传钺。

《西楼记·玩笺、错梦、赠马》，主教老师：沈传芷。

《琵琶记·描容、别坟》，主教老师：沈传芷。

《昊天塔·五台会兄》，主教老师：薛传钢。

《洛阳桥·下海》，主教老师：吕传洪。

《四声猿·骂曹》，主教老师：倪传钺。

《水浒记·活捉》，主教老师：王传淞。

《望湖亭·照镜》，主教老师：王传淞。

《水浒记·刘唐》，主教老师：薛传钢。

其他五片共学习传统剧目八十四折。

1987 年 6 月 25 日振兴昆剧指导委员会又在苏州举办了三期培训班，分期邀请传字辈来苏州，取先行录像的方式（穿服装、不化妆）。所有搭头角色的配演、伴奏等均由江苏省苏昆剧团承担。然后进行主要角色表演的传授。第一轮历时三十六天，完成十一个折目：

《荆钗记·男舟》，邵传镛、周传沧主演。

《儿孙福·别弟》，周传沧主演。

《人兽关·演官、幻骗》，周传沧、邵传镛主演。

《邯郸梦·扫花、三醉》，沈传芷、邵传镛、周传沧主演。

《还金镯·哭魁》，沈传芷、倪传钺主演。

《马陵道·孙诈》《鸣凤记·写本、斩场》《醉菩提·当酒》，倪传钺、薛传钢、吕传洪主演。

第二轮录像工作于 9 月 24 日开始，历时三十天，共录像六折。

《红梨记·花婆》，王传蕖主演。

《邯郸梦·云阳、法场》，郑传鉴、王传蕖主演。

《祝发记·渡江》，沈传锟癌症晚期住院期间本人要求录制。

《牡丹亭·拾画、叫画》，沈传芷主演。

至此，因种种原因，振兴昆剧指导委员会培训班停办。昆剧传习所重又恢复活动。

同年 10 月起先后为老曲家姚志曾、蔡宾秋、吴琇录音。

1988 年特邀沈传芷为江苏省苏昆剧团演员传授并录像，剧目有：《西楼记·楼会、拆书》《玉簪记·茶叙》《琵琶记·南浦、盘夫》《烂柯山·痴梦》《玉簪记·偷诗》《绣襦记·卖兴》《金雀记·乔醋》《牧羊记·望乡》（与郑传鉴合作）。

与苏州大学中文系合办《汉语言文学专业（昆剧艺术）班》（本科）。共招生二十名，有日本籍研究生一名。昆剧传习所负责该班昆剧专业课程的教学工作，于 1989 年 9 月开班，于 1993 年 7 月结业。由于种种原因，毕业生无一留在昆剧界工作。

1990 年始，投入《昆剧传世演唱珍本全编》的编辑出版工作。前后历时十年。

1993 年秋与北塔园林合作，创办“知音轩古戏厅”并创立民办“兰桥艺术团”，举行昆剧、苏剧、评弹等演出。后因北塔园林恢复为佛教寺院而停办。

与台湾雅韵艺术传播有限公司合作负责江苏省昆剧团（南京）1998 年 11 月赴台湾演出的策划及演出剧目的排练加工工作。

1999 年 1 月与昆山昆研社联手为老曲师高慰伯录音并在苏州举行迎春曲会。

2000 年首届昆曲艺术节在苏州举行，昆剧传习所担任艺术指导负责苏州参演剧目的策划及全部排练工作。

又组织苏、宁两地继字辈联合举行专场祝贺演出。剧目为 :《卖兴》《打虎》《跪地》《击鼓・堂配》。

组建幽兰古典艺术团自 2001 年 1 月至 2002 年 12 月与苏州饭店合作为留宿旅客演出共计三百四十三场，后因故停止。

2001 年与江苏省苏昆剧团联合组成苏州昆剧艺术团，完成苏州昆剧于 2001 年 11 月首次赴台湾及香港演出的策划和全部剧目的排练工作。传习所部分教师参加演出与伴奏。（详见《兰蕙齐芳》第三辑）

2002 年 8 月举办了“台湾青年昆曲原乡行学习班”。学员二十九人（其中有来自香港和美国的学员各 1 名）。8 月 1 日开学，31 日结业。30 日、31 日下午假苏州昆剧院排练厅举行了两场汇报演出。

与苏州教育学院合办昆剧专业五年制大专班。于 2002 年秋季开学。录取学生三十四名，实际报到三十三名。

在专业课设置方面，先从元素训练入手，自第五学期起方始开设昆剧唱念表演课。第一批剧目学成后，在校内举行汇报演出。剧目为 :《定情》《思凡》《游园》《茶访》《寄子》《斩窦》等六折，伴奏亦由学生担任。又参加在昆博举办的昆剧星期专场演出。其中有两名学生参加在日本举行的世博会，演出《游园》。该班于 2007 年暑期毕业。

2003 年与苏州昆博、苏州大学文学院共同发起并推动了民间社团“苏州昆曲遗产抢救保护促进会”的创建。该会的任务是联络各方人士，以各种有效措施，赞助和推动昆曲遗产的抢救与保护工作。

负责策划 2003 年联合国教科文组织官员来苏考察的招待演出剧目（后因活动计划改变，演出取消）。

2003 年 3 月与台湾石头出版社合作，由苏州昆剧传习所、苏州昆剧院、苏州昆剧博物馆联合组成苏州昆剧艺术团，节选排演《长生殿》，于 2004 年 2 月起先后赴台湾、北京、上海、香港、昆山、张家港、南京等地演出。在排演《长生殿》的同时，利用部分演员的空隙时间，排练了《西楼记》《鸣凤记》《红楼梦》《折桂传》等叠头戏，已有相当质量，但未获进一步加工和公演机会。

2003 年夏，应原苏大昆班研究生日本友人石井望之约，组织继字辈老演员重排按关汉卿原著谱曲演出的《窦娥冤》，招待日本学生昆剧观摩团并录制音像资料。

2004 年 6 月 30 日—7 月 17 日，与台湾中华发展基金会合办“苏州园林昆曲行”讲习班，参加学习者均为来自台湾的昆剧爱好者，共十二人。结业时举行彩串。

苏州教育学院自 2005 年度计划开设昆剧选修课（学分制），昆剧传习所配合授课，后因故未能实行。

苏州教育学院成立学生社团“兰芽曲社”昆剧传习所派员辅导。

2004年10月—12月，为进一步挖掘濒临失传的昆剧锣鼓，又为教育学院昆剧班的教育需要，与昆曲博物馆合作，聘请五位堂名老艺人，进行了排练演奏和录音工作。有8名教育学院昆剧班学生参加学习。

与中国昆曲博物馆合作恢复昆剧星期专场，于2005年11月6日首场演出。

2007年7月28日举办进修班，8月1日开班，参加培训的学员二十二人，其中有的来自苏州艺校昆剧班毕业生及教育学院昆剧班。上海戏校毕业生一人，北京舞蹈学校毕业生一人；其中演员专业十八人，乐队专业四人。进修班于2008年5月结束，历时10个月。

传授剧目计三十三折：《牡丹亭·学堂、游园、惊梦、寻梦、写真、离魂、拾画》《烂柯山·逼休、痴梦》《西楼记·认子、胖姑》《雷峰塔·断桥》《浣纱记·寄子》《白兔记·养子、上路、送子》《义侠记·打虎》《玉簪记·琴挑》《金锁记·斩娥》《宝剑记·夜奔》《长生殿·酒楼》《铁冠图·别母》《绣襦记·教歌》《双冠诰·做鞋、夜课》《红楼梦·扇笑、诉愁、禅订、听雨、焚稿、葬花》《金不换·守岁、侍酒》。

在培训期间参加各类演出十余场，并录制了音像资料。

进修学员结业后大多已被苏州昆剧院及附设于苏州锡剧团的苏剧演出队吸收。

2008年5月，我所与苏州一中合作，推出昆曲艺术进校园系列工程。为此开设了“音乐教师昆剧学习班”，先由学校音乐老师学习昆剧，再由音乐老师在音乐课上为学生教授昆剧；并创立“学生昆剧社”。以上工作在第四届中国昆剧艺术节时作了汇报，并举行了座谈会。

组织苏昆继、承字辈老演员复排曾经学演过的传统折子戏，凡两类剧目优先：一为目前绝无演出的传统折子戏，二为目前演出已失原真态或传统精华流失的剧目。并录制音像资料。恢复排演了《狮吼记·梳妆、游春、跑池、梦怕、三怕》叠头戏，复排了《绞绡记·写状》《琵琶记·拐儿、描容、别坟》，又向吕传洪老师继承了《琵琶记·弥陀寺》，均已摄制成教育资料片。

2009年度复排80年代根据汤显祖《牡丹亭》原著节选整理的《肃苑·游园、惊梦、慈戒、写真、诘病、离魂》，合称上集。参加2009年中国昆剧艺术节，并录制音像资料。2010年该剧又在美国演出。

复排苏剧传统剧日《花魁记》，2010年1月15日在苏州平江文化中心剧场演出，并摄制音像资料。

在此基础上，组织开办学习班，将该剧传授给苏剧演出队的青年演员。培训自2010年3月22日至2010年6月30日。除传授苏剧《花魁记》外，又传授苏剧《快嘴李翠莲》，还为学员加工已学过的昆剧折子戏。

2010 年 7 月起，恢复排练了《精忠记·扫秦》《彩楼记·拾柴、泼粥》《蝴蝶梦·说亲、回话》《绣襦记·当巾》《霄光剑·闹庄、救青》及宁波昆曲表演风格的《雷峰塔·断桥》。

2011 年，恢复排练了《西楼记·楼会》《双珠记·卖子》《燕之笺·狗洞》，又于 5 月间应邀为纪念传习所成立九十周年、昆曲入遗十周年，应“中国昆曲古琴研究会”邀请，赴北京恭王府古典舞台演出了《楼会》《卖子》《狗洞》，并在北京音乐厅演出了传统版《牡丹亭》上集。全剧仅五名演员，乐队伴奏六人，演出反响强烈。回苏后由苏州市文联艺指委和昆曲博物馆组织了汇报演出，并录制音像资料。

2012 年恢复排练了《双珠记·投渊》《鸾钗记·拨眉、探监》《吉庆图·扯本》《望湖亭·照镜》《荆钗记·参相》，均已录制成音像资料片。

《绣房》一剧是 20 世纪 80 年代文化部昆指委组织传统昆剧学习班时由周传沧、薛传钢传授，目今舞台上久已没有演出。《醉监》亦是同样的情况。现据当年沈传芷亲授，回忆复排。以上两个折子戏都已拍摄成教育资料片。

《浇墓》仅进行了初排，尚待进一步加工后再行录制资料片。

2014 年据国家文化部公布的数据显示：1983 年全国共有三百七十四个戏曲剧种，到 2012 年已经减少到二百八十六个。又据专家调研判断，这二百八十六个剧种中，仅有六十至八十个还能保持经常性演出，拥有较稳定的观众群。

我们的苏剧也濒临消亡的险境，为此与锡剧团有限公司签订了合作协议，为附设于他们公司的苏剧小组建立剧目：计《朱买臣休妻》（全剧）、《霍小玉》、《五姑娘》、《金玉缘》（片段）并已经过彩排并录制了音像资料。今后将进一步推动苏剧工作。

按计划面向昆剧业余爱好者办班，分普及班及提高班两类。普及班的对象是愿意接触昆剧的初学者。提高班的对象是对昆剧已有一定的知识而有进一步研究兴趣的曲友，旨在培养新一代的曲家。现正顺利进行中。

昆剧进校园的工作继续开展，其一是与觅渡中学联合办班，从而走进了中学，且该校学生大都为新苏州人子弟，另有一番意义。已试办一学期，将总结经验，进一步推广。其二是与苏州老年大学合办昆剧班，已经开学。

我们特地聘请了造诣较高的几位曲友任教，因为他们的本职工作都是教师，有教学经验，授课效果极佳。

继续组织继、承字辈老艺术家挖掘传统剧目的工作正在制订计划，将抓紧进行。为使传承与保护传统剧目的工作有一个稳定的传承的团队兼及江南丝竹、苏剧、苏州小曲等传统艺术，恢复幽兰古典艺术团的工作正在进行中。

文 / 顾笃璜

记于 2014 年 12 月

附录：

苏州昆剧传习所章程

第一章　总则

第一条　本单位的名称为苏州昆剧传习所。

第二条　本所由热心昆剧的志愿人士及昆剧界专业人士共同倡议组织的民间非营利性社会公益团体。

第三条　本所宗旨为集合民间力量从事中华优秀传统文化遗产——昆剧的抢救保护及传承等工作。

第四条　本所主办单位为苏州市文学艺术界联合会艺术指导委员会。

第五条　本所设定场所在苏州市阔家头巷26号沈德潜故居内。

第六条　本所服从党的领导，遵守宪法、法律、法规和国家政策。本所业务主管单位是苏州市文联，并依法由苏州市民政局登记、监督管理。

第二章　业务范围

第七条　本所的业务范围：集合民间力量，以实际行动，从事昆剧遗产的理论研究。传统剧目的挖掘抢救、保护及传承：

一、开展昆剧理论研讨活动。

二、组织老演员恢复昆剧传统剧目，并录制音像资料。

三、举办昆剧传承学习班。

四、策划并组织昆剧遗产海内外展演。

五、以昆剧传统艺术滋养兄弟剧种助其艺术成长，以苏剧为重点。

六、从事昆剧资料的搜集整理。

七、参与昆剧观众、爱好者、曲友的培育及各项有关活动。

第三章　会员

第八条　凡热衷于昆剧遗产保护传承的各界人士与单位、团体，经本所会员一人以上介绍，并经批准，即可成为本所会员。

第九条　团体会员指定代表一人参加本所活动。团体会员之内部成员仍可单独申请加入本所为个人会员。会员享有选举、被选举及罢免权，同时承担维护本所合法权益的义务。

第十条　团体会员、个人会员的权利和义务相同。

第四章　组织机构

第十一条　本所会员大会为最高权力机构，协商选举产生理事会和监事会，理事会每季度召开一次，需要时可召开临时会议。监事会视需要随时召开之。理事会由十一人组成。监事会由三人组成。理、监事不得兼任。设理事长一人，副理事长一人，设监事长一人。正副理事长、监事长，各由理事会、监事会推举担任。理、监事任期五年，连选可连任。法定代表人由理事会推选一位理事担任，不兼任其他团体的法定代表人。设艺术指导一人，由理事会聘请专家担任，设所长、副所长各一人，由理事长、副理事长分别担任；以上三人共同主持日常工作。为完成各项具体业务，设立相应执行机构，各设主任一人，干事若干人，由所长提名经理事会审议决定。

第十二条　本所各任职人员一律义务工作，不支取薪酬。

第十三条　职权

理事会是本所权力机构，其职权是：

（一）贯彻会员大会决议，定期召开会员大会，制定本所业务活动计划，保证本所宗旨的贯彻始终；

（二）决定本所管理制度；

（三）理事长、副理事长的推举，其他工作人员的聘用；

（四）审议理事长的工作报告和财务报告；

（五）批准吸收新会员；

（六）其他重要事项。

监事会是本所监察机构，其权力有：

（一）检查本所财务；

（二）对理事执行职务行为的监督；

（三）对本会管理人员违反本会宗旨、损害单位合法权益行为的监督；

（四）监事长的推举；

（五）其他监察职权。

第五章　经费

第十四条　本所经费：

（一）政府非遗产保护项目经费资助；

（二）有偿服务的合法收益；

（三）社会人士赞助。

第十五条　财务制度和审计

（一）严格执行国家规定的财务管理制度，保证会计资料合法、准确、完整；

（二）换届或更换法定代表人前，必须遵照民政监督管理单位和业务主管单位的财务审计；

（三）实施和执行法律、法规和章程规定的其他审计事项。

第六章　附则

第十六条　本章程的解释权属理事会。

第十七条　本章程自经民政登记机关核准之日起生效。

第十八条　本章程未尽善处由会员大会研究修订并报请主办单位及登记单位核准。

附注：

本所曾于 2009 年 9 月报请市教育局批准成立民办业余进修学校，按规定，命名为“苏州市昆剧业余进修学校（苏州昆剧传习所）”。于 2013 年 4 月申请注销，改为民办公助性质的公益性群众社团，于 2013 年 4 月报请市民政局核准成立。

清昆曲泥人《击鼓骂曹》《绣襦记·教歌》

重建后的苏州昆剧传习所
——苏州昆曲百年史（十）

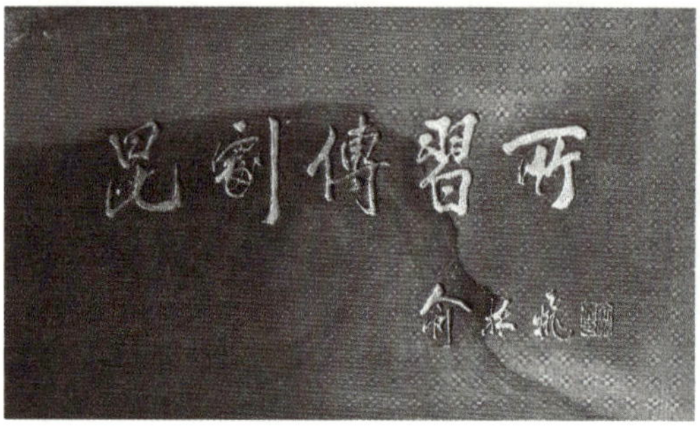

俞振飞为昆剧传习所题名

昆剧传习所成立六十周年传字辈老师和昆剧界人士合影（1981）

1981 年 11 月“苏州昆剧传习所”成立六十周年纪念活动，
十六位“传字辈”艺人合影两帧

左为 1982 年，文化部和江、浙、沪以及苏州市文化局举办两省一市昆剧会演
右为沈传琨身段表演示范

左为“台湾青年昆曲原乡行”汇报演出。2002 年，苏州昆剧传习所承办“台湾青年昆曲原乡行”，该活动旨在向台湾青年特别是大学生推广昆曲。2004 年，苏州昆剧传习所又与台湾“中华发展基金会”合办“苏州园林昆曲行”。
右为顾笃璜与前来交流民间艺术保护的法国艺术家在一起

左为苏州教育学院昆曲班教学演出后台
右为 2015 年 10 月 11 日，香港歌手莫文蔚在苏州演唱会一结束，就跑到昆剧传习所与顾笃璜茶叙

左为“姚记保和堂”传人、时年 87 岁的姚五宝老艺人表演木偶昆剧
右为昆曲小演员

今木偶昆剧演出

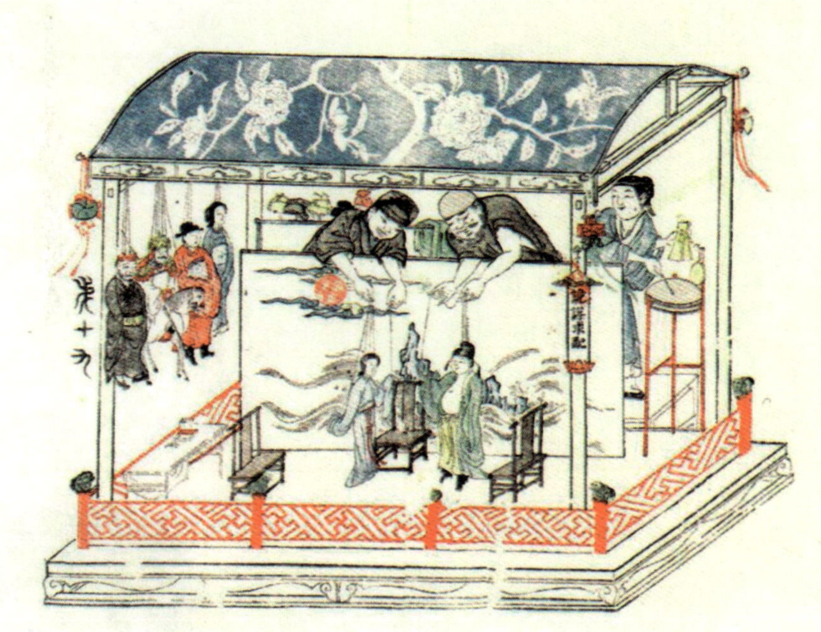

元代西厢记版画　王实甫撰
德国科隆市东亚艺术博物馆有藏

顾笃璜编著及参与编著：

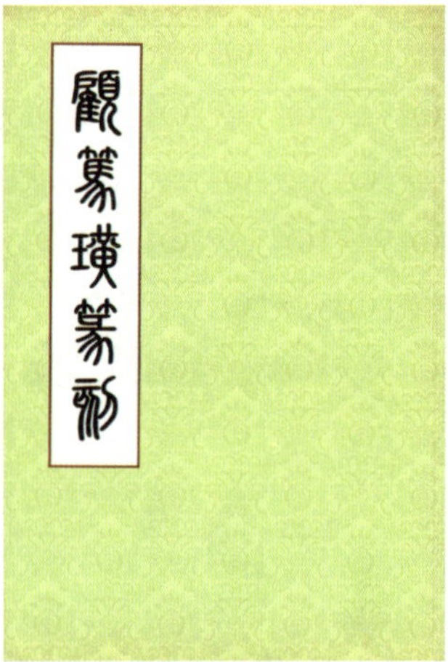

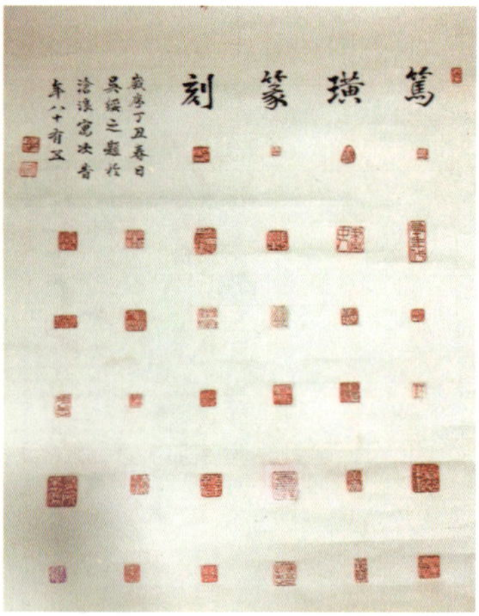

顾笃璜画作

“游园惊梦”

关于古老的昆曲生存危机，余秋雨先生说得很清楚：“昆曲在两百年前就开始衰落。两百年来，它或被热闹的花部所荫掩，或被动荡的世事所震颤，或被日新月异的现代化所冲击，时断时续，奄奄一息。偶有所见，也几乎成了隔世遗音。”（《昆曲：中国传统戏剧学的最高范型》）

然而，就是这个昆曲，上百年不鸣，一鸣惊人。2001 年 5 月 18 日中国昆曲艺术被联合国教科文组织宣布列入首批“人类口述和非物质遗产代表作”。这标志着濒危的昆曲其历史文化价值终于得到了全世界的公认与保护。

幽兰飘香，昆曲是我国也是世界上现存最宝贵的古老戏剧遗产，被誉为中国的“百戏之祖”“百戏之师”。经一代代文人雅士的精雕细琢，昆曲成为“阳春白雪”，其艺术特征是风雅、细腻、精美。我曾随著名学者蒋星煜和苏州的专家前辈钱璎、周良、顾笃璜及苏州大学教授周秦等赴昆山千灯镇采风，那里有一个顾坚纪念馆。《南词引正》中记：“元朝有顾坚者……精于南辞，善于古赋”，“善发南曲之奥，故国初有‘昆山腔’之称”。记这段话的人就是被后人尊为“乐圣”的魏良辅，他于明嘉靖年间在太仓南关“退而镂心南曲，足迹不下楼十年”，改革成昆腔水磨调，从而宣告昆曲时代的到来。昆曲名士梁辰鱼，用新声腔创作剧本《浣纱记》，很快风靡吴中。昆曲在万历年间进入北京，成为京城剧坛最流行的“官腔”，直至清嘉庆初年，盛行两百余年。历史遗存的昆曲剧目有三千余出，在戏剧史、文学史上堪称一流的作品，如汤显祖的“临川四梦”（《牡丹亭》《南柯记》《邯郸记》《紫钗记》）、洪昇的《长生殿》、孔尚任的《桃花扇》等，昆曲的音乐曲牌有一千余个，至今保留工尺谱的折子戏有一千八百余出。文人雅士把他们的全部文化素养和审美积淀都投注在昆曲的一招一式、一腔一调之中，诗、书、琴、画、舞、乐融为一体，因此不妨说，昆曲演出是中国传统艺术的集大成。昆曲在中国创造过两百余年的社会性痴迷，明代文学家袁宏道、张岱等人记载了苏州虎丘中秋曲会的盛况。清中叶以后，由于余秋雨先生上述分析的原因，昆曲日渐式微，终于成了空谷幽兰。

苏州是昆曲的发祥地，昆曲四五百年起伏跌宕的历史就浓缩在这座美丽而富饶、文化底蕴深厚的江南名城，并影响全国。“申遗”不是目的，通过抢救保护，弘扬中华文化，建设人类共有的精神家园才是我们的追求。随着现代文明的发展，新旧交替的速度前所未有，保护文化遗产就是保护人类的文明和文化的多样性。我在苏州市文化部门任职十二年，有幸伴随苏州昆曲十二年，见证了世纪之交昆曲命运的重大转折，对昆曲充满了深厚感情。

世纪之交苏州对昆曲的保护，主要做了三件大事：

一、于世纪之交创办了中国昆剧艺术节等重要活动

改革开放以后，随着社会文化大背景的巨变，传统戏曲市场日益缩小。到20世纪90年代初，苏州昆曲演出遭遇了前所未有的冷清，时常受到“台上比台下人多”的讥讽。90年代后期，决心重整旗鼓，尝试面向市场创排现代戏和新编历史剧，但引起争议。

1999年6月，文化部于湖南郴州召开振兴昆剧指导委员会会议，讨论已拖八年之久的首届中国昆曲艺术节举办事宜。昆曲举步维艰，还要办节？与会人员的心情是复杂的，既是翘首以待，又深感任务之艰巨，于是，几乎所有的目光投向了苏州。在上级领导和苏州文化界人士的热情鼓励支持下，我毅然接受了任务。变压力为动力，经过精心筹备，第二年3月，由文化部、江苏省政府、苏州市政府联合举办的首届中国昆剧艺术节开幕式在昆山开幕，主会场在苏州，全国六个昆剧院团和浙江永嘉昆曲传习所，共演出昆剧传统经典剧目十台、二十八场次。来自美国、加拿大、日本、韩国和中国台湾、香港地区的曲友纷纷赶到苏州，一睹昆剧节盛况，参加祝贺演出活动。这是新中国成立以来昆曲史上规模最大、影响最深远的大会演，也是全国昆曲界期盼已久的世纪大团圆。

一年后，中国昆曲艺术节成功申报为人类非物质文化遗产代表作。2001年11月，苏州市在虎丘景区隆重举行庆祝活动并纪念苏州昆剧传习所成立八十周年，千余人共聚虎丘千人石唱曲，两位九十多岁高龄的老人，曾任国际大法官的倪征(日奥)[1]、“传字辈”艺术家倪传钺，也欣然上台清唱，功深熔琢、气无烟火，全场时而屏息，时而雷动，重现了三百余年前的曲会盛况。

双喜临门，如沐春风，唤醒了苏州文化人保护传承昆曲艺术的自信心。政府文化部门清醒地认识到，这是长久之计和文化的系统工程，于是，起步营造良好的发展环境，最初提出了“节、馆、所、院、场”五位一体的规划。即上报文化部正式决定苏州为举办中国昆剧艺术节的定点城市，今后每三年举办一届，以及每年举办一届虎丘曲会；建立中国昆曲博物馆；充分发挥历史上为培养“传字辈”艺人做过贡献的苏州昆剧传习所的作用；重视江苏省苏州昆剧院的人才建设和传承剧目建设；在昆山周庄、苏州园林等景点和新建的昆曲沁兰厅、修复的忠王府古戏台开辟一批演出场所。由于各方支持，颇有成效，如于2003年完成的中国昆曲博物馆，收集、抢救了各类昆曲文物三千余件，是一座集昆曲遗产征集、陈列、研究及“活”的展示为一体的专题博物馆，在“第六届全国博物馆十大陈列展览精品”评比中喜获“最佳制作奖”。于是，抓住时机，提出实施第二个“五位一体”规划，就是与苏州大学共建苏州中国昆曲研究中心；建设、命名昆山市“昆曲之乡”和活跃曲社活动；运用媒体传播昆曲，苏州电视台推出昆曲电视星期专场，苏州大学建立昆曲网站；办好昆曲学校；起草昆曲地方性保护法规等。由此，形成昆曲保护社会化、生态型的格局，在此基础上，于2004年正式颁布《苏州市保护、继承、弘扬昆曲遗产工作十年规划纲要》。

二、海峡两岸和香港联袂合作推出昆曲经典《长生殿》和青春版《牡丹亭》

2001年苏州昆剧院首次应台湾雅韵艺术传播公司之邀赴台演出，带去了《琵琶记》《钗钏记》《白兔记》《永团圆》《满床笏》等五台叠头戏和折子戏，一举成功，受到热烈欢迎。其主要原因，在于昆曲“原生地”展示了“原真性”艺术。所谓叠头戏，就是把折子戏连成一叠，使故事有头有尾，让当代观众容易看懂。这里还有个小故事：其领队原定是顾笃璜先生，临行前，顾老托辞健康原因，非要我带队不可。我心知肚明，顾老的良苦用心是要我接受“原真性”教育并做些海外的争取工作。也就是那次，与热情的龙应台、白先勇、余光中、许倬云、余范英、曾永义、董阳孜等文化名人和学者邂逅于台北“新舞台”，白先勇先生和我同时接受了台湾《中国时报》的采访，产生了一定的影响。

海外的热心人和合作纷至沓来。一是台湾石头出版社和台湾“建国工程公司”董事长陈启德先生，作为《长生殿》的制作人，由苏州昆曲专家顾笃璜出任总导演，由获奥斯卡“最佳美术设计”的台湾著名服装设计师叶锦添出任舞美设计，中国戏剧两度“梅花奖”得主、苏州昆剧院王芳领衔主演，与赵文林等一批苏昆剧院的中坚力量组成了最强阵容。二是享誉海内外的旅美作家、在公众场合一再谦称自己为“昆曲义工”的白先勇先生，他是青春版《牡丹亭》的发起人和总策划、制作人。白先勇先生力主年轻人的戏由年轻人演，青春靓丽成为《牡丹亭》的亮点。演员就选自苏昆的第四代演员“小兰花”，现在两名担任主角的青年演员俞玖林、沈丰英都已获得第二十三届中国戏剧“梅花奖”。白先勇先生放下自己手中的文学创作，几度坐镇苏州，与著名昆曲表演艺术家汪世瑜、张继青以及海峡两岸和香港的专家学者一起，从剧本排定、演员训练到服装、舞美，严格把关，力求精致，邀请著名作家王蒙、著名学者余秋雨来院指导，连续多年不辞辛苦地为青春版《牡丹亭》的演出而奔波。两台大戏都采用了对原剧本只删不加的方式进行改编，最后都确定为二十七出，以连续三天九小时演完，突出其精华，注意保持了昆曲经典的完整之美。

2004年，在苏州文化史上有一件令世人瞩目的事情，联合国教科文组织第二十八届世界遗产委员会会议在苏州隆重举行。聪明的苏州人借势推出自己的昆曲品牌，推出两台昆曲经典剧目，从台港澳地区到“全国历史文化名城行”“全国著名高校行”，实现了走向全国、走向年轻人、走向国际舞台的突破。两剧双双荣膺台湾文艺“金钟奖”，青春版《牡丹亭》还荣获中国戏剧节特别荣誉奖。顾笃璜先生说：“观众是艺术家用优秀的作品去引导和培育出来的。肯定是先有戏剧作品才有高素质的戏剧观众。”我非常赞同顾老的观点。

《长生殿》参加香港艺术节，并赴北京、上海、南京和欧洲演出。青春版《牡丹亭》参加中国艺术节、上海国际艺术节、北京国际音乐节、澳门艺术节、亚洲艺术节等，并先后进入苏州大学、北京大学、北京师范大学、南开大学、南京大学、复旦大学、上海交通大学、同济大学、浙江大学、香港城市大学、香港中文大学、香港大学、中山大学、厦门大学、广西师范大学、西安交通大学、长安大学、西安师范大学、四川大学、兰州大学、兰州交通大学、福州大学、福州师范大学、深圳大学、武汉大学、中国科技大学等高校巡演。2006 年青春版《牡丹亭》赴美国加州大学四所分校巡演一个月，吸引美国主流社会人士以及不同年龄、职业、阶层、族裔的观众争相观摩，场场爆满。2007 年 4 月，苏昆参加文化部组团，随温家宝总理访日参加中日文化体育交流年开幕式演出，又赴巴黎联合国教科文组织总部参加中国非物质文化遗产保护成果展演；5 月、10 月分别在北京展览馆隆重举行了百场纪念演出和国家大剧院落成庆演；2008 年 6 月赴英国伦敦、希腊雅典巡演，在伦敦大学、牛津大学还开展了昆曲推广交流活动。

四年来，苏州两台昆曲大戏在海内外巡演共二百一十四场次，特别是在三十余所大学演出，大学生观众超过三十万人次，为昆曲传播作出了历史性贡献。苏州的做法是一个创举，引起了国家的高度重视，温家宝总理专门为苏州昆剧院题词和复信。2007 年由教育部、文化部、财政部主办了全国十个艺术演出院团“高雅艺术进校园”的活动，其中九个是国家级艺术院团，唯一的地方院团是苏州昆剧院，扩大到十七个省一百一十五所高校巡演。教育部组织对大学生进行问卷调查，大学生反馈的七千份问卷统计表明，表示“非常喜欢”和“喜欢”的占 92.5%。

三、地方立法保护昆曲并明确提出要体现“原真性”特色

2005 年，苏州市昆曲遗产保护、继承、弘扬工程，经申报，由本人在北京全国专家委员会上答辩，获全票通过，成为文化部首届文化创新奖唯一的特等奖；同时，经文化部、财政部批准，苏州市被正式授牌成为“国家昆曲艺术抢救、保护和扶持工程——昆曲遗产保护研究中心”。2006 年，经苏州市政府常务会议通过，提请市人大常委会审议和江苏省人大常委会批准，《苏州市昆曲保护条例》正式实施，这是我国首部保护昆曲的地方性法规。当天，中国政府门户网站发布了这一信息，报道全文是：

苏州立法保护昆曲——《苏州市昆曲保护条例》于 10 月 1 日起正式实施。《条例》明确提出要体现“原真性特色”，实施保护为主、抢救第一、合理利用、传承发展的方针。《条例》还规定，昆曲保护经费应当列入政府财政预算，随着财政收入增长而增加；政府应当复建和修复反映昆曲历史、体现昆曲艺术特点的设施、场所；中小学校应将昆曲知识列入学生素质教育内容，因地制宜地开展教育活动；各级人民政府应当利用旅游景区、特色街区、节庆活动传播展示昆曲艺术等等。

记得苏州市人大常委会审议昆曲条例涉及苏州昆曲保护要体现“原真性”的特色有不同意见时，专门邀请我作了一次讲座，常委会倾听了各方面意见，工作做得深入细致，从而较好地统一了认识。

依据条例，苏州市委宣传部、市文明办和市文广局、市教育局全面启动实施了“苏州市百万中小学生昆曲普及工程”，进校园免费为学生演出，并成立了未成年人昆曲教育传播中心；市文广局制定《苏州市文艺院团优秀传统艺术“十一五”传承规划》，苏州昆剧院也相应制定“十一五”传承计划，并每年举办传承汇报公演；节约经费，购下具有纪念意义的、原为苏州林业机械厂所有的20世纪20年代苏州昆剧传习所旧址，列为苏州市控制保护古建筑。

苏州昆曲遗产的保护历经十余年的探索，从政府支持、社会支持到立法支持，这是社会的进步、文化的进步，也是苏州文化界、昆曲界共同努力的结果，然而这仅仅是一个良好的起步。昆曲博大精深，是中国古典审美意趣的综合结晶，如果你开启这扇门，会发现：“不到园林，怎知春色如许？”或许你会为昆曲遗产的保护去探索，会感觉到越是深入，危机感、紧迫感越强烈。为什么20世纪20年代一批有识之士，在苏州创办昆剧传习所，培养了一批传字辈艺人，使昆曲起死回生？为什么新中国诞生以后，改编和演出《十五贯》，出现“一出戏救活一个剧种”的佳话，苏州也培育了继字辈及新人，以承继不绝？为什么时至今日，越来越多的人凭着使命感和激动，去做振兴的事情？我想，最重要的因素就是“文化自觉”。

2004年，我曾率苏州昆剧院赴日参加“世界传统表演艺术节”活动，公务之余，考察了日本“无形文化财产”“人间国宝”制度，受益匪浅。研究联合国教科文组织通过的《保护非物质文化遗产公约》，其文件认为“保护”是指确保非物质文化遗产的生命力的各种措施，包括这种遗产各个方面的确认、立档、研究、保存、保护、宣传、弘扬、传承和振兴。这一概念揭示了非物质文化遗产保护的根本目标，即维护和强化其内在生命，增进其自身可持续发展的能力。应当遵循原真性、整体性、可解读性、可持续性的四条基本原则。近年来我国加强非物质文化遗产保护工作，特别是苏州作为国家级非物质文化遗产保护的综合性试点城市，这些做法都在有计划地推进。

原真性，也可称为本真性，是英文Authenticity的译名，它的英文本意是表示真实、原本、忠实、神圣。20世纪60年代“原真性”被引入遗产保护领域，并逐渐在世界范围内达成理解和共识。1964年的《威尼斯宪章》奠定了原真性对文化遗产保护的意义，提出“将文化遗产真实地、完整地传下去是我们的责任”。这就是说，原真性是要保护原生的、本来的、真实的历史原物，保护它遗存的历史文化信息。苏州昆曲艺术的传承保护明确提出坚守“原真性”特色，有助于提高对文化遗产价值的认识，坚持正确的保护理念和实践。因为昆曲主要是一种不断运动着的活态存在，主要是依赖传承人以口传心授的方式传承，因此艺术精华传承得越多、越真实、越完整，保护就越好。没有特色，艺术魅力就会黯然失色，就缺乏生命力，昆曲艺术传承不能非昆曲化。

文化就像一条长河，不管怎么九曲十八弯，其成分如何，也像人的血脉一样，始终保存着先祖的基因。从文化艺术具体分析，不能简单地认为一代胜过一代，前人所创造的高峰，自有其时代的环境和历史的必然，有些往往是后人无法超越的，如唐诗、宋词、书法、昆曲等，确实要怀着一颗敬畏之心。依据这个认识，去年我与钱璎先生、顾笃璜先生商议，为坚守苏州昆曲的“原真性”特色，要充分发挥专家前辈的优势和作用，编辑一套“苏州昆曲艺术原真性研究丛书”。

在世界三大古老戏剧文化体系中，古希腊罗马戏剧、古印度梵剧的辉煌早已成为历史记忆，残留的不过是斑驳、风蚀的大石块遗址和点点滴滴的遗响。中国昆曲则不然，依然是一种活态的艺术。在中华民族文化复兴和传统文化越来越焕发活力的今天，昆曲应该抓住国家保护文化遗产、繁荣文化事业的大好时机，按照自身的发展规律和艺术特征，创造创新生存、发展的文化新空间。传承保护的原真性，并非封闭式保护，并不意味着让它成为“博物馆艺术”，更非排斥多样化风格流派的存在、发展和多样化演出途径的探索。文化新空间，就是在开放、宽松的大环境中保护，努力追求它与当代生活、当代社会阶层审美相融的文化生态和演出目标定位。这门古老的艺术成为时尚在年轻大学生中流行就是一个例证。这大概就是它的古典性、遗产性与时代性（包括新的体制和运行机制）及当代发展的层次性（如注重受众面知识阶层的年轻化）之间关系的把握。昆曲的未来是年轻人的，只有与年轻人、与时代、与社会互动，才能实现它生命的延续，才是最好的保护。

我大概也算是一个做昆曲梦的人，梦想昆曲遗产薪火相传、生生不息，艺术特征永存不灭，在我们今天这个时代生根，在世界舞台上绽放异彩。梦境中它的家乡拥有一座专门的昆曲戏院，成为这座文化名城的文化地标，成为名闻遐迩的品牌，全国六大昆曲院团轮流来展演，而苏昆保持自己的特色和风格。每天吸引海内外宾客慕名而来，“到苏州、听昆曲”成为一种雅兴或时尚，“此曲只应天上有，人间能得几回闻”成为一种精神享受，就像英国莎士比亚的戏剧，一定要到莎翁的家乡去欣赏才更有味道一样。梦见昆曲拥有更多文化人才的聚合和支撑，包括为昆曲执着追求的领军人物、学者和传承人，具有开放理念、引入现代运作、创造传播奇迹的“义工”，足够数量的各类优秀年轻的艺术人才，以及珍视自己民族艺术瑰宝的一代代年轻观众。

我的梦，不是为了留住历史，更不是为了回到历史，而是期盼昆曲美好的明天。

文 / 高福民

写于 2008 年夏

（《苏州昆曲艺术原真性研究丛书·序》，原文名《伴随苏州昆曲十二年》，古吴轩出版社，2008、2009 年，文汇出版社，2010 年版，本文有删减）

一代新人
——苏州昆曲百年史（十一）

左为青春版《牡丹亭》优秀青年演员沈丰英、俞玖林
右为2004年，江苏省苏州昆剧院青春版《牡丹亭》在台北演出

青春版《牡丹亭》2004年在台湾首演、2006年在美国加州大学洛杉矶分校演出取得轰动效应

《牡丹亭》传承，张继青向沈丰英授艺

旦角俊扮化妆（苏昆优秀青年演员沈丰英）

左为《牡丹亭》传承，汪世瑜向俞玖林授艺
右为 2003 年 11 月 19 日，由白先勇举荐青年演员拜师

左为俞玖林、沈丰英双获梅花奖，摄于北京，左二、三为文化部副部长董伟与笔者
右为梅花奖优秀小生演员周雪峰

《牡丹亭》在苏州演出

2011 年恭王府演出前，顾卫英为柳继雁扮戏

2003 年在威尼斯电影节上昆曲作示范演出

坂东玉三郎中日版《牡丹亭》在北京演出

2007 年 4 月，江苏省苏州昆剧院随文化部组团访日演出，与温家宝同志合影

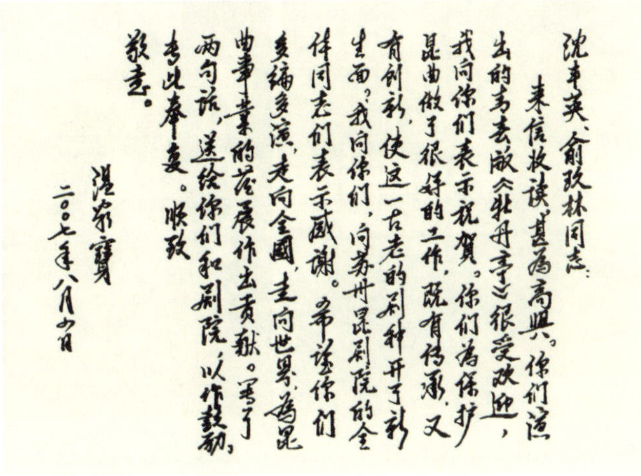

沈丰英、俞玖林同志：

来信收读，甚为高兴。你们演出的青春版《牡丹亭》很受欢迎，我向你们表示祝贺。你们为保护昆曲做了很好的工作，既有传承，又有创新，使这一古老的剧种开了新生面。我向你们，向苏州昆剧院的全体同志们表示感谢。希望你们多编多演，走向全国，走向世界，为昆曲事业的发展作出贡献。写了两句话，送给你们和剧院，以作鼓励，专此奉复。顺致

敬意。

温家宝

二〇〇七年八月四日

左为 2007 年 4 月，守望家园——中国非物质文化遗产专场晚会在日本举行
右为温家宝同志的贺信

温家宝同志为苏州昆剧院题词

苏州全晋会馆、中国昆曲博物馆古戏台

堂名排练，此处用的是戏桌，而非八仙桌，
舞台演出用

左为堂名唱台，又称灯担。堂名演奏坐唱时，以两张八仙桌为基础，演唱者对坐，外设围屏，饰以灯彩，形似戏台，可随时拆卸装担。
右为联合国官员在网师园观看昆曲演出

昆山周庄昆曲古戏台

新建的“文化苏州”昆曲沁兰厅

昆曲国际学术研讨会和苏州大学昆曲研究中心所编《中国昆曲论坛》

笔者（右二）与钱璎、蒋星煜、周秦考察昆山千灯镇顾坚纪念馆

苏州大学东吴曲社

注：

1. 倪征（1906—2003），苏州吴江黎里镇人，1928年毕业于东吴大学法学院，1929年获美国斯坦福大学法学博士学位。1946—1948年任远东国际军事法庭中国检察团首席顾问，参与东京审判，审判日本甲级战犯。1984年，当选联合国国际法院大法官，为新中国第一位国际法院大法官。

芳心依旧

2015年1月4日，苏州举办“继字辈艺术家从艺六十周年庆贺演出”。海外和上海、南京、杭州、广州的曲友，不远千里，兴冲冲赶来观看，那种兴奋那种激动，如春天般烂漫。在苏州昆剧院新剧场，下午1点半，由继字辈年龄最小的刘继尧和严亚芬主持，演出开始。苏剧和昆剧，你中有我，我中有你。这次继字辈演出，有意识安排了三个苏剧。

2015年，作为苏州市重大公共文化设施项目和市政府实事工程的苏昆新院落成并投入使用，定期在昆曲剧院演出，在昆曲讲堂作昆曲公益讲座，开设昆曲传承体验空间，进行昆曲活态传承展示，体验品味昆曲生活方式……在五亩园上传承文脉的苏昆正成为古老昆曲综合展示场所和演出推广平台，在形成聚集效应的同时助推文化苏州的长远发展。张继青到剧院参观，连连说：“灵！灵格！！”在魏良辅雕像前，张继青驻足凝视，良久，说：“老祖宗，你在这里放心了！”

左为苏剧《花魁记·醉归》，柳继雁饰花魁、凌继勤饰秦钟
右为昆剧《惊鸿记·脱靴》，姚继焜饰李白、范继信饰高力士、沈国芳饰念奴

左为昆剧《十五贯·杀尤》，范继信饰娄阿鼠
中为昆剧《牡丹亭·惊梦、离魂》，张继青清唱
右为苏剧《白兔记·出猎》，尹继梅饰李三娘

左为苏剧《钗钏记·相约》，杨继真饰芸香、徐立岗饰皇甫母
中为昆剧《义侠记·打虎》，李继平饰武松
右为《孽海记·下山》，朱继勇饰本无

左为昆剧《紫钗记·阳关》，柳继雁饰霍小玉、凌继勤饰李益
中、右为昆剧《双思凡》，吴继静（左）、章继娟（右）双饰色空，王芳、尹继梅助演

左为苏剧《秦香莲·寿堂唱曲》，崔继慧饰秦香莲
右为昆剧《绣襦记·莲花》，高继荣饰郑元和

继字辈从艺六十周年庆典演出合影留念

以上四幅为坐落于桃花坞五亩园的江苏省苏州昆剧院昆曲传习所，左下为张紫东像

2016年7月10日，联合国秘书长潘基文偕夫人参观江苏省苏州昆剧院

一个甲子

2016年，是江苏省苏州昆剧院建院六十周年，7月23日至24日，苏昆邀请了国内六家昆剧院团与该院老中青五代演员同台献艺，共同展示和祝贺苏州昆剧一甲子的传承成果。

新中国诞生后，苏昆先后培养了以张继青、柳继雁、董继浩、高继荣、姚继焜、姚继荪、朱继勇、尹继梅、凌继勤为代表的“继”字辈，以赵文林、尹建民、汤迟荪、叶和珍为代表的“承”字辈，以王芳、陶红珍、吕福海、杨晓勇、邹建梁为代表的“弘”字辈，以俞玖林、沈丰英、周雪峰为代表的“扬”字辈四代演员，如今以徐栋寅、刘煜、徐超、殷立人为代表的第五代“振”字辈演员正在茁壮成长。

一方面，老一代艺术家的示范演出成了全场聚焦点，喝彩之声不断，要知道，上海昆剧团蔡正仁老师、浙江昆剧院汪世瑜老师均七十六岁，江苏省苏州昆剧院柳继雁老师已八十二岁矣；另一方面，观众为一代代中青年演员的演出叫好，因为看到了他们如接力似的，看到了昆曲事业的兴旺和苏昆大有希望。

“继”字辈话六十年：

柳继雁老师回忆1955年戏曲训练班：

1955年苏州市文化处（市文化局的前身）举办戏曲训练班，我考取后，心里蛮开心的。我进入戏曲训练班时，可以说是一张白纸。当时的艺术领导顾笃璜老师为我们制订了系统的理论联系实际的培训计划。明确从昆曲学习艺术素养，打下坚实的唱念做打手眼身法步的基础，再来学苏剧。当时的领导就是想把“坐唱”的苏剧“立”起来，加上表演，丰富演出手段。所以请来了宋选之、宋衡之、俞锡侯、吴仲培、汪双全和京剧名家王瑶琴、夏良民（他以关公戏见长）、周荣芝（他是苏昆剧团几代演员的练功老师）等曲家名家来教我们唱念做打，开启我们的艺术潜能。

我们的唱念老师是俞锡侯、吴仲培、吴秀松。三位老师孜孜不倦教我们唱念的情景至今仍然历历在目。俞锡侯的唱是很有名气的“俞家唱”，他唱的昆曲最规范，咬字、切音最严格。由于我文化水平低，接受能力差。尤其是关于“切音”。例如好好的一个“人”字要念成“齐——衣——音”感觉到非常别扭，心里难以接受。俞老师对我们讲昆曲是一种传统艺术，对字音很讲究的，让我们慢慢理解和接受。拍唱的时候让我们拿起右手，学着他的样子，“板、头眼、中眼、末眼”一板一眼地拍着桌子唱。他拿出一盒火柴，唱一遍摆一根火柴梗，一根一根地点数教唱。经常地，教一段唱要用上二三十根火柴梗呢。从来没有埋怨我们学得慢，也从来没有一丝不满的情绪。我记得冬天，俞老师教唱时，为我们擫笛，笛子的一端漏出来的口水结成了冰，他还是笑呵呵地一遍又一遍为我们擫笛伴唱。老师常对我们说，昆曲是要用心去唱的。当时我们不理解怎么用心去唱，直到现在我才有点理解。对每个字的头腹尾唱出来、唱出真情来才完美。

二宋老师——即宋选之、宋衡之两兄弟。他们文化深厚，昆剧艺术精湛。大宋（选之）老师教小生戏和身段，男生学《断桥》，小宋（衡之）老师教花旦戏。我与吴继心、吴继月、潘继雯四个女生正好分成两组杜丽娘和小春香，跟着宋老师走台步、跑圆场、学开门关门、执扇、水袖等一系列程式化动作，也是难得不得了。小姐出来先要整理一下，要搭鬓、低头看脚，先右手搭鬓看左脚，再左手搭鬓看右脚，立好后，整衣领，抖水袖，先右后左，开门时左手按门，右手拔掉门栓，怎么开窗，上下楼梯，跨门槛，看天看地，看远看近，动作规范很严格。小姐要踮起脚尖，半脚前半脚后一步步轻轻地优美地走出来，看是很好看，真走起来也是很难啊。会走了还要快步如云里飞。再加上练功也很难很苦，头一个月的训练就是难和苦！我自知文化低，年纪大（我在十个头里年龄是大的）有点自卑感的。明白这个道理后，我就“笨鸟先飞”，可以说我一辈子都没敢懈怠不敢松劲，直到现在。

小宋老师教我们学《游园》。我们体会不了怎么游园，也不懂得什么体验角色。宋老师就带我们到宋仙洲巷，他的家里去，那是老房子，一进连一进，庭院深深的。老师就讲解小姐从内房走到外屋，走出闺房到花园的情景。在院子里让我们看“袅晴丝”——窗外花坛上蜘蛛结的透亮的丝在阳光下春风中轻轻飘动，很美的，少女好奇，素手撩起这“丝”放在嘴边吹拂着——这样再演唱这个“袅晴丝”时心里就有底气了。也明白这个“袅晴丝”是个什么东西了。慢慢地我演游园时心中有情，眼中有物，得心应手了。

（选摘自柳继雁口述，夏红珍整理《“笨鸟先飞”学〈游园〉》，《姑苏晚报》，2016年12月18日）

朱继勇老师回忆苦学《十五贯》：

《十五贯》是浙昆王传淞老师的绝活，朱继勇想去拜师，得到王传淞老师的亲授。可惜王老师有句话“跑马吃不得热粥”，意思是小年轻的心还不那么定，其实是婉转地拒绝了学戏的请求。但是，朱继勇并不气馁，他的特长是喜欢观察人，这只戏，其他演员在表演，朱继勇就仔细观察，暗中揣摩。师弟范继信得到了王老师的真传，朱继勇就在边上仔仔细细地看，师弟怎么演，他就怎么做，并根据自己的体形看身法怎么配合，同时，王老师的电影上映后，他就去仔仔细细看了很多次，将这个戏揣摩得越来越熟悉。当时演出昆曲没人看，剧场里“小猫小狗吪不几只”，但是舞台上要用昆剧的养分来滋养苏剧演员。所以，“继”字辈苏剧、昆剧都要学，都很熟悉。朱继勇回忆自己，从学习昆剧的过程中得到了很多养分，比如娄阿鼠《访鼠测字》出场，朱继勇就想到，“老鼠”出场，再加上况钟在查案，他心里必定是慌张的，他想到徐凌云老师教的《绣襦记·卖兴》的出场，郑元和落魄书生，来兴是个十来岁的孩子，与人为奴，已够苦的了，跟着主子出来，原指望主子上进，中举还乡，自己也好跟着回老家。谁想中途便把他卖了。来兴出场心惊胆战，不知道主人还要干什么。朱继勇就借鉴这个出场的感受，将娄阿鼠的心态演得活灵活现。

后来，华传浩老师在上海看朱继勇演《十五贯》，老先生一看，就知道没有人教他，下来对朱继勇说，我看出来了，倷是无师自通。虽然动作不规范，但是真是用心，蛮好蛮好。华老师马上教了朱继勇几个动作，还叮嘱他说，明天你再来，我好好教教你。后来不单单《十五贯》，华老师还教了朱继勇《艳云亭·痴诉点香》等几出好戏。《痴诉点香》是一只静戏，静戏比动戏难演，这只戏的学习，能帮助朱继勇好好体味昆戏的精华。另外还有一出《连环计·问探》，这是武丑应工，等于一出武戏，十分精彩，朱继勇也学得用心。华传浩老师讲过一句话，戏么教你了，日后发展，怎么演靠你自己了。这句话，朱继勇至今还记在心里。

（选摘自韩光浩《演得最多的“娄阿鼠”》，《姑苏晚报》，2016 年 10 月 9 日）

尹继梅谈“传承经典退而不休”：

七旬酷暑录制《窦娥冤》。

早在 1958 年，为了参加纪念关汉卿戏剧创作 700 周年活动，顾笃璜先生带领了一个小分队在丹阳利用演出的“业余”时间带领我们排演昆剧《窦娥冤》。剧本采用《元曲选本》《古名家杂剧》两种不同版本拼合而成。由徐展、吴秀松、吴仲培根据《九宫大戏》有关曲牌谱曲。由张继青和我 A、B 制出演窦娥。姚继焜饰窦天章，崔继慧、范继信扮演蔡婆和张驴儿。同年 8 月赴省演出全本。1961 年 9 月到上海演出，演至《斩娥》为止。公演后获得一致好评，还出省公演。

日本学人石井望获悉苏州苏昆剧团曾按关汉卿原著演出过《窦娥冤》，

2003 年，他为了挖掘遗产，就要关汉卿原著的《窦娥冤》，并要录像，用以教学。于是，我们就重新排了《窦娥冤》。

在顾笃璜先生指导下，我们先着手做各项准备工作：整理剧本、曲谱，成立剧组等。接着就排戏。冒着炎夏酷暑，争分夺秒，只用了十四天，就完成了对台词、走台和彩排。然后反复合乐排练，历尽艰辛，终于拿下了《窦娥冤》，在苏昆小剧场演出。

那时我们都是七十上下的人了。朱继勇、金继家除了饰演赛庐医和贪赃官外，还担起了复排导演的重任。这回，一向以五旦、正旦见长的柳继雁演蔡婆，刘继尧演张驴儿，吴继心演僮儿，平直小学的学生桑雨丝和潘一华饰演小窦娥和蔡婆儿子，窦娥仍由我饰演。全剧有四十三段曲子，全本《窦娥冤》的唱功戏绝大部分由我“独唱”。天气炎热，连续录像，又是苦大仇深的悲情戏，录着录着就心里泛、头里晕，直想吐。尤其到“斩窦”一折时，大伙怕我吃不消，说要不下回再录吧。我想那么多人在等着我，那么多台机器在工作，不能为我一个人耽搁大家呀。我咬咬牙，休息一刻钟，继续录。录制“斩窦”时大段地跪在地上唱，越唱越是高潮，呼天抢地哭刑场，真是太不容易了。

我退休后正值苏昆“扬”字辈在苏州艺校学习。我应聘到艺校去教了陈晓红、叶小林、杨柳、俞红梅等十二朵“小兰花”几个正旦戏：昆剧《双珠记·卖子、投渊》《琵琶记·描容、别坟》《白蛇传·断桥》，苏剧《白兔记·出猎》等。

（选摘自柳继雁口述，夏红珍整理《传承经典　退而不休》，《姑苏晚报》，2016 年 12 月 30 日）

一梦悠悠六十年
——苏州昆曲百年史（十二）

左为《牡丹亭·惊梦》，沈丰英饰杜丽娘、周雪峰饰柳梦梅
中为柳继雁唱《紫钗记·阳关》霍小玉
右为苏剧《花魁记·醉归》，王芳饰花魁、俞玖林饰秦钟

左为《九莲灯·火判》，殷立人饰火神
中、右为《水浒记·借茶》，徐栋寅饰张文远、刘煜饰阎惜娇

左、中为《西厢记·拷红》，吕佳饰红娘、陈玲玲饰崔母
右为《风云会·千里送京娘》，唐荣饰赵匡胤、沈国芳饰赵京娘

左为《连环计·小宴》，周雪峰饰吕布、翁育贤饰貂蝉
中、右为《玉簪记·偷诗》，俞玖林饰潘必正、沈丰英饰陈妙常

《长生殿·絮阁》，王芳饰杨贵妃、赵文林饰唐明皇、汤迟荪饰高力士

左为《十五贯·访测》，杨晓勇饰况钟、吕福海饰娄阿鼠
中为苏剧《白兔记·出猎》，尹继梅饰李三娘
右为观众向艺术家献花

左为张继青、王芳与青年演员
中为王芳在苏州大讲堂
右为俞玖林在昆山传承昆曲

昆曲集粹

一、昆曲文化陈列和古戏台

左为拙政园补园文化陈列
右为张履谦延请吴门名画家顾若波、陆廉夫、曲家俞粟庐共同商议修葺补园

张履谦（1838—1915），清末两淮大盐商，任户部山西郎中。定居苏州后，修葺拙政园西部，开办学校（尚德小学），设育婴堂，办慈善事业，开典当铺，投资苏纶纱厂、苏州电力公司，宣统元年（1909）任苏州商会第四届总理。

1921年秋，张紫东与苏州道和、禊集曲社名家徐镜清、贝晋眉发起创办学堂式新型科班苏州昆剧传习所，地处桃花坞五亩园，后有穆藕初加入，并有吴梅等人赞助，沈月泉被尊称为大先生，现昆曲传习所塑有张紫东像，以示纪念。

苏州中国昆曲博物馆古戏台

苏州拙政园卅六鸳鸯馆

苏州沉公祠戏台

苏州太平天国忠王府戏台

苏州吴江高升台（活动舞台模型）

清人绘《玉环记》堂会演出图

清农村演戏图

二、昆曲脸谱

沈传堒绘苏昆脸谱，第一排（自左向右）：关公、火判、老回回、铁勒奴；第二排（自左向右）：尉迟恭、张飞、屠岸贾、吴王；第三排（自左向右）：孙行者、张三郎、时迁、董卓；第四排（自左向右）：诸葛暗、疯僧、罗和、詹爱娟

三、昆曲工尺谱

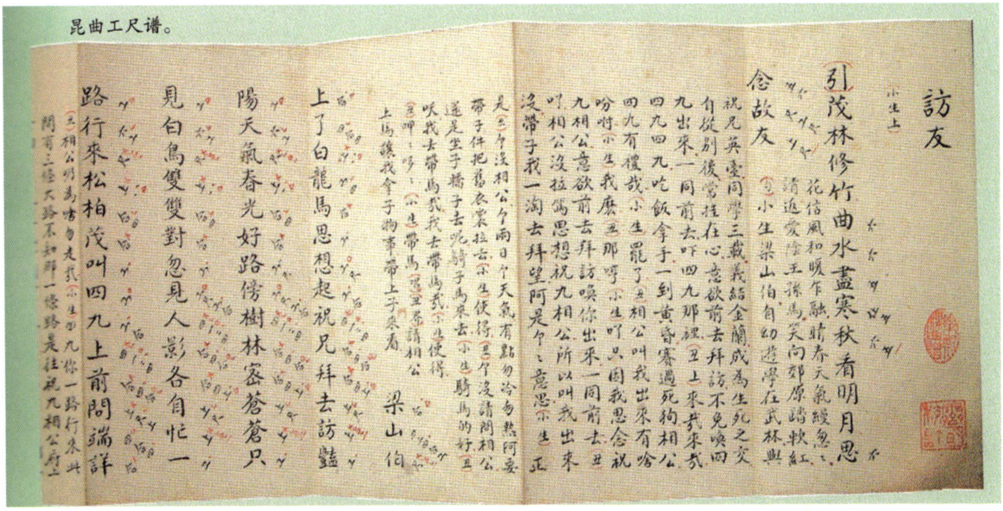

历史上的昆曲工尺谱《访友》

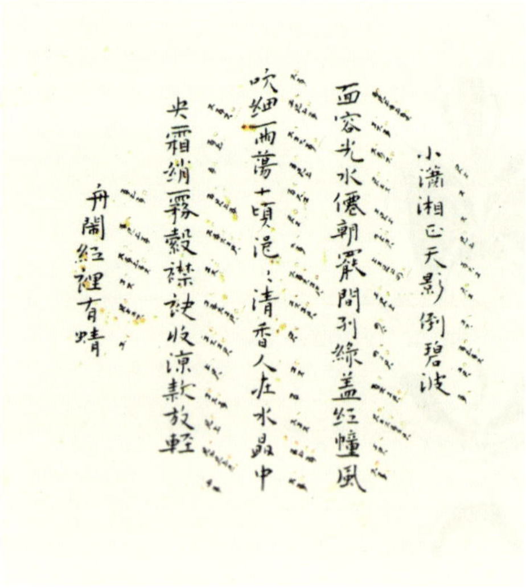

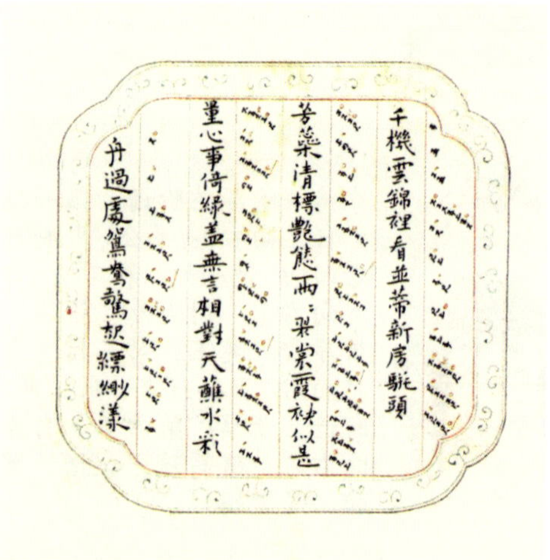

张充和抗战时期罕见昆曲工尺谱
1938—1941 年

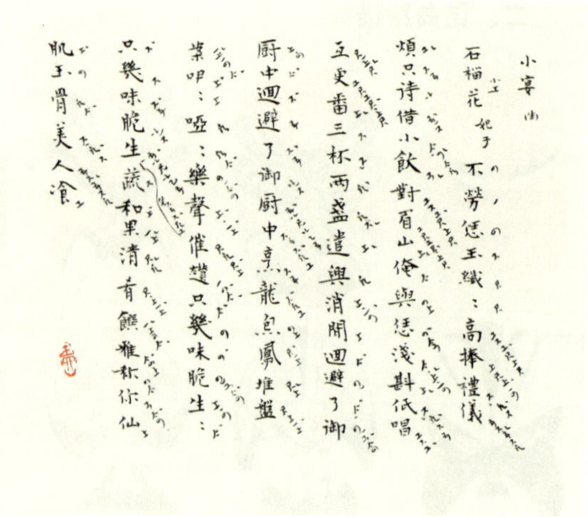

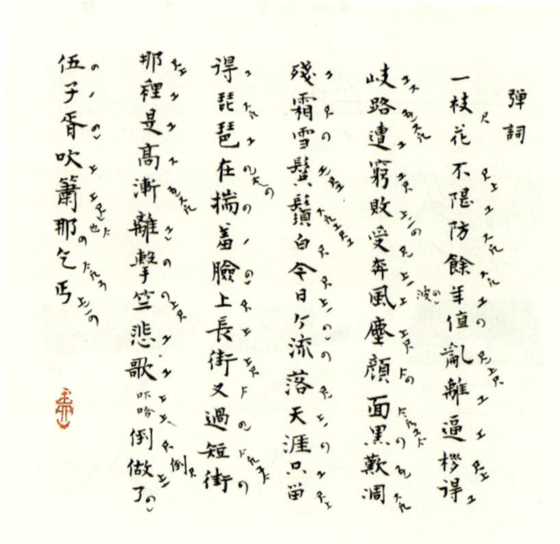

张充和书《长生殿》工尺谱
《小宴》《弹词》

四、昆曲身段稿

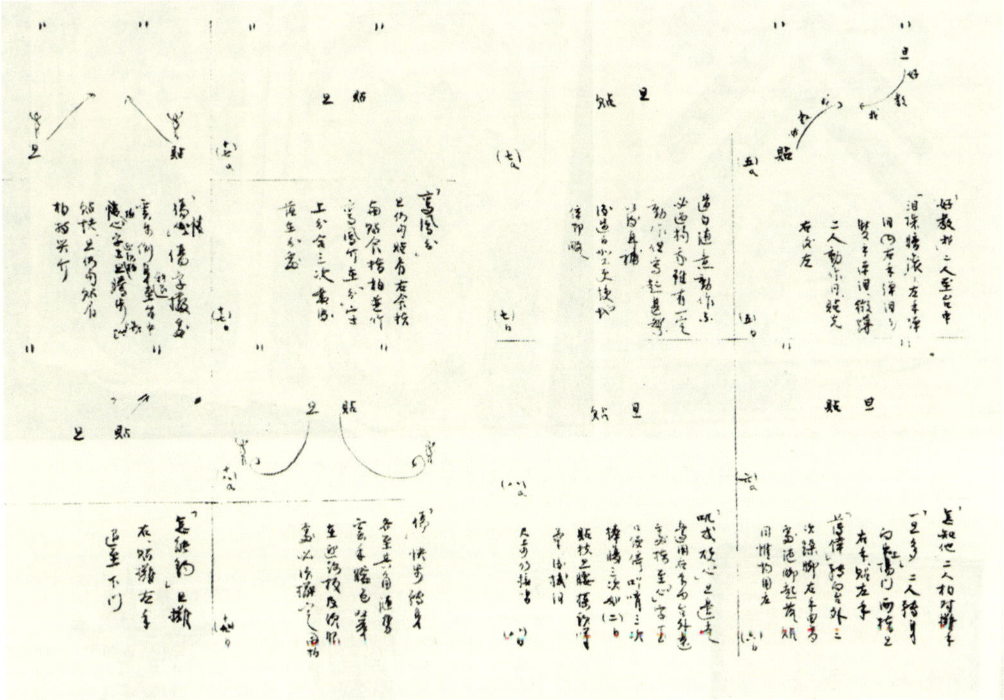

张充和《断桥》身段稿

五、点翠头面、戏服、道具

点翠头面　顾笃璜收藏

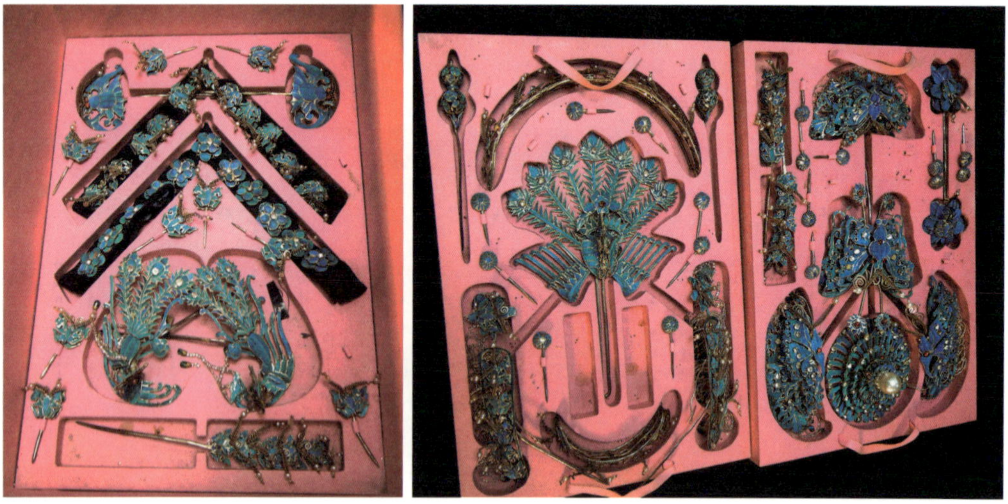

2004年张充和捐赠中国昆曲博物馆点翠头面

张充和昆曲装束点翠一函

清宫廷戏与现今昆曲戏衣的比较
上左：清宫缂丝精绣大靠
上右：现今昆曲大靠
中左：清宫精绣宫装
中右：现今昆曲宫装
下左：清宫白地云金龙海水妆花缎女帔
下右：现今昆曲女帔

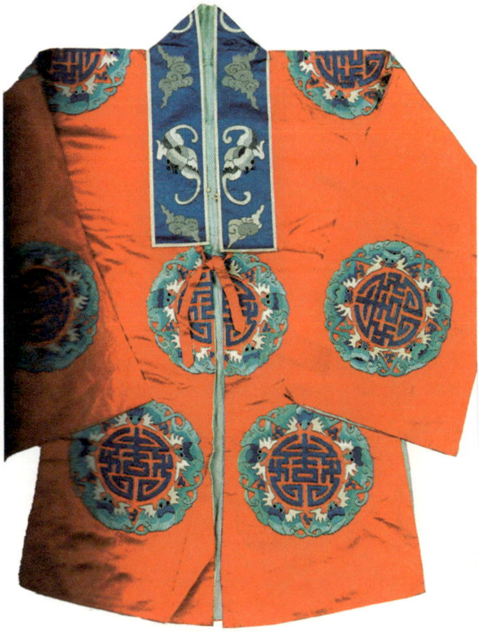

精美的昆曲戏衣纹绣

右上为张充和设计并使用
昆曲旦角戏服蓝披
右下为张充和设计并使用
昆曲旦角戏服燕披、大红披

张充和设计并使用
昆曲《思凡》服装

张充和使用
昆曲道具二种

六、今天的乐器

昆曲乐器(尺寸仅供参考)

七、书画

《太白醉骂安禄山》图（明）

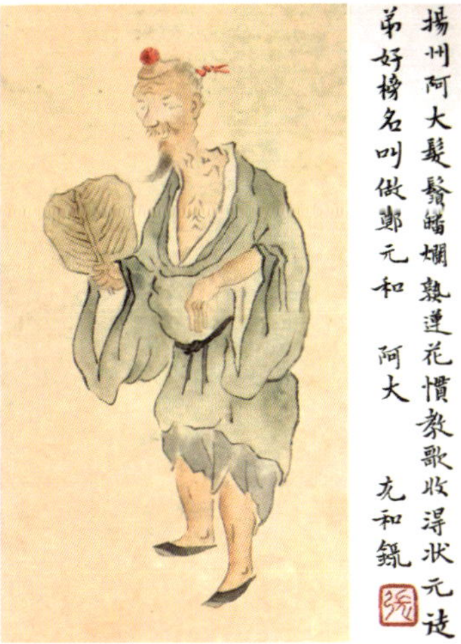

张充和画昆曲
《教歌》《活抓》

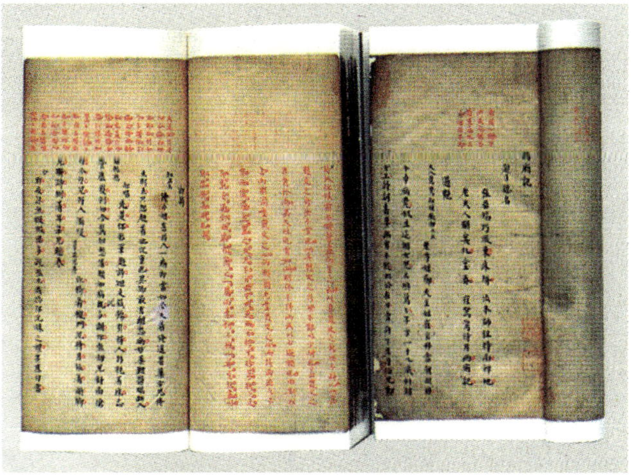

金圣叹批本《西厢记》

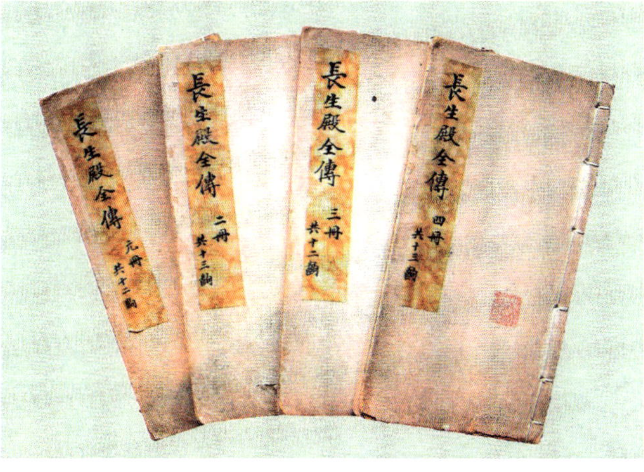

《长生殿》清光绪三十年李翥冈手抄曲本

李涌昆剧画册（清）1.《后金山》2.《弥陀寺》3.《下山》4.《山门》

汪云奇昆剧画册（民国）1.《绣襦记·教歌》2.《牡丹亭·问路》3.《扫秦》4.《陈仲子》

苏州中国昆曲博物馆藏

八、工艺美术品

台阁戏《天水关》摆件

朱应初绣《穆桂英》

内黄《黄忠》鼻烟壶

翠玉乐器小摆件

桃花坞新年画《邬飞霞刺梁》 1950年代

岁月留影

◎顾鹤逸夫妇、孩子及亲友

青年时期的鹤逸先生

中年时期的鹤逸先生

鹤逸夫妇在朱家园家中

鹤逸夫人潘志玉

鹤逸夫妇与儿孙们

潘志玉与亲戚

左为鹤逸先生与孙女顾宁于朱家园寓所，20 世纪 20 年代末
右为潘志玉（桥中间）携家人游石湖，右一为顾笃瑄

左为鹤逸先生（左）晚年与来访的日本学者合影
右为顾公雄、日本友人、顾鹤逸、白坚武、顾公硕、孙伯渊（左起），摄于 1929 年

左二为顾笃琨，右二为顾榴
摄于上世纪 20 年代

公柔之子笃琨与姐妹兄弟们

20 世纪初至抗战前顾家的孩子

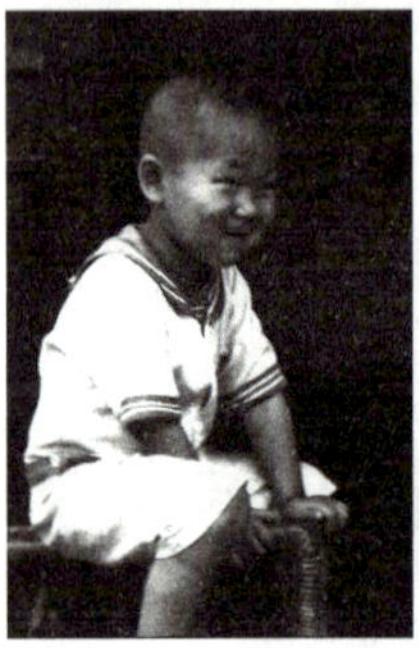

顾家孩子

◎**顾公可先生家庭**

顾公可，姑苏观前西陈昇照相摄于辛亥革命前

公可夫人潘蘅

潘蘅抱孩子

公可先生在怡园，左似公可夫人

潘蘅与女儿顾宁夫妇及外孙

长子顾笃瑾（荣木）
青年时期

前排中笃瑾、左公柔之子笃琨、
右公硕长子笃瑛，1991 年于上海

公可次子笃瑜、三子笃璎青年时

公可的三个女儿青年时，左起长女
顾宁、次女顾敏、三女顾慧

笃瑜夫妇晚年

笃瓔、笃瑜晚年

顾宁、吴绥之夫妇

顾宁、吴绥之夫妇晚年

左起顾敏、顾宁、顾慧

笃瑜夫妇与笃瓔全家合影

◎顾延家庭

顾延女士与夫君陆楚善合影

陆楚善先生（前排中）与
子、媳及外孙女、孙子合影

◎顾公雄家庭

左一为公雄先生

顾公雄（左一）、顾公硕（中坐者）
与友人在怡园

1948 年前，公雄夫妇（中坐者）与子女合影

公雄夫人沈同樾与
儿子笃璋夫妇及孙子、孙女

左为公雄之长女笃瑄（顾馨），摄于20世纪80年代
中为少年笃瑄
右为笃璋先生与夫人方秀云，于20世纪80年代初合影

顾榴女士与夫君何皋于1985年合影

中年顾佛、苏良赫全家

晚年顾佛与夫君、地质学家苏良赫
于2001年合影

笃球先生与夫人杨明德于1991年合影

◎顾公柔家庭

公柔先生与幼弟公硕　王祖德丝网画

公柔夫人张惠娟

张惠娟女士与三个女儿及外孙、外孙女

笃琨先生青年时期

笃琨夫妇结婚照

公柔的四个女儿

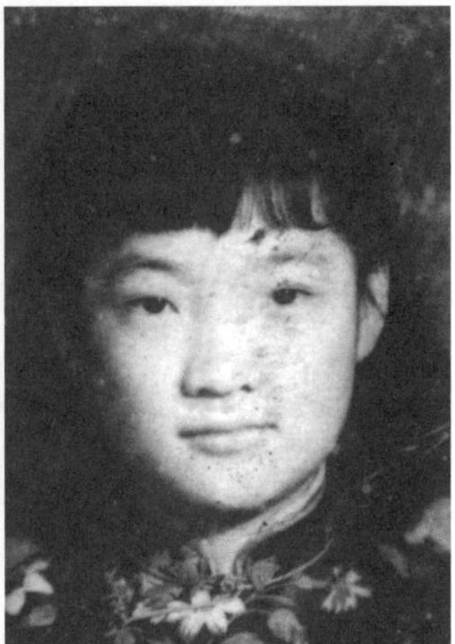

公柔的女儿顾珏

左起第三顾丽苓、顾笃璟、顾丽兰、顾丽芸，摄于 1990 年

◎顾公硕家庭

公硕先生青年时

左二挂照相机者为顾公硕　摄于抗战前

幼年公硕与小伙伴

公硕在怡园养鹤处

公硕先生
摄于20世纪60年代

公硕夫人张娴

张娴怀抱“和官”（顾笃璜幼时乳名）

公硕着戏装演昆曲

1964年1月，顾公硕（二排右一）
参加苏州市政协常委会留影

笃瑛先生与夫人蒋洒疆

青年时期的笃璜先生

笃璜先生晚年

顾笃璜在昆曲博物馆

2013 年 11 月，顾笃璜在苏州市过云楼文化研究会成立仪式上

笃琰先生及夫人沈文娟

顾笃琰在苏州博物馆“烟云四合”
清代苏州顾氏的收藏展上

笃琪先生及夫人周勤清

◎**其他亲友**

1935 年潘子欣先生（潘志玉的弟弟）在石湖过六十岁生日

潘承诰先生（左），法国留学生、居里夫人的学生，新中国成立后在中国科技大学工作；
汪孟舒先生（右），古琴家

GUOYUNLOU

顾氏家族世系图

GUSHIJIAZUSHIXITU

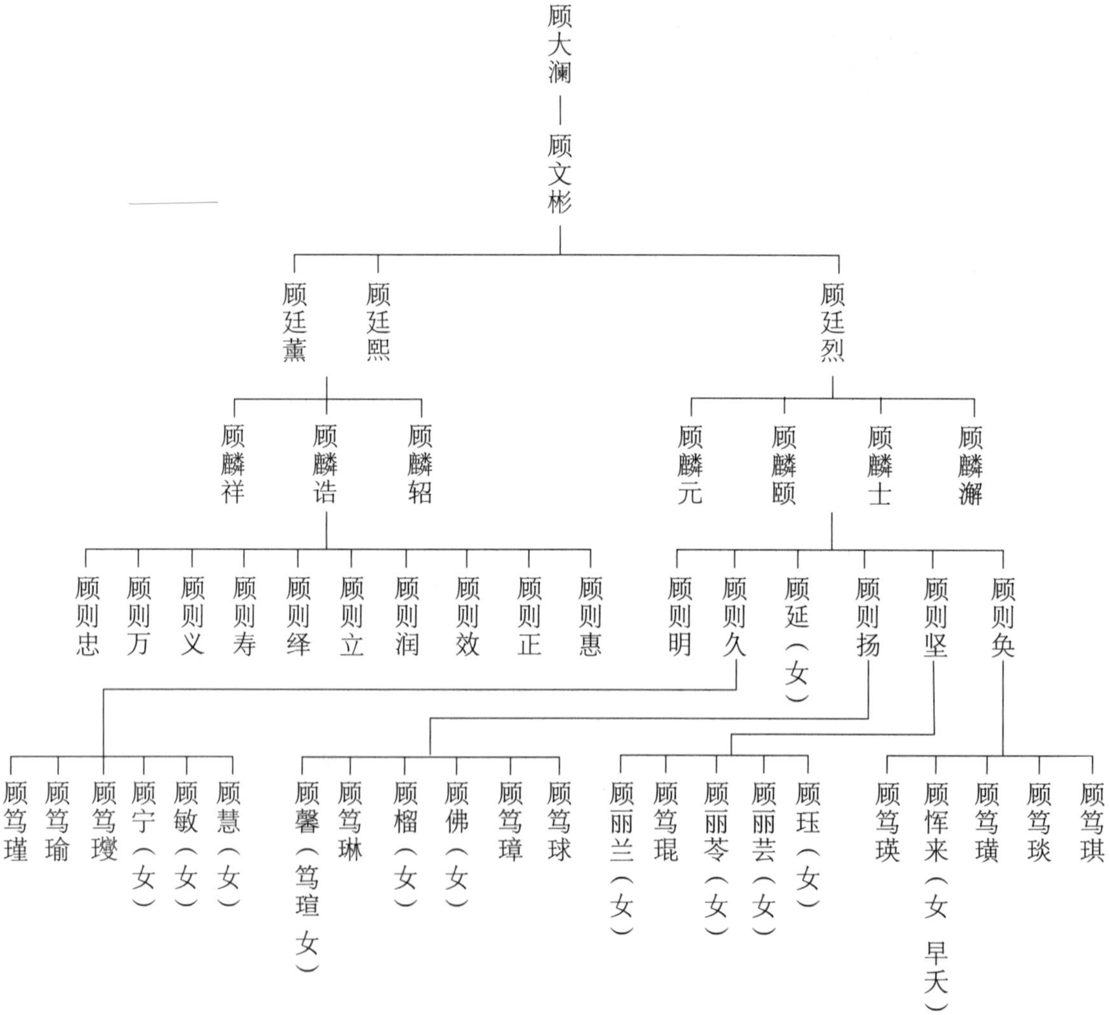

注：根据现有资料，过云楼家族世系，麟以下按“则、笃、其、庆”为序排列。现图上“廷”“麟”字辈仅排男子。“则”字辈仅鹤逸的子女皆排,顺延“笃”字辈男女皆排。此图排五代。

过云楼书画收藏大事记

清嘉庆十六年（1811）

过云楼之创始人顾文彬出生。

顾文彬（1811—1889），平生酷爱收藏书画，精于鉴赏，“自宋元明清诸家名迹，力所能致者，靡不搜罗”。

清道光八年（1828）

顾文彬收魏姓亲戚之藏品唐《吴道元水墨维摩像轴》和南宋院画《上林图卷》,后失，其中《上林图卷》失而复得，此为文彬收藏之肇始。

清道光十三年（1833）

过云楼第二代主人顾廷烈出生。

顾廷烈（1833—1882），更名承，字承之，承继父业，精于鉴别，顾文彬赞其“性爱骨董，别又神悟，物之真伪，一见即决，百不失一”。

清同治元年至同治三年间（1862—1864）

顾文彬收藏价值极高的元《赵文敏墨竹轴》、明《董香光书画袖珍册》，并陆续收藏《王孟端山水卷》《文待诏山水册》《仇十洲唐六如刺目双图卷》《恽南田设色蟠桃图轴》《王麓台仿宋元山水十幅册》等。

清同治四年（1865）

过云楼第三代主人顾麟士出生。顾麟士（1865—1930），顾承之子，字鹤逸，擅画山水，亦精鉴别。

清同治九年（1870）

顾文彬购得《释智永真草千字文卷》，狂喜不已，倾囊购之。后陆续收藏《王麓台湖湘山水图卷》等。

清同治十二年至十三年（1873—1874）

顾承奉父亲之命，修筑过云楼，楼名取自苏东坡言："书画于人，不过是烟云过眼而已。"

清同治十三年（1874）

顾文彬藏南宋院画《上林图卷》《唐子畏风木图卷》。

清同治十三年到光绪八年（1874—1882）

顾承奉父亲之命，修建怡园。顾文彬辞官归里。怡园建成后，深受俞樾推崇。

清光绪八年（1882）

怡园落成。顾文彬致力于书画收藏与研究，编纂完成《过云楼书画记》十卷。前四卷为书类，后六卷为画类，凡书画合璧者皆入画类。共收录自藏书画二百四十六件，收止于清初四王吴恽，内颇多传世名迹。顾承参与编辑并加以精心校勘。

清光绪十五年（1889）

由顾鹤逸发起的怡园画社结社，吴大澂为首任社长。江南最具影响力的书画界精英聚集于怡园。之后，被誉为"当代虎头"的鹤逸担任第二任社长。

1927 年

顾鹤逸秉承先志，广搜名人真迹，如《苏沧浪留别王原叔诗卷》《赵文敏小楷金丹四百字卷》等，使过云楼的庋藏更加丰厚。编撰完成《过云楼续书画记》六卷，补录家藏书画一百一十四件而成书，书类二卷，画类四卷。

1930 年

顾鹤逸去世。过云楼藏品分列四册，公可、公雄、公柔（已去世，由妻子张惠娟出面）、公硕兄弟四人，以抽签形式分配，一家一份。

1937 年

抗战全面爆发，顾氏所居之苏州朱家园、醋库巷西津别业、过云楼及怡园的建筑、陈设均遭到日军严重破坏，陈列古玩字画全被日军掠走。顾氏家族将主要书画藏品移至上海等地精心保管。

1951 年

顾公雄夫人沈同樾女士携子女秉承公雄遗志，第一次将所藏部分书画捐赠予上海博物馆，有宋魏了翁《行书文向帖》卷、巨然《海野图》卷、陆游《谿山图》轴，元赵孟頫《吴兴清远图》卷和《秋兴赋》卷等。上海博物馆于 2002 年编辑出版《顾公雄家属捐赠上海博物馆过云楼书画集萃》。

1953 年

顾公硕等代表家族自愿将怡园所有权无偿捐献给政府，自此，怡园正式对游客开放。

1959 年

公雄夫人沈同樾与子女将余下收藏的书画第二次捐赠予国家。二次捐赠共三百余件书画以及明正德、万历、崇祯时期的善本书和罕见稿本十余部。3 月，上海博物馆举办“沈同樾先生捐赠过云楼书画展”。

10 月，顾公硕与钱镛两家将所藏吴门四大书家之字幅，配成全璧，捐赠给苏州市文物保管委员会，作为国庆十周年之献礼。顾公硕捐献唐寅行书《漫兴》，钱镛捐献沈周《行书五律诗》、文徵明《行草七绝诗》、祝允明《乐志论》等。

1960 年

顾公硕参与苏州博物馆的筹备工作，带头无偿捐献书画及工艺珍品，先后共计一百二十四件珍贵文物。

1992 年

南京图书馆收藏过云楼 541 部 3707 册珍贵藏书，占过云楼藏书的四分之三，以《乖崖张公语录》《龙川略志》《龙川别志》等为代表，版本类别完备精善，时间上横跨宋元明清，还有少量日本刻本和朝鲜刻本。其中七部宋刻本、十部元刻本以及多部明清刻本、稿抄本尤为珍贵。

1997 年

上海博物馆举办“过云楼捐赠书画精品回顾展”。

2002 年

上海博物馆举办“顾公雄家属捐赠上海博物馆过云楼书画展”。

2009 年

顾公柔之子顾笃璜将过云楼旧藏元代六家《七君子图卷》、王翚《水竹幽居图卷》捐赠苏州博物馆。

2012 年

6 月，凤凰出版传媒集团以成交价 2.162 亿元拍下由海内外孤本、宋版《锦绣万花谷》全八十卷领衔的 179 种 1292 册过云楼藏书，创下中国古籍拍卖的世界纪录，和南京图书馆先前收藏的其余四分之三过云楼藏书合璧，过云楼主要藏书至此全部回归江苏。

9 月，部分“过云楼藏书”作为主宾省江苏悠久文化传承的经典代表，赴台北在“第八届海峡两岸图书交易会”上展出，吸引了台湾各界的高度关注，成为展会亮点之一。

2013 年

过云楼藏书合璧后在南京图书馆首次亮相。展览共展出南京图书馆和江苏凤凰出版传媒集团所藏过云楼藏书中的一百二十部古籍珍本，汇集宋本、元本、明本与清本之精华。

2014 年

7 月，江苏书展在苏州金鸡湖畔开幕，过云楼部分藏书回到故乡展览，其中就有宋版《锦绣万花谷》。

2015 年

5 月，苏州市修缮过云楼，并建成过云楼陈列馆。

跋：两位文化老人的嘱托

两位老人，一位是九十三岁的钱璎先生，一位是八十九岁的顾笃璜先生。拙书第三章“岁寒三友”一节，叙述到二老与九十岁的周良先生的贤德及他们对苏州文化所作的贡献。他们都是德高望重的文化老人，客观地说，他们在文化上的影响并不局限于苏州文化界。

那是2013年春节前夕，文化部门老同志团拜会。我退休不久，恰与钱璎、顾笃璜二老坐在一起。周良老未参加,他离休后关系在苏州市文联。钱老、顾老及我两代文化人，高兴地说起苏州市重视筹建过云楼陈列馆的话题。二老似乎事先商量过，异口同声希望我关心过云楼文化研究。

此事纯属偶然，我毫无思想准备。一开始未免犹豫：从市属高校退下来后大半年刚整理了“历史上的苏州工专”课题初稿；在职时几个未尽的国家级社科艺术类项目课题尚待抓紧结题，如桃花坞年画早期遗产、虎丘泥人等，最初也是二老与我提出的；家中最要紧是照料年迈住院的母亲，要尽尽孝。但当看到二老那种充满期待的目光，我无法婉谢，怎么办？有困难就自己克服吧，惶恐的是自己对过云楼缺少研究，那就多跑跑、加加班、试试看吧。经过一年的准备，跑图书馆、档案馆、博物馆，在大量阅读过云楼资料之后，我构思了一个研究框架。

2014年元旦，顾笃璜先生邀请我到他朱家园宅。小巷深处，一幢斑斑驳驳的老公寓楼，老人住四楼。他穿戴旧衣旧帽，家中除了一台彩电，不见一件新老摆设，清一色的旧杂木家具。偶尔还见他在外脚蹬一双旧解放鞋，有一次，我忍不住问他，他的回答是“走路舒服”。生活简朴，安之若素，在我眼里他是一位令人尊敬的离休老同志，一位昆曲专家。因系过云楼后裔和坚守优秀传统文化,也有人称他为“江南最后一位名士”。对这幢公寓楼，我甚是熟悉，因老人中风过，我在文化部门供职多年，凡与老人一起参加活动，我几乎每次都同车送他回家，车开到巷口，陪着走一段，送到楼前，目送他上楼才放心。我将研究框架与笃璜老相商，仅半个来小时，一拍即合。

之后，他让人送来一只旧纸箱，里面全部是沾满尘土的残稿。这是令尊顾公硕先生在上世纪“文革”前的遗稿,1966年被六次抄家后,从乱七八糟的垃圾杂物堆里捡出来的。

面壁四年半，《过云楼梦——大变革时代江南文脉之一隅》和《顾公硕残稿拾影》，作为姐妹篇，终于一起付梓。二书原先作为过云楼研究的上、下编，同步编著。书稿形成后，因内容较多，文汇出版社建议，分别单独成书，并征得钱璎先生和过云楼第五代传人顾笃璜先生的同意。

《过云楼梦——大变革时代江南文脉之一隅》旨在讲好中国故事，传播好中国文化。并非仅囿于一座藏画楼、一个家族的往事钩沉，而是站在风起云涌的大变革时代，观照文化、观察人性，扩展到与过云楼息息相关的人与事及文化价值；并非仅囿于书画、典籍，而是站在中华优秀传统文化的角度，扩展到园林、古建、古琴、昆曲、工艺美术；并非仅囿于传统文化一种，而是立足开放和现代社会多元包容的视野，扩展到上世纪初科技、教育、实业救国和新文化的油画、摄影，历史地、客观地反映一个半世纪来过云楼的变迁和城市的变化。诉说了过云楼与吴门画派、海上画派的关系，过云楼文化孕育的新中国第一代最杰出的油画家，折射了拯救书画典籍、古琴、昆曲、桃花坞木刻、苏绣的百年史。中华文化是我们的母亲文化，希望此书能给人以启迪，特别是年轻人能够喜欢，更加热爱中华文化，热爱我们的家园和国家，热爱我们的时代。

中华优秀传统文化是我们民族的“根”和“魂”。古往今来，一个国家、一个民族的强盛总是以文化兴盛为支撑的。中华民族历经磨难仍巍然屹立于世界民族之林，中华文明历经五千年仍具有旺盛生命力，其重要原因就在于拥有博大精深的优秀文化。无论是回顾历史，还是开拓创新，都需要文化，文化绝不是可有可无，道理很简单，因为这是一个伟大的时代，不能没有“根”和“魂”，不能没有新时代的人。

明代王阳明从失魂落魄到一代宗师，与史称“龙城悟道”有关，他结合历年来的遭遇，日夜反省，有了顿悟，认为心是感应万事万物的根本，提出心即理的命题，认识到“圣人之道，吾性自足，向之求理于事物者误也”。圣人之道是什么？就是良知，良知人人都有，判断事情对错是非，标准是良知，而不是外在的一些事物。

谈到中国传统文化，我们这几代先天知之不多，难免让人感到羞愧和遗憾。晚清，中国的国门被西方坚船利炮打开，受人欺凌，中国人不得不反省自己的文化。一直到现代化中国的今天，整整一个半世纪的社会大变革，传统文化一度光华黯淡，艰难曲折。面对中华传统文化主体地位的丧失，一些知识分子一度丧失了自己文化的自尊心与自信心。中华传统文化经历了一个流失和重建的历史过程。放眼世界，没有哪个国家和地区是在否定自己传统文化的基础上建设现代化的。

西方文化的影响是历史形成的，是不争的事实，我们也无需拒绝这种影响，现代社会是兼容并蓄的，“根”和“魂”不变，全世界好的东西都应该学。脱离不了这个世界，也不可能。只是当我们包容异质文化的时候，应该收拾好自己文化的主体，打点好自己的文化精神，弘扬优秀传统文化，那才意味着新的文化的诞生。

历史是螺旋式上升的，如果孤立、静止地看，无法深入理解变革，也无法深入理解坚守，不能“只见树木，不见森林”。我主张用“大文明”的概念，一方面来考察我们中国在世界几大文明体系中的地位、特点，一方面更重要的是从整个人类文明长河中去看我们所走过的路和历史大趋势。我们要了解中国历史，更应该融入世界文明。文化史本来是最丰富、最有价值的领域，不是简单记忆、贴标签的学科，有时也需要从迷雾中走出来，否则真理解不深——为什么说博大精深的中华优秀传统文化是我们在世界文化激荡中站稳脚跟的根基，是建设现代中华文明的奠基石、主心骨？历史和文化中断了，信仰、道德也惘然了。

凡是有远见的高科技企业领军人物都青睐文化。联想控股董事长柳传志说过：“因为我们这个民族就在不久以前还很苦，很凄惨，很窝囊。你要想今后过得富有光鲜亮丽，你就要知道为什么穷，为什么苦，为什么受人欺负。你就要懂得历史，你就要从中学到教训，我们已经是为数不多的见过那段历史的尾巴的人了，尽量还原真实的历史是我们的责任。”创建华为的任正非先生则说：“在创建华为时，我已过了不惑之年。人类已进入电脑时代，世界开始疯起来了，等不得我的不惑了。”“如果不能民主地善待团体，充分发挥各路英雄的作用，我将一事无成。我创建公司时，设计了员工持股制度，通过利益分享，团结起员工……从此，形成了所谓华为企业文化，说这个文化有多好，多厉害，不是我创造的，而是全体员工悟出来的。”有文化就有凝聚力和吸引力，企业终于荣登行业全球第一的宝座。

当这两部书与广大读者见面时，首先要感谢钱璎、顾笃璜二老的信任和委托。同时，感谢苏州市宣传文化部门的关心、支持。感谢专门为本书精彩题书、题画的九十三岁的国家文物局老领导、中国文物学会名誉会长谢辰生先生，全国政协委员、中国书法家协会顾问言恭达先生和马伯乐、谭以文、郦方、周矩敏、王祖德诸位书画家，感谢支持本书出版和彩印的苏州市社科联、苏州市文广新局和苏州文化旅游集团古城投资公司。

四年半的编著，我们完全是个人自掏腰包，对课题有兴趣而自愿结合，作为一项公益来做。由于时间较紧，对过云楼研究仅是初学和尚欠深入的梳理，肯定有许多不足。我们有自知之明，我们的研究、梳理是业余的，知识是贫乏的，对文化的理解是肤浅的，语言也是有许多瑕疵的，我们只是有一颗赤诚的心。不足之处，恳请广大读者和方家谅解并不吝赐教。

为了便于读者能够更好地理解这本书，陶莉、高晴、皇甫琳、高翔协助我收集了大量图片。但书稿形成过程中，仍不断发现不尽如人意之处，如顾公硕先生山水画图片甚少，而顾氏家族宗“四王”、善山水，是一个特点。与顾老说了，顾老又翻箱倒柜。谁知他在去昆剧传习所路上不慎摔了一跤，当天躺在床上动弹不得，结果还是让女儿顾其正将图片发给我，真是为难老人家了。昆曲图片很重要，钱璎老知道我在寻找张继青《痴梦》

剧照，马上让继字辈章继涓老师与在南京的张继青联系，是张继青老师提供的。王芳的剧照，我手中的是十八年前贾馨园的先生陈鸿昌送我的，陈鸿昌先生是一位出色的摄影家，首届昆剧节、苏昆赴台演出时，义务为我们拍摄了不少好照片。可是尚缺王芳初出茅庐时的成名作《醉归》，我询问正协助钱璎老编继字辈书的沈石老师，沈老师也没有。王芳知道后，主动打电话来，她正在准备第六届昆剧节和第十四届戏剧节，排戏十分紧张，百忙之中整理后，让我挑选。继字辈从艺六十周年活动的剧照是摄影家祁金平先生所无偿提供的。评弹照片是周良老和从香港返苏的邢晏芝老师分别帮助找的。诸如此类，举不胜举，人间自有真情在。本人才疏学浅，于是先后修改三十余稿，每稿敬请各方面专家从各个角度把关指正，并收录了顾笃璜老及夏红珍、韩光浩、王道的文章，以丰富本书的内容。

提供支持的个人和单位还有丹青、缪学为、顾克仁、郑太白、王稼句、高一鸣、孙中旺、沈慧瑛、徐刚毅、张克勤、柯继承、夏冰、管骍、张欣夫妇、杨文涛、顾建新、邹绵绵，苏州市职业大学、苏州图书馆、苏州市档案馆、苏州博物馆、苏州市公共文化中心名人馆、苏州戏曲博物馆、苏州碑刻博物馆、江苏省苏州昆剧院、苏州市歌舞团、吴江区过云楼艺术馆，文汇出版社长三角出版机构陈雪春、濮敏伟及编辑们。还不能不说我们的小团队，陶莉、高晴和皇甫琳三位副主编，协助人员高翔、王静娟。特别是我的夫人常秀芬，任劳任怨、不辞辛劳地照顾老人和家庭，四年半来始终支持我的研究和写作。在此，一并表示感谢！

高福民

二〇一七年七月于苏州双塔榴桂书室

参考文献及资料：

1. 顾文彬著录：《过云楼书画记》原本，苏州图书馆藏。

2. 顾文彬撰：《宦游鸿雪》稿本，苏州市档案馆藏。

3. 顾文彬撰：《过云楼日记》原本，苏州市档案馆藏。

4.（清）顾文彬、（民国）顾麟士撰：《过云楼书画记·续记》，江苏地方文献丛书，江苏古籍出版社，1999 年。

5. 顾颉刚著、王煦华辑：《苏州史志笔记》，江苏古籍出版社，1987 年。

6. 苏州地方志编纂委员会：《苏州市志》，江苏人民出版社，1995 年。

7. 苏州市文化局、苏州戏曲志编辑委员会：《苏州戏曲志》，古吴轩出版社，1998 年 10 月。

8. 苏州市文联艺术指导委员会、苏州市文艺创作室编：《吕灼华剧作选》，1998 年 12 月。

9. 苏州市城市建设博物馆：《苏州城建大事记》，上海科学技术文献出版社，1999 年。

10.《昆剧传字辈》，《江苏文史资料》第 130 辑，《苏州文史资料》第 29 辑，2000 年 12 月。

11. 徐刚毅主编：《老苏州·百年历程》，江苏古籍出版社，2001 年。

12. 上海博物馆编：《顾公雄家属捐赠上海博物馆过云楼书画集萃》，上海书画出版社，2002 年。

13. 龚学平主编：《昆剧泰斗俞振飞》，上海辞书出版社，2002 年。

14. 陈从周编：《苏州旧住宅》，上海三联书店，2003 年。

15. 苏州市文化广播电视管理局编，高福民、钱璎主编：《昆剧继字辈》，2004 年 12 月。

16.《百年陈云——纪念陈云同志诞辰 100 周年展览图集》，学习出版社，2005 年。

17. 张学群等编著：苏州地方历史文化读物《苏州名门望族》，广陵书社，2006 年。

18. 徐刚主编：《走进苏州平江》，中国对外翻译出版公司，2006 年。

19. 顾笃璜主编：《过云楼后裔顾荣木老年戏笔》，2007 年 8 月。

20. 刘梦溪著：《大师与传统》，中国青年出版社，2007 年 11 月。

21. 林西莉著，许凤、熊彪译：《古琴》，生活、读书、新知三联书店，2009 年。

22. 罗哲文著，中国建筑文化中心组编：《罗哲文文选》，华中科技大学出版社，2010 年。

23. 左景伊著：《我的曾祖左宗棠》，湖北人民出版社，2010 年。

24. 陆雪梅主编：《古代书法碑刻——过云楼藏帖》（上、中、下册），古吴轩出版社，2012 年。

25. 苏州市园林和绿化管理局编：《怡园志》，文汇出版社，2013 年。

26. 凤凰出版传媒集团典藏，陈海燕主编：《过云楼藏书书目图录》，凤凰出版社，2014 年。

27. 林语堂、梁漱溟、胡适等著：《1933，聆听民国》，中信出版社，2014 年。

28. 顾文彬著，苏州市档案局（馆）、苏州市过云楼文化研究会编：《过云楼日记》点校本，文汇出版社，2015 年。

29. 顾公硕摄影，王道编注：《过云楼旧影录》，浙江大学出版社，2015 年。

30. 唐德刚著：《从晚清到民国》，中国文史出版社，2015 年。

31.《文化掂量：王蒙最新演讲录》，南方出版传媒花城出版社，2015 年。

32. 曹俊主编：《楮墨芸香——苏州市名人馆藏品拾珍》，古吴轩出版社，2016 年。

图书在版编目（CIP）数据

过云楼梦:大变革时代江南文脉之一隅/高福民,陶莉,高晴编著.—上海:文汇出版社, 2017.6

ISBN 978-7-5496-2191-0

Ⅰ.①过… Ⅱ. ①高… ②陶… ③高… Ⅲ. ①藏书楼—史料—苏州—文集 Ⅳ. ①G259.275.33-53

中国版本图书馆CIP数据核字（2017）第144357

过云楼梦:大变革时代江南文脉之一隅

编　　著 / 高福民
副 主 编 / 陶　莉　高　晴　皇甫琳

丛书策划 / 陈雪春
丛书主编 / 周振鹤
责任编辑 / 许　峰
装帧设计 / 周　丹

出版发行 / 文匯出版社
上海市威海路755号
（邮政编码200041）
印刷装订 / 苏州市越洋印刷有限公司
版　　次 / 2017年7月第1版
印　　次 / 2017年7月第1次印刷
开　　本 / 787×1092　1/16
字　　数 / 350千
印　　张 / 44.75

ISBN 978-7-5496-2191-0
定　　价 / 220.00元（全二册）